“十二五”江苏省高等学校重点教材（编号：2015-2-092）

计算机网络应用与实践教程

刘　生　耿焕同　编著

科学出版社
北　京

内 容 简 介

本书共分为三部分。第一部分为网络基础理论篇，包括第 1～8 章，主要内容包括计算机网络概述、物理层、数据链路层与局域网技术、网络层、传输层、应用层、网络管理与网络安全，覆盖了计算机网络主要的知识范围，章后均附有本章的重要概念和习题。第二部分为网络实践篇，包括第 9～15 章，主要内容包括以太网组网实践、子网划分实践、思科交换和路由实践、IPv6 实践等内容。第三部分为网络新技术篇，包括第 16、17 章，主要内容包括软件定义网络 SDN、云计算和物联网。此外，附录中提供了各章习题的参考答案、主要网络术语、Cisco Packet Tracer 5 操作指南和其他网络学习工具。

本书概念准确、内容简洁、图文并茂、难度适中、理论与实践相结合，以通俗易懂的方式阐述计算机网络的基本原理和基本概念，侧重于实际应用和动手能力的培养，以提高学习者分析问题、解决问题的能力，同时力图反映计算机网络的一些最新发展。

本书可供计算机类、电气类和信息类专业的大学本科生使用，尤其适合于以应用型人才培养为主的高校使用，也可作为从事计算机网络工作的工程技术人员的参考书。

图书在版编目(CIP) 数据

计算机网络应用与实践教程 / 刘生，耿焕同编著. —北京：科学出版社，2016.6

“十二五”江苏省高等学校重点教材

ISBN 978-7-03-050094-6

Ⅰ. ①计… Ⅱ. ①刘… ②耿… Ⅲ. ①计算机网络–高等学校–教材 Ⅳ. ①TP393

中国版本图书馆 CIP 数据核字(2016)第 233615 号

责任编辑：黄　海 / 责任校对：彭　涛
责任印制：徐晓晨 / 封面设计：许　瑞

科 学 出 版 社 出版
北京东黄城根北街 16 号
邮政编码：100717
http://www.sciencep.com

北京中石油彩色印刷有限责任公司 印刷
科学出版社发行　各地新华书店经销

*

2016 年 6 月第　一　版　开本：787 × 1092 1/16
2021 年 1 月第五次印刷　印张：29
字数：688 000

定价：65.00 元

(如有印装质量问题，我社负责调换)

前　言

随着科学技术的迅猛发展，信息技术的日新月异，以因特网(Internet)为代表的计算机网络得到了飞速的发展，已经深入到人类社会活动的各个领域，对社会进步和经济发展产生了巨大影响。因此，学习计算机网络知识已成为当今大学生不可或缺的一项重要技能。

一直以来，编撰一本主线清晰、概念准确、实用简明、能使学生学以致用的计算机网络教材，是作者从事计算机网络相关教学、科研工作近 20 年来的心愿，也是以培养应用型、技术技能型人才为己任的应用型本科院校迫切的需要。目前国内高校采用的计算机网络教材，如 A.S. Tanenbaum (美)编著、严伟、潘爱民译的《计算机网络》(第五版)，James F.Kurose 和 Keith W.Ross (美)著、陈鸣等译的《自顶向下的计算机网络》，谢希仁主编的《计算机网络》(第 6 版)和吴功宜编著的《计算机网络教程》等，这些教材主要针对普通高校一本和二本的学生，大都以理论讲授为主，教材内容缺少解决实际问题的典型实例，没有将实际问题的解决与相关理论知识相结合，也缺少关于计算机网络方面的新理论、新技术、新方法和新应用的内容。

本书作者长期从事计算机网络和计算机其他专业课教学，具有丰富的教学经验，并具有较强的教学研究能力，已总结大量的可供教学的实例。依托其多年教学工作积累的经验和教学心得，做到科学设计教程、巧妙组织章节和精心编写内容。

本书在内容上循序渐进、理论联系实践、从入门到掌握，共分为三部分：第一部分为网络基础理论篇，主要介绍计算机网络概述、物理层、数据链路层与局域网技术、网络层、传输层、应用层、网络管理与网络安全，覆盖了计算机网络主要的知识范围；第二部分为网络实践篇，主要内容以网络实践操作为主，包括以太网组网实践、子网划分实践、思科交换和路由实践、IPv6 实践等内容；第三部分为网络新技术篇，包括软件定义网络 SDN、云计算和物联网相关新概念和新技术。

在教材内容处理上，本书力求做到理论与实践并重。围绕计算机网络理论与概念，科学系统归纳学科知识点及发展规律，同时围绕熟练掌握计算机网络需要完成的实际案例，突出解决实际问题的方法。注重对学生计算机网络应用实践能力的培养。在内容设计上，既做到系统阐述计算机网络相关概念和理论，又紧密结合相关的典型实例来帮助理解计算机网络的相关知识，并通过实践操作提高计算机网络的应用水平。

本书的主要特色和创新之处有：

(1) 理念新颖。围绕现代大学生应用技能型人才的培养目标，精心选择内容和科学编排，力求学生能快速地、系统地掌握计算机网络相关知识和操作。做到理论和实践相结合，注重吸收计算机网络方面的新理论、新技术、新方法和新应用。

(2) 科学组织。针对大学生计算机网络应用实践能力的培养特点，采用先理论后实践的学习方法，变抽象为具体的学习策略，增强学习的目的性，合理组织知识点。

(3) 注重能力培养。注重从易于学生学习的角度出发，将知识点以实例和易接受的直观方式来阐述枯燥的理论知识及相关操作。注重激发学生的科学精神，从调动学生的学习积极性和自主性出发，让学生进行更多的思考。从验证理论入手，通过设计针对性强的课程实验来强化学生的能力培养。将抽象的理论学习与解决计算机网络实际问题结合起来，让学生自己动手解决计算机网络中的问题，从而体会到学习计算机网络知识的乐趣。真正提高计算机网络方面的素养，切实做到能力培养。

(4) 注重吸收本学科国内外研究成果。相关章节内容反映国际、国内近年来计算机网络方面新的理论、方法、技术及应用；提高学生对计算机网络的兴趣，改善知识结构并开阔视野，掌握计算机网络新技术，跟踪学科最新发展的前沿技术。

(5) 配套同步，立体化资源。在教材编写和出版的同时，将提供电子课件及课程网站(包括课程资料、辅导答疑系统、练习系统、微课视频)等网络资源。读者可通过科学出版社网站(http://www.sciencep.com/eduresource/index.php)获取相关资源。

本教材由南京信息工程大学滨江学院刘生主持并负责全书的统稿和主审工作，其中刘生老师负责编写了第 1 章～第 7 章、第 9～17 章和附录部分，朱节中老师负责编写第 8 章。南京信息工程大学滨江学院耿焕同教授对本书的编写提出了指导性意见，并对教材出版与评审方面提供了支持与帮助。

本书的出版是多年来努力的结晶，每一步都离不开所有给予我们帮助的单位和个人。感谢国内外专家学者为本书的编写提供的睿智的思想方法和丰富的网络知识。感谢南京建策科技股份有限公司邱莉莉提供部分实习资料。感谢曹猛、胡雪娇、俞涛、刘权同学参与资料的收集和文字校对工作。本书有关内容资料也参考了国内外同行的研究成果和资料，在此一并表示感谢。同时科学出版社专业的编辑水准与有益的建议也为本书增色不少。最后，感谢我的家人对我工作的长期支持。

本书作为“十二五”江苏省高等学校重点教材立项建设项目，同时得到了南京信息工程大学滨江学院三期教改项目(No. 2014JC04)的资助，也得到了诸多专家和领导的有力支持与指导，在此表示衷心的感谢。

限于编者水平有限，书中难免有错误和不足之处，恳请专家和广大读者批评指正，错误之处请读者发送电子邮件至 network_book@163.com 指正。

作　者

2016 年 3 月

目　录

第二篇　网络实践篇

第三篇　网络新技术篇

第一篇　网络基础理论篇

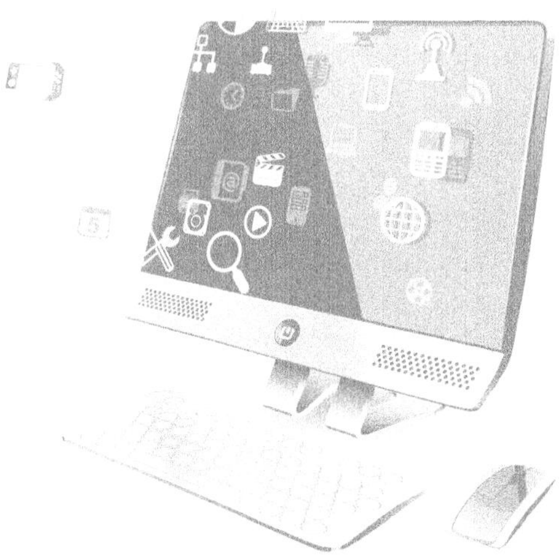

第 1 章　计算机网络概述

计算机网络是计算机与通信技术不断发展相互结合的产物。它的发展水平代表了一个国家信息技术的发展水平。在信息化的进程中，计算机网络扮演了重要的角色。自 20 世纪 90 年代起，计算机网络以因特网为代表得到飞速发展，并成为仅次于全球电话网的世界第二大网络。它正在改变我们的工作和学习方式，如购买飞机票、火车票，缴纳水电费、煤气费，到图书馆检索图书和资料，进行金融和股票交易，使用电子邮件、QQ、微信等工具与朋友交流信息，这些都依赖于计算机网络。由此看出，我们的工作和学习已经离不开计算机网络，而学习计算机网络技术在今天就显得尤为重要。

1.1　计算机网络的定义

计算机网络简单定义是指以资源共享为目的并相互连接的自治计算机集合。从目前计算机网络的发展现状与特征来看，计算机网络是指将位于不同位置的多台独立功能计算机与相关网络设备，利用通信线路连接，并通过网络操作系统、应用软件及网络协议的支持，实现资源共享和数据通信的计算机系统。

从整体上来说，计算机网络是把不同区域位置的计算机与网络设备用通信线路互连成一个综合系统，使计算机之间相互交换数据，共享信息和软、硬件资源。

1.2　计算机网络的形成与发展

任何一项新技术的产生和发展都离不开两个基本条件：一是强烈的社会需求，二是前期的技术储备。计算机网络的形成与发展也不例外，它是计算机技术与通信技术高度发展并紧密结合的产物。

从现代网络技术的发展来看，计算机网络的发展主要分为四个阶段：

1. 以数据通信为主的第一代计算机网络

最初的计算机网络是一台主机通过电话线连接若干个远程的终端，又称为面向终端的计算机网络，是以单个主机为中心的星形网，终端设备与中心计算机之间不提供相互的资源共享，网络通信以数据通信为主，效率不高，功能有限。

2. 以资源共享为主的第二代计算机网络

在 20 世纪 60 年代中期，美国出现了若干台计算机相互连接的系统。如在 1969 年由美国国防部高级研究计划署(Advanced Research Project Agency，ARPA)组建的 ARPAnet (阿帕网)。这些计算机之间不但可以彼此通信，还可以实现与其他计算机之间资源共享。

第二代计算机网络是以分组交换网为中心的计算机网络。

3. 体系标准化的第三代计算机网络

国际标准化组织(International Standard Organization，简称 ISO)于 1977 年设立专门委员会，研究计算机网络的体系结构，于 1983 年发布了著名的开放式系统互连参考模型 OSI/RM，即 Open System Interconnection Basic Reference，为网络互连互通提供了一个可遵循的规则。从此，计算机网络走上了标准化的道路。

4. 以因特网为核心的第四代计算机网络

20 世纪 90 年代以后，随着因特网的建立，一些分散在各地的网络相互连接，形成一个全球性的互联网络。

1.3 计算机网络的功能和应用

计算机网络能够迅速发展，与其提供的强大功能息息相关。随着网络技术的进一步发展，人们除了可以利用计算机网络进行资源共享、数据通信和远程管理与控制外，还可以进行各种娱乐和商务活动。

1. 资源共享

计算机网络最重要的功能就是资源共享，包括共享信息和软、硬件资源。通过计算机网络可提供处理器、存储器、输入输出设备等资源的共享，如巨型计算机、具有特殊功能的处理部件、高分辨率的激光打印机、大型绘图仪以及大量的外部存储器等，从而帮助用户节约投资，也便于集中管理和均匀分担负荷。另外，网络资源还允许互联网用户远程访问，从而避免软件开发中的重复工作以及资源的重复存储，也便于集中管理。

2. 数据通信

远程数据通信是计算机网络的基本功能。计算机网络为人们提供了强有力的通信手段。近几年，随着网络技术的发展，计算机网络提供的数据通信服务无论在速度还是质量上，都有了明显的提高。

3. 集中管理和远程控制

利用计算机网络可以轻松地在一个地点对分布在不同地点的设备进行管理(集中管理)，还可以对远程系统进行控制(远程控制)。假设企业分布在不同的城市，每个城市都需要计算机处理信息，那么可以通过计算机网络在不同计算机之间交换数据。

以网络为基础，将不同计算机终端的各种数据收集并进行整理和分析等综合处理。目前，人们之所以能够足不出户，通过网络来实现飞机票、火车票、汽车票或轮船票的预订，在出差到外地之前就能完成饭店、住宿的预订，正是得益于网络所提供的信息集中和综合处理功能。

4. 分布式处理

分布式计算机网络由服务器和客户机组成，网络中各个节点地位平等，相互协调工作。网络中节点都与另外的节点连接，信息从一个节点可以有多条路径到达另一节点。这种网络的优点是处理信息的灵活性、可靠性、分布性及可扩充性。

基于网络的分布式系统可以连接各个部门及分支机构的网络。数据存放在多台服务器上，这些服务器位于不同的地理区域，直接用广域网链路相连。

计算机网络的各项功能并不是完全独立的，它们之间也存在某些依赖关系。例如，分布式计算系统中的各节点之间为了进行有效的协同工作必须首先能够进行有效的数据通信，以实现不同系统之间的资源调度。而当人们对诸如气象、航天或基因工程等方面的海量数据信息进行集中式的综合处理时，则通常需要借助于分布式计算功能。对计算机网络所提供的功能进行有效的开发与利用，可以在网络上实现多种应用。

5. 提高计算机系统的可靠性

计算机网络可使计算机系统软件和硬件的可靠性都得到提高，例如，还可以利用多个服务器为用户提供服务，当某个服务器崩溃时，其他服务器可以继续提供服务；也可以将数据存储在网络中多个地方，当某个地方不能访问时，可以方便地从其他地方继续访问。

6. 娱乐和电子商务

网络游戏和网上购物已经成为人们日常生活的重要组成部分，所产生的新的经济价值引起各界的关注。

1.4　计算机网络的分类

计算机网络按照不同的分类标准，有多种分类方法。

1. 按网络的作用范围进行分类

(1) 局域网

局域网(local area network，简称 LAN)是最常见的计算机网络，覆盖范围从几米到几千米。由于其分布范围小，容易管理与配置，拓扑结构简单，速度快、延迟小，具有非常广泛的应用，是一定区域范围内进行信息交换与共享的主要方式。如一个家庭、学生宿舍内部的网络、办公室或机房的网络、校园网等都在局域网范围。

(2) 广域网

广域网(wide area network，简称 WAN)的分布距离远，覆盖范围通常在几十到几千公里之间。网络的拓扑结构本身不规则，主要包含一些交换机、路由器等互连设备，这些互连设备负责网络的管理工作。

广域网与局域网除了在分布范围上有差异以外，局域网通常没有路由器这些专用设备，也不存在路由选择问题；局域网有规则的拓扑结构，广域网则没有；局域网通常采用广播方式传输数据，而广域网则采用点到点方式来交换数据。像我国现有的中国教育和科研计算机网 CERNET、中国联通互联网 UNINET、中国公用计算机互联网 CHINANET 以及因特网都属于广域网。

(3) 城域网

城域网的覆盖范围介于局域网和广域网之间，一般覆盖一座城市。属于局域网的延伸，使用与局域网相似的技术，在布线结构上范围较广。如政府部门、大型企业和社会服务部门的计算机网络连接等，需要大量用户的访问接入。

2. 按网络的使用者方式分类

(1) 公用网

公用网一般由政府电信部门或相关企业投资组建、管理与控制。可以为任何部门或单位以及社会公众提供服务。

(2) 专用网

专用网是由部门或企业单位内部组建，使用范围仅限于部门或单位内部。可以租用公用网的传输线路。如校园网络、企业网络或部门网络都属于专用网。

3. 按通信方式分类

(1) 点到点网络

网络中两台主机之间、主机与节点交换机之间或两台节点交换机之间都存在唯一的一条物理信道，主机或交换机通过信道发送的数据只有另一端唯一的主机或交换机能收到。在点到点网络中，由于没有竞争，也就不存在访问控制问题。网状网络、树形结构、星形结构、广域网都是典型的点到点网络。

(2) 广播式网络

所有主机共享同一条信道是广播式网络的主要特征。当一台主机发出数据时，其余主机都能收到。由于在广播式信道中会引起信道访问冲突，因此信道的访问控制方法是解决问题的关键。广播式网络主要用于局域网，典型的代表是总线网、微波、卫星通信网等。局域网由于线路短，传输延迟小，因此信道访问控制方法相对容易实现，通过以额外的控制开销换取信道利用率，以便降低整个网络的成本。

4. 按网络拓扑结构分类

拓扑结构一般是指由点、线组成的几何图形。计算机网络的拓扑结构则是将网络的通信链路抽象为线，把计算机节点抽象为点，由点与线相互连接构成的几何图形。按网络拓扑结构分类的网络具体参见 1.8 节内容。

1.5　计算机网络结构

计算机网络的结构如图 1-1 所示。

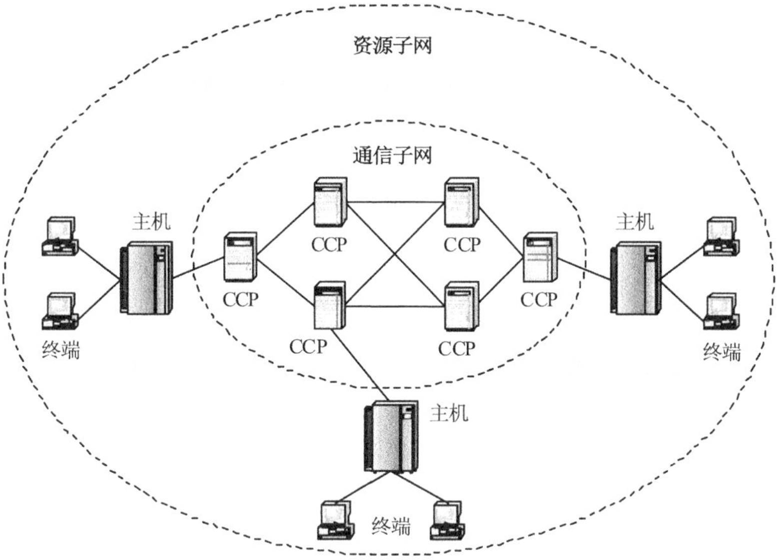

图 1-1　计算机网络的组成

1.5.1　资源子网

资源子网包含若干台主机(host)，它们是各种类型的计算机(或服务器)，向用户提供服务。资源子网是由处于网络边缘部分的计算机或服务器构成，主要负责信息处理，并向网络提供可用资源。通过资源子网共享资源子网的软、硬件资源，也共享通信子网中的资源。

1.5.2　通信子网

通信子网由信息交换的节点交换机和网络通信链路构成，处于网络的核心部分，主要负责全网的网络互连和数据通信。

通信子网采用的数据交换技术主要有电路交换、报文交换和分组交换三种。

1. 电路交换

电路交换必须经过“建立连接、通信、释放连接”三个步骤。联网方式为面向连接的，如图 1-2 所示。

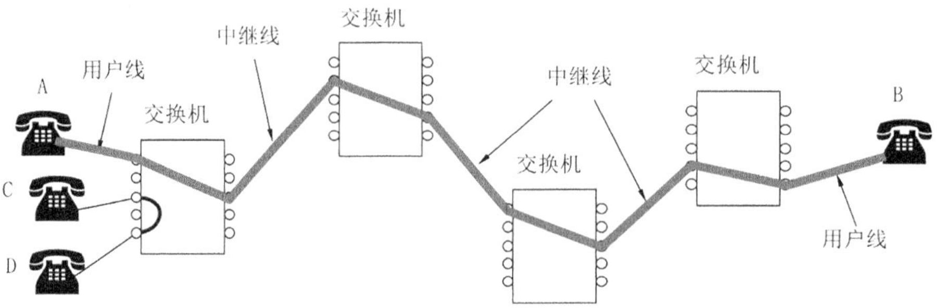

图 1-2　电路交换示意图

缺点：由于计算机数据具有突发性，电路交换传送计算机数据效率低。

2. 报文交换

报文(message)是指要发送的整块数据。报文交换(message switching)基于存储转发原理，在报文交换中心，以每份报文为单位，根据报文的目的站地址，进行相应的转发。

缺点：延迟时间较长，几分钟到几小时不等。

3. 分组交换

分组交换采用存储转发技术。分组或包(package)是将报文划分成等长的数据段，每个数据段前加上必要的控制信息组成的首部(header)。分组的首部也称为包头。

分组交换具有以下优点：

灵活——节点均有智能性，可以为每一个收到的分组独立选择转发路由。

高效——分组转发过程中对通信电路逐段占用，可动态分配所需的传输带宽。

迅速——可以使用高速链路，在无连接方式下向其他主机发送分组。

可靠——具有功能可靠的网络协议和分布式的路由交换，使用网络有很好的生存性。

缺点：有一定的时延，各分组所携带的控制信息会造成一定的开销(overhead)，需要专门的管理和控制机制。

分组交换和报文交换一样都采用存储转发原理，但分组交换由于交换节点上使用了电子计算机且分组为定长，其长度不大，完全可以放在节点交换机的存储器中进行处理，这就使分组转发非常迅速。

图 1-3 表示电路交换、报文交换和分组交换的主要区别。图中的 A 和 D 分别是源点和终点，而 B 和 C 是在 A 和 D 之间的中间节点。

对比数据交换的三种方式，可以看出在数据传送时的主要区别：

电路交换：整个报文好像在一个管道中，连续从源点传送到终点，整个通信线路物理占用。

报文交换：整个报文采用存储转发方式，到达相邻节点后先存储、再查找转发表，转发至下一个节点。

分组交换：将报文分割为多个分组，每个分组在相邻节点间采用存储转发方式进行传送。与报文交换一样，对通信线路逐段占用。

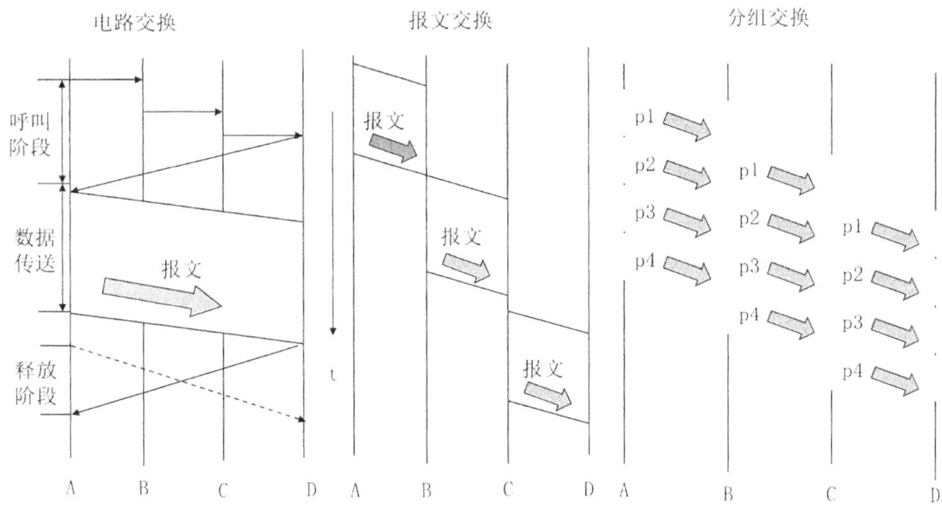

图 1-3　三种交换方式的比较

1.6　计算机网络的组成

一个计算机网络系统由网络硬件与网络软件组成。网络硬件是网络系统的物理设备，网络软件是网络系统中的软件和技术支持。两者相互配合，共同完成网络功能。

网络硬件主要由计算机、传输线路(也称为传输介质)和网络连接设备等构成。

网络软件主要指网络操作系统和网络通信协议等。

1.6.1　网络硬件的组成

网络硬件主要由计算机、通信线路(同轴电缆、双绞线、光纤、无线)、通信处理机(集线器、交换机、路由器)和信息变换设备(modem 及编码解码器)等构成。

1. 主机

主机是为网络提供各类服务的计算机，通常被称为服务器。根据服务器在网络中所提供的服务不同，可将其划分为域名服务器、数据库服务器、文件服务器等。

2. 网络客户机/工作站

网络上除服务器外其余计算机主要执行应用程序来完成工作，这种计算机称为网络工作站或客户机，用户主要通过工作站来使用网络资源并完成工作任务。

3. 通信线路

通信线路是指主机与通信设备之间的通信信道。

4. 网络通信处理机

网络通信处理机作为连接资源子网的接口，将主机、工作站连入网络，同时作为通信子网的存储转发节点，完成对分组的接收、校验、存储和转发等功能。

5. 信息变换设备

主要对数据和信号进行变换，包括：调制解调器、无线通信接发器、光纤编码解码器等。

1.6.2 网络软件的组成

在网络系统中，除了各类网络硬件设备外，还必须有相应的网络软件。

1. 网络操作系统

网络操作系统是最主要的网络软件，用于不同主机之间的网络通信，以及网络软、硬件资源的共享，并向用户提供统一网络接口。目前网络操作系统主要有 Windows、UNIX、LINUX，Windows 是我们使用最广泛的操作系统。

2. 网络协议软件

网络协议软件是用于实现网络通信数据传输规范功能的软件。

典型网络协议软件主要有 IEEE802 标准协议系列协议、IPX/SPX 协议、TCP/IP 协议等。其中 TCP/IP 协议是当前使用最为广泛的网络协议软件。

3. 网络管理软件

网络管理软件主要对网络资源进行管理和对网络进行维护，如配置管理、故障管理、性能管理、安全管理、计费管理、网络运行状态监视与统计等。

4. 网络通信软件

主要实现网络设备之间的通信，用户不需要详细了解通信控制规程，便可以控制应用程序与主机进行通信，并对通信数据进行处理。

5. 网络应用软件

网络应用软件主要为用户提供网络服务，不同的网络应用软件实现不同的网络功能。如浏览网页，上传、下载文件，收发电子邮件，聊天，电子商务，网络支付等。

1.6.3　网络连接设备

1. 中继器

中继器主要用于扩展网络的通信距离和范围。以太网规范中 10BASE5 电缆最大长度为 500m，10BASE2 最大长度为 185m，10BASE-T 最大长度为 100m。当主机之间的通信距离大于上述标准时，就需要通过中继器延长通信距离。

图 1-4 所示为中继器典型用途。

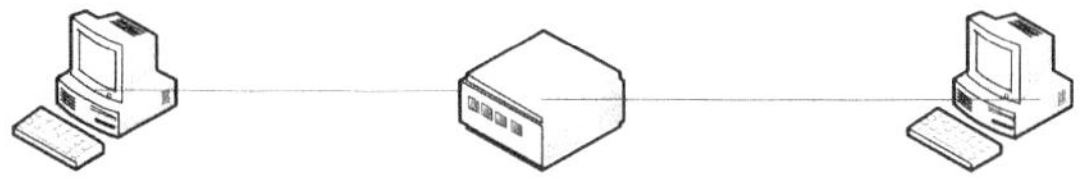

图 1-4　中继器典型用途

2. 集线器

集线器也称为多端口的转发器，主要实现中继功能和连接多台主机，有时也称为 Hub (图 1-5)。集线器根据拥有的端口数量，可以分为 8×、16×、24×和 48×等。按照带宽可以分为 10M、100M 和 10M/100M 自适应 Hub 等。

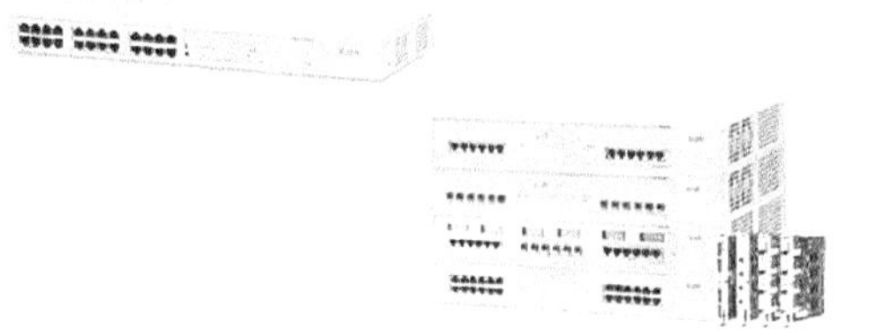

图 1-5　Hub

3. 网桥

网桥主要用于连接两个局域网，如图 1-6 所示。

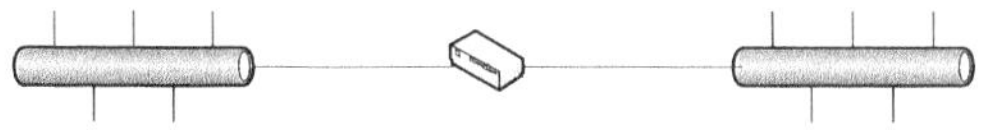

图 1-6　通过网桥连接局域网

图 1-7 所示为网桥的工作原理，网桥从端口接收来自局域网主机的信号，进行解码和拆封后得到局域网数据，存放在数据缓冲区内。网络协议实体负责对数据帧进行合法检查。如果有差错就将其丢弃。对于有效的数据，如果数据的目的地位于源主机所在的局域网上，则将它丢弃；如果目的主机不在当前网络上，则通过查找网桥转发表，确定

目的主机所对应的网桥端口。如果找到，则从缓冲区中读出数据帧，转发到网桥相应端口；如果找不到，则向除源主机端口外的其余端口广播该数据帧。

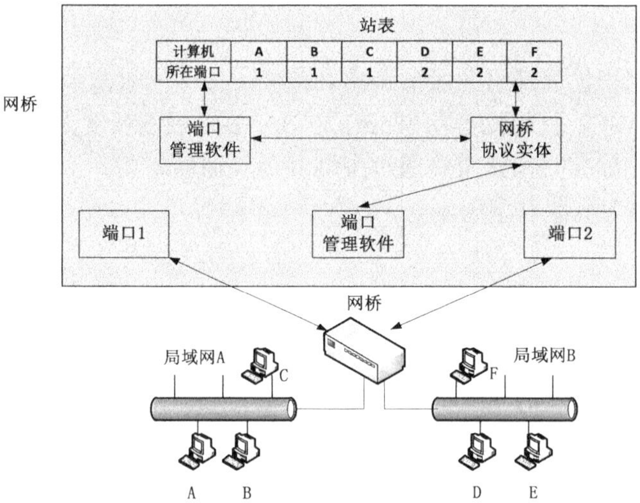

图 1-7　网桥的工作原理

4. 交换机

交换机也称为多端口的网桥。交换机的作用是连接局域网，以扩展局域网的网络规模。交换机可以提高局域网的性能。图 1-8 所示为交换机扩展连接局域网的示意图。因为利用集线器扩展局域网有数量限制，而利用交换机扩展，不仅可以扩大覆盖范围，还可以有效过滤通信量。

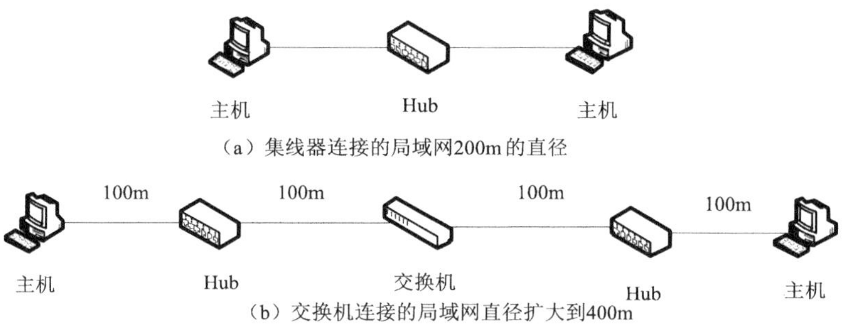

图 1-8　交换机扩展连接局域网

图 1-9 为交换机的基本作用示意图。利用交换机可以搭建交换式局域网，有效提高局域网的通信效率，改善性能。图 1-10 为局域网使用的各种不同层次的交换机。

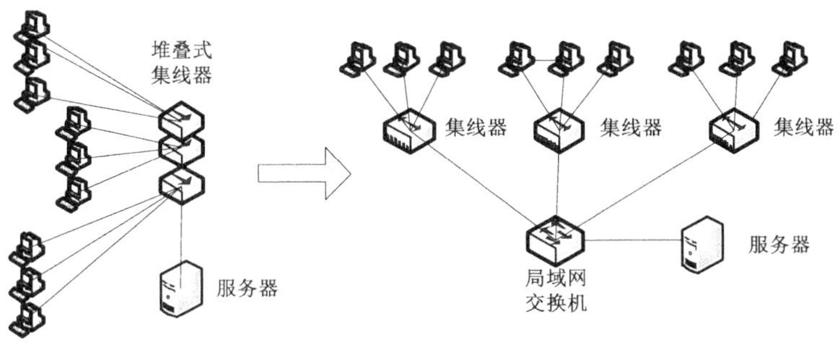

图 1-9　交换机的基本作用

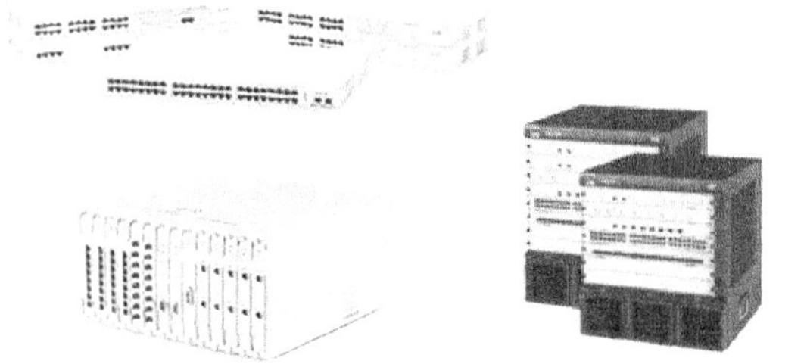

图 1-10　局域网使用的各种交换机

5. 路由器

由于路由器工作在 OSI 参考模型的网络层，而局域网交换机工作在 OSI 参考模型的数据链路层，因此路由器主要用于互连两个不同的网络，一般用于局域网与广域网之间互连，或局域网通过广域网与远程的局域网互连。

图 1-11 所示为路由器在网络中的分布关系。路由器根据所属位置分为接入路由器、边缘路由器和核心路由器，分别对应于接入层、汇聚层和核心层。

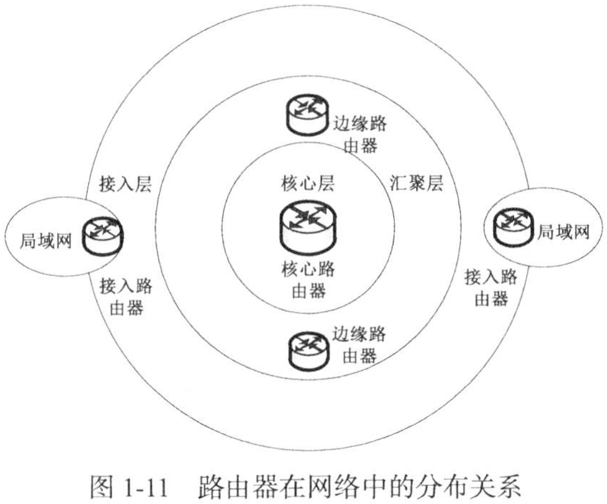

图 1-11　路由器在网络中的分布关系

6. 调制解调器

调制解调器(modem)，俗称为“猫”。其功能是将计算机产生的数字数据转换为模拟信号在模拟电话线路上传输，以达到数据通信的目的。调制解调器主要实现调制和解调的功能，调制是将数字数据转换成适合电话线上传输的模拟信号进行传输，解调则是将电话线上的模拟信号转换成数字数据，并由计算机接收和处理。

7. 网卡/网络适配器 NIC

网卡用来将计算机通过传输介质接入网络。网卡的功能主要包括两个：①将计算机产生的数据进行封装，并通过传输介质将数据发送到网络上；②接收网络传送的数据，并由计算机接收和处理。

网卡安装在计算机或服务器的扩展槽中，现在的计算机主板上直接设计了集成网卡，使用传输介质(如双绞线、同轴电缆或光纤)将计算机与网络设备如交换机等连接，与网络交换数据和共享资源。

网卡有多种不同的类型。传输介质和网络不同，如以太网、无线网络等，必须采用与接口相适应的网卡才行。目前，绝大多数的以太网网络都使用与之相配套的以太网网卡。

网卡虽然有多种，但每块网卡都拥有一个叫做 MAC 地址(48 比特)的唯一的 ID 号，MAC 地址被烧录在网卡 ROM 中，与个人的遗传基因一样，在全世界也不会重复。

安装网卡后，还要进行如 IPX/SPX 协议、TCP/IP 协议等协议的配置。

1.6.4　网络传输介质

通信中实际传送信息的通信线路称为传输介质，是连接收发双方的网络物理通路；传输介质通常划分为有线介质与无线介质，具体请参见 3.4 节(传输介质)。

1.7　计算机网络的性能指标

计算机网络的性能一般通过几个重要的性能指标从不同的方面来度量。下面介绍几个评价网络性能的性能指标。

1. 速率

速率被称为数据率(data rate)或比特率(bit rate)，是计算机网络中最重要的性能指标。速率的单位是 bps、bit/s 或比特/秒。速率也称为额定速率或标称速率。

2. 带宽

原义指某个信号具有的频带宽度。

(1) 模拟信号

带宽：表示允许信号占用的频率范围。单位：Hz、kHz、MHz。如：话音的带宽为 3.1 kHz(300 Hz ~ 3.4 kHz)。

(2) 数字信号

带宽：表示数字信道发送数字信号的速率，即比特率或数据率或传输速率，也称为吞吐量。单位是比特/秒、bit/s、bps。

更常用的带宽单位是：

千比特每秒，即 kbps(10^3bps)

兆比特每秒，即 Mbps(10^6bps)

吉比特每秒，即 Gbps(10^9bps)

太比特每秒，即 Tbps(10^{12}bps)

请注意：在计算机上表示数据大小和容量时，$k = 2^{10} = 1024$，$M = 2^{20}$，$G = 2^{30}$，$T = 2^{40}$。

3. 吞吐量

吞吐量(through put)通常表示在单位时间内通过一个网络或网络接口的数据量。

吞吐量属于现实世界对网络的实际测量值，通过吞吐量可以衡量单位时间内到底有多少数据通过网络进行传输。但吞吐量的结构会受到网络的额定速率或网络带宽的限制。

4. 时延

时延就是一段时间，是指报文、分组或比特数据从网络或一条链路的一端传送到另外一端所需的时间。时延通常由以下 4 个部分组成：发送时延、传播时延、排队时延和处理时延。

(1) 发送时延

发送时延也称为传输时延，是指发送数据时数据块从发送节点通过网络接口进入传输介质所需要的时间。也就是从发送数据的第一个比特算起，到最后一个比特发送完毕为止所需的时间。

$$\text{发送时延}=\frac{\text{数据块长度(bit)}}{\text{信道带宽(bit/s或bps)}}$$

(2) 传播时延

传播时延指电磁波在网络信道中传播一段距离所需的时间。

$$\text{传播时延}=\frac{\text{信道长度(米)}}{\text{电磁波在信道中的传播速率(米/秒)}}$$

电磁波在信道中的传播速率：

太空：3.0×10^5km/s

电缆：2.3×10^5km/s

光纤：2.0×10^5km/s

如：1000km 长的光纤，其传播时延＝5×10^{-3} s=5ms

这里要注意电磁波在信道中的传播速率与信号的传输速率(带宽)是有区别的。

(3) 排队时延

排队时延是指分组在节点的缓存队列中排队所经历的时延。网络中的通信量决定了排队时延的长短。有时也可用排队时延作为处理时延，指数据在交换节点等候发送时在缓存队列中排队所经历的时间。

(4) 处理时延

交换节点为存储并排队等候的分组选择转发路径而耗费的一些必要的处理时间。

因此，总时延 ＝ 发送时延+传播时延+处理时延+排队时延。如图 1-12 所示。

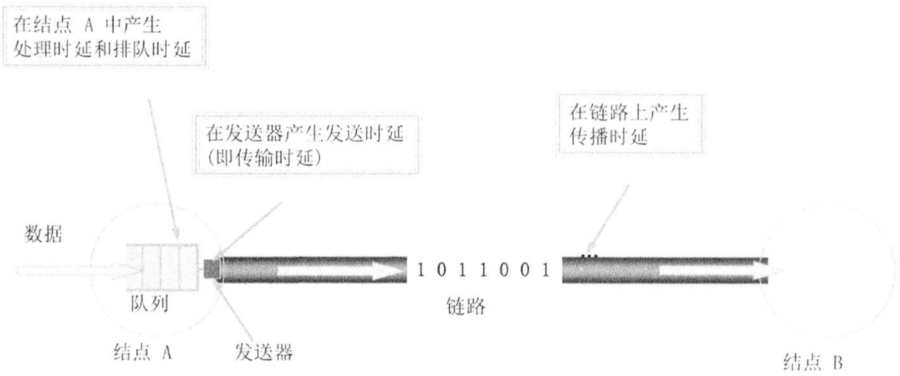

图 1-12　总时延的构成

由图 1-12 可知，高速网络链路提高的是数据的发送速率而不是信号在链路上的传播速率。对于高速网络链路由于提高了链路的带宽，因而减小了数据的发送时延。

5. 时延带宽积

链路的时延带宽积是指链路的传播时延与链路带宽的乘积，即以比特为单位计算的链路长度，表示链路上能够容纳的最大比特数。

$$时延带宽积=传播时延\times带宽$$

6. 往返时延 RTT

数据从发送端开始发送，到发送端收到来自接收端的确认信息所经历的时间。往返时延宽带积：在收到确认信息前，已经发送的比特数。

7. 利用率

利用率分为信道利用率和网络利用率。

信道利用率是指被占用的信道有多少时间是被用来传输数据的。如果信道完全空闲，则其利用率为零。

网络利用率则是指把整个网络的所有信道利用率加权平均后的值。

根据排队论理论，随着信道利用率的增大，信道的时延也会迅速增加。因此，信道利用率并非越高越好。

假设 D_0 为网络空闲时的时延，D 为网络当前的时延，可以用一个简单的公式来表示 D 和 D_0 之间的关系：$D = D_0/(1-U)$。其中 U 指网络的利用率，其数值在 0 到 1 之间。

时延与利用率的关系如图 1-13 所示。

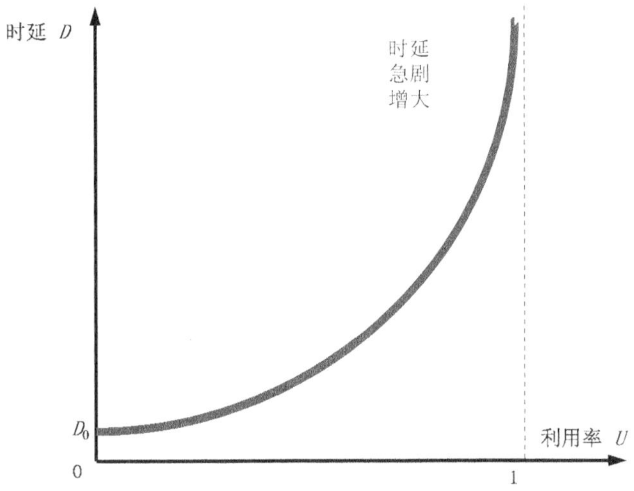

图 1-13　时延与利用率的关系

1.8　计算机网络拓扑结构

1.8.1　网络拓扑结构的概念

拓扑的概念来源于几何学，主要描述几何图形中点和线的关系。计算机网络拓扑(computer network topology)是指计算机或网络设备与传输介质相互连接形成的点与线的构成方式。构成网络拓扑的节点有两类：一类是转换信息的节点，包括集线器、交换机与终端控制器等；另一类是计算机主机或终端等访问节点。线则代表各种传输介质，包括有线和无线两种方式。

拓扑结构的选择通常与传输介质的选择以及介质访问控制方法有关。选择网络拓扑结构时，应该考虑下列几点因素：

(1) 可靠性。尽可能提高可靠性，以保证所有数据流能准确接收；还要考虑系统的可维护性，使故障检测和故障隔离较为方便。

(2) 费用。建网时需考虑适合特定应用的信道费用和安装费用。

(3) 灵活性。系统在后期扩展时，能够方便地对网络拓扑结构重新配置，可以方便地删除原有站点和加入新的站点。

(4) 响应时间和吞吐量。要为用户提供尽可能短的响应时间和最大的吞吐量。

计算机网络的拓扑结构主要有：总线型拓扑、星形拓扑、环形拓扑、树形拓扑和网状拓扑。

1.8.2　常见的网络拓扑结构

计算机网络拓扑结构是描述计算机网络组成结构最主要的方法。按照拓扑结构不同，计算机网络可分为以下五类：

1. 星形网络

星形拓扑结构以中央节点为中心进行集中管理与控制，执行集中控制策略。各节点通过点对点链路与中央节点连接。图 1-14(a)所示为星形拓扑结构。

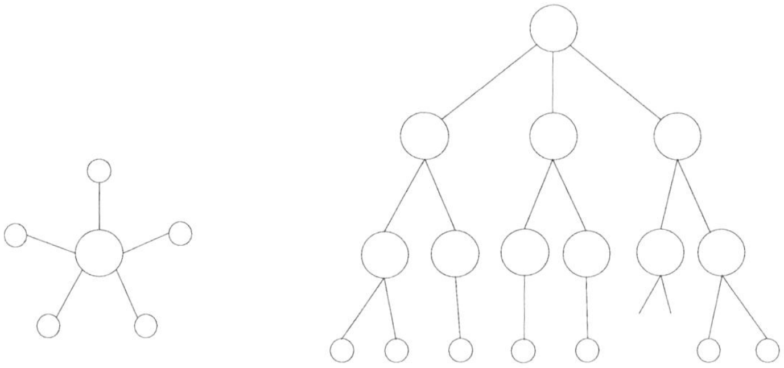

(a)　(b)

图 1-14　(a) 星形拓扑结构网络；(b) 树形拓扑结构网络

星形网络结构简单，容易控制和管理；网络误码率较低，延迟时间较短；中央节点负荷较重。

2. 树形网络

大型网络建造时，往往采用层次型的多级星形网络结构，按层次方式排列即成为树形网络。图 1-14(b)所示即为树形拓扑结构网络。电话通信网络和因特网都是树形结构的网络。图 1-15 所示为某大学典型的树形结构校园网络示意图。

树形网络结构简单，每个链路都支持双向传输，任意两个节点之间不产生回路。网络节点扩充灵活方便。但除了叶节点和与其相连的链路外，其余任何一个节点或链路的故障都会影响整个网络的使用。

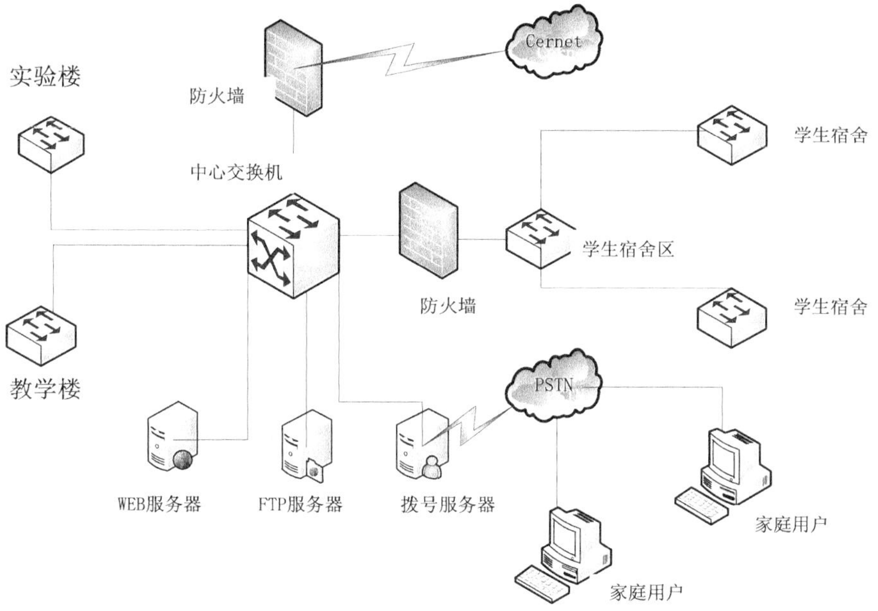

图 1-15　某大学校园树形结构网络示意图

3. 总线型网络

总线型网络通过一条公用总线与若干个节点连接所形成，图 1-16(a)所示为总线型拓扑结构网络示意图。

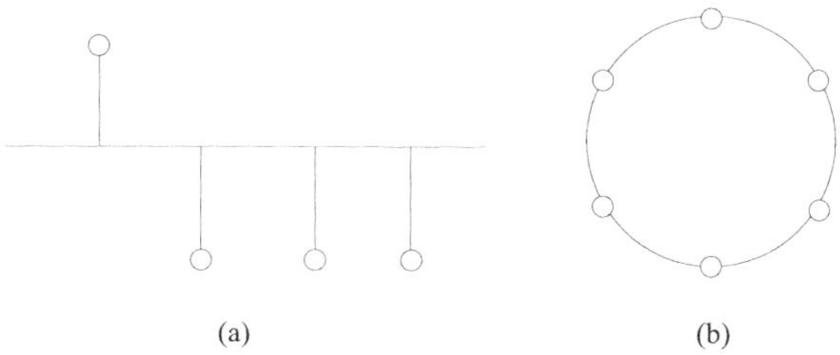

图 1-16　(a) 总线型网络；(b) 环形网络

总线型网络的特点主要是结构简单灵活，便于扩充，是一种很容易建造的网络。由于多个节点共用一条传输信道，故信道利用率高，但容易产生访问冲突；传输速率高，可达 1～100Mbps；但总线型网络常因一个节点出现故障(如接头接触不良等)而导致整个网络不通，因此可靠性不高。

4. 环形网络

环形网络由各个节点首尾相连构成一个闭合的环形结构。如图 1-16(b)所示，环形网络中任何节点都可以请求发送信息。

环形网络中信息沿着环路朝着一个固定方向流动，两个节点间的通路是唯一的，大大简化了环路的路径控制；当节点发生故障时，可以自动旁路，具有较高可靠性；当节点过多时，由于数据依次串行通过节点环路接口，网络响应时间变长。但当网络确定时，其时延固定。

环形网络在企业信息处理系统或工厂自动化系统中使用，在某些校园网主干网也采用环形结构。图 1-17 所示为某大学校园网的主干网，其三个校区通过路由器连接构成环形网络结构。

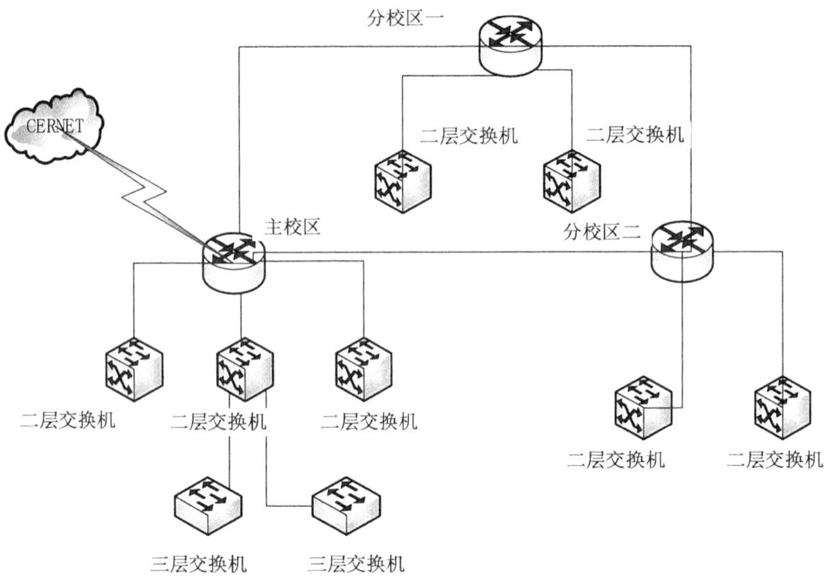

图 1-17　某大学校园网的环形主干网

5. 网状网络

网状网络结构如图 1-18 所示。图中虚线以内部分表示通信子网，虚线以外的计算机或终端设备称为资源子网或数据处理子网。

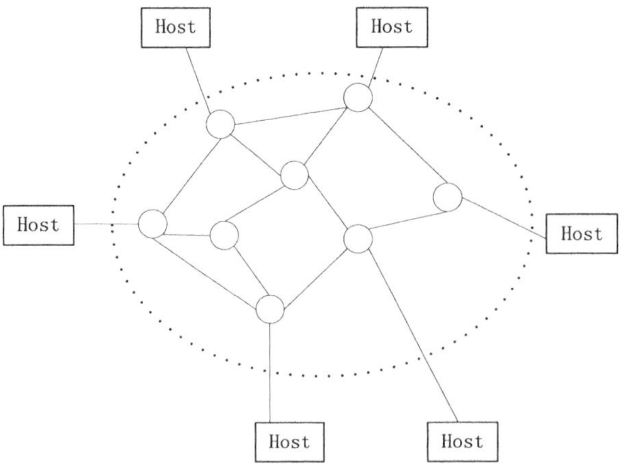

图 1-18　网状拓扑结构网络

广域网最常采用的网络形式就是网状网络。网状网络的可靠性高，在通信子网任意两个节点之间，都存在着两条以上通信路径。当其中一条路径发生故障时，可以通过另外一条路径把信息传送到节点交换机。网状网络同时具有良好的扩充性，无论增加新功能，添加新计算机或更新网络都比较方便；网状网络可建设成各种形状，采用多种传输速率。

在以上五种基本网络拓扑结构的基础上，还可以构造出多种复合网络拓扑结构。如中国教育和科研计算机网络(CERNET)可以看作是星形网络、树形网络和网状网络结构的复合，主干网采用网状结构网络构成，其连接的每一所大学则以树形结构或环形结构接入，其拓扑如图 1-19 所示。

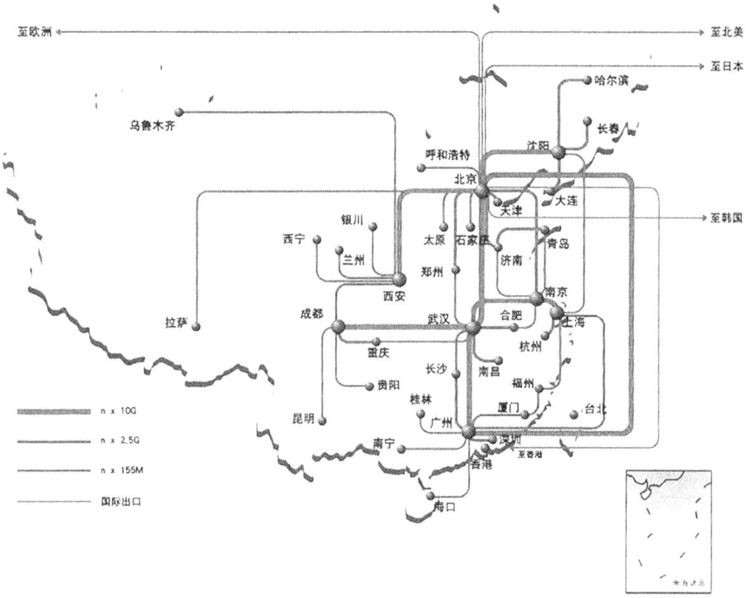

图 1-19　中国教育和科研计算机网络拓扑图

1.9　有关的网络标准组织与管理机构

1.9.1　有关的标准组织

随着计算技术、通信技术及信息处理技术的快速发展，计算机进入了网络化的时代。为了支持异构计算机之间的互连，需要开放、统一的网络协议或协议转换技术。同时为了支持多种传输介质，计算机网络结构和相应的通信控制协议都要适应通信技术的发展。为了支持多种处理业务，需要制定信息表示和资源访问控制的相关标准。

有关的国际标准化组织机构做了大量而卓有成效的工作，下面介绍一些具有重要影响力的国际标准化组织。

1. 国际标准化组织 ISO

国际标准化组织(International Organization for Standardization，简称 ISO)是一个拥有 163 个成员国的国际标准化联合机构。根据 ISO 组织章程，每一个国家只能选择一个最具代表性的标准化团体作为其成员。

ISO 的前身为国际标准化协会(简称 ISA)。ISA 于 1928 年成立，随着第二次世界大战的爆发被迫停止工作，并于 1946 年 10 月重新建立新的国际标准化组织，同时通过了 ISO 章程和议事规则。1947 年 2 月 23 日 ISO 正式在瑞士日内瓦运行。

ISO 的宗旨是在全球范围内促进标准化工作，有利于国际交流和互助，并扩大知识、科技、经济方面的合作。ISO 主要负责制定国际标准，协调全球范围的标准化工作，并与其他国际组织合作研究有关标准化问题。

ISO 的主要组织机构包括：ISO 全体大会、政策发展委员会、合格评定委员会(CASCO)、消费者政策委员会(COPOLCO)、发展中国家事务委员会(DEVCO)、特别咨询小组、技术管理局、技术委员会(TC)、理事会、中央秘书处等，ISO 的组织结构如图 1-20 所示。ISO 全体大会(General Assembly)是 ISO 的最高权力机构，全体大会每 3 年召开一次。ISO 的技术委员会和分委员会与 500 多个国际组织建立了联络关系。ISO 已经收入 50 万件标准、技术法规和其他标准类出版物，10750 个国际标准及 2700 个国际标准草案。

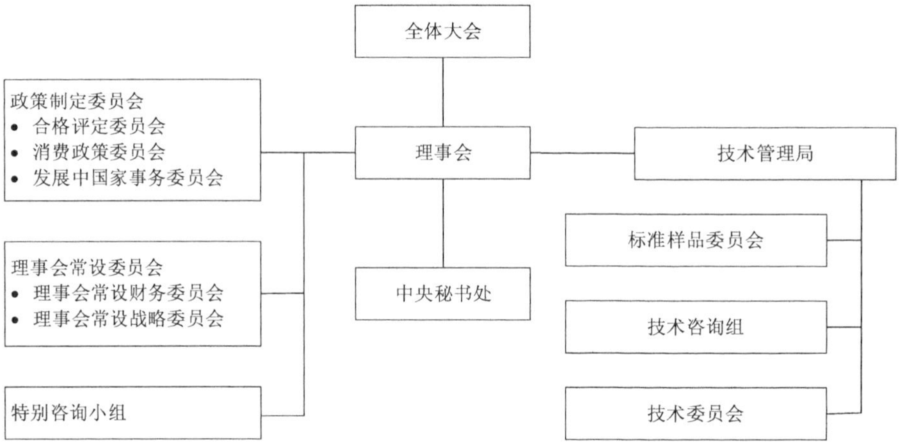

图 1-20　ISO 组织结构图

2. 国际电信联盟 ITU

国际电信联盟(International Telecommunication Union，简称为国际电联、电联或 ITU)作为联合国的一个专门机构，是联合国机构中历史最长的国际组织。

ITU 总部设在瑞士日内瓦，有 193 个成员国和 700 多个部门成员、准成员和学术成员。ITU 把每年的 5 月 17 日定为世界电信日(World Telecommunication Day)。

ITU 的宗旨是保持和发展国际合作；促进电信业务研发；促进电信设施合理使用，提高服务率与利用率，并达到大众化、普遍化；协调各国工作，达到共同目的。

ITU 主要负责国际信息通信技术事务，负责管理与分配全球无线电频谱、卫星轨道资源，制定国际电信标准，并向发展中国家提供电信援助和促进全球电信的发展。这些工作分为电信标准化、无线电通信规范和电信发展 3 个部分。

3. 美国电子工业协会 EIA

美国电子工业协会(EIA)创建于 1924 年，前身为无线电制造商协会(Radio Manufacturers' Association，简称 RMA)，成员已超过 500 名，总部设在弗吉尼亚阿灵顿。EIA 主要代表电子元件、部件、通信系统和设备的制造商以及工业界、政府和用户利益，以提高美国制造商竞争力。

EIA 下设工程部、政府关系部和公共事务部三个部门委员会和若干分部。EIA 根据协会工程指南的原则制定 EIA 标准项目或技术文件。

4. 电气和电子工程师协会 IEEE

电气和电子工程师协会(Institute of Electrical and Electronics Engineers，简称 IEEE)是一个全球最大的非营利性电子技术与信息科学工程师的协会。会员人数 40 多万人，遍布 160 多个国家。

IEEE 致力于电气、电子、计算机工程和与科学有关的领域的研究与开发，在太空、计算机、电信、生物医学、电力及消费性电子产品等领域制定了 900 多个行业标准，已发展成为有较大影响力的国际学术组织。

IEEE 计算机专业学会的局域网/城域网标准委员会(简称为 IEEE 802 委员会)主要负责研究局域网和城域网的物理层和 MAC 层规范标准。我们熟悉的 IEEE 802.3、802.11、802.16、802.20 等标准就是 IEEE 802 委员会负责制定的。

1.9.2 Internet 管理机构

众所周知，全球 Internet 是由世界各国数量众多的网络互连而成。这些网络规模各异，又归属不同的组织、团体及部门，有跨越洲际的、覆盖多个国家的网络，也有各国的网络和各个部门、团体的专用网络、校园网、企业网等。

1992 年，在原来的 IAB、IANA、IETF 等组织的基础上正式成立了全球性的非政府因特网组织 Internet 协会(Internet Society，简称 ISOC)。ISOC 成员主要来自各个国家和信息领域的企业网络组织。图 1-21 所示为 Internet 相关标准的管理机构。

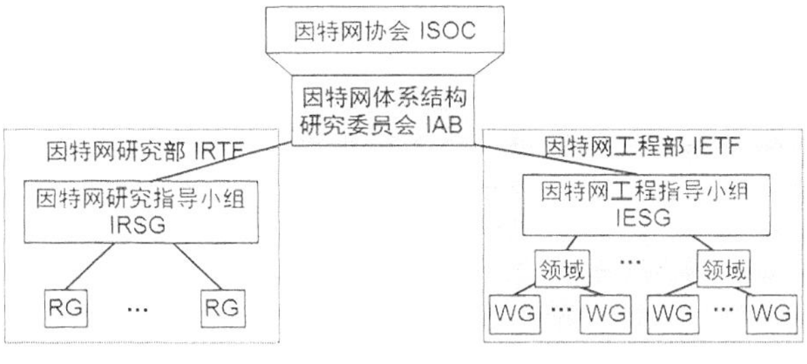

图 1-21　Internet 相关标准的管理机构

1. Internet 协会

Internet 协会(ISOC)是一个专业性的会员组织，由来自 100 多个国家的 150 个组织以及 6 000 名个人成员组成，这些组织和个人掌握影响 Internet 现在和未来的技术。ISOC 由几个负责 Internet 结构标准的组织组成，包括 Internet 体系结构组(IAB)和 Internet 工程任务组(IETF)。ISOC 的站点是 http://www.isoc.org/。

2. Internet 体系结构组

Internet 体系结构组(IAB)以前称为 Internet 行动组，是 Internet 协会技术顾问，这个小组定期会晤、考察由 Internet 工程任务组和 Internet 工程指导组提出的新思想和建议，并给 IETF 带来一些新的想法和建议。IAB 的 Web 站点是 http://www.iab.org/。

3. Internet 工程任务组

Internet 工程任务组(IETF)是由网络设计者、制造商和致力于网络发展的研究人员组成的一个开放性组织。IETF 一年会晤三次，主要的工作通过电子邮件组来完成，IETF 被分成多个工作组，每个组有特定的主题。IESG 工作组包括超文本传输协议(HTTP)和 Internet 打印协议(IPP)工作组。

IETF 对任何人都是开放的，其站点是 http://www.ietf.org。

4. Internet 工程指导组

Internet 工程指导组(IESG)负责 IETF 活动和 Internet 标准化过程的技术性管理，IESG 也保证 ISOC 的规定和规程能顺序进行。IESG 给出关于 Internet 标准规范采纳前的最后建议。

5. Internet 编号管理局

Internet 编号管理局(IANA)负责分配 IP 地址和管理域名空间，IANA 还控制 IP 协议端口号和其他参数，IANA 在 ICANN 下运作。IANA 的站点是 http://www.iana.org/。

6. Internet 名字和编号分配组织(ICANN)

ICANN 是为国际化管理名字和编号而形成的组织。其目标是帮助 Internet 域名和 IP 地址管理从政府向民间机构转换。当前，ICANN 参与共享式注册系统(shared registry system，SRS)，通过 SRS，Internet 域的注册过程是开放式公平竞争的。

7. Internet 网络信息中心和其他注册组织

InterNIC(Internet Network Information Center)从 1993 年起由 Network Solutions 公司运作，负责最高级域名的注册(.com，.org，.net，.edu)，InterNIC 由美国国家电信和信息管理机构(NTIA)监督，这是商业部的一个分组。InterNIC 把一些责任委派给其他官方组织(如国防部 NIC 和亚太地区 NIC)。

1.9.3　RFC 文档与 Internet 标准

所有的因特网标准都是以 RFC (request for comments，即“请求评论”)文档的形式在因特网上发表。所有的 RFC 文档都可以从因特网上免费下载，但并不是所有的 RFC 文档都能成为因特网标准，只有其中的一小部分 RFC 文档最后才能变成正式的因特网标准。

每个 RFC 文档都有一个编号，如 RFC xxxx，这里的 xxxx 是阿拉伯数字。通常按照收到 RFC 文档时间的先后顺序从小到大编号。一个 RFC 文档被更新后就会使用一个新编号，并在此文档中指出原来编号的 RFC 文档。例如，2003 年 11 月公布了因特网正式协议标准 RFC 3600，此文档注明了：以前的文档 RFC 3300 已变成为陈旧的。但到了 2004 年 7 月 RFC 3600 文档又更新了，新文档的编号是 RFC 3700，此文档又注明：RFC 3600 已经变成为陈旧的。现有的 RFC 文档中已有不少变为陈旧的，在参考时应注意。

各种 RFC 之间的关系如图 1-22 所示。

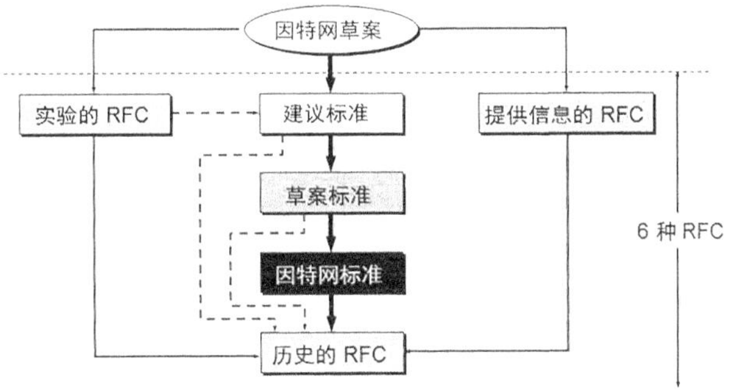

图 1-22　各种 RFC 之间的关系

因特网正式标准的制订要经过以下四个阶段(参见 RFC 2026)：

(1) 因特网草案(Intemet Draft)阶段：在这个阶段还不是 RFC 文档。

(2) 建议标准(Proposed Standard)阶段：从这个阶段开始就成为 RFC 文档。

(3) 草案标准(Draft Standard)阶段。

(4) 因特网标准(Intemet Standard)阶段。

因特网草案的文档有效期只有六个月。只有到了建议标准阶段才能以 RFC 文档形式发表。本书的许多内容都注明其相关的 RFC 文档号便于读者查阅。

除了以上三种 RFC 外(即建议标准、草案标准和因特网标准)，还有历史的 RFC、实验的 RFC 和提供信息的 RFC 三种 RFC。历史的 RFC 是指被后来的 RFC 所取代，或者是因技术发展而被淘汰和更新，没有最终成为因特网标准。实验的 RFC 表示正处于实验阶段，是不能在任何实用的因特网服务中进行实现。提供信息的 RFC 指仅仅能提供与因特网相关的一些信息。

1.10 小　　结

本章主要介绍了计算机网络的定义、组成和分类，计算机网络的结构(资源子网和通信子网)，计算机网络的组成(硬件与软件)，计算机网络的主要性能指标以及计算机网络的拓扑结构等概念，最后介绍了有关的网络标准和管理机构。

1.11 习　　题

一、单项选择题

1. 计算机互连的主要目的是________。
   A. 制定网络协议　　B. 将计算机技术与通信技术相结合
   C. 集中计算　　D. 资源共享
2. 资源子网是用来________。
   A. 提供用户共享的软件和硬件　　B. 传输用户数据
   C. 提供传输线路　　D. 路径选择
3. 计算机网络最突出的优点是________。
   A. 存储容量大　　B. 将计算机技术与通信技术相结合
   C. 集中计算　　D. 资源共享
4. 计算机网络中可以共享的资源包括________。
   A. 硬件、软件、数据　　B. 主机、外设、软件
   C. 硬件、应用程序、数据　　D. 主机、应用程序、数据
5. 以下不属于按地理覆盖范围和规模进行分类的网络是________。
   A. LAN　　B. MAN　　C. 公用网　　D. WAN
6. 计算机网络拓扑是计算机网络设计时要考虑的主要因素之一，它反映出了网络中各节点与通信线路之间的________。
   A. 结构关系　　B. 层次关系　　C. 主从关系　　D. 几何形状
7. 通信子网的主要作用是________。
   A. 为端用户提供上网服务　　B. 为其他用户提供共享资源
   C. 提供数据的传输与转发　　D. 提供资源子网与通信子网的接口
8. 下面不属于通信子网组成部件的是________。
   A. 主机　　B. 通信线路　　C. 通信设备　　D. 通信控制处理机

二、概念解释

1. 计算机网络
2. 网络拓扑结构
3. 局域网
4. 城域网
5. 广域网
6. 通信子网
7. 资源子网

三、简答题

1. 试以一个所熟悉的因特网应用为例，说明对计算机网络定义和功能的理解。
2. 计算机网络如何分类？试分别举出一个局域网、城域网、广域网的例子，并说明它们之间的区别。
3. 什么是计算机网络的二级子网结构？试说明它们的功能和组成。
4. 常用的计算机网络的拓扑结构有哪些？各自有何特点？试画出它们的拓扑结构图。

第 2 章　计算机网络体系结构

计算机网络是一个十分复杂的系统，如何从整体上定义和描述计算机网络的实现框架，形成各方都必须共同遵守的一致性标准，透明地为用户提供各种资源共享和信息通信服务，同时使不同厂商设计和生产的网络产品之间相互兼容，是一个必须解决的核心问题。计算机网络体系结构就是标准化的网络结构，是为简化网络问题的研究、设计与实现而抽象出来的一种结构模型。计算机网络体系结构要解决的问题是：如何构建计算机网络的结构？如何根据计算机网络体系结构来制定一致、规范网络通信的标准？

2.1　计算机网络体系结构概述

2.1.1　计算机网络的分层模型

计算机网络是由许多硬件、软件和协议交织起来的复杂系统。由于网络设计十分复杂，如何设计、组织和实现计算机网络是一个挑战，必须要采用科学有效的方法。

一般采用“层次划分”的方法。这种“层次划分”的方法在计算机网络这个复杂系统的设计与实现过程中是如何运用呢？

首先，计算机网络应当具有相对独立的功能。

其次，梳理这些功能之间的关系，使一个功能可以为实现另一个功能提供必要的服务，从而形成了系统的层次结构。

第三，为了提高系统的工作效率，相同或相近的功能仅在一个层次中实现，而且尽可能在较高的层次中实现。

为了降低网络设计的复杂性，计算机网络采用层次化结构，每一层都建立在下一层的基础之上，不同的层次完成计算机网络中不同的功能。不同的网络，其相应的层数、名称、内容及功能也不尽相同。每一层的设计目标都是向上一层提供一定的服务，需要把实现服务的细节对上一层进行屏蔽，也就是下一层的实现对上一层来说是透明的。

对网络进行层次划分就是将网络这种庞大而复杂的系统问题划分成若干较小的、简单的问题，这种处理问题的方式在日常生活中也经常见到，比如寄送邮件。先回顾一下寄信的过程：

首先，寄信人在信笺上写好信的内容，要按写信的格式和收信人能看懂的语言去写，然后装入信封，在信封左上角写上收信人的邮政编码和地址，在信封中间写上收信人的名字，在信封右下角写上寄信人的地址和邮政编码，封好信封，在信封右上角贴上邮票，投入寄信人所在地邮局(发送方邮局)的邮政信箱就可以了。

接下来，发送方邮局把信箱中信件取出，采用手工或机器分拣把信件放在一个邮袋中，封好邮袋，交给运输部门。运输部门再把邮袋装车，通过公路、铁路和航空等不同方式进行运输。

最后，邮袋到达收信人所在地的运输部门，然后被送到邮局(接收方邮局)。

再由接收方邮局的投递员按照收信人地址把信放入收信人信箱；收信人从信箱中取出信后，拆去信封，就看到信的内容了。

为了更好地理解层次模型概念，以邮政系统为例来说明这个问题，如图 2-1 所示。

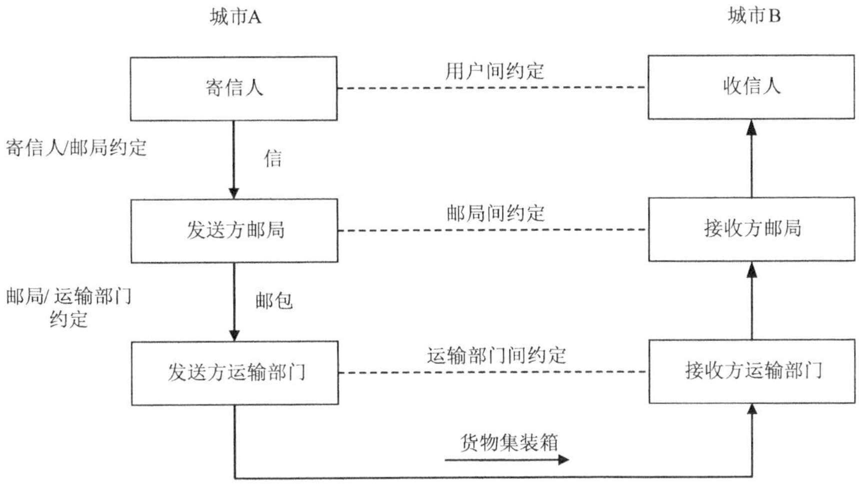

图 2-1　邮政系统模型

在网络的层次模型中需要解决如下问题：

(1) 一个网络到底应该具有哪些层次？网络中每一层的功能是什么？(功能分类与层次划分)

(2) 网络中各层之间的关系是如何设计与处理的？它们之间如何进行交互？(服务与接口)

(3) 通信双方的数据传输需要遵循哪些规则和约定？(协议)

如图 2-2 所示，层次模型是把一个复杂的系统设计问题进行分解后，形成多个层次分明的简单问题，并规定每一个层次所必须完成的功能内容。这样提供了一种按层次划分来观察网络的方法，描述了网络中任意两个节点之间的信息传输。

由图 2-2 可以看出，层次划分的方法具有以下优点：

(1) 各层之间相对独立，每一层只实现一种独立的功能，使解决问题的复杂程度降低。

(2) 结构上可以分割开。各层内部可以采用最合适自己的技术来实现，各层之间通过接口进行数据交换。

(3) 灵活性好。各层内部的操作和具体实现不会影响到其他的层次。

(4) 容易实现和维护。因为整个网络系统可以被分解成多个相对独立的子系统，系统的复杂程度降低。

(5) 有利于促进标准化工作。因为对每一层的功能及提供的服务都有了精确的说明，在获得认可的同时，网络结构趋向于统一，利于计算机网络体系结构的标准化。

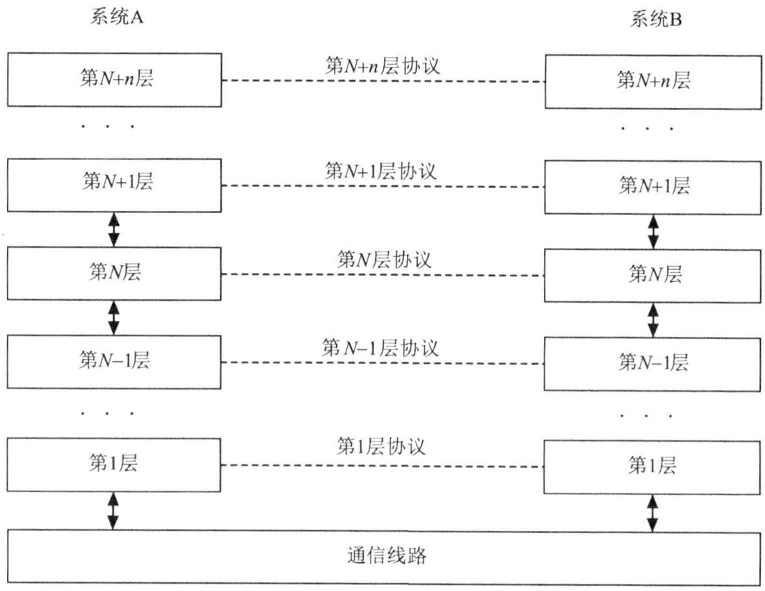

图 2-2 计算机网络层次结构模型

2.1.2 计算机网络体系结构的概念

1. 计算机网络体系结构的定义

计算机网络各个层次的划分及相应协议的集合称为网络的体系结构(architecture)。换言之，计算机网络体系结构就是计算机网络及其部件所应完成功能的精确定义。这些功能用何种硬件或软件完成，是遵循这种体系结构的具体的实现(implementation)的问题。

网络的体系结构是抽象的，特定网络的实现却是具体的。一个计算机网络是遵循某种网络体系结构的具体的实现，是具体的计算机和通信硬件以及应用软件和协议的实际运行的实例。

2. 计算机网络体系结构中的术语

(1) 实体：表示进行信息交换时任何可发送或接收信息的硬件或软件进程。在具体实现时，可以是一个特定的软件模块或软、硬件结合的设备。可理解为信息的发送者和接收者。

(2) 服务：描述为体系结构中下一层为其上一层提供支持。也就是说下一层为上一层提供需要的服务，上一层利用下一层提供的服务实现自己的功能，并同时再向更上一层提供所需要的服务。

(3) 接口：指同一系统上下层之间提供服务与被服务的一种接口。任何上下层之间都存在接口。

(4) 服务访问点(SAP)：是上下层实体在接口上交换信息的地方，即上下层实体间的逻辑接口。上下层实体之间通过服务访问点利用服务原语进行信息交换，如图 2-3 所示。

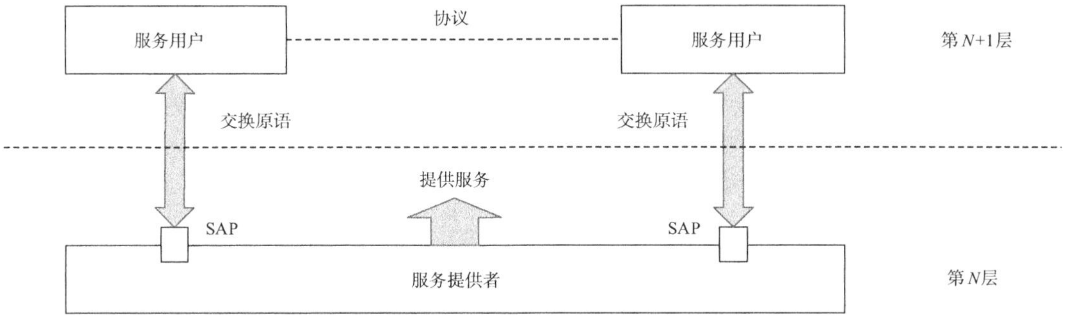

图 2-3　服务访问点和服务原语

(5) 网络协议(network protocol)：是指网络中的节点为进行数据交换和通信而建立的规则、标准或约定的集合，简称协议。即两个对等实体之间进行通信的规则的集合。

网络协议主要由以下 3 个要素组成：

语法：定义通信双方交换信息时的数据与控制信息的结构或格式。

语义：即语法定义的结构或格式中具体的含义，表示要发出何种控制信息、完成何种动作以及做出何种响应等。

时序：即事件实现顺序的详细说明，也称为定时或同步。

3. 计算机网络体系结构中的协议与服务的关系

(1) 在协议的控制下，两个对等实体之间的通信可以使本层能够向上一层提供服务。协议的实现保证了下一层能够向上一层提供服务。要想实现本层的协议，还需要使用其下一层所提供的服务。

(2) 使用本层的服务实体，即服务接受者只能看见下层的服务而无法看见协议。下面的协议对上面的实体用户是透明的。

(3) 协议是控制对等实体之间的通信规则，是在“水平方向”的。而服务是由下层向上层通过层与层之间的接口提供的，是在“垂直方向”的。

2.2　ISO/OSI 网络参考模型

2.2.1　ISO/OSI 参考模型

1974 年，IBM 公司制定了系统网络体系结构(system network architecture，简称 SNA)。其他一些公司也相继推出一些不同名称的体系结构。不同的体系结构出现后，由于结构不同，很难实现互相连通。为了使不同体系结构的计算机网络能够互连，国际标准化组织 ISO 于 1977 年提出了开放系统互连参考模型(open systems interconnection reference model，简称 OSI/RM)，1983 年形成了七层协议体系结构模型的正式文件 ISO7498。开放是指可以互连互通非垄断的。只要遵循 OSI 标准，任何系统都可以和世界上其他遵循这一标准的系统进行通信。系统是指系统中与互连有关的各个部分。

1. OSI/RM 模型结构

OSI/RM 参考模型是第一个以国际标准定义的计算机网络体系结构。OSI/RM 参考模型的功能划分为七个层次，最低的三层分别是物理层(physical layer)、数据链路层(data link layer)、网络层(network layer)，中间是传输层(transport layer)、会话层(session layer)、表示层(presentation layer)，最上面是应用层(application layer)，如图 2-4、图 2-5 所示。

图 2-4 OSI/RM 模型图

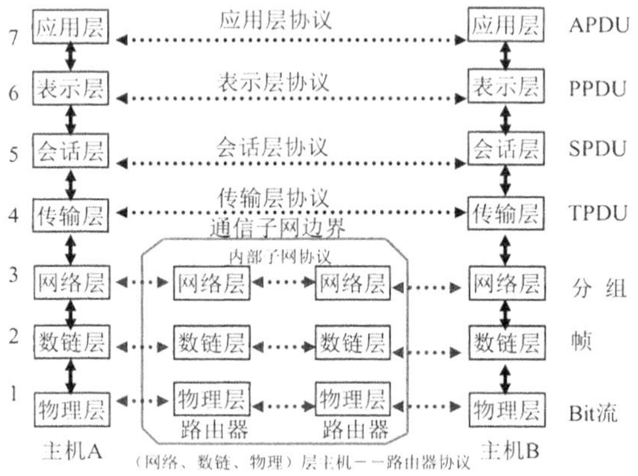

图 2-5 OSI/RM 参考模型

OSI/RM 中不仅定义了广域网与不同局域网之间通信的最上面五层，也给出了局域网内部通信所需的最低两层。OSI/RM 从物理层到传输层的低四层则定义了如何实现端到端的数据传输，以及如何通过网卡、物理电缆、交换机和路由器等实现数据传输的方法；而从会话层到应用层的高三层则定义了终端的应用程序和用户通信，定义了从发送方到接收方的应用程序数据流。更多的是把 OSI/RM 的七层结构分成低三层和高四层，低三层负责创建网络通信所需的网络连接(面向网络)，属于“通信子网”部分，而高四层具体负责端到端的用户数据通信(面向用户)，属于“资源子网”部分。

2. OSI 参考模型各层的功能

(1) 物理层

物理层是最重要、最基础的一层，位于 OSI 参考模型的最低层。物理层既不是指负责信号传输的物理介质，也不是指连接计算机的物理设备，而是通信介质与设备上一个为数据链路层提供比特流传输的物理连接。

物理层为数据链路层提供服务，屏蔽了具体使用的通信介质与设备通信方式的差异。其主要任务是为通信双方提供数据传输的物理连接，并实现透明传输比特流。

物理层的功能如下：①为两个数据链路层实体之间数据的传输建立、维持和拆除相应的物理连接。②位同步传输。在物理连接上的数据传输一般是串行传输。物理层要保证按位传输的信息的正确性。③物理层管理。管理物理层内的一切活动。④实现机械特性、电气特性、功能特性和规程特性的匹配。

(2) 数据链路层

数据链路层的主要任务是检测并校正物理传输介质上产生的差错，负责从源端到目的端数据链路信息的传输与控制，如建立、维护与拆除连接，差错控制与恢复，异常情况处理，信息格式等，形成一条无差错的链路。

链路是两个相邻节点间传输信息的物理线路。链路间没有任何其他节点，可分为物理链路和逻辑链路。①物理链路：两个节点间的实际传输线路，也称为链路。②逻辑链路：在物理链路的基础上加上实现协议的硬件和软件，也称为数据链路。

数据链路层数据的传输单位是帧，也是分组的具体体现。

数据链路层有如下功能：①数据链路的建立、维持和拆除。链路两端的节点在通信前要先建立数据链路，在传输过程中也要维持，并在传输完毕后拆除相应的数据链路。②数据帧同步。数据帧首部和尾部用来表示数据帧的开始与结束，接收方必须能够明确地从物理层收到的比特流中区分出完整的数据帧，以便进行同步。③差错控制。数据帧信息在传输过程中可能会出现差错。通常采用检错、重发等差错控制技术保证数据传输的正确性。④流量控制。通过采取一定措施使网络中部分或全部链路上的信息流量不超过规定的阈值，以保证信息传输通畅顺利。

(3) 网络层

网络层处于通信子网的最高层，用于管理和控制通信子网的相关操作。它体现了资源子网对通信子网的访问方式。网络层的协议数据单元是数据分组(包)。

网络层的主要任务是在数据链路层的基础上，实现通信子网内部的连接，并向传输层提供端到端的数据传输，为报文或分组通过通信子网以最佳路径到达目的主机。对于跨越多个网络的实体，网络层还需要提供网络互连和路由选择服务等。

网络层有以下功能：①网络连接的建立、维持与拆除。为传输层实体之间的通信提供服务。②路由选择。在通信子网中根据一定路由选择算法，选择一条从源节点到目的节点的最佳路由。③流量控制。对整个通信子网内的数据流量和布进行控制与管理，以免发生网络阻塞和死锁，进而提高通信子网的传输效率和吞吐量。④网络层需要对通信子网中传输的数据进行控制与同步，包括组包、拆包、重装以及包信息的同步。

(4) 传输层

OSI 参考模型中最低三层面向数据通信，是基于最低三层通信协议构成的通信子网的通信功能集合；最高三层则是由主机进程所面向应用功能的集合。传输层则是 OSI 参考模型中面向应用的高层与面向通信的低层之间的接口层。

OSI 参考模型中负责通信的最高层是传输层，网络中两个主机间端到端的可靠通信要依赖传输层。传输层是 OSI 参考模型中用户功能的最低层，也是唯一负责数据传输与控制的层次。

传输层的功能：①传输层传输连接的建立、维持和拆除管理。②寻址。传输层的寻址可以正确识别网络上两台主机间相互通信的应用进程。③多路复用。传输层支持向上的复用，即一个传输层协议可同时支持多个进程连接，可将多个进程连接绑定在一个虚电路或数据报的网络连接上；传输层也支持向下的复用，即一个传输层可以使用多个网络连接。④流量控制。传输层需要对发送端实体发向接收端实体的数据流实施端到端的流量控制，使其不超过接收端的接收能力。⑤差错控制。传输层面向连接的可靠传输服务需要传输层提供如重传策略、重复检测和故障恢复等的差错控制机制。

(5) 会话层

会话层是使用传输层提供的端到端服务，向表示层提供会话服务，为表示层实体或用户进程提供连接并有序地传输数据。会话服务是在传输连接的基础上，在会话层实体之间建立会话连接。

会话层功能如下：①提供会话连接的建立、数据传送和释放功能。②管理会话双方的会话活动，包括对单工、半双工、全双工数据传送方式的设定和会话权限管理。③在数据传送流中可以插入适当的同步点，会话用户可以在发生差错时从双方确认的同步点重新开始。

(6) 表示层

表示层是为应用进程之间传输的信息提供表示服务，处理与语法有关的语法转换和上下文控制服务。

表示层的功能是表示连接的管理、语法转换和上下文表示控制。

(7) 应用层

OSI 参考模型的最高层是应用层，即用户与网络的界面。它是主机应用进程利用 OSI 参考模型的唯一窗口，向应用进程提供了 OSI 参考模型所有层次的综合服务。应用进程借助应用实体、应用协议与表示层交换信息。

应用层的任务是采用不同的应用协议为用户解决不同类型的应用需求，为应用进程访问 OSI 参考模型环境提供服务。

2.2.2 OSI 模型中的数据传输过程

1. OSI 模型的数据传输流程

OSI 模型中的数据传输流程如图 2-6 所示。发送端要把数据依次从体系结构的高层向下传输到低层，最后到物理层；接收端要把数据从物理层向上依次传输到高层，直到与发送端相应的对等层为止。

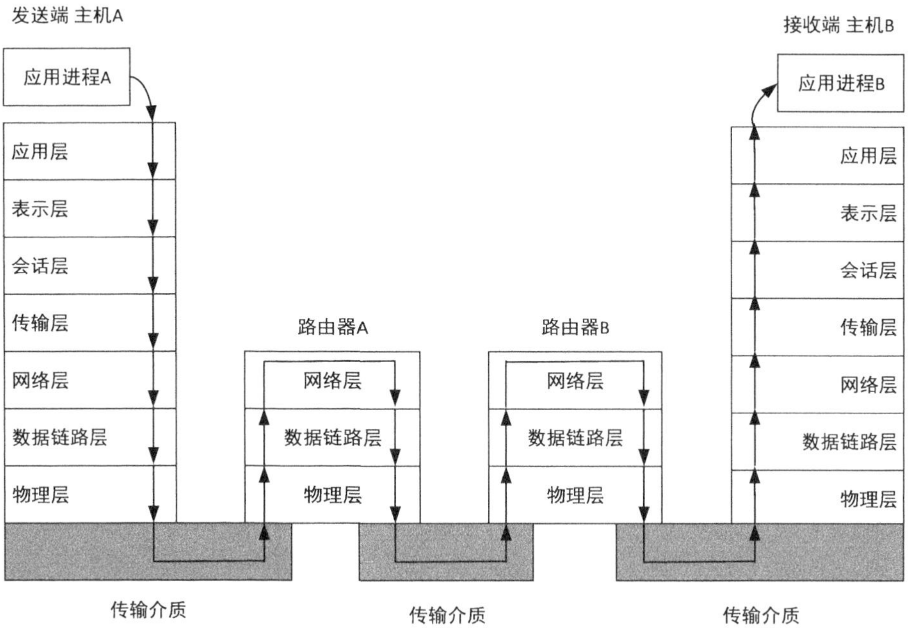

图 2-6　OSI/RM 数据传输流程

发送端主机 A 的应用进程 A 将用户产生的数据传输到应用层，在应用层添加必要的控制信息(首部)后，构成应用层的协议数据单元(application layer protocol data unit，APDU)，再向下传输到表示层。表示层对收到的数据再添加表示层的首部信息就构成了表示层协议数据单元(presentation layer protocol data unit，PPDU)，再向下传输到会话层，以此类推。在传输到数据链路层时，需要给收到的数据添加首部和尾部，构成数据链路层的协议数据单元(DPDU，也称为帧)。数据帧到达物理层后，不需要再做封装，只需要将数据帧当做 bit 流，经物理传输介质传输到下一个交换节点或接收端。

接收端物理层通过传输介质收到 bit 流后，向上传输给数据链路层，由数据链路层实体识别出数据帧后，剥除数据帧的首部和尾部后，将剩余的数据继续向上传输到网络层，网络层按照同样的方式剥除分组的首部后继续向上交付数据，以此类推，直到接收端主机 B 的应用进程 B 收到用户数据为止。

2. OSI 模型协议数据单元 PDU 的封装与拆封

OSI 模型的数据传输过程中，发送端主机在各个层次需要不断的对收到的数据添加首部信息后(数据链路层还要添加尾部信息)，构成相应层次的协议数据单元(PDU)，这个过程也称为 PDU 的封装。接收端主机在各个层次需要不断地对收到的数据剥除本层 PDU 的首部信息后(数据链路层还要剥除尾部信息)，将剩余的数据向上一层交付，这个过程被称为 PDU 的拆封。PDU 的结构如图 2-7 所示。

PDU	首部	数据

图 2-7　OSI/RM 中 PDU 结构

OSI 模型中各个层次的协议数据单元名称如图 2-8 所示。

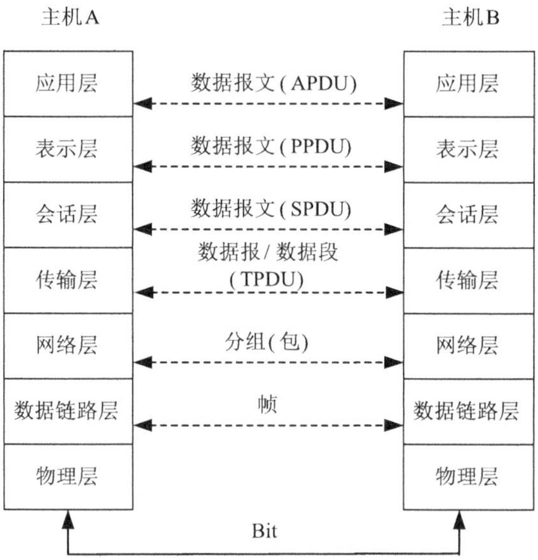

图 2-8　OSI/RM 各层协议数据单元名称

上下层协议数据单元之间的关系如图 2-9 所示。

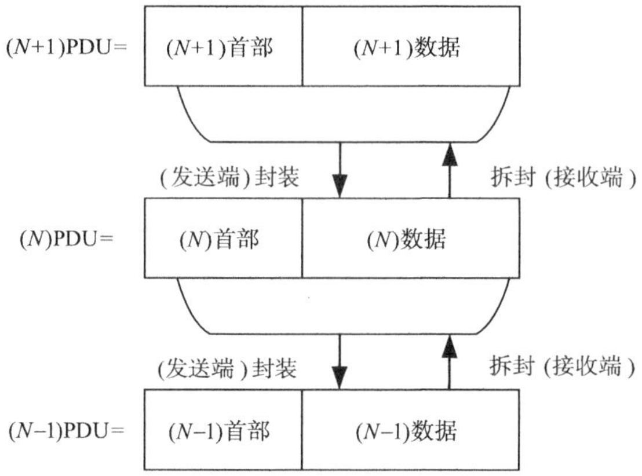

图 2-9　上下层协议数据单元之间的关系

由图 2-9 可以看出，在发送端的封装过程中，上一层的协议数据单元传输到下一层后，被当做下一层的协议数据单元的数据部分，继续进行封装(添加首部)。而在接收端的拆封过程中，下一层交付给上一层的数据，恰好就是上一层的协议数据单元，只需要按照要求剔除首部后，将剩余的数据部分继续向上交付即可。

同时，上下层之间的封装与拆封过程体现了体系结构中上下层之间服务与被服务的关系。而对等层之间的封装与拆封过程则是按照对等层之间的协议(水平方向)要求来实现的。

OSI/RM 中各层数据具体的封装与拆封流程如图 2-10 所示。

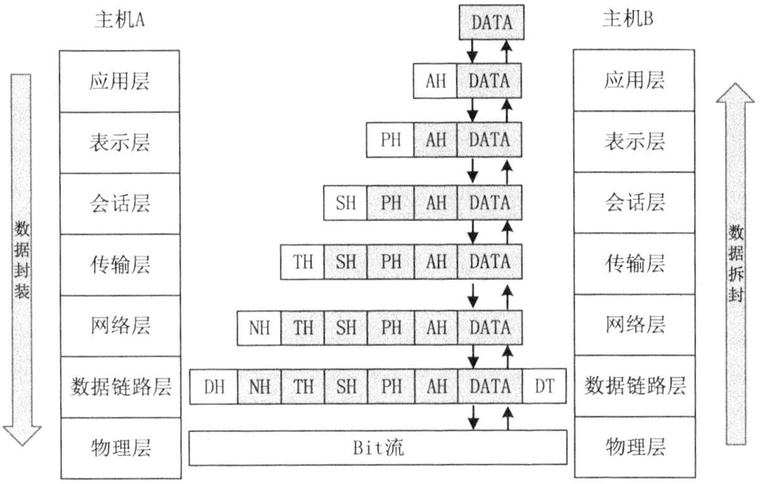

图 2-10　OSI/RM 各层数据封装与拆封流程

2.3　TCP/IP 模型

2.3.1　TCP/IP 模型概述

TCP/IP 协议体系结构(又称 TCP/IP 协议参考模型)是专门针对使用 TCP/IP 协议族的计算机网络而开发。TCP/IP 协议体系结构起源于 20 世纪 60 年代末，首先由美国国防部高级研究规划署(Defense Advanced Research Projects Agency，DARPA)作为其研究的一部分，TCP/IP 协议参考模型，不仅在广域网鼻祖 ARPANET 使用，现在的 Internet 也是基于这一模型设计的。现在我们常用的通信协议，绝大多数都不是很适用于 OSI/RM，而是适用于 TCP/IP 体系结构。

TCP/IP 模型分为 4 层，如图 2-11 所示。由上而下分别为应用层(application layer)、传输层(transport layer)、网际层(internet layer)和网络接口层(network access layer)。其中网际层又称为网际互连层、互联网层或网络层，网络接口层又称为网络接入层、网络访问层或者主机至网络层。TCP/IP 模型虽然只有四层，但它却包含了 OSI/RM 中的所有七层功能，同样也包括了局域网和广域网通信所需要的全部功能。图 2-12 为 TCP/IP 协议体系结构与 OSI/RM 的对应关系。

图 2-11　TCP/IP 协议参考模型

图 2-12　TCP/IP 与 OSI/RM 的对应关系

2.3.2　TCP/IP 模型中的各层主要协议

TCP/IP 是伴随因特网发展起来的，在这个模型中已经包括了 100 多个行之有效的网络协议。目前，这些协议被用来连接各种计算机和网络通信设备组成基于 TCP/IP 协议的网络。TCP/IP 也在很大程度上被当做是一个协议系列或协议族。TCP/IP 模型中的一些重要协议如图 2-13 所示。

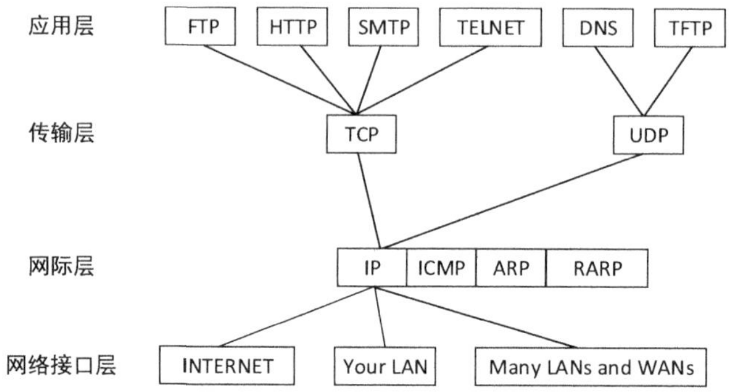

图 2-13　TCP/IP 模型中的主要协议

TCP/IP 的应用层包含了大量的应用协议和应用支撑协议。如常见的文件传输协议(FTP)、简单邮件传输协议(SMTP)、超文本传输协议(HTTP)和虚拟终端协议(Telnet)及应用支撑协议域名服务(DNS)、简单网络管理协议(SNMP)。

传输层提供了传输控制协议(transport control protocol，简称 TCP)与用户数据报协议(user datagram protocol，简称 UDP)。TCP 协议提供面向连接的可靠传输、差错控制和流量控制等机制来保证数据传输的可靠性，用于有大量数据传送的网络应用。UDP 协议提供无连接不可靠的传输服务，用于不要求数据顺序及可靠交付的网络应用。

网际层包括多个重要的协议，其中互联网络协议(internet protocol，IP)是最核心的协议，该协议规定网际层 IP 数据报的格式；网际控制消息协议(internet control message protocol，简称 ICMP)主要用于实现网络控制及消息传递功能；地址解释协议(address resolution protocol，简称 ARP)主要用于提供 IP 地址到 MAC 地址的映射；反向地址解释协议(reverse address resolution protocol，RARP)则提供了 MAC 地址到 IP 地址的映射。

网络接口层包括各种现有的主流物理网协议与技术，如局域网中的以太网、令牌环网、FDDI、无线局域网和广域网中的帧中继、ISDN、ATM、X.25 和 SDH 等。

2.4 OSI 模型和 TCP/IP 模型的比较

TCP/IP 协议体系结构对 OSI/RM 的七层结构进行了简化，把原来的物理层和数据链路层合并为网络接口层，把原来的应用层、表示层和会话层合并为新的应用层。但 OSI/RM 是开放型的国际标准，适用于所有类型的网络设计参考，而 TCP/IP 协议体系结构专门针对 TCP/IP 网络，各种通信协议和功能的实现更加具体。总体而言，这两种体系结构存在很大的差异，下面介绍这两种体系结构的主要异同。

1. 相同之处

(1) 层次结构划分思想相同

两种体系结构都是以协议栈，即不同协议形成的层次结构，为基础进行层次结构的划分，而且协议栈中的协议相互彼此独立。这样做的好处是，可以大大简化各种网络协议的设计，只需要为不同协议提供关联接口即可。

(2) 总体层次结构相似

这两个体系结构虽然总的层数和对应层次名称都有所不同，但总体层次结构极其相似。TCP/IP 协议体系结构中的网络接口层对应了 OSI/RM 最低的数据链路层和和物理层。TCP/IP 协议体系结构的应用层对应 OSI/RM 中的应用层、表示层和会话层。OSI/RM 中的网络层虽然与 TCP/IP 的网际层名称上不同，但功能却完全一样，至于传输层两种结构都是完全一样的。在这两种结构中，传输层以下都属于通信子网部分，传输层及以上各层都提供了端到端、与网络无关的服务，属于资源子网部分。

(3) 核心组成一样

两种体系结构中都定义了服务、接口和协议三个重要核心概念。服务定义了各层应该做些什么，要提供哪些功能。接口，也就是 SAP(服务访问点)，为对应的上层提供了获取本层服务的逻辑接口，规定了有哪些参数可以使用，以及使用这些参数的结果是什么。协议就是标准中所说的“通信规程”，它是各层服务功能的具体实现者。当然同一服务在不同网络中可以用不同的协议来实现。各层中的协议各自实现自己的功能，并不影响其他层，任何的一层都只为相邻的上一层提供服务。

2. 不同之处

OSI/RM 和 TCP/IP 协议体系结构有很多相似之处，也存在着许多不同之处。

(1) 适用范围不同

OSI/RM 是先有理论模型，后面才开发标准化协议，所以 OSI/RM 不偏重于任何特定的网络类型，具有最广泛的理论参考性，是一个理想化的模型。而 TCP/IP 协议体系结构则相反，它是在 TCP/IP 协议族的基础上，专门针对这些协议进行的功能描述和层次划分，与协议的关系非常紧密，仅适用于 TCP/IP 网络，最具实践性。

(2) 层次结构不同

TCP/IP 协议体系结构中没有会话层和表示层，事实已证明这两层没有多大用途，即使在 OSI/RM 中也一样，所以最后取消了，它们的功能合并在应用层之中。另外，OSI/RM 中的物理层和数据链路层的功能在 TCP/IP 协议体系结构中合并到网络接口层，尽管实际上在 TCP/IP 协议体系结构中对这个层中的具体功能并没有明确规定，实际上这层功能就是 OSI/RM 物理层和数据链路层的功能。这也是 TCP/IP 协议体系结构层次划分中不科学的一个重要方面。

(3) 网络通信模式不同

OSI/RM 的网络层同时支持无连接和面向连接的网络通信，TCP/IP 模型的网络层只提供无连接的服务。

(4) 通信协议不同

OSI/RM 是一种开放型的适用于所有类型计算机网络的理想化体系结构模型，所以它的通信协议不仅非常多而且类型复杂，适用于各类网络。但是，由于现在网络系统设计者通常不是参考 OSI/RM，而是以目前占据了绝大部分市场的 TCP/IP 体系结构作为设计参考，所以现在 OSI/RM 中的许多通信协议都已过时。尽管 TCP/IP 网络也在 OSI/RM 的设计范围内，但 TCP/IP 网络中的通信协议是专门针对具体的 TCP/IP 协议体系结构而开发，更具有 TCP/IP 协议体系结构的特点，而且这些协议在不断改进，非常适用于目前广泛应用的 TCP/IP 网络。

2.5 小　　结

本章主要介绍了计算机网络的体系结构形成过程，分层模型的原理，重点介绍了 OSI 参考模型和 TCP/IP 模型的过程和这两种体系结构的主要异同。

2.6 习　　题

一、单项选择题

1. 以下不属于协议三要素的是________。

   A. 语法　　B. 语义　　C. 结构　　D. 同步

2. TCP/IP 协议族中属于应用层的协议是________。

A. ARP、IP、ICMP　　B. TCP、UDP

C. FTP、SMTP 和 TELET　　D. ICMP、RARP 和 ARP

3. 能够可靠实现端到端通信服务的层次是________。

A. 数据链路层　　B. 传输层　　C. 物理层　　D. 应用层

4. 在 OSI 模型中，第 N 层和其上的 $N+1$ 层的关系是________。

A. N 层为 $N+1$ 层提供服务

B. $N+1$ 层将从 N 层接收的信息增加了一个头

C. N 层利用 $N+1$ 层提供的服务

D. N 层对 $N+1$ 层没有任何作用

5. 在 OSI 参考模型的物理层、数据链路层、网络层传送的数据单位分别为________。

A. 比特、帧、分组　　B. 比特、分组、帧

C. 帧、分组、比特　　D. 分组、比特、帧

6. 在不同网络节点的对等层之间实现通信需要使用________。

A. 模块协议　　B. 对等层协议　　C. 传输介质　　D. 电信号

二、概念解释

1. 协议栈
2. 实体
3. 对等层
4. 服务
5. 协议
6. 传输控制协议
7. 用户数据报协议

三、简答题

1. 协议与服务有何区别？有何关系？
2. 网络协议的三要素是什么？各有什么含义？
3. 试简述 OSI 参考模型的网络体系结构，简述各层的主要功能。
4. 请简述 TCP/IP 模型和 OSI/RM 模型的区别。

第3章 物 理 层

物理层是OSI参考模型中的第一层，处于最底层，是整个开放系统的基础，是唯一直接提供比特流传输的层。物理层必须解决好与比特流传输有关的一系列问题，包括传输介质、信道类型、数据与信号之间的转换以及物理设备之间的接口等，但传输介质本身并不属于物理层的范围。

本章首先介绍物理层概述，然后介绍数据通信的基础知识，最后介绍传输介质、信道复用技术及常用的物理层设备与组件。

3.1 物理层概述

物理层主要定义与传输介质、网络连接器及其接口相关的一些特性，包括机械特性、电气特性、功能特性和规程特性，以实现透明地传输比特流。这些特性规定了物理层的统一标准，各设备生产厂家以相同的标准来设计、生产这些传输介质、连接器和接口，并使用对应的通信协议实现彼此互连。

1. 机械特性

机械特性定义了传输介质接线器、物理接口的形状和尺寸、引线数目、排列顺序，以及连接器与接口之间的固定和锁定装置等。

2. 电气特性

电气特性规定了在物理线路上传输二进制比特流时，在线路上信号使用的电压范围、阻抗匹配及传输距离和传输速率等参数。目前使用的电气特性标准定义的都是接口发送器和接收器的电器特性，还给出了互连电缆的相关规程。

3. 功能特性

功能特性是指各条传输线路上出现的某一电平的电压所代表的意义，包括接口信号线的功能规定，接口信号线的功能分类。

4. 规程特性

规程特性指明利用接口传输比特流过程中各类事件发生的合理顺序，包括事件的执行顺序与具体的数据传输方式。

3.2 数据通信基础

3.2.1 数据通信系统的模型

将传输数据的通信技术结合数据加工、处理和存储的计算机技术，以实现计算机与计算机或计算机与通信终端之间的数据传输过程称为数据通信。它不仅可以交换数据而且可以利用计算机处理数据，为用户提供及时准确的数据。一个数据通信系统可以划分为三大部分，其基本模型如图 3-1 所示，包括源系统、传输系统(网络)与目的系统。源系统也称为发送端或发送方，目的系统也称为接收端或接收方。

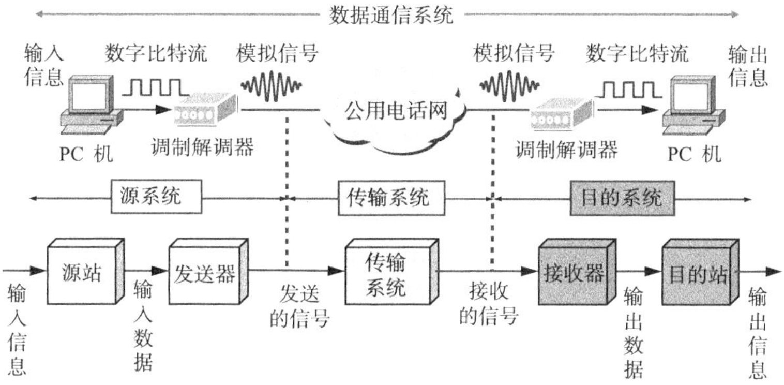

图 3-1 数据通信系统基本模型

1. 源系统

源系统称为发送方或信源，是发送信号的一端，一般包括源站和发送器两个部分。源站由计算机或服务器等终端设备产生要传输的数据。发送器是对要传送的数据进行编码或者调制的设备，如各种调制解调器、计算机网卡。

2. 目的系统

目的系统也称为接收方，是接收信号的一端，一般包括接收器和目的站或信宿两个部分。接收器用来接收传输系统传送的信号，并把信号转换为可以被目的站设备识别与处理的数据信息。目的站从接收器获取传送来的数字比特流，然后把信息输出。

3. 传输系统

传输系统在源系统和目的系统之间，是计算机网络上的数据传输通道，除了源系统和目的系统外，网络中的其他部分都属于传输系统。它可以是简单的传输线，也可以是在源系统和目的系统之间复杂的网络系统。

3.2.2　数据通信的几个基本概念

1. 数据与信号

数据是信息的载体。信号则是数据的电气或电磁特性的表现。

2. 模拟与数字

所谓模拟的，是指数值随时间在连续变化。而数字的则是在时间上不连续的，离散的，只有有限的离散数值。

不论是数据或信号，其数据值可以是模拟的，也可以是数字的。根据数据的取值方式不同，可分为数字数据和模拟数据。根据信号的参数取值方式不同，信号也可分为两大类：

(1) 模拟信号：是连续信号，代表信号的参数取值是连续的，不可数的、无穷的。

(2) 数字信号：是离散信号。代表信号的参数取值是离散的，可数的、有限的。在使用时间域或时域的波形表示数字信号时，那些代表不同离散值的基本波形可以称为码元。在使用二进制编码时，只有两种不同的码元，一种代表 0 状态，而另一种代表 1 状态。

模拟信号波形如图 3-2 所示，数字信号波形如图 3-3 所示。

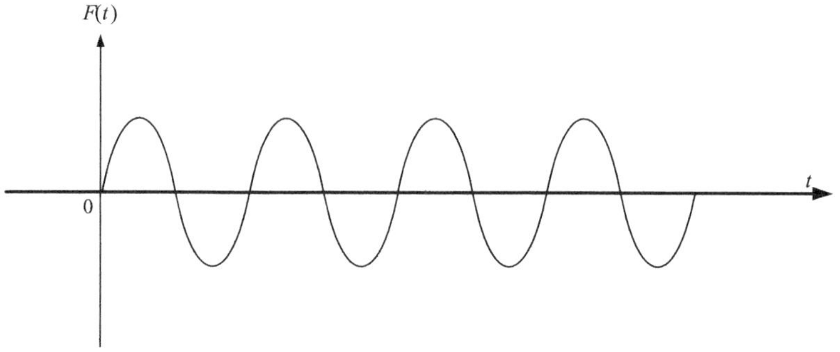

图 3-2　模拟信号波形

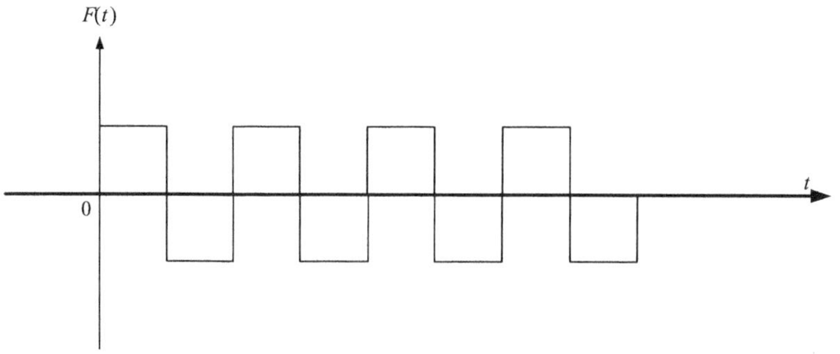

图 3-3　数字信号波形

图 3-4 给出了模拟数据、数字数据和模拟信号、数字信号的关系及其应用场景示意图。由图可见，数据是针对信息而言的，而信号则是针对传输的。

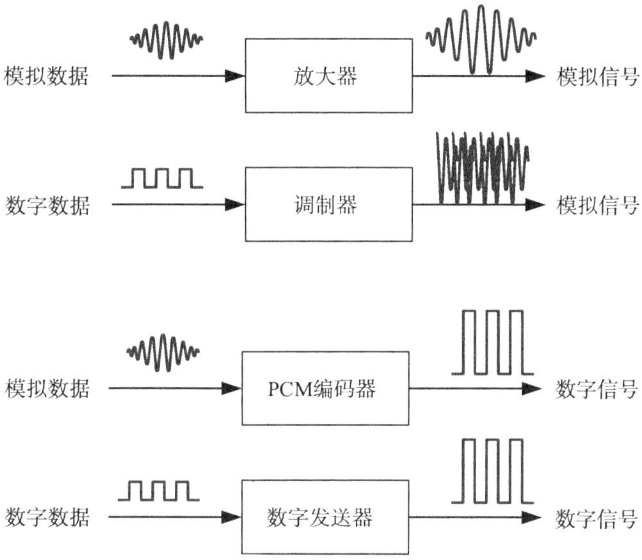

图 3-4 模拟数据、数字数据和模拟信号、数字信号的关系

3. 信道

信道是沿某一方向传送信息的通信线路的逻辑划分，一条通信线路逻辑上至少包含一条发送信道与一条接收信道。

信道分类主要有以下几种方式：

(1) 按信息交互方式。信道按信息交互方式可分为单工通信、半双工通信、全双工通信。单工通信只有一个方向的通信。而半双工通信中，通信双方虽然都可以发送与接收信息，但不能同时发送，也不能同时接收。全双工通信的通信双方都可以发送与接收信息，而且可以同时发送和接收。具体如图 3-5 所示。

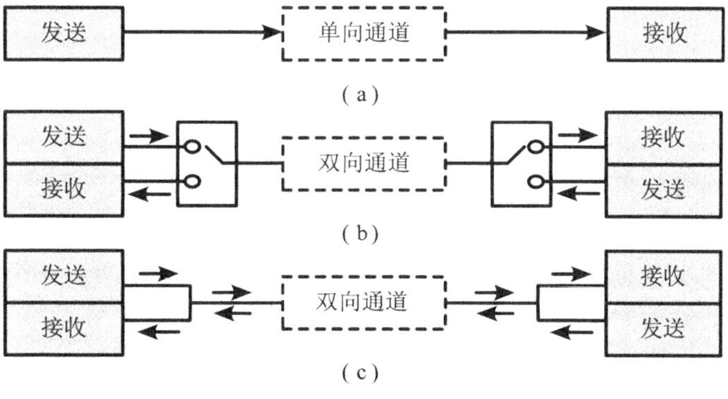

图 3-5 单工通信、半双工通信和全双工通信

(2) 按传送信号分类，信道可分为模拟信道和数字信道。

(3) 按传送信号的形式分类，信道可分为基带信道和宽带信道。

(4) 按传输介质分类，可分为有线信道和无线信道。

4. 奈奎斯特准则

为了提高信号传输效率，总是希望在单位时间内尽可能传输更多的码元。然而任何实际的信道都有自己的传输特性，在传输信号时，因受到实际物理信道的干扰，会产生各种失真。其所能传输的最大数据传输速率(即信道容量)受到奈奎斯特(Nyquist)公式(以下简称奈氏准则)的限制。

(1) 对于理想低通信道，其最高码元传输率为 $2W$ baud，W 为理想低通信道的带宽，单位是赫兹(Hz)。波特(baud)是码元传输速率的单位，1 波特为每秒传送 1 个码元。码元传输速率也称为调制速率或波形速率、符号速率。理想低通信道的最高码元传输速率为每赫每秒 2 个码元。

(2) 对于理想带通信道，其最高码元传输率为 $1W$ baud，即理想带通信道的最高码元传输速率为每赫每秒 1 个码元。

实际信道的最高码元传输速率因受到实际物理信道的干扰，要低于奈氏准则的上限值。信道最大数据传输速率与码元之间的关系如下：

$$C = 2W\log_2 M \tag{3-1}$$

其中，M 为信号状态数量；W 为信道带宽。

假如用带宽为 3 kHz 的传统电话信道通过调制解调器来传输数字信号，受奈奎斯特准则限制，发送方最多发送 $2W$=6 000 个码元。如果信号状态数量 M=2，即每个码元携带了 1 比特信息，则由式(3-1)可知，此时的电话信道最大数据传输速率为 6 kbps。如果设法将信号状态数量 M 提高到 4，每个码元携带 2 比特信息，则此时电话信道最大数据传输速率为 12 kbps。因码元传输率受奈氏准则限制，要提高信息的传输速率，就必须使每一个码元能携带更多比特。这就需要采用多元调制的方法。

5. 香农公式

香农(Shannon)公式指出，信道的极限信息传输速率 C 可表达为

$$C = W\log_2(1+S/N) \tag{3-2}$$

式中，W 为信道带宽，单位为 Hz，S 为信道内信号的平均功率，N 为信道内部的高斯噪声功率，S/N 是信道的信噪比。香农公式表明，信道的带宽以及信道中的信噪比越大，信息的极限传输速率也就越高。这意味只要信道的信息传输速率低于信道的极限信息传输速率，就可能找到某种办法来实现无差错的传输。

例如，对一条带宽为 3 kHz、信噪比为 30 dB(对应信噪比为 1000)的电话信道，无论采用何种技术，都无法突破香农公式给出的传输速率极限值 $C=3\times10^3\times\log_2(1+1000)=$

30 kbps。

奈氏准则和香农公式作用在于从数据通信系统的不同范围确定了信道的信息传输速率上限，图 3-6 给出了奈氏准则和香农公式在数据通信系统中的作用范围。

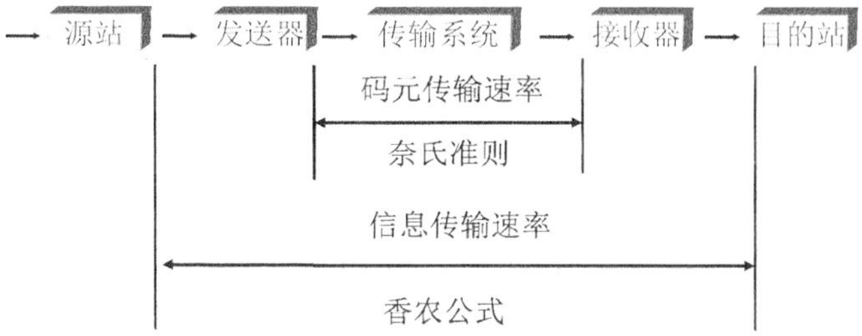

图 3-6　奈氏准则和香农公式的作用范围

3.3　基带传输与宽带传输

3.3.1　基带传输概述

传输计算机系统中的二进制数据最直接的方式就是采用脉冲信号。脉冲信号一般由直流信号和基频、低频、高频等多个谐波分量组成。其中从零开始有一段能量相对集中的频率范围被称为基本频带(base band，简称基频或基带)。基带属于脉冲信号的固有频率，与基带对应的数字信号也被称为基带信号。

通常将数字数据以基带信号形式直接传输的方式称为基带传输。基带传输是一种非常基本的数据传输方式，它适合传输各种速率的数据，且传输过程简单，设备投资少。但基带信号的能量在传输过程中很容易衰减，因此基带传输较多地用于短距离的数据传输。基带信号的传输距离在没有信号再放大的情况下一般不超过 2.5 km。

3.3.2　数字数据编码方法

在基带传输系统中要解决的关键问题是数字数据的编、解码问题。发送端要将二进制数据通过编码(encoding)转换为适合在数字信道上传送的基带信号。接收端则要将接收到的基带信号通过解码(decoding)恢复为与发送端相同的二进制数据。下面介绍几种常见的数字数据编码方法。

1. 不归零编码

不归零编码(non-return zero，NRZ)是最简单的编码方案，分别采用两种高低不同的电平来表示二进制的 0 和 1。通常用高电平表示 1，低电平表示 0。NRZ 编码实现简单，但其缺点是含有直流分量且缺乏同步能力。不归零编码的例子图 3-7 所示。

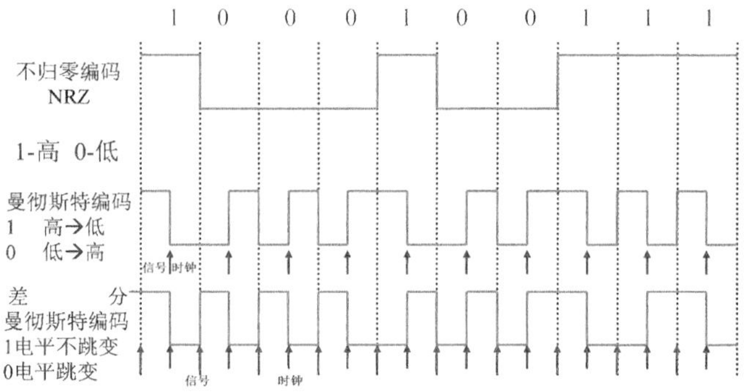

图 3-7　数字信号的编码方式

2. 曼彻斯特编码

曼彻斯特(Manchester)编码将每个比特的信号周期划分为前 1/2 和后 1/2，用前 1/2 传送该比特的反(原)码，用后 1/2 传送该比特的原(反)码。在这种编码方式中，每一位波形信号的中点(即 1/2 处)都存在一个电平跳变，电平由高到低的跳变表示 1，电平由低到高的跳变表示 0，如图 3-7 所示。由于任何两次电平跳变的时间间隔都是 1/2，因此提取电平跳变信号即可作为收发双方的同步信号，而不需要另外的同步信号。因此，曼彻斯特编码又被称为自含时钟编码，是以太网中使用的数字信号编码方法。

3. 差分曼彻斯特编码

差分曼彻斯特编码是在曼彻斯特编码的基础上进行了改进，保留了其自含时钟编码的优点，仍将每个 bit 中间的跳变用作同步，但是会根据其开始处是否出现电平的跳变来决定每个 bit 的取值。通常规定电平有跳变代表 0，电平无跳变代表 1，如图 3-7 所示。这样二进制的取值更容易检测。

4. 4B/5B 编码

在通信网络中，为了保证同步，接收端需要从接收的信号中提取时钟信息，需要传输线路中的码流有足够多的跳变，不能有过多连续的高电平或低电平出现，否则无法提取时钟同步信息。曼彻斯特编码虽然可以保证线路中码流有充分的跳变，但其编码方式的效率只有 50%。4B/5B 编码是将要发送的数据流分为 4bit 一组，然后按照 4B/5B 编码规则转换为相应的 5bit 编码，编码的效率可以达到 80%。标准 4B/5B 编码表如表 3-1 所示。

表 3-1　标准 4B/5B 编码表

数据	4bit 数据符号	5bit 编码	数据	4bit 数据符号	5bit 编码
0	0000	11110	3	0011	10101
1	0001	01001	4	0100	01010
2	0010	10100	5	0101	01011

续表

数据	4bit 数据符号	5bit 编码	数据	4bit 数据符号	5bit 编码
6	0110	01110	11	1011	10111
7	0111	01111	12	1100	11010
8	1000	10010	13	1101	11011
9	1001	10011	14	1110	11100
10	1010	10110	15	1111	11101

3.3.3 宽带传输技术

1. 频带传输概念

频带传输是将基带信号经过调制器进行调制，以便在公用电话网上以模拟信号传输，在接收端，再将模拟信号由解调器变换成原来的基带信号。这种把基带信号经过调制后传送到接收端又解调还原成基带信号的传输方式，称为频带传输。这种方式不仅克服了长途电话线路不能直接传送基带信号的缺点，而且可以实现多路复用，也就提高了通信线路的利用率。但频带传输需要在发送端和接收端安装、设置调制解调器。

宽带传输是频带传输的一种。宽带是指比音频带宽更大的频带，将信道划分成多个子信道，分别用来传送音频、视频和数字信号，称为宽带传输。使用宽带传输的系统，称为宽带传输系统，适合进行高速数据传输。

2. 基本调制解调方法

任意的模拟信号均可以表示为正弦交流信号的载波，具体可表示为如下表达式：

$$y(t) = A\sin(\omega t + \varphi) \tag{3-3}$$

其中，A 表示振幅；ω 表示频率；φ 表示相位。由式(3-3) 可知，改变参数振幅 A、频率 ω 和相位 φ 的取值均会影响信号的波形。因此振幅 A、频率 ω 和相位 φ 可作为调制载波的参数，由此产生 3 种基本的调制解调方法。

(1) 幅度调制

幅度调制也叫幅移键控(ASK)，通过改变或控制载波信号的振幅来表达所发送的二进制数据。当发送的数据为 1 时，振幅调制信号的振幅保持不变，表示有载波信号产生；当发送的数据为 0 时，将振幅调制信号的振幅设置为 0，无载波信号产生。其数学表达式如下：

$$y_{\mathrm{ASK}}(t) = \begin{cases} A\sin(wt + \varphi) & \text{数字1} \\ 0 & \text{数字0} \end{cases} \tag{3-4}$$

其中，y_{ASK} 表示幅度调制的信号。

(2) 频率调制

频率调制也叫频移键控(FSK)，通过控制或改变载波信号的频率来表示发送的二进制数据。当发送的数据为 1 时，频率调制信号的频率为ω_1；当发送的数据为 0 时，频率调制信号的频率为ω_2，产生两种不同频率的调制信号。其数学表达式如下：

$$y_{\text{FSK}}(t)=\begin{cases}A\sin(w_1t+\varphi) & \text{数字1}\\ A\sin(w_2t+\varphi) & \text{数字0}\end{cases} \tag{3-5}$$

其中，y_{FSK}表示幅度调制的信号。

(3) 相位调制

相位调制也叫相移键控(PSK)，通过控制或改变载波信号的相位来表示发送的二进制数据。通常相位调制有绝对调相和相对调相两种方法。

绝对调相中，将一个完整载波周期的相位按相制要求进行等分，然后按划分后的相位绝对值来表示不同的二进制数据。以二相制为例，将一个完整周期的相位进行二等分，可得到相位的绝对值 0°和 180°，然后，分别用φ=0 表示二进制 0，用$\varphi=\pi$ 表示二进制1。

绝对二相制的数学表达式如下：

$$y_{\text{PSK}}(t)=\begin{cases}A\sin(wt+0) & \text{数字1}\\ A\sin(wt+\pi) & \text{数字0}\end{cases} \tag{3-6}$$

其中，y_{PSK}表示幅度调制的信号。

相对相位调制中，利用前后信号相位的相对偏移来表示不同的二进制数据，相对偏移量大小与采用的相制有关。以二相调制为例，相对偏移可以取 0°和 180°两个值，当传输的数据为二进制 1 时，载波相位发生 180°的跳变；当传输的数据为二进制 0 时，则载波相位不发生跳变。

3 种调制方法的示意图如图 3-8 所示。

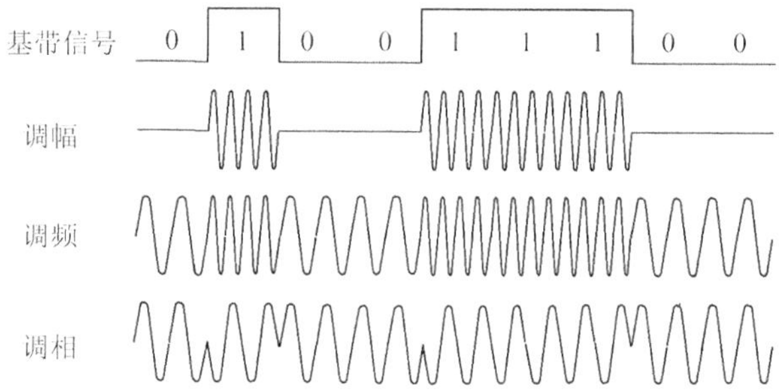

图 3-8　3 种调制方法

3.4　传 输 介 质

传输介质也称为传输媒体或传输媒介，是构成物理信道的重要组成部分，泛指计算机网络中用于连接计算机与各个通信设备的物理介质，是数据通信系统中从发送器到接收器之间的实际物理通信线路。通常传输介质可分为两大类，即有线传输介质和无线传输介质。计算机网络中可使用多种不同的传输介质来构成物理信道。在有线传输介质中，电磁波将沿着固定的铜线或光纤传播，可传输模拟信号和数字信号。而无线传输介质是利用电磁波在自由空间进行无线传输。图 3-9 所示为电信领域使用的电磁波频谱。

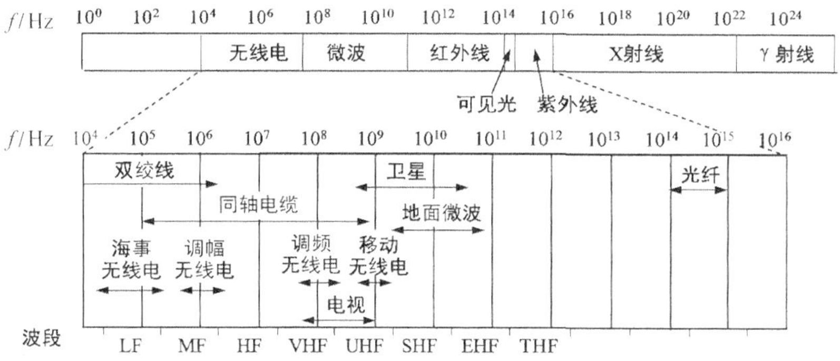

图 3-9 电信领域的电磁波频谱

在衡量传输介质的性能时，主要考虑传输距离、安装难易程度和价格等因素。传输介质的典型分类如图 3-10 所示。

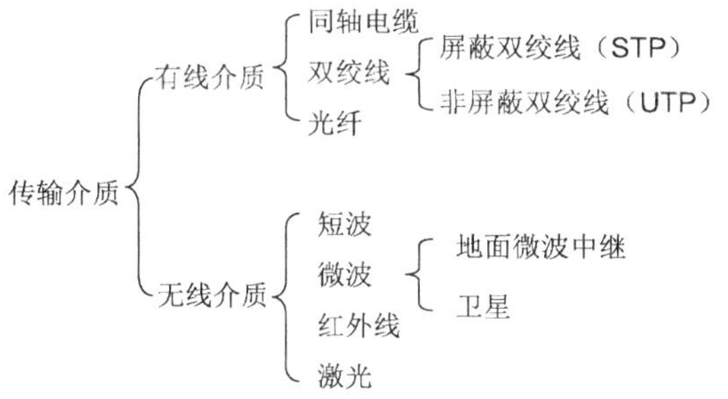

图 3-10 传输介质典型分类

3.4.1 有线传输介质

1. 同轴电缆

同轴电缆(coaxial cable)的得名与它的结构相关。它由 4 层结构共同构成，分别是内导线、绝缘层、外导体屏蔽层和绝缘保护层。这 4 层结构的圆心在同一个轴线上，所以称为同轴电缆。其中间是一根铜质导线，在导线外面有一层塑料，起绝缘作用。绝缘层再包裹上一层金属屏蔽网，可以屏蔽外界的干扰，最外面则是塑性绝缘保护层。

同轴电缆产品结构如图 3-11 所示，其与网卡的接头如图 3-12 所示。

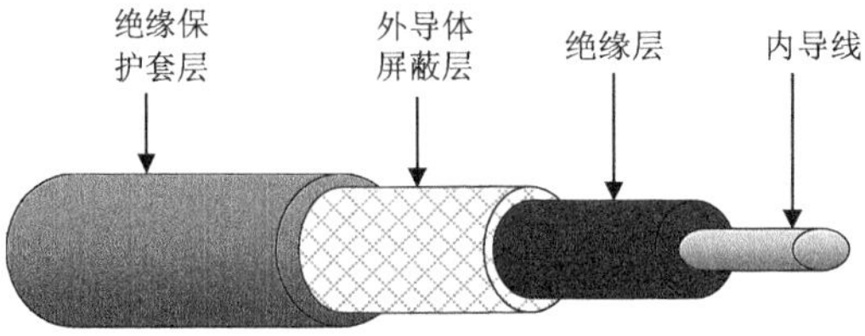

图 3-11 同轴电缆的外观

图 3-12 同轴电缆与网卡连接的 T 型头

同轴电缆频带宽，损耗小，抗干扰能力强，传输距离长。根据阻值和传输信号不同，同轴电缆可分为基带同轴电缆与宽带同轴电缆。基带同轴电缆的阻抗为 50Ω，用于传输数字信号，传输速率可达 10bps。宽带同轴电缆的阻抗为 75Ω，主要用于传输模拟信号，采用频分复用技术，是 CATV 中的标准传输电缆。同轴电缆典型的数据传输速率为 10 Mbps。近年来，双绞线与光纤已作为两大类主流的有线传输介质广泛使用，最新的布线标准中已不再推荐使用同轴电缆。

2. 双绞线

双绞线是将两条绝缘的导线相互对扭绞合若干次后形成，使相邻导线间的电磁干扰降到最低，以保护传输的信息和数据。双绞线与同轴电缆相比具有更高的性价比，而且组网方便，成为目前应用最广泛的铜质传输介质。其缺点是传输距离有限。

根据是否含有屏蔽层，双绞线可分为屏蔽双绞线(STP)和非屏蔽双绞线(UTP)两种，其结构如图 3-13 所示。STP 截面中 1、2、3、4 分别代表中心铜质导线、塑料绝缘层、屏蔽层和外层保护层。UTP 截面中 1、2、3 分别代表中心铜质导线、塑料绝缘层、外层保护层。

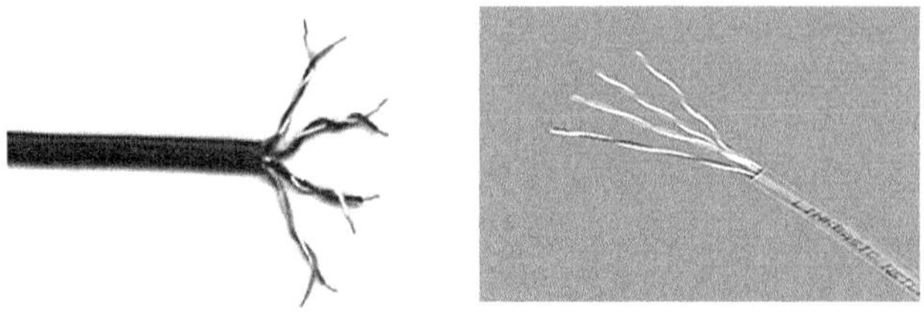

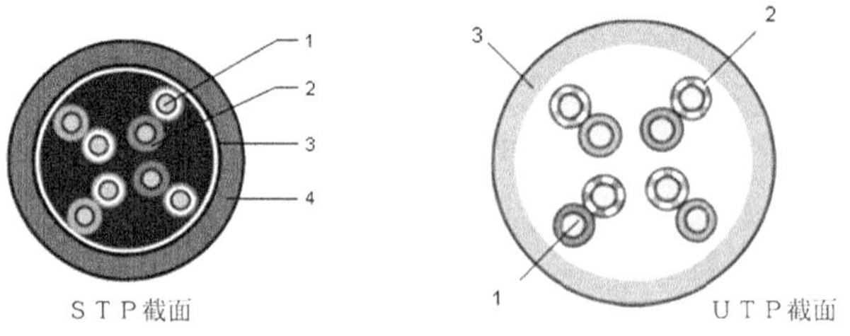

图 3-13 屏蔽双绞线和非屏蔽双绞线结构

(1) 屏蔽双绞线

屏蔽双绞线在双绞线外部有一层金属屏蔽层，可以防止信息窃听，减少辐射，性能优于非屏蔽双绞线，但因其包含屏蔽层而价格较高，安装时必须使用支持屏蔽功能的连接器，安装比非屏蔽双绞线复杂。它具有较高的传输速率，100m 内可达 155Mbps。通常在组建局域网时都使用非屏蔽双绞线。但如果在室外使用，建议使用屏蔽双绞线好一些。

(2) 非屏蔽双绞线

非屏蔽双绞线中铜线数量为 4 组/8 根，使用 RJ45 接口，采用 EIA/TIA-568A、EIA/TIA-568B 综合布线标准，主要用于星形网络拓扑结构布线，是计算机网络中使用的主要介质类型。双绞线绞合可减少对相邻导线的电磁干扰。

非屏蔽双绞线的优点：①重量轻、易弯曲，容易安装；②无屏蔽层，外径细小，可节省空间；③采用平衡传输，避免外界干扰；④相邻导线，将干扰减至最小；⑤具有开放性，非常适合于结构化综合布线。

非屏蔽双绞线与网络设备连接通过 RJ-45 连接头(或称水晶头)实现。RJ-45 连接头有 8 个线槽，分别与 4 对不同色标的双绞线相对应，连接方法执行 EIA/TIA 568A 标准和 EIA/TIA 568B 标准。双绞线与 RJ-45 插头的连接由专用的钳子制作，图 3-14 显示了 RJ-45 连接头和 5 类非屏蔽双绞线的图片所示。

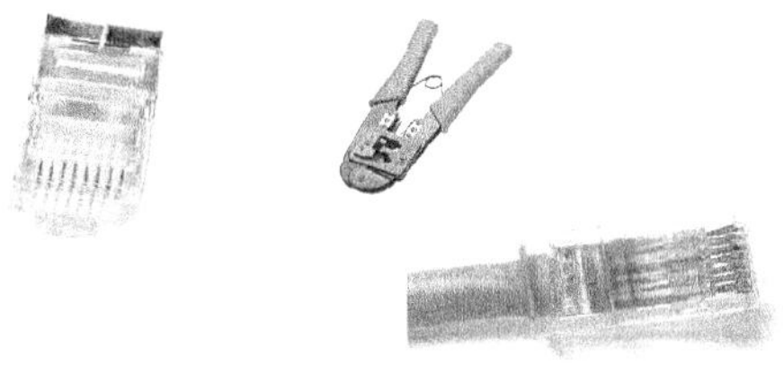

图 3-14　插头和制作工具

UTP 按传输质量可分为 1 ~ 7 类，目前计算机网络中最常用的是 5 类以及 5e(超五)类和 6 类非屏蔽双绞线。UTP-5 由四对双绞线对组成，可用于 10M、100Mbps 的以太网布线。超 5 类和 6 类非屏蔽双绞线，主要应用于千兆以太网等高速网络。

美国电子工业协会 EIA 定义了多种 EIA/TIA 标准的非屏蔽双绞线。表 3-2 给出了其中的一些类别、带宽和典型应用及其应用场合。

表 3-2　双绞线的类别、带宽和典型应用

类别	带宽	典型应用
3	16MHz	早期 10 Mbps 以太网，模拟电话，目前很少使用
4	20 MHz	16 Mbps 令牌环网
5	100 MHz	100BASE-T 快速以太网
6	250 MHz	1000BASE-T 1 Gbps 以太网，ATM 网络
7	600 MHz	10 Gbps 以太网

3. 光纤

光纤是由一组光导纤维制成的细小而柔韧的传输介质，用来传播光束。光纤具有良好的电磁绝缘性能以及信号衰变小、频带宽、传输距离远、传输速度快的特性。光纤主要用于主干网布线，传输距离较长。光纤通信需要光发送机产生光束，将电信号转换为光信号，再导入光纤。在另一端则由光接收机接收光纤上的光信号，再转换为电信号。

光纤通常由石英玻璃制成，主要由纤芯和包层构成。纤芯直径很细，只有 8 ~ 100μm。光纤的结构如图 3-15 所示。

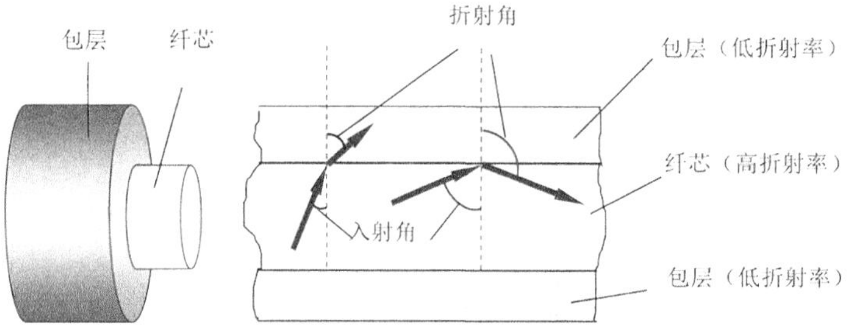

图 3-15　一根光纤的结构

光纤的工作原理如图 3-16 所示。由于纤芯的折射率比包层高，根据光的折射原理，当光线从纤芯射向包层时，折射角会大于入射角。如果入射角足够大，则会出现全反射的情况，即光线在纤芯与包层的交界面上被折射回纤芯。不断重复这个过程，光也就沿着光纤不断传输下去。

多根光纤组合以后可构成工程施工用的光缆，结构如图 3-17 所示。

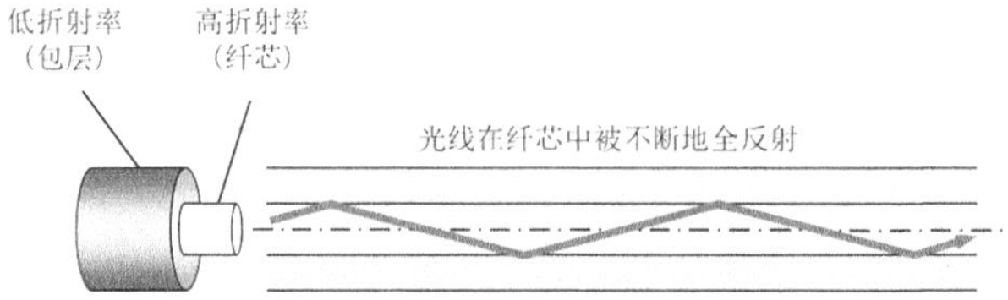

图 3-16　光纤的工作原理

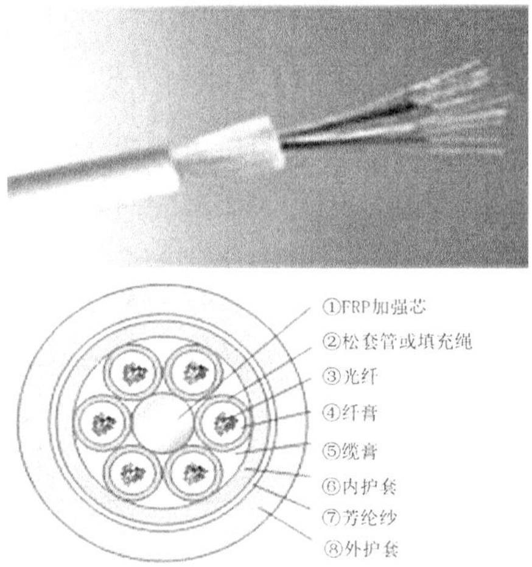

图 3-17　光缆结构

光纤根据纤芯直径大小可分为多模光纤和单模光纤(如图 3-18 所示)。多模光纤的纤芯直径较粗，光脉冲信号以多个模式传输，因此传输性能不如单模光纤，而且易造成失真。多模光纤无中继的传输距离约为 2km。单模光纤的纤芯直径很小，只有几微米，可以在给定的工作波长上以单一模式传输，传输频带宽，传输容量大。单模光纤无中继的传输距离可达几十公里。

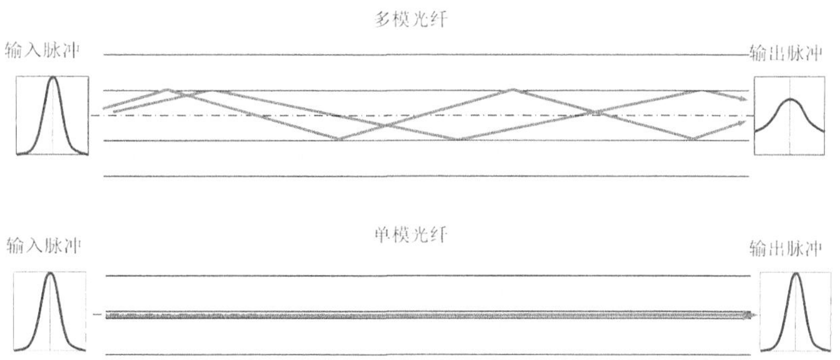

图 3-18 多模光纤和单模光纤

光纤信号常用的三个波段分别为 850nm、1300nm 和 1550nm。850nm 波段的光信号衰减较大，但其他特性较好。1300nm 和 1550nm 波段的光信号衰减都较小。这三个波段带宽都在 25000 G~30000 GHz 范围。光纤体积小，重量轻，具有传输频带宽，通信容量大，传输速率高的特点。同时光纤传输损耗小，误码率低，可长距离中继。不易受雷电与电磁干扰，本身也没有相互串扰，安全性和保密性较好，数据不容易被窃听。

3.4.2 无线传输介质

无线传输介质指采用无线频段、红外线、激光等在空间中进行无线信号传输。无线传输而不需要使用线缆，位置也不受限制，可以实现全方位立体通信和移动通信。无线传输介质的频段分布如表 3-3 所示。

表 3-3 无线传输介质的频段分布

段号	频段名称	频段范围(含上限，不含下限)	波段名称	波长范围(含上限，不含下限)
1	极低频(ELF)	3 ~ 30 赫(Hz)	极长波	100 ~ 10 兆米
2	超低频(SLF)	30 ~ 300 赫(Hz)	超长波	10 ~ 1 兆米
3	特低频(ULF)	300 ~ 3000 赫(Hz)	特长波	100 ~ 10 万米
4	甚低频(VLF)	3 ~ 30 千赫(kHz)	甚长波	10 ~ 1 万米
5	低频(LF)	30 ~ 300 千赫(kHz)	长波	10 ~ 1 千米
6	中频(MF)	300 ~ 3000 千赫(kHz)	中波	10 ~ 1 百米
7	高频(HF)	3 ~ 30 兆赫(MHz)	短波	100 ~ 10 米
8	甚高频(VHF)	30 ~ 300 兆赫(MHz)	超短波	10 ~ 1 米
9	特高频(UHF)	300 ~ 3000 兆赫(MHz)	分米波(微波)	10 ~ 1 分米
10	超高频(SHF)	3 ~ 30 吉赫(GHz)	厘米波(微波)	10 ~ 1 厘米
11	极高频(EHF)	30 ~ 300 吉赫(GHz)	毫米波(微波)	10 ~ 1 毫米
12	至高频	300 ~ 3000 吉赫(GHz)	丝米波(微波)	10 ~ 1 丝米

目前主要用于通信的有：无线短波、微波、红外线、激光。

1. 无线短波

无线短波的频率范围为 $10^4 \sim 10^8$Hz，其主要依靠电离层的反射进行通信。

2. 微波

微波频率范围在 300M ~ 3000GHz，通常使用 2G ~ 40GHz。微波只能直线传输，而且可以穿透电离层，所以长距离通信需在地面架设微波中继站，或在同步地球卫星上安装中继器。

地面微波接力通信如图 3-19 所示。其特点是频率范围宽，信道容量大；受到其他频率的干扰少，传输质量较高；与电缆载波相比，投资少，见效快；传播时延小，3.3μs/km。缺点是相邻站之间必须直视，不能有障碍物；因发送天线与接收天线的差异，易造成失真；易受恶劣天气影响；与电缆通信相比，隐蔽性、保密性差；需使用大量中继站，维护费用较高。

卫星微波通信以人造地球同步轨道卫星作为中继站，通信原理如图 3-20 所示。一般三颗地球同步轨道卫星即可满足全球通信(图 3-21)。

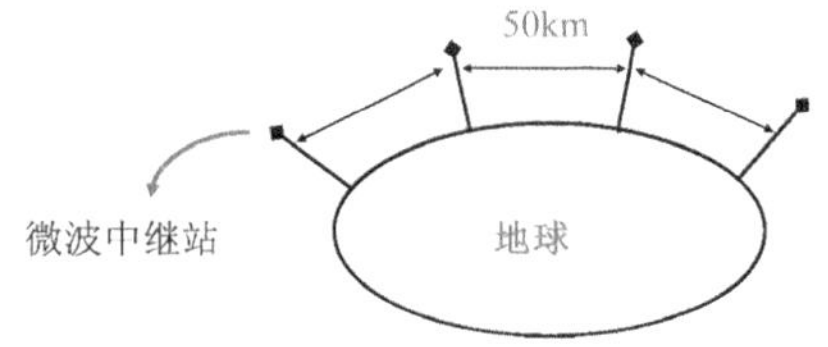

图 3-19 地面微波接力通信

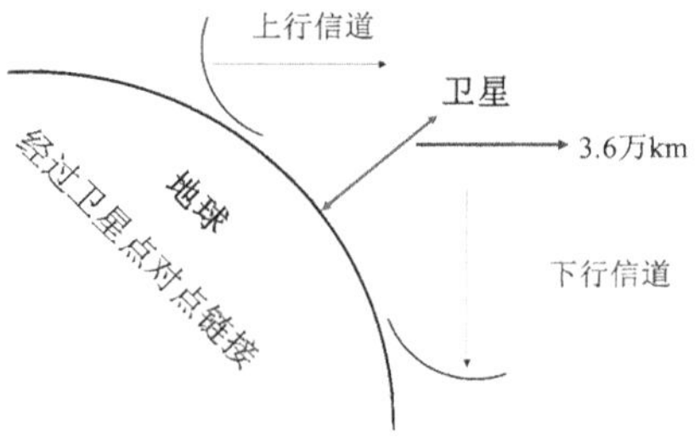

图 3-20 地球同步卫星通信原理

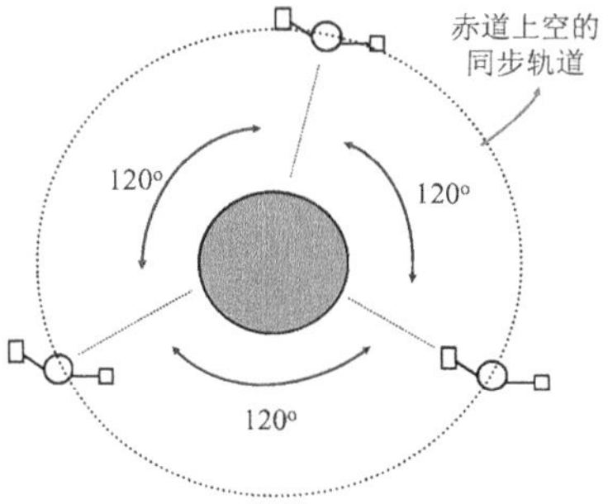

图 3-21 三颗地球同步轨道卫星可满足全球通信

卫星微波通信特点：覆盖范围广，具有广播特性和很大的传播时延(270ms)，成本昂贵，卫星本身和发射卫星的火箭造价都非常高。同步轨道最多允许 180 个卫星，有 12 ~ 20 个转发器/卫星，带宽 36M ~ 50MHz/转发器。

3. 红外线

无线局域网通常采用红外线和无线电波作为传输介质。

红外线的基本速率为 1Mbps，仅适用于近距离的无线传输(例如在一个房间)，而且有很强的方向性。它可用于便携式计算机，例如我们可以在一个房间的计算机网络中使用红外线来让笔记本计算机在房间内移动时均保持与网络连接。

无线电波的覆盖范围较广，应用较广泛，是常用的无线传输媒体。

目前的无线局域网使用了 2.4 GHz 和 5.8 GHz 微波频段。这个频段被称为工业、科学与医药(Industrial，Scientific and Medical，ISM)频段(图 3-22)。该无线电频段是国际上特别开辟的，并得到了各国政府有关无线电频谱管理机构的许可证，可以自由使用，而使用其他无线电频段是被严格管控的。

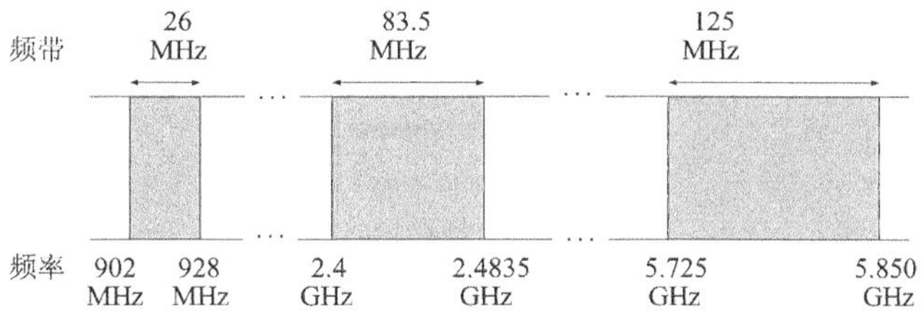

图 3-22 工业、科学与医药频段

3.4.3 不同传输介质的比较

表 3-4 给出了一些常见传输介质的性能比较。从数据传输速率、抗干扰能力、传输距离、安全性和价格等方面，在实际组网时究竟选择哪一种传输介质，必须考虑到带宽、网络覆盖范围、网络运行环境、价格和安装难易程度等具体要求。

表 3-4 常见传输介质的性能比较

介质 性能	非屏蔽双绞线	屏蔽双绞线	同轴电缆	光纤	微波
传输速度	100Mbps	100Mbps	1Mbps~1Gbps	10Mbps~300Gbps	1Mbps~10Gbps
抗电磁干扰	较低	较高	高	很高	低
传输距离	<100m	<300m	基带：<2.5km 宽带：<100km	<100km	无限制
安全性	一般	一般	一般	高	低
价格	低	较高	高	很高	高

3.5 多路复用技术

由于数据通信系统中单个信号源的带宽远小于传输系统使用的物理传输介质的带宽，为了提高通信线路传送信息的效率，通常需要在一条物理线路上建立多条通信信道同时传送多路信息。这种在一条物理链路上同时传输多路信息的技术称为多路复用技术(multiplexing)。多路复用技术使得在同一传输介质上可传输多个不同信源发出的信号，可以充分利用通信线路的传输容量，提高传输介质的利用率。

下面介绍几种常用的信道复用技术。

3.5.1　频分多路复用

频分多路复用(FDM)是将物理线路的可用频率带宽按频率不同划分成不同的信道，即若干段带宽较小的信道，达到多路复用的目的(图 3-23)。实现 FDM 的前提是任何信号只占用一个有限的频率宽度，而信道本身的带宽比一个信号的频率宽大得多，可以利用频率分隔的方式实现多路复用。

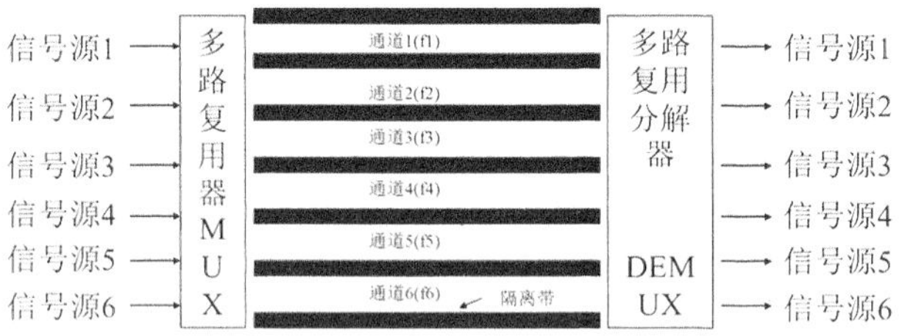

图 3-23　频分复用技术

当有多路信号输入时，发送端利用多路复用器将各路信号分别调制到所分配的频带范围内的信道，传输到接收端以后，再利用多路复用分解器把各路信号区分开来并恢复成原来信号的波形。为了防止相邻两个信号频率相互覆盖造成干扰，在相邻两个信号的频率段之间通常要预留一定的频率间隔。

频分多路复用的特点是技术成熟，使用方便。数据在各个子信道上是并行传输的。由于各个信道相互独立，因此一个信道发生故障时不会影响其他信道的数据传输。缺点是不够灵活。

3.5.2　时分多路复用

1. 同步时分复用

同步时分多路复用(TDM)将线路的传输时间分为若干个等长的时隙，多路信号采用轮流的方式使用相应的时隙(图 3-24)。因为各个信道的发送和接收是同步的，如果在某个时隙内某个信号源没有信号发送，该时隙也不能被其他信号源所使用。显然这种固定时隙的分配方式会造成信道资源的浪费。

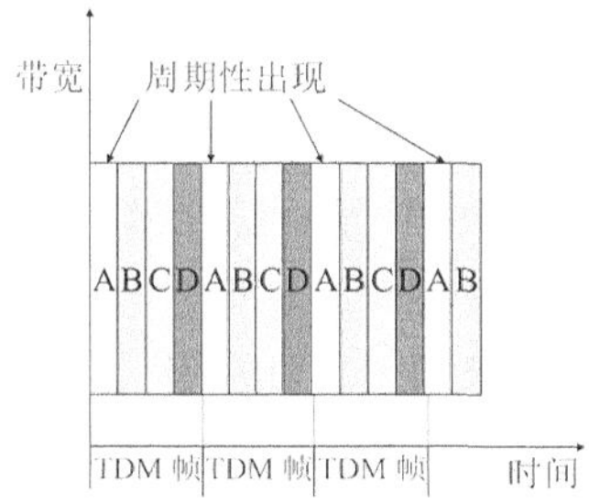

图 3-24　同步时分复用技术

2. 异步时分复用

异步时分复用(STDM)，也叫统计时分复用，是对 TDM 的一种改进。针对 TDM 缺点，对每个信号源动态的分配所需的时隙大小，使用集中器作为连接部件，提高了信道的利用率，如图 3-25 所示。

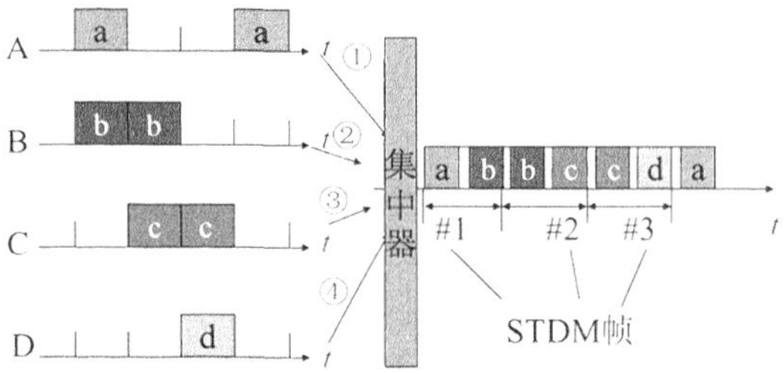

图 3-25 异步时分复用技术

统计时分复用用户所占的时隙不是周期出现的。由于统计时分复用 STDM 帧的时隙并不是固定分配给某个用户使用，每个时隙有用户的地址信息，这是必要的开销，是统计时分复用必须的。图上每个时隙之前的小时隙就是放入必要的地址信息。

3.5.3 波分多路复用

波分多路复用(WDM)就是对光的频分复用，是对光信号进行多路复用和多路分离，将不同的波长多路复用到一根光纤上的技术。由于光纤传输时主要存在色散问题(即光脉冲的不同频率的分量传输速率不同)，所以用波长而不用频率来表示光信号的载波(图3-26)。按照复用时通道间隔的不同，波分复用又可分为稀疏波分复用和密集波分复用。稀疏波分复用的信道间隔为 20nm，密集波分复用的信道间隔为 0.2 ~ 1.2 nm。目前每个波长的数据传输速率超过 40 Gbps，在一根光纤上可以复用的光波数量达到 320 个。

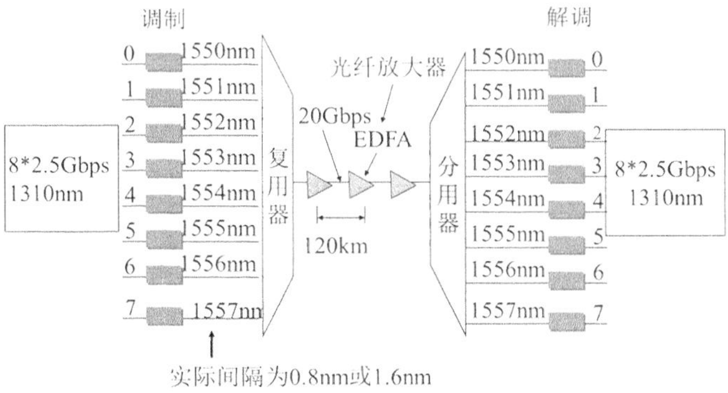

图 3-26 波分复用技术

3.5.4 码分多路复用

码分多路复用又称为码分多址(CDMA)技术，每一个用户可以使用同样的频带在同样的时间进行通信。各用户使用不同码型，不会造成干扰。码分复用最初使用于军事通信，信号具有很强的抗干扰能力，频谱近似于白噪声，不容易被敌人发现。

CDMA 是一种共享信道的方法，主要采用扩频通信。在 CDMA 中每一个比特的时间会再划分为 m 个短的间隔，被称为码片(chip)。通常 m 的值设为 128 或 64。使用 CDMA 的每一个站被指派一个唯一的 m bit 码片序列。

为简单起见，我们设 m=8。例如，s 站其码片序列为 00011011，当发送 bit 1 时，发送 00011011；发送 bit 0 时，发送 11100100。为了描述准确，将 1 用+1，0 用–1 代替，则 s 站的码片序列为(–1–1–1+1+1–1+1+1)。

假定数据率为 b bit/s，则实际发送速率为：mb bit/s，频宽为：原来的 m 倍(扩频)，可采用直接序列(DS-CDMA)或跳频序列(FH-CDMA)扩频技术。

CDMA 系统的一个重要特点是码片序列满足正交关系：系统中每一个站所分配的码片序列，不仅各不相同，并且相互正交。在实际系统中是使用伪随机码序列。具体如式(3-7)和(3-8)。

$$S \cdot T = \frac{1}{m}\sum_{i=1}^{m} S_i T_i = 0 \tag{3-7}$$

而任何码片序列向量的规格化内积为 1。

$$S \cdot S = \frac{1}{m}\sum_{i=1}^{m} S_i S_i = \frac{1}{m}\sum_{i=1}^{m} S_i^2 = \frac{1}{m}\sum_{i=1}^{m} (\pm 1)^2 = 1 \tag{3-8}$$

如果假定一个 CDMA 系统中的很多站在相互通信，且所发送的码片序列都是同步的，则这些站所发送的数据为：当发送 bit 1 时，就把自己的码片序列发送出去；当发送 bit 0 时，就把自己码片序列二进制反码发送出去；如果无数据发送，就什么也不做。现假定站点 S 和站点 T 发送数据，X 为收到的混合信号，需事先获得 S 站的码片序列向量 S，再与收到的未知信号求内积。

根据公式(3-7)和公式(3-8)，其他站的所有信号都会被过滤掉：

$$S \cdot T = 0$$

只剩下 S 站发送的信号，S 站发送 bit 1 时：

$$S \cdot S = 1$$

S 站发送 bit 0 时：

$$S \cdot \overline{S} = -1$$

图 3-27 ~ 图 3-30 为 CDMA 系统码分复用的一个例子。

$$A=(-1-1-1+1+1-1+1+1)$$
$$B=(-1-1+1-1+1+1+1-1)$$
$$C=(-1+1-1+1+1+1-1-1)$$
$$D=(-1+1-1-1-1-1+1-1)$$

图 3-27 4 个站的码片序列

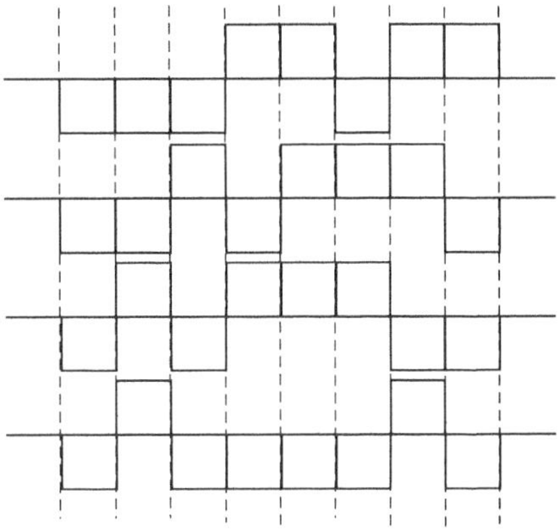

图 3-28 4 个站码片序列对应的脉冲信号

$$S_1=C=\quad(-1+1-1+1+1+1-1-1)$$
$$S_2=B+C=\quad(-1\ \ 0\ \ 0\ \ 0+2+2\ \ 0\ \ 2)$$
$$S_3=A+\overline{B}=\quad(0\ \ 0-2+2\ \ 0-2\ \ 0+2)$$
$$S_4=A+\overline{B}+C=\quad(-1+1-3+3+1-1-1+1)$$
$$S_5=A+B+C+D=\quad(-4\ \ 0-2\ \ 0+2\ \ 0+2-2)$$
$$S_6=A+B+\overline{C}+D=\quad(-2-2\ \ 0-2\ \ 0-2+4\ \ 0)$$

图 3-29 多个站的数据传输样本

$$S_1\cdot C=[1+1-1+1+1+1-1-1]/8=1$$
$$S_2\cdot C=[2+0+0+0+2+2+0+2]/8=1$$
$$S_3\cdot C=[0+0+2+2+0-1+1-1]/8=0$$
$$S_4\cdot C=[1+1+3+3+1-1+1-1]/8=1$$
$$S_5\cdot C=[4+0+2+0+2+0-2+2]/8=1$$
$$S_6\cdot C=[2-2+0-2+0-2-4+0]/8=-1$$

图 3-30 复原站点 C 发出的信号

3.6 接入网技术

接入网一般指用户的网络接口和业务的节点接口间相互传送并实现承载功能的实体网络。我们常说的接入网的长度为几百米到几公里，指从骨干网络到用户终端设备之间的那一部分线路，通常被形象地称作“最后一公里”。由于骨干网一般使用光纤，具有很高的传输速度，而在整个通信网中，接入网处于通信网的末端，直接与用户连接，因此，整个网络系统最重要的就是接入网。根据传输介质的不同，接入网的接入方式一般包括铜线接入、同轴电缆混合接入、光纤接入与无线接入等几种方式。

根据 G.902 接入网框架建议，主要由业务节点接口(SNI)与用户网络接口(UNI)组成接入网，提供传送电信业务所需的承载能力系统，并经 Q 接口进行配置、管理。因此，接入网的网络侧经由 SNI 与业务节点相连，用户侧经由 UNI 与用户相连，管理方面则经 Q 接口与电信管理网(TMN)相连。

3.6.1 电话拨号接入

电话拨号接入通过计算机上安装的调制解调器(modem，俗称“猫”)与电话线路相连接，拨号接入到因特网服务提供商(Internet Service Provider，简称 ISP)的一种上网接入方式。它具有简单易行、经济实用的优点，有固定电话的用户就可以上网，缺点是其上网速率仅为 64kbps，无法提供更高的带宽接入。

3.6.2 DSL 接入

DSL 是数字用户线(digital subscriber line)的缩写，是通过对已有的模拟电话线路进行技术改造后承载住宅宽带业务的接入技术。DSL 技术支持对称和非对称传输模式，解决了 ISP 与用户间的“最后一公里”的瓶颈问题。由于 DSL 接入方案可以充分利用已经被大量铺设的电话用户环路，可大大降低接入的开销，电话线还可以提供更高速率的因特网接入，因此受到用户的欢迎，得到了各个方面的重视，在一些国家和地区得到大量应用。

DSL 包括 ADSL、RADSL、HDSL 和 VDSL 等多种技术方案。

ADSL(asymmetrical digital subscriber line)也称为非对称数字用户线，是一种非对称的 DSL 传输技术。它利用了普通电话线中没有使用的高频分量，基于频分复用和调制技术，在电话线上实现高速数据传输。其上行信道频带为 26kHz ~ 138kHz，速率可达到 896kbps，下行信道频带为 138kHz ~ 1104MHz，速率可达到 8160kbps(如图 3-31 所示)。ADSL 具有速率自适应功能，可以根据如距离、噪声等线路状况自动调节到一个合适的速率。同时具有较强的抗干扰能力。ADSL 的传输距离越远，衰减就越大，传输速率也就越低，但传输距离与衰减并非是一个线性关系。

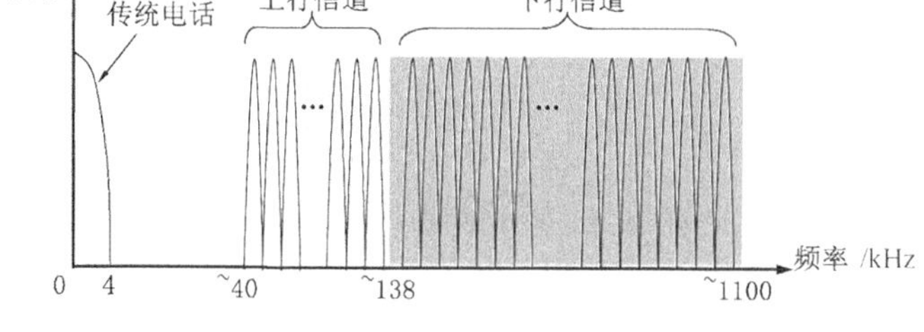

图 3-31 ADSL 调制解调器的频谱利用划分

图 3-32 为 ADSL 家庭用户的接入方法。

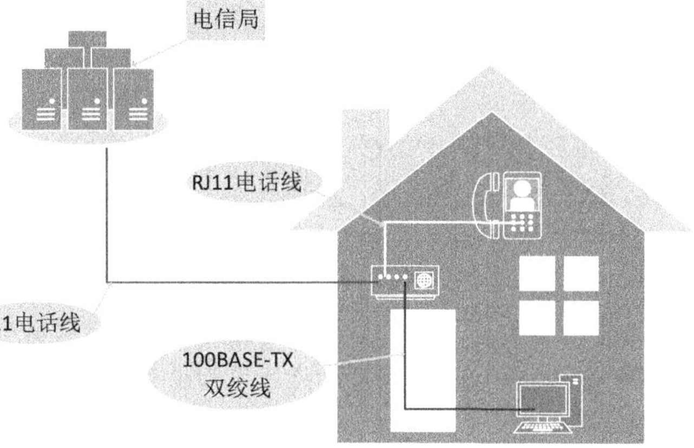

图 3-32 ADSL 家庭用户的接入方法

3.6.3 混合光纤同轴电缆接入

混合光纤同轴电缆(hybrid fiber coaxial cable，简称 HFC)接入网是一种综合应用模拟和数字技术、同轴电缆和光缆技术以及射频技术的高分布式接入网络，是电信网和 CATV 网相结合的产物。HFC 是将现有光纤与同轴电缆混合的单向模拟 CATV 网络改造成为双向网络，除了可以提供原来的模拟广播电视业务外，还可以利用频分复用技术和调制技术实现宽带双向业务如话音、数据与交互式视频等的接入和应用。HFC 要求每个家庭安装一个用户接口盒，接口盒可以使用三种连接，即使用同轴电缆连接到机顶盒(set-top box)，然后再连接用户的电视机；使用双绞线连接到用户的电话机；使用线路调制解调连接到用户的计算机。

HFC 网的结构如图 3-33 所示。HFC 网在主干部分使用模拟光纤技术，比使用数字光纤更经济。模拟光纤从头端(headend)连接到光纤节点，又称为光纤分配节点。在光纤节点光信号再被转换为电信号。在光纤节点以下是同轴电缆。一个光纤节点可以连接 1～6 根同轴电缆。从头端到用户家庭所需的放大器数目为 4～5 个，这样就可大大提高了网络的可靠性和电视信号的质量。

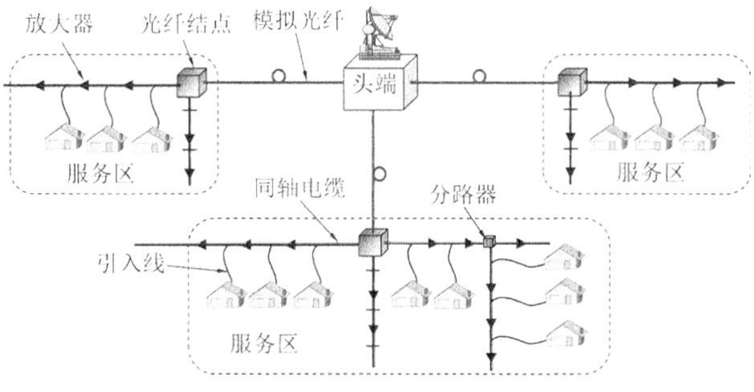

图 3-33 HFC 网的结构

3.6.4 光纤接入

光纤接入是指网络与用户之间以光纤作为传输介质。光纤接入网又可以划分为有源光接入网和无源光接入网。根据光网络单元在光纤接入网中的位置不同，可将光纤接入网分为不同的类型，如光纤到路边(FTTC)、光纤到小区(FTTZ)、光纤到大楼(FTTB)、光纤到办公室(FTTO)和光纤到户(FTTH)等，它们统称为 FTTx，这里字母 x 可代表不同方案。FTTx 是指光纤在接入网中不同的推进程度或使用策略。FTTC (fiber to the curb)指将光纤铺设到路边，可使用星形结构的双绞线再从路边到各用户家庭。FTTB (fiber to the building)是光纤铺设到大楼，光纤进入大楼后用电缆或双绞线分配到各用户，光信号转换为电信号。FTTH (fiber to the home)则指光纤到户，是将光纤一路铺设到用户家庭，是居民高速接入网的解决方案。

图 3-34 为 FFTB 的组网方案示意图。

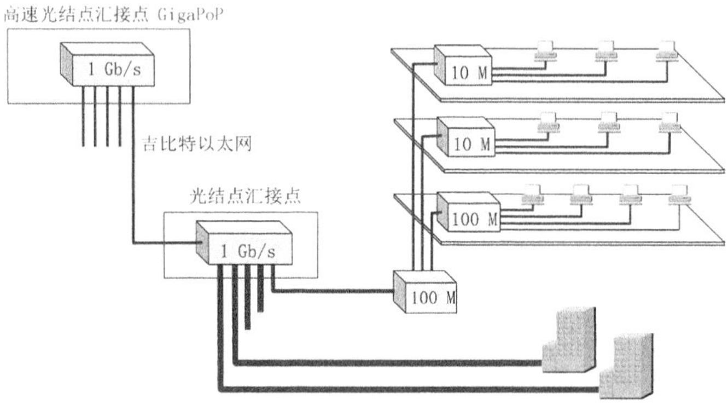

图 3-34 FFTB 组网方案

3.6.5 LAN 接入

LAN 接入其实就是通过双绞线直接与交换机相连的接入方式，具有上下行速率稳定、可扩展性强等多方面的优势。尤其适合宽带应用发展的需求，发展潜力十分巨大。通常，用户使用 100Mbps 接入速率，交换机之间采用 1000Mbps 接入速率，而主干网、服务器可以使用 1Gbps 和 10Gbps 的接入速率。

3.6.6 无线接入

无线接入是指交换节点与用户终端之间部分或全部采用无线传输的手段。在人口密集的城市或位置偏远的山区、岛屿，可达到安装迅速的目的。作为接入网技术中的一个重要部分，具有安装便捷、使用灵活、经济节约、易于扩展的特点。

典型的无线接入系统主要由以下几个部分组成：控制器、基站、操作维护中心、固定用户单元与移动终端等。

根据无线接入终端的可移动性，无线接入分为移动无线接入与固定无线接入两大类。移动无线接入服务的对象是移动终端，即蜂窝移动电话系统。固定无线接入面向固定位置的用户或仅在小范围内移动的用户群体。

根据覆盖分为，分为无线个人区域网 WPAN、无线局域网 WLAN、无线城域网 WMAN 和无线广域网 WWAN 四大类。

3.7 小 结

本章主要介绍了物理层的基本任务，数据通信系统的模型，主要的基带传输和宽带传输技术，不同传输介质的比较，信道复用技术和接入网技术等概念。

3.8 习 题

一、单项选择题

1. 网卡的基本功能包括以下三方面：数据转换、通信服务与________。
   A.数据服务 B. 数据缓存 C. 数据传输 D. 数据共享
2. 各种网络在物理层互连时，一般要求________。
   A. 数据传输率与链路协议都相同
   B. 数据传输率与链路协议都可不同
   C. 数据传输率相同，链路协议可不同
   D. 数据传输率可不同，链路协议相同
3. 在中继系统中，中继器处于________。
   A. 物理层 B. 传输层 C. 网络层 D. 数据链路层
4. 下面关于集线器的缺点，下列描述正确的是________。
   A. 集线器不能在网络上发送变弱的信号
   B. 集线器不能过滤网络流量
   C. 集线器不能延伸网络可操作的距离
   D. 集线器不能放大变弱的信号
5. 同一个信道的同一时刻，能够同时进行双向数据传送的通信方式是下面的________。
   A. 单工 B. 半双工 C. 全双工 D. 上述三种均不是
6. 可以从数据信号波形中提取出同步信号的典型编码是________。
   A. 归零码 B. 定比码 C. 不归零制编码 D. 曼彻斯特编码
7. 下列有关光缆的描绘，正确的是________。
   A. 光缆到光纤通常是一进一出 B. 光缆传输慢
   C. 光缆较电缆传输距离近 D. 光缆不安全

8. 计算机网络通信通常采用异步和同步两种方式，但传送效率最高的是________。
   A. 同步方式　　　　B. 同步与异步方式传送效率相同
   C. 异步方式　　　　D. 无法比较
9. 与双绞线相比，同轴电缆的抗干扰能力________。
   A.一样　　B. 弱　　C. 强　　D. 不能确定
10. 数字信号传输有异步传输、同步传输，这种划分的依据是________。
   A. 字符传输顺序的不同　　　　B. 字符同步方式不同
   C. 字符起始信号的极性不同　　D. 数据传输方向不同
11. 如果用一条双绞线把两台计算机直接相连，那么这条双绞线需要使用________。
   A. 反接线　　B. 交叉线　　C. 直连线　　D. 以上都可以

二、概念解释

1. 信号
2. 数据
3. 模拟信号
4. 数字信号
5. 码元
6. 单工通信、双工通信、全双工通信
7. 串行传输、并行传输

三、简答题

1. 物理层主要解决哪些问题？物理层的主要特点有哪些？
2. 物理层的接口包含哪几个方面的特性？各有什么内容？
3. 假定信道的带宽为 3.1kHz，其最大信息传输速率为 35 kbps，若想使信道的最大信息传输速率增加 60%，那么信噪比 S/N 应该增大到多少倍？如果在刚才的基础上将信噪比 S/N 再增大到 10 倍，这时的最大信息速率是否可以再增加 20%？
4. 假定信道的最高码元传输率为 20k 码元/秒。如果采用振幅调制的方法，码元的振幅划分为 16 个不同等级，问可以获得多高的数据速率(bps) ？
5. 假定共有四个站进行基于码分多址 CDMA 的数据通信。这四个站的码片序列为：
   A. (–1 –1 –1 +1 +1 –1 +1 +1)　　　　B. (–1 –1 +1 –1 +1 +1 +1 –1)
   C. (–1 +1 –1 +1 +1 +1 –1 –1)　　　　D. (–1 +1 –1 –1 –1 –1 +1 –1)
   现收到这样的码片序列 S：(–1+1–3+1–1–3+1+1)。问哪个站发送数据了？发送数据的站发送的是 0 还是 1？

第 4 章　数据链路层与局域网技术

要在一条通信线路上传送数据，除了必要的物理线路(物理层的功能)之外，还要有一些规程或协议来控制这些数据的传输，以保证传输数据的正确性。这些规程或协议的硬件和软件加上物理线路就构成了本章要介绍的数据链路层(data link layer，DLL)。

数据链路层是 OSI 参考模型中的第二层，介于物理层和网络层之间。数据链路层在物理层的基础上向网络层提供服务。数据链路层的主要任务是在两个相邻节点间(点对点)的线路上透明传输以数据帧(frame)为单位的数据。

本章主要针对数据链路层和局域网体系结构中的介质访问控制子层(MAC)功能及相关以太网技术进行全面、深入的介绍，包括 CSMA/CD 介质访问控制原理、以太网体系结构、规范和帧格式封装等。最后将介绍高速以太网技术和虚拟局域网技术。

4.1　数据链路层概述

4.1.1　链路与数据链路

先看一个例子，两台主机通过互联网进行通信(图 4-1)。用户主机 H_1 通过电话线上网，中间经过三个路由器 R_1、R_2 和 R_3 连接到远程的主机 H_2。它们传送的数据所经过的网络可以是多种的，如电话网、局域网和广域网等。

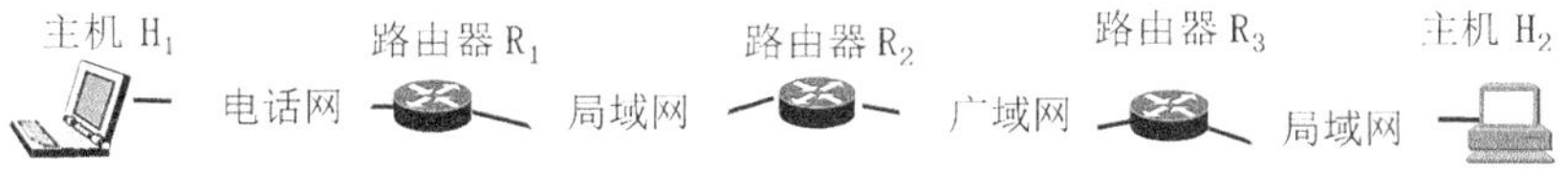

图 4-1　主机 H_1 向 H_2 发送数据

当主机 H_1 向 H_2 发送数据时，从网络体系结构和协议的层次上看数据的流动如图 4-2 所示。主机 H_1 和 H_2 都有完整的协议层次，但路由器转发分组时只有下面的三层协议。数据进入路由器后要先从物理层向上到网络层，在转发表中找到下一跳的地址后，再向下到物理层转发出去。因此，数据从主机 H_1 传送到主机 H_2 需要在路径中的各节点的协议栈向上和向下传输多次，如图中的浅灰色箭头所示。

我们现在研究数据链路层的问题时，只关心协议层次中的数据链路层。这样当主机 H_1 向主机 H_2 发送数据时，数据仅仅是在数据链路层从左向右沿水平方向传送，如图 4-3 所示，数据从主机 H_1 到主机 H_2 路径为：H_1 的链路层→R_1 的链路层→R_2 的链路层→R_3 的链路层→H_2 的链路层。这四段不同的链路层可能采用不同的数据链路层协议。

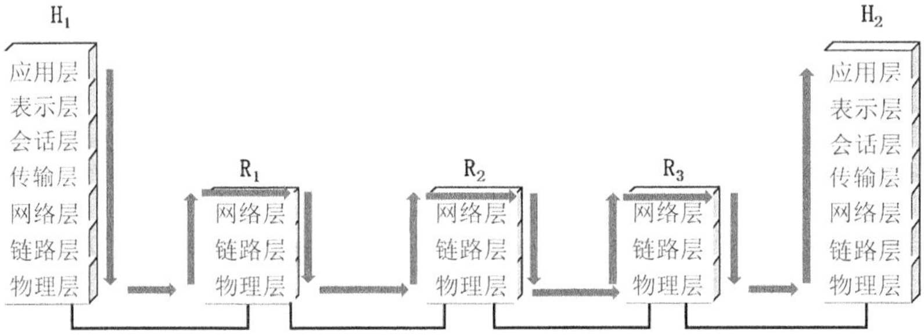

图 4-2　协议层次上数据的流动

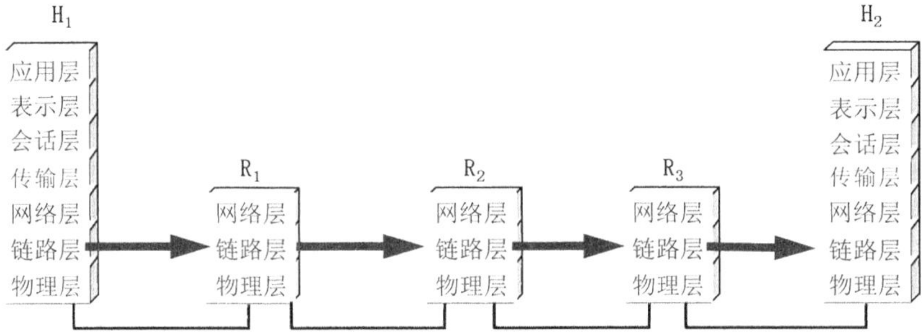

图 4-3　仅考虑数据链路层中数据的流动

图 4-3 中只考虑数据链路层中数据的流动，数据从主机 H_1 到主机 H_2 经过了四段不同的路径。这四条不同的路径则包含了链路和数据链路的概念。

链路(link)是从一个节点到相邻节点的一段物理线路，中间没有任何其他的交换节点。在进行数据通信时，两个计算机之间的通信路径要经过多段这样的链路。可见，链路只是一条路径的组成部分。

当需要在一条线路上传送数据时，除了物理线路外，还必须有通信协议来控制数据的传输。把实现这些协议的硬件和软件加到链路上，就构成了数据链路。现在最常用的方法是使用适配器(即网卡)来实现这些协议的硬件和软件。一般的适配器都包括了数据链路层和物理层这两层的功能。

也有人把链路分为物理链路和逻辑链路。物理链路就是所说的链路，逻辑链路就是所说的数据链路，是物理链路加上必要的通信协议。

4.1.2　点到点链路与广播链路

数据链路层主要使用两种类型的链路：点到点链路和广播链路，这两种类型链路的特点差异很大。

1. 点到点链路

点到点链路(point-to-point link)使用一对一的点对点通信方式，由一条链路两端的发送节点和接收节点组成。许多数据链路层协议是为点到点链路设计，如点对点协议(point-to-point protocol，PPP)和高级数据链路控制协议(high-level data link control，HDLC)

就是点到点链路的协议。

点到点链路的数据链路层在进行通信时的主要步骤如下:

(1) 节点 A 的数据链路层把网络层交付的分组添加首部和尾部封装成数据帧。

(2) 节点 A 把封装好的数据帧发送给节点 B 的数据链路层。

(3) 若节点 B 的数据链路层收到的数据帧无差错，则从收到的数据帧中提取出 IP 数据报上交给上面的网络层；否则丢弃这个数据帧。

2. 广播链路

广播链路(broadcast link)使用一对多的广播通信方式，它能够让多个发送节点和接收节点都连接到单一的、共享的广播信道上，因此必须使用专用的共享信道协议来协调这些主机的数据发送，因此过程比较复杂。这里使用术语“广播”，是因为当任何一个节点传输一个数据帧时，都要经过该信道广播该数据帧，使连接的每个其余节点均能收到该数据帧的一个副本。以太网(ethernet)和无线局域网(wireless local area networks，WLAN)都是数据链路层广播链路的例子。

4.1.3　数据链路层的简化模型

数据链路层把网络层交付的分组构成数据帧发送到链路上，以及从链路上把接收到的数据帧中的数据取出并上交给网络层。

为了把主要精力放在数据链路层协议上，可以采用如图 4-4 所示的三层模型。在这种三层模型中，不管在哪一段链路上的通信(主机和路由器之间或两个路由器之间)，都可以看成是节点和节点的通信(如图中的节点 A 和 B)，而每个节点只有 OSI 参考模型中最下面三层：网络层、数据链路层和物理层。

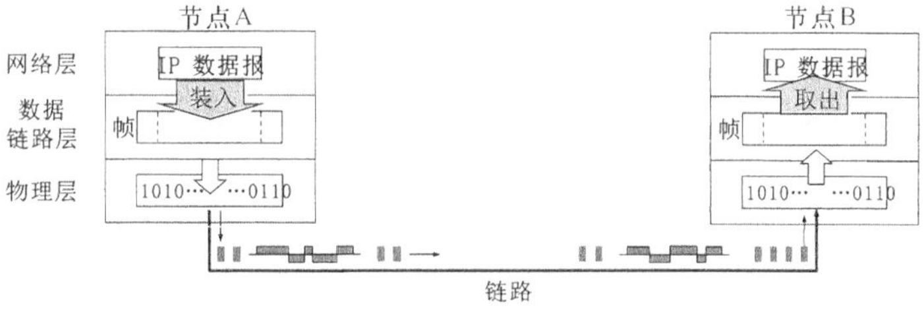

图 4-4　简化的三层结构模型

因为数据链路层不必考虑物理层如何实现比特流传输的细节，我们还可以更简单地假设发送节点是沿着两个数据链路层之间的水平方向把数据帧直接发送到对方节点，如图 4-5 所示。

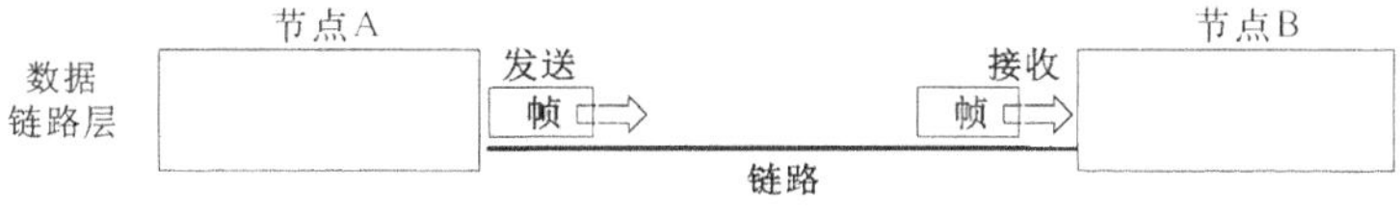

图 4-5　只考虑数据链路层的简化模型

如果把数据链路层想象成一个数字管道(图 4-6),在两个对等的数据链路层之间画出一个数字管道，而在这条数字管道中传输的数据就是数据帧。这也是我们研究网络体系结构的各个层次时经常采用的方法，称为“数字管道法”，可以大大简化对网络问题研究的复杂性。以后各章也会经常采用这种简化方法。

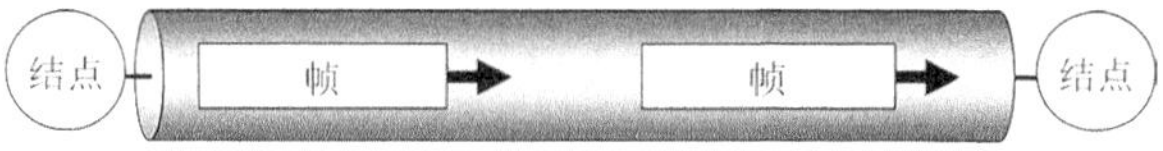

图 4-6　数据链路层的数字管道模型

4.2　数据链路层需要解决的基本问题

任何链路层的基本任务都是将数据帧通过链路从一个节点移动到相邻节点。随着数据帧在不同的链路上传输，所提供的服务细节也随着不同链路上的协议不同而改变。

数据链路层有多种协议，但有三个基本问题则是共同的。这三个基本问题是：数据帧定界、透明传输和差错检测。下面分别讨论这三个基本问题。

4.2.1　数据帧定界

发送端的数据链路层是接收来自网络层的分组，而接收端的数据链路层又是接收来自物理层的比特流。接收端为了完成此项工作，必须准确识别数据帧的结构，即要知道数据帧从哪里开始，到哪里结束。因此确定帧的边界起止位置即数据帧定界非常重要。数据链路层的数据帧在链路上传输之前，要将每个网络层分组用数据帧封装起来，所以数据链路层的成帧功能就包含两方面的含义：一是将来自网络层的分组封装成数据帧，二是从来自物理层的比特流识别出数据帧。

帧定界往往是通过添加特殊的二进制序列来进行的。帧的特定结构由数据链路层协议规定。数据帧由一个数据字段、若干首部和尾部字段组成，网络层分组到达数据链路层后加上数据链路层的首部和尾部就构成了一个数据帧。在每个帧的首部前面加上一个帧起始定界符，在帧的尾部结尾处加上一个帧结束定界符，把网络层的分组作为帧的数据部分，就构成了一个完整的数据帧。帧起始定界符和帧结束定界符就作为帧的起始和结束标记，也就是帧边界，如图 4-7 所示的 SOH、EOT 即为帧的起始和结束标记。

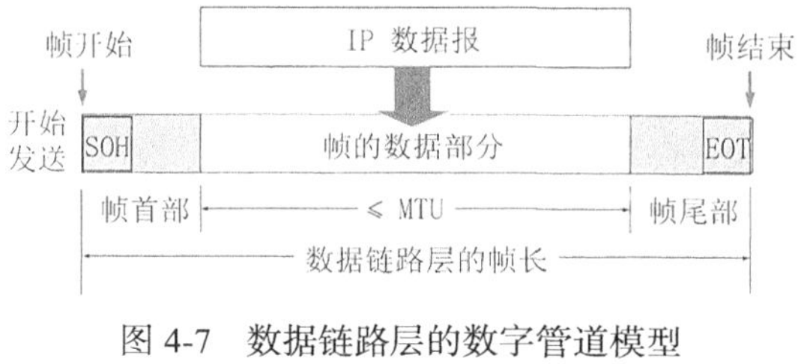

图 4-7　数据链路层的数字管道模型

帧定界可以使用特殊的帧定界符。图 4-7 说明帧定界符的概念。控制字符 SOH(start

of header)放在一帧的最前面，表示帧的首部开始。另一个控制字符 EOT(end of transmission)表示帧的结束。

接收端在收到物理层上交的比特流后，就能根据首部和尾部的起始、结束标记，从收到的比特流中识别帧的开始和结束。

当数据在传输中出现差错时，帧定界符的作用就更加明显。假定发送端在尚未发送完一个数据帧时突然出现了故障，中断发送。但随后又很快恢复正常，于是重新从头开始发送刚才的帧。由于使用了帧定界符，接收端就知道前面收到的数据是个不完整的帧(只有首 SOH 而没有传输结束符 EOT)必须丢弃。而后面收到的数据有明确的帧定界符(SOH 和 EOT)，因此这是一个完整的帧，应当收下。

各种数据链路层协议都要对帧首部和帧尾部的格式有明确的规定。数据帧长度等于数据部分的长度加上帧首部和帧尾部的长度，应当使帧的数据部分长度尽可能地大于首部和尾部的长度。但是为了提高帧的传输效率，每一种链路层协议都规定了帧的数据部分的长度上限，即最大传送单元 MTU (maximum transfer unit)。图 4-7 不仅给出了帧的首部和尾部的位置，也给出了帧的数据部分与 MTU 的关系。

4.2.2　透明传输

透明传输是指不管发送端发送的数据帧是什么样的比特组合，都应当能够在链路上传送，而接收端应该能够准确无误地识别出完整的数据帧。

由于帧的开始和结束标记是使用专门指明的二进制序列，因此所传输的数据中任何的比特组合一定不允许和用作帧定界符的比特编码一样。当所传输数据中的比特组合恰巧与某一个定界符完全一样时，就必须采取适当的措施，使接收方不会将这样的数据误认为是某种控制信息，这样才能保证数据链路层的传输是透明的。否则就会出现帧定界的错误。

如果数据帧包含的数据中某个部分的二进制代码恰好与 SOH 或 EOT 这类定界符符一样(图 4-8)，数据链路层就会误认为已经找到数据帧的“边界”，把收到的部分帧收下(误认为是一个完整的帧)，而把剩下的那部分数据丢弃(因帧的这部分找不到帧定界符 SOH)。

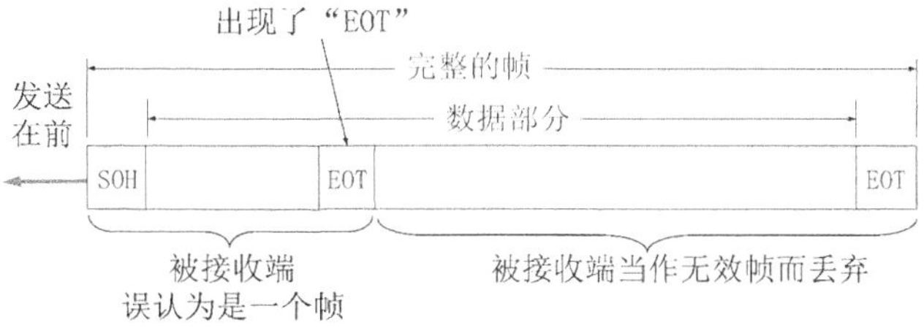

图 4-8　引起数据帧错误定界的例子

为了解决透明传输问题，就必须设法使数据帧数据部分可能出现的类似定界符“SOH”和“EOT”(实际上为网络层的分组数据)在接收端不被解释为定界符。具体的解决方法是(以字节填充为例)：发送端的数据链路层在数据中出现类似定界字符“SOH”

或“EOT”时，在其前面插入一个转义字符“ESC”(其十六进制编码是 1B)。而在接收端的数据链路层在将数据送往网络层之前删除这个插入的转义字符。这种方法称为字节填充(byte stuffing)或字符填充(character stuffing)。如果转义字符也出现在数据当中，那么解决方法仍然是在转义字符的前面插入一个转义字符。因此，当接收端收到连续的两个转义字符时，就删除其中前面的一个。图 4-9 为用字节填充法解决透明传输的例子。

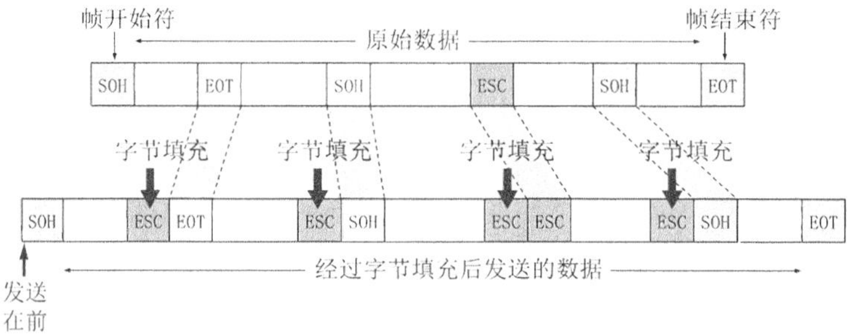

图 4-9　用字节填充法实现透明传输的例子

4.2.3　差错检测

实际的通信链路由于其信道存在信号衰减和电磁噪声，帧在传输过程中，其包含的比特在传输过程中可能会产生差错，如其中某个比特 1 在接收方可能被判断为 0，比特 0 也可能被判断为 1。这种称为比特差错。在一段时间内，传输错误的比特占所传输比特总数的比率称为误码率(bit error rage，BER)。误码率与信噪比有很大的关系。如果设法提高信噪比，就可以使误码率减小。实际的通信链路不可能使误码率下降到零，因此为了保证数据传输的可靠性，在计算机网络传输数据时，必须采用各种差错检测措施。许多链路层协议能够提供一种机制来检测是否存在这样的差错。例如发送端系统在帧中设置差错检测比特，接收端系统用同样的方法进行差错检测，如果产生的差错检测比特不同，就通知对方重新发送该帧直至得到正确的数据帧为止。链路层的差错检测通常用硬件实现。

目前在数据链路层广泛使用循环冗余检验 CRC (cyclic redundancy check)的差错检测技术。CRC 检验也称为多项式编码(polynomial code)，它将发送的二进制序列看作系数为 0 或 1 的一个多项式，对二进制序列的操作也称为多项式算术。CRC 校验码由两部分组成，前一部分是 k+1 个比特的待发送信息，后一部分是 r 个比特的冗余码。前 k+1 个比特部分是实际要传送的内容，是固定不变的。CRC 校验码的关键在于后一部分 r 个比特冗余码的计算。CRC 校验的基本工作原理如图 4-10 所示。

多项式算术是基于二进制序列与多项式系数的对应(等价)关系进行的。一个 m+1 位的二进制序列就是一个 m 阶多项式的系数，如二进制序列 p=1101，则其对应的多项式 $P(x)=1\cdot x^3+1\cdot x^2+0\cdot x^1+1\cdot x^0$，即 $P(x)=x^3+x^2+1$。

CRC 冗余码的计算中要用到两个多项式：$F(x)$和 $G(x)$，其中，$F(x)$是一个 k 阶多项式，其系数是待发送的 k+1 位二进制序列，$G(x)$是一个 r 阶的生成多项式，由收发双方预先约定。

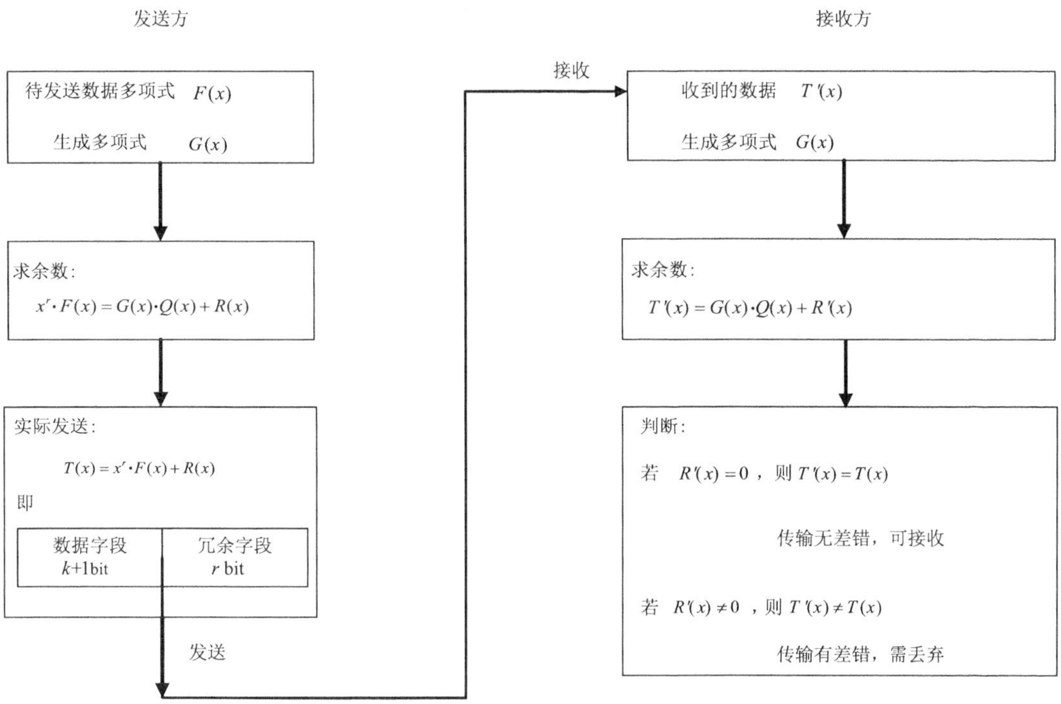

图 4-10　CRC 校验基本原理

需要注意的是：CRC 计算中的除法采用模 2 除法，即在加法中不进位，在减法中不借位。这意味着加法和减法是相同的，而且这两种操作等价于操作数的按位异或(XOR)操作。

下面举例进行说明 CRC 检验的实现过程。假设实际待发送的二进制序列是 f=101001，收发双方预先约定的生成多项式 g=1101。可参照下面的步骤来计算相应的 CRC 码：

(1) 由发送的二进制序列 f=101001(即 k=5)作为 $F(x)$的系数，得到对应的 $F(x)$多项式。

$$F(x) = x^5 + x^3 + 1$$

(2) 生成多项式 g=1101，得到对应的 $G(x)$多项式。

$$G(x) = x^3 + x^2 + 1$$

由 $G(x)$可知，r=3。

(3) 计算 $x^r \cdot F(x)$。

$$x^r \cdot F(x) = x^3 \cdot (x^5 + x^3 + 1) = x^8 + x^6 + x^3$$

该表达式对应的二进制序列为 101001000，相当于二进制序列向左移动 3 位(因为 r=3)，低位补 0。

(4) 求余数 $R(x)$，如图 4-11 所示。

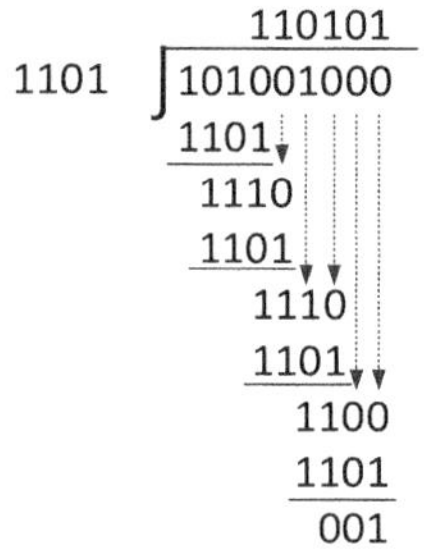

图 4-11　计算 CRC 冗余码

(5) 求实际发送的 $T(x)$。

$$T(x) = x^r \cdot F(x) + R(x) = x^3 \cdot F(x) + R(x)$$

即

$$T(x) = x^8 + x^6 + x^3 + 1$$

$T(x)$对应的二进制序列为 101001001，可以看出，其正好是待发送的二进制序列 f 后面加上计算得到的 CRC 冗余码。发送方实际发送的是二进制串 101001001。

(6) 接收方校验。假设接收方收到的二进制串为 101001001，计算过程如图 4-12 所示。

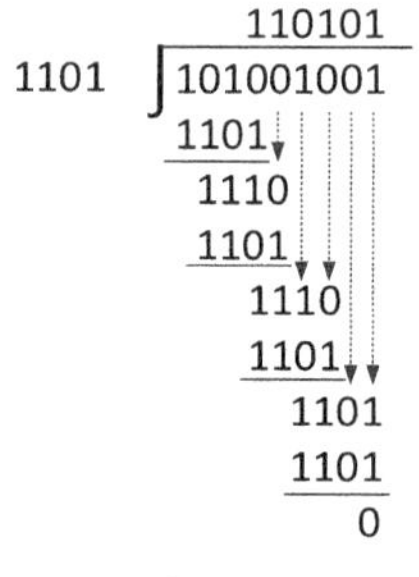

图 4-12　接收方进行差错检测

可以看出，余数 $R'(x) = 0$，所以收到二进制串与发送方发出的一致，传输无差错。

CRC 校验法是由多个数学公式、定理和推论得出的。CRC 中的生成多项式对于 CRC 的检错能力有很大的影响。生成多项式 $G(x)$的结构及检错效果是在经过严格的数学分析和实验后才确定的，有着相应的国际标准。常见的标准生成多项式如下：

$$\text{CRC-16} = x^{16} + x^{15} + x^2 + 1$$

$$\text{CRC-CCITT} = x^{16} + x^{12} + x^5 + 1$$

$$CRC\text{-}32 = x^{32}+x^{26}+x^{23}+x^{22}+x^{16}+x^{12}+x^{11}+x^{10}+x^{8}+x^{7}+x^{5}+x^{4}+x^{2}+x+1$$

CRC 校验具有很强的检错能力，理论证明，CRC 能够检验出下列差错：①全部的奇数个错；②全部的两位错；③全部长度小于或等于 r 位的突发错。其中，r 是冗余码的长度。

可以看出，只要选择足够的冗余位，就可以使漏检率减少到任意小的程度。由于 CRC 校验码的检错能力强，且生成和检验过程容易实现，因此是目前应用最广泛的检错码编码方法之一。

4.3　点到点链路的数据链路层协议 PPP

4.3.1　PPP 协议简介

由 RFC 1661 和 RFC 2153 定义的点到点协议(point to point protocol，PPP)是用于一条直接连接两个节点的点到点链路上的链路层协议。运行 PPP 的点到点链路可以是一条串行的拨号电话线，它已经成为家庭用户和 ISP 之间通过拨号连接起来的协议。PPP 是 TCP/IP 网络协议包的一个成员，是 TCP/IP 的扩展，它增加了两个额外的功能组件：

(1) 它可以通过串行接口传输 TCP/IP 包；

(2) 它可以安全登录。

PPP 协议的特点如下：

(1) 支持点到点的连接，不同于 X.25、frame relay 等数据链路层协议，具有 CHAP、PAP 验证协议，更好地保证了网络的安全性。

(2) PPP 的物理层既支持数据为 8 位和无奇偶校验的异步模式，还支持面向比特位的同步链接，如 frame relay 必须为同步电路。

(3) PPP 有针对不同网络层的网络控制协议，如 IPCP，IPXCP。并且允许双方协商是否对报文首部进行压缩。

(4) 提供了一整套方案解决链路建立、维护、拆除上层协议协商、认证等问题。

4.3.2　PPP 协议的组成

PPP 协议有如下三个组成部分。

(1) 一个在串行链路上封装 IP 数据报的方法。PPP 协议既支持数据为 8 位和无奇偶检验的异步模式(如大多数计算机上都普遍存在的串行接口)，还支持面向比特的同步链接。

(2) 一个建立、配置及测试数据链路的链路控制协议(link control protocol，LCP)。为了能适应复杂多变的网络环境，它提供了一种链路控制协议来配置和测试数据通信链路，允许通信双方进行协商，以确定不同的选项。处理不同大小的数据帧，检测链路环路、一些链路的错误，终止一条链路等。

(3) 一套针对不同的网络层协议的网络控制协议(network control protocol，NCP)体系，如 IP、IPX、和 AppleTalk 等。PPP 的网络控制协议根据不同的网络层协议可提供相应的网络控制协议。常用的有提供给 TCP/IP 协议使用的 IPCP 网络控制协议和提供给 SPX/IPX 协议使用的 IPXCP 网络控制协议等，但最为常用的是 IPCP 协议，当点到点的两端进行 NCP 参数配置协商时，主要是用来确定通信双方的网络层地址。

4.3.3 PPP 协议的帧格式

PPP 数据帧(RFC1662)的帧格式如图 4-13 所示。

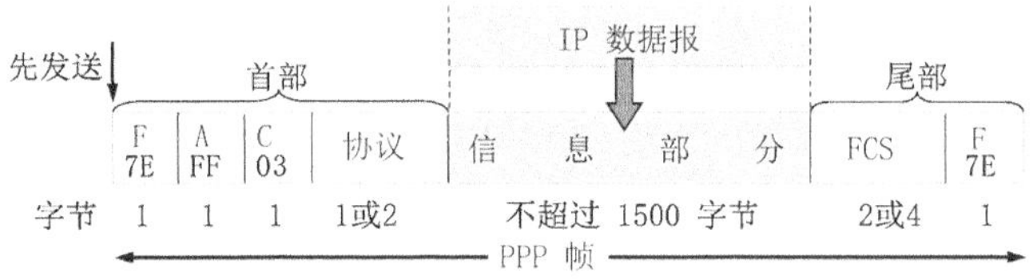

图 4-13 接收方进行差错检测

PPP 数据帧包含了以下字段：

(1) 标志字段 F。每个 PPP 数据帧都是用值为 01111110(十六进制值为 0X7E)的 1 字节的标志字段作为数据帧的开始和结束。连续两帧之间只需要用一个标志字段。如果出现连续两个标志字段，表示这是一个空帧，需要丢弃。

(2) 地址字段 A 和控制字段 C。取值都是固定不变的，分别为 0xFF、0x03。

(3) 协议字段。表明数据部分的类型，协议字段不同，后面的数据字段类型就不同。如，0x0021 是 IP 数据报，0xC021 是链路控制数据 LCP；0x8021 是网络控制数据 NCP，0xC023 是安全性认证 PAP，0xC223 是安全性认证 CHAP。

(4) 信息字段。这个字段包含上层协议(如 IP 数据报)经过 PPP 链路发送的分组数据。该信息字段最大默认长度是 1 500 字节。

(5) 检验和 FCS。用于检测经过传输的数据帧可能存在的比特差错。使用 2 或 4 字节的标准循环冗余码。

4.3.4 PPP 协议的透明传输实现

当信息字段中出现和标志字段一样的比特(0x7E)组合时，就必须采取一些措施使其不出现在信息字段中。

当 PPP 用在异步传输时，就使用一种特殊的字符填充法。把转义符定义为 0x7D，并使用字节填充。

当 PPP 用在同步传输时，协议规定采用零比特填充法来完成。

1. 字符填充法

RFC 1662 规定了如下所述的填充方法(图 4-14)：

(1) 把信息字段中出现的每一个 0x7E 字节转变成为 2 字节序列(0x7D，0x5E)；

(2) 若信息字段中出现一个 0x7D 的字节(即出现了与转义字符一样的比特组合)，则把 0x7D 转变成为 2 字节序列(0x7D，0x5D)；

(3) 若信息字段中出现 ASCII 码的控制字符(即数值小于 0x20 的字符)，则在该字符前面要加入一个 0x7D 字节，同时将该字符的编码加以改变。例如，出现 0x03(在控制字符中是“传输结束”ETX)，就要把它转变为 2 字节序列(0x7D，0x31)。这样做的目的防止这些 ASCII 码控制字符被错误地解释。

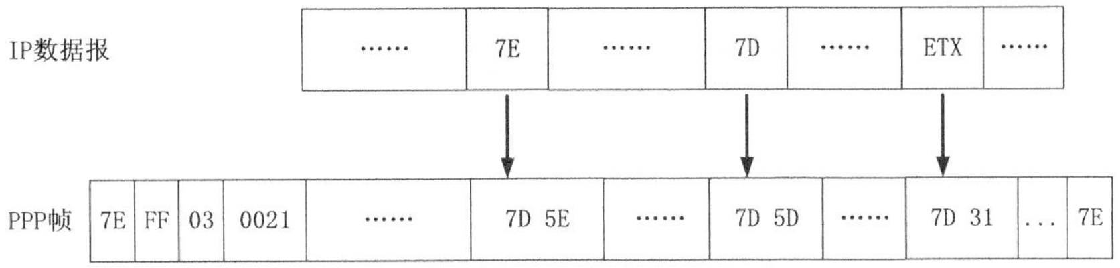

图 4-14　PPP 协议透明传输的字符填充法

2. 比特填充法

PPP 协议用在 SONET/SDH 链路时使用同步传输(一连串的比特连续传送)而不是异步传输(逐个字符地传送)。在这种情况下，PPP 协议采用零比特填充方法来实现透明传输。

零比特填充的具体做法是：在发送端先扫描整个信息字段，只要发现有 5 个连续的 1，则立即填入一个 0。经过这种零比特填充后的数据，可以保证信息字段中不会有连续的 6 个 1 出现。接收端在收到一个帧时，先找到标志字段 F 以确定一个帧的边界，接着再用硬件对其中的比特流进行扫描。每当发现 5 个连续的 1 时，就把这 5 个连续的 1 后面的一个 0 删除，以便还原成原来的信息比特流(图 4-15)。这样就保证了在所传送的数据比特流中可以传送任意组合的比特流，而不会引起对数据帧边界的错误判断。

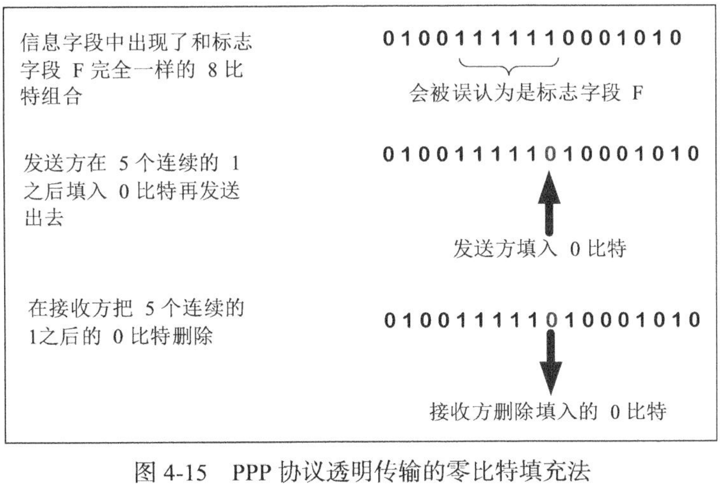

图 4-15　PPP 协议透明传输的零比特填充法

4.3.5　PPP 协议的链路状态

PPP 链路的建立、使用和拆除的流程如下：当线路处于静止状态时，并不存在物理层的连接。当检测到调制解调器的载波信号，并建立物理层连接后，线路就进入建立状态，这时 LCP 开始协商一些选项。协商结束后就进入鉴别状态。若通信的双方鉴别身份成功，则进入网络状态。NCP 配置网络层，分配 IP 地址，然后就进入可进行数据通信的打开状态。数据传输结束后就转到终止状态。载波停止后则回到静止状态。

PPP 协议的状态图如图 4-16 所示。

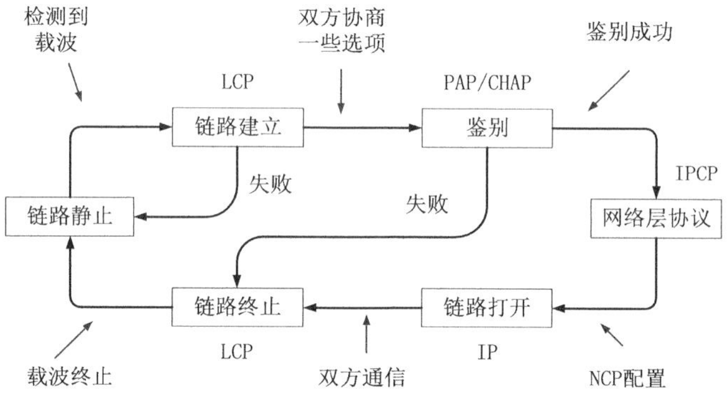

图 4-16　PPP 协议的链路状态图

PPP 链路的起始和终止状态永远都是链路静止(link dead)状态，这时在用户 PC 机和 ISP 的路由器之间并不存在物理层的连接。

当用户 PC 机使用宽带连接通过调制解调器呼叫路由器时，路由器能够检测到调制解调器发出的载波信号。在双方建立了物理层连接后，PPP 就进入链路建立(link establish)状态，来建立链路层的 LCP 连接。这时 LCP 开始协商一些配置选项包括链路最大帧长、使用的鉴别协议(authentication protocol)等。

协商结束后双方建立了 LCP 链路，进入鉴别(authenticate)状态。这一状态只允许传送 LCP 协议的分组、鉴别协议的分组以及监测链路质量的分组。若使用口令鉴别协议 PAP (password authentication protocol)，则需要发起通信的一方发送身份标识符和口令。系统可允许用户重试若干次。如果需要有更好的安全性，则可使用更加复杂的口令握手鉴别协议 CHAP (challenge-handshake authentication protocol)。若鉴别身份失败，则转到链路终止(link terminate)状态。若鉴别成功，则进入网络层协议(network-layer protocol)状态。

在网络层协议状态，PPP 链路两端的网络控制协议 NCP 根据网络层的不同协议互相交换网络层特定的网络控制分组。如果在 PPP 链路上运行的是 IP 协议，则要使用 NCP 中的 IP 控制协议 IPCP (IP control protocol)对 PPP 链路的每一端配置 IP 协议模块(如分配 IP 地址)。IPCP 分组也封装成 PPP 帧(其中的协议字段为 0x8201)在 PPP 链路上传送。

当网络层配置完毕后，链路就进入可进行数据通信的链路打开(link open)状态。链路的两个 PPP 端点可以彼此向对方发送分组。两个 PPP 端点也可以发送回送请求 LCP

分组(echo-request)和回送回答 LCP 分组(echo-reply)检查链路的状态。

数据传输结束后，可由链路的一端发出终止请求 LCP 分组(terminate-request)请求终止链路连接，在收到对方发来的终止确认 LCP 分组(terminate-ack)后，转到链路终止状态。如果链路出现故障，也会从链路打开状态转到链路终止状态。

当调制解调器的载波停止后，则回到链路静止状态。

4.3.6 PPP 的认证协议

PPP 协议提供了可选的认证配置参数，点到点通信的两端默认情况下不进行认证。PPP 支持两种认证协议：口令认证协议(password authentication protocol，PAP)和挑战-握手认证协议(challenge-hand authentication protocol，CHAP)。

1. PAP 认证

PAP 是一种简单的明文认证方式，它是一种用于对登录到 PPP 协议服务器上的用户进行身份认证的方法。PAP 认证进程只在双方的通信链路建立初期使用。如果认证成功，在通信过程中不再进行认证。如果认证失败，则直接释放链路。

PAP 是两次握手认证协议，口令以明文传送。被认证方(可理解为客户方)首先发起认证请求，把自己的用户名和密码传送给认证方(可理解为服务器方)，认证方把接收到的用户名和密码与本地用户数据库中的信息作比较，如果数据库中有与用户名和密码一致的选项，就向被认证方返回一个认证通过响应，告诉对方认证已通过。反之，如果用户名与密码不符，则向被认证方返回认证不通过的响应报文。

如果双方都配置为认证方，则需要双方的两个单向认证过程都完成后方可进入到网络层协议阶段，否则在一定次数的认证失败后，则会从当前状态返回链路不可用状态。

PAP 认证过程如图 4-17 所示。

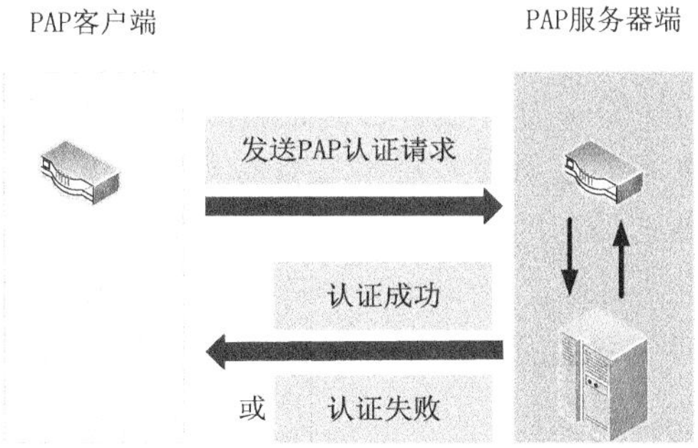

图 4-17　PAP 认证过程

2. CHAP 认证

与 PAP 认证相比，CHAP 认证具有更好的安全性。CHAP 为三次握手协议，它只在网络上传送用户名而不传送口令，因此安全性比 PAP 高。认证由认证方向被认证方发送一段随机的报文并加上自己的用户名，这个过程叫做挑战。当被认证方收到认证方的认证请求，从中提取出认证方所发送过来的用户名，然后根据该用户名在被认证方设备的后台数据库中去查找相同的用户名的记录，当查找到后就使用该用户名所对应的密码，然后把这个密码、报文 ID 和认证方发送的随机报文用 MD5 加密算法生成密文，随后将密文和自己的用户名返回。同样认证方收到被认证方发送的报文后，提取被认证方的用户名，然后去查找本地的用户数据库，当找到与被认证方一致用户名后，根据该用户名所对应的密码、保留报文 ID 和随机报文用 MD5 加密算法进行加密，加密结果和刚刚被认证方所返回的密文进行比较，如果相同则通知被认证方认证通过，否则认证没有通过，CHAP 的认证过程如图 4-18 所示。

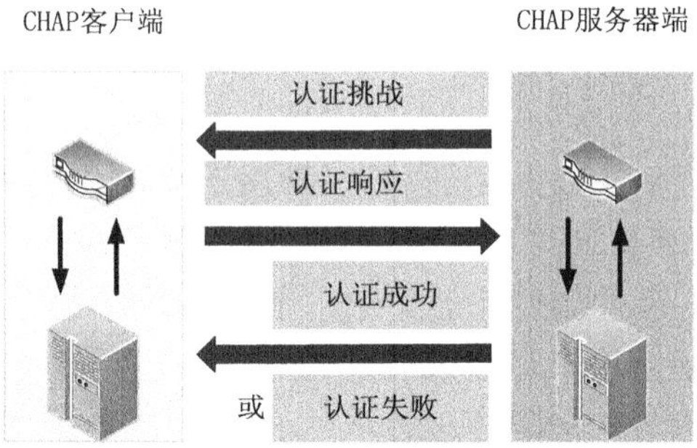

图 4-18　CHAP 认证过程

PAP 认证是一种简单的明文验证方式。NAS(网络接入服务器，network access server)要求用户提供用户名和口令，PAP 以明文方式返回用户名和密码。很明显，这种验证方式的安全性较差，第三方可以很容易的获取被传送的用户名和口令，并利用这些信息与 NAS 建立连接获取 NAS 提供的所有资源。所以，一旦用户密码被第三方窃取，PAP 无法提供避免受到第三方攻击的保障措施。

CHAP 认证是一种加密的验证方式，对 PAP 进行了改进，不再直接通过链路发送明文口令，它只在网络上传送验证方和被验证方的主机名，比 PAP 更安全。能够避免建立连接时传送用户的真实密码。因为服务器端存有客户的明文口令，所以服务器可以重复客户端进行的操作，并将结果与用户返回的口令进行对照。CHAP 为每一次验证任意生成一个挑战字串来防止受到再现攻击(replay attack)。在整个连接过程中，CHAP 将不定时向客户端重复发送挑战口令，从而避免第三方冒充远程客户(remote client impersonation)进行攻击。

4.4　局域网概述

4.4.1　局域网的特点与功能

自 20 世纪 70 年代末，微型计算机逐渐得到了广泛的使用，这就促使计算机局域网

LAN (local area network)技术得到了飞速发展，并在计算机网络中占有非常重要的地位。

IEEE 对局域网的定义是：局域网络中的通信被限制在中等规模的地理范围内，能够使用只有中等或较高数据速率的物理信道，且具有较低的误码率，局域网络是专用的、由单一组织机构所利用。

局域网的主要特点是网络为一个单位所拥有，地理范围和站点数目均有限。具有较高的数据传输速率和较低的误码率，便于安装、维护和扩充。

局域网的主要功能是资源共享和数据通信，同时提高计算机系统的可靠性，易于分布处理。

局域网的主要优点如下：从一个站点可以访问全网，能方便地共享昂贵的外部设备、主机以及软件、数据；便于系统的扩展和逐渐演变，各设备的位置可灵活的调整和改变；提高系统的可靠性、可用性和残存性。

4.4.2 局域网的体系结构与标准

1. 局域网的体系结构

ISO/OSI RM 是通用的网络模型结构，作为一种标准框架为构建网络提供了一个参照。但局域网作为一种特殊的网络，有它自身的技术特点。另外，由于局域网实现方法的多样性，所以它并不完全套用 OSI 体系结构。国际上通用的局域网标准由 IEEE 802 委员会制定。IEEE 802 委员会根据局域网适用的传输媒体、网络拓扑结构、性能及实现难易等因素，为 LAN 制定了一系列标准，称为 IEEE 802 标准，已被 ISO 采纳为国际标准。

局域网的体系结构与 OSI 参考模型既有一定的对应关系，又存在很大的区别。由于局域网大多采用共享信道，当通信局限于一个局域网内部时，任意两个节点之间都有唯一的链路，即网络层的功能可由链路层来完成，局域网中不单独设立网络层。局域网的层次结构不包括 OSI 的高层结构，它所涵盖的功能层只有物理层和数据链路层，另外包括与第三层(网络层/网际层)的接口，并将数据链路层分成了逻辑链路控制(LLC)子层与介质访问控制(MAC)子层，如图 4-19 所示。

LAN 中各层功能如下：

物理层提供在物理实体间发送和接收比特的能力，一对物理实体能确认出两个介质访问控制 MAC 子层实体间同等层比特单元的交换。物理层也要实现电气、机械、功能和规程四大特性的匹配。物理层提供的发送和接收信号的能力包括对宽带的频带分配和对基带的信号调制。

LLC 子层向高层提供一个或多个逻辑接口(具有帧发和帧收功能)。发送时把要发送的数据加上地址和 CRC 检验字段构成帧，介质访问时把帧拆开，执行地址识别和 CRC 校验功能，并具有帧顺序控制和流量控制等功能。LLC 子层还包括为某些网络层功能，如数据报、虚拟控制和多路复用等。

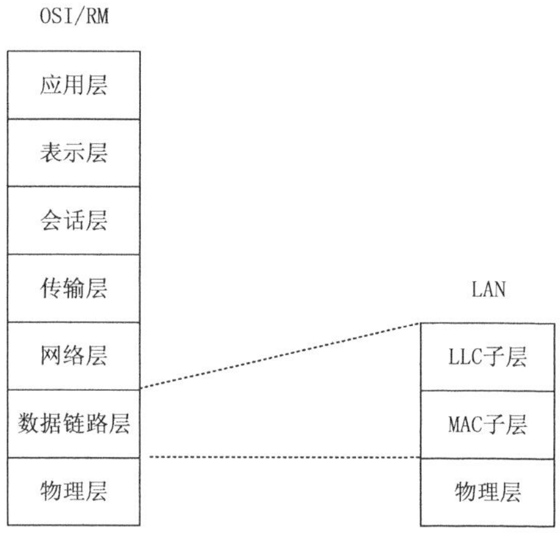

图 4-19　IEEE 802 LAN 体系结构

由于在 IEEE 802 成立之前，采用了不同的传输介质和拓扑结构的局域网的存在，这些局域网采用不同的介质访问控制方式，各有特点和适用场合。IEEE 802 无法用统一的方法取代它们，只能允许其存在。因而为每种介质访问方式制定一个标准，从而形成了多种介质控制(media access control，MAC)协议。为使各种介质访问控制方式能与上层接口并保证传输可靠，所以在其上又制定了一个单独 LLC 子层。这样，仅 MAC 子层依赖于具体的物理介质和介质访问控制方法，而 LLC 子层与媒体无关，对上屏蔽了下层的具体实现细节，使数据帧的传输独立于所采用的物理介质和介质访问方式。同时它允许继续完善和补充新的介质访问控制方式，适应已有的和未来发展的各种物理网络，具有可扩充性。

MAC 子层支持数据链路功能，并为 LLC 子层提供服务。它将上层交下来的数据封装成帧进行发送(接收时进行相反过程，将帧拆卸)、实现和维护 MAC 协议、比特差错检验和寻址等。

2. 局域网标准

局域网中，绝大多数标准都是由 IEEE802 委员会制定的 IEEE 802 系列标准，其中在企业网络中应用最为广泛的就是以太网的局域网标准 IEEE 802.3。IEEE 802 系列标准后来被 ISO 接受为国际标准，标准名为 ISO 8802。

IEEE 于 1985 年公布了 IEEE 802 标准的 5 项标准文本，同年该标准被美国国家标准局(ANSI)采纳作为美国国家标准。后来国际标准化组织(ISO)经过讨论，建议将 802 标准定为局域网国际标准。目前，IEEE 802 主要的标准包括：

(1) IEEE 802.1 标准：局域网体系结构、网络互连以及网络管理和性能测试。

(2) IEEE 802.2 标准：逻辑链路控制 LLC 子层功能与服务。

(3) IEEE 802.3 标准：CSMA/CD 总线介质访问控制子层与物理层规范。

(4) IEEE 802.4 标准：令牌总线(Token Bus)介质访问控制子层与物理层规范。

(5) IEEE 802.5 标准：令牌环(Token Ring)介质访问控制子层与物理层规范。

(6) IEEE 802.6 标准：城域网 MAN 介质访问控制子层与物理层规范。

(7) IEEE 802.7 标准：宽带网络技术。

(8) IEEE 802.8 标准：光纤传输技术。

(9) IEEE 802.9 标准：综合语音与数据局域网(IVD LAN)技术。

(10) IEEE 802.10 标准：可互操作的局域网安全性规范(SILS)。

(11) IEEE 802.11 标准：无线局域网技术。

(12) IEEE 802.12 标准：优先度要求的访问控制方法。

(13) IEEE 802.13 标准，未使用。

(14) IEEE 802.14 标准：交互式电视网。

(15) IEEE 802.15 标准：无线个人局域网(WPAN)的 MAC 子层和物理层规范。代表技术为蓝牙(Bluetooth)。

(16) IEEE 802.16 标准：宽带无线局域网网络。

(17) IEEE802.20 标准：移动宽带无线接入系统(mobile broadband wireless access，MBWA)。

(18) IEEE 802.22 标准：无线地域网络(wireless regional area networks，WRAN)，包括先进的感知无线电功能，如动态频谱接取、现有资料库接取、精准地理定位技术、频谱感测、管理域依赖原则、频谱分配，以及可用频谱最佳化运用的共存技术。

这些 802 委员会标准之间的关系如图 4-20 所示。

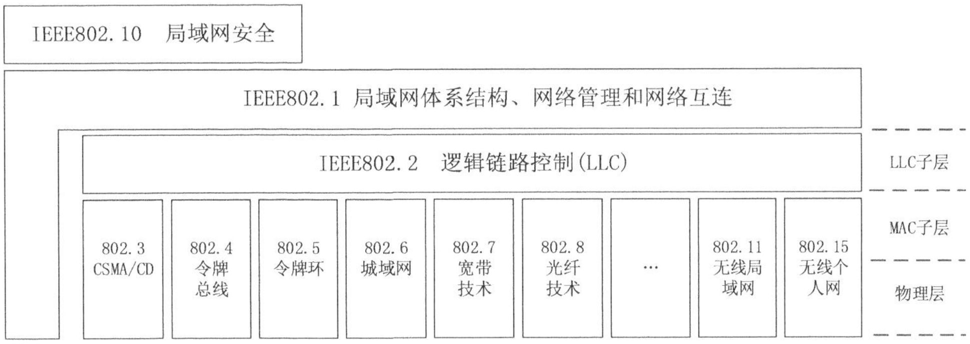

图 4-20　IEEE802 标准体系

4.5　局域网组网设备

无论局域网采用哪种局域网技术来组建，都要选择相应的局域网组件，包括硬件和软件。其中，软件组件主要以网络操作系统为核心，硬件组件主要指各类服务器和工作站及各种组网设备，包括网卡、传输介质、集线器、交换机等。传输介质已经在第 3 章物理层做了介绍，本节主要针对网卡、集线器、交换机做简要介绍。

4.5.1 网卡

计算机与局域网的连接是通过通信适配器(adapter)。通信适配器又称为网络接口板或网络接口卡(network interface card，NIC)，或“网卡”。网卡作为数据链路层的网络组件，是局域网中计算机和传输介质之间的接口。网卡原来是在主机箱内插入的一块网络接口卡或者是在笔记本电脑中插入的一块 PCMCIA 卡。现在新的计算机主板上已经集成了网络芯片和网络接口，很少使用独立式的网卡，网卡有自己处理器芯片和存储器。

网卡和局域网之间的通信是以串行传输方式进行的，而网卡和计算机之间的通信则是通过计算机主板上的 I/O 总线以并行传输方式进行。因此网卡的一个重要功能就是要进行数据串行传输和并行传输的转换。由于网络的数据率和计算机总线的数据率并不相同，因此网卡必须有对数据进行缓存的存储芯片。在主板上有网卡硬件时，还必须把该网卡的设备驱动程序安装在计算机操作系统中。所以网卡的功能归纳起来主要包括进行串行/并行转换，数据缓存，在计算机操作系统中安装设备驱动程序，实现局域网协议。网卡的作用如图 4-21 所示。

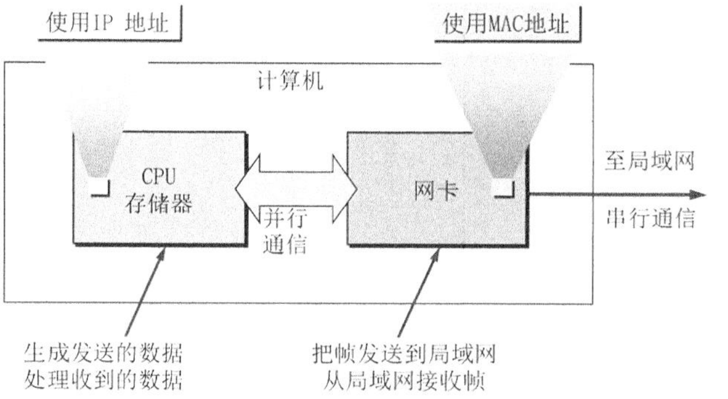

图 4-21 网卡的作用

图 4-22 为常用的 REALTEK 的 RTL8201BL 网络芯片。

图 4-22 REALTEK 的 RTL8201BL 网络芯片

在计算机网络中，不同的网络拓扑结构和媒体访问方式的网络需要不同的网卡，目前常用的以太网卡根据网卡与主板上总线的连接方式、网卡的传输速率、网卡与传输介质连接的接口以及应用领域，分为不同的类型。

网卡主要有以下类型：

(1) 按总线接口类型进行分类：分为 ISA 网卡、PCI 网卡、PCI-X 网卡、PCMCIA 网卡和 USB 网卡等几种类型。

(2) 按传输介质接口分类：细同轴电缆的 BNC 接口网卡、粗同轴电缆 AUI 接口网卡、以太网双绞线 RJ-45 接口网卡、光纤 F/O 接口网卡、无线网卡等。

(3) 按传输速率(带宽)分类：10Mbps 网卡、100Mbps 以太网卡、10Mbps/100Mbps 自适应网卡、1000Mbps 千兆以太网卡、10Mbps/100Mbps/1000Mbps 自适应网卡等。

图 4-23 所示为 D-Link RJ-45 接口的 DGE-530T 10/100/1000Mbps 自适应网卡。图4-24 所示为 USB 接口的无线网卡。图 4-25 为光纤接口的 1000Mbps 网卡。

图 4-23　D-Link 的 DGE-530T 10/100/1000M 自适应网卡

图 4-24　无线网卡

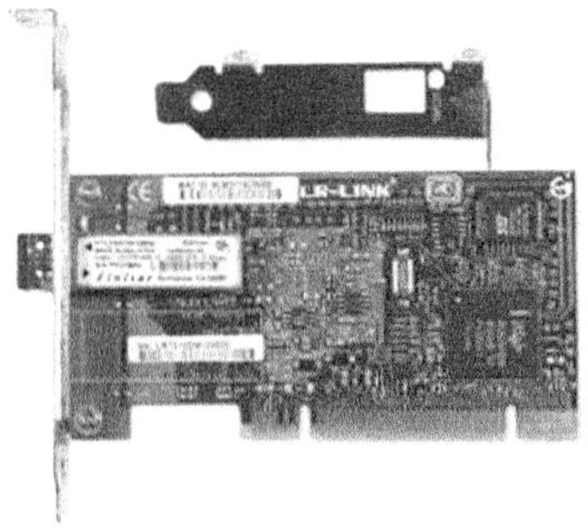

图 4-25　光纤接口网卡

选购网卡的时候要注意以下几点：

(1) 看接口类型；

(2) 看传输速率；

(3) 看是否支持全双工；

(4) 看总线接口；

(5) 看是否支持远程唤醒；

(6) 看是否支持远程引导；

(7) 看网卡使用环境；

(8) 看其他细节。

图 4-26 为网站显示的 D-Link DGE-530T 网卡的详细参数，可在实际购买时做参考。

D-Link DGE-530T详细参数

主要参数	适用网络类型	千兆以太网
	传输速率	10/100/1000Mbps
	总线类型	PCI
	网络标准	IEEE 802.3、IEEE 802.3u、IEEE 802.3ab、IEEE 802.3x、IEEE 802.1Q
	网线接口类型	RJ-45
	传输介质类型	3/4/5类UTP
	全双工/半双工	全双工/半双工自适应
	LED指示灯	链接、活动、全双工、1000Mbps/100Mbps
	适用领域	台式机
	拓扑结构	星型
	其他技术参数	支持系统:Win98 SE、2000、ME、NT、XP、NetWare、Linux、Unix

图 4-26　D-Link DGE-530T 详细参数

4.5.2　中继器和集线器

1. 中继器

信号在传输时由于衰减和噪声的影响会变得越来越弱，逐渐衰减。因此，信号只能在有限的距离内传输。

中继器(repeater)是局域网物理层的一种介质连接设备。它实际上是一种信号再生放大器，可将变弱的信号和有失真的信号进行整形与放大，输出信号的强度相比原信号将大大提高。中继器不解释、不改变收到的数字信息，而只是将其整形放大后再转发出去。它负责在两个节点的物理层上逐比特的精确再生其所收到的信息，完成信号的复制、调整和放大功能。因而中继器用来扩展局域网段的长度，驱动长距离通信。中继器可以用来连接不同的物理介质，并在各种物理介质中传输数据包。中继器最典型的应用是连接两个以上的以太网电缆段，其目的是为了延长网络的长度。例如，以太网中继器可以把以太网细缆线与双绞线或以太网粗缆线连接起来。但是，中继器不能用于连接两种不同类型的 LAN 协议的情况，如 IEEE802.3 以太局域网和 IEEE802.5 令牌环局域网。

采用中继器连接网络分支的数目要受具体的网络体系结构限制。以太网的中继器按照“5-4-3”原则连接 LAN。“5-4-3”原则是将 5 个网段用 4 个中继器连接，为了防止冲突，其中最多有 3 个网段有用户设备。例如：IEEE802.3 为以太网设计细缆连接时，指定两个最远用户之间的距离(包括用户到局域网的连接电缆)不得超过 185 米。即便使用中继器，也不能超过 4 个，即互连 5 个分支网络的最长路径不得超过 925 米，这个限制是为了适应以太网冲突检测装置而建立的。

中继器的优点：①易于操作；②很短的等待时间；③价格便宜；④突破线缆的距离限制来扩展局域网段的距离；⑤可用来连接不同的物理介质。

中继器的缺点：①采用中继器连接网络分支的数目要受具体的网络体系结构限制；②中继器不能连接不同类型的网络；③中继器没有隔离和过滤功能，无路由选择、交换、纠错/检错功能，它不能阻挡含有异常的数据包从一个分支传到另一个分支。这意味着，一个分支出现故障可能会影响到其他的每一个网络分支；④使用中继器扩充网络距离是最简单、最廉价的方法，但当负载增加时，网络性能急剧下降，所以只有当网络负载很轻和网络时延要求不高的条件下才能使用。

2. 集线器

集线器(Hub)工作在物理层，是中继器的一种形式，是一种集中连接缆线的网络组件，可以认为集线器是一个多端口的中继器。集线器能够提供多端口服务，主要功能是对接收到的信号进行再生整形放大，以扩大网络的传输距离，同时把所有节点集中在以它为中心的节点上。集线器主要用于共享介质局域网的建设。它是以共享带宽的方式向客户机提供带宽，同一时刻只为一个客户提供服务。

集线器有以下优点：①放大信号；②通过网络传播信号；③无过滤功能；④无路径检测或交换；⑤作为以太网的集中连接点；⑥不同速率的集线器不能级联；⑦当网络系统中某条线路或某节点出现故障时，不会影响网上其他节点的正常工作。

集线器的缺点：①用户带宽共享，带宽受限；②广播方式，易造成网络风暴；③非双工传输，网络通信效率低。

集线器的分类：

(1) 按照传输速率(即集线器所支持的带宽)来分，可分为 10Mbps、100Mbps 和 10Mbps/100Mbps 自适应三种类型。

(2) 按照配置形式的不同，集线器可以分为独立式、模块化和堆叠式三大类。

(3) 按照集线器的工作方式不同，可分为无源集线器、有源集线器和智能集线器。

(4) 按照集线器对数据信号的管理方式，可分为切换式、共享式和堆叠共享式三种。如果一个网络的所有设备都仅仅是由一根电缆连接而成，或者网络的网段由集线器之类无过滤能力的设备连接而成，可能会有不止一个用户同时向网络发送数据，引起多个节点试图同时发送数据，就会发生数据冲突。冲突发生时，每个设备上发出的数据相互碰撞而遭到破坏。数据包产生及发生冲突的网络区域叫做冲突域。解决网络上出现太多业务量及太多冲突的办法是使用网桥。

(5) 按照工作方式可分为被动式集线器、主动式集线器和智能集线器。被动式集线器只负责把多段介质连接在一起，不对信号作任何处理。主动式集线器类似于被动式集线器，但它具有对传输信号进行再生和放大从而扩展介质长度的功能。智能集线器除具有有源集线器的功能外，还可将网络的部分功能集成到集线器中，如网络管理、选择网络传输线路等。

图 4-27 为集线器 D-Link DE-824TP 的外观。

图 4-27　集线器 D-Link DE-824TP

图 4-28 为利用集线器星形拓扑结构网络的示意图。

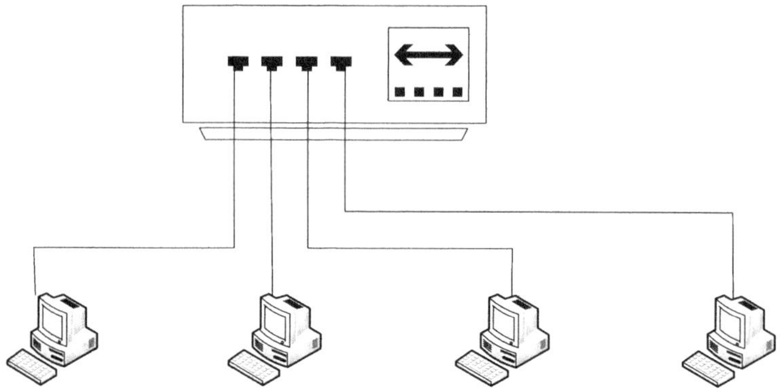

图 4-28　利用集线器星形拓扑结构网络示意图

4.5.3　网桥和交换机

1. 网桥

网桥(bridge)也叫桥接器，是连接两个局域网的一种存储/转发设备，根据 MAC 地址表对数据帧进行转发，可隔离碰撞域。网桥将网络的多个网段在数据链路层连接起来，并对网络数据帧进行管理。它不但能扩展网络的距离或范围，而且可提高网络的性能、可靠性和安全性。根据网桥的工作方式，有透明网桥、转换网桥、封装网桥、源路由选择网桥。

网桥的工作原理如图 4-29 所示，网络 A 和网络 B 通过网桥连接后，网桥接收网络 A 发送的数据帧，检查数据帧中的地址，如果地址属于网络 A，它就将其放弃；相反，如果是网络 B 的地址，它就继续发送给网络 B。这样可利用网桥隔离信息，将同一个网络划分成多个网段，隔离出安全网段，防止其他网段内的用户非法访问。由于网络的分段，各网段相对独立，一个网段的故障不会影响到另一个网段的运行。

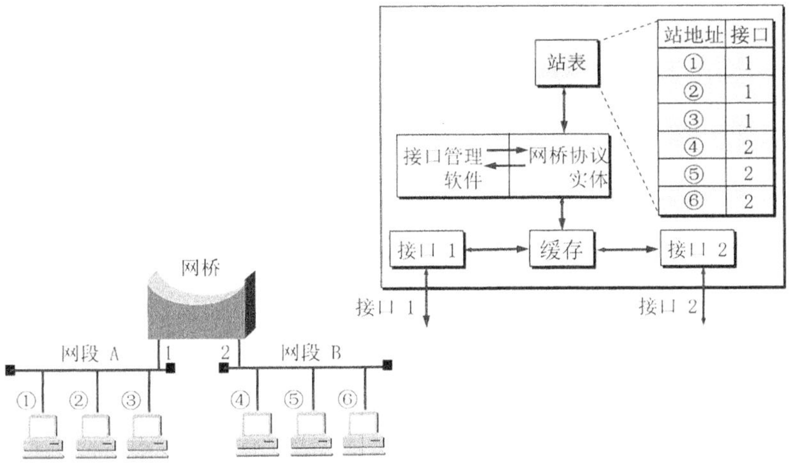

图 4-29　网桥的工作原理

现假设图 4-29 所示网络中的一台 PC1 要向另一台 PC4 发送数据。无论是哪台主机要发送数据，在网段内部都是以广播方式进行的，连接该网段上的所有节点都会收到这个广播帧，包括网桥连接到该网段的 1 号端口。

网桥转发数据帧的过程如下：

(1) 当网桥收到来自 PC1 的广播帧后，网桥会把帧中的源 MAC 地址与网桥 MAC 地址表中保存的 MAC 地址信息进行比较。

(2) 最初的网桥 MAC 地址表中没有任何 MAC 地址信息，所以一开始它也不知道目的主机在哪个物理网段上，收到的所有帧都直接以广播方式(也是复制原数据帧)转发到网桥的另一个端口上，同时会把数据帧中的源 MAC 地址和所对应的网桥端口记录下来。经过多次这样的记录，在 MAC 地址表中就可以把整个网络中各主机 MAC 地址与对应的网桥端口号全部记录下来。

(3) 当网桥收到的数据帧中源 MAC 地址和目的 MAC 地址都在网桥 MAC 地址表中可以找到时，网桥会比较这两个 MAC 地址是否属于同一个物理网段。如果是同一物理网段，则网桥不会把该帧转发到下一个端口，直接丢弃，起到隔离冲突域作用。相反，如果两个 MAC 地址不在同一物理网段，则网桥会把从一个物理网段发来的帧转发到连接另一个物理网段上，然后再通过所连接的集线器进行复制方式的广播。

MAC 地址表保存的是对应 MAC 地址主机与所连接的网桥端口的映射。这个映射表项可以由网络管理员手动绑定创建，也可以由交换机自动学习得到。

网桥通过自学习算法处理收到的帧和建立转发表。若从节点 A 发出的帧从接口 x 进入了某网桥，那么从这个接口出发沿相反方向一定可把一个帧传送到节点 A。在网桥的自学习阶段，网桥每收到一个帧，就记下其源地址和进入网桥的接口，作为转发表中的一个项目。在建立转发表时是把帧首部中的源地址写在“地址”这一栏的下面。在网桥的转发阶段，在转发帧时，则是根据收到的帧首部中的目的地址来转发的。这时就把在“地址”栏下面已经记下的源地址当做目的地址，而把记下的进入接口当做转发接口。

MAC 地址表的建立过程举例如图 4-30 所示。

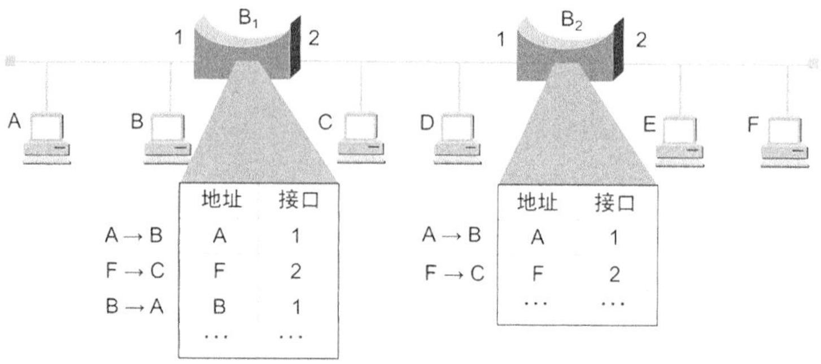

图 4-30　网桥 MAC 地址表建立过程举例

网桥在 MAC 地址表中登记以下三个信息：地址、接口、帧进入网桥的时间。这是因为以太网的拓扑可能经常会发生变化，站点也可能会更换适配器(这就改变了站点的地址)。另外，以太网上的工作站并非总是接通电源的。把每个帧到达网桥的时间登记下来，就可以在转发表中只保留网络拓扑的最新状态信息。这样就使得网桥中的转发表能反映当前网络的最新拓扑状态。

最后，网桥的自学习和转发帧的步骤归纳如下：

(1) 网桥收到一帧后先进行自学习。查找转发表中与收到帧的源地址有无相匹配的项目。如没有，就在转发表中增加一个项目(源地址、进入的接口和时间)。如有，则把原有的项目进行更新。

(2) 转发帧。查找转发表中与收到帧的目的地址有无相匹配的项目。如没有，则通过所有其他接口(但进入网桥的接口除外)进行转发。如有，则按转发表中给出的接口进行转发。若转发表中给出的接口就是该帧进入网桥的接口，则应丢弃这个帧(因为这时不需要经过网桥进行转发)。

网桥的优点如下：

(1) 过滤通信量。网桥可以使用局域网的一个网段上各工作站之间的信息量局限在本网段的范围内，而不会经过网桥溜到其他网段去。

(2) 扩大了物理范围，也增加了整个局域网上的工作站的最大数目。

(3) 可使用不同的物理层，可互连不同的局域网。

(4) 提高了可靠性。如果把较大的局域网分割成若干较小的局域网，并且每个小的局域网内部的信息量明显地高于网间的信息量，那么整个互联网络的性能就变得更好。

网桥的缺点如下：

(1) 由于网桥对接收的帧要先存储和查找站表，然后转发，这就增加了时延。

(2) 在 MAC 子层并没有流量控制功能。当网络上负荷很重时，可能因网桥缓冲区的存储空间不够而发生溢出，以致产生帧丢失的现象。

(3) 具有不同 MAC 子层的网段桥接在一起时，网桥在转发一个帧之前，必须修改帧的某些字段的内容，以适合另一个 MAC 子层的要求，增加时延。

(4) 网桥只适合于用户数不太多(不超过几百个)和信息量不太大的局域网，否则有时会产生较大的广播风暴。

网桥的存储和转发功能与中继器相比有优点也有缺点，其优点是：①使用网桥进行互连克服了物理限制，这意味着构成 LAN 的数据站总数和网段数很容易扩充；②网桥纳入存储和转发功能可使其适应于连接使用不同 MAC 协议的两个 LAN，因而构成一个不同 LAN 混连在一起的混合网络环境；③网桥的中继功能仅仅依赖于 MAC 帧的地址，因而对高层协议完全透明；④网桥将一个较大的 LAN 分成段，有利于改善可靠性、可用性和安全性。

网桥的主要缺点是：①由于网桥在执行转发前先接收帧并进行缓冲，与中继器相比会引入更多时延；②由于网桥不提供流控功能，因此在流量较大时有可能使其过载，从而造成帧的丢失。

网桥的优点多于缺点正是其广泛使用的原因。

2. 交换机

交换机是工作在 OSI 参考模型数据链路层的设备，外表和集线器相似(图 4-31)。它通过判断数据帧的目的 MAC 地址，从而将数据帧从合适端口发送出去。交换机的冲突域仅局限于交换机的一个端口上。交换机是通过 MAC 地址的学习和维护更新机制来实现数据帧的转发。

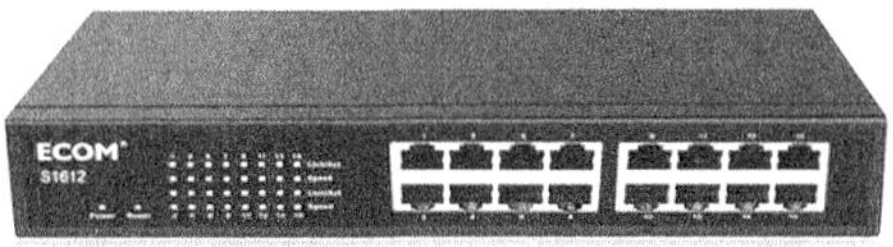

图 4-31　智能型百兆以太网交换机 S1612

以太网交换机是用 5 个基本操作来完成功能：学习、老化、泛洪、选择性转发、过滤。(图 4-32)

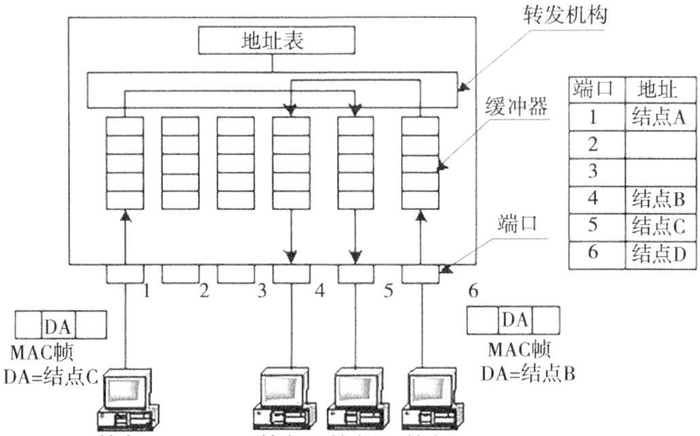

图 4-32　交换机内部结构示意图

学习：交换机 MAC 地址表包含 MAC 地址和其对应的端口。每一个帧进入交换机时，交换机审查源 MAC 地址，进行查找，如果 MAC 地址表中没包含这个 MAC 地址，交换机创建一个新的条目，包括源 MAC 地址和接收的端口。以后如果有去往这个 MAC 地址的帧，交换机则往对应的端口进行转发。

老化：交换机中的 MAC 地址条目有一个生存时间。每学到一个 MAC 地址条目，都附加一个时间值。随着时间的流逝，该数值一直减小，当数据值减小到 0 的时，清除该 MAC 地址条目。如果有包含该 MAC 地址的新的帧到达，则刷新 MAC 地址的老化时间值。

泛洪：如果交换机收到一个数据帧，则可在交换机的 MAC 地址表中找，若找不到该数据帧的目的 MAC 地址，交换机转发该数据帧到除接收端口以外的所有端口，即广播该数据帧。如果交换机收到一个广播的数据帧，即数据帧的目的 MAC 地址是“FFFFFFFFFFFF”，交换机也会转发该数据帧到除接收端口外的所有端口。因为没有设备的 MAC 地址是“FFFFFFFFFFFF”，交换机根据数据帧的源 MAC 地址进行学习，永远也不会学到这个 MAC 地址。

选择性转发：交换机根据帧的目的 MAC 地址进行转发。当交换机收到某个数据帧时，交换机在 MAC 地址表中查找该数据帧的目的 MAC 地址，如果交换机已经学到这个 MAC 地址，数据帧将被转发到该 MAC 地址的对应的端口，而不用泛洪到所有的端口。

过滤：在某些情况下，帧不会被转发，这个过程被称为帧过滤，一种情况是交换机不转发帧到接收到的端口；另一种情况是，如果一个帧的 CRC 校验失败，帧也会被丢弃。使用帧过滤的另一个原因是安全方面的考虑，可以阻止或允许交换机转发特定的 MAC 地址到特定的端口。

交换机的工作原理：

(1) 交换机根据收到数据帧中的源 MAC 地址建立该地址同交换机端口的映射，并将其写入 MAC 地址表中。

(2) 交换机将数据帧中的目的 MAC 地址同已建立的 MAC 地址表进行比较，以决定由哪个端口进行转发。

(3) 如数据帧中的目的 MAC 地址不在 MAC 地址表中，则向所有端口转发。这一过程称为泛洪(flood)。

(4) 广播帧和组播帧向所有的端口转发。

当交换机出现以后，网桥开始淡出市场。交换机有很多类型，下面以以太网交换机为例，介绍交换机选型时需要考虑的一些因素：

(1) 背板带宽：也叫背板吞吐量，是交换机接口处理器或接口卡和数据总线间所能吞吐的最大数据量。一台交换机的背板带宽越高，所能处理数据的能力就越强，价格也会更高。

(2) 端口速率：交换机的端口速率有 10 Mbps、10/100 Mbps 自适应、100 Mbps、1 000 Mbps、10/100/1 000 Mbps 自适应和 10 Gbps 多种，在选择端口速率时必须考虑端口所要承载的数据传输量，不能一味地追求高带宽。

(3) 端口数：交换机的端口数决定于连网主机的数量，在满足现有需求的同时，可留有必要的冗余以适应未来的网络规模的扩充。

(4) 是否可堆叠：在单个交换机的端口数不能满足组网需求时，还可以考虑采用堆叠交换机。常见的堆叠交换机分为两种：菊花链堆叠交换机和矩阵堆叠交换机。菊花链堆叠就是从上到下串起来，形成单一的一个菊花链堆叠总线。菊花链模式的主要优点是提供集中管理的扩展端口，但对于多交换机之间的转发效率并没有提高，一般是采用高速端口和软件来实现。矩阵堆叠则需要提供一个独立的或者集成的高速交换中心(又叫堆叠中心)。堆叠中心一般是一个基于专用 ASIC 的硬件交换单元，所有堆叠的交换机通过专用的高速堆叠端口上行到统一的堆叠中心，矩阵堆叠模式下的交换机由于总线的限制需局限在一个机架内，而且 ASIC 交换容量限制了堆叠的层数。

(5) 是否带网管功能：网管是指网络管理员通过网络管理程序对网络上的资源进行集中化管理的操作，包括配置管理、性能和记账管理、问题管理、操作管理和变化管理等。一台设备所支持管理程序反映了该设备的可管理性及可操作性。不带网管功能的交换机价格较便宜，而带网管能的交换机则价格要贵。

局域网交换机的基本功能与网桥一样，具有帧转发、帧过滤和生成树算法功能。但是，交换机与网桥相比还是存在以下不同：

(1) 交换机工作时，实际上允许许多组端口间的通道同时工作。所以交换机的功能体现出的不仅仅是一个网桥的功能，而是多个网桥功能的集合，即网桥一般分有两个端口，而交换机具有高密度的端口。

(2) 分段能力的区别。由于交换机能够支持多个端口，因此可以把网络系统划分成为更多的物理网段，这样使得整个网络系统具有更高的带宽。而网桥仅仅支持两个端口，所以网桥划分的物理网段是相当有限的。

(3) 传输速率的区别。数据信息的传输速率方面，交换机要快于网桥。

(4) 数据帧转发方式的区别。网桥在发送数据帧前，通常要接收到完整的数据帧并执行帧检测序列 FCS 后，才开始转发该数据帧。交换机具有存储转发和直接转发两种帧转发方式。存储转发：交换机在转发之前必须接收整个帧，并进行错误校检，如无错误再将这一帧发往目的地址。帧通过交换机的转发时延随帧长度的不同而变化。直接转发：交换机只要检查到帧头中所包含的目的地址就立即转发该帧，而无需等待帧全部被接收，也不进行循环冗余校验码 CRC 错误校验。由于以太网帧头的长度总是固定的，因此帧通过交换机的转发时延也保持不变。

4.5.4　集线器与交换机的比较

尽管集线器与交换机在外观上并没有多大区别，但由于二者工作的层次和工作原理不同，两者在功能上有着明显的差别。

(1) 交换机属于数据链路层设备，而集线器属于物理层设备。

(2) 集线器在转发帧时，不对传输介质进行检测。交换机在转发帧之前必须执行 CSMA/CD 算法。若在发送过程中出现碰撞，就必须停止发送和进行退避。所以交换机能隔离冲突，而集线器却只能增加冲突。如某大学有三个系，各自有一个局域网(图 4-32)。用多个集线器可连成更大的局域网，使原来属于不同碰撞域的局域网上的计算机能够进行通信，也扩大了局域网覆盖的地理范围(图 4-33)。但冲突域增大了，而总的吞吐量并未提高。如果不同的冲突域使用不同的数据率，就不能用集线器互连。

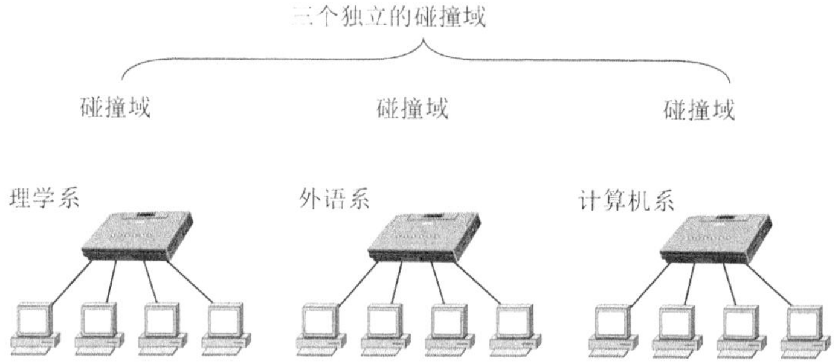

图 4-32　三个独立的局域网

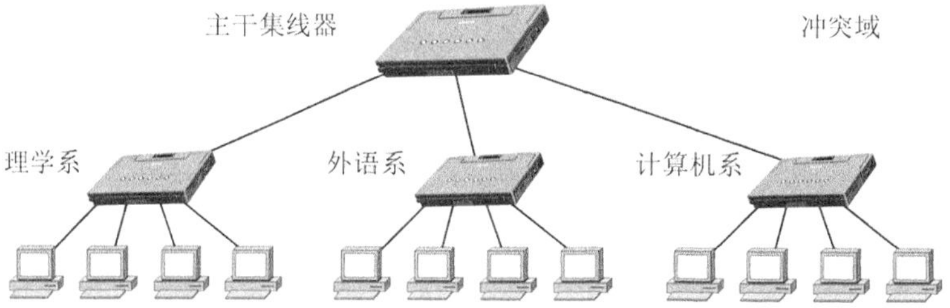

图 4-33　用集线器互连后冲突域和广播域都增大

如果将集线器换成交换机，因为交换机工作在数据链路层，它根据 MAC 帧的目的地址对收到的帧进行转发，具有过滤帧的功能。当收到一个帧时，并不是向所有的接口转发此帧，而是先检查此帧的目的 MAC 地址，然后再确定将该帧转发到哪一个接口。使用交换机互连后可以有效过滤通信量，扩大了物理范围，提高了可靠性。可互连不同物理层、不同 MAC 子层和不同速率(如 10 Mbps 和 100 Mbps 以太网)的局域网。还能使各网段成为隔离开的冲突域。也就是说利用交换机互连后，广播域扩大了，但冲突域并没有变化(图 4-34)。

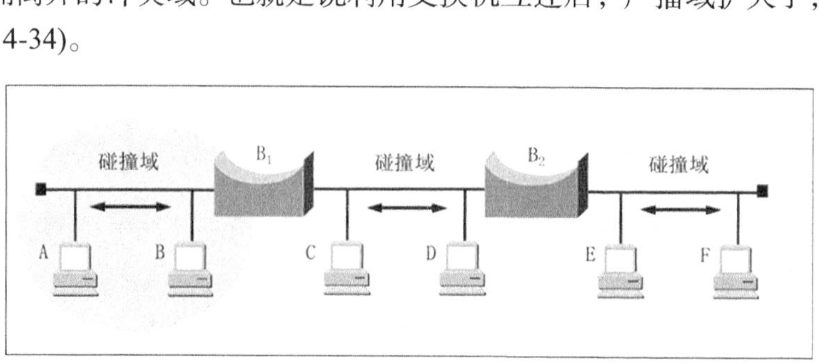

图 4-34　交换机互连后冲突域并没有变化

(3) 交换机的每个端口可提供专用的带宽，而集线器的所有端口只能共享带宽。例如，如果分别购买了一个 100 Mbps 的 16 口交换机和 16 口的集线器，则对交换机而言，意味着其每一个端口均可提供 100 Mbps 的传输速率，而对集线器而言，则意味着 16 个端口共享 100 Mbps 的带宽，相当于每个端口所能拥有的平均带宽为 100/16 Mbps，如果考虑到集线器共享环境的冲突影响，实际带宽还会更小。

(4) 集线器只能实现半双工传送，而交换机可支持全双工传送。

4.6　以太网技术

4.6.1　以太网概述

局域网技术的发展也同样遵守着优胜劣汰的规律，好的网络技术得到事实上的认可，被保留下来，而且发展得越来越快，而不好的技术逐渐被淘汰，退出局域网技术的竞争舞台。现在保留下来的几种局域网技术包括以太网系列、802.11 无线局域网技术等。目前全球大部分的局域网都采用了以太网技术系列。

以太网(ethernet)是一种产生较早且使用相当广泛的局域网，由美国 Xerox(施乐)公司的 Palo Alto 研究中心(简称为 PARC)于 20 世纪 70 年代初期开始研究并于 1975 年研制成功。那时的以太网是一种基带总线局域网，数据率为 2.94 Mbps。使用无源电缆作为总线来传送数据帧，并以曾经在历史上表示传播电磁波的物质以太(ether)来命名。由于它具有结构简单、工作可靠、易于扩展等优点，因而得到了广泛的应用。1980 年 9 月，美国 DEC、Intel 与 Xerox 三家公司联合提出了 10 Mbps 的第一个以太网规范版本，简称 DIX Ethernet V1(DIX 是这三个公司名称的缩写)，这是世界上第一个局域网的技术标准。后来的 IEEE 802.3 就是参照以太网的技术标准建立的，1982 年又修改为第二版规范(实际上也就是最后的版本)，即 DIX Ethernet V2，成为世界上第一个局域网产品的规范。

4.6.2　MAC 地址

在局域网中，硬件地址又称为物理地址或 MAC 地址(因为这种地址用在 MAC 帧中)。IEEE 802 标准为局域网规定了一种 48 位的全球地址(一般都简称为“地址”)，是局域网中每一台计算机固化在网卡 ROM 中的地址。

IEEE 802 标准规定 MAC 地址字段可采用 6 字节(48 位)，如图 4-35 所示。

IEEE 的注册管理机构 RA(Registration Authority)负责分配地址字段的 6 个字节中的前三个字节(即高位 24 位)。世界上所有的局域网适配器生产厂家都必须向 IEEE 购买由这三个字节构成的地址块，称为组织唯一标识符 OUI (organizationally unique identifier)，通也叫做公司标识符(company id)。例如，3Com 公司生产的适配器的 MAC 地址前三个字节是 02-60-8C。地址字段中的后三个字节(即低位 24 位)则是由厂家自行指派，称为扩展标识符(extended identifier)，只要保证生产出的适配器没有重复地址即可。用这种方式得到的 48 位地址称为 MAC-48，它的通用名称是 EUI-48 (extended unique identifier 48)。

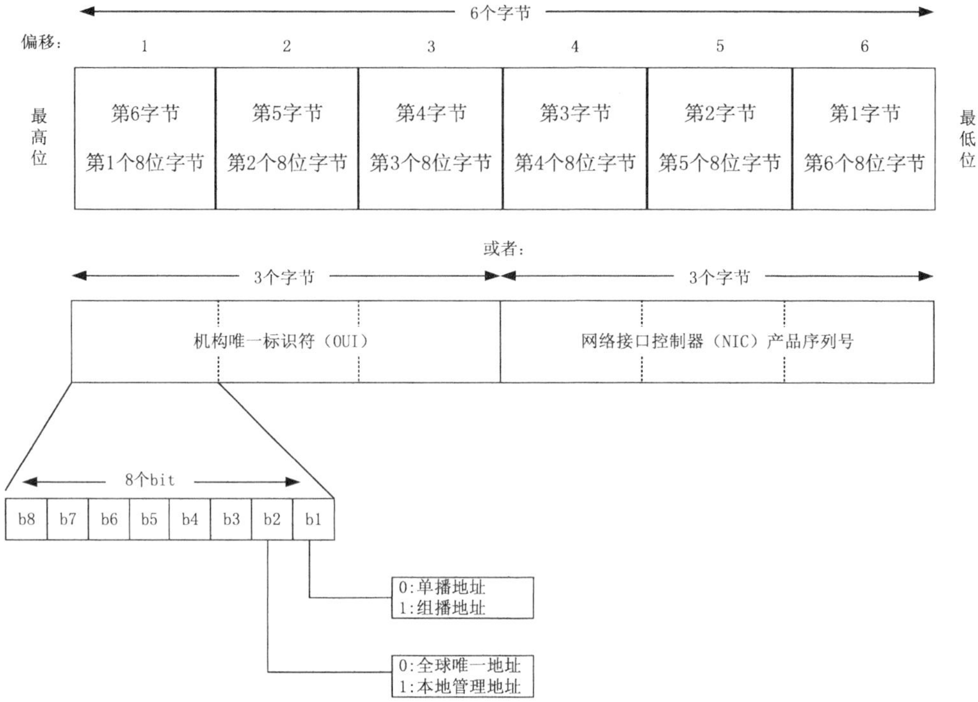

图 4-35　MAC 地址格式

IEEE 规定地址字段的第一字节的最低位为 I/G 位(I/G 表示 Individual Group)。当 I/G 位为 0 时，地址字段表示一个单播地址。当 I/G 位为 1 时表示组地址，用来进行多播(以前曾译为组播)。因此，IEEE 只分配地址字段前三个字节中的 23 位。

IEEE 还把地址字段第 1 字节的最低第二位规定为 G/L 位(表示 Global/Local)。当 G/L 位为 1 时是全球管理(保证在全球没有相同的地址)，厂商向 IEEE 购买的 OUI 都属于全球管理。当地址字段的 G/L 位为 0 时是本地管理，这时用户可任意分配网络上的地址。但以太网几乎不使用这个 G/L 位。

以太网的数据帧包括以下三种帧：①单播(unicast)帧(一对一)，即收到的帧的 MAC 地址与本站的硬件地址相同；②广播(broadcast)帧(一对全体)，即发送给本局域网上所有站点的帧(全 1 地址)；③多播(multicast)帧(一对多)，即发送给本局域网上一部分站点的帧。

在 Windows 系统中单击开始，点击运行，输入 cmd，进入后输入 ipconfig /all (或者输入 ipconfig -all) (如图 4-36 所示)，即可查看主机的 MAC 地址。

另外，还可以通过查看本地连接获取 MAC 地址：依次单击“本地连接”→“状态”→“常规”→“详细信息”，即可看到 MAC 地址(实际地址)，如图 4-37 所示。

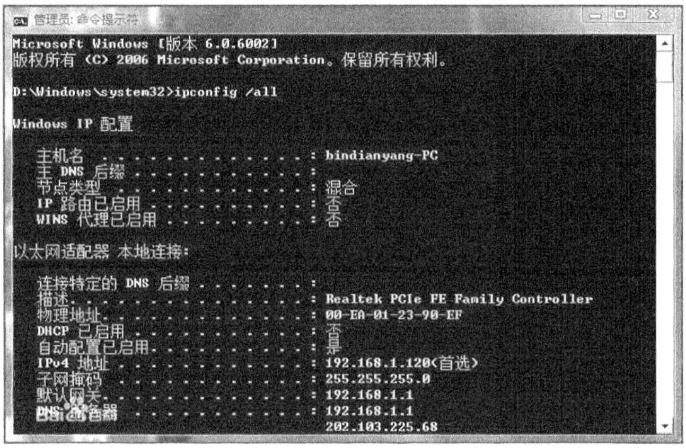

图 4-36　使用 ipconfig /all 获取本地连接 MAC 地址

图 4-37　通过本地连接详细信息查看 MAC 地址

IP 地址和 MAC 地址相同点是它们都唯一，不同点主要有：①对于网络上的某一设备，如一台计算机或一台路由器，其 IP 地址是基于网络拓扑设计出的，同一台设备或计算机上，改动 IP 地址是很容易的(但必须唯一)，而 MAC 则是生产厂商烧录好的，一般不能改动。我们可以根据需要给一台主机指定任意的 IP 地址，如我们可以给局域网上的某台计算机分配 IP 地址为 192.168.0.112，也可以将它改成 192.168.0.200。而任一网络设备(如网卡，路由器)一旦生产出来以后，其 MAC 地址不可由本地连接内的配置进行修改。如果一个计算机的网卡坏了，在更换网卡之后，该计算机的 MAC 地址就变了；②长度不同。IP 地址为 32 位，MAC 地址为 48 位；③分配依据不同。IP 地址的分配是基于网络拓扑，MAC 地址的分配是基于制造商；④寻址协议层不同。IP 地址应用于 OSI 第三层，即网络层，而 MAC 地址应用在 OSI 第二层，即数据链路层。数据链路层协议可以使数据从一个节点传递到相同链路的另一个节点上(通过 MAC 地址)，而网络层协议使数据可以从一个网络传递到另一个网络上(ARP 根据目的 IP 地址，找到中间节点的 MAC 地址，通过中间节点传送，从而最终到达目的网络)。

4.6.3　以太网 MAC 帧格式

图 4-38 为以太网 V2 的 MAC 帧格式。

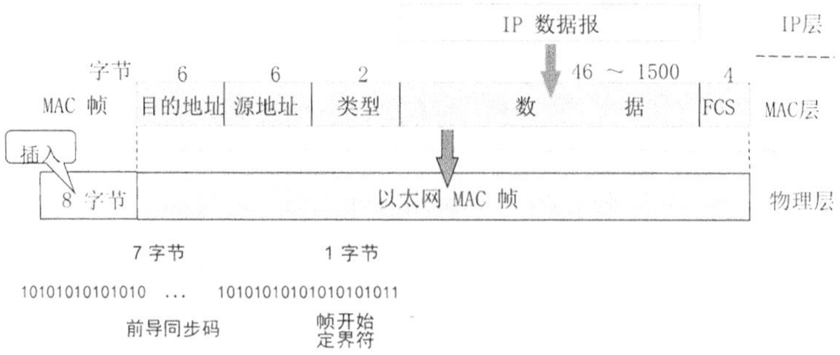

图 4-38　以太网 V2 的 MAC 帧格式

相关字段含义说明如下：

(1) 目的地址和源地址字段：长度都是 6 字节，分别表示接收节点和发送接的 MAC 地址。

(2) 类型字段：长度 2 字节，用来标志上一层使用的是什么协议，以便把收到的 MAC 帧的数据上交给上一层的这个协议。当类型字段的值为 0x0800 时，就表示上层使用的是 IP 数据报。若类型字段的值为 0x8137，则表示该帧是由 Novell IPX 发过来的。

(3) 数据字段：长度为 46 ~ 1500 字节，46 字节数据字段的最小长度，等于以太网帧的最小长度 64 字节−18 字节的首部和尾部。

(4) 帧检验序列 FCS：长度 4 字节，使用 CRC 检验。当传输媒体的误码率为 1×10^{-8} 时，MAC 子层可使未检测到的差错小于 1×10^{-14}。

当数据字段的长度小于 46 字节时，应在数据字段的后面加入整数字节的填充字段，以保证以太网的 MAC 帧长度长不小于 64 字节。

为了达到比特同步，在传输媒体上实际传送的要比 MAC 帧还多 8 个字节。在 MAC 帧的前面插入的 8 字节中的第一个字段共 7 个字节，是前导同步码，用来迅速实现 MAC 帧的比特同步。第二个字段是帧开始定界符，表示后面的信息就是 MAC 帧。

IEEE 802.3 标准规定凡出现下列情况之一的即为无效的 MAC 帧：

(1) 数据字段的长度与长度字段的值不一致；

(2) 帧的长度不是整数个字节；

(3) 用收到的帧检验序列 FCS 查出有差错；

(4) 数据字段的长度不在 46 ~ 1500 字节之间。考虑到 MAC 帧首部和尾部的长度共有 18 字节，可以得出有效的 MAC 帧长度为 64 ~ 1518 字节之间。

对于检查出的无效 MAC 帧就简单地丢弃。以太网不负责重传丢弃的帧。

4.6.4 IEEE 802.3 CSMA/CD 协议

1. CSMA/CD 的工作原理

CSMA/CD (carrier sense multiple access with collision detection，载波监听多路访问/碰撞检测)协议是 IEEE 802.3 在传统共享式以太网中一种共享传输介质的介质访问控制方法。使用的介质访问控制从逻辑上划分为两部分：介质访问控制子层(MAC)和物理层。

CSMA/CD 的基本原理是：所有节点都共享网络传输信道，节点在发送数据之前，首先检测信道是否空闲，如果信道空闲则发送，否则就等待；在发送出信息后，再对冲突进行检测，当发现冲突时，则取消发送。

CSMA/CD 介质访问控制方法可以概括如下：“先听后发，边发边听，冲突停止，延迟重发”。

对 CSMA/CD 协议的工作原理补充说明如下：

(1) “多路访问”说明是总线网络，许多计算机以多点接入的方式连接在一根总线上。协议的实质是“载波监听”和“碰撞检测”。

(2) “载波监听”是指每一个节点在发送数据之前先要检测一下总线上是否有其他计算机在发送数据，如果有，则暂时不要发送数据，以免发生碰撞。也就是前面所说的“先听后发”，一般采用称为载波侦听的技术，即一个节点在传输前先听信道，如果另一个节点正向信道上发送帧，节点则继续等待并侦听信道。如果侦听到该信道是空闲的，该节点则开始数据帧传输；否则，该节点将继续重复这个过程。

(3) “碰撞检测”，也称为“冲突检测”。就是边发边听和冲突停止。发送数据的节点采用称为碰撞检测的技术，边发送数据边检测信道上的信号电压大小，当一个节点检测到的信号电压摆动值超过一定的门限值时，就认为总线上至少有两个节点同时在发送数据，表明产生了碰撞，就要立即停止发送，免得继续浪费网络资源。

(4) 在发生碰撞时，总线上传输的信号产生了严重的失真，无法从中恢复出有用的信息来。产生冲突并检测到冲突的两个节点不能直接进入下一次的载波监听环节，而是要等待一段随机时间后再尝试下一次传输。这个过程指的就是“延迟重发”阶段。

图 4-39 为运行 CSMA/CD 协议的发送端的工作流程。图 4-40 为运行 CSMA/CD 协议的接收端的工作流程。

(5) 以太网还采取了一种叫做冲突强化的措施(图4-41)。当发送数据的节点一旦检测到碰撞时，除了立即停止数据发送外，还要再继续发送 48 比特的人为干扰信号，称为冲突加强信号或阻塞信号，以便让所有节点都知道现在已经发生了碰撞并停止抢占，可以迅速的清空信道，进行下一次的传输准备。

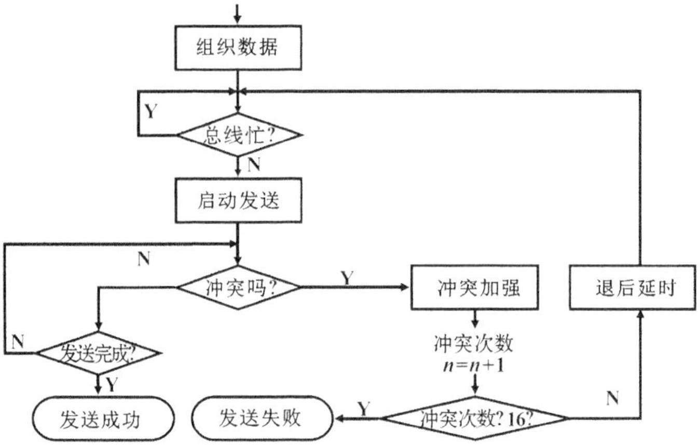

图 4-39　CSMA/CD 协议发送端工作流程

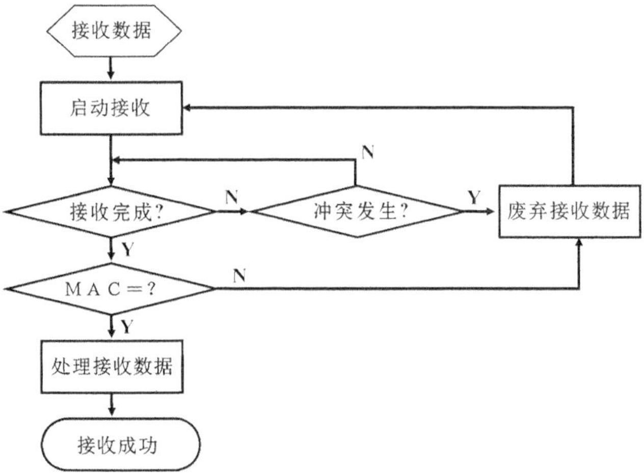

图 4-40　CSMA/CD 协议接收端工作流程

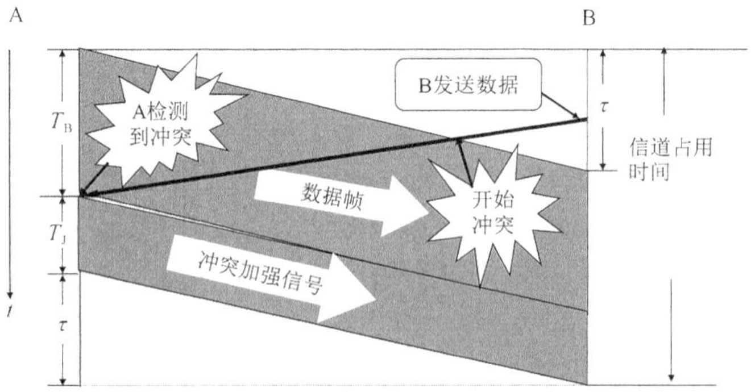

图 4-41　冲突加强信号的加入

在图 4-41 中节点 B 也能够检测到冲突，并立即停止发送数据帧，接着就发送冲突加强信号。这里为了简单起见，只画出 A 发送干扰信号的情况。

(6) 以太网还规定了一个帧间最小间隔为 9.6μs，相当于 96 bit 的发送时间。一个节点在检测到总线开始空闲后，还要等待 9.6μs 才能再次发送数据。这样做是为了使刚刚收到数据帧的节点的接收缓存来得及清理，做好接收下一帧的准备。

CSMA/CD 协议的工作原理可以借助于生活中的一个例子来解释：假设有一层楼，两旁住了几十户人，中间只有一条仅供一人通行的过道。那么使用情况会怎么样？①当这些住户想要经过过道走出来时，首先要探出头来看看过道上有没有人在走(载波监听)，如果没有，就通过过道出来；②如果过道上有人在走，那么就一直盯着过道，直到过道上没人走时再走出来；③如果有两人同时看到过道上没有人走，而同时走向过道(冲突检测)，则两个人发现时就马上回到自己屋里。在整个过程中最关键的就是载波监听、冲突检测两部分。

2. 几个问题

从前面对 CSMA/CD 协议工作原理的解释可以看出，虽然通过多路访问和载波监听以及碰撞检测的措施解决了介质的共享问题，但还有几个疑问：①为什么会产生冲突？我们不是已经采取了先听后发和边发边听的措施，为什么还会有冲突产生？②如果冲突在某种情况下是不可避免的，那发送数据的节点最多经过多少时间可以知道是否产生了冲突(即检测到冲突的时间)？③节点检测到冲突后，除了冲突停止，还要延迟重发，就是要等待一段随机时间后再重新尝试，那么等待的随机时间是如何确定？

下面分别来解释这几个问题。

(1) 为什么会产生冲突？

当某个节点监听到信道是空闲的状态时，也可能信道并非是真正空闲的。例如 A 向 B 发出的信息，要经过一定的时间后才能传送到 B(因为信号在信道中的传播需要耗费一定的时间，即传播时延的存在)。而 B 若在 A 发送的信息到达 B 之前发送自己的帧(因为这时 B 的载波监听检测不到 A 所发送的信息)，则必然要在某个时间和 A 发送的帧发生碰撞(产生冲突)。碰撞的结果是 A 和 B 发送的帧都变得无用。因为传播时延的存在，信号的传播需要一定时间。因此，在一定的特殊情况下，信道并非是真正空闲的，还是会有冲突产生。

(2) 节点多少时间可以检测到是否产生了冲突？

如图 4-42 所示，由于局域网上任意两个站之间的传播时延有长有短，因此局域网必须按最坏情况设计，即取总线两端的两个站之间的传播时延(这两个站之间的距离最大)为端到端传播时延。

下面是一些重要的时刻：

在 t=0 时，A 检测到信道为空闲，开始发送数据。而 B 也检测到信道为空闲。

在 $t=\tau-\delta$ 时($0<\delta<\tau$)，A 发送的数据还没有到达 B，由于 B 检测到信道是空闲，因此 B 也开始发送数据。

经过时间 $\delta/2$ 后，即在 $t=\tau-\delta/2$ 时，A 发送的数据和 B 发送的数据发生了碰撞。但这时 A 和 B 都不知道发生了碰撞。

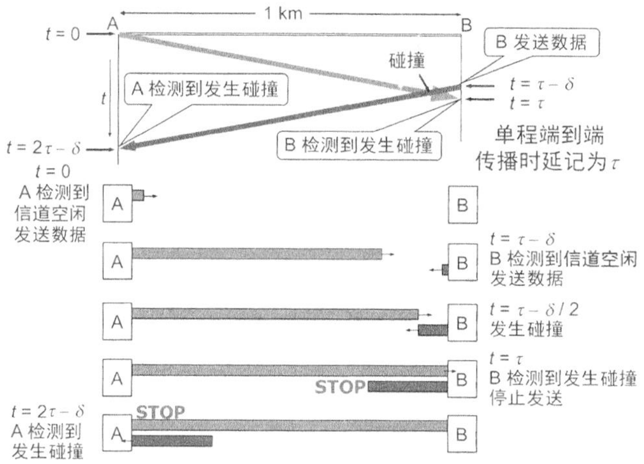

图 4-42　CSMA/CD 协议碰撞窗口的例子

在 $t = \tau$ 时，B 检测到发生了碰撞，于是停止发送数据。

在 $t = 2\tau - \delta$ 时，A 也检测到发生了碰撞，因而也停止发送数据。

A 和 B 均发送数据失败，都要推迟一段时间再重新发送。

由图 4-42 可以看出，最先发送数据帧的节点，在发送数据帧后至多经过时间 2τ(两倍的端到端传播时延)就可以知道发送的数据帧是否产生了碰撞。

通常把以太网的端到端传播时延 2τ 称为争用期，或碰撞窗口。经过争用期这段时间还没有检测到碰撞，才能肯定这次发送不会发生碰撞。以太网取 51.2 μs 作为争用期的长度。

对于 10 Mbps 的以太网，在争用期内可发送 512 bit，即 64 字节。以太网在发送数据时，若前 64 字节没有发生冲突，则后续的数据就不会发生冲突。如果发生冲突，就一定是在发送的前 64 字节之内。由于一旦检测到冲突就立即中止发送，这时已经发送出去的数据一定小于 64 字节。因此以太网规定了最短有效帧长为 64 字节，凡长度小于 64 字节的帧都是由于冲突而异常中止的无效帧。

(3) 节点延迟重发等待的随机时间是如何确定?

发生碰撞的节点在停止数据发送后，不是立即再发送数据，而是延迟等待一个随机的时间。延迟重传是为了减小再次发生冲突的概率。

以太网使用截断的二进制指数退避算法来确定延迟等待的时间：①确定基本的退避时间，一般取争用期 2τ；②定义一个参数 k，它等于重传次数，但不超过 10。因此，k=Min[重传次数，10]；③从离散的整数集合[0，1，…，(2^k-1)]中随机的取出一个数，记为 r。重传需要推迟的时间就是 r 倍的基本退避时间；④当重传达 16 次仍不能成功时，则丢弃该帧，并向高层报告。

根据以上所讨论的内容，CSMA/CD 协议的要点可归纳如下：

(1) 适配器从网络层获得一个分组，加上以太网的首部和尾部组成以太网帧，放入适配器的缓存中，准备发送。

(2) 若适配器检测到信道空闲(即在 96 比特时间内没有检测到信道上有信号)，就发送。若检测到信道忙，则继续检测并等待信道转为空闲(加上 96 比特时间)，然后发送。

(3) 在发送过程中继续检测信道，若一直未检测到碰撞，就顺利把这个帧成功发送完毕。若检测到碰撞，则中止数据的发送，并发送冲突加强信号。

(4) 在中止发送后，执行二进制指数退避算法，等待 r 倍的 512 比特时间后，返回到步骤(2)。

4.6.5　10Mbps 以太网

以太网在物理层可以使用粗同轴电缆、细同轴电缆、非屏蔽双绞线、屏蔽双绞线、光纤等多种传输介质。在 IEEE 802.3 标准中，先后为不同的传输介质制定了相应的以太网规范，主要有 10BASE-5、10BASE-2、10BASE-T 和 10BASE-F 等。

这些规范名称都有其特殊的含义，IEEE802 委员会给出了所采用的以太网规范名称格式：

<数据传输速率(Mbps) ><信号传输模式><使用的传输介质及单端最大长度(百米) >

具体说明如下：

10BASE-5 也称粗缆以太网或标准以太网，前面的数字 10 表示数据传输速率为 10Mbps，BASE 表示信道上传输的信号采用基带传输方式，5 表示使用 50Ω 的粗同轴电缆，单段电缆的最大长度为 500 m。

10BASE-2 也称细缆以太网或廉价以太网，2 表示使用 50Ω 的细同轴电缆，单段电缆的最大长度接近 200 m(实际上是 185m)。

10BASE-5 和 10BASE-2 都使用在总线型拓扑结构的网络中，均采用基带数字传输模式的曼彻斯特编码。

10BASE-T 是以太网最常用的一种标准，其中的 T 是英文 twisted pair(双绞线)的缩写，它使用 2 对 3 类非屏蔽双绞线(UTP)作为传输介质，在星形拓扑结构网络中使用，也采用基带数字曼彻斯特编码，单段电缆的最大长度为 100m。

10BASE-F 中的 F 表示传输介质为光纤(fiber)。包括 10BASE-FL、10BASE-FB 和 10BASE-FP 三个子规范，均采用基带传输模式的曼彻斯特编码，但它们的设计用途各不相同。10BASE-FL 中单段光纤的最大长度为 2000m。

图 4-43 所示为粗同轴电缆的 AUI 接口和连接器，图 4-44 所示为细同轴电缆的 BNC 连接器，图 4-45 所示为双绞线以太网的 RJ-45 连接器，图 4-46 所示为光纤以太网的 ST 或者 SC 连接器等。

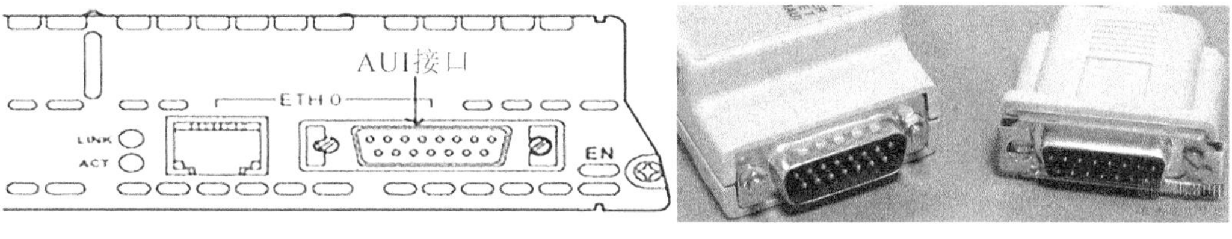

图 4-43　粗同轴电缆 AUI 接口和连接器

图 4-44　细同轴电缆 BNC 连接器

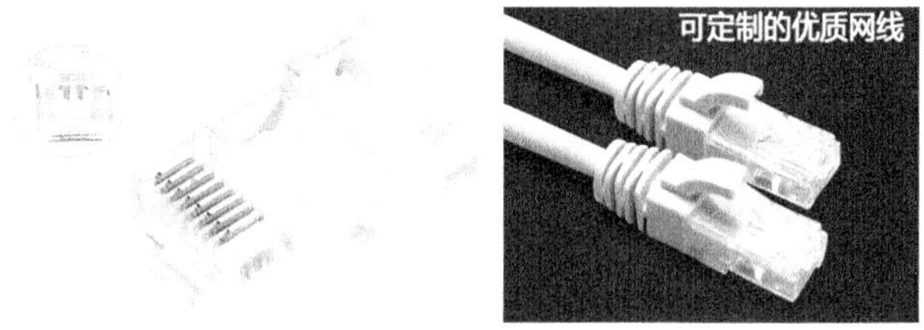

图 4-45　双绞线 RJ-45 连接器

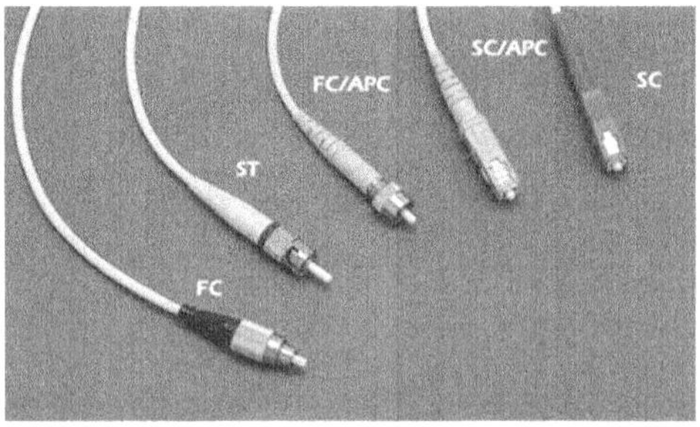

图 4-46　光纤 ST 或者 SC 连接器

4.6.6　快速以太网技术

随着通信技术的发展以及用户对网络带宽需求的增加，出现了带宽为 100Mbps 和 1000Mbps 的快速以太网和吉比特以太网，这些速率达到或超过 100 Mbps 的以太网都称为高速以太网。下面介绍这几种高速以太网技术。

为了解决网络带宽在局域网络应用中的瓶颈问题。1995 年 9 月，IEEE802 委员会正式批准了快速以太网标准 802.3u。新标准保留了传统以太网的基本特征，即相同的帧格式、最小帧长度、最大帧长度、介质访问控制方法以及组网方法，只是将带宽提高到 100Mbps，这样可以保持与传统以太网的兼容性。

新标准规定了以下三种不同的物理层标准。

1. 100BASE-TX

100BASE-TX 以太网又称为快速以太网(fast ethernet)，在全双工方式下工作而无冲突发生。100BASE-TX 使用 2 对 5 类非屏蔽双绞线或 2 对 5 类屏蔽双绞线，双绞线长度可以达到 100m，其中一对用于发送，另一对用于接收。在全双工方式下，每个节点能够以 100Mbps 速率发送和接收数据。半双工方式下仍使用 IEEE 802.3 的 CSMA/CD 协议。MAC 帧格式仍然是 802.3 标准。保持最短帧长不变，但将一个网段的最大电缆长度减小到 100 m。帧间时间间隔也从原来的 9.6 μs 改为现在的 0.96μs。

100BASE-TX 规范中使用的非屏蔽双绞线只使用了四对线中的两对，另外两对线没有使用。根据 EIA/TIA-568B 布线标准，直通双绞线(两端同时用 TIA/EIA-568A，或者 TIA/EIA-568B 标准)用于不同设备的连接，如 PC 机到集线器、交换机的连接，交换机到路由器的连接等。EIA/TIA-568A 和 EIA/TIA-568B 布线标准如表 4-1、表 4-2 所示。

表 4-1　EIA/TIA-568A 布线标准

引脚顺序	介质直接连接信号	双绞线绕对的排列顺序
1	TX+(传输)	绿白
2	TX-(传输)	绿
3	RX+(接收)	橘白
4	没有使用	蓝
5	没有使用	蓝白
6	RX-(接收)	橘
7	没有使用	棕白
8	没有使用	棕

表 4-2　EIA/TIA-568B 布线标准

引脚顺序	介质直接连接信号	双绞线绕对的排列顺序
1	TX+(传输)	橘白
2	TX-(传输)	橘
3	RX+(接收)	绿白
4	没有使用	蓝
5	没有使用	蓝白
6	RX-(接收)	绿
7	没有使用	棕白
8	没有使用	棕

在交换机普通端口与交换机普通端口之间或计算机网卡与计算机网卡之间直接相连需要使用交叉双绞线，即双绞线一端遵循 568A，另一端遵循 568B 标准，如图 4-47 所示。

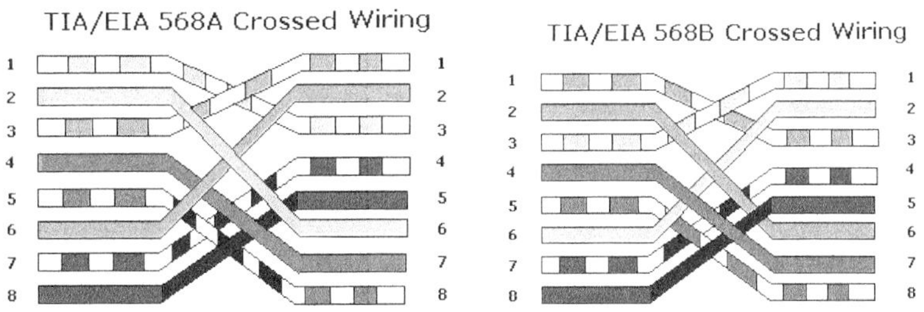

图 4-47　交叉双绞线布线示意图

2. 100BASE-FX

100BASE-FX 使用 2 芯单模或多模光纤，一条用于发送数据，一条用于接收数据，主要用在高速主干网上。

100BASE-FX 规范中的多模光纤直径为 62.5/125μm，使用 850nm 波长的光信号，在全双工模式下交换机端口之间支持的最大距离为 2km。单模光纤直径为 9/125μm，采用基于激光的收发器，使用 1300nm 波长的光信号。单模光纤率损耗小，相比多模光纤能传输更远的距离。

3. 100BASE-T4

100BASE-T4 使用 4 对 3、4 或 5 类非屏蔽双绞线，双绞线长度可以达到 100m，它同时使用 3 对线传送数据(每一对线以 33.33Mbps 的速率传送数据)，第四对线用作冲突检测。

4.6.7 千兆以太网

1996 年 3 月 IEEE 802 委员会成立了 IEEE 802.3z 工作组，专门负责研究使用多模光纤与屏蔽双绞线千兆以太网标准，并于 1998 年 6 月正式公布了关于千兆以太网的标准。1997 年年初成立了 802. 3ab 工作组研究单模光纤与非屏蔽双绞线的千兆以太网标准，并于 1999 年 6 月正式批准发布，其数据传输率均达到了 1000Mbps，即 1Gbps，因此千兆以太网又称吉比特以太网。

千兆以太网标准保留了传统以太网的基本特征，即保留了原有以太网的帧格式、最小帧长度、最大帧长度，同时也支持 CSMA/CD 介质访问控制技术，所以向下与标准以太网和快速以太网完全兼容，原有的 10Mbps 以太网或快速以太网可以方便地升级到千兆以太网。允许在 1 Gb/s 下全双工和半双工两种方式工作。在半双工方式下使用 CSMA/CD 协议(全双工方式不需要使用 CSMA/CD 协议)。

千兆以太网的物理层共有以下两个标准。

1. 1000BASE-X(IEEE 802. 3z 标准)

1000BASE-X 标准使用的媒体有如下三种。

(1) 1000BASE-SX：SX 表示短波长(使用 850nm 激光器)，使用纤芯直径为 62.5 μm 和 50μm 的多模光纤时，传输距离分别为 275m 和 550m。

(2) 1000BASE-LX：LX 表示长波长(使用 1310nm 激光器)，使用纤芯直径为 10μm 的单模光纤时，传输距离为 5km。

(3) 1000BASE-CX：CX 表示铜线，这是一种采用 150Ω 平衡屏蔽双绞线(STP)作为传输介质(连接器为 DB-9)的千兆以太网规范，使用两对短距离的屏蔽双绞线电缆，传输距离最长仅为 25m。

2. 1000BASE-T(IEEE 802. 3ab 标准)

这是一种可以采用 5 类、超 5 类、6 类或者 7 类双绞线作为传输介质的千兆以太网规范，使用全部 4 对非屏蔽双绞线，最大传送距离为 100m。在全部的四对双绞线中，每对都可以同时进行全双工数据收发，即使是相同设备间的连接，也无须制作交叉线，两端都用相同的布线标准即可。这是目前在局域网中最常用的一种千兆以太网标准。

这几种千兆以太网规范的性能参数如图 4-48 所示。

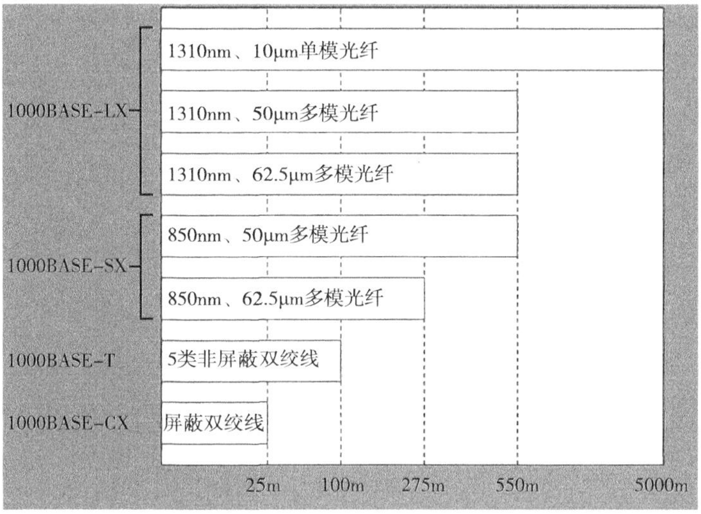

图 4-48　几种千兆以太网规范的性能参数

4.6.8　10 吉比特以太网/100 吉比特以太网

1. 10 吉比特以太网

1999 年 3 月 IEEE802.3 委员会成立了高速研究组，研究 10 吉比特以太网技术与标准。10 吉比特以太网(也简称为 10GE)不是简单地将吉比特以太网的速率提高 10 倍，还要解决很多复杂的技术问题。

10GE 具有如下的特点：

(1) 帧格式与 10Mbps、100Mbps 和 1000Mbps 以太网的帧格式基本相同；

(2) 保留了 802.3 标准对以太网最小帧长度和最大帧长度的规定；

(3) 传输介质不再使用双绞线，只使用光纤。在超过 40km 的长距离传输中采用光收发器和单模光纤接口，以便能在广域网和城域网的范围内工作；

(4) 只工作在全双工，不存在争用问题。由于不使用 CSMA/CD 协议，传输距离不受冲突检测的限制。

在 10GE 规范方面，由 IEEE802.3 委员会发布的规范就有 12 个，2002 年正式完成了 10GE 的第一个基于光纤的标准 802.3ae，规范包括：10GBASE-SR、10GBASE-LR、10GBASE-ER、10GBASE-LX4、10GBASE-SW、10GBASE-LW、10GBASE–EW。2004 年在 IEEE 802.3ak 标准中发布了基于双绞线的 10GBASE-CX4。2006 年在 IEEE 802.3an 标准发布了基于双绞线的 10GBASE-T。2006 年在 IEEE 802.3aq 标准中发布的基于光纤的 10GBASE-LRM。2007 年在 IEEE 802.3ap 标准中发布的基于铜线的 10GBASE-KR 和 10GBASE-KX4。这些规范所对应的具体标准如表 4-3 所示。

表 4-3　10GE 规范对应的 IEEE 802 标准

年份	局域网标准	以太网规范
2002	IEEE802. 3ae	10GBASE-SR 10GBASE-LR 10GBASE-ER 10GBASE-LX4 10GBASE-SW 10GBASE-LW 10GBASE-EW
2004	IEEE 802.3ak	10GBASE -CX4
2006	IEEE 802.3an	10GBASE-T
2006	IEEE 802.3aq	10GBASE-LRM
2007	IEEE 802.3ap	10GBASE-KR 10GBASE-KX4

以上这 10 多种 10GE 规范可以分为三类：一是基于光纤的局域网规范，二是基于双绞线(或铜线)的局域网规范，三是基于光纤的广域网规范。表 4-4 是对各类 10GE 规范的比较。

表 4-4　各类 10GE 规范的比较

应用领域	10GE 规范	使用的传输介质	有效传输距离
局域网	10GBASE-SR	850nm 波长多模光纤，50μm 直径 OM3 光纤	300m
	10GBASE-LR	1310nm 波长单模光纤	10km
	10GBASE-LRM	62.5μm 直径 OM3 光纤	260m
	10GBASE-ER	1550nm 波长单模光纤	40km
	10GBASE-ZR	1550nm 波长单模光纤	80km
	10GBASE-LX4	1310nm 波长单模或多模光纤	300m(多模) 10km(单模)
	10GBASE -CX4	4 对双芯同轴电缆	15m
	10GBASE-T	6 类、6a 类双绞线	66m(6 类) 100m(6a 类)
背板以太网	10GBASE-KR	铜线(串行接口)	1m
	10GBASE-KX4	铜线(并行接口)	1m
SDH/SONET 广域网	10GBASE-SW	850nm 波长多模光纤，50μm 直径 OM3 光纤	300m
	10GBASE-LW	1310nm 波长单模光纤	10km
	10GBASE-EW	1550nm 波长单模光纤	40km
	10GBASE-ZW	1550nm 波长单模光纤	80km

2. 100 吉比特以太网

以太网技术发展得很快，在 10GE 标准之后又制订了 40GE/100GE(即 40 吉比特以太网和 100 吉比特以太网)的局域网标准 IEEE 802.3ba-2010，于 2010 年 6 月公布。表 4-5 是 IEEE802.3ba 40GE/100GE 几种以太网物理层接口。

表 4-5　IEEE 802.3ba 40GE/100GE 物理层接口

接口类型	描述	40GbE	100GbE	带宽
40GBASE-KR4	1m 背板线路(backplane)	√		4 × 10Gbps
40GBASE-CR4 100GBASE-CR10	7m 铜线，由 4 条/10 条独立的铜缆通道组成	√	√	4 × 10Gbps 10 × 10Gbps
40GBASE-SR4 100GBASE-SR10	100m OM3 多模光纤，由 4 条/10 条独立的多模光纤通道(850nm)组成	√	√	4 × 10Gbps 10 × 10Gbps
40GBASE-LR4	10km 单模光纤	√		4 × 10Gbps
100GBASE-LR4	10km 单模光纤，由 4 个 WDM(1310nm，800GHz 波长间隔)通道组成		√	4 × 25Gbps
100GBASE-ER4	40km 单模光纤，由 4 个 WDM(1310nm，800GHz 波长间隔)通道组成		√	4 × 25Gbps

需要指出，40GE/100GE 以太网只工作在全双工的传输方式，不使用 CSMA/CD 协议，仍然保持了以太网的帧格式以及 802.3 标准规定的以太网最小和最大帧长。100GE 使用单模光纤传输时，仍然可以达到 40 km 的传输距离。

回顾局域网的发展历史，我们看到 10 Mbps 以太网最终淘汰了速率比它快的令牌环，而 100 Mbps 的快速以太网也使得曾经最快的 FDDI 变成历史。吉比特以太网和 10GE 的问世，使以太网的市场占有率进一步地得到提高。10GE、40GE 和 100GE 标准的发布是 IEEE 802.3 标准在速率和距离方面的自然演进。

图 4-49 所示为以太网从 10 Mbps 到 10 Gbps、100 Gbps 演进过程中的主要变化特征。

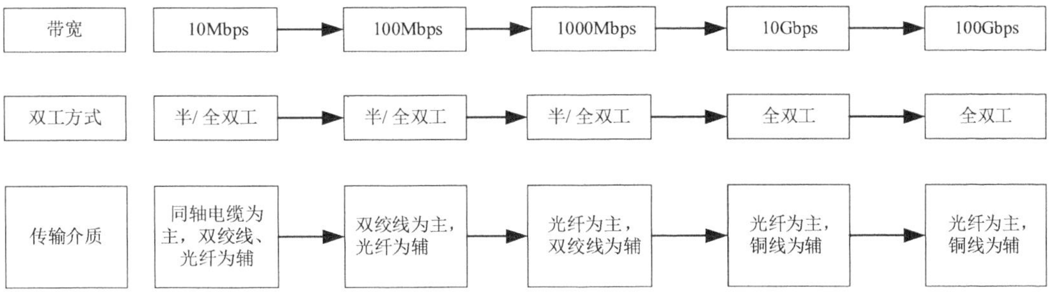

图 4-49　以太网演进过程中的主要变化特征

从以太网的演进过程可以证明以太网是可扩展的(速率从 10 Mbps 到 100 Gbps)、灵活的(多种媒体、全/半双工、共享/交换)、易于安装与稳健性好。

4.7 虚拟局域网

4.7.1 虚拟局域网概述

虚拟局域网 VLAN 是由一些局域网网段构成的与物理位置无关的逻辑组。这些网段具有某些共同的需求。每一个 VLAN 的帧都有一个明确的标识符，指明发送这个帧的工作站是属于哪一个 VLAN。虚拟局域网其实只是局域网给用户提供的一种服务，而并不是一种新型局域网。

VLAN 具有以下优点：

(1) 更有效地共享网络资源。如果用交换机构成较大的局域网，大量的广播报文就会使网络性能下降。VLAN 能将广播报文限制在本 VLAN 范围内，从而提升了网络的效能。

(2) 简化网络管理。当节点物理位置发生变化时，如跨越多个局域网，通过逻辑上配置 VLAN 即可形成网络设备的逻辑组，无需重新布线和改变 IP 地址等。这些逻辑组可以跨越一个或多个二层交换机。

(3) 提高网络的数据安全性。一个 VLAN 中的节点接收不到另一个 VLAN 中其他节点的帧。

图 4-50 显示了局域网与 VLAN 的区别与联系。如图 4-50 所示有 10 台主机分布在 3 个楼层中，通过 3 个交换机连接成 3 个局域网，即 LAN1：(A1，A2，B1，C1)；LAN2：(A3，B2，C2)；LAN3：(A4，B3，C3)。由于这 10 台主机根据工作要求需要(如根据工作职能分工)划分为 3 个工作组，即 A1 ~ A4，B1 ~ B3，C1 ~ C3。从图 4-50 可看出，每一个工作组的主机并不位于同一楼层中，如要改变网络布线或搬迁主机就会带来较大的麻烦。这时可以利用交换机 VLAN 功能，将这 10 台主机按如图 4-50 所示的方案划分在 VLAN1、VLAN2 和 VLAN3 中。

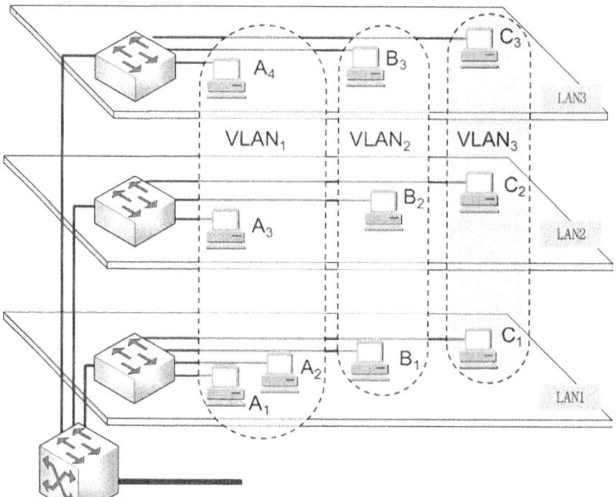

图 4-50　三个虚拟局域网的构成

当 B1 向 VLAN2 工作组内成员发送数据时，工作站 B2 和 B3 将会收到广播的信息。B1 发送数据时，工作站 A1，A2 和 C1 都不会收到 B1 发出的广播信息。这样每个 VLAN 中的主机都可以通信，而 VLAN 之间的主机即使都连接在同一台交换机上，也无法彼此通信。

虚拟局域网限制了接收广播信息的工作站数，使得网络不会因传播过多的广播信息(即“广播风暴”)而引起性能恶化。

4.7.2　虚拟局域网的实现技术

可以通过以下几种技术将通过桥接的网络拓扑变成一组 VLAN：

(1) 基于端口的 VLAN。将一台或多台交换机上的若干接口划分为一组。网络设备根据所连接的接口确定成员关系。

(2) 基于 MAC 地址的 VLAN。根据网络设备的 MAC 地址确定 VLAN 的成员关系。根据不同 VLAN 中 MAC 地址对应的交换机接口划分 VLAN。

(3) 基于协议的 VLAN。把具有相同的 OSI 第 3 层协议(如 IP、IPX 或 AppleTalk 等)节点归并为一个 VLAN。

(4) 基于网络地址的 VLAN。按照与交换机连接的节点的网络层地址(例如 1P 地址或 IPX 地址)划分 VLAN。

4.8　小　　结

本章主要介绍了以下重要内容：

(1) 数据链路层的点对点信道和广播信道的特点，以及这两种信道所使用的协议(PPP 协议以及 CSMA/CD 协议)的特点。

(2) 数据链路层的三个基本问题：封装成帧、透明传输和差错检测。

(3) 以太网 MAC 层的硬件地址。适配器、转发器、集线器、网桥、以太网交换机的作用以及使用场合。

(4) IEEE802.3 CSMA/CD 协议的基本原理。

(5) 高速以太网技术，包括快速以太网、千兆以太网和 10 吉比特以太网/100 吉比特以太网技术等。

通过对本章的学习，我们清楚地理解局域网的基本概念、Ethernet 的物理地址、MAC 帧格式，熟练掌握 Ethernet 的工作原理及各种连接方法，熟练掌握扩展局域网的各种方法，百兆、千兆 Ethernet 技术，基本掌握虚拟局域网知识，初步了解 10 吉比特 Ethernet、其他种类的高速局域网等内容。

4.9　习　　题

一、单项选择题

1. 目前应用最为广泛的一类局域网是 Ethernet 网。Ethernet 的核心技术是它的随机争用型介质访问控制方法，即________。
   A. Token Ring　B. Token Bus　C. CSMA/CD　D. FDDI
2. “在两个相邻节点间的链路上实现数据的无差错传输”是________层的功能。
   A. 数据链路层　B. 网络层　C. 传输层　D. 物理层
3. 下列网络设备中，属于数据链路层设备的是________。
   A. 中继器　B. 集线器　C. 网桥　D. 路由器
4. 数据链路层的________子层负责准备供物理层传输的信号。
   A. LLC　B. MAC　C. HDLC　D. 网卡
5. 将数据包封装成帧的主要作用是________。
   A. 提供网间路由　B. 格式化数据以便向用户显示
   C. 有助于数据进出介质　D. 标识与传输的数据相关联的服务
6. 在数据链路层中，滑动窗口的作用是________。
   A. 流量控制　B. 拥塞控制　C. 路由控制　D. 差错控制
7. 数据链路层采用了后退 *N* 帧协议(Go-Back-*N*)，发送方已经发送了编号 0~7 的帧。当计时器超时，发送方只收到 0、2、3 号帧的确认，则发送方需要重发的帧数是________。
   A. 2　B. 3　C. 4　D. 5
8. 以太网 MAC 提供的是________。
   A. 无连接的不可靠服务　B. 无连接的可靠服务
   C. 有连接的不可靠服务　D. 有连接的不可靠服务

二、填空题

1. 差错控制编码是用以实现差错控制的编码，分为__________和前向纠错两大类技术，在网络中广泛使用的一种差错检测技术为__________。
2. 以太网交换机的数据转发常见方式可分为__________、__________2 类。
3. 通常，一个有 24 个以太网端口的以太网交换机存在_________个冲突域，_________个广播域。
4. 快速以太网是由__________标准定义的。
5. 网桥分为透明网桥和__________两类。
6. 数据链路层使用的信道分为__________和__________两种类型。
7. IEEE802 委员会把局域网的数据链路层分为__________和__________两个子层。

8. 常见的硬件地址为__________位。

三、简答题

1. 数据链路层的三个基本问题是什么？并简述为何要加以解决。
2. 有 10 个站连接到以太网上。试计算以下三种情况下每一个站所能得到的带宽。
   (1) 10 个站都连接到一个 10Mbps 以太网集线器；
   (2) 10 个站都连接到一个 100Mbps 以太网集线器；
   (3) 10 个站都连接到一个 10Mbps 以太网交换机。
3. 要发送的数据为 1101011011。采用 CRC 的生成多项式是 $G(X)=X^4+X+1$。试求应添加在数据后面的余数。数据在传输过程中最后一个 1 变成了 0，问接收端能否发现？若数据在传输过程中最后两个 1 都变成了 0，问接收端能否发现？采用 CRC 检验后，数据链路层的传输是否就变成了可靠的传输？
4. 以太网交换机有何特点？用它怎样组成虚拟局域网？
5. 试说明 10BASE-T 中的“10”、“BASE”和“T”所代表的意思。

第5章　网　络　层

通过学习第4章数据链路层和局域网的相关概念和技术，我们知道一条点到点链路只能连接两台主机，一个以太网也只能连接上百个终端系统，但实际使用的网络有时可能非常大，而且不同网络技术的主要区别在数据链路层和物理层。因此，如何在不同网络的基础上构建更大规模的网络是我们接下来要关心的问题，其中的关键问题是使用什么技术和方法来实现异构网络的互连？在大规模网络中分组是如何跨越全球准确到达通信对方的？

网络层是 TCP/IP 协议栈中最重要也是最复杂的层次之一，网络层涉及的问题包括异构网络互连、IP 编址、分组转发和路由选择等。

本章的重点内容包括：①虚拟互联网络的概念；②IP 地址与物理地址的关系；③传统的分类的 IP 地址(包括子网掩码)和无分类域间路由选择 CIDR；④路由选择协议的工作原理。

5.1　网络层概述

5.1.1　网络层的基本功能

网络层是 OSI 参考模型中的第三层，介于传输层和数据链路层之间。它是网络中处理端到端(end to end)数据传输的最低层，同时也是通信子网的最高层，也被看成是通信子网与资源子网的接口或通信子网的边界。网络层的主要任务是把网络层协议数据单元或分组从源主机经过适当的路径发送到目的主机。

为了有效地实现源主机到目的主机的分组的透明传输服务，网络层需要以下几项具体功能：

(1) 定义网络层协议数据单元的类型和格式。网络层的协议数据单元被称为分组(packet)。与其他各层的协议数据单元类似，分组是网络层协议功能的集中体现，其中包括实现网络层功能所必需的控制信息，如网络地址等；

(2) 在从源主机到目标主机所经历的网络属于不同类型时，网络层关心的问题是如何使网络层分组跨越通信子网，当分组要跨越多个通信子网才能到达目的地时，网络层要解决异构网络的网际互连问题；

(3) 定义通信子网的拓扑结构，并通过一定的路由算法为分组实现最佳路径选择，最佳路径选择又被称为路由(routing)。从源主机到目的主机可能要经过若干个中间节点，这就需要在通信子网中进行路由选择。通信子网为源主机和目的主机提供了多条传输路径的可能性。网络节点在收到一个分组后，要确定向下一个节点传送的路径，这就是路由选择；

(4) 在为分组选择路径时还要注意拥塞控制和负载平衡。通常，当网络负载过重、带宽不够或通信子网中的路由设备性能不足时都可能导致拥塞。为避免通信子网中出现过多的分组而造成网络阻塞，需要对分组进行流量控制。

5.1.2　网络层所提供的服务

网络层应该向传输层提供怎样的服务？在计算机网络领域曾引起了长期的争论，是采用“面向连接”的还是“无连接”的服务方式？而争论的焦点主要集中在：可靠交付到底由网络还是端系统来负责？

在开始解释网络层的细节之前，先看一下网络层协议的工作环境，如图 5-1 所示。图中阴影部分为网络的主要组成部分 ISP 的设备，包括通过传输线路连接的路由器，阴影部分以外是客户的设备。主机 H1 可以直接连接到一个 ISP 的路由器，或者是家里的电脑连接到 DSL 调制解调器。H2 有可能是位于一个局域网或一个办公室的以太网中，通过路由器与网络连接。

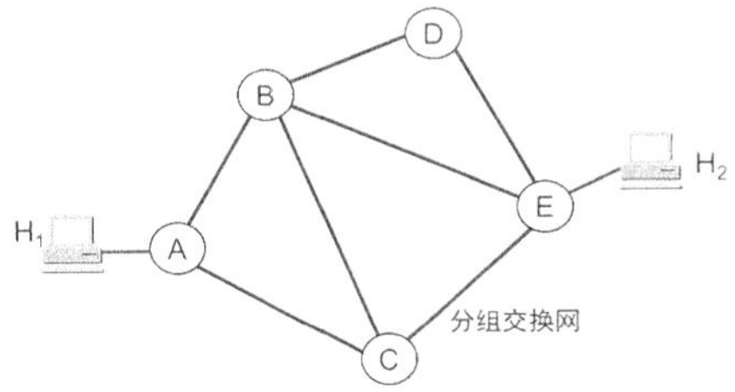

图 5-1　网络层协议的工作环境

主机 H1 的一个数据包发送给最近的路由器，等到数据包完全到达完成链接并通过验证校验处理后在该路由器中存储。然后它被沿着路径转发到下一个路由器，直到它到达目的地主机 H2，在那里它被交付。这个机制就是分组交换的存储转发机制。

网络层通过网络层/传输层的接口向传输层提供服务。网络层的服务设计应该按照下列原则：

(1) 服务应该独立于路由器技术；

(2) 服务应与通信子网无关。即通信子网的数量、类型和路由器的拓扑结构对于传输层来说是透明的；

(3) 提供给传输层的网络地址应采用统一的编号方式，以使其能跨越不同的 LAN、MAN 和 WAN 而提供互联网络中的寻址能力。

围绕这些原则，网络层的设计者们有很多自由编写向传输层提供服务的详细服务规范。

以电话公司为代表的阵营认为，应当基于 100 多年的全球电话网络的实际成功经验，网络应提供实际端到端的面向连接的可靠交付服务。基于这一观点，服务质量(quality of service，QoS)是主导因素，对于没有连接的网络，保证服务质量是非常困难的，特别是对如语音和视频等实时交互应用。

以因特网为代表的阵营认为电信网提供的端到端可靠传输服务很适合电话业务，因为电话机非常简单，没有智能，也没有差错处理能力，因此网络必须负责将电话机产生的话音信号可靠地传送到对方的电话机，使还原后的话音质量符合技术规范的要求。但计算机网络的端系统是智能的计算机，本身具有很强的差错处理的能力。他们采用的是一种崭新的设计思路：网络层向上只提供简单灵活的、无连接的、“尽最大努力交付的”数据报服务。采用这种设计思路可以使网络的造价大大降低，运行方式灵活，能够适应多种应用。

甚至几十年后，这个争议仍然很活跃。在早期广泛使用的数据网络，如 20 世纪 70 年代 X.25 协议和 80 年代的帧中继网络，都是面向连接的。然而，自从 ARPANET 和早期的互联网的广泛使用，无连接的网络层协议已经变得非常流行，IP 协议就是一个成功的象征。不过在互联网的发展过程中面向连接的服务质量也变得越来越重要。面向连接技术的两个例子是 MPLS(multiprotocol label switching，多协议标签交换)和 VLAN，这两种技术已被广泛使用。因特网能够发展到今日的规模，也充分证明了当初采用这种设计思路的正确性。

网络层为连接在网络上的主机的传输层所提供的服务可以有两大类：无连接的服务(数据报服务)和面向连接的服务(虚电路服务)。

1. 无连接的服务(数据报服务)

在数据报服务中，网络可以随时接受主机发送的分组(即数据报)，网络为每个分组独立地选择路由。网络在发送分组时不需要先建立连接，每一个分组都是独立发送，与其前后的分组无关(不进行编号)。网络层不提供服务质量的承诺，不能保证服务质量。网络尽最大努力地将分组交付给目的主机，但网络对源主机没有任何承诺。网络不保证所传送的分组不丢失，也不保证按源主机发送分组的先后顺序以及在时限内必须将分组交付给目的主机。尽最大努力交付的过程中每个数据包都必须携带完整的目标地址，因为每个数据包发送的是独立的。当网络发生拥塞时，网络中的节点可根据情况将一些分组丢弃。

图 5-2 为网络层提供数据报服务的示意图。H1 发送给 H5 的分组可能沿着不同路径传送，在传送的过程中还可能丢失。

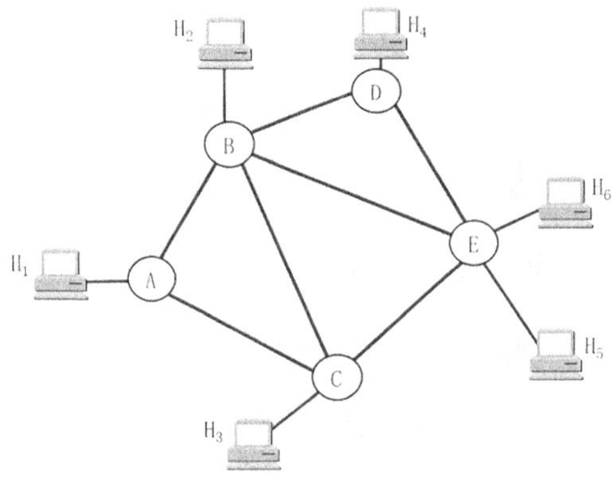

图 5-2　网络层数据报服务示意图

尽最大努力交付的好处是传输网络不提供端到端的可靠传输服务，网络中的路由器可以做得比较简单，而且价格低廉。网络的主机进程之间的可靠通信由主机中的传输层负责(包括差错处理、流量控制等)。

2. 面向连接的服务(虚电路服务)

虚电路服务主要分为三个阶段：虚电路的建立、数据传输、虚电路的释放。在虚电路建立后，网络向用户提供的服务就好像在两个主机之间建立了一条穿过网络的数字管道。所有发送的分组都按顺序进入管道，然后按照先进先出的原则沿着此管道传送到目的主机。到达目的主机的分组顺序与发送时的顺序一致，因此网络提供虚电路服务对通信的服务质量 QoS 有很好的保证。

图5-3为网络层提供虚电路服务的示意图。在分组交换中先建立一条虚电路 VC (virtual circuit)连接，以保证通信双方所需的一切网络资源。双方沿着已建立的虚电路发送分组。在分组的首部中不需要填写完整的目的主机地址，而只需要填写虚电路的编号，因而减少了分组的开销。这种通信方式可以使所发送的分组不丢失、不重复、无差错的按序到达终点。在通信结束后释放建立的虚电路。由于采用存储转发技术，虚电路和电路交换的连接完全不同。电路交换真正占有一条通道，而虚电路则是逻辑占用，实际上只断续地占有一段、一段的链路。如主机 H1 要和 H5 通信，主机 H1 先向主机 H5 发出一个特定格式的控制信息分组，要求进行通信，同时寻找一条合适路由。若 H5 同意通信就发回响应，然后双方就建立了虚电路。H1 向 H5 发送的所有分组都沿此虚电路传送。同理，主机 H2 和主机 H6 通信之前，也要建立虚电路。

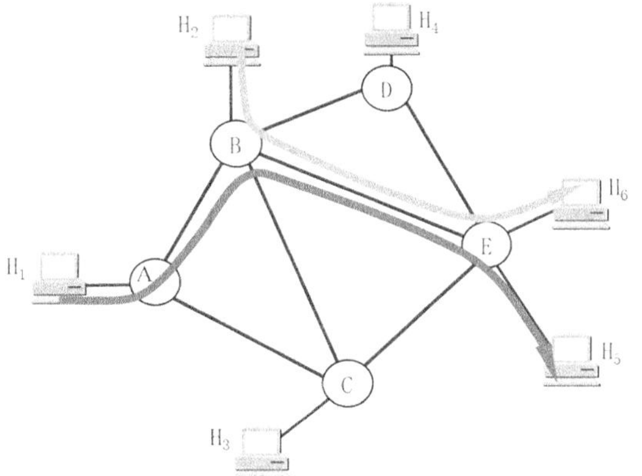

图 5-3 网络层虚电路服务示意图

两种服务方式不同的主要基于两种不同的思路来源：数据报服务力求使网络生存性好和使对网络的控制功能分散，因而只能要求网络提供尽最大努力的服务。可靠通信由用户终端中的软件(即 TCP)来保证。虚电路服务的思路来源于传统的电信网。电信网负责保证可靠通信的一切措施。

表 5-1 归纳了虚电路服务与数据报服务的主要区别。

表 5-1　虚电路服务和数据报服务的对比

对比的方面	虚电路服务	数据报服务
思路	可靠通信应当由网络来保证	可靠通信应当由用户主机来保证
连接的建立	必须有	不要
目的站地址	仅在连接建立阶段使用，每个分组使用短的虚电路号	每个分组都有目的站的全地址
分组的转发	属于同一条虚电路的分组均按照同一路由进行转发	每个分组独立选择路由进行转发
节点出故障时	所有通过出故障节点的虚电路均不能工作	出故障的节点可能会丢失分组，一些路由可能发生变化
分组的顺序	总是按发送顺序到达目的站	到达目的站不一定按发送顺序
差错控制和流量控制	可由分组交换网负责，也可由用户机负责	由用户机负责
拥塞控制	易于实现	很难实现

5.1.3　TCP/IP 的网络层

TCP/IP 的网络层被称为网络互连层或网际层(internet layer)，它处在 TCP/IP 模型的网络接口层之上。该层负责向 TCP/IP 的传输层提供分组传输服务，如图 5-4 所示。

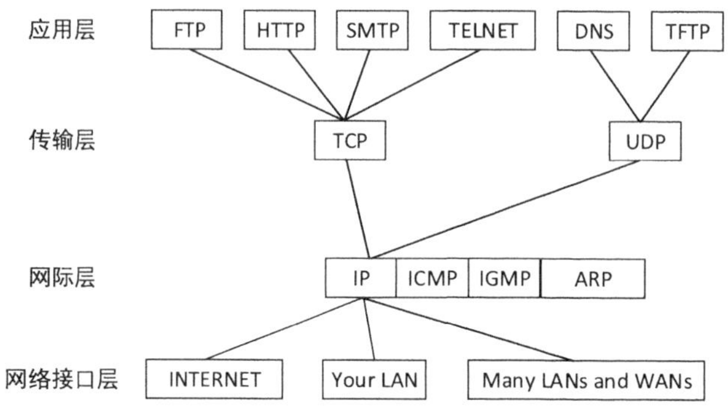

图 5-4　TCP/IP 模型

TCP/IP 协议的网络层主要负责处理主机到主机之间的通信，决定数据包如何交付。网际协议 IP 是 TCP/IP 体系中两个最主要的协议之一。与 IP 协议配套使用的还有三个协议：地址解析协议 ARP (address resolution protocol)，网际控制报文协议 ICMP (Internet control message protocol)、网际组管理协议 IGMP (Internet group management protocol)。图 5-5 画出了这三个协议和网际协议 IP 的关系，ARP 协议画在这一层的最下面，因为 IP 协议经常要使用 ARP 协议。ICMP 和 IGMP 画在这一层的上部，因为它们要使用 IP 协议。这几个协议将在后面陆续介绍。

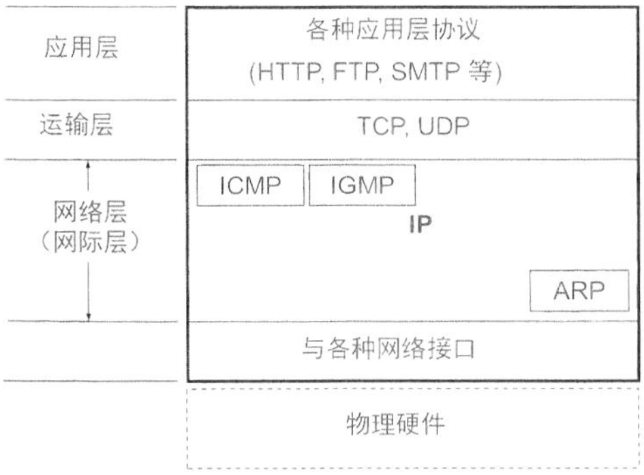

图 5-5 网际协议 IP 与其余三个协议的关系

5.2 IP 协 议

5.2.1 IP 协议的作用与特点

IP (Internet protocol)协议是 TCP/IP 体系中最重要的协议之一，它是因特网的网际互连协议。

IP 协议的作用与特点如下：

(1) IP 协议提供的是无连接、不可靠的数据报传输服务。即 IP 协议提供的是一种“尽最大努力(best - effort)”的数据传输服务，也不提供差错控制和确认机制。

因特网是一种数据报网络，是由互连计算机的需求发展而来的。因特网设计者们有意使网络层服务模型尽可能简单，使网络具备尽力而为传送分组的能力。这样也使因特网的 IP 服务模型只提供尽力而为服务，无法提供确保交付、具有时延上界的确保交付、有序分组交付、确保最小带宽、确保最大时延抖动和安全性服务等服务。这种尽力而为服务仅包括提供标识因特网中所有主机接口的方法以及传送数据的无连接数据报模型。所谓“不可靠的”，是指因特网服务不检测分组可能出现丢失、重复、延迟或不按序交付等情况。所谓“尽力而为的”，是指因特网并不随意地丢弃分组，只有在资源耗尽或网络出现故障时才可能出现不可靠性。所谓“无连接的”，是指网络独立地处理每个分组，分组序列可能经过不同的传输路径达到，无法保证达到顺序，分组有的到达、有的丢失。由于在绝大多数情况下，因特网不会出现资源耗尽和频繁故障的现象，因此分组到达目的地的概率很大。这也正是因特网能够支持各种不断发展的新型网络应用的原因。

(2) IP 协议是一个支持异构网络互连的网络层协议。无论是局域网、城域网还是广域网技术，不同网络技术的主要区别在数据链路层和物理层。当这些异构的网络互连在一起时，在物理层、数据链路层的实现细节上都会有很大的差异。这些差异若不能有效地消除，网络互连就会面临很大的困难。

在网络互连时，需要强调两个重要的问题：异构性(heterogeneity)和可扩展性(scale)。

异构性问题是指在两个不同网络的主机之间建立连接，而它们之间可能需要经过若干其他的网络，其中每个网络也可能是另外的类型。这些不同的网络可能是以太网、令牌环、点到点链路或各种交换网络，而且每个网络有自己的编址方案、介质访问协议和服务模型等。异构性的困难在于为这种不同网络的混合体提供一种有用而完全可预测的主机到主机的服务。另外，因特网的规模每年几乎成倍地增长，这样的发展迫使我们面对很多挑战。其中之一就是可扩展性问题：你如何在有几百万个甚至几十亿个节点的网络中找到一条高效的路径？与此密切相关的问题是编址(addressing)，即是为所有节点提供合适标识符的任务。

IP 协议通过对 IP 数据报的有效定义，以统一的 IP 数据报传输提供了对异构网络互连的支持，将各种网络技术在物理层和数据链路层的差异统一在 IP 协议之下，向传输层屏蔽了通信子网的差异。尤其是 IP 协议中所定义的 IP 寻址模式，有效实现了跨越不同 LAN、MAN 和 WAN 的主机寻址能力。正是这种对异构网络互连的强大支持能力，IP 协议才成为当今最为主流的网络互连协议。

因特网在 IP 层采用了标准化协议，参加互连的计算机都使用相同的网际协议 IP。因此可以将互连后的计算机网络看成一个虚拟互联网络(图 5-6、图 5-7)。所谓虚拟互联网络也就是逻辑互联网络，使用虚拟互联网络的好处是：当互联网上的主机进行通信时，就好像在一个网络上通信一样，而看不见互联网络的具体异构细节。即虽然各种物理互联网络的异构性客观存在，但利用 IP 协议可以屏蔽这些互联网络的异构细节，性能各异的网络从用户看起来就是一个统一的网络。使用 IP 协议的虚拟互联网络可简称为IP网。

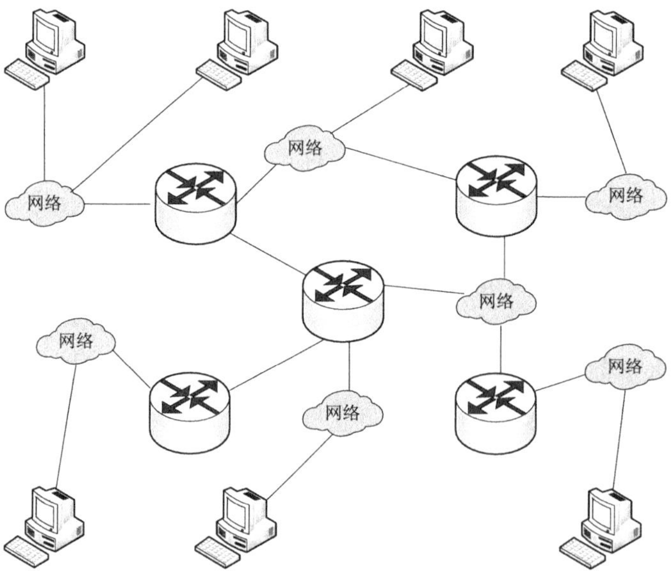

图 5-6　物理上的互联网络

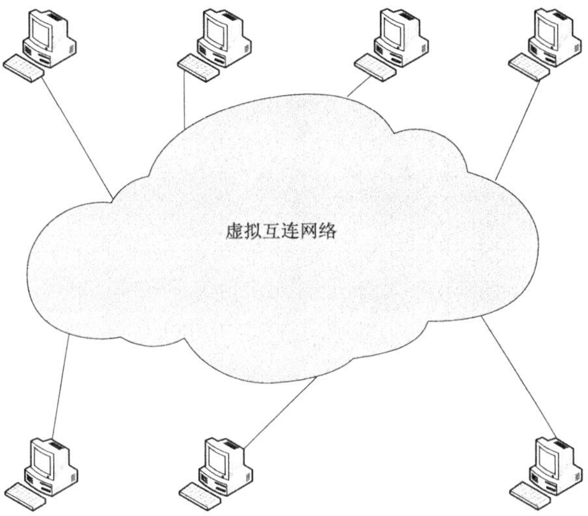

图 5-7 基于 IP 协议的虚拟互联网络

如果我们只从网络层考虑问题，那么 IP 数据报就可以想象是在网络层的数字管道中传送，如图 5-8 所示。

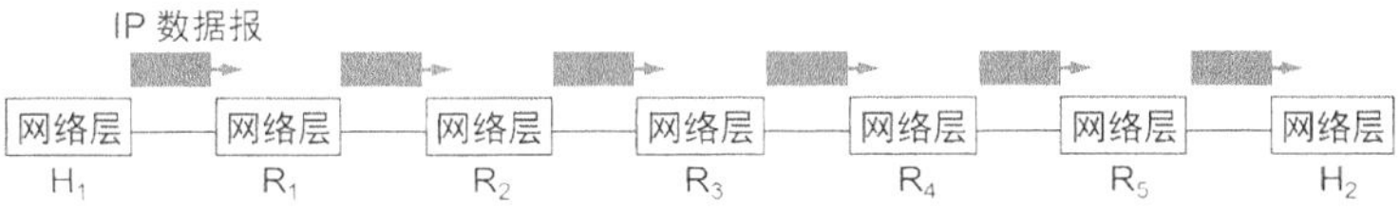

图 5-8 网络层数字管道中的 IP 数据报

(3) IP 协议是一个点到点的网络层协议。通过 IP 地址唯一标识发送端主机和接收端主机，提供主机到主机之间的通信服务。

5.2.2 IP 数据报

TCP/IP 协议定义了一个在因特网上传输的包，称为 IP 数据包，而 IP 数据报(IP datagram)是个比较抽象的内容，是对数据包的结构进行分析。IP 数据报的格式能够说明 IP 协议具有什么功能。一个 IP 数据报由首部和数据两部分组成，如图 5-9 所示。其中数据部分来自传输层的报文段，而首部部分是为了正确传输数据报而增加的网络层 IPv4 协议信息。

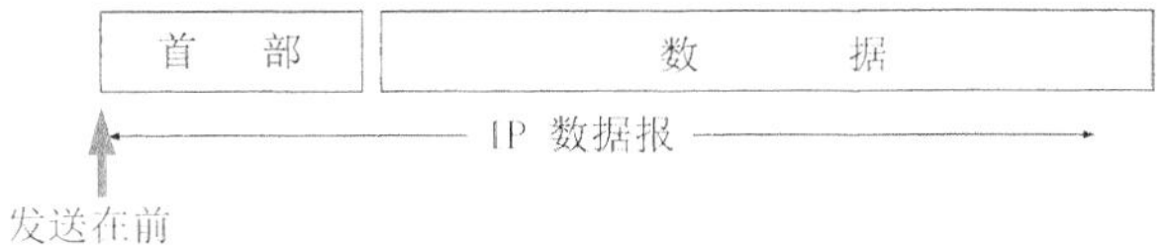

图 5-9 IP 数据报的结构

图 5-10 是 IP 数据报的首部格式。从图可以看出，首部的前一部分是固定长度部分，

共 20 字节，在首部的固定部分后面是一些可选字段，其长度是可变的。

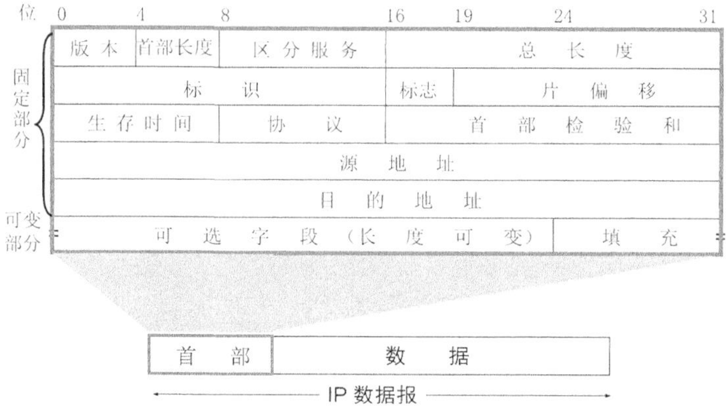

图 5-10　IP 数据报首部格式

下面对各个字段的含义进行说明。

(1) 版本：4 bit，指 IP 协议的版本，目前的 IP 协议版本号为 4 (即 IPv4)。

(2) 首部长度：4 bit，指 IP 数据报首部的长度，包括固定长度部分和可变长度部分之和，可表示的最大数值是 15 个单位(一个单位为 4 字节)，因此 IP 的首部长度的最大值是 60 字节。

(3) 区分服务：8 bit，用来获得更好的服务，在旧标准中叫做服务类型(图 5-11)，但实际上一直未被使用过。1998 年 IETF 把这个字段改名为区分服务。只有在使用区分服务(DiffServ)时，这个字段才起作用。在一般的情况下都不使用这个字段。

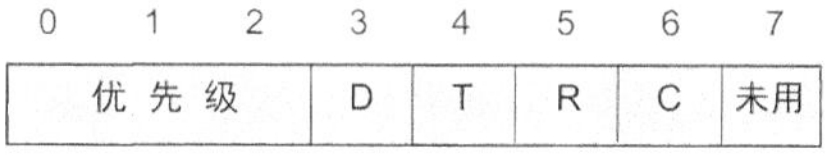

图 5-11　IP 数据报首部的区分服务字段构成

(4) 总长度：16 bit，指首部和数据部分之和的长度，单位为字节，因此数据报的最大长度为 65535 字节。IP 层下面的每一种数据链路层都有其自己的帧格式，其中包括帧格式中数据字段的最大长度，这称为最大传送单元 MTU (maximum transfer unit)。当一个 IP 数据报封装成链路层的帧时，此数据报的总长度(即首部加上数据部分)一定不能超过下面的数据链路层的 MTU 值。即总长度必须不超过最大传送单元 MTU。

(5) 标识(identification)：16 bit，它是一个计数器，用来产生数据报的标识。当 IP 数据报的长度超过网络的 MTU 限制必须分片时，这个标识字段的值就被复制到所有数据报片的标识字段中。相同标识字段值的各数据报片最后才能正确地组装成为原来的数据报。

(6) 标志(flag)：3 bit，但目前只有两个标志位有意义(图 5-12)，分别是 MF 标志位和 DF 标志位。

标志字段中的最低位记为 MF (more fragment)，MF=1 表示当前 IP 数据报的后面“还有分片”的数据报。MF=0 表示这是若干数据报片中的最后一个。

标志字段的中间一位记为 DF(don't fragment)，意思是“不能分片”。只有当 DF=0 时才允许分片。

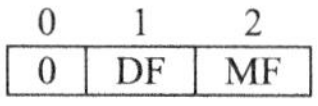

图 5-12 IP 数据报首部的标志字段构成

(7) 片偏移：13 bit，指出了较长的分组被分片后，某片在原分组中的相对位置。片偏移以 8 个字节为偏移单位，即每个分片的长度一定是 8 字节(64 位)的整数倍。也就是说相对于用户数据字段的起点，该片从何处开始。片偏移以 8 个字节为偏移单位。

下面举一个 IP 数据报分片的例子。

【例 5-1】假定一个 IP 数据报的总长度为 3620 字节，其数据部分长度为 3600 字节(使用固定长度首部)，需要分片为长度不超过 1420 字节的数据报片。因首部固定长度部分为 20 字节，因此每个数据报分片的数据部分长度不能超过 1400 字节。于是分为 3 个数据报片，其数据部分的长度分别为 1400 1400 和 800 字节。初始数据报的首部被复制为各数据报分片的首部，但必须修改有关字段的值。图 5-13 给出分片后得出的结果(请注意片偏移的数值)。表 5-2 是本例中数据报首部与分片有关的字段中的数值，其中标识字段的值是任意给定的(假定为 100)。具有相同标识的数据报片在目的站就可无误地重装成原来的数据报。

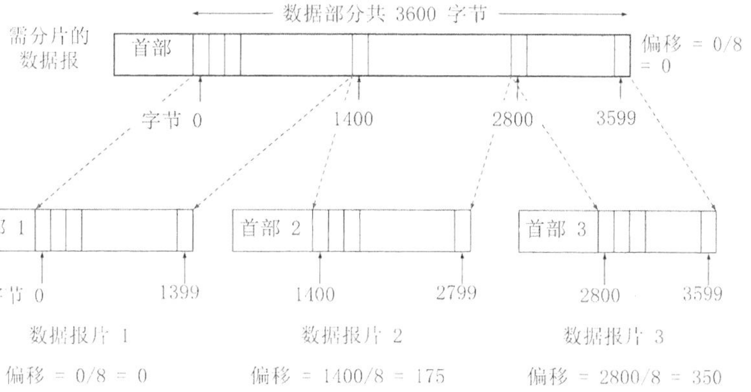

图 5-13 IP 数据报的分片示意图

表 5-2 数据报首部与分片有关的字段的数值

	总长度	标识	MF	DF	片偏移
初始数据报	3620	100	0	0	0
数据报片 1	1420	100	1	0	0
数据报片 2	1420	100	1	0	175
数据报片 3	820	100	0	0	350

(8) 生存时间：8 bit，记为 TTL (time to live)，指明数据报在网络中可通过的路由器个数的最大值。数据报每经过一个路由器时，就把 TTL 的值减 1。若 TTL 字段的值减为 0 时，该数据报就必须丢弃。其目的是防止无法交付的数据报无限制地在网络中循环，消耗网络资源。

(9) 协议：8 bit，指出数据报的数据部分应交付哪个协议，以便目的主机的 IP 层将数据部分上交给那个处理过程。

常用的一些协议和对应的协议字段值如表 5-3 所示。

表 5-3　常用协议对应的协议字段值

协议名称	ICMP	IGMP	TCP	UDP	EGP	IGP	IPv6	OSPF
协议字段值	1	2	6	17	8	9	41	89

(10) 首部检验和：16 bit，只检验数据报的首部，不检验数据部分。为了进一步减小计算检验和的工作量，这里不采用 CRC 检验码而采用简单的二进制反码算术求和计算方法：在发送方，先把数据报首部划分为许多 16 位的序列，并把检验和字段置零。用反码算术运算把所有 16 位相加后，将得到的和的反码写入检验和字段。接收方收到数据报后，将首部的所有 16 位再使用反码算术运算相加一次。将得到的和取反码，即得出接收方检验和的计算结果。若首部未发生任何变化，则此结果必为 0，于是就保留这个数据报。否则即认为出差错，并将此数据报丢弃。图 5-14 说明了 IP 数据报首部检验和的计算过程。

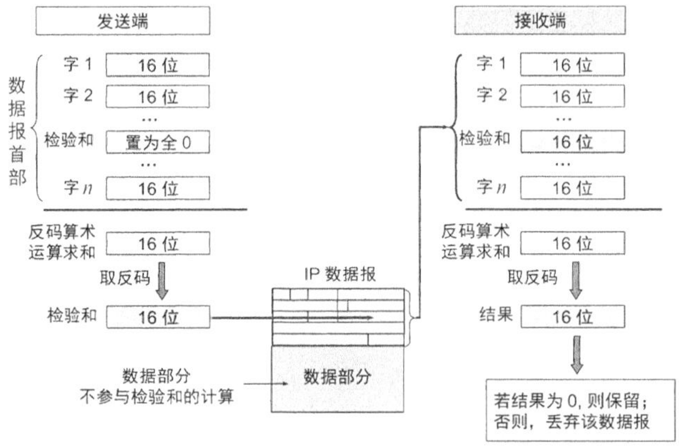

图 5-14　IP 数据报首部检验和的计算过程

(11) 源地址和目的地址：都各占 4 字节，为 IPv4 的 ip 地址。

(12) 选项字段：IP 数据报首部的可变部分就是一个选项字段，用来支持排错、测量以及安全等措施，内容很丰富。选项字段的长度可变，从 1 个字节到 40 个字节不等，取决于所选择的项目。某些选项项目只需要 1 个字节，它只包括 1 个字节的选项代码。但还有些选项需要多个字节，这些选项一个个拼接起来，中间不需要有分隔符。

目前，这些任选项定义如下：①安全和处理限制，用于军事领域；②记录路径，让每个路由器都记下它的 IP 地址；③时间戳(time stamp)，让每个路由器都记下 IP 数据报经过每一个路由器的 IP 地址和当地时间；④宽松的源站路由(loose source route)，为数据报指定一系列必须经过的 IP 地址；⑤严格的源站路由(strict source route)，与宽松的源站路由类似，但是要求只能经过指定的这些地址，不能经过其他的地址。

这些选项很少被使用，并非所有主机和路由器都支持这些选项。

增加首部的可变部分是为了增加 IP 数据报的功能，但这同时也使得 IP 数据报的首部长度成为可变的。这就增加了每一个路由器处理数据报的开销。实际上这些选项很少被使用。新的 IP 版本 IPv6 就将 IP 数据报的首部长度做成固定的。

(13) 填充字段：IP 数据报首部最后需用全 0 的填充字段补齐成为 4 字节的整数倍。

图 5-15 所示为使用 wireshark 2.0.1 的抓包功能捕获的 IP 数据报各字段值的示例。

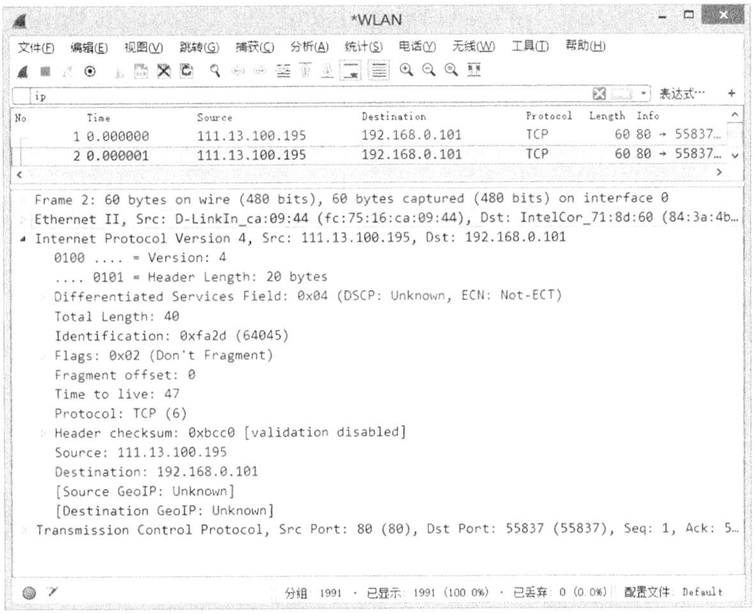

图 5-15 使用 wireshark 2.0.1 捕获 IP 数据报示例

从图中可以得出：

版本：4，表示当前网络中为 IPv4。

头部长度：5，表示 IP 报头长度为 4 字节 × 5=20。

区分服务字段：00000000，表示当前 IP 数据报中没有使用服务类型字段。

总长度：40，表示该数据报总长为 40 字书。

标识：表示该数据报的标识为 64045。

分段标志：010，第 2 位为 1，表示该数据报不能被分段，最低位为 0，表示后面没有分段。

偏移量：0，表示没有被分段。

生存时间：47，表示该数据报最多可以经过 47 个路由。

上层协议：6，表示 IP 数据报的传输层协议为 TCP 协议。

校验和：该数据报校验和为 0xbcc0。

源 IP 地址：111.13.100.195，表示发送该数据报的源节点 IP 地址为 111.13.100.195。

目标 IP 地址：192.168.0.101，表示该数据报发送的目的节点 IP 地址为 192.168.0.101。

5.2.3 分类 IP 地址

1. IP 地址的概念

IP 地址就是给每个连接在因特网上的主机(或路由器)分配一个在全世界范围内唯一的标识符。IP 地址现在由因特网名字与号码分配机构(Internet Corporation for Assigned Names and Numbers，ICANN)进行分配。

根据 IP 地址的长度不同，IP 地址主要有两种版本：一是 IPv4，长度为 32 bit；二是 IPv6，长度为 128 bit。

目前关于 IP 地址的编址方案主要有四类：

- 分类 IP 地址。最基本的编址方法(RFC790)，于 1981 年通过相应标准。
- 子网地址。RFC950，对 RFC790 的改进，于 1985 年通过。
- 超网(CIDR 地址)。新的无分类编址方法，RFC1519，Classless Inter-Domain Routing (CIDR): an Address Assignment and Aggregation Strategy，于 1993 年通过。
- IPv6。128bit 的地址。

IPv4 地址编制方案的演变过程如图 5-16 所示。

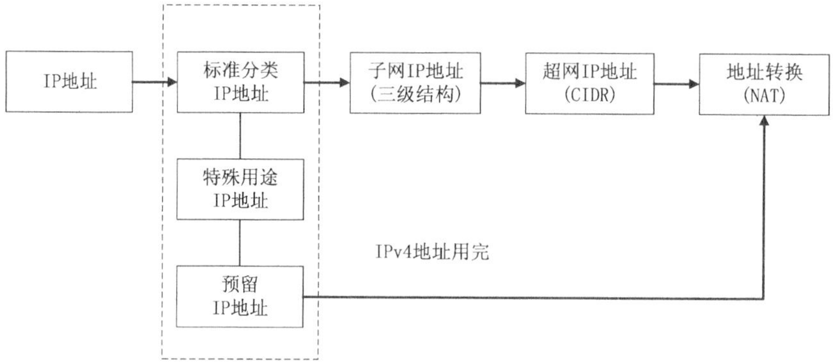

图 5-16 IPv4 地址编制方案的演变过程

2. IP 地址的组成

目前使用的 IPv4 地址是由 32 bit 组成，每 8 位为一组，中间采用点“.”隔开，分别形成 IP 地址的网络号(网络地址)和主机号(主机地址)部分(图 5-17)。为了便于记忆，一般采用点分十进制标记法。

IP 地址 ::= {<网络号>,<主机号>}

图 5-17 IPv4 地址的两级结构

点分十进制标记法是将 32 bit 的二进制数值转换成 4 个十进制数值，每个十进制数值小于等于 255，4 个十进制数值间用“.”隔开(如图 5-18 所示)，图 5-19 为点分十进制标记法举例。

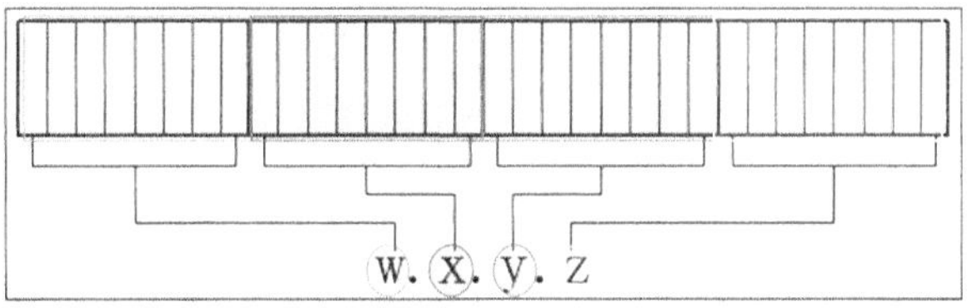

图 5-18 IPv4 地址的点分十进制标记法示意图

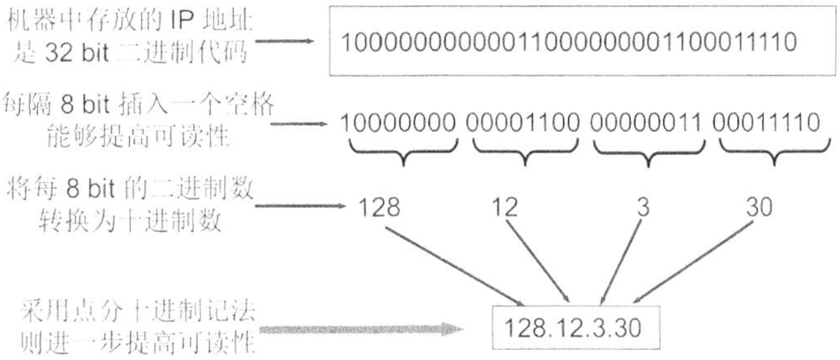

图 5-19 点分十进制标记法举例

IPv6 地址由 128 bit 组成，每 16 bit 为一组，中间采用冒号“:”隔开。为便于记忆，一般采用冒分十六进制记法表示。如：68E6:8C64:FFFF:FFFF:0:1180:960A:FFF8。IPv6 也由两部分组成：可变长度的类型前缀和其余部分。具体将在第 9 章中介绍。

3. IPv4 地址的分类

根据 RFC790(Assigned Network Numbers)和 RFC1166(Internet numbers)标准的说明，IPv4 的地址主要分为 5 类：①A 类地址，用于主机数目非常多的大型或特大型网络；②B 类地址，用于中型到大型网络；③C 类地址，主要用于局域网；④D 类地址，用作多目广播，多址发送；⑤E 类地址，保留未用(作为实验地址)。

把 IP 地址划分为 5 个类别，主要是因为各种网络的规模差异很大，如有的网络规模很大，拥有很多主机，而有的网络规模较小，拥有很少的主机。把 IP 地址划分为 A 类、B 类和 C 类是为了更好地满足不同用户的要求。例如当某个单位申请 IP 地址时，实际上是获得了具有同样网络号的一块地址。其中具体的各个主机号则由该单位内部自行分配，只要做到在该单位管辖的范围内无重复的主机号即可。

4. 分类 IP 地址的特征

图 5-20 所示为 IPv4 地址的基本构成信息。由图 5-20 可以看出，IPv4 地址有三方面的特征：

	1　2　3　4　5……8	16	24	32
A 类	0+net-id(7 位)	host-id(24 位)		
B 类	1　0+net-id(14 位)		host-id(16 位)	
C 类	1　1　0+net-id(21 位)			host-id(8 位)
D 类	1　1　1　0+多目发送地址(28 位)			
E 类	1　1　1　1	保留未用		

图 5-20　IPv4 地址的基本构成

(1) IPv4 的分类 IP 地址主要由网络号和主机号两部分构成：

IP 地址::= { <网络号>，<主机号>}

(2) 分类 IP 地址中的网络号字段和主机号字段长度不同

A 类地址的网络号字段 net-id 为 1 字节，B 类地址的网络号字段 net-id 为 2 字节，C 类地址的网络号字段 net-id 为 3 字节；A 类地址的主机号字段 host-id 为 3 字节，B 类地址的主机号字段 host-id 为 2 字节，C 类地址的主机号字段 host-id 为 1 字节，D 类地址是多播地址，E 类地址保留为今后使用，与 IPv4 地址的应用范围是一致的，具体如表 5-4 所示。

表 5-4　分类 IP 地址的网络号字段和主机号字段长度

类别	网络号字段(net-id)	主机号字段(host-id)
A	8bit	24bit
B	16bit	16bit
C	24bit	8bit
D	多播地址	
E	保留	

(3) 分类 IP 地址第一字节的取值范围不同

由图 5-20 可以看出，A 类地址的网络号字段的第一位已经固定为 0，B 类地址的网络号字段前面两位已经固定为 10，C 类地址网络号字段最前面的 3 位已经固定为 110，D 类地址最前面的 4 位已经固定为 1110，D 类地址最前面的 4 位已经固定为 1111。例如 C 类地址网络号字段最前面的 3 位为 110，则其第一字节剩余的 5 个比特位的变化范围为 00000～11111，所以 C 类地址第一字节的变化范围为 11000000～11011111，对应的十进制范围为 192～223。因此根据网络地址中第一字节的取值范围，可以确定 IP 地址所属的类别：

A类：1～126；
B类：128～191；
C类：192～223；
D类：224～239；
E类：240～255。
可作为分类IP地址的分类标准。

5. IP地址的定址准则

(1) 网络地址在Internet中必须是唯一的，在相同网络地址范围内，主机地址也必须是唯一的。(IP地址不能重复，必须唯一)

(2) 网络地址不能是127，因为127开始的地址用作本地回送地址(localhost)。一般使用127.0.0.1这个地址，为每台主机本地所有，仅代表本地主机，不能用来分配，它主要用来测试(loopback test)本主机的进程之间的通信。若主机发送一个目的地址为127.0.0.1的IP数据报，则本主机中的协议软件就处理数据报中的数据，而不会把数据报发送到任何网络。含有网络号127的数据报不可能出现在网络上，因为网络号为127的地址根本不是一个网络地址。

(3) 给主机和路由器分配的IP地址，其网络地址部分和主机地址部分的每一位(bit)不能全为0，也不能全为1。因为在某些情况下，网络地址部分和主机地址部分的每一位(bit)全为0或全为1的IP地址是有特殊的功能意义，而不是特定的主机标识符。

地址0被解释为“this”，地址1被解释为“all”。

网络地址部分全为0，该地址代表当前网络(this network)。例如，地址192.168.0.37为一台主机。而0.0.0.37可以解释为在这个网络上，主机号37。即当前网络(泛指)中主机地址为37的这台主机。网络地址部分全为1(all)，所有的地址都被解释为“所有”。例如，地址128.9.255.255可以解释为网络128.9上的所有主机。还有，如255.255.255.255用于本网广播，也叫有限广播，代表当前网络上的所有主机(all hosts of this network)。

主机地址部分全为0，代表整个网络，即主机所连接的网络对应的网络地址。如地址192.168.0.37对应的网络地址为192.168.0.0，该地址中主机地址部分全为0。主机地址部分全为1，该IP地址是一个广播地址，代表网络上的所有主机。如192.168.0.255表示连接在网络192.168.0上的所有主机。

表5-5给出了一般不使用的IP地址，这些地址作为特殊的IP地址不能分配给主机和路由器，但可以出现在IP数据报中。

表5-5 特殊含义的IP地址

网络号	主机号	源地址使用	目的地址使用	代表的含义
127	非全0或非全1的任何数	可以	可以	本地回送地址，用作本地环回测试之用
0	0	可以	不可以	在本网络上的本主机

续表

网络号	主机号	源地址使用	目的地址使用	代表的含义
0	Host-id	可以	不可以	在本网络上的某个主机，主机号为 host-id
Net-id	全 1	不可以	可以	对 net-id 上的所有主机进行广播
全 1	全 1	不可以	可以	只在本网络上进行广播，各路由器均不转发

除了表 5-5 中的特殊 IP 地址以外，给主机和路由器的可分配 IP 地址可参考图 5-21 所示的方法进行分配。

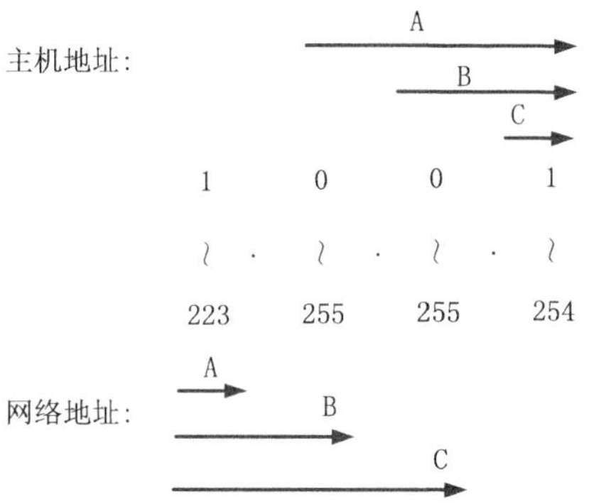

图 5-21 可分配 IP 地址的分配方法

由图 5-21 可以看出，IPv4 地址的 A 类、B 类、C 类地址的网络地址部分因第一字节已经在 1～223 范围内，其余第二和第三字节可以在 0～255 范围内选取(只针对 B 类和 C 类地址)。C 类地址的主机地址部分只能在 1～254 范围内选取，而 A 类和 B 类地址的主机地址部分只要有一个字节在 1～254 范围内，其余字节即可在 0～255 范围内选取。

结合分类 IP 地址的特征和 IP 地址定址准则可知，A 类地址的网络号字段占一个字节，有 7 位可以进行分配，可指派的网络号是 $2^7-2=126$ 个。A 类地址的主机号占 3 字节，每一个 A 类网络中的最大主机数是 $2^{24}-2$ 个，即 16777214。IP 地址空间共有 2^{32} 个地址，整个 A 类地址空间共有 2^{31} 个地址，占有整个 IP 地址空间的 50%。B 类地址的网络号字段有 2 字节，有 14 位可以进行分配，其中 B 类的网络地址 128.0.0.0 是不指派的，可以指派的 B 类最小网络地址是 128.1.0.0。因此 B 类地址可指派的网络个数为 $2^{14}-1$ 个。B 类地址的每一个网络上的最大主机数是 $2^{16}-2$ 个，即 65534。整个 B 类地址空间共约有 2^{30} 个地址，占整个 IP 地址空间的 25%。C 类地址有 3 个字节的网络号字段，有 21 位可以进行分配。C 类网络地址 192.0.0.0 也是不指派的，可以指派的 C 类最小网络地址是 192.0.1.0，因此 C 类地址可指派的网络总数是 $2^{21}-1$。每一个 C 类地址的最大主机数是 2^8-2，即 254。整个 C 类地址空间共约有 2^{29} 个地址，占整个 IP 地址空间的 12.5%。IPv4 地址 A、B、C 三类 IP 地址的使用范围如表 5-6 所示。

表 5-6 IPv4 地址的使用范围

网络类别	最大网络数	第一个可用的网络号	最后一个可用的网络号	每个网络中最大的主机数
A	126 (2^7-2)	1	126	16 777 214
B	16 384 ($2^{14}-1$)	128.1	191.255	65 534
C	2 097 152 ($2^{21}-1$)	192.0.1	223.255.255	254

6. IP 地址的分配方案

根据 IP 地址用途和安全性级别的不同，IP 地址大致分为两类：公共地址和私有地址。公共地址在 Internet 中使用，可以在 Internet 中随意访问。私有地址只能在内部网络中使用，只有通过代理服务器才能与 Internet 通信。

(1) 公共网 IP 地址资源的分配方案

公共网 IP 地址资源的分配需要向相关机构申请注册后，才能使用，如图 5-22 所示。

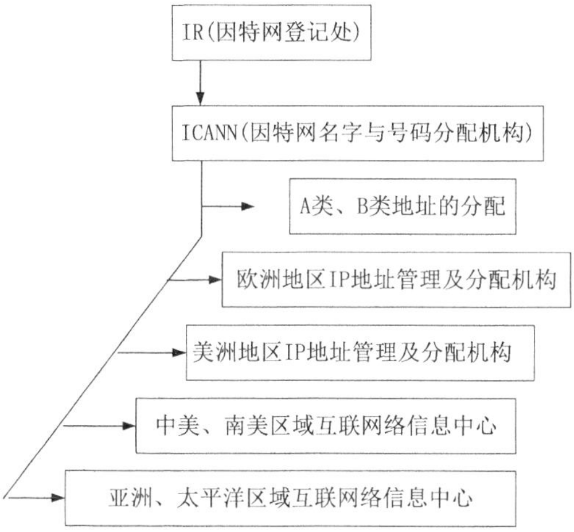

图 5-22 公共网 IP 地址资源的分配机构

其中因特网名字与号码分配机构(ICANN，The Internet Corporation for Assigned Names and Numbers)负责全球范围内互联网上的 IP 地址进行编号分配的机构。

ICANN 将部分 IP 地址和 AS 号码分配给大洲级的互联网注册机构(Regional Internet Registry，RIR)，负责指定区域范围内的 IP 地址和 AS 号码的地址分配和登记注册。RIR 目前主要包括四个区域互联网络信息中心，包括欧洲区域互联网络信息中心，北美区域互联网络信息中心，中美、南美区域互联网络信息中心和亚洲、太平洋区域互联网络信息中心。通常 RIRs 会将地址进一步分配给区内大的 LIR/ISP，然后由它们做更进一步的分配。①RIPENCC，欧洲地区 IP 地址管理及分配机构，主要负责欧洲地区的 IP 地址/AS 号码的分配管理。共获得 IPv4 地址 16/8，地址量占四大 RIRs 的 34.78%。②ARIN，美洲地区 IP 地址管理及分配机构，主要负责北美地区的 IP 地址/AS 号码的分配管理。共获得 IPv4 地址 17/8，地址量占四大 RIRs 的 36.96%。③LACNIC，中美、南美区域互联网络信息中心，主要负责拉丁美洲地区的 IP 地址/AS 号码的分配管理。共获得 IPv4 地址 2/8，地址量占四大 RIRs 的 4.34%。④APNIC，亚太地区互联网络信息中心，1994 年 4 月获得第一块 IP 地址段 202/7。1997 年 7 月由日本搬迁到澳大利亚，服务范围涵盖亚太地区的 62 个经济体。采取会员制，根据持有地址数量的多少分为七类。共获得 IPv4 地址 11/8，地址量占四大 RIRs 的 23.91%。

(2) 私有网络地址分配方案

随着 TCP/IP 技术在包括 Internet 在内的大范围扩散，越来越多没有连接到 Internet 网络上的企业希望使用 TCP/IP 技术的寻址能力用于企业内部通信，而没有打算与其他企业或 Internet 网络直接相连。例如一个机场通过基于 TCP/IP 技术的网络来显示不同航班的到达和离开。这些显示信息不需要被其他网络直接访问到。某些大型机构，如银行、连锁店使用 TCP/IP 来构建其内部企业网络，大量的本地工作站，如收银机、办公室设备等只满足企业业务工作需要，很少需要与外部的连接。另外，出于安全方面考虑，许多企业使用网关或路由器将内部网络与外部网络连通。内部网络的路由器接口通常不需要被外部企业直接访问，内部网络通常不能直接访问 Internet，这样仅有一个或多个网关在 Internet 上是可见的。在这种情况下，内部网络可以使用非唯一的 IP 地址。

在 RFC1918 私有网络地址分配(Address Allocation for Private Internets)标准中，保留了以下三个 IP 地址块用于私有网络：

10.0.0.0 ~ 10.255.255.255 (10/8 比特前缀)

172.16.0.0 ~ 172.31.255.255 (172.16/12 比特前缀)

192.168.0.0 ~ 192.168.255.255 (192.168/16 比特前缀)

第一块称为“24-比特块”，第二块称为“20-比特块”，第三块称为“16-比特块”。第一块地址就是一个 A 类网络号，第二块地址是 16 个连续的 B 类网络号集合，第三块地址是 256 个连续的 C 类网络号集合。

一个决定使用上述 IP 地址空间的企业不需要与 ICANN 组织或 Internet 地址注册组织进行注册、申请。这样该地址空间可以被许多企业自由使用。私有地址空间中的地址仅在一个企业内部或在一组选择在该空间协同通信的企业内部保证唯一，这样它们可以在自己拥有的私有网络内部实现通信。

另外，还有一种称为自动专用 IP 地址(APIPA，Automatic Private IP Address)的分配方案，对于 Windows 操作系统，如果 DHCP 服务器不可用，则 DHCP 客户机在启动时自动配置 IP 地址和子网掩码。称之为“IP 自动配置”的功能对于小型专用网络上的客户机可能非常有用。APIPA 是一个 DHCP 故障转移机制。当 DHCP 服务器出故障时，APIPA 在 169.254.0.1 ~ 169.254.255.254 的私有空间范围内为主机自动分配一个局域网中唯一的 IP 地址，所有设备使用默认的网络掩码 255.255.0.0。

默认情况下，运行 Windows 98/Me/2000/XP 的计算机首先尝试与网络中的 DHCP 服务器进行联系，以便从 DHCP 服务器上获得自己的 IP 地址等信息，并对 TCP/IP 协议进行配置。如果无法建立与 DHCP 服务器的连接，客户端与本地 DHCP 服务器通信失败，无法更新它的租约，则计算机改为使用 APIPA 自动寻址方式，并自动配置 TCP/IP 协议。

它将使用 APIPA 分配的地址。

7. 分配需注意的问题

在为主机和路由器使用和分配 IP 地址时需要注意以下几点：

(1) 小型网络使用 C 类地址，中型网络使用 B 类地址，大型网络使用 A 类地址；

(2) 主机连接到同一网络中所有主机的 IP 地址共享同一个 net-id；

(3) 路由器可以连接多个物理网络，每个连接都拥有自己的 IP 地址，每个 IP 地址的 net-id 应与连接网络的 net-id 相同。

5.2.4 IP 地址的规划

在 IP 网络中，为了确保 IP 数据报的正确传输，必须为网络中的每一台主机分配一个唯一的 IP 地址。当要组建一个 IP 网络时，首先必须考虑 IP 地址的规划问题。

通常 IP 地址的规划可参照下面步骤进行：

(1) 分析网络规模，明确网络中所拥有的网段数量以及每个网段中可能拥有的最大主机数。通常路由器的每一个接口所连的网段都被认为是一个独立的网段。

(2) 根据网络规模确定所需要的网络类别和每类网络的数量，如 B 类网络几个、C 类网络几个等。

(3) 确定使用公用地址、私有地址还是两者混用。若采用公有地址，需要向 Internet 网号管理机构 ICANN 提出申请，并获得相应的地址使用权。

(4) 根据可用的地址资源为每台主机指定 IP 地址并在主机上进行相应的配置，在配置地址之前，还要考虑地址分配的方式。

IP 地址的分配可以采用静态和动态两种方式。所谓静态分配是由网络管理员为主机分配一个固定不变的 IP 地址并手动配置到主机上。动态分配目前主要以客户机/服务器模式，通过动态主机配置协议(dynamic host control protocol，DHCP)来实现。采用 DHCP 进行动态主机 IP 地址分配的网络环境中至少要有一台 DHCP 服务器，DHCP 服务器上拥有可供主机申请使用的 IP 地址资源，客户机通过 DHCP 请求向 DHCP 服务器提出关于地址分配或租用的要求。

静态分配和动态分配方式各有利弊。静态分配有利于基于 IP 地址的网络监控与事件追踪，但需要网络管理员来维护地址的全局唯一性。动态分配有利于提高 IP 地址的资源利用率，还可以有效避免静态分配中所出现的 IP 地址冲突问题。但是，对于路由器接口和网络中的服务器设备则不宜采用动态分配的方式，应采用固定 IP 方式。

然而，即使遵照了上面的方法，实际使用 IP 地址的过程中仍然会面临两个非常严峻的问题。一个是 IP 地址的浪费。当一个公司或组织机构获得一个网络号时，即使它的网络节点数少于(有时甚至是远远少于)这个网络号所规定的最大节点数，那些多余出来的 IP 地址也不能为其他网络所使用。另一个是 IP 地址资源的短缺。除了互联网规模增大所产生的地址紧缺外，网络管理也在一定程度上刺激了 IP 地址资源的需求。例如，当一个企业或组织机构的网络因主机规模增加而经常出现冲突增加、吞吐率下降或网络难以有效管理等多种性能问题时，通常会采用网络分段的方法，而根据 IP 网络的特点，就需要为这些新分出来的网段指定新的网络号并申请新的 IP 地址资源。但是，随着因特网规模的增大，32 位的 IPv4 地址已出现了严重的资源紧缺，已经不可能随心所欲地获取网络号。

为了提高 IP 地址资源的利用率，同时也为了解决 IP 地址资源短缺的问题，人们引入了子网及无类别域间路由地址和网络地址翻译技术。

5.2.5　子网划分

1. 分类 IP 地址的面临的问题

在 ARPANET 早期，IP 地址的设计不够合理表现在三个方面：

(1) IP 地址空间的利用率有时很低。一个 A 类网络，可以有 16 00 多万台主机，这是不现实的。例如某个单位有 1000 台办公电脑，如果给它分配一个 B 类网络地址，则其地址空间利用率不到 5%。如果另外一个单位同样也拥有 1000 台电脑，很显然，其分配到的 B 类网络地址空间利用率也不到 5%。这两个单位的 2000 台电脑加起来的总共使用了 2000 个 IP 地址，但却占用了 13 万多个的 IP 地址空间，地址空间浪费很大。一家有 800 名员工的公司被赋予 C 类地址，如果公司在 10 个城市设立 10 个办事处，那么怎么用一个网络地址将相隔遥远的员工连接起来？

(2) 给每个物理网络分配一个网络号使路由表变得太大，使网络的性能变坏。互联网中的网络个数越多，路由器的路由表里的项目数也就越多。这不仅增加了路由器的成本(需要更多的存储空间)，也需要耗费更多的查找路由时间，使路由器和整个因特网的性能都下降了。

(3) 两级 IP 地址不够灵活。

2. 划分子网的思想

为解决上述问题，从 1985 年起在 IP 地址中又增加了一个“子网号字段”，使两级 IP 地址变成为三级 IP 地址(图 5-23)。这种做法叫做划分子网(sub netting)。划分子网已成为因特网的正式标准协议。

IP地址 ::= {〈网络号〉, 〈子网号〉, 〈主机号〉}

图 5-23　IP 地址的三级结构

划分子网就是把一个物理网络分成若干较小的网络，划分子网不能增加 IP 地址的个数，而且还会减少有效的 IP 地址，但是划分子网可以提高 IP 地址的利用率，减少 IP 地址的浪费，同时可以减少在每个网络中的广播流量，使互联网络更加易于管理。

划分子网的基本思路如下：

(1) 划分子网纯属一个单位内部的事情。单位对外仍然表现为一个没有划分子网的网络。一个拥有许多物理网络的单位，可将所属的物理网络划分为若干个子网。只占用一个物理网络地址。

(2) 划分子网的方法是从 IP 地址的主机号部分借用若干个比特位作为子网号 subnet-id，而主机号 host-id 也就相应减少了若干个比特位。

(3) 凡是从其他网络发送给本单位某个主机的 IP 数据报，仍然是根据 IP 数据报的目的网络号 net-id 先找到连接在本单位网络上的路由器。然后此路由器在收到 IP 数据报后，再按目的网络号 net-id 和子网号 subnet-id 找到目的主机所在目的子网。最后将 IP 数据报直接交付给目的主机。

图 5-24 为划分子网的基本思路。

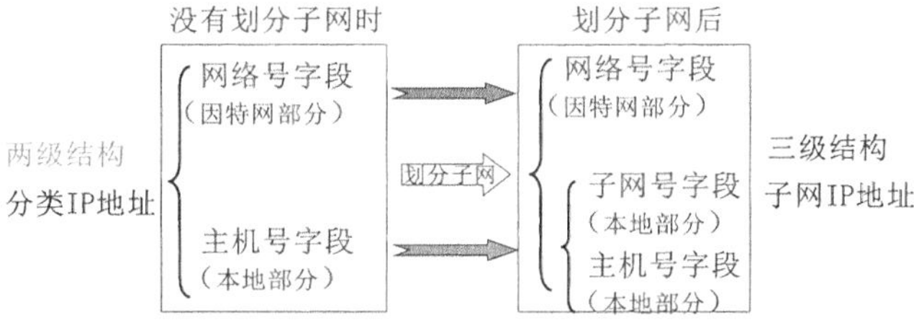

图 5-24　划分子网的基本思路

划分子网只是把 IP 地址的主机号 host-id 部分进行再划分，而不改变 IP 地址原来的网络号 net-id。

子网划分(subnetting)具有如下的优点：

(1) 实现更小的广播域，减少网络流量；

(2) 更好地利用 IP 地址空间，提高网络性能；

(3) 使不同物理空间的主机使用同一网络地址，简化管理；

(4) 易于扩大地理范围。

3. 划分子网的步骤

划分子网的步骤一般为：

(1) 确定能够对哪个具体的网络地址进行子网划分。比如申请到的网络地址为 211.81.216.0 的 C 类 IP 地址，网络号部分为 24 比特，主机号部分为 8 比特。

(2) 根据现在所需的子网数以及每个子网中所包含的主机数，用主机号的一些比特位来表示子网。比如现在需要 5 个子网，每个子网中的主机数不超过 25 台。为了达到子网数的要求，需要从主机号中借出 3 个比特位作子网号用，同时每个子网能包含的主机数为 $30(2^5-2)$台，能满足每个子网中主机数的要求。

划分子网的个数和每个子网中包含主机个数可以用以下公式计算：

假设子网号部分占用 m 个比特位数，主机号部分占用 n 个比特位数，那么子网数=2^m个；每个子网包含主机数=2^n-2 台(不包含全 0 和全 1 的主机号)。

5.2.6　子网掩码

1. 子网掩码的概念

通过 IP 数据报的首部并不知道源主机或目的主机所连接的网络是否进行了子网划分。因为32位的IP地址本身以及IP数据报的首部都没有包含任何有关子网划分的信息。因此必须使用子网掩码(subnet mask)的方法来保存子网划分的方案。

图 5-25 所示为一个 B 类地址划分子网后的地址结构及子网掩码的例子，子网掩码与 IP 地址一样也是 32 位，由连续的 1 和跟随的连续的 0 组成。子网掩码中的 1 对应于 IP 地址中原来的 net-id 和 subnet-id，而子网掩码中的 0 对应于现在的 host-id。子网掩码也可以采用点分十进制标记法表示。

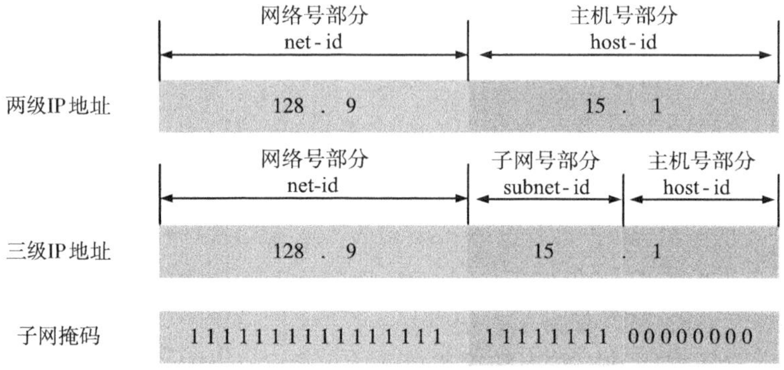

图 5-25　子网掩码的例子

2. 默认的子网掩码

如果一个网络不划分子网，那么该网络的子网掩码就使用默认子网掩码(图 5-26)。默认子网掩码中 1 的位置和 IP 地址中的网络号字段 net-id 正好相对应，0 的位置和 IP 地址中的网络号字段 host-id 正好相对应。因此，若用默认子网掩码和某个不划分子网的 IP 地址逐位相“与”(AND)，就应当能够得出该 IP 地址的网络地址来。这样可以不用查找该地址的第一字节就能知道这是哪一类的 IP 地址。

子网掩码是一个网络或一个子网的重要属性。在 RFC 950 成为因特网的正式标准后，路由器在和相邻路由器交换路由信息时，必须把自己所在网络(或子网)的子网掩码告诉相邻路由器。在路由器的路由表中的每一个项目，除了要给出目的网络地址外，还必须同时给出该网络的子网掩码。若一个路由器连接在两个子网上就拥有两个网络地址和两个子网掩码。

A类地址	网络地址	net-id	host-id 为全 0
	默认子网掩码 255.0.0.0	11111111	000000000000000000000000
B类地址	网络地址	net-id	host-id 为全 0
	默认子网掩码 255.255.0.0	1111111111111111	0000000000000000
C类地址	网络地址	net-id	host-id 为全 0
	默认子网掩码 255.255.255.0	111111111111111111111111	00000000

图 5-26 A 类、B 类和 C 类 IP 地址使用的默认子网掩码

3. 子网掩码的使用

(1) 计算主机所在子网的子网地址

只要把 IP 地址和子网掩码进行逐位的“与”运算(AND)，就可立即得到对应的网络地址，如图 5-27 所示。这样在路由器处理收到的分组时也可采用同样的方法。

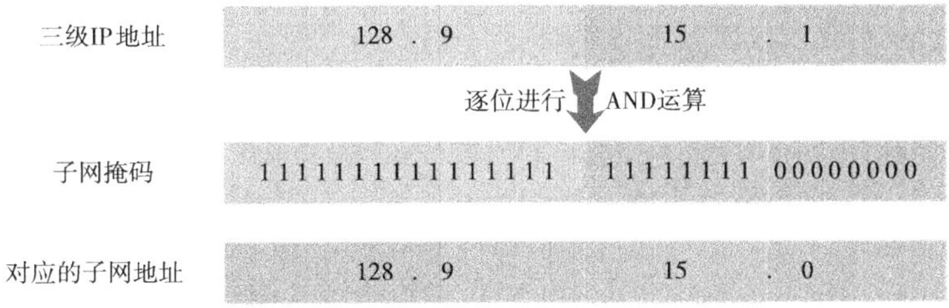

图 5-27 IP 地址和子网掩码逐位的“与”运算

图 5-28 所示为 IP 地址与子网掩码进行“与”运算的过程。

未划分子网	
IP地址：128.9.15.1	1 0 0 0 0 0 0 0 0 0 0 0 1 0 0 1 0 0 0 0 1 1 1 1 0 0 0 0 0 0 0 1
子网掩码：255.255.0.0	& 1 1 1 1 1 1 1 1 1 1 1 1 1 1 1 1 0 0 0 0 0 0 0 0 0 0 0 0 0 0 0 0
子网地址：128.9.0.0	1 0 0 0 0 0 0 0 0 0 0 0 1 0 0 1 0 0 0 0 0 0 0 0 0 0 0 0 0 0 0 0

已划分子网	
IP地址：128.9.15.1	1 0 0 0 0 0 0 0 0 0 0 0 1 0 0 1 0 0 0 0 1 1 1 1 0 0 0 0 0 0 0 1
子网掩码：255.255.255.0	& 1 1 1 1 1 1 1 1 1 1 1 1 1 1 1 1 1 1 1 1 1 1 1 1 0 0 0 0 0 0 0 0
子网地址：128.9.15.0	1 0 0 0 0 0 0 0 0 0 0 0 1 0 0 1 0 0 0 0 1 1 1 1 0 0 0 0 0 0 0 0

图 5-28 “与”运算的过程

(2) 规划子网

【例 5-2】某校园网从 ISP 获得 B 类地址 130.240.0.0，现在根据需要划分为 240 个子网，问子网掩码应该设置为多少？这 240 个子网应如何划分？校园网未划分子网的结构如图 5-29 所示。

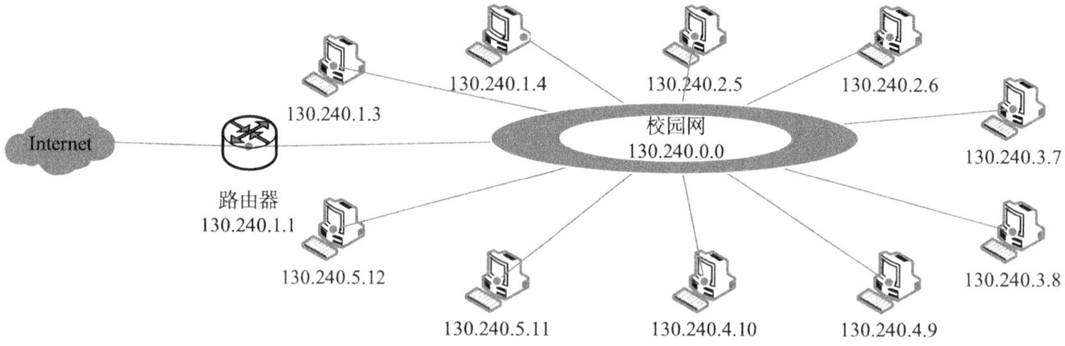

图 5-29 校园网未划分子网的结构

分析：根据子网划分需求，原来的 B 类地址网络号部分占 16 比特，主机号部分占 16 比特，对应 B 类网络的默认子网掩码 255.255.0.0。现在需要将原有的 B 类网络划分为 240 个子网，因为 $2^7=128<240<256=2^8$，则需要从原来的主机号部分至少借 8 比特来表示子网，所以新的子网掩码由默认的子网掩码 255.255.0.0 变为 255.255.255.0，子网掩码中新增加的 8 个 1 对应 IP 地址中的子网号部分，划分子网前后子网掩码的变化如图5-30 所示。

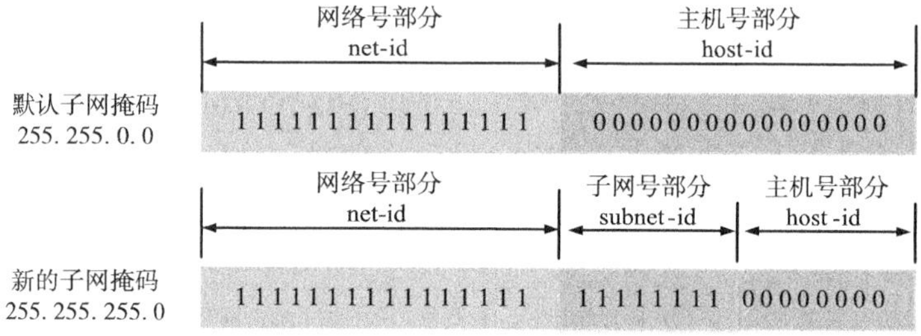

图 5-30 划分子网前后子网掩码的变化

根据已成为因特网标准协议的 RFC 950 标准规定，子网号部分不能全为 1 或全为 0，因此 IP 地址中从主机号部分借用若干比特位表示子网后的子网个数可以根据子网号 subnet-id 来进行计算。若 subnet-id 有 m 位，则总共有 2^m 种可能的排列，除去全 0 和全 1 这两种情况，实际使用的子网个数为 2^m-2 个。表 5-7 列出了使用固定子网掩码(所划分的所有子网的子网掩码都相同)的 B 类网络子网划分结果。

表 5-7　B 类网络子网划分结果(使用固定子网掩码)

借用表示子网的位数	对应的子网掩码	理论上形成的子网个数(子网号部分长度为 m 位) 2^m-2	每个子网内的主机数(主机号部分长度为 n 位) 2^n-2
2	255.255.192.0	2	16382
3	255.255.224.0	6	8190
4	255.255.240.0	14	4094
5	255.255.248.0	30	2046
6	255.255.252.0	62	1022
7	255.255.254.0	126	510
8	255.255.255.0	254	254
9	255.255.255.128	510	126
10	255.255.255.192	1022	62
11	255.255.255.224	2046	30
12	255.255.255.240	4094	14
13	255.255.255.248	8190	6
14	255.255.255.252	16382	2

根据表 5-7 可以看出，借用 8 位表示子网，可以使用的子网有 254 个，完全符合划分 240 个子网的要求，可以随机选择 240 个子网。校园网划分子网后的结构如图 5-31 所示。

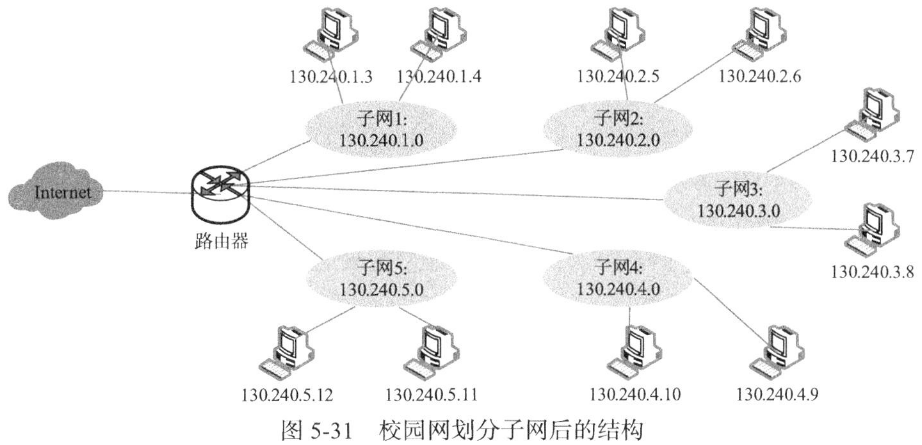

图 5-31　校园网划分子网后的结构

需要说明的是随着无分类域间路由选择 CIDR 地址的广泛使用(见 5.2.7 节)，现在子网号全 1 和全 0 的子网也可以使用了，但一定要先确认使用的路由器是否支持全 0 或全 1 的子网号的用法。因此实际工程应用时默认子网号部分全 0 或全 1 的子网是可以正常使用的。

可以看出，若使用较少位数的子网号，则每一个子网上可连接的主机数就较多。反之，若使用较多位数的子网号，则子网的数目较多但每个子网上可连接的主机数就较少。因此我们可根据网络的具体情况(一共需要划分多少个子网，每个子网中最多有多少个主机)来选择合适的子网掩码。

通过简单的计算，看以看出：划分子网增加了网络的灵活性，但却减少了能够连接在网络上的主机总数。例如，一个 B 类地址最多可连接 65534 台主机，但表 5-7 中任意一行的最后两项的乘积一定小于 65534。

(3) 计算子网掩码，子网个数，子网内主机数；计算子网地址，子网广播地址。

我们以下面的例子来说明子网掩码更进一步的使用。

【例 5-3】如果将一个 C 类网络 192.168.1.0 划分为 4 个子网，请问：

①新的子网掩码是多少？

②每个子网的主机数是多少？

③每个子网的子网地址？子网广播地址？子网内主机 IP 地址范围？

分析：

①因为要划分为 4 个子网，而 $4=2^2$(注：此处以工程应用为主，可以使用子网号部分全 0 或全 1 的子网，计算子网个数时不需要再减 2)，因此需要从主机号部分借用 2 个比特位表示相应子网，相应的子网掩码中由 24 个 1 增加为 26 个 1。

即由默认的子网掩码 $(1111\ 1111)_2.(1111\ 1111)_2.(1111\ 1111)_2.(0000\ 0000)_2 \rightarrow (1111\ 1111)_2.(1111\ 1111)_2.(1111\ 1111)_2.\ (1100\ 0000)_2$

转换为点分十进制标记法为：

255.255.255.0→255.255.255.192

所以，新的子网掩码为 255.255.255.192。

②由于借用 2 位标识子网，因此剩余的表示主机的主机号部分只有 8–2=6 个比特位，所以每个子网的主机数 $=2^6-2=62$ 台。

③由于划分子网并不改变 IP 地址的网络号部分，因此整个网络中的 IP 地址前 24 比特保持不变，借用来表示子网的 2 个 bit 位的变化形式有 4 种，分别是 00，01，10，11，剩余的 6 个比特位表示主机，变化范围是 $(00\ 0000)_2 \rightarrow (11\ 1111)_2$，因为主机号部分全为 0 对应的 IP 地址是一个子网地址，主机号部分全为 1 对应的 IP 地址是一个子网广播地址，因此每个子网内主机 IP 地址的主机号部分变化范围是 $(00\ 0001)_2 \rightarrow (11\ 1110)_2$，对应的地址个数是 $2^6-2=62$ 个。

整个网络 IP 地址空间的变化情况如表 5-8 所示。

表 5-8　C 类网络 192.168.1.0 IP 地址空间的变化情况

1…………………………24	25	26	27……………………32
192.168.1	0	0	00 0000
	0	1	00 0001
			↓
	1	0	11 1110
	1	1	11 1111

整个网络划分后每个子网的子网地址、子网广播地址、子网内主机可分配 IP 地址范围如表 5-9 所示。

表 5-9 C 类网络 192.168.1.0 的子网信息

物理网络	192.168.1.0	子网掩码	255.255.255.192
子网序号	子网地址	子网广播地址	子网内主机可分配 IP 地址范围
00	192.168.1.0	192.168.1.63	192.168.1.1 ~ 192.168.1.62
01	192.168.1.64	192.168.1.127	192.168.1.65 ~ 192.168.1.126
10	192.168.1.128	192.168.1.191	192.168.1.129 ~ 192.168.1.190
11	192.168.1.192	192.168.1.255	192.168.1.193 ~ 192.168.1.254

引入子网划分技术相当于在 IPv4 地址结构中引入了 3 个层次，它既提高了灵活性，又降低了 IP 地址的浪费率。子网划分技术也是改善网络逻辑结构的有效手段。假如一个具有 30000 个主机节点的校园网，如果将这些节点直接纳入一个 B 类网络进行管理，那么这些节点由于共享了所有的广播流量而被认为在同一个广播域中。广播域的主机规模越大，由广播风暴造成的网络性能下降就越明显。如果采用子网划分技术，按照部门、学院或系将校园网内部分成若干个子网。那么一个子网内的广播就不会渗透到其他子网中，网络的性能与可管理性就会明显提高。

同时引入子网掩码后，不管是否进行过某种方式的子网划分，主机或路由器都可以通过将子网掩码与相应的 IP 地址进行“与”操作，来获得给定的 IP 地址所属的网络号(包括子网络号信息)。通过子网掩码也可以将网络进行子网划分的方案保留下来。

5.2.7 无类别域间路由地址(CIDR)

1. 因特网发展面临的必须尽早解决的问题

划分子网在一定程度上提高了网络管理的灵活性，也降低了 IP 地址空间的浪费率，缓解了因特网在发展中遇到的困难。但到了 1992 年时，因特网发展仍然面临三个必须尽早解决的问题：

(1) IP 地址的分配机制不够灵活，B 类地址在 1992 年已经分配了近一半，很快就将全部分配完毕。

(2) 由于子网划分增加了子网个数，导致因特网主干网上路由器的路由表中的项目数急剧增长，增加了路由器查找路由的时间，使路由器和整个因特网的性能下降。

(3) 由于物理网络的网络地址分配仍然按照 A 类、B 类和 C 类地址进行，即网络地址的长度只有 8、16、24 比特三种。面对日益增加的网络需求，没有更多的网络地址可供分配，因此整个 IPv4 的地址空间最终将全部耗尽。

2. 无分类编址 CIDR 的出现

在 RFC950 标准中子网划分时各个子网的子网掩码都是一样的，后来在 RFC 1009 中就提出了在划分子网的网络中可根据实际情况同时使用几个不同的子网掩码。使用变长子网掩码 VLSM (variable length subnet mask)可进一步提高 IP 地址资源的利用率。IETF

在 VLSM 的基础上于 1993 年形成了因特网建议标准：无分类域间路由选择 CIDR(classless inter-domain routing)地址，相应的 RFC 文档为 RFC 1517 ~ 1519 和 1520。CIDR 读音是“sider”。

3. CIDR 地址的特点

CIDR 地址最主要的特点有两个：

(1) CIDR 地址不分类

CIDR 地址消除了传统的 A 类、B 类和 C 类地址以及划分子网的概念，因而可以更加有效地分配 IPv4 的地址空间。CIDR 把 32 位的 IP 地址划分为两个部分：网络前缀(network-prefix)和主机号，CIDR 使用各种长度的网络前缀来代替分类地址和子网地址中的网络号和子网号。网络前缀用来指明网络，后面剩余的主机号部分则用来指明主机。使 IP 地址从三级编址(使用子网掩码)又回到了两级编址，但这已经是无分类的两级编址结构了(图 5-32)。

IP地址 ::= {<网络前缀>, <主机号>}

图 5-32　CIDR 地址的两级编址结构

CIDR 地址可以使用 32 位的地址掩码(address mask)。地址掩码由一串连续的 1 和连续的 0 构成，掩码中 1 的个数等于网络前缀的长度。CIDR 使用的地址掩码也可继续称为子网掩码，以便保持分类和子网 IP 地址中子网掩码的使用习惯。

CIDR 地址除了可以继续使用子网掩码表示网络前缀长度外，还使用“斜线标记法”(slash notation)，或称为 CIDR 记法，即在 IP 地址后面加上斜线“/”，然后再写上网络前缀的长度的数值。如 128.15.48.34/20，即可表示一个 CIDR 地址，其前 20 比特为网络前缀，剩余的 12 比特表示主机号，斜线“/”后面的 20 表示网络前缀的长度。

CIDR 记法有多种形式，例如，地址 10.0.0.0/10.可简写为 10/10，也就是把点分十进制中低位连续的 0 省略。另一种简化表示方法是在网络前缀的后面加一个星号*，如：00000000 00*意思是在星号“*”之前的是网络前缀，而星号“*”表示 IP 地址中的主机号，可以是任意值。

(2) CIDR 地址块

一般将网络前缀都相同的连续的 IP 地址组成一个“CIDR 地址块”。一个 CIDR 地址块由地址块的起始地址和地址块中的地址个数来定义。

CIDR 地址块举例如下：

已知为 CIDR 地址块 128.15.48.0/20，则

地址块的起始地址：128.15.48.0；

地址块中共有 2^{12} 个地址；

地址块中的最小地址：128. 15.48.0；

地址块中的最大地址：128.15.63.255；

地址块中全0和全1的主机号地址一般作为特殊地址使用，通常只使用在这两个地址之间的地址；

地址块的长度也可以用子网掩码来表示；

其地址块的构成如图5-33所示。

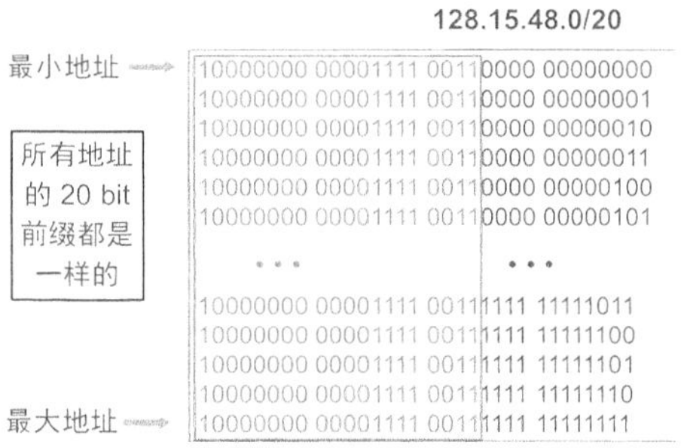

图5-33 CIDR地址块128.15.48.0/20的结构

4. CIDR地址块的应用

从CIDR地址块的定义中还不足以看出使用CIDR地址块的优势。先看一下之前划分子网的例子，在例5-3中我们将C类网络192.168.1.0划分为4个子网，分别是192.168.1.0、192.168.1.64、192.168.1.128、192.168.1.192，我们将网络192.168.1.0和4个子网的IP地址范围汇总后如表5-10所示。

表5-10 网络192.168.1.0和4个子网的IP地址范围

	网络地址	IP地址范围
网络	192.168.1.0	192.168.1.0~192.168.1.255
子网 (子网掩码：255.255.255.192)	192.168.1.0	192.168.1.0~192.168.1.63
	192.168.1.64	192.168.1.64~192.168.1.127
	192.168.1.128	192.168.1.128~192.168.1.191
	192.168.1.192	192.168.1.192~192.168.1.255

根据表5-10及CIDR地址块的定义，可以将网络192.168.1.0和4个子网表示成CIDR地址块的形式：

网络：192.168.1.0/24

子网0：192.168.1.0/26

子网1：192.168.1.64/26

子网2：192.168.1.128/26

子网3：192.168.1.192/26

同时从表5-10中可以看出，4个子网对应的CIDR地址块的地址范围合并起来正好与网络192.168.1.0对应的CIDR地址块的地址范围一致。由此可以得出CIDR地址块的变化规律，也是CIDR地址块的真正优势，如图5-34所示。即范围大的地址块可以分割为多个范围小的地址块或者说范围大的地址块可以包含多个范围小的地址块。反过来，多个范围小的地址块也可以合并为范围更大的地址块。

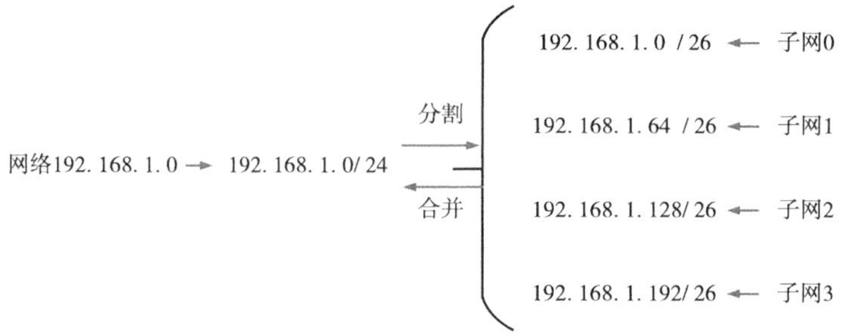

图 5-34 大小 CIDR 地址块之间的变化关系

下面举例说明利用 CIDR 地址块的分割(包含)、合并原理的网络应用。

【例 5-4】有 4 个/24 地址块：212.56.132.0/24，212.56.133.0/24，212.56.134.0/24，212.56.135.0/24。请试着进行最大可能的聚合。

分析：将 4 个地址块的前缀都转换为二进制，看是否有相同的网络前缀存在(表 5-11)。

表 5-11 4 个地址块的网络前缀

地址块	1………8	9………16	17……24	25……32
212.56.132.0/24	1101 0100	0011 1000	1000 0100	0000 0000
212.56.133.0/24	1101 0100	0011 1000	1000 0101	0000 0000
212.56.134.0/24	1101 0100	0011 1000	1000 0110	0000 0000
212.56.135.0/24	1101 0100	0011 1000	1000 0111	0000 0000

由表 5-10 可以看出，4 个地址块相同的前缀共有 22 位(见表 5-10 中带下划线的部分)，即 11010100 00111000 100001，所以聚合后的 CIDR 地址块为：212.56.132.0/22。

【例 5-5】有两个 CIDR 地址块 208.128/11 和 208.130.28/22，是否有哪一个地址块包含了另一个地址？如果有，请指出，并说明理由。

分析：地址块 208.128/11 的前缀为：11010000 100

另一个地址块 208.130.28/22 的前缀为：11010000 10000010 000111

可以看出它的前 11 位与 208.128/11 的前缀是一致的，所以 208.128/11 地址块包含了 208.130.28/22 这一地址块。

我们还可以利用大小 CIDR 地址块之间的包含关系结合 CIDR 地址块与子网划分的概念进行子网划分。例如某单位在分配得到一个大的 CIDR 地址块后，仍然可以在本单位内部根据实际组网需要划分一些子网。这些子网同样也都只有一个网络前缀和一个主机号字段，但子网的网络前缀比整个单位网络的网络前缀要长些。具体可以看如下的例子。

【例 5-6】假定某 ISP 已拥有一个地址块 202.240.64.0/18。现在某大学需要 1000 个 IP 地址。ISP 给该大学分配的地址块为 202.240.68.0/22。这个大学有 4 个学院，其中计算机学院有主机 500 台，信息工程学院有主机 252 台，理学院有主机 124 台，法学院有主机 124 台。请试着为这 4 个学院分配地址块，并列出各个学院拥有的地址数及占用地址空间比例。

分析：ISP 拥有的地址块 202.240.64.0/18 相当于 64 个 C 类网络的地址空间(24–18=6，2^6=64)。现在大学需要 1000 个 IP 地址。ISP 给大学分配的地址块为 202.240.68.0/22，它包括 1024 个 IP 地址(32–22=10，2^{10}=1024)，相当于 4 个连续的 C 类网络(24–22=2，2^2=4)，占该 ISP 拥有的地址空间的 1/16。

这个大学根据 4 个学院拥有的主机数量给 4 个学院分配的地址块分别为：

计算机学院 202.240.68.0/23，因为 500 台主机<512=2^9，32–9=23；

信息工程学院 202.240.70.0/24，因为 252 台主机<256=2^8，32–8=24；

理学院 202.240.71.0/25，因为 124 台主机<128=2^7，32–7=25；

法学院 202.240.71.128/25。

具体可参考表 5-12 的分析结果。

表 5-12 ISP 及大学地址块的分析结果

地址块	1…16	17	18	19	20	21	22	23	24	25	26→32	对应的地址块
ISP	202.240	0	1	0	0	0	0	0	0			202.240.64.0/18
大学	202.240	0	1	0	0	0	1	0	0			202.240.68.0/22
计算机学院	202.240	0	1	0	0	0	1	0	0			202.240.68.0/23
信息工程学院	202.240	0	1	0	0	0	1	1	0			202.240.70.0/24
理学院	202.240	0	1	0	0	0	1	1	1	0		202.240.71.0/25
法学院	202.240	0	1	0	0	0	1	1	1	1		202.240.71.128/25

各学院还可以根据自身情况再划分本学院的地址块。图 5-35 给出的是大学 CIDR 地址块分配的其中一个例子。

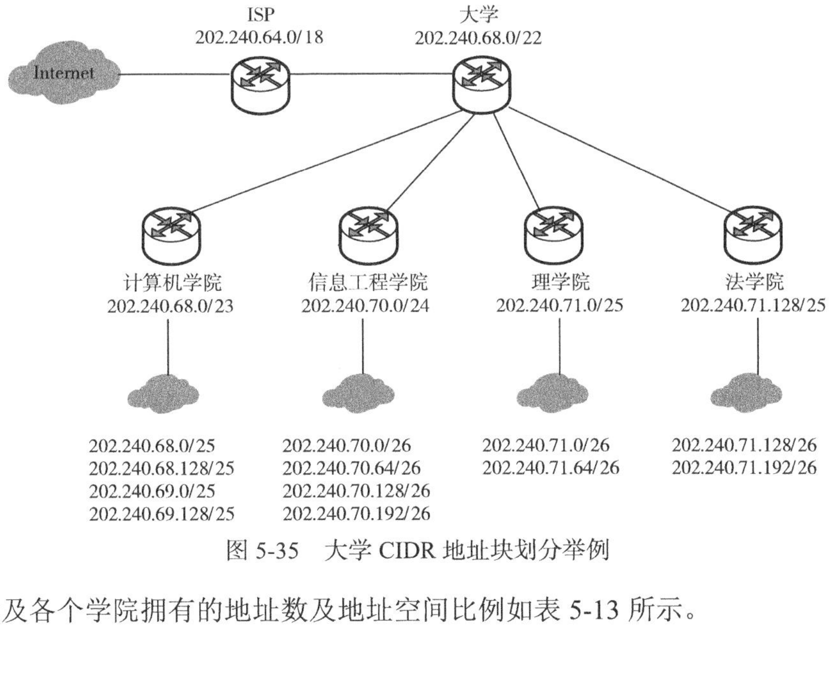

图 5-35 大学 CIDR 地址块划分举例

大学及各个学院拥有的地址数及地址空间比例如表 5-13 所示。

表 5-13　大学及各个学院拥有的地址数及地址空间比例

单位	地址块	二进制表示	地址数	地址空间比例
ISP	202.240.64.0/18	11001110.00000000.01*	16384	
大学	202.240.68.0/22	11001110.00000000.010001*	1024	占 ISP 1/16
计算机学院	202.240.68.0/23	11001110.00000000.0100010*	512	占大学 50%
信息工程学院	202.240.70.0/24	11001110.00000000.01000110.*	256	占大学 25%
理学院	202.240.71.0/25	11001110.00000000.01000111.0*	128	占大学 12.5%
法学院	202.240.71.128/25	11001110.00000000.01000111.1*	128	占大学 12.5%

CIDR 地址和 CIDR 地址块有效地解决了在分类或子网 IP 地址的环境中，一个单位分配的 IP 地址中网络地址长度只有 8、16、24 比特三种的情况，体现了更多的灵活性。使用 CIDR 地址块可以更加有效地分配 IPv4 地址空间，可根据客户实际需要分配适当大小的 CIDR 地址块。

从图 5-35 也可以清楚地看出地址聚合的概念。这个 ISP 共拥有 64 个 C 类网络。如果不采用 CIDR 技术，则在与该 ISP 的路由器交换路由信息的每一个路由器的路由表中，就需要有 64 个项目。但采用地址聚合后，就只需要用路由聚合后的一个项目 202.240.64.0/18 就能找到该 ISP。同理，在 ISP 的路由器的路由表中，也只需要使用 202.240.68.0/22 这一个项目就能找到该大学。这个大学共有 4 个学院，在大学的路由器的路由表中，只需要包含指向 4 个学院的路由信息就可以了。

关于地址聚合，可以看下面的例子。

【例 5-7】某企业的网络有 1500 台主机，由于无法申请 B 类地址，因此该企业申请了 8 个连续的 C 类地址：192.168.0.0/24 ~ 192.168.7.0/24，以解决地址资源短缺的问题。但是这样的地址分配方案使企业的网络变成了 8 个相对独立的 C 类网络。如果这 8 个网络各自管理，各个网络之间通信需要通过路由器，企业网络与外部网络连接的边界路由器上需要为这 8 个网络生成 8 条路由信息，增加了企业的设备投资及网络管理的开销。如果采用 CIDR 地址管理，则可以把这 8 个连续的 C 类网络汇聚成一个网络 192.168.0.0，子网掩码设置为 255.255.248.0，即地址的前 21 位表示网络，剩余的 11 位表示主机。在企业网络与外部网络连接的边界路由器上只需要生成一条关于 192.168.0.0/21 路由信息即可。而企业的 8 个网络就变成了 8 个 CIDR 地址块，如表 5-14 所示。把 8 个地址块根据它们相同的网络前缀汇聚成一个超网(地址聚合)，并在边界路由器上设置一条路由，具体如图 5-36 所示。

表 5-14　企业网络的 8 个 CIDR 地址块

网络号	第 1 字节	第 2 字节	第 3 字节	第 4 字节
192.168.0.0/24	1100 0000	1010 1000	0000 0000	0000 0000
192.168.1.0/24	1100 0000	1010 1000	0000 0001	0000 0000
192.168.2.0/24	1100 0000	1010 1000	0000 0010	0000 0000
192.168.3.0/24	1100 0000	1010 1000	0000 0011	0000 0000

续表

网络号	第1字节	第2字节	第3字节	第4字节
192.168.4.0/24	1100 0000	1010 1000	0000 0100	0000 0000
192.168.5.0/24	1100 0000	1010 1000	0000 0101	0000 0000
192.168.6.0/24	1100 0000	1010 1000	0000 0110	0000 0000
192.168.7.0/24	1100 0000	1010 1000	0000 0111	0000 0000

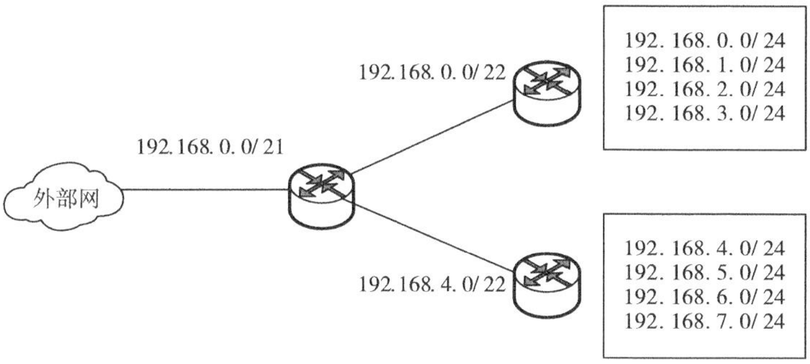

图 5-36 CIDR 地址聚合的例子

从上面的例子可以看出，CIDR 既能在一定程度上解决地址严重缺乏的问题，又能提高地址空间的利用率，还能降低管理开销。

由于一个 CIDR 地址块中有很多地址，所以在路由表中可以利用 CIDR 地址块来表示目的网络。这种地址聚合也称为路由聚合(route aggregation)，它使得路由表中的一个项目可以表示原来传统分类地址的很多个路由。路由聚合也称为构成超网(super netting)。路由聚合有利于减少路由器之间路由选择信息的交换，从而提高了整个因特网的性能。

5.2.8 网络地址转换(NAT)

1. 网络地址转换概述

由于 Internet 使用 TCP / IP 协议，局域网与 Internet 互连通信时也必须使用 TCP / IP 协议，且要使用全球唯一的 IP 地址。随着 Internet 用户的迅速增长，公用 IP 地址逐年减少，局域网想申请大量永久 IP 地址已比较困难。RFC 1918 为私有网络预留了 3 个 IP 地址块，如表 5-15 所示。

表 5-15 RFC 1918 预留的 3 个私有网络地址块

类别	地址范围	网络个数
A 类	10.0.0.0~10.25.255.255	1
B 类	172.16.0.0~172.31.255.255	16
C 类	192.168.0.0~192.168.255.255	256

上述 3 个范围内的地址不会在 Internet 上被分配，因此不必向 ISP 或注册中心申请即可在公司或企业内部自由使用。但任何以私有 IP 地址为目标的 IP 数据报都将被互联网路由器丢弃。

RFC 1631 IP 地址翻译器(IP network address translator，NAT)属于接入广域网(WAN)技术，是一种将私有(保留)地址转化为合法 IP 地址访问 Internet 的转换技术，这项技术的核心是将私有地址转换为可以在公网上被路由的公有 IP 地址，它被广泛应用于各种类型 Internet 接入方式和各种类型的网络中。NAT 不仅完美地解决了 IP 地址不足的问题，而且还能够有效地避免来自网络外部的攻击，隐藏并保护网络内部的计算机。PAT 又称多端口地址转换(port address translation)，是对 NAT 功能的一种改进。PAT 能使多个内部地址映射到同一个全球地址，故又被称为“多对一”NAT。

2. NAT 技术的作用

借助于 NAT，使用私有保留地址的内部网络通过路由器发送数据包时，私有地址被转换成合法的公用 IP 地址，一个局域网只需使用少量 IP 地址(甚至是 1 个)即可实现私有地址网络内所有计算机与 Internet 的通信需求。网络地址转换是将 IP 数据报报头中的 IP 地址转换为另一个 IP 地址的过程。在实际应用中，NAT 主要用于实现私有网络访问公共网络的功能。这种通过使用少量的公有 IP 地址代表较多的私有 IP 地址的方式有助于减缓可用 IP 地址空间的枯竭。

NAT 主要用于以下几种情况：

(1) 连接到 Internet，但没有足够的合法地址分配给内部主机。

(2) 更改到一个需要重新分配地址的 ISP。

(3) 有相同的 IP 地址的两个内部网络合并。

(4) 想支持负载均衡(主机)。

NAT 的几个相关术语：

(1) 内部局部地址(inside local IP address)：指定内部网络的主机地址，全局唯一，但为私有地址。

(2) 内部全局地址(inside global IP address)：代表一个或更多内部 IP 到外部网络的合法 IP。

(3) 外部全局地址(outside global IP address)：外部网络主机的合法 IP。

(4) 外部局部地址(outside local IP address)：外部网络的主机地址，看起来是内部网络的私有地址。

(5) 简单转换入口(simple translation entry)：映射 IP 地址到另一个地址的入口。

(6) 扩展转换入口(extended translation entry)：映射 IP 地址和端口到另一个匹配的 IP 地址和端口的入口。

3. NAT 的工作原理

如图 5-37 和图 5-38 所示，NAT 的工作原理是：外部主机向虚拟主机(定义为内部全局地址)通信，NAT 路由器接受外部主机的请求并依据 NAT 表建立与内部主机的连接，把内部全局地址(目的地址)翻译成内部局部地址，并转发数据包到内部主机，内部主机接收包并作出响应。NAT 路由器再使用内部局部地址和端口查询数据表，根据查询到的外部地址和端口作出响应。

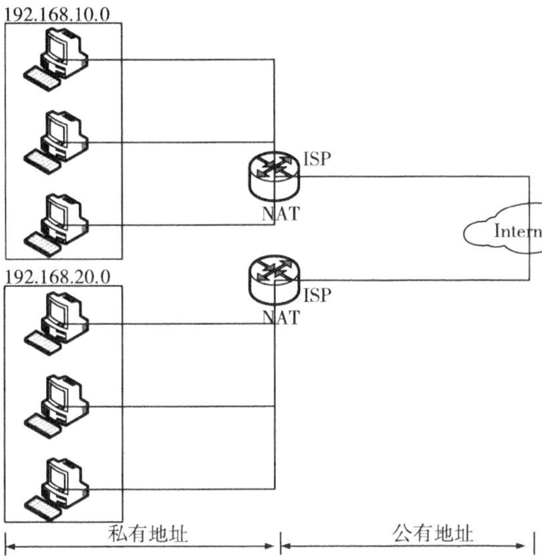

图 5-37　ISP 使用 NAT 技术的结构

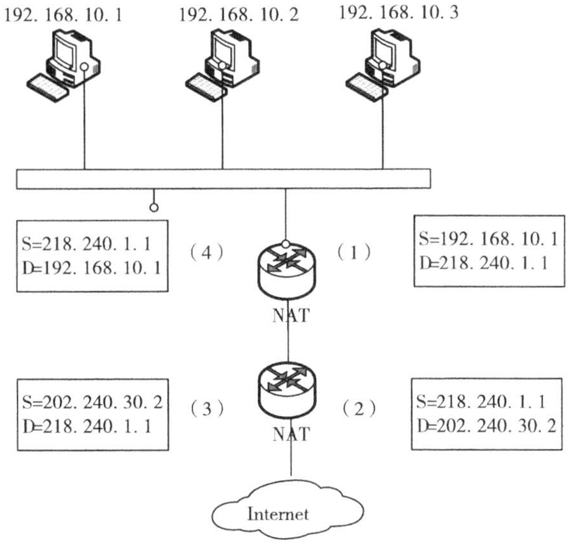

图 5-38　NAT 的工作原理

此时，如果同一主机再做第二个连接，NAT 路由器将根据 NAT 表将建立与另一虚拟主机的连接，并转发数据。

4. NAT 技术的实现方式

NAT 技术使得一个私有网络可以通过 Internet 注册的公有 IP 地址连接到外部世界，位于内部网络和外部网络中的 NAT 路由器在发送数据包之前，负责把内部 IP 翻译成外部合法 IP 地址。内部网络的主机不可能同时与外部网络通信，所以只有一部分内部地址需要翻译。

NAT 的实现方式有 3 种：静态转换、动态转换和端口多路复用。

(1) 静态转换是指将内部网络的私有 IP 地址转换为公有 IP 地址，IP 地址转换是一对一固定的，某个私有 IP 地址只转换为某个公有 IP 地址。借助于静态转换，可以实现外部网络对内部网络中某些特定设备(如服务器)的访问。

(2) 动态转换是指将内部网络的私有 IP 地址转换为公用 IP 地址时，IP 地址是不确定的，是随机的，所有被授权访问 Internet 的私有 IP 地址可随机转换为任何指定的合法 IP 地址。也就是说，只要指定哪些内部地址可以进行转换，以及用哪些合法地址作为外部地址，就可以进行动态转换。动态转换可以使用多个合法外部地址集，也称为地址池(address pool)。当 ISP 提供的合法 IP 地址略少于网络内部的计算机数量时，可以采用动态转换的方式。

(3) 端口多路复用是指改变外出数据包的源端口并进行端口转换，即端口地址转换(PAT)采用端口多路复用方式。内部网络的所有主机均可共享一个合法外部 IP 地址实现对 Internet 的访问，从而可以最大限度地节约 IP 地址资源；同时，又可隐藏网络内部的所有主机，有效避免来自 Internet 的攻击。因此，目前网络中应用最多的就是端口多路复用方式。

5. 网络地址转换的实现步骤

在配置网络地址转换的过程之前，首先必须搞清楚内部接口和外部接口，以及在哪个外部接口上启用 NAT。通常情况下，连接到用户内部网络的接口是 NAT 内部接口，而连接到外部网络(如 Internet)的接口是 NAT 外部接口。

(1) 配置静态 NAT 的步骤

首先，在路由器的全局配置模式下输入以下命令建立内部本地地址与外部的全球地址的静态转换关系

Router(config) #ip nat inside source static　*local-ip*　*global-ip*

//参数“*local-ip*”和“*global-ip*”分别表示内部私有地址和外部公有地址。

第二步，在全局配置模式下指定 NAT 内部相连的接口：

Router(config) #interface *type number*

Router(config-if) #ip nat inside

最后，在全局配置模式下定义 NAT 与外部相连的接口：

Router(config) #interface *type number*

Router(config-if) #ip nat outside

(2) 动态 NAT 的配置步骤

首先定义一个全球地址池：

Router(config) #ip nat pool *name start-ip end-ip* {netmask *netmask* |prefix-length *prefix-length*}

第二步，定义标准访问控制列表(指定哪些地址进行 NAT 转换)

Router(config) #access-list access-list-number permit *source [source-wildcard]*

第三步，用下面的命令语法建立动态的源地址转换

Router(config) #ip nat inside source list access-list-number pool name

最后，指定 NAT 与内部相连的接口、NAT 与外部相连的接口：

Router(config) #interface *type number*

Router(config-if) #ip nat inside

Router(config) #interface *type number*

Router(config-if) #ip nat outside

(3) PAT 配置的步骤

首先定义一个标准访问控制列表，以指定哪些地址可以被进行 PAT 转换。

Router(config) #access-list *access-list-number* permit *source [source-wildcard]*

其次，指定所采用的 PAT 方式(有两种)：

①将多个内部地址映射到同一个公有地址。

Router(config) #ip nat inside source list *acl-number* interface *interface* overload

②指定采用将 PAT 与到一个 NAT 池的动态映射一起使用方式的配置命令。

Router(config) #ip nat pool *name start-ip end-ip* {netmask *netmask* |prefix-length *prefix-length*}

Router(config) #ip nat inside source list *acl-number* pool *name* overload

以上两种 PAT 方式只需选择一种即可。

参数 overload 允许内部多个地址使用相同的外部全局地址。

最后，指定 NAT 与内部相连的接口，指定 NAT 与外部相连的接口：

Router(config) #interface *type number*

Router(config-if) #ip nat inside

Router(config) #interface *type number*

Router(config-if) #ip nat outside

检测 NAT 可以使用如下命令：

Clear ip nat ……//清除 nat 的相关参数

Show ip nat translation//查看 NAT 翻译的结果

Show ip nat statistics//查看 NAT 连接的统计信息

以上只是实现的步骤，详细的案例可参考实验部分。

6. NAT 的优点和缺陷

NAT 方案在一定程度上减缓了地址耗尽的周期和路由表规模越来越大的问题，提供了一种非常方便的方式来解决私有网络与 Internet 的互连问题，只需在自己的私有网络与外部网络间放置一个小盒子，就可以访问 Internet 了。

NAT 的优点：

(1) 终端用户可以透明地访问 Internet。

(2) 利用 NAT 可以做到对外部网络隐藏内部网络的体系结构，从外部网络无法知道究竟是哪台主机发送或接收数据。从另一个角度，它也是一个缺点。

(3) 为已建成的私有网络方便地建立与 Internet 的连接，而不必去修改每台主机的地址以及内部路由器的配置。

(4) 在实现 NAT 时，可以加入一些服务器代理和包过滤的功能，可以获得很好的安全性及其他性能，而不用增加管理的开销。

(5) 以极少的全局地址实现一个较大型的私有网络与 Internet 的互连。

但 NAT 方案含有很多消极特征，决定了它只能是一个临时的解决方案，包括：

(1) 如果网络规模增大，访问 Internet 的主机增多，地址对应表的规模必然会越来越大，这将导致效率的降低。

(2) 它会增加错误寻址的可能性。

(3) 它隐藏了发送报文的主机的有关信息，使得外部网络难于对它们进行管理，例如，若内部网络中某台主机在 Internet 上违反安全规则，Internet 就无法查找。

(4) 由于 NAT 要修改相应的 IP 地址，这使得不能对包含 IP 地址或有关 IP 地址信息的内容(如 TCP 报文头的校验和)进行加密，降低了安全性。

(5) 那些使用到 IP 地址的高层应用将受到限制，除非 NAT 有可能修改其中包含的 IP 地址信息，即便如此，对这些高层应用还是有所限制，如不能加密等。

(6) ICMP、SNMP、DNS 等各种网络上使用的协议在进行地址翻译时所带来的问题，难以考虑周全。

5.3 ARP 协 议

5.3.1 ARP 协议工作原理

虽然在因特网中的每个主机都具有一个唯一的 IP 地址，但 IP 地址只是一种在网络层标识主机的逻辑地址，不能直接利用它们在一个物理网络中传输，只有将 IP 数据报封装在物理网络的数据链路层的数据帧中，才能实现 IP 数据报在物理网络中的传输。例如在以太网中，IP 数据报只有封装在 MAC 帧中才能被传输，而构造 MAC 帧时需要知道目的主机的 MAC 地址。也就是说，为了在物理上实现 IP 分组的传输，需要网络层提供从主机 IP 地址到主机 MAC 地址的映射功能。地址解析协议(address resolution protocol，ARP)正是实现这种功能的协议。

ARP 协议是根据 IP 地址获取物理地址的一个 TCP/IP 协议。地址解析协议由互联网工程任务组(IETF)在 1982 年 11 月发布的 RFC 826 中描述制定，是 IPv4 中必不可少的协议。

1. 源主机和目的主机位于同一个网络

当网络层产生 IP 数据报时，源主机可以得知自己的 IP 地址和 MAC 地址以及目的主机的 IP 地址，但却不知道目的主机的 MAC 地址。只有获得目的主机的 MAC 地址，位于相同网络的两个主机才能直接进行物理通信。

如何通过目的主机的IP地址得到其MAC地址呢？由于一个网络中的主机数量是有限的，而且每个主机都知道其每个接口的 MAC 地址和 IP 地址，每个主机都有一个称为 ARP 表(ARP table)的高速缓存，其中可以存储网络中所有主机和路由器接口的 IP 地址与 MAC 地址的映射信息。表 5-15 显示了一个典型的 ARP 表，它包括 IP 地址、MAC 地址和生成该表项的时间等内容。

表 5-15 典型的 ARP 表

Internet 地址	物理地址	地址类型	TTL
192.168.10.1	aa-aa-aa-aa-aa-aa	动态	01:31:00
192.168.10.2	bb-bb-bb-bb-bb-bb	静态	01:32:00

在表 5-15 中，当主机 A 要向本网上的某个主机 B 发送 IP 数据报时，就先在其 ARP 高速缓存中查看有无主机 B 的 IP 地址。如有，就在 ARP 高速缓存中查出其对应的硬件地址，再把这个硬件地址写入 MAC 帧，然后通过局域网把该 MAC 帧发往此硬件地址。也有可能在 ARP 高速缓存中查不到主机 B 的 IP 地址项目(可能是主机 B 刚入网，或主机 A 刚刚加电，其高速缓存还是空的)。在这种情况下，主机 A 就自动运行 ARP，然后按以下步骤找出主机 B 的硬件地址。

(1) ARP 在网内广播一个 ARP 请求分组。ARP 请求分组的内容是："我的 IP 地址是 192.168.10.1，MAC 地址是 aa-aa-aa-aa-aa-aa。我需要知道 IP 地址为 192.168.10.2 的主机的硬件地址"。这对应于图 5-39 中的步骤①。

(2) 网络中所有运行 ARP 进程的主机都会收到此 ARP 请求分组。

(3) 主机 B 发现 ARP 请求分组中的目的地址是自己的 IP 地址，就以单播方式向主机 A 发送 ARP 响应分组，并写入自己的 MAC 地址。而其他所有主机都不会响应这个 ARP 请求分组。ARP 响应分组的主要内容是："我的 IP 地址是 192.168.10.2，MAC 地址是 bb-bb-bb-bb-bb-bb"。这对应于图 5-39 中的步骤②。

(4) 主机 A 在收到主机 B 的 ARP 响应分组后，就会在自己的 ARP 表中写入主机 B 的 IP 地址到 MAC 地址的映射。至此，一次 ARP 交互过程结束。

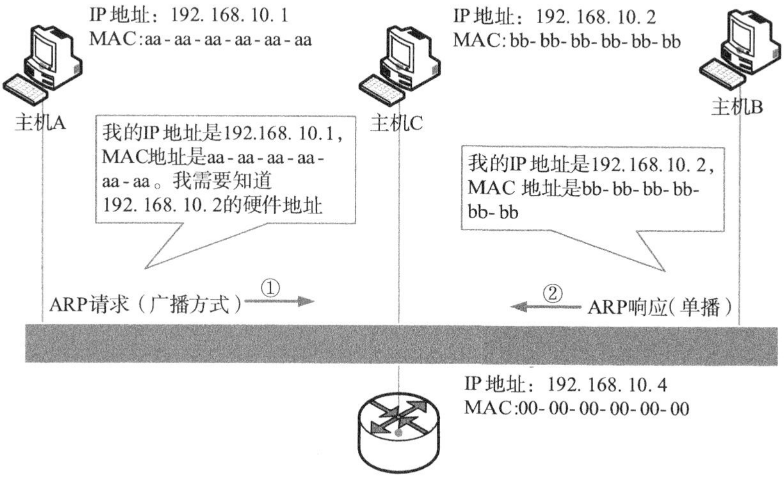

图 5-39　ARP 的工作原理

当主机 A 不久后再向主机 B 发送数据报时，会发现其 ARP 表中存在主机 B 的 IP 地址与 MAC 地址的映射项目，因此无需再经过上面的 ARP 过程了。另外，主机 A 在发送其 ARP 请求分组时，已经将自己的 IP 地址与 MAC 地址信息写入 ARP 请求分组。当主机 B 收到主机 A 的 ARP 请求分组时，会将主机 A 的地址映射信息写入自己的 ARP 表，而无需再使用 ARP 进程来获取主机 A 的地址映射信息，这样既缩短了响应时间，也减小了通信量。

ARP 高速缓存是非常有用的。如果不使用 ARP 高速缓存，那么任何一个主机只要进行一次通信，就必须在网络上用广播的方式发送 ARP 请求分组，这会使网络中的广播通信量大大增加。为使广播通信量最小，ARP 维护 IP 地址到 MAC 地址映射的缓存以便将来使用。ARP 缓存可以包含动态和静态项目。动态项目随时间推移自动添加和删除。每个动态 ARP 缓存项的潜在生存时间(TTL)是 10 分钟。新加到缓存中的项目带有时间戳，如果某个项目添加后 2 分钟内没有再使用，则此项目过期并从 ARP 缓存中删除；如果某个项目已在使用，则又收到 2 分钟的生存时间；如果某个项目始终在使用，则会另外收到 2 分钟的生存时间，一直到 10 分钟的最长生存时间。静态项目一直保留在缓存中，直到重新启动计算机为止。

ARP 缓存是可以查看的，也可以添加和修改。在命令提示符下，输入“arp -a"就可以查看 ARP 缓存中的内容了，如图 5-40 所示。

```
C:\Users\Administrator>arp -a

接口: 192.168.0.101 --- 0x3
  Internet 地址         物理地址              类型
  192.168.0.1           fc-75-16-ca-09-44     动态
  192.168.0.255         ff-ff-ff-ff-ff-ff     静态
  224.0.0.22            01-00-5e-00-00-16     静态
  224.0.0.252           01-00-5e-00-00-fc     静态
  224.0.1.255           01-00-5e-00-01-ff     静态
  239.255.255.250       01-00-5e-7f-ff-fa     静态
  255.255.255.255       ff-ff-ff-ff-ff-ff     静态

C:\Users\Administrator>
```

图 5-40　ARP 缓存的例子

用“arp-d”命令可以删除 ARP 缓存中所有的内容。

用“arp-s”命令可以在 ARP 缓存中添加 IP 地址与 MAC 地址的映射关系，类型为 static (静态)。此项存在硬盘中，而不是缓存，计算机重新启动后仍然存在，且遵循静态优于动态的原则。

2. 源主机和目的主机位于不同网络

显然，上述 ARP 过程只能解决源主机和目的主机位于同一个网络的 IP 地址和 MAC 地址的映射问题。而当源主机和目的主机位于不同网络时，则无法直接应用 ARP 获得目的主机的 MAC 地址。此时的情况要复杂得多，图 5-41 所示为两台主机位于不同网络时 ARP 的工作过程。

假定主机 A 要向主机 D 发送数据报，其具体通信过程主要包括以下步骤：

(1) 主机 A 用网络 1 的网络地址 192.168.10.0/24 与目的主机 D 所在网络 2 的网络地址 192.168.20.0/24 进行比较，发现它们不在同一个子网。因此，主机 A 与主机 D 的通信是间接交付过程。主机 A 首先要将 IP 数据报转发给本网络的默认网关(即图 5-41 中路由器 R 连接网络 1 的接口)，为此它首先要确定默认网关的 MAC 地址。由于主机 A 通常配置有默认网关的 IP 地址，因此它通过运行 ARP 就能获得默认网关的 MAC 地址 00-00-00-00-00-00，这对应于图 5-41 中的步骤①。

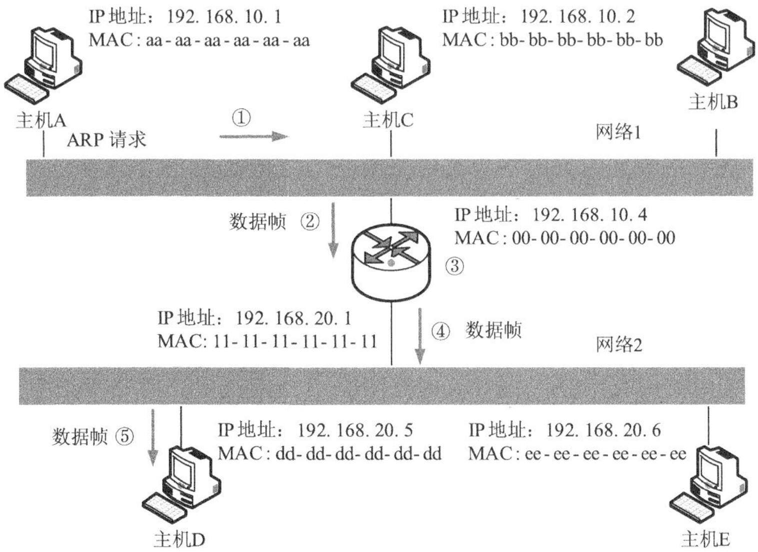

图 5-41 两台主机位于不同网络的 ARP 工作过程

(2) 主机 A 与默认网关之间进行数据帧的传送。这对应于图 5-41 中的步骤②。

(3) 网络 1 上的路由器收到链路层数据帧后，向上传递给路由器的网络层。此时，路由器利用其路由转发功能确定转发该数据报的正确接口。路由器通过查询转发表让该数据报通过路由器接口 192.168.20.1 转发，这对应于图 5-41 中的步骤③。

(4) 路由器接口 192.168.20.1 将目的主机的 IP 地址与网络 2 的网络地址进行比较，

发现两者位于同一个子网，可以采用直接交付方式传输数据报。这对应图 5-41 中的步骤④。路由器接口 192.168.20.1 运行 ARP，通过主机 D 的 IP 地址得到其 MAC 地址 dd-dd-dd-dd-dd-dd。

(5) 路由器接口 192.168.20.1 的适配器向主机 D 的适配器传输数据帧。这对应于图5-41 中的步骤⑤。至此完成了两个位于不同网络的主机之间传送数据报的过程。

如果源主机和目的主机之间有多个路由器，则可能多次重复上述步骤③。

5.3.2　ARP 报文格式

ARP 协议的报文格式如图 5-42 所示，各字段含义如下：

(1) 硬件类型：16 比特，指明了发送方想知道的硬件接口类型，以太网的值为 1；

(2) 协议类型：16 比特，指明了发送方提供的高层协议类型，IP 为 0X0800(16 进制)；

(3) 硬件地址长度：8 比特，指明了每种硬件地址的字节长度，对于 MAC 地址长度，此处的值为 6；

(4) 协议长度：8 比特，指明了高层协议地址的长度，对于 IP 地址长度，此处值为 4。这样 ARP 报文就可以在任意硬件和任意协议的网络中使用；

<table>
<tr><td>1　　　　8</td><td>9　　　　16</td><td>17　　　　　　　32</td></tr>
<tr><td colspan="2">硬件类型</td><td>协议类型</td></tr>
<tr><td>硬件地址长度</td><td>协议地址长度</td><td>操作类型</td></tr>
<tr><td colspan="3">发送方硬件地址(0-3 字节)</td></tr>
<tr><td colspan="2">发送方硬件地址(4-5 字节)</td><td>发送方 IP 地址(0-1 字节)</td></tr>
<tr><td colspan="2">发送方 IP 地址(2-3 字节)</td><td>目标硬件地址(0-1 字节)</td></tr>
<tr><td colspan="3">目标硬件地址(2-5 字节)</td></tr>
<tr><td colspan="3">目标 IP 地址(0-3 字节)</td></tr>
</table>

图 5-42　ARP 报文格式

(5) 操作类型：16 比特，用来表示这个报文的类型，ARP 请求为 1，ARP 响应为 2，RARP 请求为 3，RARP 响应为 4；

(6) 发送方硬件地址(0-3 字节)：源主机硬件地址的前 4 个字节；

(7) 发送方硬件地址(4-5 字节)：源主机硬件地址的后 2 个字节；

(8) 发送方 IP 地址(0-1 字节)：源主机 IP 地址的前 2 个字节；

(9) 发送方 IP 地址(2-3 字节)：源主机 IP 地址的后 2 个字节；

(10) 目标硬件地址(0-1 字节)：目的主机硬件地址的前 2 个字节；

(11) 目标硬件地址(2-5 字节)：目的主机硬件地址的后 4 个字节；

(12) 目标 IP 地址(0-3 字节)：目的主机的 IP 地址。

图 5-43 为使用 wireshark2.0.1 捕获的 ARP 报文。

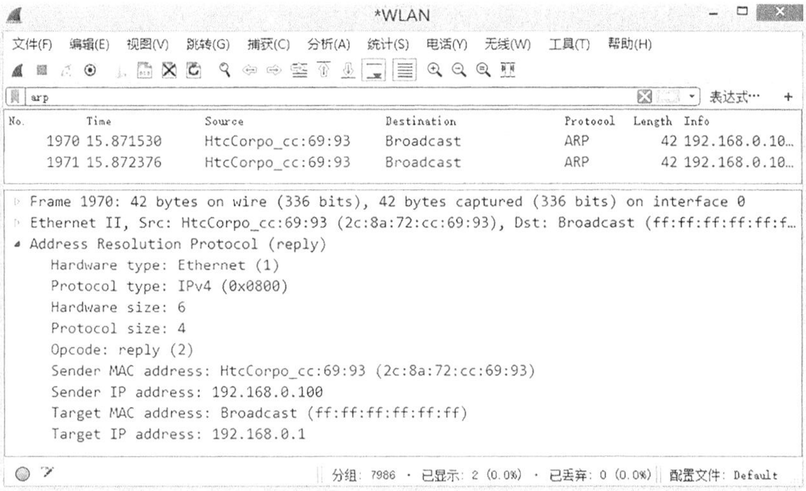

图 5-43　捕获的 ARP 报文

5.3.3　IP 数据报的转发过程

1. 直接交付和间接交付

IP 数据报交付分为直接交付和间接交付，如图 5-44 所示。

图 5-44　直接交付与间接交付

(1) 直接交付：发送数据报接口的 IP 地址与目的主机 IP 地址在同一个网络中时，也就是发送端接口 IP 地址和子网掩码按位“与”操作的结果等于目的主机的 IP 地址和子网掩码按位“与”操作的结果。则发送端接口直接将 IP 数据报发送到目的主机。

(2) 间接交付：发送数据报接口 IP 地址与目的 IP 地址不在同一个网络中，则发送端接口需要发送 IP 数据报到与下一个路由器相连的端口。在数据报间接交付过程中，在同一个网络内使用物理地址(MAC 地址)转发，只有通过路由器在不同网络中转发时才使用 IP 地址。

2. IP 数据报转发过程

当主机 PC1 要向另一台主机 PC2 发送 IP 数据报时，先要检查目的主机 PC2 是否与源主机 PC1 连接在同一个网络上。如果是就将数据报直接交付给目的主机 PC2。但如果目的主机 PC2 与源主机 PC1 不是连接在同一个网络上，则应将 IP 数据报发送给本网络上的某个路由器，由该路由器按照转发表指出的路由将数据报转发给下一个路由器，这就叫做间接交付，在数据报传输路径上的最后一个路由器与目的主机在同一个网络中，由该路由器把数据报直接交付给目的主机 PC2。

图 5-45 所示是 PC1 向 PC2 发送 IP 数据报的过程。IP 数据报在从源主机到目的主机的传送过程中 IP 数据报中的源 IP 地址和目的 IP 地址始终保持不变。而在数据链路层，每经过一个物理网络，数据帧的首部是变化的。数据帧首部的源 MAC 地址和目的 MAC 地址逐段改变，如图 5-45 所示。

PC1 与 PC2 之间 IP 数据报的转发过程如下：

(1) PC1 向 PC2 发送 IP 数据报，源 IP 地址为 IP1，目的 IP 地址为 IP2，经过与子网掩码按位作与运算后比较结果，发现 PC1 与 PC2 不在同一个网络中，要进行间接交付。这时就要用到源主机上配置的默认网关地址 IP3，先将 IP 数据报发送到默认网关地址 IP3 所对应的路由器 R1 的 0 号端口。

(2) 要发送 IP 数据报到路由器 R1 的 0 号端口，必须要知道 0 号端口对应的 MAC 地址。因为只有这样，IP 数据报才能被交给数据链路层并封装成帧，然后发送给与 LAN1 相连的路由器 R1 的 0 号端口(默认网关)。在同一个网络中的主机只能通过 MAC 地址来进行通信，并且 MAC 地址永远都应用于本地局域网，而绝不会通过路由器。理解 PC1 与 PC2 通信时必须将数据报发送到本地网络中默认网关地址对应的路由器端口，这一点是非常重要的。

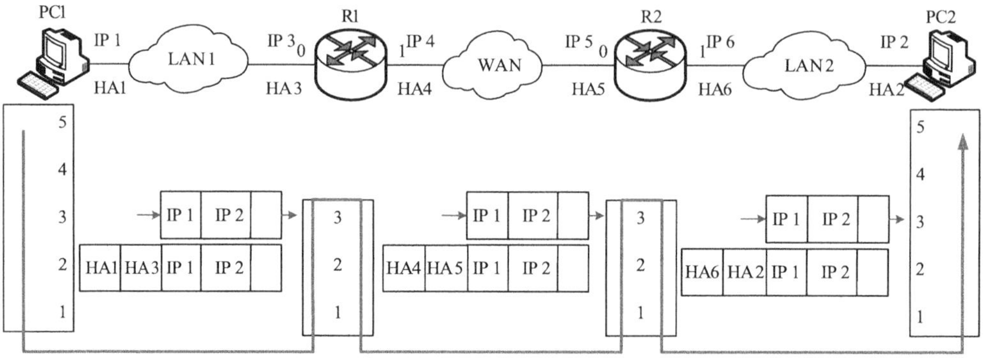

图 5-45　发送 IP 数据报的过程

(3) PC1 接着检查 ARP 高速缓存，查看默认网关的 IP 地址是否已经解析为硬件地址。如果已经被解析，则将 IP 数据报交给数据链路层的同时把默认网关地址对应的硬件地址也交给数据链路层，从而构造 MAC 帧。如果这个硬件地址在主机的 ARP 缓存中尚未被解析，PC1 将自动运行 ARP 协议，在 LAN1 中广播发送 ARP 请求报文，以查找 IP3 对应的硬件地址。路由器以单播方式响应这个请求并提供 IP 地址对应的硬件地址。PC1 收到响应报文，得到了 IP3 对应的硬件地址 HA3，同时把此映射关系添加到 PC1 的 ARP 高速缓存中。

(4) 这个 IP 数据报和默认网关的硬件地址被交付给数据链路层，利用数据链路层协议来封装此 IP 数据报，构造数据帧。在这个帧中包含有路由器 R1 的 0 号端口的硬件地址 HA3 和主机 PC1 的硬件地址 HA1 以及其他控制信息。封装后的数据帧被交付给物理层。注意在这里并不包含主机 PC2 的 MAC 地址。

(5) 物理层接收到的是一串二进制数，把这些二进制数转换成电信号后通过物理传输接着传送到路由器 R1 的 0 号端口(在此过程中可能还需要通过 LAN1 中交换机的转发)。

(6) 路由器 R1 的 0 号端口把接收到的电信号转换成二进制数据，然后把这些二进制数据交给数据链路层。

(7) 路由器的数据链路层从一串二进制数中检测出数据帧，运行 CRC，判断数据帧是否有错，如果有错误此帧将被丢弃。否则去掉数据帧首部，取出 IP 数据报，交给上层的 IP 协议。至此 IP 数据报的传送并没有结束，因为还没传送到目的主机。

(8) IP 协议接收到这个 IP 数据报，根据其目的 IP 地址 IP2 查找路由器 R1 的路由表，此路由表中必须包含有到达 IP2 所在网络的路由项目，否则此 IP 数据报将被丢弃。如果路由器在它的路由表中查找到了到达 IP2 所在网络的路由项目，也就找到了下一跳 IP 地址 IP5。这里还是进行间接交付，IP 数据报将被送到路由器 R1 与路由器 R2 的 IP5 端口相连的输出端口的缓存中，也就是路由器 R1 的 1 号端口的缓存，此时 IP 数据报没有任何变化。

(9) 路由器将此 IP 数据报放到路由器 R1 的 1 号端口的缓存后，准备构造在 WAN 中传送的数据帧。此数据帧的源 MAC 地址为路由器 R1 的 1 号端口的 MAC 地址 HA4，目的 MAC 地址为 IP5 对应的路由器端口 MAC 地址 HA5。这里需要获取 IP5 与其 HA5 的对应关系，因此执行类似步骤 3 的过程获得 IP5 的 MAC 地址为 HA5。这样就可以构造在 WAN 中传送的 MAC 帧，然后重复前面的步骤，直到把 IP 数据报送到路由器 R2。

(10) 路由器 R2 接收到 IP 数据报后查找路由表，发现目的主机所在网络与路由器 R2 直接相连，为直接交付，并确定转发端口为路由器 R2 的 1 号端口，此时 IP 数据报没变化。然后构造在 LAN2 中传送的数据帧，其源 MAC 地址为路由器 R2 的 1 号端口的 MAC 地址 HA6，目的 MAC 地址为主机 PC2 的 MAC 地址 HA2。

(11) 通过路由器 R2 的 1 号端口将数据帧传送到目的主机 PC2，去掉帧首部信息，就得到要传送给 PC2 的 IP 数据报。至此 IP 数据报的传送就结束了。

通过上面的分析可以看出：

(1) 在 IP 层抽象的互联网上只能看到 IP 数据报。虽然 IP 数据报要经过路由器 R1 和 R2 的两次转发。但在它的首部中，源地址和目的地址始终分别是 IP1 和 IP2。数据报中间经过的两个路由器的 IP 地址并不出现在 IP 数据报的首部中。

(2) 虽然在 IP 数据报首部有源 IP 地址，但路由器只根据目的 IP 地址的网络号部分进行路由选择。

(3) 在局域网的数据链路层，只能看见 MAC 帧。IP 数据报被封装在 MAC 帧中。MAC 帧在不同网络上传送时，其 MAC 帧首部中的源地址和目的地址要发生变化。开始在 PC1 到 R1 间传送时,MAC 帧首部中写的是从硬件地址 HA1 发送到硬件地址 HA3，路由器 R1 收到此数据帧后，在转发时要改变 MAC 帧首部中的源地址和目的地址，将它们换成从硬件地址 HA4 发送到硬件地址 HA5。路由器 R2 收到此帧后，再一次改变 MAC 帧的首部，填入从 HA6 发送到 HA2，然后在 R2 到 PC2 之间传送。MAC 帧首部的这种变化，在上面的 IP 层上也是看不见的。

IP 地址和 MAC 地址在不同层次、不同区间的变化情况如表 5-16 所示。

表 5-16　IP 地址和 MAC 地址在不同层次、不同区间的变化

链路区间	网络层 IP 数据报首部中的 IP 地址		数据链路层 MAC 帧首部中的 MAC 地址	
	源地址	目的地址	源地址	目的地址
PC1→R1	IP1	IP2	HA1	HA3
R1→R2	IP1	IP2	HA4	HA5
R2→PC2	IP1	IP2	HA6	HA2

5.4　ICMP 协 议

网际控制报文协议(Internet control message protocol，ICMP)是一种专门用于网络维护和管理的协议。RFC 792 定义的 ICMP 允许主机或路由器报告差错情况，为网管人员提供适当的工具以查询网络节点的信息。例如，当路由器不知道如何转发数据报，或者数据报无法到达指定的目的主机时，尽力而为的网络层虽然无法采取措施避免数据报丢失，但会试图向数据报的源地址提供某些信息。此外，当网管人员希望了解某些指定节点网络层的情况时，也需要借助一定的工具。

1. ICMP 报文的种类

从层次结构上讲，ICMP 位于 IP 之上，因为 ICMP 报文是承载于 IP 数据报中的。但 ICMP 被定义为 IP 协议族中不可或缺的一部分。ICMP 报文的格式如图 5-46 所示。

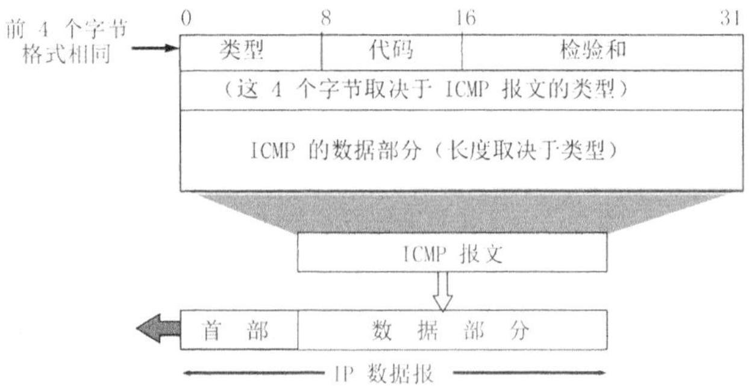

图 5-46　ICMP 报文的格式

ICMP 报文的前 4 个字节有 3 个字段，它们具有统一的格式。这 3 个字段包括类型、代码和检验和。ICMP 报文分为两种类型，即 ICMP 差错报告报文和 ICMP 询问报文。ICMP 报文的代码字段是为了进一步区分某种类型中的不同情况而设置的。检验和字段用来检验整个 ICMP 报文。接着的 4 个字节的内容与 ICMP 的类型有关。最后是数据部分，其长度取决于 ICMP 的类型。

ICMP 报文的类型字段及代码字段的值与 ICMP 报文类型的对应关系如表 5-17 所示。

表 5-17　类型字段及代码字段的值与 ICMP 报文类型的对应关系

ICMP 报文种类	类型字段的值	代码字段的值	ICMP 报文类型
差错报告报文	3	0	目的网络不可达
		1	目的主机不可达
		2	目的协议不可达
		3	目的端口不可达
		6	目的网络未知
		7	目的主机未知
	4	0	源站抑制
	11	0	时间超时
	12	0	参数问题
	5	0	改变路由
询问报文	0	0	回送回答
	8	0	回送请求
	13 或 14	0	时间戳请求或回答
	17 或 18	0	地址掩码请求或回答
	10 或 9	0	路由器询问或通告

使用 ICMP 处理网络管理问题的基本思路是：如果网络节点在收到一个 ICMP 请求或处理数据报时发现了一个协议所定义的网络事件，就立即向数据报的源节点返回一个它所能提供的信息。例如，如果路由器发现某数据报的目的网络不可达，就会构造一个 ICMP 差错报告报文，在类型字段填 3，在代码字段填 0，并向该数据报的源地址发送。为什么向源地址而不向网管中心发送该ICMP差错报告报文呢？观察一下如图 5-46 所示的 ICMP 报文结构就会发现 RFC792 文档这样规定的原因。

2. ICMP 的应用举例

(1) 连通性测试程序 ping

ICMP 的一种典型应用是众所周知的网络管理工具 ping 程序。源主机发送一个 ICMP 类型字段的值为 8、代码字段的值为 0 的报文到指定主机并启动定时器；目的主机收到回送(echo)请求，目的主机就会发回一个类型字段的值为 0、代码字段的值为 0 的 ICMP

回送回答。当回送回答到达源主机时，源主机记下 ICMP 报文的往返时延；或者当定时器超时时，源主机认为 ICMP 报文已经丢失。多数操作系统在 TCP/IP 实现中都支持 ping 服务器。许多编程工具中也都提供了有关 ping 客户机程序的源码。Ping 是应用层直接使用网络层 ICMP 的例子，它没有通过传输层的 TCP 或 UDP。

Windows 系统的用户可在接入因特网后转入 MS-DOS(点击“开始”，点击“运行”，再输入“cmd”)。看见屏幕上的提示符后，就键入“ping hostname” (这里的 hostname 是要测试连通性的主机名或它的 IP 地址)，按回车键后就可看到结果(如图 5-47 所示)。

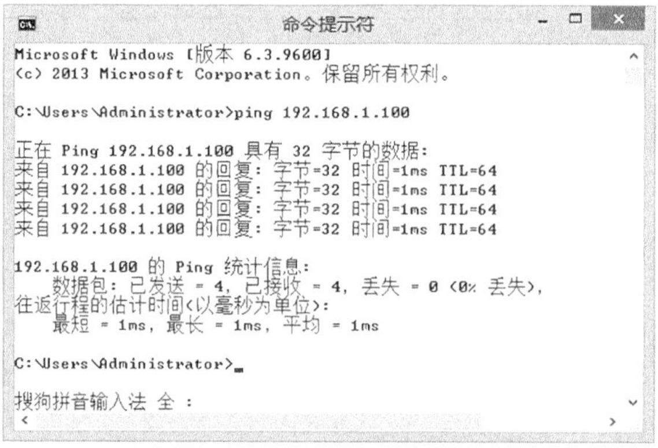

图 5-47　用 Ping 测试主机的连通性

(2) 路径追踪程序 traceroute

Traceroute 程序是 ICMP 的另一种非常有用的应用。该程序允许跟踪从一个主机或一台路由器到世界上其他任意一个主机或路由器之间的路由。为了判断源主机和目的主机之间所有路由器的数量和标识(名字和 IP 地址)，源主机中的 traceroute 向目的主机发送 ICMP 报文序列。这些报文都携带了一个具有不可达 UDP 端口号的 UDP 报文段(当然也可以根据实际需求，基于 TCP 或 SNMP 等协议进行特定的设计)。关键是在 IP 数据报的 TTL 字段中进行如下特殊设置：第一轮回发送的数据报的 TTL 置为 1，第二轮回的 TTL 置为 2，以此类推。该源主机也为每个数据报启动定时器。这样，当第 n 个数据报到达第 n 台路由器时，第 n 台路由器正好观察到这个数据报的 TTL 值被减为 0。根据 IP 规则，路由器丢弃该数据报并发送一个 ICMP 差错报告报文(类型字段的值为 11，代码字段的值为 0)给源主机。差错报告报文包含有该路由器的名字及涉及的 IP 地址。当该 ICMP 报文返回源主机时，源主机从定时器得到往返时延，并从 ICMP 报文中得到第几台路由器的名字以及输入接口的 IP 地址。最终，这些数据报之一将沿着这条路径到达目的主机。因为该数据报包含了一个不可达的端口号，该目的主机将向源主机发送一个端口不可达的 ICMP 报文。当源主机收到这个特殊的 ICMP 报文时，可以判断出它的探测过程已经结束。图 5-48 为使用 Windows 系统的命令 tracert 进行路径追踪的结果。

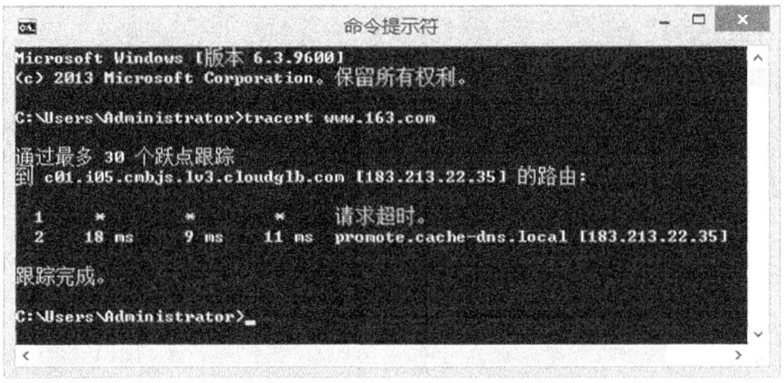

图 5-48 用 tracert 命令进行路径追踪

5.5 IP 路由与路由协议

在 IP 数据报转发的过程中，如果目的主机和源主机不在同一网络中时，IP 数据报将会被转发到与源主机直接相连的默认网关。默认网关在收到这些数据报后是如何完成最佳路径的选择及 IP 数据报的后续转发工作呢？接下来我们将讨论路由、路由器与路由选择协议等。

5.5.1 路由与路由器

1. 路由与路由选择

路由是为了将 IP 数据报送达目标主机所在的网络而进行的最佳路径的选择。通俗地讲，就是解决“何去何从”的问题。路由是网络层最重要的功能，在网络层完成路由功能的专用网络互连设备称为路由器。除了路由器外，某些交换机里面也集成了带网络层功能的路由模块，带路由模块的交换机又被称为三层交换机。另外，在网络操作系统软件中也可以利用软件路由功能实现网络层的最佳路径选择。提供软件路由功能的主机必须通过多块网卡连接两个以上的不同网络。

路由器将所有关于如何到达目标网络的最佳路径信息以数据库表的形式存储起来，这种专门用于存放路由信息的表被称为路由表。路由表中的不同表项给出了到达不同目标网络所需要历经的路由器接口或下一跳地址信息。

2. 路由器的功能

路由器的主要功能如下：

(1) 路由器是工作在网络层的设备，主要完成网络层的功能，实现在网络层的网络互连和路由选择。

(2) 建立并维护路由表。路由器负责将数据分组从源端主机经最佳路径传送到目的端主机。

(3) 路由器可实现网络层及其以下各层的协议转换。能够在不同的逻辑子网之间转发数据包，并为数据的传送选择一条最佳路径。

(4) 提供网络间的分组转发功能。路由器主要用于同类或异类局域网以及局域网和广域网之间的互连，而这些网络属于不同的逻辑网络，都有不同的网络地址。因此，路由器是连接不同逻辑子网的网络互连设备。

3. 路由器的结构

路由器是一种具有多个输入端口和多个输出端口的专用计算机，其任务是转发分组。从路由器某个输入端口收到的分组，按照分组要去的目的地址(即目的网络)，把该分组从路由器的某个合适的输出端口转发给下一跳路由器。下一跳路由器也按照这种方法处理分组，直到该分组到达终点为止。路由器转发分组是网络层的主要工作。图 5-49 给出了一种典型的路由器的结构框图。

整个路由器分为两大部分：路由选择和分组转发两部分。

(1) 路由选择部分

路由器的路由选择部分也叫控制部分，核心构件是路由选择处理机。路由选择处理机的任务是根据所选定的路由选择协议构造出路由表，同时经常或定期地和相邻路由器交换路由信息而不断的更新和维护路由表。

转发和路由选择是有区别的。在互联网中，转发是路由器根据转发表把收到的 IP 数据报从路由器合适的端口转发出去。转发仅仅涉及一个路由器。但路由选择则涉及很多路由器，路由表则是许多路由器协同工作的结果。这些路由器按照复杂的路由算法，得出整个网络的拓扑变化情况，因而能够动态地改变所选择的路由，并由此构造出整个的路由表。转发表是从路由表得出的。转发表必须包含完成转发功能所必需的信息。这就是说，在转发表的每一行必须包含从要到达的目的网络到输出端口。

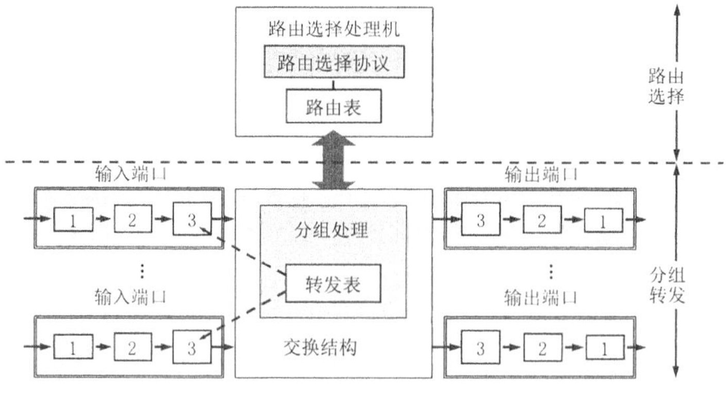

图 5-49　典型路由器的结构

(2) 分组转发部分

路由器的分组转发部分分为：交换构件、一组输入端口和一组输出端口。

交换构件又叫交换组织，作用是根据转发表对分组进行处理，将某个输入端口进入的分组从一个合适的输出端口转发出去。交换构件是路由器的关键构件，将分组从一个输入端口转移到某个合适的输出端口。图 5-50 给出了基于总线方式和互联网络方式的交换方法。

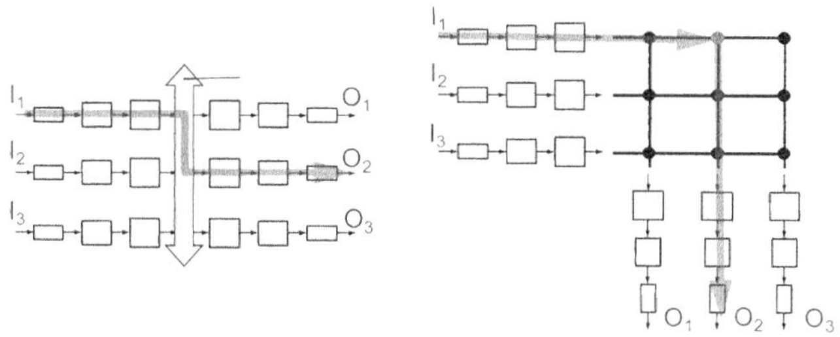

图 5-50 基于总线方式和互联网络方式的交换方法

在路由器的输入输出端口里面都各有三个方框，用方框中的 1、2、3 分别代表物理层、数据链路层和网络层的处理模块。物理层进行比特的接收。数据链路层按链路层协议接收传送分组的帧。在将帧的首部和尾部剥去后，分组被送入网络层的处理模块。若接收到的分组是路由器之间交换路由信息的分组，则将分组送交路由选择处理机。若接收到的是数据分组，则按照分组首部中的目的地址查找转发表，根据得出的结果，分组就经过交换构件到达合适的输出端口。

输入端口中的查找和转发功能在路由器的交换功能中是最重要的。如图 5-49 中的虚线箭头所示，为了使交换功能分散化，往往把复制的转发表放在每一个输入端口中。

输入端口对线路上收到的分组进行处理，这会产生一定的时延。数据链路层剥去帧首部和尾部后，将分组送到网络层的队列中排队等待处理。图 5-51 给出了在输入端口的队列中排队的分组的示意图。

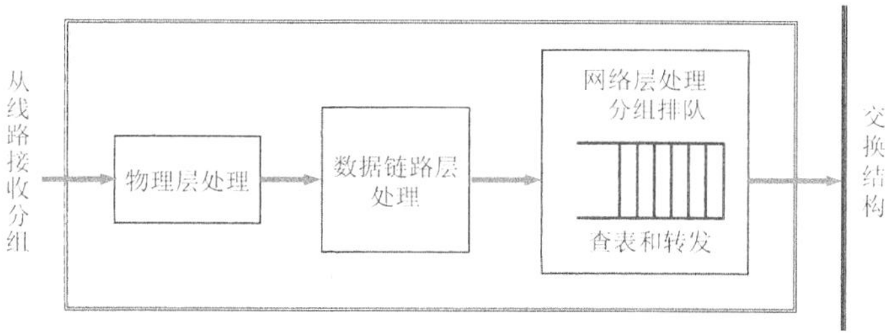

图 5-51 输入端口的对分组的处理

输出端口从交换结构接收分组，然后把它们发送到路由器外面的线路上(图 5-52)。交换结构传送过来的分组先进行缓存。数据链路层处理模块将分组加上链路层的首部和尾部，交给物理层发送到外部线路。

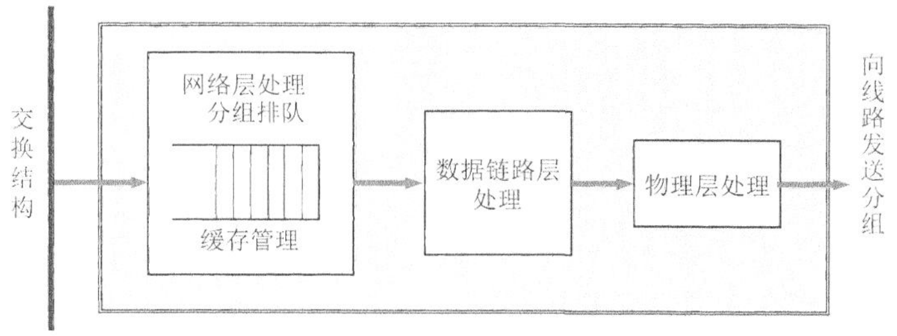

图 5-52 输出端口的对分组的处理

4. 路由器的工作原理

路由器互连多个不同网络或网段，可以在不同的逻辑子网之间进行数据交换，使处于不同网络的终端站点之间能够通信。

(1) 路由选择

路由选择就是路由器依据目的 IP 地址的网络地址部分，通过路由选择算法确定一条从源节点到达目的节点的最佳路由。

路由器需要确定它的下一跳路由器的 IP 地址，即选择到达下一个路由器的路由。然后它再按照选定的下一跳路由器的 IP 地址，将数据包转发给下一跳路由器，通过这样一跳一跳地沿着选好的路由转发数据分组，最终把分组传送到目的主机。

路由选择的核心就是确定下一跳路由器的 IP 地址。路由选择实现的方法是：路由器使用路由选择协议，建立网络的拓扑结构图，以建立路由选择和转发的基础。路由选择算法根据各自的判断原则，为网络上的路由产生一个权值，权值越小的路由越佳。然后路由器将最佳路由的信息保存在一个路由表中。当网络拓扑发生变化时，路由协议会重新计算最佳路由，更新路由表。路由表指出的是路由器转发数据的最佳路径，路由选择功能决定着数据分组能否正确地从源主机传送到目的主机。路由器路由选择功能的实现关键在于建立和维护一个正确、稳定的路由表，路由表是路由选择的核心。

(2) 分组转发

分组转发也称为分组交换，主要完成按照路由选择所指定的路由将数据分组从源节点转发到目的节点。路由器在接收到一个数据分组时，首先查看数据分组头部的目的 IP 地址字段，根据目的 1P 地址的网络地址部分(1P 地址分为网络部分和主机号部分)去查询路由表，有 3 种情况：①如果表中给出的是到达目的网络地址的下一跳路由器的 IP 地址，则按照路由表给出的路径转发。②如果目的网络是与路由器一个端口直接相连的，那么就直接发往该端口。③如果路由表中没有下一跳路由器地址，也没有找到目的端口，就将数据分组转发给默认路由。默认路由有两层含义：一是默认路由又称默认网关，它是配置在 IP 主机上的 TCP/IP 属性的一个参数，默认网关是与主机在同一个子网的路由器端口的 IP 地址。二是路由器也有默认网关。如果目的网络没有直接显示 Internet 中，那么就将数据分组传送给默认网关。一般路由器的默认网关都是指向连接 Internet 的出口路由器，该路由器的一个端口必须和默认路由器直接相连。在路由选择和分组转发中，默认路由是不可缺少的一个概念和应用。

在分组转发过程中，在数据分组通过每一个路由器时，分组中的目的 MAC 地址是变化的，但目的网络地址是不变的。

(3) 路由表

路由表中记录着所有的路由信息，依据路由表给出的信息来确定数据分组的转发路径。路由器必须正确地建立和维护路由表。路由表的内容主要包括：目的网络地址及其所对应的目的端口，下一跳路由器地址，默认路由的信息。

路由表的结构如表 5-18 所示。

表 5-18 路由表的结构

目的地址	掩码	下一跳地址
100.0.0.0	255.255.255.0	20.0.0.1
200.0.0.0	255.255.255.0	30.0.0.1
0.0.0.0	0.0.0.0	10.0.0.1

路由表的内容在 Windows 系统和路由器中显示的结果是有差异的。图 5-53 是在 Windows 系统命令提示符下输入“route print”命令显示的路由表。图 5-54 是在路由器中显示的路由表结果。

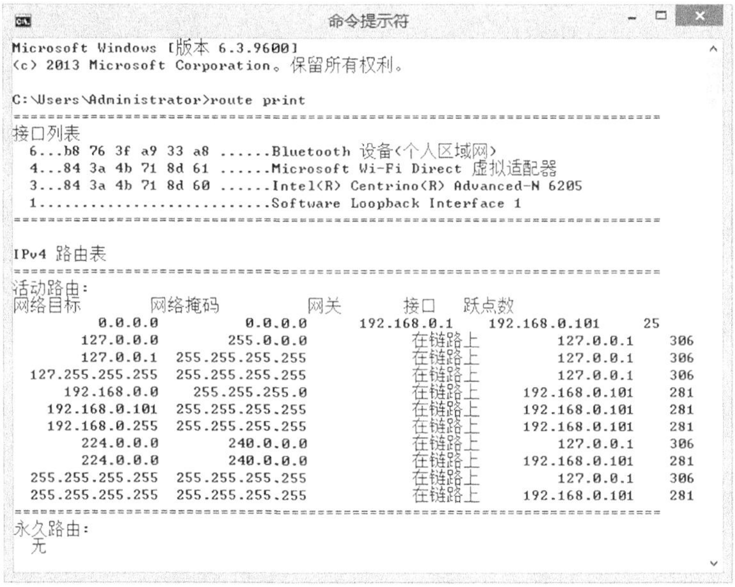

```
命令提示符
Microsoft Windows [版本 6.3.9600]
(c) 2013 Microsoft Corporation。保留所有权利。

C:\Users\Administrator>route print
===========================================================================
接口列表
  6...b8 76 3f a9 33 a8 ......Bluetooth 设备(个人区域网)
  4...84 3a 4b 71 8d 61 ......Microsoft Wi-Fi Direct 虚拟适配器
  3...84 3a 4b 71 8d 60 ......Intel(R) Centrino(R) Advanced-N 6205
  1...........................Software Loopback Interface 1
===========================================================================

IPv4 路由表
===========================================================================
活动路由:
网络目标        网络掩码          网关       接口   跃点数
          0.0.0.0          0.0.0.0      192.168.0.1    192.168.0.101     25
        127.0.0.0        255.0.0.0            在链路上         127.0.0.1    306
        127.0.0.1  255.255.255.255            在链路上         127.0.0.1    306
  127.255.255.255  255.255.255.255            在链路上         127.0.0.1    306
      192.168.0.0    255.255.255.0            在链路上     192.168.0.101    281
    192.168.0.101  255.255.255.255            在链路上     192.168.0.101    281
    192.168.0.255  255.255.255.255            在链路上     192.168.0.101    281
        224.0.0.0        240.0.0.0            在链路上         127.0.0.1    306
        224.0.0.0        240.0.0.0            在链路上     192.168.0.101    281
  255.255.255.255  255.255.255.255            在链路上         127.0.0.1    306
  255.255.255.255  255.255.255.255            在链路上     192.168.0.101    281
===========================================================================
永久路由:
  无
```

图 5-53 运行 route print 命令显示的路由表

```
R1#show ip route
Codes: C - connected, S - static, I - IGRP, R - RIP, M - mobile, B - BGP
D - EIGRP, EX - EIGRP external, O - OSPF, IA - OSPF inter area
N1 – OSPF NSSA external type 1, N2 – OSPF NSSA external type 2
E1 - OSPF external type 1, E2 - OSPF external type 2, E - EGP
i - IS-IS, L1 - IS-IS level-1, L2 - IS-IS level-2, ia - IS-IS inter area
* - candidate default, U - per-user static route, o - ODR
P - periodic downloaded static route

Gateway of last resort is not set

172.16.0.0/24 is subnetted, 2 subnets
C          172.16.1.0 is directly connected, Serial2/0
C          172.16.3.0 is directly connected, Serial3/0
C     192.168.10.0/24 is directly connected, FastEthernet0/0
C     192.168.20.0/24 is directly connected, FastEthernet1/0
R     192.168.30.0/24 [120/1] via 172.16.1.2, 00:00:07, Serial2/0
R     192.168.40.0/24 [120/1] via 172.16.1.2, 00:00:07, Serial2/0
R     192.168.50.0/24 [120/1] via 172.16.3.1, 00:00:09, Serial3/0
R     192.168.60.0/24 [120/1] via 172.16.3.1, 00:00:09, Serial3/0
R1#
```

图 5-54　路由器中显示的路由表

5. 路由器转发 IP 数据报的流程

在划分子网的情况下路由器转发 IP 数据报的流程如下：

(1) 从收到的 IP 数据报的首部提取目的 IP 地址 D。

(2) 先用各网络的子网掩码和 D 逐比特相“与”，看是否和相应的网络地址匹配。若匹配，则将 IP 数据报直接交付。否则就是间接交付，执行(3)。

(3) 若路由表中有目的地址为 D 的特定主机路由，则将分组传送给指明的下一跳路由器；否则，执行(4)。

(4) 对路由表中的每一行的子网掩码和 D 逐比特相“与”，若其结果与该行的目的网络地址匹配，则将分组传送行指明的下一跳路由器；否则，执行(5)。

(5) 若路由表中有一个默认路由，则将分组传送给路由表中所指明的默认路由器；否则，执行(6)。

(6) 报告转发 IP 数据报出错。

6. 路由器的工作模式

路由器的工作模式有用户模式、特权模式、设置模式、全局配置模式、其他配置模式和 RXBOOT 模式。

(1) 用户模式。当通过 Console 或 Telnet 方式登录到路由器时，只要输入的用户名和密码正确，路由器就可以进入用户模式，这是一个只读模式。在用户模式下，可以执行的操作有 ping、telnet、show、version 等。

(2) 特权模式。在用户模式下，输入 enable 命令和超级用户密码，就可以进入特权模式。特权模式可以管理系统时钟，进行错误检测，查看和保存配置文件，清除闪存，处理并完成路由器的冷启动等。在特权模式下还可以进入全局配置模式。

(3) 设置模式。当通过 Console 端口进入一台刚出厂没有任何配置的路由器时，控制台就会进入设置模式。在设置模式下，有一个交互式的对话界面，协助用户建立第一次的配置文件。

(4) 全局配置模式。在特权模式下，输入 configure terminal 命令，就可以进入全局配置模式。在全局配置模式下，有功能强大的单行命令，用户可以配置路由器的主机名、超级用户口令、TFTP 服务器、静态路由、访问控制列表、多点广播等。在全局配置模式下，可以进入其他配置模式。

(5) 其他配置模式。包括路由配置的子模式、接口配置的子模式等。

(6) RXB00T 模式。该模式是路由器的维护模式，在密码丢失时，可以进入该模式，以恢复密码。

各模式的进入次序如下：

· 用户模式→特权模式→全局配置模式→其他配置模式。

· 设置模式→用户模式。

5.5.2 静态路由与动态路由

路由选择协议的核心是路由算法，一个理想的路由算法应具有如下的一些特点：

(1) 算法必须是正确的和完整的。

(2) 算法在计算上应简单。

(3) 算法要有自适应性，能适应通信量和网络拓扑的变化。

(4) 算法应具有稳定性。

(5) 算法应是公平的。

(6) 算法应是最佳的。但不存在一种绝对的最佳路由算法。所谓“最佳”只能是相对于某一种特定要求得出的较为合理的选择而已。

实际的路由选择算法，应尽可能接近于理想的算法。然而路由选择是个非常复杂的问题，它是网络中的所有节点共同协调工作的结果。路由选择的环境往往是不断变化的，而这种变化有时无法事先知道。

从路由算法的自适应性考虑，路由算法可以分为两大类：

静态路由选择策略：即非自适应路由选择，其特点是简单和开销较小，但不能及时适应网络状态的变化。

动态路由选择策略：即自适应路由选择，其特点是能较好地适应网络状态的变化，但实现起来较为复杂，开销也比较大。

1. 静态路由

(1) 静态路由

静态路由是由网络管理员手工配置的路由信息。当网络的拓扑结构或链路的状态发生变化时，网络管理员需要手工去修改路由表中相关的静态路由信息。静态路由信息在缺省情况下是私有的，不会传递给其他的路由器。静态路由一般适用于比较简单的网络环境，在这样的环境中，网络管理员容易清楚地了解网络的拓扑结构，便于设置正确的路由信息。静态路由是在路由器中设置的固定的路由表。除非网络管理员干预，否则静态路由不会发生变化。由于静态路由不能对网络的改变做出反应，一般用于网络规模不大、拓扑结构固定的网络中。静态路由的优点是简单、高效、可靠。

使用静态路由的另一个好处是网络安全保密性高。动态路由因为需要路由器之间频繁地交换各自的路由表，而对路由表的分析可以揭示网络的拓扑结构和网络地址等信息。因此，网络出于安全方面的考虑也可以采用静态路由。

在所有的路由中，静态路由优先级最高。当动态路由与静态路由发生冲突时，以静态路由为准。

配置静态路由步骤：①确定目的网络的地址和掩码，确定下一跳地址或转发数据包的本地接口。②进入全局配置模式。③使用 ip route 命令添加路由。④退出全局配置模式。⑤使用 copy running-config startup-config 或 wr 命令将配置保存到 nvram 里面。

ip route 命令格式为：ip route 目的网络 目的网络的子网掩码 下一跳地址。例如：

ip route　10.4.6.0　255.255.255.0　192.168.1.66

以下为在 Packet Tracer5.0 中配置静态路由的一个实例：

①在 Packet Tracer5.0 中绘制拓扑结构图，如图 5-55 所示。

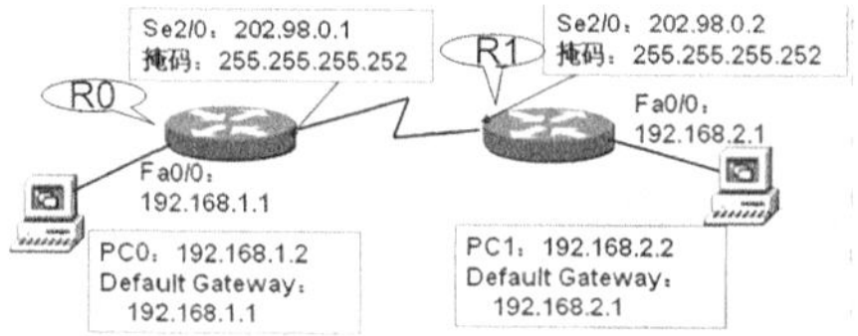

图 5-55　在 Packet Tracer5.0 中绘制拓扑结构图

②选择 PC0、PC1 配置基本参数，如图 5-56 所示。

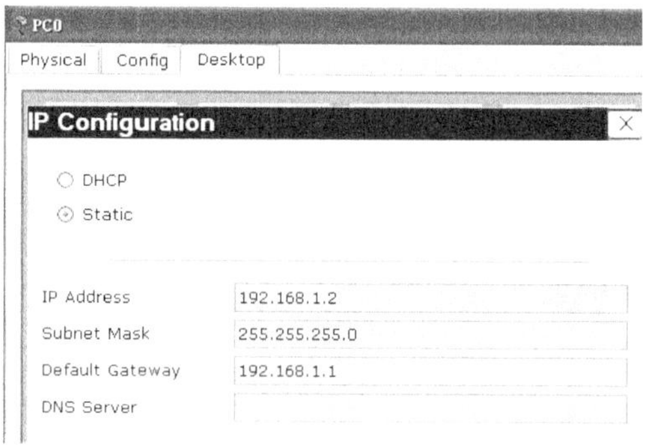

图 5-56　配置 PC0 的基本参数

③选择 R0，输入以下命令：

Route> enable
Route# conf t(切换到配置状态)

Route# hostname R0
R0(config) #int Fa0/0(配置快速 Ethernet 0 端口)

R0(config-if) #ip add 192.168.1.1 255.255.255.0(定义以太网 IP 地址，子网掩码表示为 C 类网络默认子网掩码)

R0(config-if) #no shut(激活端口)

R0(config-if) #int se2/0(配置 Serial 0 口)

R0(config-if) #ip add 202.98.0.1 255.255.255.252(定义互连广域网 IP 地址)

R0(config-if) #clock rate 64000
R0(config-if) #no shut(激活端口)

R0(config) #ip route 192.168.2.0 255.255.255.0 202.98.0.2(定义静态路由，通过网关到达对端局域网络，IP 为对端广域网 IP 地址)

R0(config) #end
R0#copy run start(保存配置)

R0#show ip route
④选择 R1，输入以下命令：

Route> enable
Route# conf t(切换到配置状态)

Route# hostname R1
R1(config) #int Fa0/0(配置快速 Ethernet 0 端口)

R1(config-if) #ip add 192.168.2.1 255.255.255.0(定义以太网 IP 地址，子网掩码表示为 C 类网络)

R1(config-if) #no shut(激活端口)

R1(config-if) #int se2/0(配置 Serial 0 口)

R1(config-if) #ip add 202.98.0.2 255.255.255.252(定义互连广域网 IP 地址)

R1(config-if) #no shut(激活端口)

R1(config) #ip route 192.168.1.0 255.255.255.0 202.98.0.1(定义静态路由，通过网关到达对端局域网络，IP 为对端广域网 IP 地址)

R1(config) #end
R1#copy run start(保存配置)

R1#show ip route
⑤选择 PC0，输入以下命令：

Ping 192.168.2.2

Tracert 192.168.2.2
查看运行结果

(2) 缺省路由

缺省路由(也称为默认路由)也是一种特殊的静态路由。缺省路由作用是当路由表中不存在到某一目的网络的项目时，路由器使用缺省路由对数据包进行转发。没有缺省路由，目的地址在路由表中无匹配表项的 IP 数据报将被丢弃。

缺省路由可以尽可能地将路由表的大小保持得很小，它们使路由器能够转发目的地为任何 Internet 主机的数据包而不必为每个 Internet 网络都维护一个路由表条目。

缺省路由可由管理员静态地输入或者通过路由选择协议被动态地学到。

有两条不同的命令来静态地配置缺省路由："ip router 0.0.0.0　0.0.0.0"和"ip default-network"。

①0.0.0.0 路由

创建一条到 0.0.0.0/0 的 IP 路由是配置缺省路由的最简单的方法。在全局配置模式下建立缺省路由的命令格式为：

router(config) #ip router 0.0.0.0　0.0.0.0　{adderss|interface}

其中：{adderss|interface}为相邻路由器的相邻端口地址或本地物理端口号。

例如：ip route 0.0.0.0 0.0.0.0 192.1.0.65。即只要没有在路由表里找到去特定目的地址的路径，则 IP 数据报均被路由到地址为 192.1.0.65 的相邻路由器。

对于 Cisco IOS，网络 0.0.0.0/0 为最后的可用路由有特殊的意义。所有的目的地址都匹配这条路由，因为全为 0 的掩码不需要对在一个地址中的任何比特进行匹配。到 0.0.0.0/0 的路由经常被称为"4 个 0 路由"。

②default-network 路由

"ip default-network"命令可以被用来标记一条到任何 IP 网络的路由，而不仅仅是 0.0.0.0/0，作为一条候选缺省路由，其命令语法格式如下：

router(config) #ip default-network ip-network-number

候选缺省路由在路由表中是用星号来标注的，并且被认为是最后的网关。

检查静态路由的配置可使用以下命令来检查：

Show running-config

Show ip route

还可以使用命令：

Show interface 查看接口的状态

Show ip route 查看路由表

Ping 下一条路由器接口地址

Ping 远端路由器或主机

Traceroute 远端路由器或主机

通过配置静态路由，用户可以人为地指定对某一网络访问时所要经过的路径，在网络结构比较简单，且一般到达某一网络所经过的路径唯一的情况下采用静态路由。

2. 动态路由

大型和复杂的网络环境通常不宜采用静态路由。一方面，网络管理员难以全面地了解整个网络的拓扑结构；另一方面，当网络的拓扑结构和链路状态发生变化时，路由器中的静态路由信息需要大范围地调整，这一工作的难度和复杂程度非常高。

动态路由是网络中的路由器之间相互通信，传递路由信息，利用收到的路由信息更新路由器表的过程。它能实时地适应网络结构的变化。如果路由更新信息表明发生了网络变化，路由选择软件就会重新计算路由，并发出新的路由更新信息。这些信息通过各个网络，引起各路由器重新启动其路由算法，并更新各自的路由表以动态地反映网络拓扑变化。

动态路由适用于网络规模大、网络拓扑复杂的网络。当然，各种动态路由协议会不同程度地占用网络带宽和 CPU 资源。

动态路由是指路由器能够自动地建立自己的路由表，并且能够根据实际情况的变化适时地进行调整。动态路由机制的运作依赖路由器的两个基本功能：对路由表的维护；路由器之间根据路由选择协议适时的交换路由信息。路由选择协议是实现路由算法的协议。路由选择协议消息在路由器之间移动。路由选择协议使路由器之间可以传达路由更新信息和维护路由选择表。

由于因特网的规模非常大，如果让所有的路由器知道到达所有目的网络的路径，这样路由器的路由表将非常大，要花费更多的时间来处理。另外许多单位不愿意让外界了解自己单位的网络结构和本部门所采用的路由选择协议，但同时还希望连接到因特网上。因此因特网采用自适应、分布式的路由选择协议。

因特网将整个互联网划分为多个较小的自治系统(autonomous system，AS)。RFC 4271 对自治系统 AS 的定义是：在互联网中，一个自治系统(AS)是一个有权自主地决定在本系统中应采用何种路由协议的小型单位。这个小型单位可以是一个简单的网络也可以是一个由一个或多个普通的网络管理员来控制的网络群体，它是一个单独的可管理的网络单元(例如一所大学，一个企业或者一个公司个体)。即在单一的技术管理下的一组路由器。一个自治系统将会分配一个全局唯一的 16 位号码，我们把这个号码叫做自治系统号(ASN)。一个自治系统有时也被称为是一个路由选择域(routing domain)。一个自治系统网络内部进行路由信息的通信使用内部网关协议(interior gateway protocols，IGP)，即在一个自治系统内部使用的路由选择协议，与在互联网中的其他自治系统选用什么路由选择协议无关。目前这类路由选择协议使用得最多，如 RIP 和 OSPF 协议。若源主机和目的主机处在不同的自治系统中，当数据报传到一个自治系统的边界时，就需要使用一种协议将路由选择信息传递到另一个自治系统中。这样的协议就是外部网关协议(external gateway protocol，EGP)。各个自治系统网络之间通过边界网关协议(border gateway protocol，BGP)来共享路由信息。目前使用最多的外部网关协议是 BGP 的版本 4(BGP-4)。自治系统之间的路由选择也叫做域间路由选择(interdomain routing)，而在自治系统内部的路由选择叫做域内路由选择(intradomain routing)。

当路由器使用路由选择算法更新路由选择表时，主要目标是确定路由选择表中包含的最佳信息。每个路由选择算法都有自己的度量标准。通常，度量标准值越小，路径就越好。

常用的度量标准如下：

(1) 带宽(bandwidth)指链路的数据容量。

(2) 延迟(delay)指分组沿着从源到目的的每条链路移动所需的时间。

(3) 负载(load)指网络资源的活动量。

(4) 可靠性(reliability)指每个网络链路的错误率。

(5) 跳数(hop count)指分组到达目的地之前必须经过的路由器个数。

(6) 滴答数(ticks)指使用 IBM PC 时钟滴答计数的数据链路延迟。

(7) 代价(cost)由管理员指派的基于带宽、花费等的度量值。

5.5.3 RIP 路由协议

1. RIP 协议概述

路由信息协议(routing information protocol，RIP)是 IP 网络中使用得最早、应用最广泛的 AS 内部路由选择协议。RIP 是一种分布式的基于距离向量的路由选择协议，是因特网的标准协议。在 RFC 1058 中定义了 RIPv1 版本，RFC 2453 中定义了它的向后兼容版本 RIPv2。

RIPv1 使用跳数(hop count)作为费用测度，即将每条链路的费用均设为 1。跳数是沿着从源路由器到目的子网(包括目的子网)的最短路所经过的子网数量，IP 数据报每经过一台路由器，跳数就加 1。RIP 协议认为一条好的路由就是所通过的路由器数目最少的路径，即“距离短”的路由。RIP 要求一条路径最多不超过 1 5 台路由器。因此，“距离”为 16 时即定义为目的网络不可达。因此，RIP 只适用于中小型互联网。

RIP 协议具有如下特点：①仅与相邻路由器交换信息。②交换的信息是本路由器路由选择表中的更新信息。即到本自治系统中所有网络的(最短)距离，以及到每个网络应经过的下一跳路由器地址。③交换信息是按固定的时间间隔进行的。例如，每隔 30 秒。④根据从相邻路由器得到的更新信息，对本地路由选择表(routing table，亦称 RIP 表)进行处理更新。当网络拓扑发生变化时，路由器也及时向相邻路由器通告拓扑变化后的路由信息。

使用 RIP 协议的路由器刚开始工作，只知道到达直接连接的网络的距离(此距离定义为 1)，经过若干次与相邻路由器交换并更新路由信息，RIP 就能使所有路由器最终都会得到本自治系统中任何一个子网的最短距离及其下一跳路由器的地址。

2. RIP 协议的工作原理

RIP 协议的距离矢量算法描述如下：

(1) 收到相邻路由器(假设地址为 x)的 RIP 报文，先对此报文中的所有路由信息项目进行修改：将“下一跳”字段中的地址都改为 x，并将所有的“跳数”字段的值加 1。理由是从路由器 x 到达目的网络 N 的跳数为 m，那么从本路由器也能到达目的网络 N 的

下一跳就是路由器 X，跳数为 $m+1$。

(2) 对修改后报文中的每一个项目，重复以下步骤：①若项目中的目的网络不在本路由器的路由表中，表明此项目是新的路由信息，添加到本路由器的路由表中。②否则就不是新路由信息，比较两条路由信息的下一跳字段的路由器地址是否相同，如果相同就用收到的项目替换原路由表中的项目，也就是进行更新，重新启动计时器。③如果两条路由信息的下一跳字段的路由器地址不相同，则比较两条路由信息的跳数，若收到的项目中的跳数小于路由表中的跳数，就用收到的项目替换原路由表中的项目，重新启动计时器。否则什么也不做。

(3) 如果 180 秒还没有收到相邻路由器的更新路由表，就把此路由器记为不可达路由器。

(4) 返回。

RIP 协议只与相邻路由器交换路由信息，交换路由信息的内容为完整的路由表，并且 RIP 协议只与相邻路由器交换路由信息，交换路由信息每隔 30 秒就自动更新信息。如果在 180 秒内没有收到相邻站点发送的路由表更新信息，即认为相邻路由器不可达。设置为不可达的路由信息在路由表中不会立即被删除，而是在 120 秒后从路由表中删除。对于跳数相同的路由采用“先入为主”的原则，即哪个路由器的路由信息先到就先使用，这种处理方式不能实现负载平衡，因此在实际设备实现时为了实现负载平衡，对算法做了改进。

下面举例说明 RIP 协议的工作原理。运行 RIP 协议的各路由器在刚开始加电时，它们的路由表中只有与它们直接相连网络的表项，如图 5-57 所示。

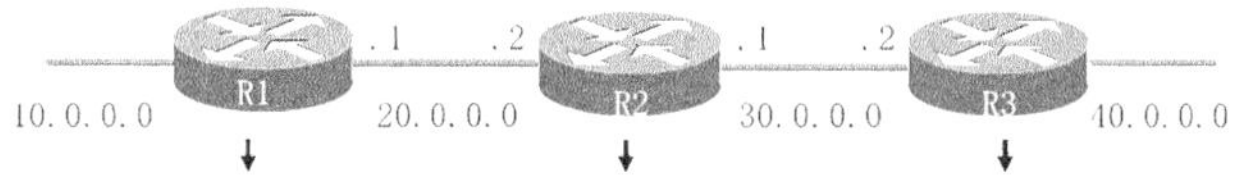

Routing Table (R1)

	NET	Next hop	Metric
C	10.0.0.0		1
C	20.0.0.0		1

Routing Table (R2)

	NET	Next hop	Metric
C	20.0.0.0		1
C	30.0.0.0		1

Routing Table (R3)

	NET	Next hop	Metric
C	30.0.0.0		1
C	40.0.0.0		1

图 5-57 运行 RIP 协议的路由器刚开始加电时的路由表

当路由器的更新周期 30s 到了时候，会向邻居发送路由表，如图 5-58 所示。

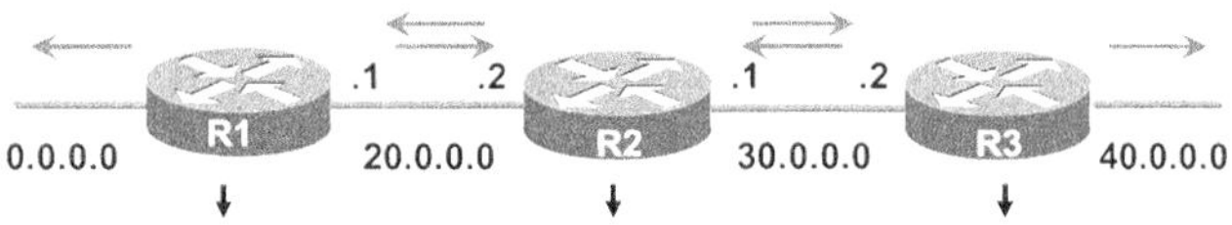

Routing Table (R1)

	NET	Next hop	Metric
C	10.0.0.0		1
C	20.0.0.0		1
R	30.0.0.0	20.0.0.2	2

Routing Table (R2)

	NET	Next hop	Metric
C	20.0.0.0		1
C	30.0.0.0		1
R	10.0.0.0	20.0.0.1	2
R	40.0.0.0	30.0.0.2	2

Routing Table (R3)

	NET	Next hop	Metric
C	30.0.0.0		1
C	40.0.0.0		1
R	20.0.0.0	30.0.0.1	2

图 5-58 第一次更新路由表

再过 30s，路由器的第二个更新周期到了，再次发送路由表，如图 5-59 所示。

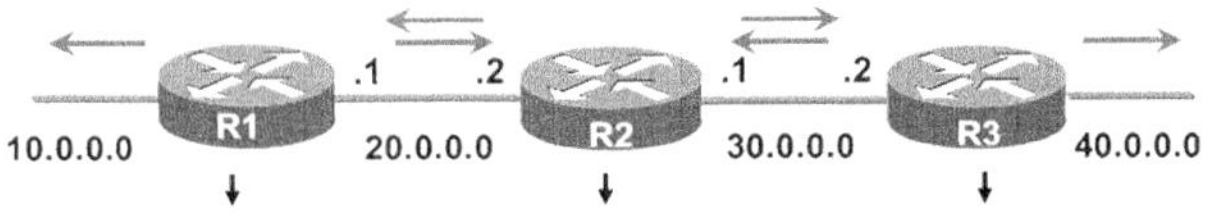

Routing Table (R1)

	NET	Next hop	Metric
C	10.0.0.0		1
C	20.0.0.0		1
R	30.0.0.0	20.0.0.2	2
R	40.0.0.0	20.0.0.2	3

Routing Table (R2)

	NET	Next hop	Metric
C	20.0.0.0		1
C	30.0.0.0		1
R	10.0.0.0	20.0.0.1	2
R	40.0.0.0	30.0.0.2	2

Routing Table (R3)

	NET	Next hop	Metric
C	30.0.0.0		1
C	40.0.0.0		1
R	20.0.0.0	30.0.0.1	2
R	10.0.0.0	30.0.0.1	3

图 5-59　第二次更新路由表

3. RIP 报文的格式

图 5-60 是 RIPv2 的报文格式。具体含义如下：

(1) 命令：用来指定数据报用途。主要有 Request (请求)、Response (响应)等。响应可以是请求的或非请求的，请求的响应仅在回答请求时才发出，而非请求的响应是定期发出的，一般是每隔 30 秒，这种响应也称为更新分组。

(2) 版本：用来指定使用 RIP 的版本。

(3) 保留：未使用，置为 0。

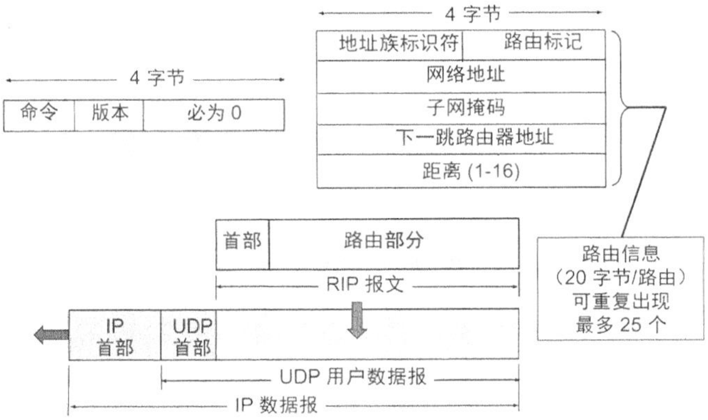

图 5-60　RIPv2 的报文格式

(4) 地址族：用来指定使用 RIP 的协议，值为 2 表示 IP 协议。如果值为 0xFFFF，后面紧跟的是认证信息。

(5) 路由标记：用来传递自治系统的标号给 BGP，没有路由标记的将 0 作为自己的路由标记。

(6) 目的网络地址：要到达的目的网络地址。

(7) 子网掩码：目的网络对应的子网掩码。

(8) 下一跳路由器地址：指出下一跳 IP 地址，通向目的地的数据报需要转发到该地址。

(9) 距离：也称为跳数，表示到达下一跳路由器的距离。如果值为 16 表示为不可达路径。

RIP 协议使用传输层的用户数据报 UDP 进行传送(使用 UDP 的 520 端口)。因此，RIP 协议的位置应当在传输层之上，但转发 IP 数据报的过程是在网络层完成的，也就是说它的功能是完成网络层的报文转发。一个 RIP 报文最多可包括 25 条路由信息，因而 RIP 报文的最大长度是 $4+20\times25=504$ 字节。如超过，必须再用一个 RIP 报文来传送。因为 RIPv2 还具有简单的鉴别功能，若使用鉴别功能，则将原来写入第一个路由信息(20 字节)的位置用作鉴别，这对应将地址族标识符置为全 1(即 0xFFFF)，而路由标记写入鉴别类型，剩下的 16 字节作为鉴别数据。在鉴别数据之后才写入路由信息，但这时最多只能再放入 24 条路由信息。

4. RIPv 1 与 RIPv2 的比较

RIPv1 与 RIPv2 的比较如下：

(1) RIPv1 是有类路由(classful)协议，它们在宣告路由信息时不携带网络掩码。RIPv2 是无类路由(classless)协议，它们在宣告路由信息时携带网络掩码。

(2) RIPv1 是广播发送 RIP 报文，广播地址为 255.255.255.255。RIPv2 支持广播也支持多播发送 RIP 报文，多播地址为 224.0.0.9。发送广播是给所有路由器包括网络中的主机，而多播只发送给使用该协议的路由器。与广播相比，多播明显节省带宽。

5. RIP 路由自环分析

任何距离向量路由选择协议都有一个问题，路由器不知道网络的全局情况，路由器必须依靠相邻路由器来获取网络的可达信息。由于 RIP 距离向量路由选择算法有一个慢收敛问题，路由选择协议更新信息时具有好消息传播得快，而坏消息传播得慢的特点。这个问题将导致不一致性产生，从而产生路由自环。

路由自环的发生是由于每台路由器不能同时或接近同时地完成路由表的更新。例如在图 5-57 所示的网络中，LAN 10.0.0.0 因链路问题与 R1 路由器的物理连接断开，因此在它的路由表中对应 LAN 10.0.0.0 的表项的下一跳被修改为 16(不可达)，在它还没把修改后的路由表发给邻居 R2 时，收到了邻居 R2 发送过来的路由信息，经过比较后用(10.0.0.0，R2，3)代替了原来的(10.0.0.0，直接交付，16)，然后 R1 又把自己的路由表发送给邻居 R2，用(10.0.0.0，R1，4)代替了 R2 路由表中的(10.0.0.0，R1，2)，同样 R2 也要和 R3 作类似的交换，经过若干次交换后，所有的路由器才知道 LAN10.0.0.0 实际是不可达的，这就是路由自环。RIP 协议使用以下机制减少因网络上的不一致带来的路由环路的可能性。

(1) 水平分割。水平分割规定路由器从某个接口接收到的路由更新信息不允许再从这个接口发送回去。当打开路由器接口后，路由器记录路由信息是从哪个接口来的，并且不向此接口回传此路由信息。

(2) 毒化翻转。当一条路由信息无效后，路由器即将其跳数设为 16(不可达)，并把它广播出去。通过此方法有可能立刻解决路由自环。否则，不正确的路径将在路由表中驻留到超时为止。它的缺点是增加了路由表的大小。

(3) 保持定时器法。保持定时器可防止路由器在路径从路由表中删除后一定的时间内(通常为 180 秒)接收新的路由信息。它的思想是保证每个路由器都收到了路径不可达信息，而且没有路由器发出无效路径信息。

(4) 触发更新法。触发式更新的工作原理是当某条路由信息改变了，路由器立即发出更新信息，不管路由器是否到达更新时间都发出更新信息。

6. RIP 路由协议的配置

(1) RIP v1 路由协议的配置

RIP v1 路由协议的配置过程如下：

①启动 RIP 进程

Router(config) # router rip

② 宣告网络号

Router(config-router) # network network-number //向外宣告哪个网段，network-number 为网络号

③查看及调试路由表

Router# show ip route

查看路由协议配置

Router# show ip protocols

打开 RIP 协议调试命令

Rouetr# debug ip rip

RIP v1 路由协议配置实例如图 5-61 所示。

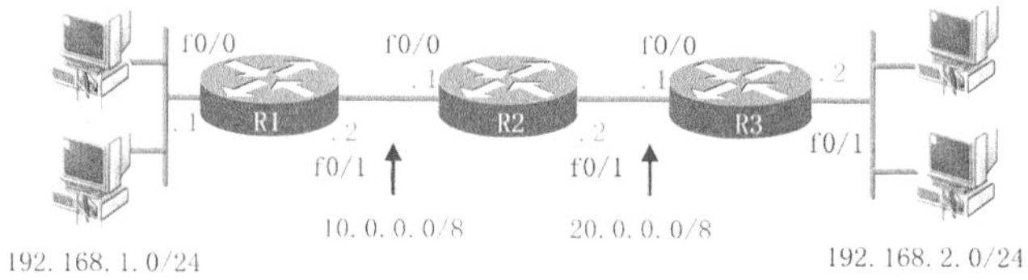

图 5-61 RIP v1 路由协议配置实例

路由器 R1 的具体配置命令如下：

Router>enable

Router #configure terminal

Router(config) #hostname R1

R1(config) #interface f0/0

R1(config-if) #ip address 192.168.1.1 255.255.255.0

R1(config-if) #no shutdown

R1(config) #interface f0/1

```
R1(config-if) #ip address 10.0.0.2 255.0.0.0
R1(config-if) #no shutdown

R1(config) #router rip //启用 RIP
R1(config-router) #network 10.0.0.0
R1(config-router) #network 192.168.1.0
R1(config-router) #exit
R1(config) #end
R1#copy running- config startup- config//也可以使用 wr 命令保存
```

(2) RIP v2 路由协议的配置

配置 RIP 协议使用版本 2

```
R1(config) # router rip
R1(config-router) # version 2
R1(config-router) # no auto-summary  //版本 2 默认情况下边界自动汇总，如果需要支持可变长子网，需要配置为不进行自动汇总
```

RIP v2 路由协议的其他配置与 RIPv1 配置相同。

RIP 协议使用传输层的用户数据报 UDP 的端口 520 进行传送。RIP 协议具有实现简单，开销较小，配置容易，可支持 IP，IPX 等多种网络层协议等优点。缺点是路由收敛速度慢，以跳数标记的 metric 值不能真实反映路由开销，有 16 跳的限制，不适合大规模的网络，周期性广播，开销比较大。因此，对于规模较大的网络应当使用 OSPF 协议。

5.5.4 OSPF 路由协议

1. OSPF 协议概述

开放最短路径优先(open shortest path first，OSPF)是另一种广泛应用于因特网 AS 内部的链路状态路由协议。与 RIP 相比，OSPF 是使用链路状态路由算法的内部网关协议(IGP)，在单一自治系统内决策路由。OSPF 通常用于区域 ISP 或本地 ISP 网络，而 RIP 则被用于本地 ISP 或局域网，因此应用 OSPF 的网络规模可以很大。OSPF 中的开放(open)一词是指路由选择协议规范是公众可免费使用的。最短路径优先是因为使用了公开发表的 Dijkstra 提出的最短路径算法 SPF。适用于 IPv4 的 OSPFv2 协议定义于 RFC 2328，RFC 5340 定义了适用于 IPv6 的 OSPFv3。

OSPF 通过路由器之间通告网络接口的状态来建立链路状态数据库，生成最短路径树，每个 OSPF 路由器使用这些最短路径构造路由表。

OSPF 最主要的特征就是使用链路状态(LS)算法。所谓 LS 是指网络拓扑和所有链路的费用都是已知的，可以作为算法的输入，这使每台路由器都知道怎样到达自己的邻居并通过邻居到达所有目的地。如果能够确保这种信息完整地传播到每台路由器，就能使每台路由器都有足够的网络信息来建立完整的网络映像。这是找到到达网络中任一点最

短路径的充分条件。因此，LS 算法依靠 LS 信息的可靠传输和基于积累的链路状态知识集合两种机制进行路由计算。

OSPF 有两个技术要点：一个是使用洪泛链路状态信息的链路状态协议。OSPF 要求路由器以洪泛法(flooding)方式向本区域所有路由器发送链路状态，使路由器通过所有输出端口向所有相邻的路由器发送信息，最终整个区域中的所有路由器都会得到其他路由器所有链路状态的副本。其中的链路状态包括本路由器与哪些路由器相邻，以及该链路的“度量”(metric)。这个“度量”可以表示费用或距离、时延、带宽等。这些可以由网络管理人员来决定。相比之下，RIP 仅仅向与自己相邻的路由器发送连通信息，它发送报文的数量要少得多，报文中的信息也更为简单。通过各路由器之间频繁地交换链路状态信息，所有的路由器最终都能建立一个链路状态数据库(link-state database)，这个数据库实际上就是全网的拓扑结构图。这使每一台路由器都可以知道全网共有多少台路由器，以及哪些路由器是相连的，其代价是多少。第二个是 Dijkstra 最低费用路径算法。路由器基于链路状态数据库信息，在本地运行 Dijkstra 的最短路径算法，从而能够确定一个以其为根节点，到达所有子网的最短路径树。相比之下，RIP 只有局部信息，经多轮迭代后才能知道较全面的全局路由信息。当网络变化时更新路由信息的过程收敛得较快，这是 OSPF 的重要优点。此外，每台路由器能够独立地依赖全局信息计算出到达其他节点的最短路径，不易受到某个邻居虚假信息的误导，因此运行 OSPF 更为稳定和可靠。

OSPF 基本特点如下：

(1) 支持无类域间路由(CIDR)。

(2) 支持区域划分。支持在单个路由选择域内的层次结构。

(3) 无路由自环。

(4) 路由变化收敛速度快。OSPF 路由变化时收敛速度快，可适应大规模网络。OSPF 并不周期性地广播路由表，因此节省了宝贵的带宽资源。

(5) 使用 IP 组播收发协议数据。OSPF 以组播地址发送协议报文(对所有 DR/BDR 路由器的组播地址：224.0.0.6；对所有的 SPF 路由器的组播地址：224.0.0.5)。

(6) 支持多条等值路由。当到达某目的地的多条路径具有相同的费用时，OSPF 允许同时使用多条路径。这种特性有助于实施流量工程。

(7) 支持协议报文的认证。OSPF 能够鉴别路由器之间的报文交换。仅有受信任的路由器能参与一个 AS 内部的 OSPF，因此可防止恶意入侵者将不正确的信息注入路由器转发表内。在默认状态下，路由器间的 OSPF 报文未被鉴别并能被伪造。通过配置简单的及基于 MD5 的两类鉴别可加以防止。

OSPF 被直接封装于 IP 协议之上(使用协议号 89)，它靠自身的传输机制保证可靠性。

OSPF 数据包的 TTL 值被设为 1，即 OSPF 数据包只能被传送到一跳范围之内的邻居路由器。

2. OSPF 的区域划分

OSPF 具有按层次结构构造多个自治系统的能力，这使 OSPF 能够在相当大的网络中进行路由选择。OSPF 将一个自治系统划分为若干个较小的范围，叫做区域(area)。每一个区域都有一个 32 位的区域标识符(用点分十进制表示)。每个区域都运行自己的 OSPF 链路状态算法，区域内的每台路由器都向该区域内的其他路由器广播其链路状态。因此，一个区域的内部细节对于该区域外的所有路由器来说都是不可见的。区域内路由选择仅涉及同一区域内的这些路由器。在一个区域内，一台或多台区域边界路由器(area border router)负责为向该区域以外传输的分组选择路由。其次，在 AS 内部配置一个主干(backbone)区域。主干区域的主要作用是为 AS 内部各个区域之间的流量进行路由选择。该主干包括了 AS 内部的所有区域边界路由器或一些非边界路由器。这样，在 AS 内部的路由选择分为几步：①源区域内的路由选择，分组首先被路由到一个区域边界路由器；②主干路由选择，从源区域边界路由器被路由到位于目的区域的区域边界路由器；③目的区域内的路由选择，最后被路由到目的地。

划分区域的好处就是将利用洪泛法交换链路状态信息的范围局限于每一个区域而不是整个的自治系统，这就减少了整个网络上的通信量。在一个区域内部的路由器只知道本区域的完整网络拓扑，而不知道其他区域的网络拓扑的情况。

图 5-62 中显示了一幅层次结构的 OSPF 网络图。

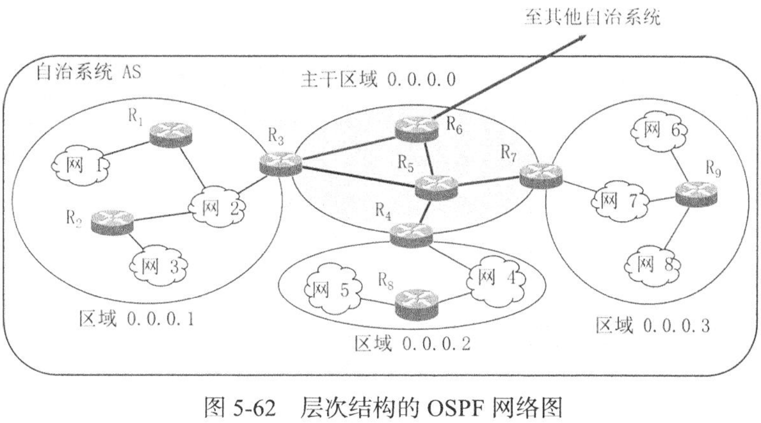

图 5-62 层次结构的 OSPF 网络图

在图 5-62 中可以发现有 4 个不同区域和 4 种类型的 OSPF 路由器。

(1) 内部路由器。这些路由器位于非主干区域且只执行 AS 内部的路由选择，如 R_1、R_2、R_8、R_9。

(2) 区域边界路由器。这些路由器同时属于子区域与主干两个区域，R_3、R_4、R_7。

(3) 主干路由器。这些路由器执行主干中的路由选择，但其自身不是区域边界路由器。在一个非主干区域内，内部路由器通过主干路由器，从链路状态通告中得知到另一个区域的路由及其费用，如 $R_3 \sim R_7$。

(4) 边界路由器。边界路由器与其他自治系统的路由器连接，彼此交换 AS 之间的路由选择信息。例如，路由器 R_6，可能会使用 BGP 以执行 AS 之间的路由选择。其他路由器正是通过边界路由器才知道通向外部网络的路径。

3. OSPF 协议的报文结构

OSPFv2 的报文结构如图 5-63 所示。

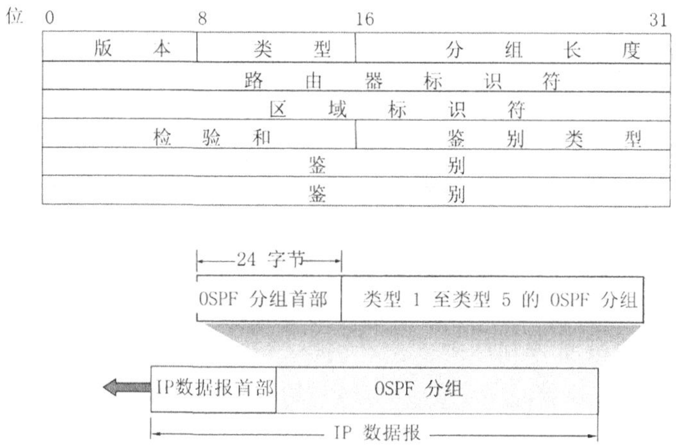

图 5-63　OSPFv2 的报文结构

(1) 版本：8 比特，标识所使用的 OSPF 版本，当前为 2。

(2) 类型：8 比特，包括 5 种报文类型 Hello，DDP，LSR，LSU，LSAck。

(3) 分组长度：16 比特，以字节为单位的分组的长度，包括 OSPF 首部。

(4) 路由器标识符:32 比特,标识数据包的发送者。OSPF 协议使用一个被称为 Router ID 的 32 位无符号整数来唯一标识一台路由器。基于这个目的，每一台运行 OSPF 的路由器都需要一个 Router ID。这个 Router ID 一般需要手工配置，一般将其配置为该路由器的某个接口的 IP 地址。由于 IP 地址是唯一的，所以这样就很容易保证 Router ID 的唯一性。在没有手工配置 Router ID 的情况下，一些厂家的路由器支持自动从当前所有接口的 IP 地址自动选取一个 IP 地址作为 Router ID。

(5) 区域标识符：32 比特，标识分组所属的区域。

(6) 校验和：16 比特，校验整个分组的内容的完整性及正确性。

(7) 鉴别类型：16 比特包含认证类型。

类型 0：表示不进行认证

类型 1：表示采用明文方式进行认证

类型 2：表示采用 MD5 算法进行认证

(8) 鉴别：包含认证信息

(9) 数据：包含所封装的类型 1 至类型 5 的 OSPF 分组。

4. OSPF 的分组类型

OSPF 包含五种分组类型：

(1) 类型 1，问候(Hello)分组，用来发现和维持邻站的可达性。

(2) 类型 2，数据库描述(database description，DD)分组，向邻站给出自己的链路状态数据库中的所有链路状态项目的摘要信息。

(3) 类型 3，链路状态请求(link state request，LSR)分组，向对方请求发送某些链路状态项目的详细信息。

(4) 类型 4，链路状态更新(link state update，LSU)分组，用洪泛法对全网更新链路状态。这种分组是最复杂的，也是 OSPF 协议最核心的部分。路由器使用这种分组将其链路状态通知给邻站。

(5) 类型 5，链路状态确认(link state acknowledgment，LSack)分组，对链路更新分组的确认。

OSPF 规定，每两个相邻路由器每隔 10 秒钟要交换一次问候分组。以便确认哪些邻站是可达的。对相邻路由器来说，“可达”是最基本的要求，因为只有可达邻站的链路状态信息才存入链路状态数据库(路由表就是根据链路状态数据库计算出来的)。在正常情况下，网络中传送的绝大多数 OSPF 分组都是问候分组。若有 40 秒钟没有收到某个相邻路由器发来的问候分组，则可认为该相邻路由器是不可达的，应立即修改链路状态数据库，并重新计算路由表。其他的四种分组都是用来进行链路状态数据库的同步。所谓同步就是指不同路由器的链路状态数据库的内容是一样的。两个同步的路由器叫做“完全邻接的”(fully adjacent)路由器。不是完全邻接的路由器表明它们虽然在物理上是相邻的，但其链路状态数据库并没有达到一致。

OSPF 让每一个路由器用数据库描述分组和相邻路由器交换本数据库中已有的链路状态摘要信息。摘要信息主要就是指出有哪些路由器的链路状态信息(以及其序号)已经写入了数据库。经过与相邻路由器交换数据库描述分组后，路由器就使用链路状态请求分组，向对方请求发送自己所缺少的某些链路状态项目的详细信息。通过一系列的这种分组交换，全网同步的链路数据库就建立了。图 5-64 给出了 OSPF 的基本操作，说明了两个路由器需要交换各种类型的分组。

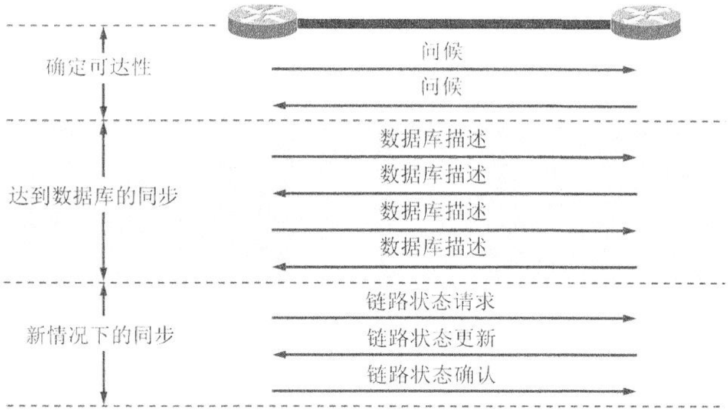

图 5-64 OSPF 的基本操作

5. OSPF 单区域配置

图 5-65 为 OSPF 单区域配置的实例。

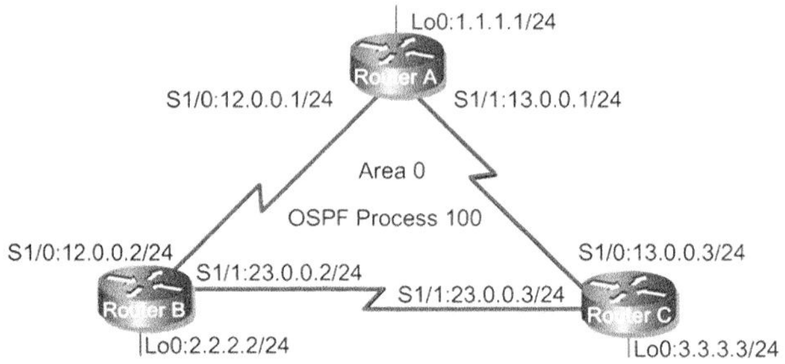

图 5-65　OSPF 单区域配置实例

路由器 A 的配置命令：

RouterA(config) #router ospf 100
RouterA(config-router) #router-id 1.1.1.1
RouterA(config-router) #network 1.1.1.0 0.0.0.255 area 0
RouterA(config-router) #network 12.0.0.1 0.0.0.0 area 0
RouterA(config-router) #network 13.0.0.1 0.0.0.0 area 0

路由器 B 的配置命令：

RouterB(config) #router ospf 100
RouterB(config-router) #router-id 2.2.2.2
RouterB(config-router) #network 2.2.2.0 0.0.0.255 area 0
RouterB(config-router) #network 12.0.0.2 0.0.0.0 area 0
RouterB(config-router) #network 23.0.0.2 0.0.0.0 area 0

路由器 C 的配置命令：

RouterC(config) #router ospf 100
RouterC(config-router) #router-id 3.3.3.3
RouterC(config-router) #network 3.3.3.0 0.0.0.255 area 0
RouterC(config-router) #network 13.0.0.3 0.0.0.0 area 0
RouterC(config-router) #network 23.0.0.3 0.0.0.0 area 0

OSPF 相关诊断命令如下：

show ip protocol
show ip route
show ip ospf neighbor
show ip ospf neighbor detail
show ip ospf database
show ip ospf interface

```
show ip ospf flood-list
show ip ospf process-id
debug ip ospf hello
debug ip ospf adj
debug ip ospf events
debug ip ospf flood
debug ip ospf packet
debug ip ospf spf
```

5.5.5 BGP 路由协议

1. BGP 协议概况

边界网关协议(border gateway protocol，BGP)是唯一的外部网关路由协议，主要用来在 AS 之间传递路由信息，是一种距离矢量的路由协议。由于因特网的规模太大，自治系统之间的路由选择非常困难。对于自治系统之间的路由选择，要寻找最佳路由是很不现实的。当一条路径通过几个不同 AS 时，要想对这样的路径计算出有意义的代价是不太可能的。比较合理的做法是在 AS 之间交换“可达性”信息。自治系统之间的路由选择必须考虑有关策略。因此，边界网关协议 BGP 只能是力求寻找一条能够到达目的网络且比较好的路由，而并非要寻找一条最佳路由。

1989 年发布了主要的外部网关协议：边界路由协议(BGP)，新版本 BGP-4 是在 1995 年发布的。BGP-4 提供了一套新的机制以支持无类域间路由。这些机制包括支持网络前缀的通告、取消 BGP 网络中“类”的概念。BGP-4 也引入机制支持路由聚合，包括 AS 路径的集合。这些改变为提议的超网方案提供了支持。

BGP 主要用来处理各 ISP 之间的路由传递，着眼于控制路由的传播和选择最佳路由。BGP 对网络拓扑结构没有限制，BGP 协议具有如下特点：

(1) 实现自治系统间通信，传播网络的可达信息。BGP 是一个外部网关协议，允许一个 AS 与另一个 AS 进行通信。BGP 允许一个 AS 向其他 AS 通告其内部的网络的可达性信息，或者是通过该 AS 可达的其他网络的路由信息。同时，AS 也能够从另一个 AS 中了解这些信息。与距离向量选路协议类似，BGP 为每个目的网络提供的是下一跳(next-hop)节点的信息。在 AS 之间，BGP 通过携带 AS 路径信息标记途经的 AS，带有本地 AS 号的路由将被丢弃，从而避免了域间产生环路。每个自治系统都有唯一的自治系统编号。自治系统的编号范围是 1 到 65535，其中 1 到 65411 是注册的因特网编号，65412 到 65535 是专用网络编号。

(2) 多个 BGP 路由器之间的协调。如果在一个自治系统内部有多个路由器分别使用 BGP 与其他自治系统中对等路由器进行通信，BGP 可以协调此一系列路由器，使这些路由器保持路由信息的一致性。

(3) BGP 支持基于策略的路由(policy-base routing)。一般的距离向量选路协议确切通告本地选路中的路由。而 BGP 则可以实现由本地管理员选择的策略。BGP 路由器可以为域内和域间的网络可达性配置不同的策略。

(4) 可靠的传输。BGP 路由信息的传输采用了可靠的 TCP 协议。BGP 使用 TCP 作为其传输层协议(监听端口号为 179)，提高了协议的可靠性。BGP 进行域间的路由选择，对协议的稳定性要求非常高。因此用 TCP 协议的高可靠性来保证 BGP 协议的稳定性。BGP 的对等体之间必须逻辑上连通，并进行 TCP 连接。本地端口号任意。

(5) 路径信息。在 BGP 通告目的网络的可达性信息时，处理指定目的网络的下一跳信息之外，通告中还包括了通路向量(path vector)，即去往该目的网络时需要经过的 AS 的列表，使接受者能够了解去往目的网络的通路信息。

(6) 增量更新。BGP 不需要将所有路由更新报文中传送完整的路由数据库信息，只需要在启动时交换一次完整信息。后续的路由更新报文只通告网络的变化信息。这种网络变化的信息称为增量(delta)。大大减少了 BGP 传播路由所占用的带宽，适用于在 Internet 上传播大量的路由信息。

(7) BGP 支持无类型编制(CIDR)及 VLSM 方式。通告的所有网络都以网络前缀加子网掩码的方式表示。

(8) 路由聚集。BGP 允许发送方把路由信息聚集在一起，用一个条目来表示多个相关的目的网络，以节约网络带宽。

(9) BGP 还允许接收方对报文进行鉴别和认证，以验证发送方的身份。

2. BGP 工作机制

BGP-4 采用了向量路由协议，当两个 AS 需要交换路由信息时，每个 AS 要选择至少一个路由器作为该自治系统的“BGP 发言人”运行 BGP，来代表 AS 与其他的 AS 交换路由信息。两个 AS 中利用 BGP 交换信息的路由器也被称为边界网关(border gateway)或边界路由器(border router)。

如图 5-66 所示，BGP 邻居刚建立时，发送整个 BGP 路由表交换路由信息，之后为了更新路由表只交换更新消息(update message)。系统在运行过程中，通过接收和发送 keep-alive 消息来检测相互之间的连接是否正常的。一般情况下一条路由由自治系统内部的某种内部路由协议发现和计算产生，由自治系统边界路由器(ASBR)通过 EBGP 连接传播到其他自治系统中。路由在传播过程中可能会经过若干个自治系统，这些自治系

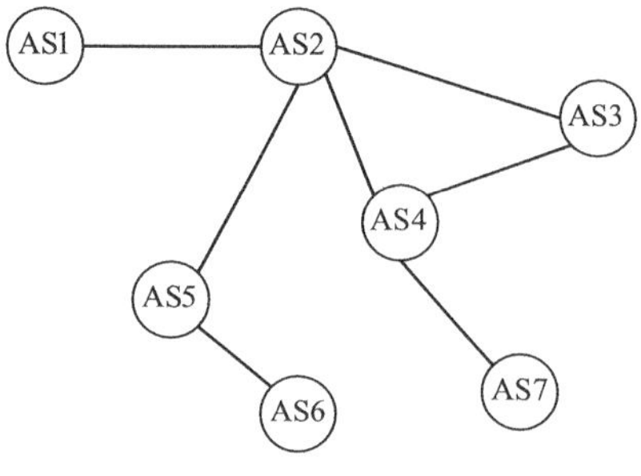

图 5-66　BGP-4 协议示意图

统称为过渡自治系统(如：AS5)。若这个自治系统有多个边界路由器，这些路由器之间运行 IBGP 来交换路由信息。另外一种自治系统称为 Stub AS(如：AS1)，其内部只有一个 ASBR 通过 EBGP 连接外部，同外部其他 AS 的通信要靠过渡自治系统来转接。

BGP 有两种邻居：IBGP 和 EBGP(图 5-67)。BGP 的邻居关系(或称通信对端/对等实体)是通过人工配置实现的，对等实体之间通过 TCP(端口 179)会话交互数据。BGP 路由器会周期地发送 19 字节的保持存活 keep-alive 消息来维护连接(默认周期为 30 秒)。在路由协议中，只有 BGP 使用 TCP 作为传输层协议。同一个自治系统中的两个或多个对等实体之间运行的 BGP 被称为 IBGP(internal/interior BGP)。归属不同的 AS 的对等实体之间运行的 BGP 称为 EBGP(external/exterior BGP)。在 AS 边界上与其他 AS 交换信息的路由器被称作边界路由器(border/edge router)。在互联网操作系统(Cisco)中，IBGP 通告的路由的距离为 200，优先级比 EBGP 和任何内部网关协议(IGP)通告的路由都低。其他的路由器实现中，优先级顺序也是 EBGP 高于 IGP，而 IGP 又高于 IBGP。在建立邻居关系的时候，我们都采用 Loopback 地址来建立，但要保证 Loopback 地址可达，采用 Loopback 地址建立的邻居不会因为链路的 down 而断。

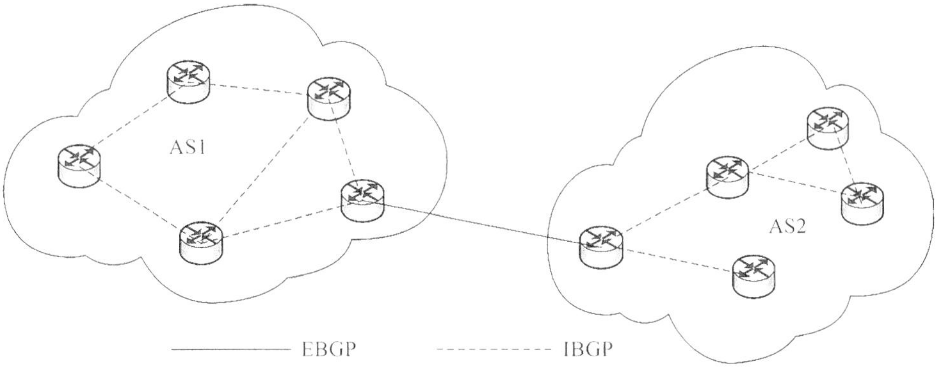

图 5-67 IBGP 和 EBGP 邻居

3. BGP 路由通告原则

BGP 在进行路由通告的时候，需要遵循以下原则：

存在多条路径时，BGP Speaker 只选取最优的使用(非负载分担)。

BGP Speaker 只把自己使用的路由通告给相邻体。

BGP Speaker 从 EBGP 获得的路由会向它所有 BGP 相邻体通告(包括 EBGP 和 IBGP)。

BGP Speaker 从 IBGP 获得的路由不向它的 IBGP 相邻体通告。

BGP Speaker 从 IBGP 获得的路由是否通告给它的 EBGP 相邻体要依 IGP 和 BGP 同步的情况来决定。

连接一建立，BGP Speaker 按照以上原则，把自己所有 BGP 路由通告给新相邻体。

BGP Speaker 只把自己使用的最优的路由加入到路由表中。

4. BGP 的路由属性

BGP 的路由属性是一套参数，它对特定的路由进行了进一步的描述，使得 BGP 能够对路由进行过滤和选择。在配置路由策略时我们将广泛地使用路由属性，但不是所有路由属性都要被用上。

事实上，路由属性被分为以下几类：

(1) 必遵属性：在路由更新数据报文中必须存在的路由属性，这种属性域在 BGP 路由信息中有着不可替代的作用，如果缺少必遵属性，路由信息就会出错。如 AS-Path 就是必遵属性，BGP 用它来避免路由环路，没有它路由就可能出问题。

(2) 可选属性：它是可选的，不一定存在于路由更新数据报文中，我们设置它完全是根据需要。如 MED 属性，我们就用它来控制选路。

(3) 过渡属性：具有 AS 间可传递性的属性就是过渡属性，过渡属性的域值可以被传递到其他 AS 中去并继续起作用。如 Origin 属性，路由信息的起源一旦确定，域值会一直存在，无论此路由信息被传到哪个 AS 中去。

(4) 非过渡属性：只在本地起作用，出了自治系统，域值就恢复成缺省值。如 Local-preference。

路由属性表达了路由的特征，便于扩展。它可以分为如下两大类四小类：

(1) 公认属性

- 公认必遵(well-known mandatory)
- 公认可选(well-known discretionary)

公认属性是所有运行 BGP 协议的系统都必须识别和支持的属性。其中，公认必遵属性是 BGP UPDATE 消息中必须包含的属性。公认可选则是 BGP UPDATE 消息中可以自由选择是否包含的属性。

(2) 可选属性

- 可选过渡(optional transitive)
- 可选非过渡(optional non-transitive)

可选属性并不要求所有运行 BGP 协议的系统都识别。如果属性是可选过渡的，那么，即使运行 BGP 的系统不能识别该属性，也要接受该属性并将其转发给它的对等体。而如果属性是可选非过渡的，运行 BGP 的系统可以忽略包含该属性的消息并且不向它的对等体转发。

常见 BGP 路由属性包括：

- Origin
- AS-Path
- Next hop
- MED
- Local-Preference
- Atomic-Aggregate

- Aggregator
- Community
- Originator-ID
- Cluster-List
- Destination Pref (MCI)
- Advertiser (Baynet)
- Rcid-Path (Baynet)
- MP_Reach_NLRI
- MP_Unreach_NLRI
- Extended_Communities

下面是对部分 BGP 属性的详述：

(1) ORIGIN

ORIGIN 标示路径信息的来源，是公认必遵属性。ORIGIN 可以是以下三种值：①IGP：表示网络层可达信息来源于 AS 内部；②EGP：表示网络层可达信息通过 AS 外部学习；③INCOMPLETE：表示网络层可达信息来源无法确定。

在路由选择的时候，ORIGIN 中，IGP 优于 EGP，EGP 优于 INCOMPLETE。

(2) AS_PATH

AS_PATH 由一系列 AS 路径组成，是公认必遵属性。AS-PATH 采用 AS_SEQUENCE 方式表示该路由经过的 AS 的有序集。当 BGP 发布者发布路由给 IBGP 对等体时，BGP 不修改路由的 AS_PATH 属性。当 BGP 发布者发布路由给 EBGP 对等体时，本地系统应该把自己的 AS 号作为序列的最后一个元素加在序列的最后面。

AS_PATH 可以用来作为路由选路的一种度量。经过更少 AS 路径的路由更优先。同时 AS_PATH 也作为一种手段来避免环路。如果 BGP 路由信息发布者从 EBGP 对等体收到一条路由，它的 AS_PATH 包含发布者自己的 AS 号，就说明这条路由曾经从本 AS 发出过，将其丢弃，同时不再进行转发。基于上述机制，AS_PATH 属性可以避免 AS 之间的路由环路的出现，AS 内部的路由环路的避免则采用其他手段来实现。

(3) NEXT_HOP

它定义了到达目的地下一跳的设备 IP 地址，是公认必遵属性。

NEXT_HOP 中 IP 地址的填写遵循如下规则：①如果是发布给 EBGP 对等体，NEXT_HOP 填写 BGP 发布者的 IP 地址；②如果是发布给 IBGP 对等体，且路由来自 AS 外部，则 NEXT_HOP 保留原始的 AS 外部对等体的 IP 地址。

(4) MULTI_EXIT_DISC

MULTI_EXIT_DISC 被用来区分同一个邻接 AS 的多个接口，是一个可选非过渡属性，一般简写为 MED。MED 只在 EBGP 发布的路由中产生，接收者可以向它的 IBGP 邻居转发，但不允许向它的 EBGP 对等体转发。假设一个 AS 和邻接 AS 有多个接口相连，通过发布不同的 MED 给对端，就可以控制进入网络的流量从 MED 值最小的那个接口进来。通常情况下，BGP 只比较来自同一个 AS 的路由的 MED 属性值。

如图 5-68 所示，Router B 和 Router C 发给 Router A 的关于 9.0.0.0 的路由携带不同的 MED 属性，从而引导从 AS 10 到 AS 20 的目的地址为 9.0.0.0 网段的流量将选择 Router B 作为入口。

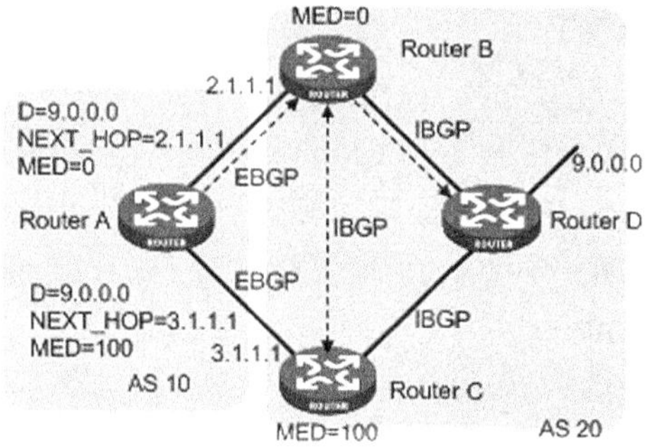

图 5-68　MULTI_EXIT_DISC

(5) LOCAL_PREF

LOCAL_PREF 用来通告路由的优先程度，是公认可选属性。LOCAL_PREF 属性仅在 IBGP 对等体之间交换，不通告给其他 AS。当 BGP 的路由器通过不同的 IBGP 对等体得到目的地址相同但下一跳不同的多条路由时，将优先选择 LOCAL_PREF 属性值较高的路由。

如图 5-69 所示，Router B 和 Router C 发给 Router D 的关于 8.0.0.0 的路由携带不同的 OCAL_PREF 值，从而引导从 AS 20 到 AS 10 的流量将选择 Router C 作为出口。

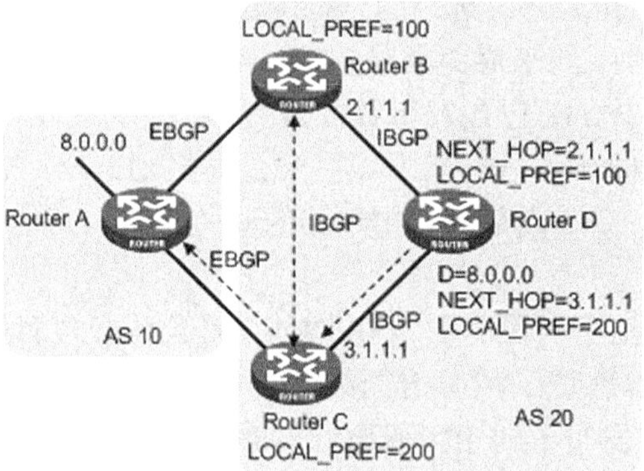

图 5-69　LOCAL_PREF

(6) ATOMIC_AGGREGATE

ATOMIC_AGGREGATE 是用来通告路由接收者，该路由是经过聚合的，是公认可选属性。有时 BGP 发布者会收到两条重叠的路由，其中一条路由包含的地址是另一条路由的子集。一般情况下 BGP 发布者会优选更精细的路由(前者)，但是在对外发布时，如果它选择发布更粗略的那条路由(后者)，这时需要附加上 ATOMIC-AGGREGATE 属性，以知会对等体。它实际上是一种警告，因为发布更粗略的路由意味着更精细的路由信息在发布过程中丢失了。在进行路由聚合时，对于聚合的路由信息会添加 ATOMIC-AGGREGATE 属性。

(7) AGGREGATOR

AGGREGATOR 是 ATOMIC_AGGREGATE 属性的补充，是可选过渡属性。ATOMIC_AGGREGATE 是一种路由信息丢失的警告，AGGREGATOR 属性补充了路由信息在哪里丢失——它包含了发起路由聚合的 AS 号码和形成聚合路由的 BGP 发布者的 IP 地址。在进行路由聚合时，当对于聚合的路由信息同添加 ATOMIC-AGGREGATE 属性的同时，会添加 AGGREGATOR 属性。

(8) COMMUNITY

COMMUNITY 是一组共享相同属性的目的地集合，是可选过渡属性。团体属性用来简化路由策略的应用和降低维护管理的难度，没有物理上的边界，与其所在的 AS 无关。

公认的团体属性有：① INTERNET：缺省情况下，所有的路由都属于 INTERNET 团体。具有此属性的路由可以被通告给所有的 BGP 对等体；②NO_EXPORT：具有此属性的路由在收到后，不能被发布到本地 AS 之外。如果使用了联盟，则不能被发布到联盟之外，但可以发布给联盟中的其他子 AS；③ NO_ADVERTISE：具有此属性的路由被接收后，不能被通告给任何其他的 BGP 对等体；④NO_EXPORT_SUBCONFED：具有此属性的路由被接收后，不能被发布到本地 AS 之外，也不能发布到联盟中的其他子 AS。

(9) ORIGINATOR_ID

ORIGINATOR_ID 用于标识路由反射器，是可选非过渡属性。为了防止引入路由反射器之后出现环路，增加 ORIGINATOR_ID 这个属性来标识，反射器在发布路由时加入 ORIGINATOR_ID，当反射器收到的路由信息中的 ORIGINATOR_ID 就是自己的 ROUTER_ID 时，就可以发现路由环路的出现，将该路由丢弃，不再转发。

(10) CLUSTER_ID

CLUSTER_ID 用于标识路由反射器组，是可选非过渡属性。CLUSTER_ID 属性也是用来防止环路，在路由经过路由反射器时路由反射器会将自己的 CLUSTER_ID 添加到路由携带的 CLUSTER_LIST 中，当路由反射器发现接收的路由的 CLUSTER_LIST 中包含有自己的 CLUSTER_ID，则将该路由丢弃，不再转发。

综合起来，本地 BGP 路由选优的过程为：

- 如果此路由的下一跳不可达，忽略此路由；
- 选择本地优先级较大的路由(local-preference)；
- 选择本地路由器始发的路由(network/aggregate)；
- 选择 AS 路径较短的路由(AS-path)；
- 依次选择起点类型为 IGP，EGP，Incomplete 类型的路由(origin)；
- 选择 MED 较小的路由；

- 优选从 EBGP 学来的路由；
- 优选 AS 内部 IGP 的 Metric 最低的路由；
- 选择 RouterID 较小的路由。

5. BGP 的消息类型

BGP 使用如下四种消息类型：

Open 消息：Open 消息是 TCP 连接建立后发送的第一个消息，用于建立 BGP 对等体之间的连接关系。

Keepalive 消息：BGP 会周期性地向对等体发出 Keepalive 消息，用来保持连接的有效性。

Update 消息：Update 消息用于在对等体之间交换路由信息。它既可以发布可达路由信息，也可以撤销不可达路由信息。

Notification 消息：当 BGP 检测到错误状态时，就向对等体发出 Notification 消息，之后 BGP 连接会立即中断。

BGP 邻居建立中的状态和过程如下：

空闲(Idle)：为初始状态，当协议激活后开始初始化，复位计时器，并发起第一个 TCP 连接，并开始倾听远程对等体所发起的连接，同时转向 Connect 状态。

连接(Connect)：开始 TCP 连接并等待 TCP 连接成功的消息。如果 TCP 连接成功，则进入 OpenSent 状态；如果 TCP 连接失败，进入 Active 状态。

行动(Active)：BGP 总是试图建立 TCP 连接，若连接计时器超时，则退回到 Connect 状态，TCP 连接成功就转为 Open sent 状态。

OPEN 发送(Open sent)：TCP 连接已建立，自己已发送第一个 OPEN 报文，等待接收对方的 Open 报文，并对报文进行检查，若发现错误则发送 Notification 消息报文并退回到 Idle 状态。若检查无误则发送 Keepalive 消息报文，Keepalive 计时器开始计时，并转为 Open confirm 状态。

OPEN 证实(Open confirm)：BGP 等待 Keepalive 报文，同时复位保持计时器。如果收到了 Keepalive 报文，就转为 Established 状态，邻居关系协商完成。如果系统收到一条更新或 Keepalive 消息，它将重新启动保持计时器；如果收到 Notification 消息，BGP 就退回到空闲状态。

已建立(Established)：即建立了邻居(对等体)关系，路由器将和邻居交换 Update 报文，同时复位保持计时器。

6. BGP 配置实例

BGP 配置实例如图 5-70 所示。

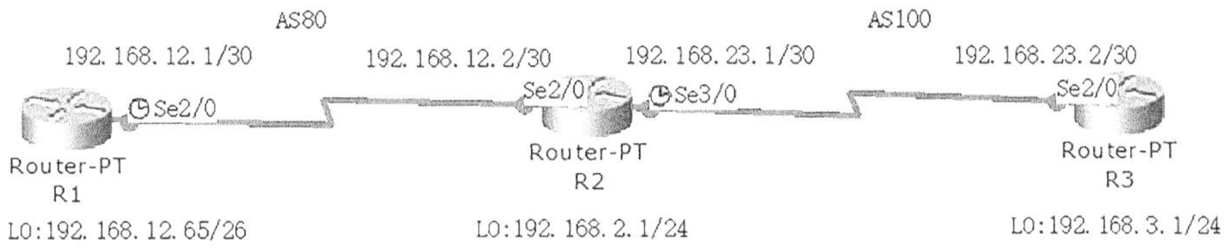

图 5-70 BGP 配置实例

R1 路由器具体配置命令如下:

R1> enable

R1#configuer terminal

R1(config) #interface serial 0/0

R1(config-if) #ip addr 192.168.12.1 255.255.255.252

R1(config-if) #no shutdown

R1(config-if) #inter loopback 0

R1(config-if) #ip addr 192.168.12. 65 255.255.255.192

R1(config-if) #exit

R1(config) #no cdp run

R1(config) #router bgp 80 !为自治系统 80 配置 BGP 进程

R1(config-router) #no auto- summary !禁用自动汇总功能

R1(config-router) #neighbor 192.168.12.2 remote-as 100 !指定邻居和它所在的自治系统

R1(config-router) #network 192.168.12.65 mask 255.255.255.192

R1(config-router) #end

R1#copy running-config startup-config

R2 路由器具体配置命令如下:

R2> enable

R2#configuer terminal

R2(config) #interface serial 0/0

R2(config-if) #ip addr 192.168.23.1 255.255.255.252

R2(config-if) #no shutdown

R2(config) #interface serial 0/3

R2(config-if) #ip addr 192.168.12.2 255.255.255.252

R2(config-if) #no shutdown

R2(config-if) #inter loopback 0

R2(config-if) #ip addr 192.168.2.1 255.255.255.0

R2(config-if) #exit

R2(config) #no cdp run

R2(config) #router ospf 1

R2(config-router) #network 192.168.23.0 0.0.0.255 area 0

R2(config-router) #network 192.168.2.0 0.0.0.255 area 0

R2(config-router) #exit

R2(config) #router bgp 100

R2(config-router) #no auto- summary

R2(config-router) #no synchronization

R2(config-router) #neighbor 192.168.3.1 remote- as 100

R2(config-router) #neighbor 192.168.3.1 update-source loopback 0 !强制回送接口作为 BGP 邻居

R2(con fig-router) #neiqhbor 192.168.12.1 remote-as 80

R2(config-router) #neighbor 192.168.3.1 next-hop-self !设置自身下一跳，以标识自己作为下一跳地址

R2(config-router) #network 192.168.23.0 mask 255.255.255.252

R2(config-router) #network 192.168.12.0 mask 255.255.255.252

R2(config-router) #network 192.168.2.0 mask 255.255.255.0

R2(config-router) #end

R2#copy running- config startup- config

R3 路由器具体配置命令如下：

R3> enable

R3#configuer terminal

R3(config) #inter s0/3

R3(config-if) #ip addr 192 .168.23.2 255.255.255.252

R3(config-if) #no shut

R3(config-if) #inter loopback 0

R3(config-if) #ip addr 192.168.3.1 255.255.255.0

R3(config-if) #exit

R3(config) #no cdp run

R3(config) #router ospf 1

R3(config-router) #network 192.168.23.0 0.0.0.255 area 0

R3(config-router) #network 192.168.3.0 0.0.0.255 area 0

R3(config-router) #exit

R3(conficl) #router bar0 100

5.6 小 结

通过本章学习，我们清楚地理解路由器、网际互连协议 IP、IP 地址与硬件地址等基本概念，熟练掌握路由器的构成和作用、IP 地址的分类、IP 数据报的格式、子网划分、使用子网掩码的分组转发过程、地址解析协议(ARP)、内部网关协议 RIP，基本掌握 IP 层转发分组的流程、CIDR、ICMP、OSPF、有关路由选择协议的几个基本概念。

5.7 习 题

一、单项选择题

1. 在 TCP/IP 协议族的层次中，解决计算机之间通信问题是在________。
   A. 数据链路层　B. 网络层　C. 传输层　D. 应用层
2. IP 地址是由哪两部分组成________。
   A. MAC 地址、域名　B. 网络号、主机号
   C. 信宿地址、信源地址　D. 域名、端口号
3. 122.52.16.150 是一个________IP 地址。
   A. A 类　B. B 类　C. C 类　D. D 类
4. 逻辑地址 202.112.108.158，用 IPv4 二进制表示 32bit 地址正确的是：________。
   A. 11001010　01110000　01101100　10011110
   B. 10111101　01101100　01101100　10011001
   C. 10110011　11001110　10010001　00110110
   D. 01110111　01111100　01110111　01110110
5. 下列 IP 地址中，错误的 IP 地址是：________。
   A. 191.254.61.1　B. 4.3.2.1　C. 202.16.48.129　D. 253.254.255.256
6. 子网掩码为 255.255.0.0 的下列 IP 地址中________不在同一网络中。
   A. 172.25.15.201　B. 172.25.16.15
   C. 172.16.25.16　D. 172.25.201.15
7. 172.16.17.200/17 的子网掩码是：________。
   A. 255.255.0.0　B. 172.16.0.0
   C. 255.255.128.0　D. 172.16.128.0
8. 下列不属于路由协议的是________。
   A. RIP　B. BGP　C. ICMP　D. OSPF
9. 下列说法错误的是________。
   A. Internet Control Message Protocol 简称 ICMP，其一个重要的应用就是分组网间探测，测试两个主机之间的连通性

B. Border Gateway Protocol 简称 BGP，采用路径向量路由选择协议，力求寻找一条最佳路由到达目的网络

C. Open Shortest Path First 简称 OSPF，采用链路状态协议，直接使用 IP 数据报传送信息，而非 UDP 报文

D. Routing Information Protocol 简称 RIP，采用距离向量协议，要求网络中的每一个路由器都要维护从它自己到其他每一个目的网络的距离记录

10. 下面关于 IP 地址与硬件地址的叙述错误的是________。

A. 在局域网中，硬件地址又称为物理地址或 MAC 地址

B. 硬件地址是数据链路层和物理层使用的地址，IP 地址是网络层和以上各层使用的

C. IP 地址不能直接用来进行通信，在实际网络的链路上传送数据帧必须使用硬件地址

D. RARP 是解决同一个局域网上的主机或路由器的 IP 地址和硬件地址的映射问题

二、简答题

1. 简述分类 IP 地址的分类标准及 IP 数据报的首部固定部分长度。
2. 网络层向上提供的服务有哪两种？试比较其优缺点。
3. IP 地址和物理地址的关系。
4. RIP、OSPF、BGP 路由选择协议的主要特点。

三、综合题

1. 试辨认以下 IP 地址的网络类别

(1) 128.36.199.3

(2) 21.12.240.17

(3) 192.12.69.253

(4) 192.12.69.248

(5) 89.3.0.1

(6) 200.3.6.2

2. 某单位分配到一个 B 类 IP 地址，其 net-id 为 129.250.0.0。该单位有 4000 台机器，平均分布在 16 个不同的地点。如选用子网掩码为 255.255.255.0，试给每一地点分配一个子网号码，并计算出每个地点主机号码的最小值和最大值。
3. 某单位分配到一个地址块 136.23.12.64/26。现在需要进一步划分为 4 个一样大的子网。试问：

(1) 每个子网的网络前缀有多长？

(2) 每一个子网中有多少个地址？

(3) 每一个子网的网络号分别是多少？

(4) 每一个子网可分配给主机使用的最小地址和最大地址是什么？

4. 设某路由器建立了如下路由表(这三列分别是目的网络、子网掩码和下一跳路由器；若直接交付，则最后一列表示应当从哪一个接口转发出去) ：

128.96.39.0	255.255.255.128	接口 0
128.96.39.128	255.255.255.128	接口 1
128.96.40.0	255.255.255.128	R2
192.4.153.0	255.255.255.192	R3
*(默认)		R4

现路由器共收到 5 个分组，其目的站 IP 地址分别为：

(1) 128.96.39.10

(2) 128.96.40.12

(3) 128.96.40.151

(4) 192.4.153.17

(5) 192.4.153.90

试分别计算其下一跳。

第6章　传　输　层

传输层是OSI参考模型中最重要、最关键的一层。传输层提供端到端的数据传输，向高层提供可靠的传输服务，向网络层提供目的站点信息。本章主要讨论TCP/IP体系传输层中两种最重要的协议：UDP和TCP，以及TCP的各种机制包括TCP连接管理、TCP的可靠传输、流量控制和拥塞控制机制。

6.1　传输层概述

6.1.1　传输层的作用

如图6-1所示，从通信和信息处理的角度看，传输层面向应用层提供通信服务，它属于面向通信部分的最高层，同时也是面向用户功能的最低层。

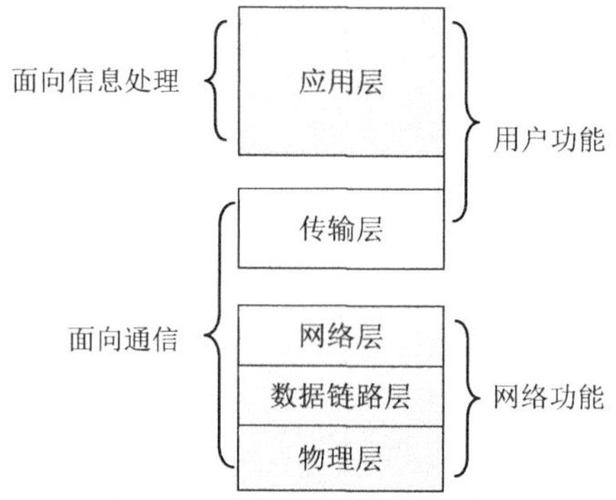

图6-1　传输层的位置和作用

虽然通信的两端是两个主机，但真正进行通信的实体是主机中的应用进程。因此两个主机进行通信实际上就是两个主机中的应用进程互相通信。应用进程之间的通信又称为端到端的通信。

传输层一个很重要的功能是复用(multiplexing)和分用(de multiplexing)。复用是指发送方不同的应用进程都可以使用同一个传输层协议传送数据，分用是指接收方的传输层在剥去报文的首部后能够把这些数据正确交付到接收方应用进程。应用层不同进程的报文通过不同的端口向下交到传输层，再往下就共用网络层提供的服务。

图6-2所示为传输层提供应用进程间的逻辑通信的示意图。传输层提供应用进程间的逻辑通信。逻辑通信的意思是传输层之间的通信好像是沿水平方向传送数据。但事实上这两个传输层之间并没有一条水平方向的物理连接。要传送的数据是沿着图中的虚线方向(经过多个层次)传送的。

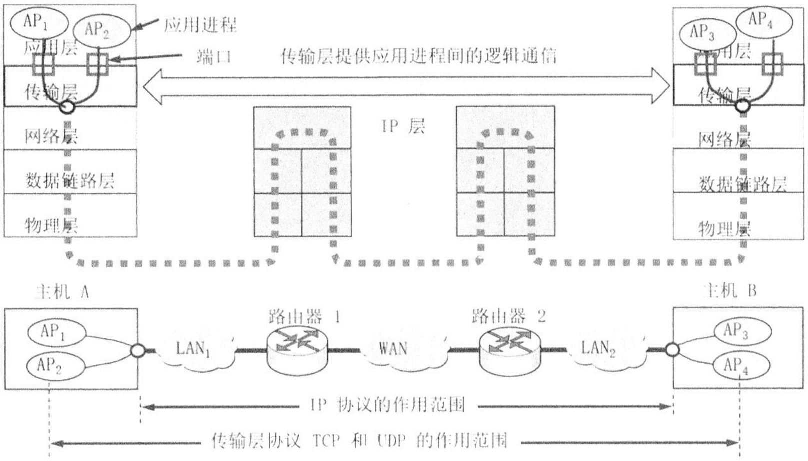

图 6-2 传输层提供应用进程间的逻辑通信

6.1.2 传输层的功能

图 6-3 所示为传输层协议和网络层协议的区别。可以看出，两者的作用范围各不相同。网络层是为主机之间提供逻辑通信，而传输层为主机中的应用进程之间提供端到端的逻辑通信。

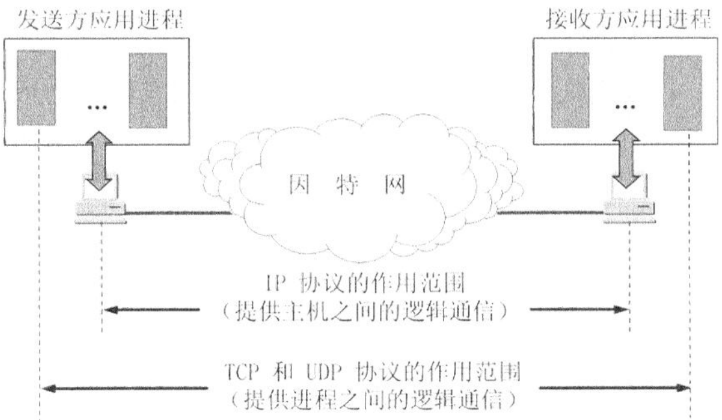

图 6-3 传输层协议和网络层协议的主要区别

传输层的主要功能如下：

(1) 传输层为应用进程之间提供端到端的逻辑通信(但网络层是为主机之间提供逻辑通信)。

(2) 传输层还要对收到的报文进行差错检测。

(3) 传输层需要有两种不同的运输协议，即面向连接的 TCP 和无连接的 UDP。

图 6-4 为传输层与其上下层之间关系的 OSI 表示法。传输层向高层用户屏蔽了下面网络核心的细节(如网络拓扑、所采用的路由选择协议等)，它使得应用进程看见的就是好像在两个传输层实体之间有一条端到端的逻辑通信信道。但这条逻辑通信信道对上层的表现却因使用协议的不同而有很大的差别。当传输层采用面向连接的 TCP 协议时，

尽管下面的网络是不可靠的(只提供尽最大努力服务)，但这种逻辑通信信道就相当于一条全双工的可靠信道。但当传输层采用无连接的 UDP 协议时，这种逻辑通信信道仍然是一条不可靠信道(如图 6-5 所示)。

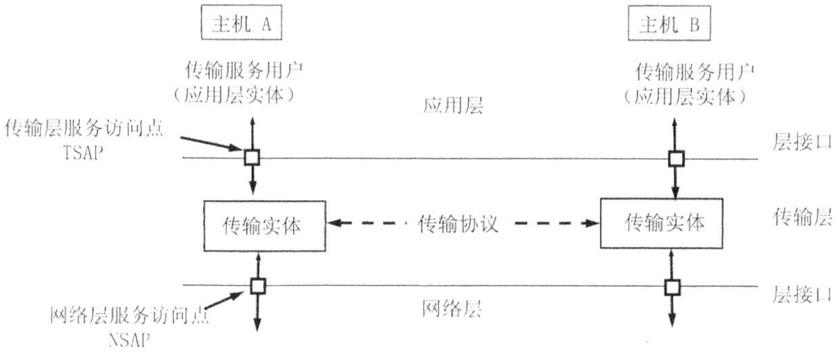

图 6-4　传输层与其上下层之间关系的 OSI 表示法

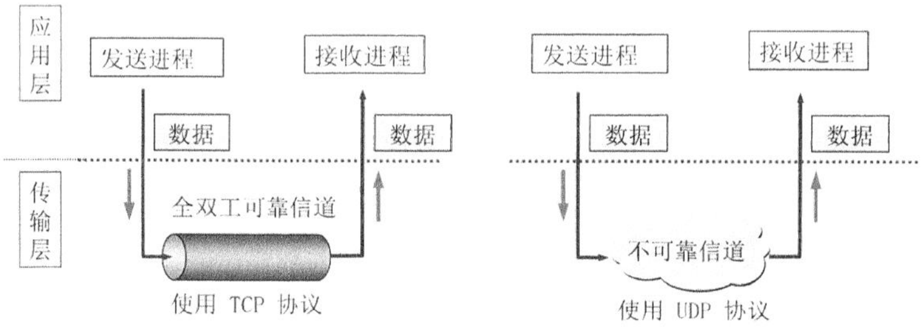

图 6-5　传输层向上提供可靠的和不可靠的逻辑通信信道

6.2　TCP/IP 的传输层

6.2.1　TCP 与 UDP

TCP/IP 的传输层有两个不同的协议(如图 6-6 所示)：①用户数据报协议 UDP(user datagram protocol)；②传输控制协议 TCP(transmission control protocol)。

两个对等运输实体在通信时传送的数据单位叫做运输协议数据单元 TPDU(transport protocol data unit)。TCP 传送的数据单位协议是 TCP 报文段(segment)。UDP 传送的数据单位协议是 UDP 报文或用户数据报。

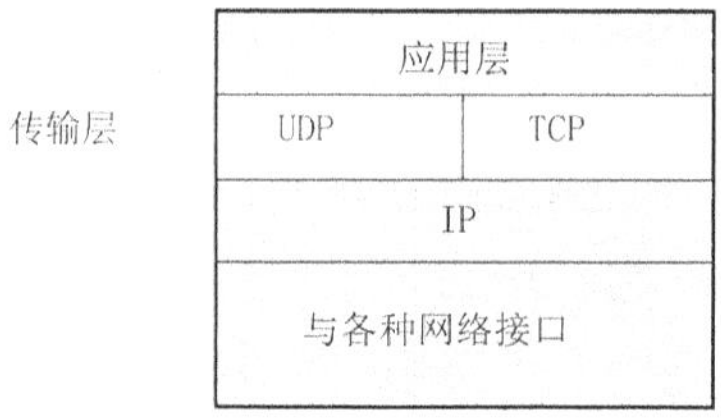

图 6-6　TCP/IP 体系中的传输层协议

UDP 在传送数据之前不需要先建立连接。对方的传输层在收到 UDP 报文后，不需要给出任何确认。虽然 UDP 不提供可靠交付，但在某些情况下 UDP 是一种最有效的工作方式。

TCP 则提供面向连接的服务。TCP 不提供广播或多播服务。由于 TCP 要提供可靠的、面向连接的运输服务，因此不可避免地增加了许多的开销。这不仅使 TCP 报文的首部增大很多，还要占用许多的处理机资源。

传输层的 UDP 用户数据报与网络层的 IP 数据报有很大区别。IP 数据报要经过互联网中许多路由器的存储转发，但 UDP 用户数据报是在传输层的端到端抽象的逻辑信道中传送的。

TCP 报文段是在传输层抽象的端到端逻辑信道中传送，这种信道是可靠的全双工信道。但这样的信道却不知道究竟经过了哪些路由器，而这些路由器也根本不知道上面的传输层是否建立了 TCP 连接。

6.2.2　传输层的端口

从操作系统的角度来看，运行在计算机中的应用进程是用进程标识符来标识的。但传输层的实体却无法使用进程标识符来标识应用进程。因为在因特网上使用的计算机的操作系统种类很多，而不同的操作系统又使用不同格式的进程标识符。

为了使运行不同操作系统的计算机的应用进程能够互相通信，必须用统一的方法对 TCP/IP 体系的应用进程进行标识。解决方法就是在传输层使用协议端口号(protocol port number)，或通常简称为端口(port)，如图 6-7 所示。

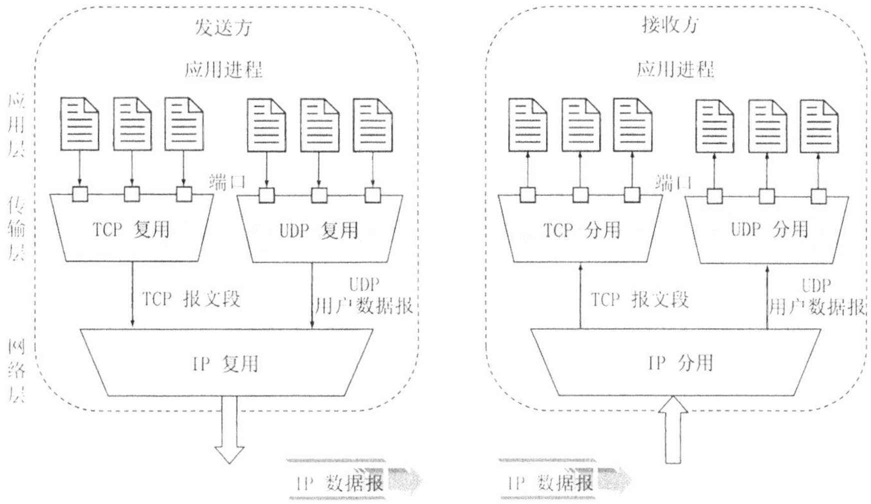

图 6-7　端口在进程之间的通信中所起的作用

端口就是传输层服务访问点 TSAP。端口的作用就是让应用层的各种应用进程都能将其数据通过端口向下交付给传输层，以及让传输层知道应当将其报文段中的数据向上通过端口交付给应用层相应的进程。从这个意义上讲，端口是用来标志应用层的进程。

TCP/IP 的传输层用一个 16 位端口号来标识一个端口。但端口号只具有本地意，它只是为了标识本计算机应用层中的各个进程与传输层交互时的层间接口。在因特网中的不同计算机中相同的端口号是没有关联的。因特网上的计算机通信采用客户/服务器方式。客户在发起通信请求时，必须先知道对方服务器的 IP 地址和端口号。

传输层的端口号共分为下面的三大类：

(1) 熟知端口(well-known port)。其数值一般为 0 ~ 1023。这一类端口由 ICANN 负责分配给一些常用的应用层程序固定使用。

(2) 登记端口。数值一般为 1024 ~ 49151，由 ICANN 负责登记，防止重复。

(3) 动态端口。49152-65535，临时端口。

表 6-1 为 TCP/IP 应用层的一些通用服务协议使用的端口。

表 6-1　一些通用服务协议使用的端口

服务	端口	协议
文件传输服务	21	FTP
远程登录服务	23	TELNET
传输邮件服务	25	SMTP
用于万维网(WWW)的文本传输服务	80	HTTP
访问远程服务器上的邮件服务	110	POP3
互联网消息存取服务	143	IMAP4
安全的超文本传输服务	443	HTTPS
安全的远程登录服务	992	TELNETS
安全的消息存取服务	993	IMAPS

TCP 把连接作为最基本的抽象。每一条 TCP 连接有两个端点。TCP 连接的端点叫做套接字(socket)或插口。IP 地址加端口号即构成了套接字，即套接字 socket =(IP 地址：端口号)。每一条 TCP 连接唯一地被通信两端的两个端点(即两个套接字)所确定。即：

TCP 连接::= {socket1, socket2} = {(IP1: port1), (IP2: port2) }

6.3　传输控制协议 TCP

6.3.1　TCP 协议概述

TCP 是面向连接的传输层协议，采用面向报文段的通信机制(如图 6-8 所示)。

每一条 TCP 连接只能有两个端点，每一条 TCP 连接只能是点对点的(一对一)。TCP 提供可靠交付的服务和全双工通信。同时是面向字节流的服务。面向字节流的含义是：虽然应用程序和 TCP 的交互是一次一个数据块(大小不等)，但 TCP 把应用程序交下来的数据仅仅看成是一连串的无结构的字节流。TCP 并不知道所传送的字节流的含义。TCP

不保证接收方应用程序所收到的数据块和发送方应用程序所发出的数据块具有对应大小的关系，但接收方应用程序收到的字节流必须和发送方应用程序发出的字节流完全一样。当然，接收方的应用程序必须有能力识别收到的字节流，把它还原成有意义的应用层数据，如图 6-9 所示。

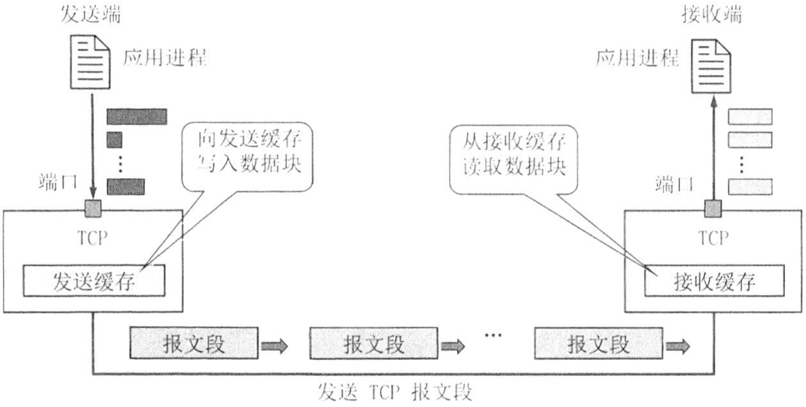

图 6-8 TCP 面向报文段的通信机制

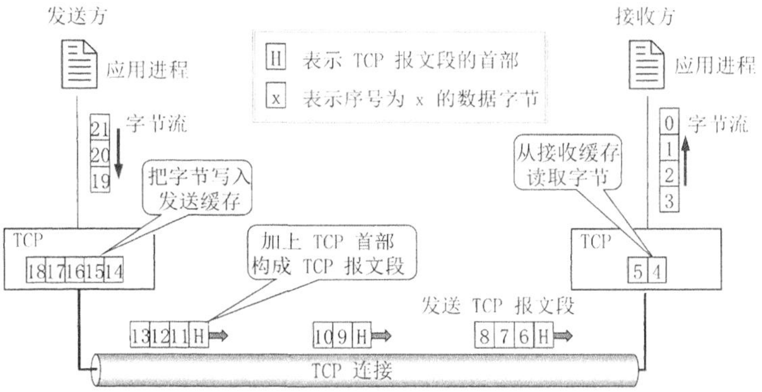

图 6-9 TCP 面向字节流的服务

我们也应当注意到，TCP 连接是一条虚连接而不是一条真正的物理连接。TCP 并不关心应用进程一次把多长的报文发送到 TCP 缓存。TCP 根据对方给出的窗口值和当前网络拥塞的程度来决定一个报文段应包含多少个字节(UDP 发送的报文长度是应用进程给出的)。TCP 可把太长的数据块划分短一些再传送，也可等待积累有足够多的字节后再构成报文段发送出去。

6.3.2 TCP 报文的格式

TCP 报文段的格式如图 6-10 所示。

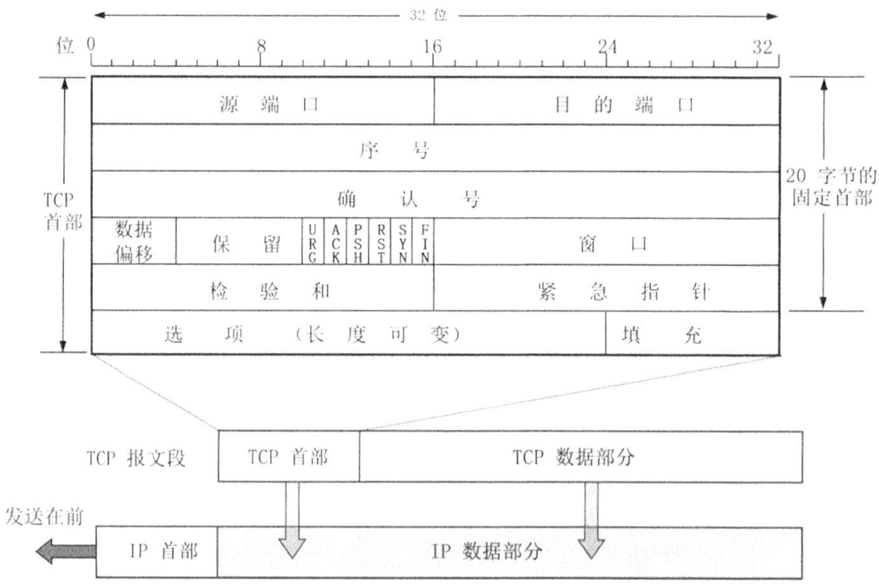

图 6-10　TCP 报文段的格式

TCP 报文段的首部各个字段的含义如下：

(1) 源端口和目的端口字段：各占 2 字节。端口是传输层与应用层的服务接口。传输层的复用和分用功能都要通过端口才能实现。

(2) 序号字段：占 4 字节。TCP 连接中传送的数据流中的每一个字节都编上一个序号。序号字段的值则指的是本报文段所发送的数据的第一个字节的序号。

(3) 确认号字段：占 4 字节，是期望收到对方的下一个报文段的数据的第一个字节的序号。

(4) 数据偏移(即首部长度)：占 4 位，它指出 TCP 报文段的数据起始处距离 TCP 报文段的起始处有多远。“数据偏移”的单位是 32 位(以 4 字节为计算单位)。

(5) 保留字段：占 6 位，保留为今后使用，但目前应置为 0。

(6) 紧急 URG：当 URG=1 时，表明紧急指针字段有效，此报文段中有紧急数据，应尽快传送(相当于高优先级的数据)。

(7) 确认 ACK：只有当 ACK=1 时确认号字段才有效。当 ACK=0 时，确认号无效。

(8) 推送 PSH(PUSH)：接收 TCP 收到 PSH=1 的报文段，就尽快地交付接收应用进程，而不再等到整个缓存都填满了后再向上交付。

(9) 复位 RST(RESET)：当 RST=1 时，表明 TCP 连接中出现严重差错(如由于主机崩溃或其他原因)，必须释放连接，然后再重新建立运输连接。

(10) 同步 SYN：同步 SYN=1 表示这是一个连接请求或连接接受报文。

(11) 终止 FIN(FINIAL)：用来释放一个连接。FIN=1 表明此报文段的发送端的数据已发送完毕，并要求释放运输连接。

(12) 窗口字段：占 2 字节，用来让对方设置发送窗口的依据，单位为字节。

(13) 检验和：占 2 字节。检验和字段检验的范围包括首部和数据这两部分。在计算检验和时，要在 TCP 报文段的前面加上 12 字节的伪首部。

(14) 紧急指针字段：占 16 位，指出在本报文段中紧急数据共有多少个字节(紧急数据放在本报文段数据的最前面)。

(15) 选项字段：长度可变。TCP 最初只规定了一种选项，即最大报文段长度 MSS。MSS 告诉对方 TCP：“我的缓存所能接收的报文段的数据字段的最大长度是 MSS 个字节。”MSS(maximum segment size)是 TCP 报文段中的数据字段的最大长度。数据字段加上 TCP 首部才等于整个的 TCP 报文段。其他选项如窗口扩大选项：占 3 字节，其中有一个字节表示移位值 *S*。新的窗口值等于 TCP 首部中的窗口位数增大到(16+*S*)，相当于把窗口值向左移动 *S* 位后获得实际的窗口大小。时间戳选项：占 10 字节，其中最主要的字段时间戳值字段(4 字节)和时间戳回送回答字段(4 字节)。

(16) 填充字段：这是为了使整个首部长度是 4 字节的整数倍。

6.3.3 TCP 连接的建立与释放

TCP 的连接有三个阶段，即：连接建立、数据传送和连接释放。

1. TCP 连接的建立

TCP 连接建立过程如图 6-11 所示。连接建立过程中要解决以下三个问题：

(1) 要使每一方能够确知对方的存在。

(2) 要允许双方协商一些参数(如最大报文段长度、最大窗口大小、服务质量等)。

(3) 能够对实体资源(如缓存大小、连接表中的项目等)进行分配。

在运行服务器进程的主机 B 上扫描端口，准备接受客户进程的 TCP 连接建立请求。运行客户进程的主机 A 向主机 B 发送 TCP 连接请求报文段，其首部中的同步比特 SYN 置为 1，同时选择一个序号 x，表明在后面传送数据时起始序号是 x。

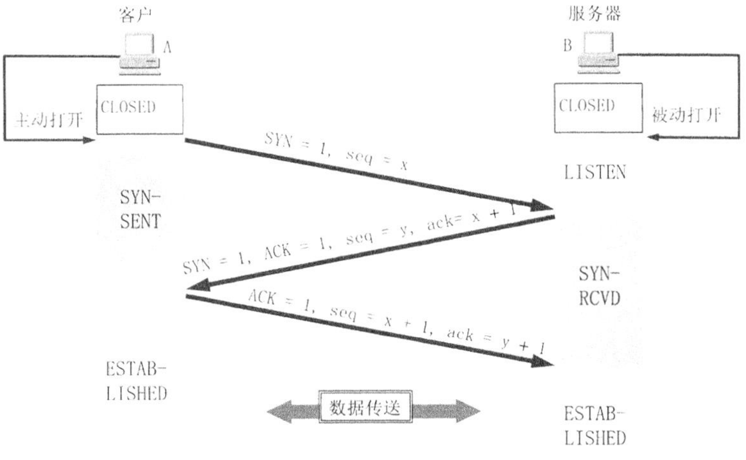

图 6-11 TCP 连接建立的三次握手机制

主机 B 的 TCP 收到连接请求报文段后，如果同意就发回确认。在确认报文段中也将 SYN 置为 1，确认序号应为 x+1，同时也为自己选择一个序号 y。

主机 A 的 TCP 收到此报文段后，还要向 B 返回确认，其确认序号为 y+1。

运行客户进程的主机 A 的 TCP 通知上层应用进程，连接已经建立。当运行服务器进程的主机 B 的 TCP 收到主机 A 的确认后，也通知其上层应用进程，连接已经建立。

连接建立的这种过程叫做三次握手(three-way handshake)。采用三次握手机制主要是为了防止过期的连接请求报文段突然又传送到了主机 B，因而产生错误。考虑这样一种情况。主机 A 发出连接请求，但因请求报文丢失而未收到确认。主机 A 于是再重发一次。后来收到了确认，建立了连接。数据传输完毕后，就释放了连接。主机 A 共发送了两个连接请求报文段，其中的第二个到达了主机 B。

现假定出现另一种情况，即主机 A 发出的第一个连接请求报文段并没有丢失，而是在某些网络节点滞留的时间太长，以致延误到在这次的连接释放以后才传送到主机 B。本来这是一个已经失效的报文段，但主机 B 收到此失效的连接请求报文段后，就误认为是主机 A 又发出一次新的连接请求。于是就向主机 A 发出确认报文段，同意建立连接。

主机 A 由于并没有要求建立连接，因此不会理睬主机 B 的确认，也不会向主机 B 发送数据。但主机 B 却以为运输连接就这样建立了，并一直等待主机 A 发来数据。主机 B 的许多资源就这样白白浪费了。

采用三次握手的办法可以防止上述现象的发生。例如在上述情况下，主机 A 不会向主机 B 的确认发出确认，主机 B 收不到确认，连接就建立不起来。

2. TCP 连接的释放

在数据传输结束后，通信的双方都可以发出释放连接的请求。假设图 6-12 中的主

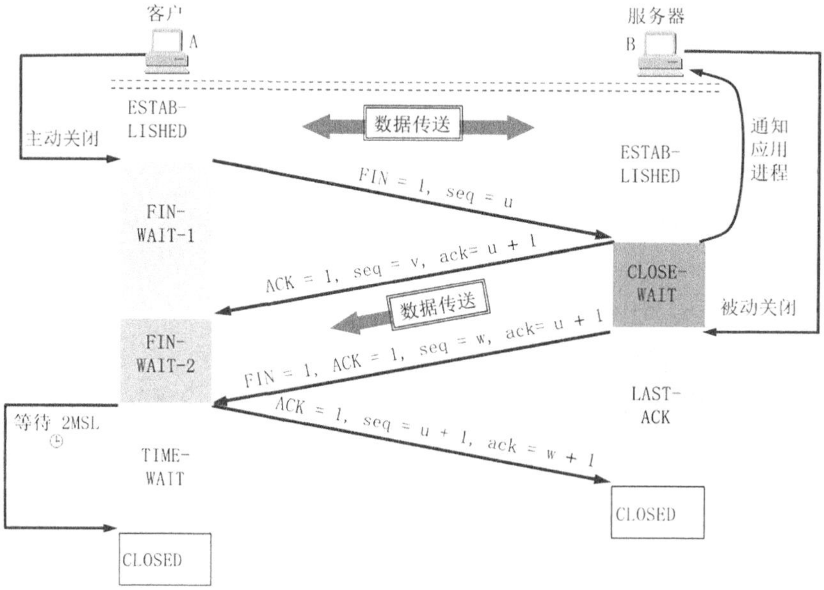

图 6-12　TCP 连接的释放

机 A 的应用进程先向其 TCP 发出连接释放请求，并且不再将数据传送给传输层。TCP 通知对方要释放从 A 到 B 这个方向的连接，将发往主机 B 的 TCP 报文段首部的终止比特 FIN 置 1，其序号 u 等于前面已传送过的数据的最后一个字节的序号加 1。

主机 B 的 TCP 收到释放连接的通知后，即发出确认，其序号为 u+1，同时通知高层的应用进程。这样从 A 到 B 的连接就释放了，连接处于半关闭状态。这种状态相当于主机 A 向主机 B 说："我已经没有数据要发送了。但你如果还发送数据，我仍接收"。

此后主机 B 不再接收主机 A 发送的数据。但是如果主机 B 还有数据要发往主机 A，则可以继续发送。主机 A 只要收到数据，仍应向主机 B 发送确认。

在主机 B 向主机 A 的数据发送结束后，其应用进程就通知 TCP 释放连接。主机 B 发出的连接释放报文段除必须将终止比特 FIN 置 1，并使其序号 w 等于前面已传送过的数据的最后一个字节的序号加 1，还必须重复上次已发送过的 ACK=u+1。主机 A 必须对此发出确认，给出 ACK=w+1。现在 TCP 连接还没有释放掉。必须经过时间等待计时器(time-wait timer)设置的时间 2MSL 后，主机 A 才进入到 CLOSED 状态。这样才将从主机 B 到主机 A 的反方向连接释放掉。主机 A 必须等待 2MSL 的时间是为了保证主机 A 发送的最后一个 ACK 报文段能够到达主机 B。同时主机 A 在发送完最后一个 ACK 报文段后，再经过时间 2MSL，就可以使本连接持续的时间内所产生的所有报文段，都从网络中消失。这样就可以使下一个新的连接中不会出现旧的连接请求报文段。这样主机 A 的 TCP 再向其应用进程报告，整个连接已经全部释放。

从上面的分析可以看出，释放连接的过程是一个四次挥手的过程，与三次握手在本质上是一致的。

6.3.4 TCP 可靠传输的实现

1. 理想条件下的可靠传输

TCP 发送的报文段需要经过网络层的 IP 协议传送，但其只能提供尽最大努力的服务，所以 TCP 下面的网络层提供的是不可靠的传输服务。

TCP 必须采用适当的措施在两个传输层之间提供可靠传输的服务。

如图 6-13 所示，理想条件下的可靠传输必须满足两个假定：①传输信道无差错，所传输的数据既不出错，也不丢失。②接收方缓存容量无限大。不管发送方以多快的速度发送数据，接收方总是来得及接收和处理收到的数据。

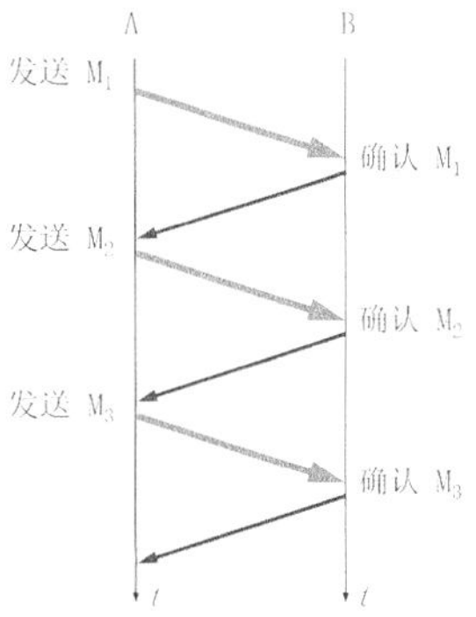

图 6-13 理想条件下的可靠传输

在这样的理想传输条件下，发送方每发送一个 TCP 报文段，就等待来自接收方的确认报文。接收方在收到 TCP 报文段后，返回一个确认报文即可，这样就能够实现可靠传输。

然而实际的网络并不具备以上两个理想条件。我们可以使用一些可靠传输协议来满足实际网络状况下的可靠传输。

2. 简单的停止等待协议

停止等待就是每发送完一个 TCP 报文段就停止发送，等待对方的确认。在收到确认后再发送下一个 TCP 报文段。

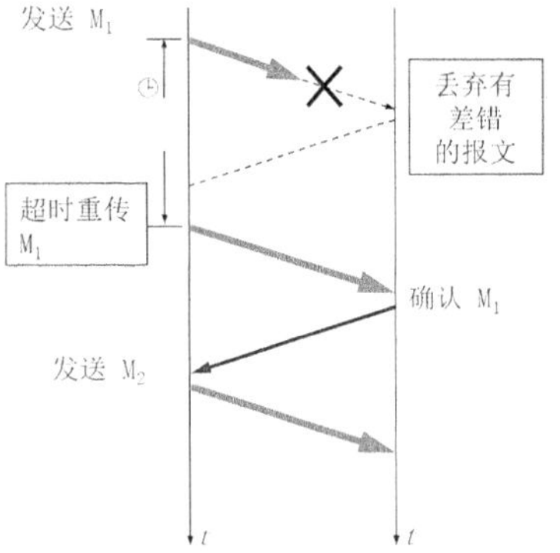

图 6-14　TCP 报文的超时重传

图 6-14 是 TCP 报文段在传输过程中出现差错的情况。发送方主机 A 为每一个已发送的 TCP 报文段都设置一个超时计时器。但只要主机 A 在超时计时器到期之前收到了相应的确认报文，就撤销该超时计时器。接收方主机 B 接收报文段 M1 时检测出了差错，就丢弃 M1，其他什么也不做。主机 A 只要等待超过了一段时间仍然没有收到确认，就认为刚才发送的 TCP 报文段丢失了，因而重传前面发送过的报文段，这叫做超时重传。要实现超时重传，只要在每发送完一个 TCP 报文段后设置一个超时计时器。如果在超时计时器到期之前收到了对方的确认，就撤销已设置的超时计时器，继续发送下一个报文段。这种简单的停止等待协议要求发送方在发送完一个报文段后，必须暂时保留已发送的报文段副本，报文段中数据的每个字节都必须进行编号，而且超时计时器的重传时间应当比数据在分组传输的平均往返时间更长一些。

通过使用上述的确认和重传机制，我们就可以在不可靠的传输网络上实现可靠的通信。这种可靠传输协议常称为自动重传请求 ARQ (automatic repeat request)。ARQ 表明重传的请求是自动进行的。接收方不需要请求发送方重传某个出错的分组 。

停止等待协议的优点是简单，但缺点是信道利用率太低，如图 6-15 所示。

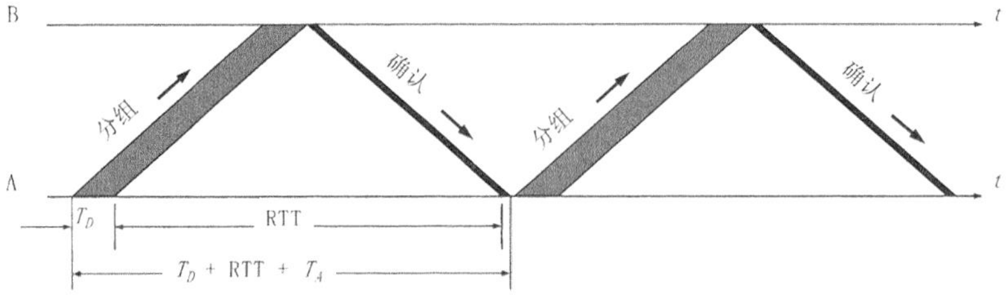

图 6-15　TCP 停止等待协议的信道利用率

假定主机 A 发送报文的发送时延是 T_D，主机 B 处理报文的时间可以忽略不计，主机 B 发送确认报文的发送时延是 T_A。如果主机 A 处理确认报文的时间也忽略不计，这里的 RTT 是往返时间，信道的利用率为：

$$U = \frac{T_D}{T_D + \text{RTT} + T_A} \tag{6-1}$$

因此当往返时间 RTT 远大于报文发送时间 T_D 时，信道的利用率就会非常低。

3. 流水线传输

为了提高传输效率，发送方可以采用流水线传输，如图 6-16 所示。流水线传输就是发送方在等待对方确认报文的时间段内可连续发送多个报文，不必每发完一个报文就停下来等待对方的确认。这样可以使信道上一直有数据不间断地在传送。显然，这种传输方式可以获得很高的信道利用率。

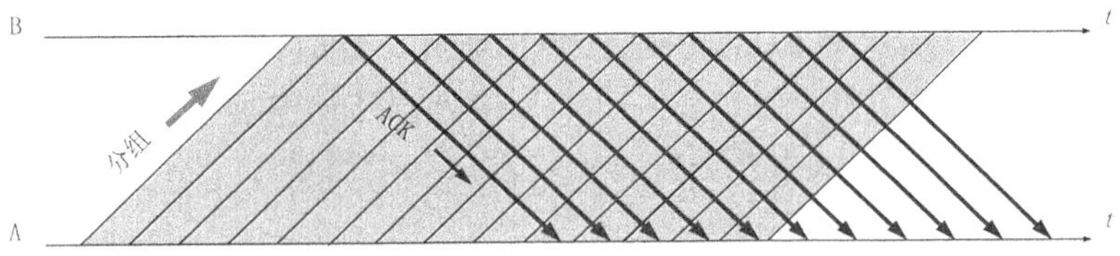

图 6-16 TCP 流水线传输示意图

在流水线传输过程中，接收方采用一种累积确认的方式。即不必对收到的每个报文都发送确认，而是对按序到达的最后一个报文发送一次确认，这样表示到当前报文为止的所有报文都已经正确收到了。

累积确认的优点是：容易实现，即使确认报文丢失也不必重传。缺点是：不能向发送方反映出接收方已经正确收到的所有报文的信息。实际上流水线传输也是在理想条件下实现的可靠传输，实际的网络要考虑各种复杂情况，就要使用下面介绍的连续 ARQ 协议和滑动窗口协议。

4. 基于滑动窗口的连续 ARQ 协议

(1) 滑动窗口的概念

TCP 采用大小可变的滑动窗口进行流量控制。窗口大小的单位是字节。在 TCP 报文段首部的窗口字段写入的数值就是当前给对方设置的发送窗口数值的上限。发送窗口在连接建立时由双方商定。但在通信的过程中，接收端可根据自己的资源情况随时动态地调整对方的发送窗口上限值(可增大或减小)。

TCP 滑动窗口用来暂存两台计算机间要传送的数据分组。每台运行 TCP 协议的计算机有两个滑动窗口：一个用于数据发送，另一个用于数据接收。发送端待发数据分组在缓冲区排队等待送出。被滑动窗口框入的分组，是可以在未收到接收确认的情况下最多送出的部分。滑动窗口左端的分组，是已经被接收端确认收到的分组。随着新的确认到来，窗口不断向右滑动。

滑动窗口的运行机制如下：①发送方和接收方都具有一定容量的缓冲区(即窗口)，允许发送方连续发送多个报文而不需要等待应答。②发送窗口就是发送端允许连续发送的 TCP 报文的序号表，用来对发送端进行流量控制。发送窗口的大小 W_S 代表在还没有收到对方确认信息的情况下发送端最多可以连续发送的 TCP 报文数。发送窗口的运行原理如图 6-17 所示。图 6-17 中，图 6-17(a)表示发送窗口的初始状态，窗口大小为 5。其余为不允许发送的数据。图 6-17(b)为发送 1 个字节的 TCP 报文段，此时发送窗口还允许发送的数据为 4 字节。图 6-17(c)为落入发送窗口允许发送的 5 个字节的数据已全部发送完毕，此时发送窗口可用窗口大小为 0，处于零窗口状态。图 6-17(d)为发送窗口收到接收方对 0～2 号字节的确认报文，向前滑动 3 个字节位置。此时，其可用窗口变为 3，可以继续允许发送 3 个字节的 TCP 报文段。③接收窗口是接收方允许接收的报文的序号表，凡落在接收窗口内的 TCP 报文，接收方都必须处理。接收方每次允许接收的 TCP 报文数称为接收窗口的大小。接收窗口的运行原理如图 6-18 所示。图 6-18 中，图 6-18(a)表示接收窗口准备接收 0 号字节的数据。其余为不允许接收的数据。图 6-18(b)为接收方已经收到 0 号字节的 TCP 报文段，并已经返回确认，此时接收窗口向前滑动 1 个字节的位置，准备允许 1 号字节的数据。图 6-18(c)为接收方已经连续收到 1～3 号字节的 TCP 报文段，并已经返回累积确认报文，此时接收窗口向前滑动 3 个字节的位置，准备允许 4 号字节的数据。

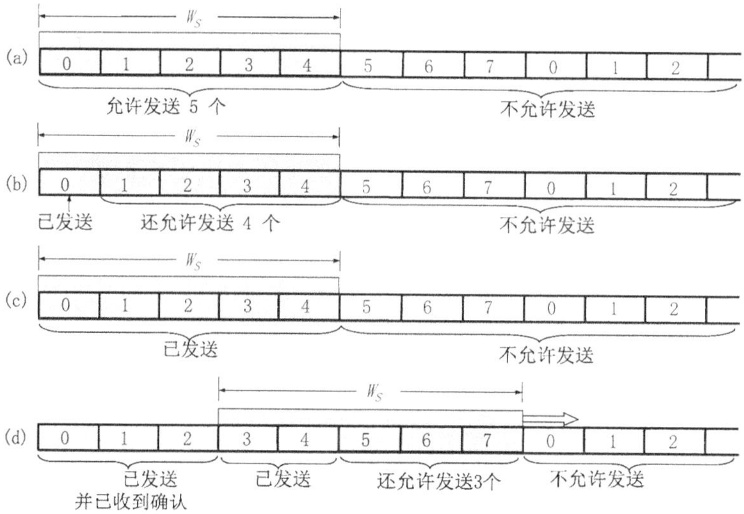

图 6-17　滑动窗口的发送窗口

只有在接收窗口向前滑动时(与此同时也发送了确认)，发送窗口才有可能向前滑动。收发两端的窗口按照以上规律不断地向前滑动，因此这种协议又称为滑动窗口协议。当发送窗口和接收窗口的大小都等于 1 时，就是简单的停止等待协议。

滑动窗口的关键就是发送窗口的大小受接收窗口的控制，即 $W_S \leqslant W_R$。

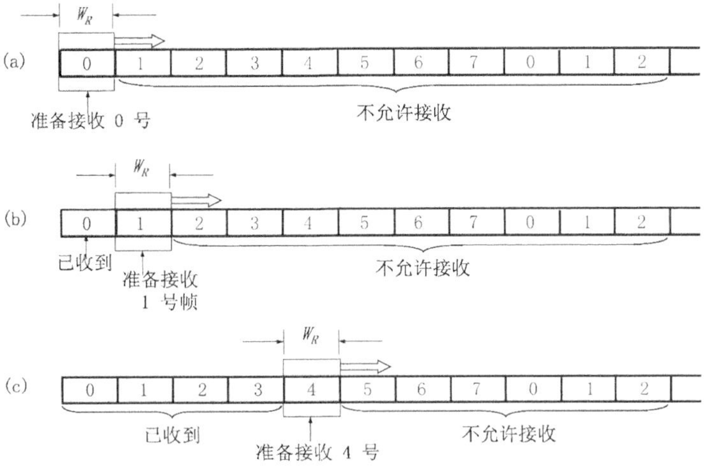

图 6-18 滑动窗口的接收窗口

(2) 基于滑动窗口的可靠传输的实现

TCP 连接的每一端都必须设有两个窗口：一个发送窗口和一个接收窗口。TCP 的可靠传输机制用字节的序号进行控制。TCP 所有的确认都是基于序号而不是基于报文段。TCP 两端的四个窗口经常处于动态变化之中。

为了说明基于滑动窗口的可靠传输的实现过程。如图 6-19 所示，主机 A 为发送端，主机 B 为接收端。假定 A 收到了来自 B 的确认报文段，确认报文中窗口字段的值是 20 字节，而确认号是 6，表明 B 期望收到的下一个字节的序号是 6。A 根据确认报文的信息构造出自己的发送窗口。

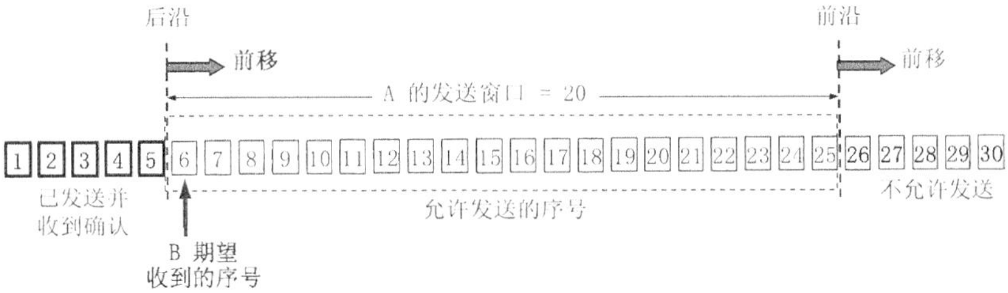

图 6-19 A 的发送窗口

图 6-19 中发送窗口后沿的左侧部分数据表示已经发送且收到了确认。发送窗口前沿的右侧部分表示不允许发送的数据。发送窗口的位置由窗口前沿和后沿的位置共同确定。

现在假定 A 发送了序号为 6～14 字节的数据，如图 6-20 所示。此时发送窗口的位置并未改变。发送窗口内 6～14 字节的数据表示已发送但未收到确认。而发送窗口内 15～25 字节是允许发送但尚未发送的数据。

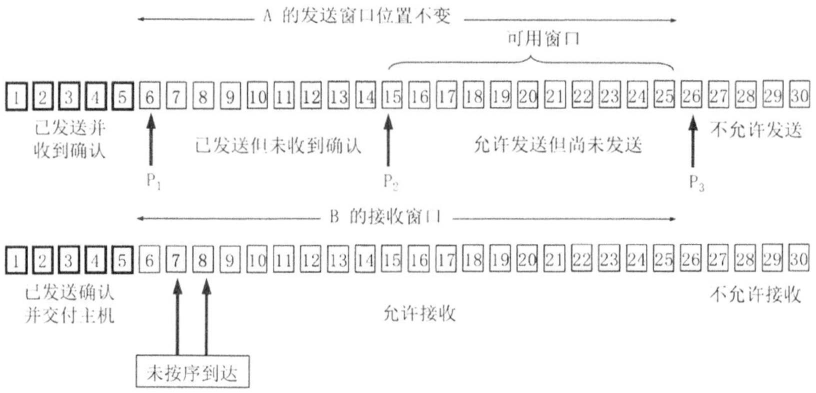

图 6-20　A 发送了 6 ~ 14 字节的数据

从图 6-20 可以看出，要描述一个发送窗口的状态需要三个指针：P_1、P_2 和 P_3。三个指针都指向字节的序号。这三个指针指向部分的意义如下：

P_3-P_1 = A 的发送窗口(又称为通知窗口)

P_2-P_1 =已发送但尚未收到确认的字节数

P_3-P_2 =允许发送但尚未发送的字节数(又称为可用窗口)

小于 P_1 的数据是已发送并已收到确认的部分，而大于 P_3 的数据是不允许发送的部分。

接收方主机 B 的接收窗口大小为 20。在接收窗口左侧，到 5 号为止的数据已经发送过确认并且已经交付给主机。接收窗口内序号 6～25 是允许接收的。在图 6-20 中，B 收到了序号为 7 和 8 的数据。这些数据没有按序到达，因为序号为 6 的数据还没有收到，B 只能对按序收到的数据中的最高序号给出确认，因此 B 发送的确认报文段中的确认号仍然是 6(即期望收到的序号)，而不能是 7 或 8。

如图 6-21 所示，现在假定 B 收到了序号为 6 的数据，并把序号为 6～8 的数据交付给主机，接着把接收窗口向前移动 3 个序号，同时给 A 发送确认，其中窗口值仍为 20，但确认号是 9。这表明 B 已经收到了到序号 8 为止的数据。我们注意到，B 还收到了序

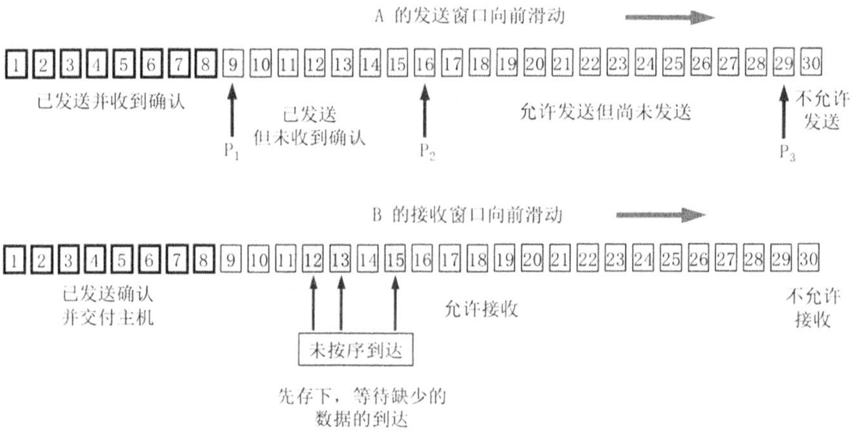

图 6-21　主机 A 收到新的确认发送窗口向前滑动

号为 12、13 和 15 的数据，但这些都没有按序到达，只能先临时存放在接收窗口中。A 收到 B 的确认后，就可以把发送窗口向前滑动 3 个序号，但指针 P_2 不动。可以看出，现在 A 的可用窗口增大了，可发送的序号范围是 9～28。

A 在继续发送完序号 17～28 的数据后，指针 P_2 向前移动和 P_3 重合。发送窗口内的序号都已经用完，但还没有再收到确认，如图 6-22 所示。由于 A 的发送窗口已满，可用窗口已减小到零，因此必须停止发送。如果 A 在超时计时时间结束后还没有收到确认就重传这部分数据，重新设置超时计时器，直到收到 B 的确认为止。如果 A 收到确认号落在发送窗口内，那么 A 就可以使发送窗口继续向前滑动，并发送新的数据。

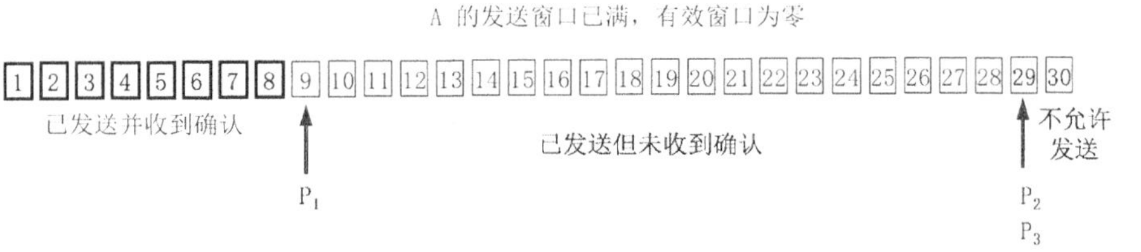

图 6-22 主机 A 有效窗口为零

虽然 A 的发送窗口是根据 B 的接收窗口设置的，但在同一时刻，A 的发送窗口并不总是和 B 的接收窗口一样大。因为通过网络传送窗口值需要经历一定的时间。对于不按序到达的数据应如何处理，TCP 标准并无明确规定，因此 TCP 通常对不按序到达的数据是先临时存放在接收窗口中，等到字节流中所缺少的字节收到后，再按序交付给上层的应用进程。TCP 连接的往返时间 RTT 也不是固定不变的。需要使用特定的算法估算较为合理的重传时间。

(3) 超时重传时间的选择

重传机制是 TCP 中最重要和最复杂的问题之一。TCP 每发送一个报文段，就对这个报文段设置一次计时器。只要计时器设置的重传时间到但还没有收到确认，就要重传这一报文段。由于 TCP 的下层是一个因特网环境，IP 数据报所选择的路由变化很大，因而传输层的往返时延的方差也很大。

TCP 计算往返时延采用了一种自适应算法：记录一个报文段发出的时间以及收到相应的确认报文段的时间。这两个时间之差就是报文段的往返时延 RTT。将各个报文段的往返时延样本加权平均，就得到了加权平均的往返时延 RTT_S。当第一次测量到 RTT 样本时，RTT_S 值为所测量到的 RTT 样本值，以后每测量到一个新的 RTT 样本，就按下式重新计算一次 RTT_S：

$$新的\ RTT_S=(1-\alpha)\times(旧的\ RTT_S)+\alpha\times(新的\ RTT\ 样本) \tag{6-2}$$

式中，$0<\alpha<1$。若 α 接近于 0，表示 RTT 值更新较慢。若选择 α 接近于 1，则表示 RTT 值更新较快。α 的推荐值为 1/8。

超时重传时间 RTO(retransmission time-out)应略大于上面得出的加权平均往返时间 RTT_S，RFC 2988 建议使用下式计算 RTO：

$$RTO = RTT_S + 4\times RTT_D \qquad (6\text{-}3)$$

RTT_D是 RTT 偏差的加权平均值。RFC 2988 建议第一次测量时，RTT_D值为测量到的 RTT 样本值的一半。在以后的测量中，则使用下式计算加权平均的 RTT_D：

$$新的\ RTT_D = (1-\beta)\times(旧的\ RTT_D)+\beta\times|RTT_S - 新的\ RTT\ 样本| \qquad (6\text{-}4)$$

式中，$0<\beta<1$，其推荐值是 1/4。

但往返时延的测量相当复杂，当报文段出现重传时，如何确定往返时延样本是比较困难的，如何判定确认报文段是对原来的报文段的确认，还是对重传报文段的确认？因此，报文段每重传一次，就把 RTO 适当增大一些：

$$新的\ RTO = \gamma\times(旧的\ RTO) \qquad (6\text{-}5)$$

系数 γ 的典型值是 2。当不再发生报文段的重传时，才根据报文段的往返时延更新平均往返时延 RTT 和超时重传时间 RTO 的数值。

6.3.5　TCP 流量控制的实现

TCP 流量控制就是控制发送方的发送数据量，让发送方的发送速率不要太快，不能超过接收方的接收能力，使得接收方来得及接收，也不要使网络发生拥塞。接收方使用反馈机制，向发送方应答，报告自己当前的接收情况和能力。接收能力由接收设备的处理速度、接收缓冲的容量等确定。利用滑动窗口机制可以很方便地在 TCP 连接上实现流量控制。

下面利用滑动窗口机制进行流量控制的例子，如图 6-23 所示。主机 A 为发送端，主机 B 为接收端。TCP 连接建立时协商的窗口大小为 400 字节。假定每一个报文段长度为 100 字节，数据报文段序号的初始值为 1，即 seq=1。图中箭头上面大写 ACK 表示首部中的确认位 ACK，小写 ack 表示确认字段的值。

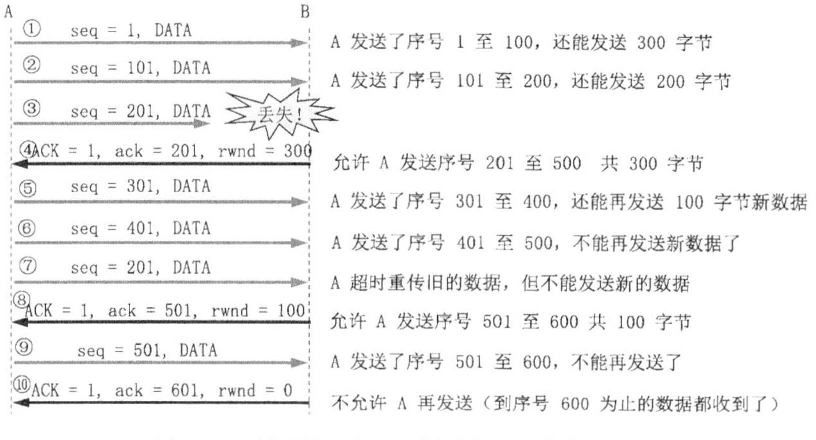

图 6-23　利用滑动窗口机制进行流量控制的例子

上图中 TCP 协议基于滑动窗口进行流量控制的例子，分为①②③④⑤⑥⑦⑧⑨⑩共

10 个阶段，每个阶段发送窗口的三个指针 P1、P2、P3 的大小变化如表 6-2 所示。

表 6-2 发送窗口的三个指针 P1、P2、P3 的变化

阶段	P1	P2	P3
初始化	1	1	401
①	1	101	401
②	1	201	401
③	1	301	401
④	201	301	501
⑤	201	401	501
⑥	201	501	501
⑦	201	501	501
⑧	501	501	601
⑨	501	601	601
⑩	601	601	601

图 6-23 中第⑩阶段主机 B 向主机 A 发送了一个零窗口的报文段，主机 A 就不能再发送任何数据。主机 A 一直等待接收主机 B 发送的非零窗口通知，而 B 也一直等待 A 发送数据。如果没有其他措施，这种互相等待的死锁局面将一直延续下去。

为了解决这个问题，TCP 为每一个连接设有一个持续计时器。只要 TCP 连接的一方收到对方的零窗口通知，就启动持续计时器。若持续计时器设置的时间到期，就发送一个零窗口探测报文段(仅携带 1 字节的数据)，而对方就在确认这个探测报文段时给出了现在的窗口值。若窗口仍然是零，则收到这个报文段的一方就重新设置持续计时器。若窗口不是零，则死锁的僵局就可以打破了。

6.3.6 TCP 拥塞控制的实现

1. 拥塞控制的概念

若网络中对某种资源的需求超过了该资源所能提供的可用部分，网络的性能就要变坏，就会产生拥塞(congestion)。出现资源拥塞的条件是对资源需求的总和大于可用资源。若网络中有许多资源同时产生拥塞，网络的性能就要明显变坏，整个网络的吞吐量将随输入负荷的增大而下降。

发送端的主机在确定发送报文段的速率时，既要考虑接收端的接收能力，又要从全局出发考虑不要使网络发生拥塞。因此，每一个 TCP 连接需要有以下两个状态变量：

(1) 接收端窗口 W_R(receiver window)，又称为通知窗口(advertised window)，是接收端根据其目前的接收缓存大小所许诺的最新的窗口值，是来自接收端的流量控制。接收端将此窗口值放在 TCP 报文首部中的窗口字段，传送给发送端。

(2) 拥塞窗口 W_C(congestion window)，是发送端根据自己估计的网络拥塞程度而设置的窗口值，是来自发送端的拥塞控制。

发送端的发送窗口的上限值应当取为接收端窗口 rwnd 和拥塞窗口 cwnd 这两个变量中较小的一个，即应按以下公式确定：

$$\text{发送窗口的上限值}=\mathrm{Min}(W_R，W_C) \tag{6-6}$$

当 $W_R < W_C$ 时，是接收端的接收能力限制发送窗口的上限值。当 $W_C < W_R$ 时，则是网络的拥塞限制发送窗口的上限值。拥塞控制的作用如图 6-24 所示。

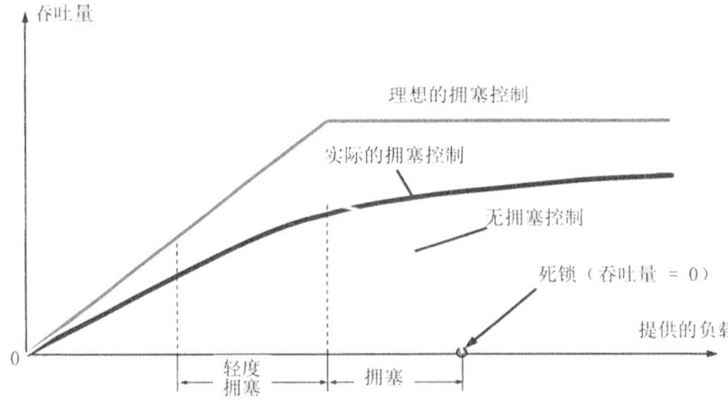

图 6-24　拥塞控制的作用

RFC 2581 定义了进行拥塞控制的四种算法，即慢开始(show-start)、拥塞避免(congestion avoidance)、快重传(fast retransmit)和快恢复(fast recovery)　。

2. 慢开始和拥塞避免

在主机刚刚开始发送报文段时，可先将拥塞窗口 W_C 设置为一个最大报文段 MSS 的大小。在每收到一个对新的报文段的确认后，将拥塞窗口增加至两个 MSS 的数值。用这样的方法逐步增大发送端的拥塞窗口 W_C，可以使分组注入网络的速率更加合理。这种方法称为慢开始。

如图 6-25 所示，慢开始和拥塞避免算法的实现举例如下。

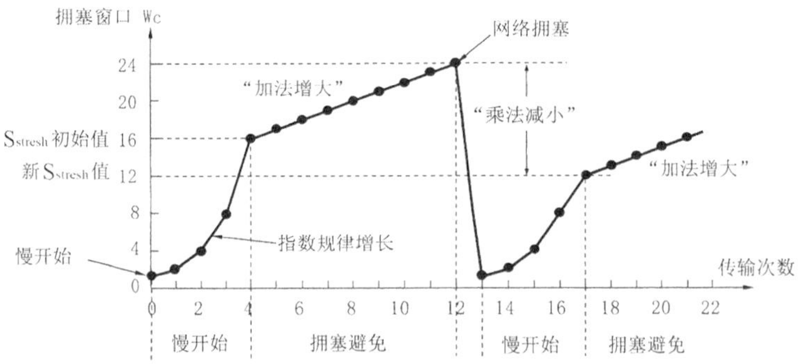

图 6-25　慢开始和拥塞避免算法的实现举例

(1) 当 TCP 连接进行初始化时，将拥塞窗口的初始值置为 1。图中的窗口单位不是字节，而是使用 MSS 报文段。

(2) 将慢开始的门限值设置为 16，即 S_{stresh}=16。当 W_C< S_{stresh}时，使用慢开始算法。当 W_C> S_{stresh}时，停止使用慢开始算法而改用拥塞避免算法。当 W_C = S_{stresh}时，既可使用慢开始算法，也可使用拥塞避免算法。

(3) 假定现在不考虑流量控制，则发送端的发送窗口大小受拥塞窗口的控制。

(4) 在执行慢开始算法时，拥塞窗口 W_C的初始值为 1，发送第一个报文段 M_0。

(5) 发送端收到 ACK1(确认 M_0，期望收到 M_1)后，将 W_C从 1 增大到 2，于是发送端可以接着发送 M_1和 M_2两个报文段。

(6) 接收端发回 ACK2 和 ACK3。发送端每收到一个对新报文段的确认 ACK，就把送端的拥塞窗口加 1。现在发送端的 W_C从 2 增大到 4，并可发送 M_3～M_6共 4 个报文段。

(7) 发送端每收到一个对新报文段的确认 ACK，就把发送端的拥塞窗口加 1，因此拥塞窗口 W_C随着传输次数按指数规律增长。

(8) 当拥塞窗口 W_C增长到慢开始门限值 S_{stresh}(即 $W_{C=}16$)时，就改为执行拥塞避免算法，拥塞窗口按线性规律增长。拥塞避免算法的思路是让拥塞窗口 W_C缓慢地增大，即每经过一个往返时间 RTT 就把发送方的拥塞窗口 W_C加 1，而不是加倍，使拥塞窗口 W_C按线性规律缓慢增长。

(9) 假定拥塞窗口的数值增长到 24 时网络出现超时(表明网络出现拥塞)。

(10) 更新后的 W_C值变为 12(即发送窗口数值 24 的一半)，拥塞窗口再重新设置为 1，并执行慢开始算法。

(11) 当 W_C = 12 时改为执行拥塞避免算法，拥塞窗口按线性规律增长，每经过一个往返时延就增加一个 MSS 的大小。

“乘法减小”是指不论在慢开始阶段还是拥塞避免阶段，只要出现一次超时(即出现一次网络拥塞)，就把慢开始门限值 S_{stresh} 设置为当前的拥塞窗口值乘以 0.5。当网络频繁出现拥塞时，S_{stresh}值就下降得很快，以尽快减少注入网络中的分组数。

“加法增大”是指执行拥塞避免算法后，当收到对所有报文段的确认就将拥塞窗口 W_C值变为 12(即发送窗口数值 24 的一半)，拥塞窗口再重新设置为 1，并执行慢开始算法增加一个 MSS 大小，使拥塞窗口缓慢增大，以防止网络过早出现拥塞。

“拥塞避免”并非指完全能够避免拥塞。利用以上的措施要完全避免网络拥塞还是不可能的。“拥塞避免”是说在拥塞避免阶段把拥塞窗口控制为按线性规律增长，使网络比较不容易出现拥塞。

3. 快重传和快恢复

快重传算法规定，发送端只要连续收到 3 个重复的 ACK 即可断定有分组丢失了，就应立即重传丢失的报文段，而不必继续等待为该报文段设置的重传计时器的超时，如图 6-26 所示。

不难看出，快重传并非取消重传计时器，而是在某些情况下可更早地重传丢失的报文段。

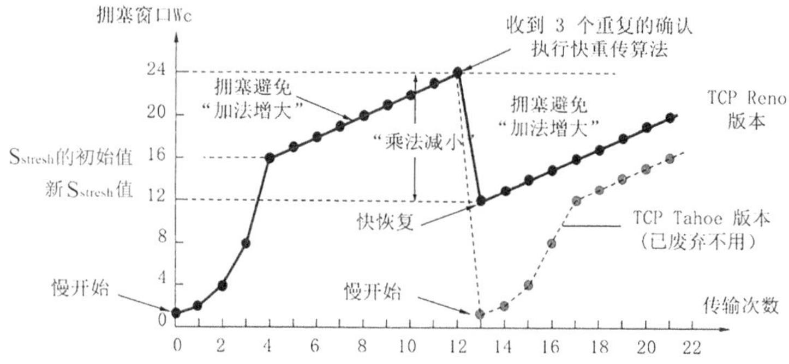

图 6-26　快重传和快恢复算法的实现举例

(1) 当发送端收到连续 3 个重复的 ACK 时，就重新设置慢开始门限 S_{stresh}。

(2) 与慢开始不同之处是拥塞窗口 W_C 不是设置为 1，而是设置为慢开始门限 S_{stresh} 减半后的数值，然后开始执行拥塞避免算法("加法增大")，使拥塞窗口缓慢地线性增大。

(3) 若发送窗口值还允许发送报文段，就按拥塞避免算法继续发送报文段。

6.4　用户数据报协议 UDP

UDP 只在 IP 数据报的服务之上增加了很少一点的功能，即端口功能和差错检测功能。

6.4.1　UDP 的特点

如图 6-27 所示，虽然 UDP 用户数据报只能提供不可靠的交付，但 UDP 在某些方面有其特殊的优点：

(1) UDP 是无连接的，即发送数据之前不需要建立连接。

(2) UDP 使用尽最大努力交付，即不保证可靠交付，同时也不使用拥塞控制。

(3) UDP 是面向报文的。面向报文的 UDP 是指发送方 UDP 对应用程序交下来的报文，在添加首部后就向下交付 IP 层。UDP 对应用层交下来的报文，既不合并，也不拆分，而是保留这些报文的边界。应用层交给 UDP 多长的报文，UDP 就照样发送，即一次发送一个报文。接收方 UDP 对 IP 层交上来的 UDP 用户数据报，在去除首部后就原封不动地交付上层的应用进程，一次交付一个完整的报文。应用程序必须选择合适大小的报文。由于 UDP 没有拥塞控制，很适合多媒体通信的要求。

(4) UDP 支持一对一、一对多、多对一和多对多的交互通信。

(5) UDP 的首部开销小，只有 8 个字节。

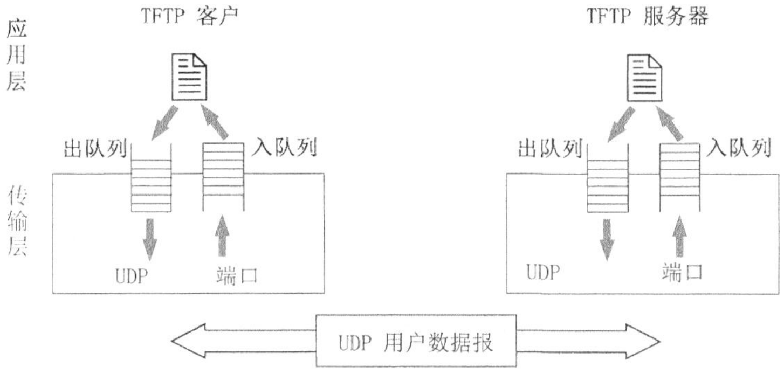

图 6-27 基于报文队列的端口实现

6.4.2 UDP 数据报

如图 6-28 所示用户数据报 UDP 有两个字段：数据字段和首部字段。首部字段只有 8 个字节，由 4 个字段组成，每个字段的长度都是 2 字节。

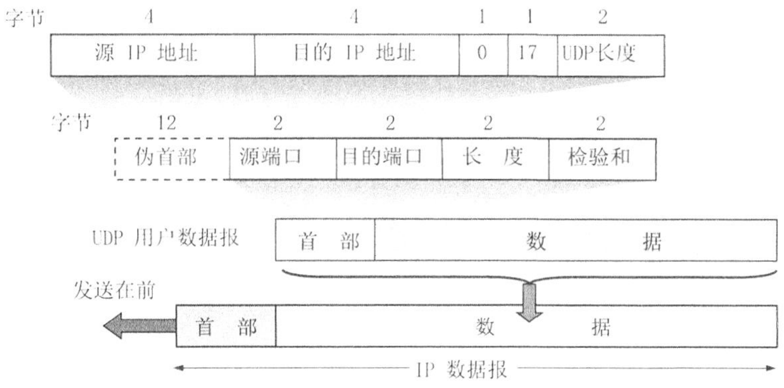

图 6-28 用户数据报 UDP 报文的格式

各字段意义如下：

(1) 源端口号。在需要对方回信时选用。不需要时可用 00。

(2) 目的端口号。这在终点交付报文时必须要使用到。

(3) 长度。UDP 用户数据报的长度，其最小值是 8(仅有首部)。

(4) 检验和检测 UDP 用户数据报在传输中是否有错。有错就丢弃。在计算检验和时，临时把“伪首部”和 UDP 用户数据报连接在一起。伪首部仅仅是为了计算检验和。UDP 计算检验和的方法和计算 IP 数据报的首部检验和的方法相似，但 IP 数据报的检验只检验 IP 数据报的首部，UDP 的检验是把首部和数据部分一起都检验。

6.5 小　结

通过本章的学习，我们清楚地理解了传输层协议的基本概念，熟练掌握 TCP 和 UDP 的端口的概念、TCP 的传输连接管理、TCP 报文段的首部结构、TCP 的编号与确认技术，熟练掌握 TCP 的重传机制、TCP 的流量控制与拥塞控制等内容，基本掌握 UDP 的工作原理、用户数据报的首部格式等内容。

6.6 习　题

一、单项选择题

1. 在 OSI 模型中，提供端到端传输功能的层次是________。
   A. 物理层　B. 数据链路层　C. 传输层　D. 应用层
2. 应用层的各种进程通过________实现与传输实体的交互。
   A. 程序　B. 端口　C. 进程　D. 调用
3. 欲传输一个短报文，TCP 和 UDP 哪个更快________。
   A. TCP　B. UDP　C. 两个都快　D. 不能比较
4. TCP 协议传输前需要________次握手建立连接。
   A. 2　B. 3　C. 4　D. 5
5. TCP 重传计时器设置的重传时间________。
   A. 等于往返时延　B. 等于平均往返时延
   C. 大于平均往返时延　D. 小于平均往返时延
6. TCP 流量控制中通知窗口的功能是________。
   A. 指明接收端的接收能力　B. 指明接收端已经接收的数据
   C. 指明发送方的发送能力　D. 指明发送方已经发送的数据
7. TCP 流量控制中拥塞窗口的是________。
   A. 接收方根据网络状况得到的数值　B. 发送方根据网络状况得到的数值
   C. 接收方根据接收能力得到的数值　D. 发送方根据发送能力得到的数值
8. TCP 拥塞避免时，拥塞窗口增加的方式是________。
   A. 随机增加　B. 线性增加　C. 指数增加　D. 不增加
9. 开始时，由小到大逐渐增大发送窗口，在超过 S_{stresh} 后，拥塞窗口 cwnd 加倍，直到网络拥塞，S_{stresh} 变为 cwnd / 2，拥塞窗口重新置为 1。请问，这里运用到的算法是________。
   A. 慢开始、快恢复　B. 快重传、快恢复
   C. 慢开始、拥塞避免　D. 快重传、拥塞避免
10. TCP 连接建立时，发起连接一方序号为 x，则接收方确认的序号为________。
    A. 1　B. x　C. x＋1　D. x－1

二、填空题

1. TCP/IP 传输层的两个主要协议是_______和_________。
2. UDP 发送数据________建立连接，是面向__________的，__________交付数据，没有_________控制，支持_______、________、_______ 和________的交互通信。
3. TCP 报文首部开销_________(填具体大小)，UDP 报文首部开销_________(填具体大小)。
4. 理想的传输条件有两个特点：_____________和________________。
5. TCP 采用________的方式进行流量控制，其取值为通知窗口和拥塞窗口中_______的一个。
6. TCP 的发送窗口中的数据可以分为两类__________和___________数据。
7. TCP 已经建立起来的一个连接，当其中一方提出释放连接后，此时进入__________状态。
8. TCP 可靠传输的实现中，TCP 的滑动窗口是以为_______单位的；假设如下图所示，描述发送窗口的三个指针：P1、P2、P3 分别是多少________、________、________。

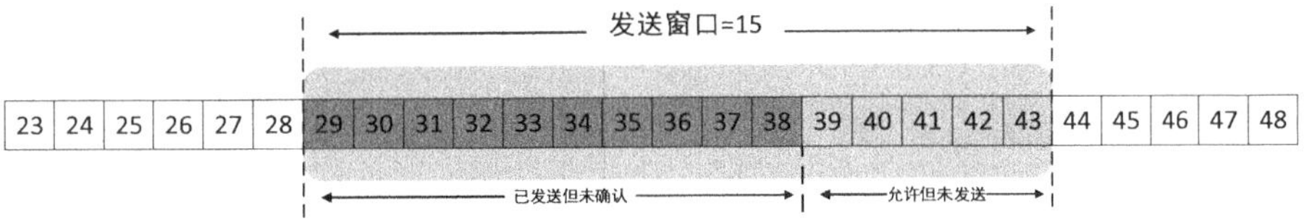

三、简答题

1. 传输层的作用与主要功能。
2. TCP 的主要特点。
3. 简述 TCP 与 UDP 之间的不同点。
4. 简述 TCP 面向连接服务与 UDP 无连接服务的区别。

四、计算题

1. 一具数据报长度为 4000 字节(固定首部长度)。现在经过一个网络传送，但此网络能够传送的最大数据长度为 1500 字节。试问应当划分为几个短些的数据报片？各数据报片的数据字段长度、片偏移字段和 MF 标志应为何数值？
2. 一个 400 byte 长的 TCP 报文传到 IP 层，加上 20 byte 的首部后成为数据报。下面的互联网由两个局域网通过路由器连接起来，但第二个局域网所能传送的最长数据帧的数据部分只有 150 byte，因此数据报在路由器必须进行分片。试问第二个局域网向其上层要传送多少字节的数据？

3. 如下图所示，A 向 B 发送数据。建立连接时，B 告诉 A：“我的接收窗口 rwnd=400”。设每一个报文段为 100 字节长，而数据报文段序号的初始值设为 1。问每个状态时，滑动窗口的三指针的值分别是多少？

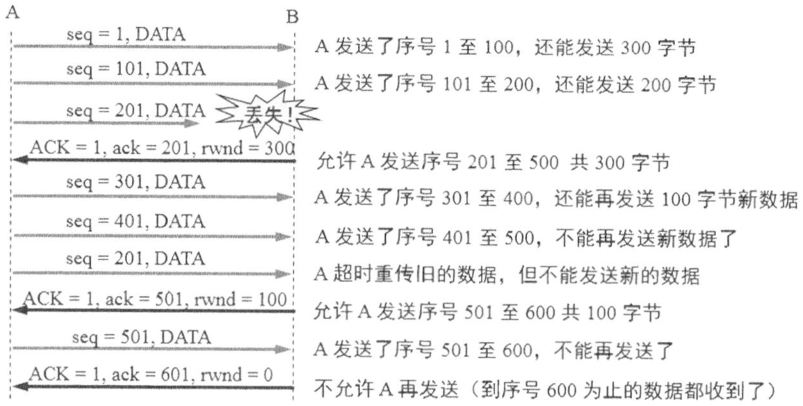

第7章 应 用 层

应用层是 TCP/IP 模型的最高层，它通过使用传输层所提供的服务，直接向用户提供服务。它是 TCP/IP 网络与用户之间的界面或接口。该层由若干面向用户提供服务的应用协议和支持这些应用的支撑协议组成，基于这些协议，应用层向用户提供了众多的网络应用。

本章主要讨论域名系统 DNS，万维网的工作原理及其主要协议，因特网电子邮件，文件传送协议 FTP，远程终端协议 TELNET，动态主机配置协议 DHCP 等。最后，介绍有关网络编程接口的概念。

7.1 TCP/IP 的应用层

每个应用层协议都是为了解决某一类应用问题，而问题的解决又往往是通过位于不同主机中的多个应用进程之间的通信和协同工作来完成的。应用层的具体内容就是规定应用进程之间在通信时所遵循的协议。

应用层的大多数协议都是基于客户/服务器方式。客户(client)和服务器(server)都是通信中所涉及的应用进程。客户/服务器方式所描述的是进程之间服务和被服务的关系，客户是服务请求方，服务器是服务提供方。

TCP/IP 应用层上的典型应用包括 Web 浏览、电子邮件、文件传输和远程终端等，与这些应用相关的协议包括超文本传输协议(HTTP)、简单邮件传输协议(SMTP)、文件传输协议(FTP)、简单文件传输协议(TFTP)和虚拟终端协议(Telnet)。

HTTP：用来在浏览器和 WWW 服务器之间传送超文本协议。

SMTP：用于实现电子邮件传输的应用协议。

FTP：用于实现文件传输服务的协议。通过 FTP 用户可以方便地连接到远程服务器，可以进行查看、删除、移动、复制、更改远程服务器上的文件内容，并能进行上传文件和下载文件等操作。

TFTP：用于提供小而简单的文件传输服务。TFTP 是对 FTP 的一种补充，特别是在文件较小并且只有传输需求时该协议显得更加有效率。

Telnet：实现虚拟或仿真终端的服务，允许用户把自己的计算机当作远程主机上的一个终端连接到远程计算机，并使用基于文本界面的命令控制和管理远程主机上的文件及其他资源。

为了使用户更加可靠、高效地访问网络应用服务，TCP/IP 模型的应用层还提供了一些专门的应用支撑协议，如域名服务系统(DNS)、简单网络管理协议(SNMP)等。

DNS：用于实现域名和 IP 地址之间的相互转换。

SNMP：由于 Internet 结构复杂，拥有众多的操作者，因此需要好的工具进行网络管理，以确保网络运行的可靠性和可管理性。而 SNMP 提供了一种监控和管理计算机网络的有效方法，它已成为计算机网络管理的事实标准。

下面将分别对一些主要的协议进行介绍。

7.2 DNS 服务

7.2.1 域名和域名系统

1. 域名系统的概念

域名系统(domain name system，DNS)主要是解决 Internet 上机器或设备命名的一种系统。它是 Internet 的一项服务，作为将域名和 IP 地址相互映射的一个分布式数据库，能够使人更方便地访问 Internet。

因特网编址有三种形式的地址管理机制：

首先是 IP 地址，如 202.117.0.20，它是 32 比特逻辑编码，用来在因特网中定位主机和路由器的接口。TCP/IP 网络上的每台主机都必须有唯一的 IP 地址。IP 地址的优点是更适合计算机处理，IP 地址包含足够的路由信息。缺点是 IP 地址不适合人们记忆，无法通过 IP 地址猜测主机的用途，如一个主机到底是 www 服务器还是 FTP 服务器？

其次是 MAC 地址，如 12-FA-9B-23-DB-11，它是 48 比特编码，用来在局域网中识别主机/路由器的接口。IP 地址转换到 MAC 地址由地址解析协议(ARP)实现。

最后是域名地址，如 www.163.com，它是层次化的地址，便于人们记忆。域名是层次化的主机名，域名系统的任务是将域名解析为对应的 IP 地址。优点是使用方便，易于记忆，一致性好，不会随 IP 地址的改变而改变。

域名地址转换到 IP 地址由域名服务系统(DNS)实现，这个转换过程又称为域名解析(name resolution)。DNS(RFC 1035)也是 TCP/IP 的应用层协议之一。它利用了 UDP 传输层协议，端口为 53。

域名是一种服务器资源，许多应用层软件经常直接使用域名系统，但计算机的用户只是间接而不是直接使用域名系统。

Internet 采用层次结构的命名树作为主机的名字，并使用分布式的域名系统。域名也是分层次的，也可以说是一棵倒立的树。

域名和 IP 地址有什么关系呢？假如现实生活中人们必须互不重名，这样的话人们的名字将会很长，并且在名字后面会有身份证号。基于同样的道理，在网络世界中，我们把在资源服务器的主机的名字到它的 IP 地址的解析过程称为域名服务。名字到 IP 地址的解析是由若干个域名服务器程序完成的。域名服务器程序在专设的节点上运行，运行该程序的计算机称为域名服务器。

2. Internet 的域名结构

Internet 采用了层次(树状)结构的命名方法。任何一个连接在 Internet 上的主机或路由器都有一个唯一的具有层次结构的名字，即域名。

域名的结构由若干个分量组成，各分量之间用点隔开，各分量分别代表不同级别的域名。域名的格式为：四级域名.三级域名.二级域名.顶级域名。通常对应为：机器名称.组织名称.组织类别.国家简称。

域名只是个逻辑概念，并不代表计算机所在的物理地点。变长的域名和使用有助记忆的字符串，是为了便于人来使用。而 IP 地址是定长的 32 位二进制数字则非常便于机器进行处理。

Internet 的域名层次结构如图 7-1 所示。

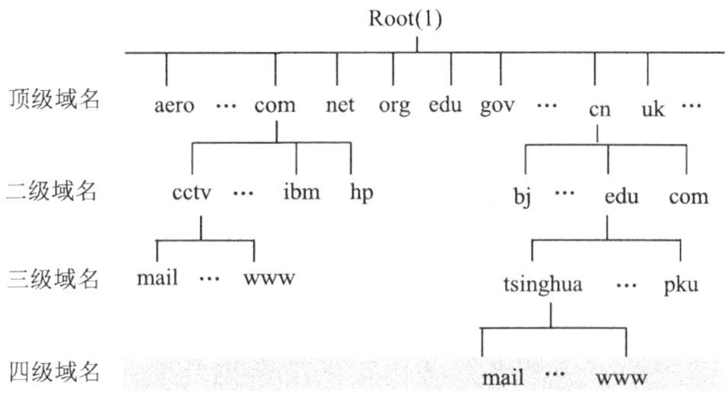

图 7-1 Internet 的域名层次结构

顶级域名(top level domain，TLD)有以下几类：

(1) 国际顶级域名 iTLD：采用 int，国际性的组织可在 int 下注册。

(2) 国家顶级域名 nTLD：如: .cn 表示中国，.us 表示美国，.uk 表示英国，等等。

(3) 通用顶级域名 gTLD：最早的顶级域名是：.com(公司和企业)，.net(网络服务机构)，.org(非营利性组织)，.edu(美国专用的教育机构)，.gov(美国专用的政府部门)，.mil(美国专用的军事部门)。此外，还新增加了 7 个通用顶级域名：.aero(航空运输企业)、.biz(公司和企业)、.coop(合作团体)、.info(各种情况)、.museum(博物馆)、.name(个人)和.pro(会计、律师和医师等自由职业者)。

7.2.2 域名服务器

在 Internet 中，如果只设一个全局域名服务器，它的负担会很重，因此需要合理地设多个域名服务器并使它们高效率地工作。

Internet 允许各个单位根据具体情况将本单位的域名划分为若干个域名服务器管辖区(zone)，并在各管辖区中设置相应的授权域名服务器。域名是需要授权的，域名需要预先注册登记，如果没有授权，域名是不允许改动或删除的。Internet 划分为多个区域，每个区域中设一个授权域名服务器。

域名服务器有四种类型：根域名服务器、顶级域名服务器、权限域名服务器和本地域名服务器。这些服务器构成一个树状结构，如图 7-2 所示。

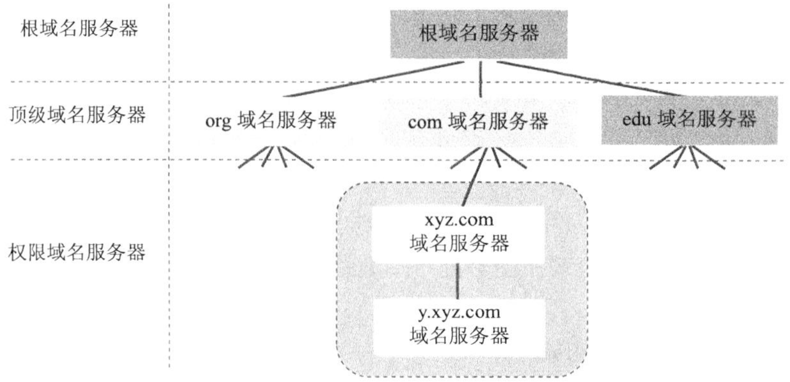

图 7-2　树状结构的 DNS 域名服务器

本地域名服务器对域名系统非常重要。当一个主机发出 DNS 查询请求时，这个查询请求报文就发送给本地域名服务器。每一个因特网服务提供者 ISP，或一个大学，甚至一个系，都可以拥有一个本地域名服务器，这种域名服务器有时也称为默认域名服务器。DNS 域名服务器都把数据复制到几个域名服务器来保存，其中的一个是主域名服务器，其他的是辅助域名服务器。当主域名服务器出故障时，辅助域名服务器可以保证 DNS 的查询工作不会中断。主域名服务器定期把数据复制到辅助域名服务器中，而更改数据只能在主域名服务器中进行。这样就保证了数据的一致性。

7.2.3　域名解析

DNS 解析有两种方式：递归查询和迭代查询。DNS 客户端设置使用的 DNS 服务器一般都采用递归查询，它负责全权处理客户端的 DNS 查询请求，直到返回最终结果。而 DNS 服务器之间一般采用迭代查询方式。

1. 递归查询

如果要知道一个域名所对应的 IP 地址，但在访问本地域名服务器时，可能该域名查询不到，此时该本地域名服务器就会请求它的上级支援，直到查到要查询的 IP 地址，这种方法就称为递归查询。

递归查询(或叫递归解析)过程中，一直是以本地域名服务器为中心的，DNS 客户端只是发出原始的域名查询请求报文，然后就一直处于等待状态，直到本地域名服务器发来了最终的查询结果。此时的本地域名服务器就相当于中介代理的作用。如果考虑了本地域名服务器的缓存技术(也就是在 DNS 服务器上对一定数量的以前查询记录保存一定时间，这样后面查询同样的域名信息时就可直接从缓存中调出来，以提高查询效率)，则递归查询的基本流程如下：

(1) 客户端向本机配置的本地域名服务器(在此仅以首选 DNS 服务器为例进行介绍，

所配置其他备用 DNS 服务器的解析流程完全一样)发出域名查询请求。

(2) 本地域名服务器收到请求后，先查询本地的缓存，如果有该域名的记录，则本地域名服务器就直接把查询的结果返回给客户端；如果本地缓存中没有该域名的记录，则本地域名服务器再以 DNS 客户端的角色发送与前面一样的域名查询请求给根域名服务器。

(3) 根域名服务器收到 DNS 请求后，把查询得到的域名中顶级域名所对应的顶级域名服务器地址返回给本地域名服务器。

(4) 本地域名服务器根据根域名服务器所返回的顶级域名服务器地址，向对应的顶级域名服务器发送与前面一样的域名查询请求。

(5) 对应的顶级域名服务器在收到域名查询请求后，也是先查询自己的缓存，如果有所请求的域名的记录项，则直接把对应的记录项返回给本地域名服务器，然后再由本地域名服务器返回给 DNS 客户端，否则向本地域名服务器返回其所请求的域名中的二级域名所对应的二级域名服务器地址。

(6) 本地域名服务器继续按照前面介绍的方法依次向三级、四级域名服务器查询，直到最终的对应域名所在区域的权威域名服务器返回最终的记录给本地域名服务器。然后再由本地域名服务器返回给 DNS 客户，同时本地域名服务器会缓存本次查询得到的记录项。

2. 递归与迭代相结合的查询

如图 7-3 所示，y.abc.com 作为一个域名与 IP 地址 202.195.224.100 相对应。DNS 就像是一个自动的电话号码簿，可以直接用 y.abc.com 的名字来代替电话号码(IP 地址)。DNS 会将便于人类使用的名字转化成便于机器识别的 IP 地址。

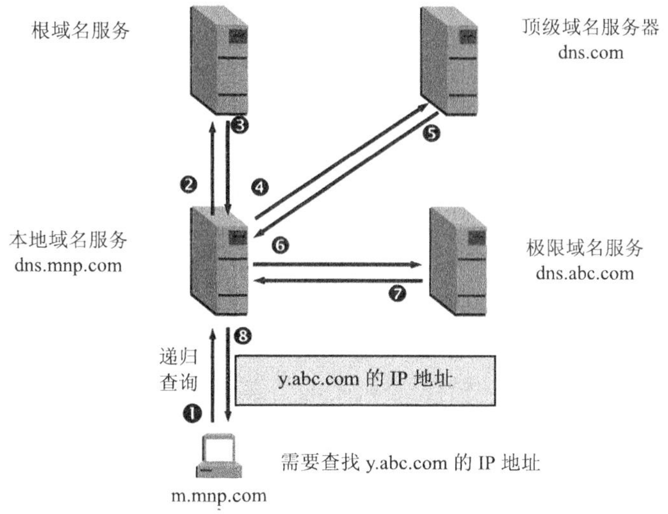

图 7-3 递归与迭代相结合的查询

下面以查询 y.abc.com 为例，具体步骤如下：

(1) 客户端发送查询报文“queryy.abc.com”，至本地域名服务器 dns.mnp.com。

(2) 本地域名服务器首先检查本地缓存，如果存在记录则直接返回结果。如果记录老化或不存在，则本地域名服务器向根域名服务器发送查询报文 query y.abc.com。

(3) 根域名服务器返回.com 域的域名服务器地址，这一级首先会返回的是顶级域名的域名服务器地址。

(4) DNS 服务器向.com 域的顶级域名服务器发送查询报文 query y.abc.com，得到.abc.com 域的域名服务器地址。

(5) DNS 服务器向.abc. com 域的权限域名服务器发送查询报文 query y.abc.com，得到主机 queryy.abc.com 的 IP(y.abc.com)=(202.195.224.100)的记录，存入自身缓存并返回给客户端。

域名解析过程就是上网必须经历的一个步骤，所以 DNS 也是决定上网速度的一个因素，如果想让网速快一点，那么是否可以让域名解析过程快一点呢？让域名服务器查询速度加快的途径如下：

(1) 配置一台运行速度高(CPU 主频高、内存大)的域名服务器。

(2) 让数据库域名表中的记录有序存放，可采用效率高的查找算法，如折半查找法等。

(3) 准备一个高速缓存，将域名放入其中，即域名高速缓存。

使用域名高速缓存可优化查询的开销。每个域名服务器都维护一个高速缓存，存放最近用过的域名以及从何处获得域名映射信息的记录。当客户请求域名服务器转换域名时，服务器首先按标准过程检查它是否被授权管理该域名。若未被授权，则查看自己的高速缓存，检查该域名是否最近被转换过。

域名服务器向客户报告缓存中有关域名与地址的绑定(binding)信息，并标志为非授权绑定，以及给出获得此绑定的服务器 S 的域名。本地服务器同时也将服务器 S 与 IP 地址的绑定告知客户。

7.3 WWW 服务

7.3.1 WWW 的基本概念

1. WWW

WWW(world wide web)也称为万维网、环球信息网、3W 或 WEB，它并非某种特殊的计算机网络，而是一个大规模的、联机式的信息储藏所。万维网用链接的方法能非常方便地从因特网上的一个站点访问另一个站点，从而主动地按需获取丰富的信息。这种访问方式称为“链接”。

万维网是分布式超媒体(hypermedia)系统，它是超文本(hypertext)系统的扩充。一个超文本由多个信息源链接成。利用一个链接可使用户找到另一个文档。这些文档可以位于世界上任何一个接在因特网上的超文本系统中，如图 7-4 所示。

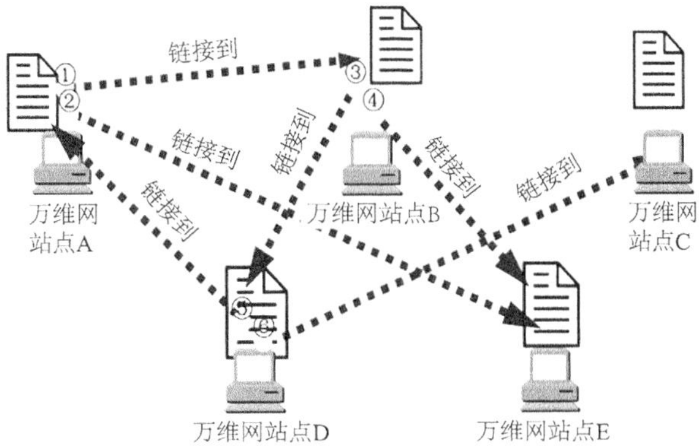

图 7-4 万维网的分布式超媒体系统

万维网以客户服务器方式工作。超文本是万维网的基础。浏览器(browser)是用来解释 Web 页面并完成相应转换和显示的程序。浏览器通过 Web 页面来进行信息的传递和交流。主页是进入一个网站首先看到的页面，是一个网站的主界面。

2. 万维网设计目标

WWW 最基本的四项设计目标包括：分布式信息系统；对多重协议提供一个统一通用的接口；对超媒体支持；可扩充性，能够支持所有的数据格式。HTTP 之前的其他协议都不能完全实现上述要求，因而 HTTP 就应运而生了。

3. 万维网必须解决的问题

万维网必须解决以下几个问题：

(1) 怎样标志分布在整个因特网上的万维网文档？使用统一资源定位符 URL (uniform resource locator)来标志万维网上的各种文档。使每一个文档在整个因特网的范围内具有唯一的标识符 URL。

(2) 用什么协议实现万维网上各种超链接？在万维网客户程序与万维网服务器程序之间进行交互所使用的协议，是超文本传送协议 HTTP (hyper text transfer protocol)。HTTP 是一个应用层协议，它使用 TCP 连接进行可靠的传送。

(3) 怎样使各种万维网文档都能在因特网上的各种计算机上显示出来，同时使用户清楚地知道在什么地方存在着超链接？超文本标记语言 HTML (hyper text markup language)使得万维网页面的设计者可以很方便地用一个超链接从本页面的某处链接到因特网上的任何一个万维网页面，并且能够在自己的计算机屏幕上将这些页面显示出来。

(4) 怎样使用户能够很方便地找到所需的信息？为了在万维网上方便地查找信息，用户可使用各种搜索工具(即搜索引擎)。

7.3.2 统一资源定位器

统一资源定位器，又叫 URL(uniform resource locator)，是专为标识 Internet 网上资

源位置而设的一种编址方式，我们平常所说的网页地址指的就是 URL。它最初是由蒂姆·伯纳斯-李发明用来作为万维网的地址，现在它已经被万维网联盟编制为因特网标准 RFC1738。

URL 一般由四个部分组成，传输协议://主机名或 IP 地址或域名/资源所在路径/文件名。如 http://www.gov.cn/xinwen/2016-03/25/content_5058199.htm，它表达了 URL 的统一格式。

传输协议指的是数据传输的方式，是数据传输时双方计算机应遵守的规定。它告诉浏览器如何处理将要打开的文件。最常用的模式是超文本传输协议(HTTP)，这个协议可以用来访问网络。其他协议如下：

https：用安全套接字层传送的超文本传输协议

ftp：文件传输协议

file：当地电脑或网上分享的文件

news：Usenet 新闻组

gopher：Gopher 协议

telnet：Telnet 协议。

主机名部分可以是计算机名或 IP 地址或域名地址。如 http://localhost。服务器的名称或 IP 地址后面有时还跟一个冒号和一个端口号。它也可以包含接触服务器必须的用户名称和密码。

有时候，URL 以斜杠“/”结尾，而没有给出文件名，在这种情况下，URL 引用路径中最后一个目录中的默认文件(通常对应于主页)，这个文件常常被称为 index.html 或 default.htm。

统一资源定位符是对可以从互联网上得到的资源的位置和访问方法的一种简洁的表示，是互联网上标准资源的地址。互联网上的每个文件都有一个唯一的 URL，它包含的信息指出文件的位置以及浏览器应该怎么处理它。

Internet 上的信息资源每时每刻都在急剧增加，而你掌握的网上信息资源，实际上取决于你掌握的统一资源定位符的多少。要想掌握更多的网络地址，除了平时注意收集外，还要借助于 Internet 上的一些搜索引擎如 Yahoo、Google 等。这些搜索引擎实际上是专门用来储存 URL 和提供信息查找服务的大型计算机系统。

7.3.3 超文本传输协议

1. HTTP 概述

HTTP 的全称是 hyper text transfer protocol，即超文本传输协议。作为一种应用层协议，HTTP 在可靠的网络层协议基础上提供了在 Web 服务器和客户之间传输信息的一种机制，并规定了客户与服务器之间交互的各种消息。HTTP 是一个应用层的面向对象的协议，由于其简捷、快速的方式，适用于分布式超媒体信息系统。它于 1990 年提出，经过几年的使用与发展，得到不断地完善和扩展。目前在 WWW 中使用的是 HTTP/1.0 的第六版，HTTP/1.1 的规范化工作正在进行之中，而且 HTTP-NG(next generation of

HTTP)的建议已经提出。

HTTP 可实现 Web 上的文件传输，通过使用 HTTP 协议，客户可从 Web 服务器上下载几乎所有类型的文件，包括 HTML 文件，图像，视频/音频等多媒体文件，Java Applet 等对象，甚至应用程序等。同样，客户也可以向 Web 服务器上传几乎所有类型的文件。

HTTP 还可以实现基于 Web 的动态、交互应用。通过使用 HTTP 协议，可将用户在客户端输入的各种信息(例如，购物时需要的姓名、年龄、性别、爱好、信用卡号等)提交给 Web 服务器，从而实现基于 Web 的动态、交互式应用。

HTTP 协议的主要特点可概括如下：

(1) 支持客户/服务器模式。

(2) 简单快速：客户向服务器请求服务时，只需传送请求方法和路径。请求方法常用的有 GET、HEAD、POST。每种方法规定了客户与服务器联系的类型不同。由于 HTTP 协议简单，使得 HTTP 服务器的程序规模小，因而通信速度很快。

(3) 灵活：HTTP 允许传输任意类型的数据对象。正在传输的类型由 Content-Type 加以标记。

(4) 无连接：无连接的含义是限制每次连接只处理一个请求。服务器处理完客户的请求，并收到客户的应答后，即断开连接。采用这种方式可以节省传输时间。

(5) 无状态：HTTP 协议是无状态协议。无状态是指协议对于事务处理没有记忆能力。缺少状态意味着如果后续处理需要前面的信息，则它必须重传，这样可能导致每次连接传送的数据量增大。另一方面，在服务器不需要先前信息时它的应答就较快。

2. HTTP 的报文结构

HTTP 有两类报文，一类是请求报文，从客户向服务器发送请求报文；另一类是响应报文，从服务器到客户的回答。

由于 HTTP 是面向正文的，因此在报文中的每一个字段都是一些 ASCII 码串，因而每个字段的长度都是不确定的。

(1) 请求报文

图 7-5 所示为 HTTP 请求报文的结构。

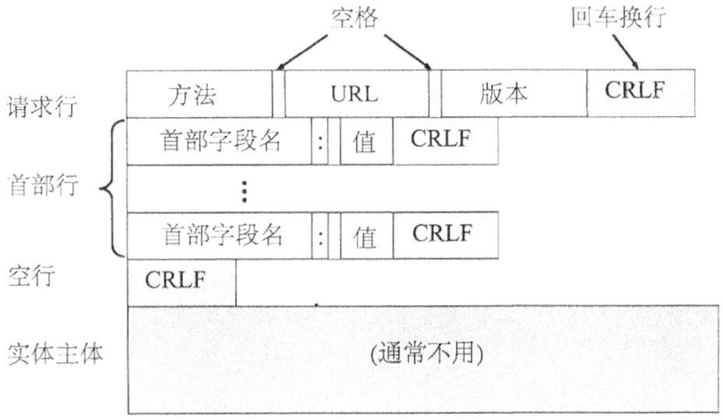

图 7-5 HTTP 请求报文的结构

报文由三个部分组成，即请求行、首部行和实体主体。

“方法”是面向对象技术中使用的专门名词。所谓“方法”就是对所请求的对象进行的操作，因此这些方法实际上也就是一些命令。因此，请求报文的类型是由它所采用的方法决定的。“URL”是所请求的资源的 URL。“版本”是 HTTP 的版本。

表 7-1 为 HTTP 请求报文的一些方法及意义。

表 7-1　HTTP 请求报文的一些方法及意义

方法(操作)	意义
OPTION	请求一些选项的信息
GET	请求读取由 URL 所标志的信息
HEAD	请求读取由 URL 所标志的信息的首部
POST	给服务器添加信息(例如，注释)
PUT	在指明的 URL 下存储一个文档
DELETE	删除指明的 URL 所标志的资源
TRACE	用来进行环回测试的请求报文
CONNECT	用于代理服务器

图 7-6 所示为 HTTP 请求报文的例子，均为能够阅读的 ASCII 格式。

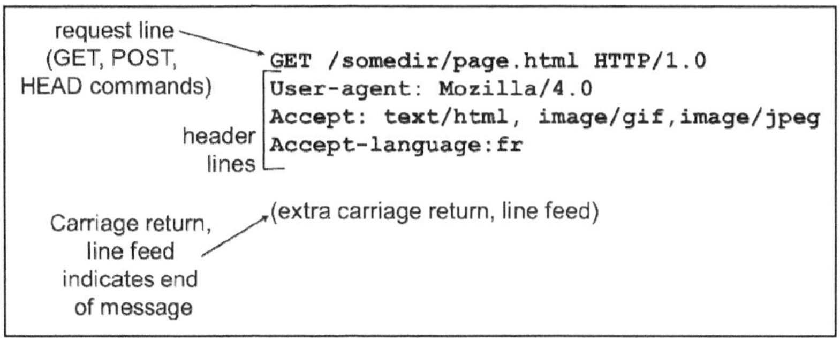

图 7-6　HTTP 请求报文的例子

(2) 响应报文

图 7-7 所示为 HTTP 响应报文的结构。响应报文的开始是状态行。状态行包括三项内容，即 HTTP 的版本，状态码，以及解释状态码的简单短语。状态码是三位数字。1xx 表示通知信息的，如请求收到了或正在进行处理。2xx 表示成功，如接受或知道了。3xx 表示重定向，表示要完成请求还必须采取进一步的行动。4xx 表示客户的差错，如请求中有错误的语法或不能完成。5xx 表示服务器的差错，如服务器失效无法完成请求。

图 7-8 所示为 HTTP 响应报文的例子。

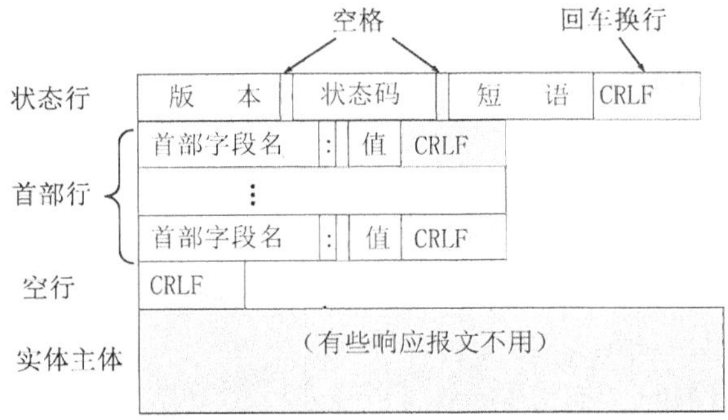

图 7-7 HTTP 响应报文的结构

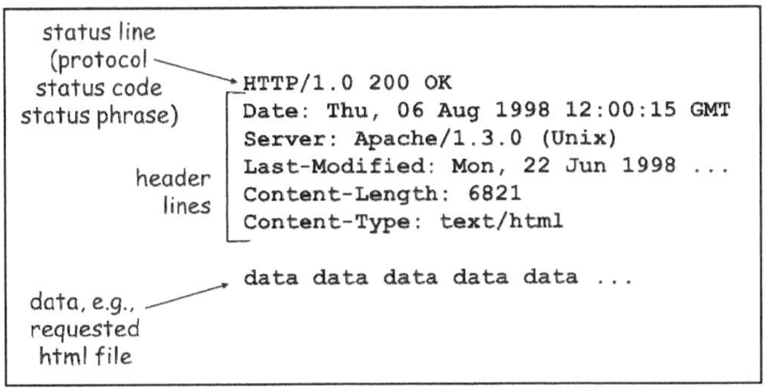

图 7-8 HTTP 响应报文的例子

3. HTTP 的操作过程

为了使超文本的链接能够高效率地完成，需要用 HTTP 协议来传送一切必需的信息。

从层次的角度看，HTTP 是面向事务的(transaction-oriented)应用层协议，它是万维网上能够可靠地交换文件(包括文本、声音、图像等各种多媒体文件)的重要基础。

HTTP 的操作过程如图 7-9 所示。

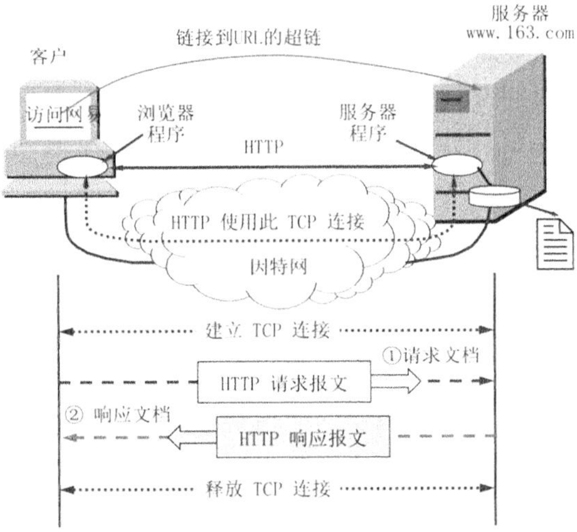

图 7-9 HTTP 的操作过程

具体的操作过程如下：

(1) 用户点击鼠标后，浏览器分析超链指向页面的 URL。

(2) 浏览器向 DNS 请求解析 www.163.com 的 IP 地址。

(3) 域名系统 DNS 解析出网易网站服务器的 IP 地址。

(4) 浏览器与服务器建立 TCP 连接。

(5) 浏览器发出取文件命令：

GET /index.htm。

(6) 服务器给出响应，把文件 index.htm 发给浏览器。

(7) TCP 连接释放。

(8) 浏览器显示“访问网易”网站的主页文件 index.htm 中的所有文本。

7.3.4 超文本标记语言

超文本标记语言(HTML)是加入了许多被称为标记(tag)的特殊字符串的普通文本文件。

超文本标记语言 1.0 在 1993 年 6 月作为互联网工程工作小组(IETF)工作草案发布(并非标准)。HTML 2.0 于 1995 年 11 月作为 RFC 1866 发布，在 RFC 2854 于 2000 年 6 月发布之后被宣布已经过时。HTML 3.2 在 1997 年 1 月 14 日发布，W3C 推荐标准。HTML 4.0——1997 年 12 月 18 日，W3C 推荐标准。HTML 4.01(微小改进)：1999 年 12 月 24 日，W3C 推荐标准。HTML 5：2014 年 10 月 28 日发布，W3C 推荐标准。

从结构上讲，HTML 文件由许多种元素(element)组成，这些元素用于组织文件的内容和指导文件的输出格式。绝大多数元素是“容器”，即它有起始标记和结尾标记。

元素的起始标记叫做起始链接标签(start tag)，元素结束标记叫做结尾链接标签(end tag)，在起始链接标签和结尾链接标签中间的部分是元素体。

HTML 是一种语言，但不是“程序设计”语言，HTML 的作用是说明如何表现文字、图片以及如何建立文件之间的连接。

HTML 是各种网页新技术(DHTML、ASP、PHP、JAVA Script)的基础。由于 HTML 不是程序语言，由其构成的文件不会因时、因地发生变化，也称为“静态网页”。为了网页能够动态变化，需要在网页中加入程序，使之成为“动态网页”。还有一种类型的网页称为“活动网页”。

HTML 语言由标记、容器和属性组成。如标记：<HTML>，容器：<H1> Test</H1> 和标记的属性：<IMG SRC=“stone.jpg” Height=200 Width=300>

下面是 HTML 标记代码的一个例子：

```
<HTML>
    <HEAD>
        <TITLE>HTML </TITLE>
    <HEAD>
    <BODY BGCOLOR=lavender FONT=Arial>
```

```
        <H1><FONT SIZE=3 >
            <B><I>Describing the appearance and contents of a page</I></B>
        </FONT></H1>
        </P>
        <UL>
            <LI>roses
            <LI>sunflowers
            <LI>daffodils
        </UL>
    </BODY>
</HTML>
```

HTML：用来表示<HTML>和</HTML>之间的文字是 HTML 文件。由于大多数浏览器默认.htm 或.html 后缀的文件，所以可以省略。

HEAD：用来设定文件的标题、作者，此部分内容不在浏览器窗口内显示，也可以省略。

BODY：内含 HTML 的主体，其内容可在浏览器窗口显示，一般也可以省略。

HTML 标记的层次如图 7-10 所示。

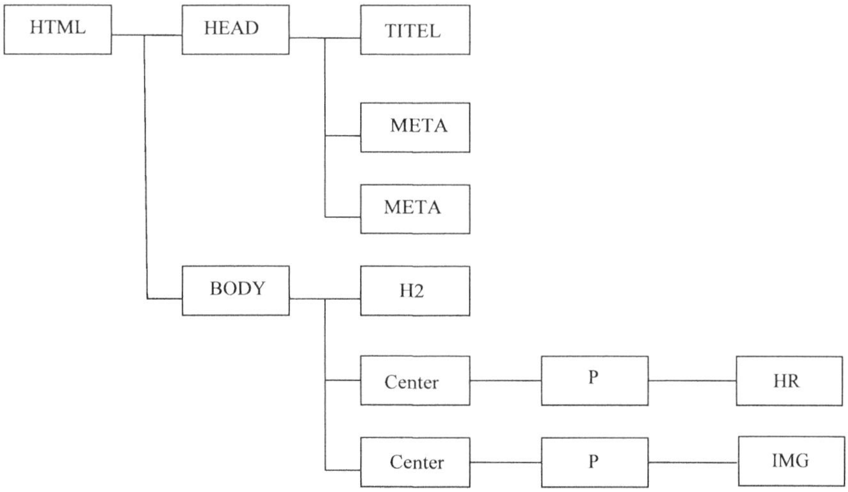

图 7-10　HTML 标记的层次

7.4　E-mail 服务

电子邮件(e-mail)是因特网上最典型的服务之一，在因特网中出现最早，应用最普遍、最广泛。因特网用户中 90%以上都使用过电子邮件。电子邮件把邮件发送到收件人使用的邮件服务器，并放在其中的收件人邮箱中，收件人可随时上网到自己使用的邮件服务器进行读取。这相当于因特网为用户设立了存放邮件的信箱，因此 e-mail 有时也称为“电子信箱”。电子邮件方便、快捷、廉价的优点。

最初的电子邮件只能传送文本，邮件正文和附件中不能出现图片、视频、音乐等。现在，电子邮件的发展是非常快的。究竟是何种技术突破了这个限制，使得电子邮件可以传送二进制文件？让我们带着这些问题学习以下内容。

7.4.1 电子邮件概述

1982 年，简单邮件传送协议(simple mail transfer protocol，SMTP)和 Internet 文本报文格式成为 Internet 的正式标准，这主要是因为 SMTP 能够解决异构环境下的计算机文本文件的传输。

1993 年，通用 Internet 邮件扩充(multipurpose internet mail extensions，MIME)协议在邮件首部中说明了邮件的数据类型(如文本、声音、图像、视频等)，使得在 MIME 邮件可同时传送多种类型的数据。

7.4.2 电子邮件系统的组成

电子邮件系统有 3 个主要组成部分，即用户代理(user agent，UA)、邮件服务器和简单件传输协议(SMTP)与邮件读取协议(如 POP3)。

用户代理就是用户与电子邮件系统的接口，功能：编辑、发送、接收、阅读和管理电子邮件。常见的用户代理有 Outlook、Outlook Express、Fox Mail 等。

邮件服务器的功能类似于“邮局”，用来接收和转发电子邮件，向发信人报告邮件发送状态。按照客户服务器方式工作，既是客户，又是服务器。

邮件服务器需要使用如下两个不同的协议：

(1) 发送/转发邮件：SMTP[RFC 821、822]，MIME[RFC 1521]

(2) 读取邮件：POP3(post office protocol)[RFC 1939]，IMAP4(internet message access protocol)[RFC 2060]。

电子邮件的接收和发送要用两个不同的协议来实现是基于一种模块化分层的思想，各司其职的两个协议可以起到双工并发、高效安全的作用。例如，当邮件服务器 A 向邮件服务器 B 发送邮件时，邮件服务器 A 就作为 SMTP 客户，而 B 是 SMTP 服务器。当 A 从 B 接收邮件时，A 就作为 SMTP 服务器，而 B 是 SMTP 客户。

7.4.3 电子邮件的发送和接收过程

如图 7-11 所示，电子邮件的发送和接收过程如下。

(1) 发信人调用用户代理来编辑要发送的邮件。用户代理用 SMTP 把邮件传送给发送端邮件服务器。

(2) 发送端邮件服务器将邮件放入邮件缓存队列中，等待发送。因为邮件过多，所以需要等待。如果想要避免缓冲溢出导致邮件丢失，发信人可以避开邮件收发高峰期后再发送邮件。

(3) 运行在发送端邮件服务器的 SMTP 客户进程发现在邮件缓存中有待发送的邮件，就向运行在接收端邮件服务器的SMTP服务器进程发STCP连接的建立。

(4) TCP连接建立后，SMTP客户进程开始向远程的SMTP服务器进程发送邮件。当所有的待发送邮件发完了，SMTP就关闭所建立的TCP连接。

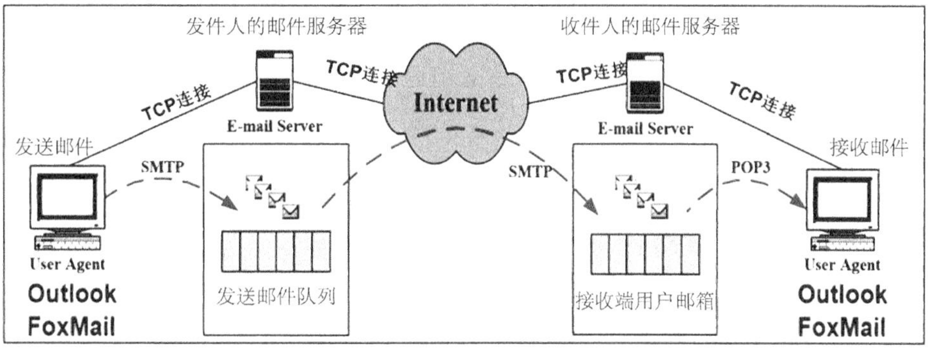

图 7-11 电子邮件的发送和接收过程

(5) 运行在接收端邮件服务器中的SMTP服务器进程收到邮件后，将邮件放入收信人的用户邮箱中，等待收信人在方便时进行读取。

(6) 收信人在打算收信时，调用用户代理，使用POP3(或IMAP)协议将自己的邮件从接收端邮件服务器的用户邮箱中取回(如果邮箱中有来信的话)。

整个邮件传输是一个可靠的传输过程。

7.4.4 电子邮件的组成

标准的电子邮件信息由两部分组成：邮件头(header)和邮件体(body)。邮件头相当于“信封”，主要包括收件人地址、投递日期、邮件主题、发件人地址。邮件体就是邮件正文、内容，相当于装在信封内的信。

电子邮件的传输程序根据邮件信封上的信息来传送邮件。用户在从自己的邮箱中读取邮件时才能见到邮件的内容。在邮件的信封上，最重要的就是收信人的地址。

TCP/IP体系的电子邮件系统规定电子邮件地址的格式如下：

收信人邮箱名@邮箱所在主机的域名

符号@读作 at，表示“在”的意思。例如，电子邮件地址为 abc@163.com。

RFC 822 只规定了邮件内容中的首部(header)格式，而对邮件的主体(body)部分则让用户自由撰写。

用户写好首部后，邮件系统自动地将信封所需的信息提取出来并写在信封上。所以用户不需要填写电子邮件信封上的信息。

邮件头信息都由一些关键词引导。邮件正文则没有任何关键词引导，正文是用户编辑邮件时输入的。

邮件头中的一些主要关键词的含义是：

Received：接收邮件的路径、日期、时间以及邮件代理程序的版本号。

From：表示邮件发送者，包括邮件地址和发送方的“真实姓名”。

Date：发信时间。

Message-ID：由传输代理分配给该邮件的唯一标识。

To：收件人的电子邮件地址。

Subject：邮件主题，是发件人写的，告诉收件人该邮件的目的。

Content-type：邮件正文的类型，是文本还是 MIME 格式。

Cc：表示抄送，它是“Carbon copy”的缩写，意为“复写副本”，它用来指定那些将收到该邮件副本的人的邮件地址。

7.4.5 简单邮件传输协议

SMTP 是因特网上通用的电子邮件传输协议。它的特点是简单明了，容易实现。SMTP 定义了邮件格式及如何通过 TCP 连接传输邮件。SMTP 使用 25 号端口在两个邮件服务器之间建立 TCP 连接。

SMTP 协议由两个文档进行描述：

RFC821：描述了邮件服务器之间如何转发邮件；

RFC822：定义邮件信息的格式。

SMTP 规定邮件的全部内容(包括附件)，无论是什么类型的数据都必须转换成 7 位 ASCII 码进行传输。

SMTP 所规定的就是在两个相互通信的 SMTP 进程之间应如何交换信息。由于 SMTP 使用客户/服务器方式，因此负责发送邮件的 SMTP 进程就是 SMTP 客户，而负责接收邮件的 SMTP 进程就是 SMTP 服务器。

SMTP 规定了 14 条命令和 21 种应答信息。每一条命令由 4 个字母组成。每一种应答信息 SMTP 有一行信息，由一个 3 位数字的代码开始，后面可以附上很简单的文字说明。

SMTP 定义了几个非常简单的命令用来进行邮件的发送，其中包括：HELO、MAIL FROM、RCPT TO、DATA、QUIT。

SMTP 通信的 3 个阶段如下：

(1) 连接建立。连接是在发送主机的 SMTP 客户和接收主机的 SMTP 服务器之间建立的。SMTP 不使用中间的邮件服务器。

(2) 邮件传送。

(3) 连接释放。邮件发送完毕后，SMTP 应释放 TCP 连接。

图 7-12 是一个用 Telnet 进行 SMTP 协议对话的例子：

```
$ Telnet mail.163.com 25        //连接到email服务器的25端口
         Trying 202.195.221.1...
TCP      Connected to mail.163.com.
连接     Escape character is '^]'.
         220 ESMTP ready [202.116.1.1/unknown]
SMTP     HELO <任意消息>
握手     250 <应答信息>
         MAIL FROM: <xxx@202.116.1.1>
         250 OK
         RCPT TO: <xxx@163.com>
         250 OK
邮       DATA
件       354 go ahead
传       This is a test message.
送        Be sure is send by Telnet.
         .
         250 OK: has queued
         QUIT
断开     221 close connection
连接     Connection closed by foreign host.
```

图 7-12 一个用 Telnet 进行 SMTP 协议对话的例子

7.4.6 邮件读取协议 POP3 和 IMAP

邮局协议(POP)是一个非常简单但功能有限的邮件读取协议，现在使用的是它的第三个版本 POP3。POP3(邮局协议)基于 TCP 协议和客户/服务器方式，客户端使用程序(Outlook Express、Fox Mail 等)，服务器程序使用 Exchange 等。客户与服务器建立 TCP 连接后才能读取邮件。POP3 的功能是为用户提供邮箱，保存收到的邮件，把邮件传输给用户(邮件在客户端脱机处理)，邮件传输给用户后，POP 服务器一般不再保留。

互联网信息获取协议(Internet message access protocol，IMAP)也按客户/服务器方式工作，现在较新的版本是 IMAP4。用户在自己的 PC 上就可以操纵 ISP 的邮件服务器的邮箱，就像在本地操纵一样。IMAP 的功能是为用户提供邮箱，保存收到的邮件，用户可直接操纵 IMAP 服务器上自己的邮件文件夹，新建分类文件夹，移动邮件，删除邮件，查找邮件等。仅需要打开邮件时，邮件才传输到客户端，邮件将一直保存在 IMAP 服务器上，除非用户明确地发出删除命令。典型的例子是：Web Mail。当用户 PC 上的 IMAP 客户程序打开 IMAP 服务器的邮箱时，用户就可看到邮件的首部。若用户需要打开某个邮件，则该邮件才传到用户的计算机上。

IMAP 最大的好处就是用户可以在不同的地方使用不同的计算机随时上网阅读和处理自己的邮件。IMAP 还允许收信人只读取邮件中的某一个部分。

IMAP 的缺点是：如果用户没有将邮件复制到自己的 PC 上，则邮件一直存放在 IMAP 服务器上，因此用户需要经常与 IMAP 服务器建立连接。

7.4.7 通用 Internet 电子邮件扩充协议

通用 Internet 电子邮件扩充协议(MIME)也称为多用途互联网邮件扩展类型(RFC 2045～2049)，就是设定某种扩展名的文件用一种应用程序来打开，当该扩展名文件被访问的时候，浏览器会自动使用指定应用程序来打开。MIME 多用于指定一些客户端自定义的文件以及一些媒体文件的打开方式。

1. MIME 概述

由于 SMTP 有以下缺点：①不能传送可执行文件或其他二进制对象；②限于传送 7 位的 ASCII 码，许多其他非英语文字(如中文或俄文，甚至带重音符号的法文或德文)就无法传送；③服务器会拒绝超过一定长度的邮件；④某些 SMTP 的实现并没有完全按照 RFC 821 的 SMTP 标准，所以 MIME 便应运而生。

MIME 并没有改动或取代 SMTP。MIME 的意图是继续使用目前的 RFC 822 格式，但增加了邮件主体的结构，并定义了传送非 ASCII 码的编码规则。如图 7-13 所示，MIME 很好地兼容并扩展了 SMTP。

MIME 主要包括 3 个部分：

(1) 5 个新的邮件首部字段，它们可包含在 RFC 822 首部中。这些字段提供了有关邮件主体的信息。

(2) 定义了许多邮件内容的格式，对多媒体电子邮件的表示方法进行了标准化。

(3) 定义了传送编码，可对任何内容格式进行转换，而不会被邮件系统改变。

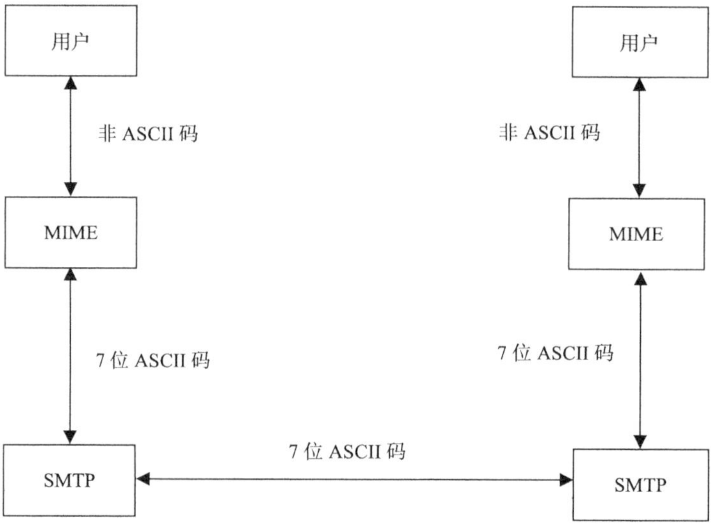

图 7-13 MIME 和 SMTP 的关系

MIME 增加 5 个新的邮件首部：

(1) MIIVIE-Version：标志 MIME 的版本。现在的版本号是 1.0。若无此行，则为英文文本。

(2) Content-Description：是可读字符串，说明此邮件是什么，和邮件的主题差不多。

(3) Content-Id：邮件的唯一标识符。

(4) Content-Transfer-Encoding：说明在传送时邮件的主体是如何编码的。

(5) Content-Type：说明邮件的性质。

2. 内容类型

MIME 中标准规定 Content-Type 说明必须含有两个标识符，即内容类型(type)和子类型(subtype)，中间用“/”分开。MIME 标准定义了 7 个基本内容类型和 15 种子类型。

Content-Type 有下面几种常见的类型。

Text：用于标准化地表示的文本信息，文本消息可以是多种字符集和或者多种格式的；

Multipart：用于连接消息体的多个部分构成一个消息，这些部分可以是不同类型的数据；

Application：用于传输应用程序数据或者二进制数据；

Message：用于包装一个 E-mail 消息；

Image：用于传输静态图片数据；

Audio：用于传输音频或者声音数据；

Video：用于传输动态影像数据，可以是与音频编辑在一起的视频数据格式。

subtype 用于指定 type 的详细形式。

content-type/subtype 配对的集合和与此相关的参数，将随着时间而增长。

3. 内容传送编码

最简单的编码就是 7 位 ASCII 码，而每行不能超过 1000 个字符。MIME 对这种由 ASCII 码构成的邮件主体不进行任何转换。

另一种编码称为 quoted-printable，这种编码方法适用于所传送的数据中只有少量的非 ASCII 码的情况。

对于任意的二进制文件，可用 Base64 编码。

7.5 FTP 服务

1. 文件传输协议概述

文件传输协议(file transfer protocol，FTP)是用于在网络上进行文件传输的一套标准协议。文件传送协议能把多种类型的文件或文档从不同厂家生产的计算机、手机等智能终端通过有线或无线的计算机网络发送(复制)到远程的另一台计算机、手机等智能设备中。FTP 是网络环境中的一项基本应用。

初看起来，在两个主机之间传送文件似乎是很简单的事情。其实不然，原因是众多的计算机厂商研制出的文件系统种类繁多，且差别非常大。

FTP 可以很好地处理这些复杂性。网络环境下复制文件的复杂性主要有以下几点：

(1) 计算机存储数据的格式不同。

(2) 文件的目录结构和文件命名的规定不同。

(3) 对于相同的文件存取功能，操作系统使用的命令不同。

(4) 访问控制方法不同。

2. FTP 协议的特点

FTP 协议的特点如下：

(1) FTP 只提供文件传送的一些基本的服务，它使用 TCP 可靠的传输服务。

(2) FTP 的主要功能是减少或消除在不同操作系统下处理文件的不兼容性。

(3) FTP 使用客户 / 服务器方式。一个 FTP 服务器进程可同时为多个客户进程提供服务。FTP 的服务器进程由两大部分组成：主进程负责接受新的请求，其他的若干个从属进程负责处理单个请求。

3. 主进程的工作步骤

(1) 打开熟知端口(端口号为 21)，使客户进程能够连接上。

(2) 等待客户进程发出连接请求。

(3) 启动从属进程来处理客户进程发来的请求。从属进程对客户进程的请求处理完毕后即终止，但从属进程在运行期间根据需要还可能创建其他一些子进程。

(4) 回到等待状态，继续接受其他客户进程发来的请求。主进程与从属进程的处理是并发地进行的。

4. FTP 使用的两个 TCP 连接

在进行文件传输时，FTP 的客户和服务器之间要建立两个 TCP 连接：控制连接(control connection)和数据连接(data connection)，如图 7-14 所示。

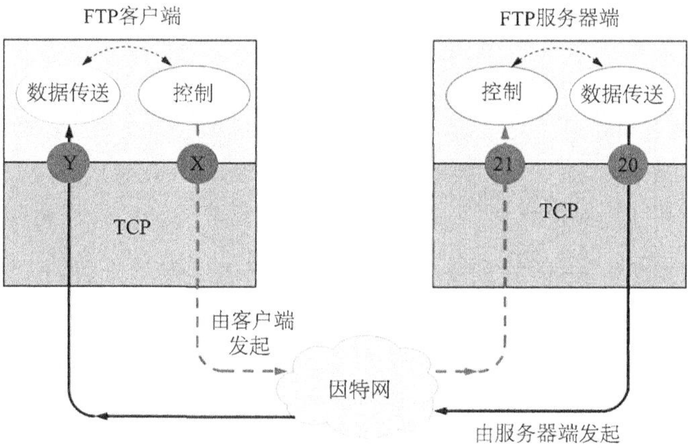

图 7-14　FTP 使用的两个 TCP 连接

客户程序与 FTP 服务器的 TCP 端口 21 建立控制连接，并在整个 FTP 会话过程中维持连接。控制连接用于传输请求和应答信息，由 FTP 客户端发起控制连接。

数据连接用于传输文件，每传输一个文件都要建立一个数据连接(在 FTP 服务器的

TCP 端口 20)，由 FTP 服务器发起数据连接。

FTP 使用两个不同的端口号，当客户进程向服务器进程发出建立连接请求时，要寻找连接服务器进程的熟知端口(端口号为 21)，同时还要告诉服务器进程自己的另一个端口号，用于建立数据连接。接着，服务器进程用自己传送数据的熟知端口(端口号为 20)与客户进程所提供的端口号建立数据连接。

由于 FTP 使用了两个不同的端口号，所以数据连接与控制连接不会发生混乱。使用两个独立的连接主要有以下两点好处：

(1) 使协议更加简单和更容易实现；

(2) 在传输文件时还可以利用控制连接(例如客户发送请求终止传输)。

5. FTP 的文件传输过程

FTP 的文件传输过程中，先建立控制连接(客户端发起)：

(1) 客户端发送一个 TCP SYN(TCP 同步)包给服务器端，目的端口为 21，源端口为一个临时端口；

(2) 服务器端发送 SYN ACK(同步确认)包给客户端，源端口为 21，目的端口为客户端上使用的临时端口；

(3) 客户端发送一个 ACK(确认)包。

控制连接建立后，客户端使用这个连接来发送 FTP 命令，服务器端使用这个连接来发送 FTP 应答。

接下来建立数据连接，当用户发出一个文件传输请求时，客户端软件通过控制连接向服务器发出一个 PORT 命令，在 PORT 命令中指定一个临时端口，目的是希望服务器在建立数据连接时使用这个临时端口：

(1) 服务器端发送一个 SYN 包给客户端，源端口为 20，目的端口为客户端在 PORT 命令中指定的临时端口；

(2) 客户端发送一个 SYN ACK 包，源端口为临时端口，目的端口为 20 ；

(3) 服务器端发送一个 ACK 包。

最后是文件传输，数据连接建立后，发送数据的一方使用这个连接把文件传送给对方。

当数据传输完成后，先断开数据连接：

(1) 发送数据的主机发出一个 FIN 命令来结束数据连接；

(2) 接收方以 ACK 确认；

(3) 接收方紧接着也发送一个 FIN 命令；

(4) 发送数据的主机以 ACK 确认。

FTP 会话结束后，断开控制连接：

(1) 客户端以 FIN 命令来关闭控制连接

(2) 服务器端以 ACK 确认；

(3) 服务器端发送一个 FIN；

(4) 客户端以 ACK 确认。

具体过程，如图 7-15 所示。

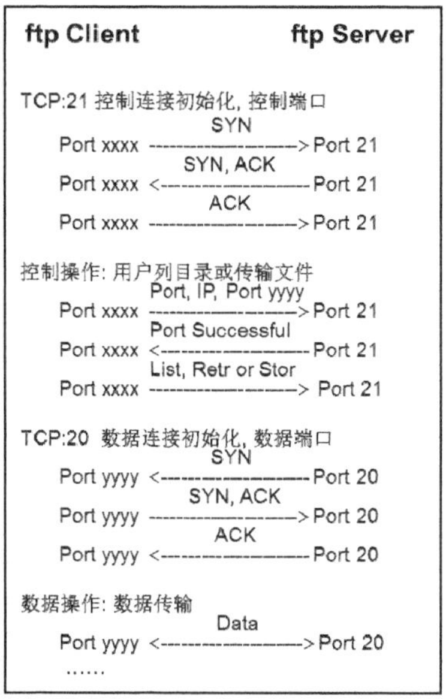

图 7-15　FTP 的文件传输过程

7.6　远程终端服务

1. Telnet 概述

Telnet 是一个简单的远程终端协议，也是 Internet 的正式标准。用户使用 Telnet 可在本地通过 TCP 连接注册(即登录)到远程的另一台主机上(使用主机名或 IP 地址)。

Telnet 能将用户的击键传到远地主机，同时也能将远地主机的输出通过 TCP 连接返回到用户屏幕。这种服务是透明的，因为用户感觉到好像键盘和显示器是直接连在远程主机上。

虽然 PC 和智能终端的功能越来越强，如云存储、大数据服务器等，但用户依然经常使用 Telnet 协议。Telnet 也使用客户/服务器模式。在本地系统运行 Telnet 客户进程，而在远程主机则运行 Telnet 服务器进程。和 FTP 的情况相似，服务器中的主进程等待新的请求，并产生从属进程来处理每一个连接。

2. Telnet 的 NVT 格式

如图 7-16 所示，客户软件把用户的击键和命令转换成 NVT(network virtual terminal，网络虚拟终端)格式，并送交服务器。服务器软件把收到的数据和命令从 NVT 格式转换成远程系统所需的格式。向用户返回数据时服务器把远地系统的格式转换为 NVT 格式，本地客户再从 NVT 格式转换到本地系统所需的格式。

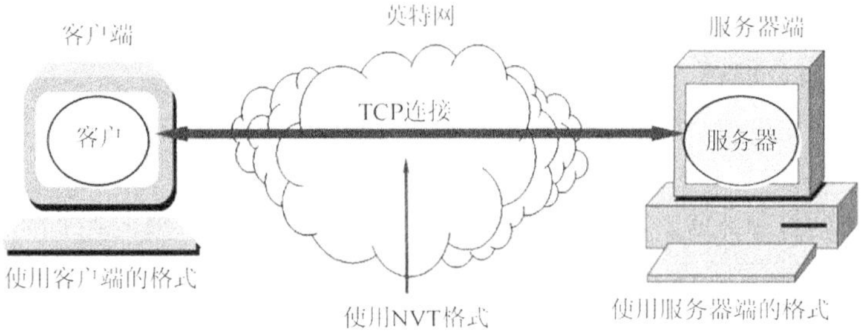

图 7-16　Telnet 的 NVT 格式

3. Telnet 定义的一些控制命令

就像 FTP 一样，Telnet 也提供了一些命令，也就是在用户使用的远程桌面的工具中把这些命令进行了封装，使用户可以在使用远程维护时更方便。

在 Telnet 中具体包括以下几种命令：

Help：联机求助；

open<IP 地址或域名>：远程登录；

Close：正常结束远程会话，回到命令方式；

Display：显示工作参数；

Mode：进入行命令或字符方式；

Send：向远程主机传送特殊字符(输入 send?可显示详细字符)；

Set：设置工作参数(输入 set?可显示详细参数)；

Status：显示状态信息；

Toggle：改变工作参数(输入 toggle?可显示详细参数)；

Quit：退出 Telnet，返回本地机。

7.7　DHCP 服　务

7.7.1　引导程序协议

为了将软件协议做成通用的和便于移植，协议软件的编写者把协议软件参数化。这就使得在很多台计算机上使用同一个经过编译的二进制代码成为可能。

两台计算机之间的区别，都可以通过一些不同的参数来体现。在软件协议运行之前，必须给每一个参数赋值。

在协议软件中给这些参数赋值的动作叫做协议配置。一个软件协议在使用之前必须是已正确配置的。具体的配置信息有哪些则取决于协议栈。连接到 Internet 的计算机的协议软件需要配置的项目包括：

(1) IP 地址；

(2) 子网掩码；

(3) 默认路由器的 IP 地址；

(4) 域名服务器的 IP 地址。

这些信息通常存储在一个配置文件中，计算机在引导过程中可以对这个文件进行存取。

引导程序协议(boot strap protocol，BOOTP)也称为自举协议。BOOTP 使用客户/服务器工作方式。

协议软件广播 BOOTP 请求报文，此报文作为用户数据报的数据，用户数据报再作为 IP 数据报的数据。

收到请求报文的 BOOTP 服务器查找发出请求的计算机的各项配置信息，把配置信息放入 BOOTP 回答报文中，并把回答报文返回给提出请求的计算机。

由于计算机发送 BOOTP 请求报文时自己还没有 IP 地址，因此它使用全 1 广播地址(只在本网络上广播)作为目的地址，而用全 0 地址作为源地址。

BOOTP 服务器可使用广播方式将回答报文返回给该计算机，或使用收到的广播帧上的硬件地址进行单播。只需发送一个 BOOTP 广播报文就可获取所需的全部配置信息。

7.7.2 动态主机配置协议

动态主机配置协议 DHCP 提供了即插即用连网(plug-and-play networking)的机制。这种机制允许一台计算机加入新的网络和获取 IP 地址而不用手工参与。DHCP 是对 BOOTP 的扩展。

DHCP 使用客户服务器方式。需要 IP 地址的主机在启动时就向 DHCP 服务器广播发送发现报文(DHCPDISCOVER)，这时该主机就成为 DHCP 客户。本地网络上所有主机都能收到此广播报文，但只有 DHCP 服务器才回答此广播报文。

DHCP 服务器先在其数据库中查找该计算机的配置信息。若找到，则返回找到的信息。若找不到，则从服务器的 IP 地址池(address pool)中取一个地址分配给该计算机。DHCP 服务器的回答报文叫做提供报文(DHCP offer)。

如图 7-17 所示，并不是每个网络上都有 DHCP 服务器，这样会使 DHCP 服务器的数量太多。现在是每一个网络至少有一个 DHCP 中继代理，它配置了 DHCP 服务器的 IP 地址信息。

当 DHCP 中继代理收到主机发送的发现报文后，就以单播方式向 DHCP 服务器转发此报文，并等待其回答。收到 DHCP 服务器回答的提供报文后，DHCP 中继代理再将此提供报文发回给主机。注意：DHCP 报文只是 UDP 用户数据报中的数据。

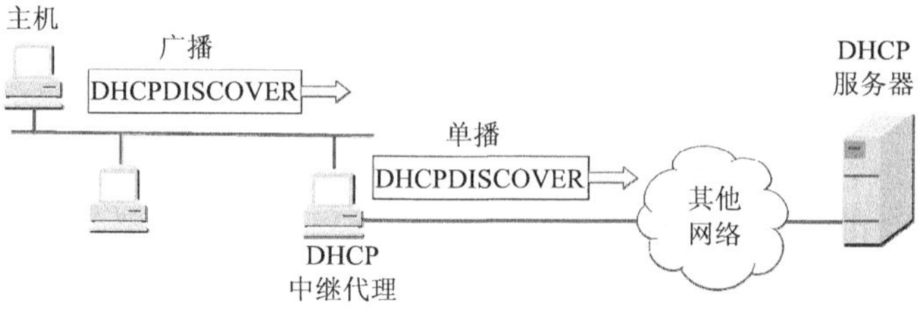

图 7-17　DHCP 中继代理

DHCP 服务器分配给 DHCP 客户的 IP 地址是临时的，因此 DHCP 客户只能在一段有限的时间内使用这个分配到的 IP 地址。DHCP 协议称这段时间为租用期。租用期的数值应由 DHCP 服务器自己决定。DHCP 客户也可在自己发送的报文中(例如，发现报文)提出对租用期的要求。

DHCP 协议的工作过程如图 7-18 所示。

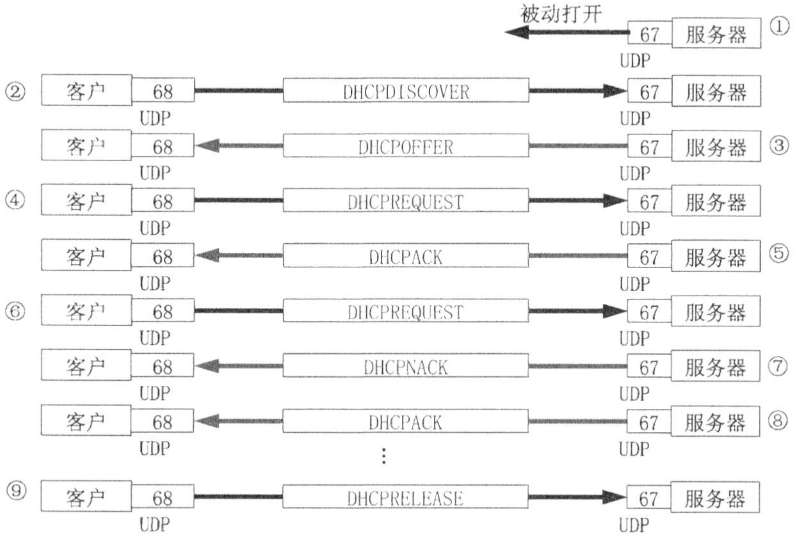

图 7-18 DHCP 协议的工作过程

详细的工作过程如下：

步骤①：DHCP 服务器被动打开 UDP 端口 67，等待客户端发来的报文。

步骤②：DHCP 客户从 UDP 端口 68 发送 DHCP 发现报文。

步骤③：凡收到 DHCP 发现报文的 DHCP 服务器都发出 DHCP 提供报文，因此 DHCP 客户可能收到多个 DHCP 提供报文。

步骤④：DHCP 客户从几个 DHCP 服务器中选择其中的一个，并向所选择的 DHCP 服务器发送 DHCP 请求报文。

步骤⑤：被选择的 DHCP 服务器发送确认报文 DHCPACK，进入已绑定状态，并可以开始使用得到的临时 IP 地址了。DHCP 客户现在要根据服务器提供的租用期 T 设置两个计时器 T_1 和 T_2，它们的超时时间分别是 $0.5T$ 和 $0.875T$。当超时时间到就请求更新租用期。

步骤⑥：租用期过了一半(T_1 时间到)，DHCP 发送请求报文 DHCPREQUEST 要求更新租用期。

步骤⑦：DHCP 服务器若不同意，则发回否认报文 DHCPNACK。这时 DHCP 客户必须立即停止使用原来的 IP 地址，而必须重新申请 IP 地址(回到步骤②)。

步骤⑧：DHCP 服务器若同意，则发回确认报文 DHCPACK。DHCP 客户得到了新的租用期，重新设置计时器。若 DHCP 服务器不响应步骤⑥的请求报文 DHCPREQUEST，则在租用期过了 87.5% 时，DHCP 客户必须重新发送请求报文 DHCPREQUEST(重复步骤⑥)，然后又继续后面的步骤。

步骤⑨：DHCP 客户可随时提前终止服务器所提供的租用期，这时只需向 DHCP 服务器发送释放报文 DHCPRELEASE 即可。

7.8　网络应用编程接口

7.8.1　应用编程接口与 socket 编程

大多数操作系统使用系统调用(system call)的机制在应用程序和操作系统之间传递控制权。对程序员来说，每一个系统调用和一般程序设计中的函数调用非常相似，只是系统调用是将控制权传递给了操作系统。

如图 7-19 所示，当某个应用进程启动系统调用时，控制权就从应用进程传递给了系统调用接口。此接口再将控制权传递给计算机的操作系统。操作系统将此调用转给某个内部过程，并执行所请求的操作。内部过程一旦执行完毕，控制权就又通过系统调用接口返回给应用进程。系统调用接口实际上就是应用进程的控制权和操作系统的控制权进行转换的一个接口，即应用编程接口(API)。

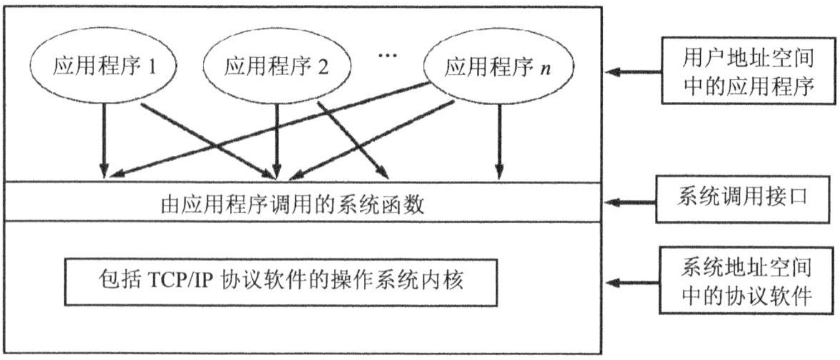

图 7-19　多个应用进程使用系统调用的机制

如图 7-20 所示，Berkeley UNIX 操作系统定义了一种 API，它又称为插口接口(socket interface)。微软公司在其操作系统中采用了插口接口 API，形成了一个稍有不同的 API，并称之为 Windows Socket。AT&T 为其 UNIX 系统 V 定义了一种 API，简写为 TLI(transport layer interface，传输层接口)。

插口的作用如下：

(1) 当应用进程需要使用网络进行通信时就发出系统调用，请求操作系统为其创建插口，以便把网络通信所需要的系统资源分配给该应用进程。

(2) 操作系统用一个号码来表示这些资源的总和，并把此号码返回给应用进程。应用进程所进行的网络操作都必须使用这个号码。

(3) 通信完毕后，应用进程通过一个关闭插口的系统调用通知操作系统回收与该号码相关的所有资源。

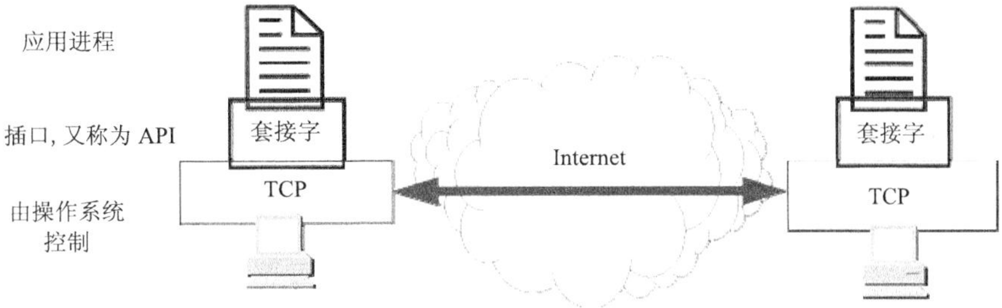

图 7-20 应用进程通过插口接入到网络

插口和 API 是性质不同的接口。

插口是应用进程和网络之间的接口，因为插口既包含有传输层与应用层之间的端口号，又包含机器的 IP 地址。

在插口以上的进程是受应用程序控制的，而在插口以下的 TCP 协议软件以及 TCP 使用的缓存和一些必要的变量等则受计算机操作系统的控制。只要应用程序使用 TCP/IP 协议进行通信，它就必须通过插口与操作系统交互并请求其服务。应用程序的开发者对插口以上的应用进程具有完全的控制，但对插口以下的传输层却只有少量的控制。

API 是从程序设计的角度定义的许多标准的系统调用函数。应用进程只要使用标准的系统调用函数就可得到操作系统的服务。在这个意义上讲，API 是应用程序和操作系统之间的接口。

7.8.2 无连接循环服务与面向连接并发服务

服务器都可工作在两种不同的方式。一种是循环方式(iterative mode)，在计算机中一次只运行一个服务器进程。当有多个客户进程请求服务时，服务器进程就按请求的先后顺序依次做出响应。另一种是并发方式(concurrent mode)，在计算机中同时运行多个服务器进程，而每一个服务器进程都对某个特定的客户进程做出响应。

1. 无连接循环服务器

如图 7-21 所示，使用无连接的 UDP 的服务器进程通常都工作在循环方式，即一个服务器进程在同一时间只能向一个客户进程提供服务。服务器进程只使用一个服务器插口。每一个客户则使用自己创建的客户插口(端口号自己设定)。

服务器进程收到客户进程的请求后，就发送用户数据报响应该客户，但对其他客户进程发来的请求则暂时不予理睬，这些请求都在服务器端的队列中排队等候服务器进程的处理。当服务器进程处理完毕一个请求时，就从队列中读取来自下一个客户进程的请求，然后继续处理。

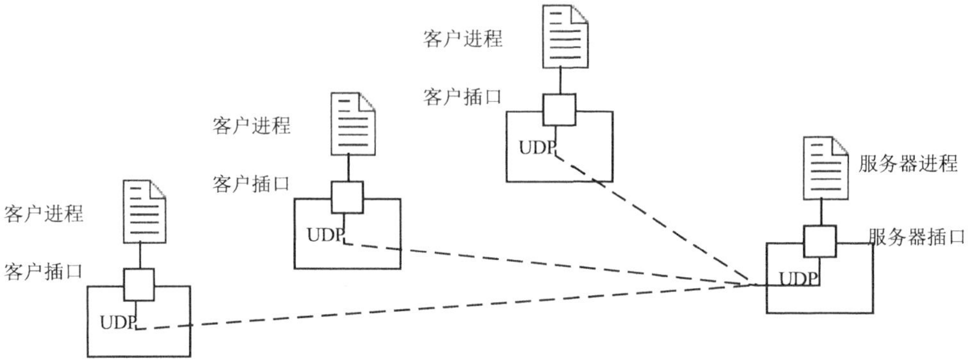

图 7-21　无连接循环服务器工作原理

图 7-22 所示为无连接循环服务器客户进程编程通信框架。

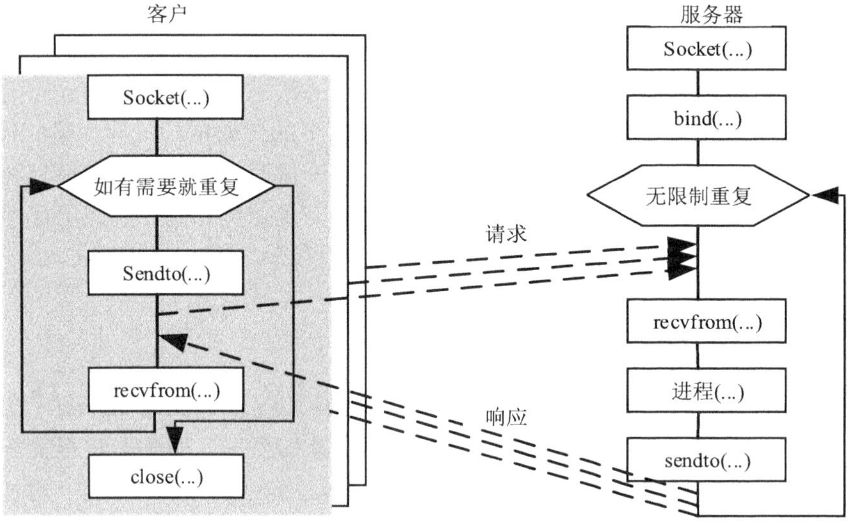

图 7-22　无连接循环服务器客户进程编程通信框架

2. 面向连接并发服务器

如图 7-23 所示，面向连接的并发服务器进程在同一时间可向多个客户进程提供服务。主服务器进程有时又称为父服务器进程，而从属服务器进程又称为子服务器进程。

TCP 是面向连接的，因此在服务器进程和多个客户进程之间必须建立多条 TCP 连接，而每条 TCP 连接在其数据传送完毕后释放。

使用 TCP 的服务器只能有一个熟知端口，因此主服务器进程在熟知端口等待客户进程发出的请求。一旦收到客户的请求，就创建二个从属服务器，并指明从属服务器使用临时插口和该客户建立 TCP 连接，然后主服务器继续在原来的熟知端口等待向其他客户提供服务。

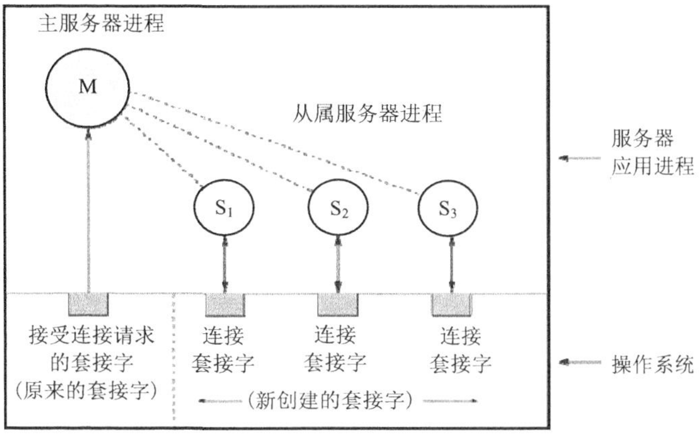

图 7-23 面向连接并发服务器工作原理

图 7-24 所示为面向连接并发服务器客户进程编程通信框架。

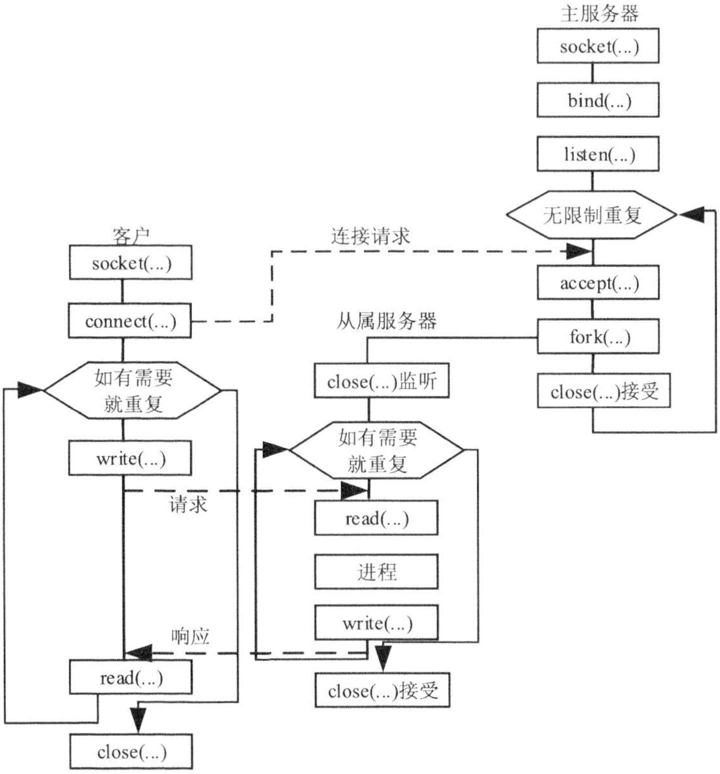

图 7-24 面向连接并发服务器客户进程编程通信框架

7.9 小 结

通过本章学习，我们了解了域名系统、域名结构、FTP、电子邮件、万维网、URL、万维网的超链接等基本概念，熟练掌握域名服务器域名解析的原理、FTP 的基本工作原理、电子邮件信息格式、超文本标记语言(HTML)、HTTP、SMTP、POP3、IMAP、DHCP 等应用层协议基本掌握远程终端协议 Telnet、MIME、BOOTP 等基本概念知识，初步了解网络应用程序编程接口的内容。

7.10 习　　题

一、单项选择题

1. 应用层 DNS 协议主要用于实现哪种网络服务功能？________。
   A. IP 地址到网络硬件地址的映射　　B. 网络硬件地址到 IP 地址的映射
   C. Internet 域名到 IP 地址的映射　　D. 用户名到进程地址的映射
2. 在因特网电子邮件系统中，电子邮件应用程序________。
   A.发送邮件和接收邮件通常都使用 SMTP 协议
   B.发送邮件通常使用 SMTP 协议，而接收邮件通常使用 POP3 协议
   C.发送邮件通常使用 POP3 协议，而接收邮件通常使用 SMTP 协议
   D.发送邮件和接收邮件通常都使用 POP3 协议

3.下列与 E-Mail 无关的协议是________。
   A. FTP　　B. SMTP　　C. IMAP　　D. POP3
4. 标准的 URL 由 3 部分组成：服务器类型、主机名和路径及 _______ 。
   A. 客户名　　B. 浏览器名　　C. 文件名　　D. 进程名
5. 从协议分析的角度 WWW 服务的第一步操作是 WWW 浏览器对 WWW 服务器的 _______ 。
   A. 地址解析　　B. 传输连接建立　　C. 域名解析　　D. 会话连接建立
6. 下列选项中，格式正确的电子邮件地址是
   A. http://www.bjxy.cn/alrash　　B. FTP://www.bjxy.cn/alrash
   C. arlrash@bjxy.cn　　D. alrash://bjxy.cn

二、填空题

1. FTP 使用客户/服务器服务方式，其服务器进程由两大部分组成：一个________进程和若干个________进程，默认分别使用________和________端口。
2. 我国的国家顶级域名是________。
3. Html 的中文名称是________。

三、判断题

1. FTP 服务器与客户之间的控制连接并不用来传送文件。
2. 顶级域名.net 表示工商、金融等企业。

3. 域名 ii-i.org 属于正确的域名命名。
4. 我国的国家顶级域名是 com。
5. 域名区分大小写，但是完整域名不能超过 255 个字符。
6. DHCP 协议分配的 IP 地址是临时的，有租期。

四、名词解释

1. DNS
2. WWW
3. E-mail
4. DHCP
5. URL

五、简答题

1. 域名系统 DNS 的作用。
2. WWW(万维网)的概念。
3. WWW(万维网)的服务机制。
4. WWW(万维网)必须解决的 4 个问题。

第 8 章　网络管理与网络安全

随着计算机网络的发展与普及，计算机网络的管理和安全问题越来越受到人们的关注和重视。网络必须正常、高效地运行，网络资源被广泛应用于政治、经济、科学以及军事等各个领域，网络的用户来自社会各个阶层和部门，计算机网络中的数据信息在存储和传输过程中，被窃取、复制、泄露或篡改的可能性不断增加，威胁计算机网络管理和安全的因素来自多个方面。

8.1　网络管理概述

8.1.1　网络管理的基本概念

网络管理包括对硬件、软件和人力的使用、综合与协调，以便对网络资源进行监视、测试、配置、分析、评价和控制，这样就能以合理的价格满足网络的一些需求，如实时运行性能、服务质量等。另外，当网络出现故障时能及时报告和处理，并协调、保持网络系统的高效运行等。网络管理常简称为网管。

网络管理有狭义和广义之分。狭义网络管理是指对网络通信量等网络性能管理，广义网络管理是指对网络应用系统的管理。

网络管理已经被列为“未来网络结构”的三大关键技术(高速交换技术、虚拟网络技术、网络管理技术)之一。

8.1.2　网络管理的功能模型

国际标准化组织 ISO 在 ISO 7498-4 标准中定义了网络管理的五大功能(FCAPS)：①故障管理：当网络中某个组成失效时，网络管理器应能迅速检测出故障，将其定位，并采取适当措施及时排除。包括故障检测、诊断和恢复三个方面。②配置管理：对被管对象相关功能集合进行定义、识别、控制和监视。目的是为了实现某个特定功能或使网络性能达到最优的等级。③计费管理：依据各种电信资费标准以及管理用户对网络资源的使用情况，对用户核收费用。④性能管理：通过监视和分析被管网络及其所提供服务的性能机制，来评估系统的运行状况及通信效率等系统性能，使网络能够提供可靠、连续的通信服务。⑤安全管理：建立加密及密钥管理、授权和访问机制以及建立、维护和检查安全日志。

ISO 就网络管理只定义了上述五项基本功能。许多厂商都扩展了网络管理的内容，作为网络管理系统功能的一部分。

8.1.3　网络管理的信息模型与组织模型

早期的网络管理是手工的管理，管理员在现场连接仪器、操作按钮，监视和改变网络资源的状态，对交换机、路由器等网络资源进行本地性和物理性的管理。以远程监控为基础的网络管理的新框架改变了原来的网络维护管理方式，将本地物理管理变成了远程逻辑管理。图 8-1 所示的是一个网络管理的一般模型。

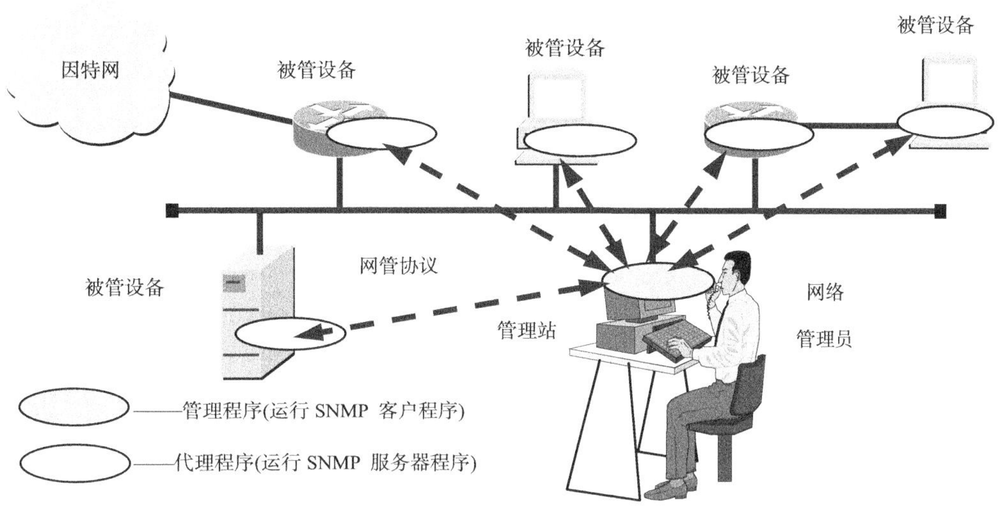

图 8-1　网络管理模型

如图 8-1 所示，网络管理模型中的主要构件包括如下几类。

1. 管理站

常称为网络运行中心 NOC (network operations center)，是整个网络管理系统的核心。由网络管理员直接操作和控制。管理站的关键构件是管理程序。管理站(硬件)或管理程序(软件)都可称为管理者(manager)。管理程序在运行时成为管理进程。Manager 不是指人而是指机器或软件。

2. 网络管理员(administrator)

指的是人。大型网络往往实行多级管理，因而有多个管理者，而一个管理者一般只管理本地网络的设备。

3. 被管设备

如主机、路由器等(含软件) 。被管设备有时可称网络元素(或网元)。网络的每一个被管设备中可能有多个被管对象(managed object)。被管对象可以是被管设备中的某些硬件或软件的配置参数的集合。在被管设备中也会有一些不能被管的对象。

4. 代理

指运行在被管设备中的一个网络管理代理程序(简称代理)，以便和管理站中的管理程序进行通信。代理程序在管理程序的命令和控制下在被管设备上采取本地的行动。

5. 网络管理协议

简称为网管协议。必须注意，并不是网管协议本身来管理网络。网管协议只是管理程序和代理程序之间进行通信的规则。网络管理员利用网管协议通过管理站对网络中的被管设备进行管理。

管理程序和代理程序按客户/服务器方式工作。管理程序运行 SNMP 客户程序，向某个代理程序发出请求(或命令)，代理程序运行 SNMP 服务器程序，返回响应(或执行某个动作)。在网管系统中往往是一个(或少数几个)客户程序与很多的服务器程序进行交互。

8.2 基于 TCP / IP 的网络管理

8.2.1 SNMP 网络管理模型

SNMP 的组织模型包括关键元素：网络管理工作站；代理者；管理信息库；网络管理协议。

1. 网络管理工作站

是运行有网络管理者程序的主机，负责网络管理的全部监视和控制工作。网络管理工作站(network management station，NMS)，它是整个网络的集中控制点。网络管理工作站简称网管工作站、管理站、管理点、控制台等。管理站被作为网络管理员与网络管理系统的接口。

2. 网络管理者的工作过程

网络管理者向网络管理代理发送管理操作的指令并接收来自网络管理代理的响应。网络管理者程序定期查询网络代理收集到的有关被管设备运行状态、配置及性能数据等信息，用以确定独立设备、部分网络或整个网络运行状态。

3. 网络管理信息库

网络资源也被抽象为对象进行管理。每个实际的被管对象表示某些被管资源、活动或相关信息。SNMP(simple network management protocol，简单网络管理协议)管理体系结构的核心是 MIB(management information base)，MIB 是所监控网络设备的标准变量定义的集合。MIB 作为设在代理者处的管理站访问点的集合，管理站通过读取 MIB 中对象的值来进行网络监控。管理站可以在代理者处产生动作，通过修改变量值改变代理者处的配置。

4. 网络管理协议

SNMP 是基于 TCP/IP 协议族的网络管理标准，是一种在 IP 网络中管理网络节点(如服务器、工作站、路由器、交换机等)的标准协议。SNMP 能够使网络管理员提高网络管理效能，及时发现并解决网络问题以及规划网络的增长。网络管理员还可以通过 SNMP 接收网络节点的通知消息以及告警事件报告等来获知网络出现的问题。

8.2.2 简单网络管理协议

SNMP 是由 IETF 的研究小组为了解决 Internet 上的路由器管理问题而提出的。IETF 成立两个工作组，从两个方面定义了因特网管理的标准。管理信息库(MIB)工作组负责定义 MIB 内的元素及结构。网络管理协议(SNMP)工作组定义了不同厂商的设备之间交换的协议，它为网络管理系统提供了底层网络管理的框架。目前的 SNMP 存在三个版本，即 SNMPv1、SNMPv2 和 SNMPv3。

1. SNMP 的原理

SNMP 以轮询和应答的方式进行工作，采用集中或者集中分布式的控制方法对整个网络进行控制和管理。整个网络管理系统包括 SNMP 管理者、SNMP 代理、管理信息库(MIB)和管理协议四个部分。

SNMP 位于应用层，利用 UDP 的两个端口(161 和 162)实现管理员和代理之间的管理信息交换。UDP 端口 161 用于数据收发，UDP 端口 162 用于代理报警(即发送 Trap 报文)。

2. SNMP 的基本功能

SNMP 协议可以使用在 IP、IPX、AppleTalk 以及传输协议上。简单网络管理协议为网络管理系统提供了底层网络管理的框架和统一协调机制。只要支持 SNMP 协议的设备或软件都可纳入管理的范围。

3. SNMP 协议的特点

(1) SNMP 是分布式的管理协议。一个系统可以只作为 SNMP 管理器或 SNMP 代理中的单一角色，也可以同时完成这两者的功能。

(2) SNMP 是一种无连接协议。它通过使用请求报文和返回响应的方式，在 SNMP 代理和管理器之间传送信息。这种机制减轻了 SNMP 代理的负担，提供了一种独有的方式来处理可靠性和故障检测方面的问题。

(3) SNMP 协议应用广泛，可用于控制各种设备。比如说电话系统、环境控制设备以及其他可接入网络且需要控制的设备等，这些非传统装备都可以使用 SNMP 协议。

(4) SNMP 协议易实现。一个 SNMP 管理代理组件在运行时不需要很大的内存空间，SNMP 协议在目标系统中开发迅速，设计简单、扩展灵活、易于使用。

(5) SNMP 协议有很多详细的文档资料，网络业界对这个协议也有着较深入的理解。

这些都是 SNMP 协议进一步发展和改进的基础。

正是由于有了上述这些特点，SNMP 协议已经被认为是网络设备厂商、应用软件开发者及终端用户的首选管理协议。

8.2.3 几种流行的 SNMP 网络管理软件

目前 SNMP 网络管理软件已经基本成熟，各大网络设备提供商都有自己的网络管理软件，如惠普网络管理软件 OpenView，CiscoWorks2000，华为 Quidview，IBMTivoli，CAUnicenter，锐捷 SNMP 网管软件 Starview。

8.3 网 络 安 全

安全问题是计算机网络的一个主要薄弱环节，安全性成为影响网络可用性的主要因素之一。如何切实有效地保证网络的安全是网络设计者、网络管理者及网络用户所共同关心的问题。

8.3.1 网络安全的基本概念

网络安全是指网络系统的硬件、软件及其系统中的数据受到保护，不因偶然的或者恶意的原因而遭受到破坏、更改、泄露，系统连续可靠正常地运行，网络服务不中断。

网络攻击是网络攻击者利用目前网络通信协议(如 TCP/IP 协议)自身存在的或因配置不当而产生的安全漏洞、用户使用的操作系统内在缺陷或者用户使用的程序语言本身所具有的安全隐患等，通过使用网络命令、从 Internet 下载的专用软件或者攻击者自己编写的软件，非法进入本地或远程用户主机系统，非法获得、修改、删除用户系统的信息以及在用户系统上添加垃圾、色情或者有害信息(如木马程序)等一系列过程的总称。

图 8-2 列出了网络中正常的信息流和被攻击时信息流情况。

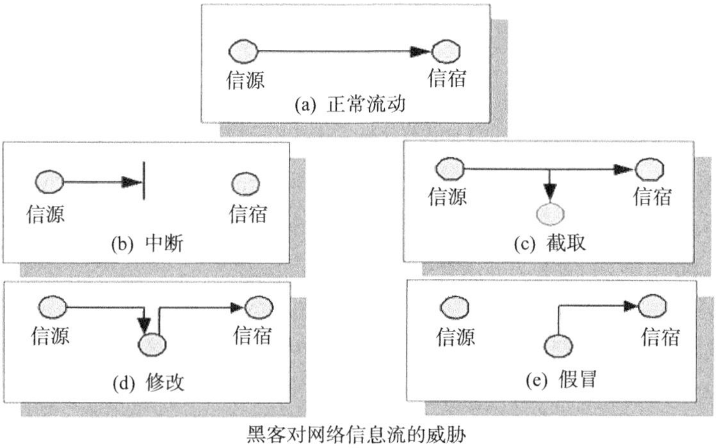

图 8-2　信息流

网络攻击分为两类：

1. 被动攻击

是指进行网络监听，截取重要敏感信息。被动攻击常常是主动攻击的前奏，被动攻击很难被发现。对策是加密传输的信息流。

2. 主动攻击

是指利用网络本身的缺陷对网络实施的攻击。主动攻击常常以被动攻击获取的信息为基础，杜绝和防范主动攻击相当困难。对策是检测和修复系统。

8.3.2 网络安全模型

网络安全模型有两类：

1. 响应式安全防护模型

基于特定威胁的特征，目前绝大多数安全产品均基于这种模型，通过名字识别攻击，根据需要进行响应，减轻损失，事后恢复。

2. 主动式安全防护模型

以识别和阻挡未知威胁为主导思想，早期预警技术，有效地补丁管理，主动识别和阻挡技术等，实施有效防护。

8.3.3 传输安全与加密技术

1. 加密的概念

加密技术由加密密钥、加密算法和密文等组成。

(1) 加密密钥：加密和解密过程中使用的一串数字。

(2) 加密算法：作用于密钥和明文(或密文)的一个数学函数。

(3) 密文：明文和密钥结合，经过加密算法运算的结果。

在同一种加密算法下，密钥的位数越长，安全性越好。

2. 加密技术分类

加密技术分为秘密密钥加密技术(常规密钥加密技术、对称密钥加密技术)和公开密钥加密技术(非对称密钥加密技术)两类。

(1) 对称密码学

如图 8-3，对称密码算法是指明文和密钥结合，经过加密算法运算后得到密文，在解密时，密文和同一密钥结合，通过解密算法(加密算法互逆的运算)运算后得到明文。

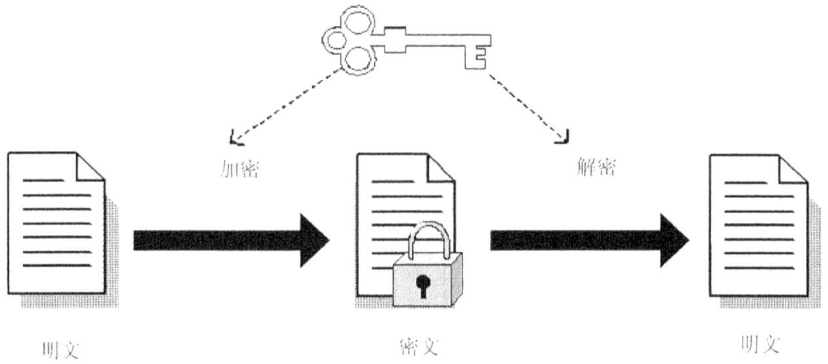

图 8-3　对称密码学

秘密密钥加密技术的特点是算法简单、速度快，被加密的数据块长度可以很大；密钥在加密方和解密方之间传递和分发必须通过安全通道进行。如图 8-4，多人相互保密通信时，需要不同的密钥，每个用户要保存的密钥过多。

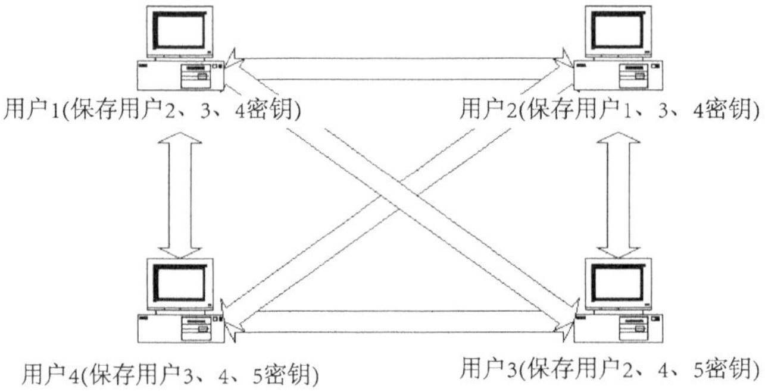

图 8-4　用户保存对称密钥

著名的秘密密钥加密算法是数据加密标准(data encryption standard，DES)。

(2) 非对称加密

1976 年 W. Diffie 和 Hellman 在《密码学的新方向》中首次提出了非对称密码算法的思想。1978 年后 Rivest，Shamir 和 Adleman 提出的 RSA 算法体现了公钥算法的思想。公钥密码体制是现代密码学的一个标志，到目前为止，是密码学史上最大也是唯一真正的革命，引起密码界高度关注，并得到迅速的发展，尤其是在信息安全中的应用。

如图 8-5 所示，非对称加密是指明文和公开密钥结合，经过加密算法运算后得到密文，在解密时，密文和秘密密钥结合，通过解密算法(加密算法互逆的运算)运算后得到明文。其中的公开密钥和秘密密钥是属于同一密钥对。

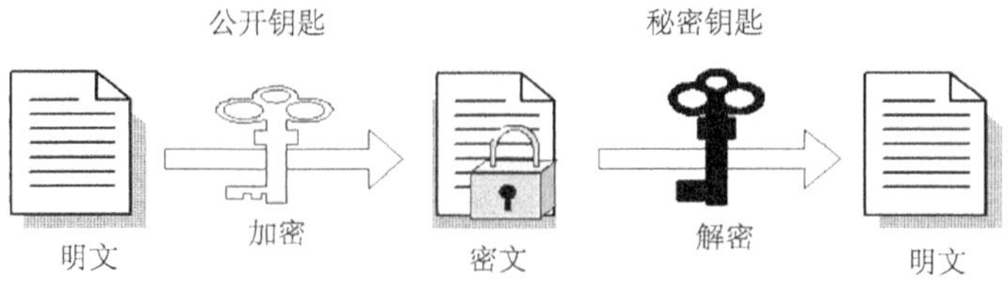

图 8-5　非对称密码学

公开密钥加密技术的特点是算法复杂、速度慢，被加密的数据块长度不宜太大，公钥在加密方和解密方之间传递和分发不必通过安全通道进行。如图 8-6 所示，每个用户只需保存自己的密钥对。

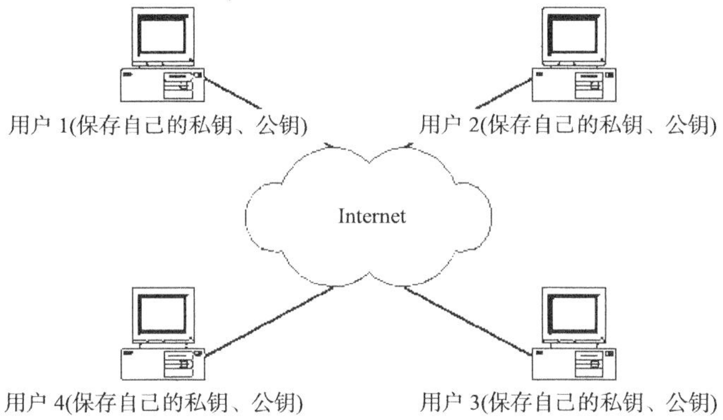

图 8-6　用户保存非对称密钥对

著名的公开密钥加密算法是 RSA(RSA 是发明者 Rivest、Shamir 和 Adleman 名字首字母的组合)。

(3) 秘密密钥加密技术和公开密钥加密技术的结合

由于秘密密钥加密技术和公开密钥加密技术都有其优点和缺点，在实际应用中都有不足，通过秘密密钥加密技术和公开密钥加密技术结合，取长补短，可以实现很实用的加密技术。

如图 8-7 所示，发送端 A 的明文 A 与对称密钥 A 经过对称加密算法运算，得到密文 A，使用了对称秘钥的优点，但是对称密钥 A 的传递，需要安全通道。由此把对称密钥 A 作为非对称加密算法的明文，与用户 B 的公开钥匙经过公钥加密算法运算得到密文 C，然后把密文 A 和密文 C 传递到接收端 B，收到后，先使用用户 B 的私有钥匙对密文 C 解密，得到对称密钥 A，再用对称密钥 A 对密文 A 进行解密，从而得到了明文A。

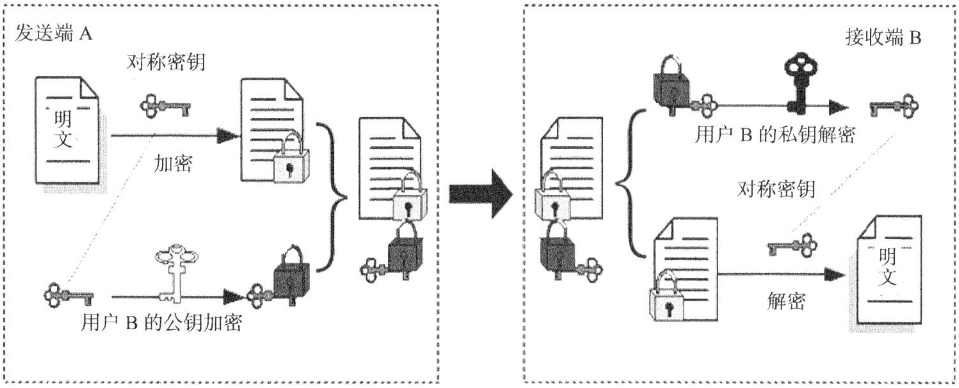

图 8-7　秘密密钥加密技术和公开密钥加密技术的结合

8.3.4 边界安全与防火墙技术

1. 防火墙概念

如图 8-8 所示，防火墙(firewall)是一种用来加强网络之间访问控制的特殊网络互连设备，是一种非常有效的网络安全模型。核心思想：在不安全的网际网环境中构造一个相对安全的子网环境。

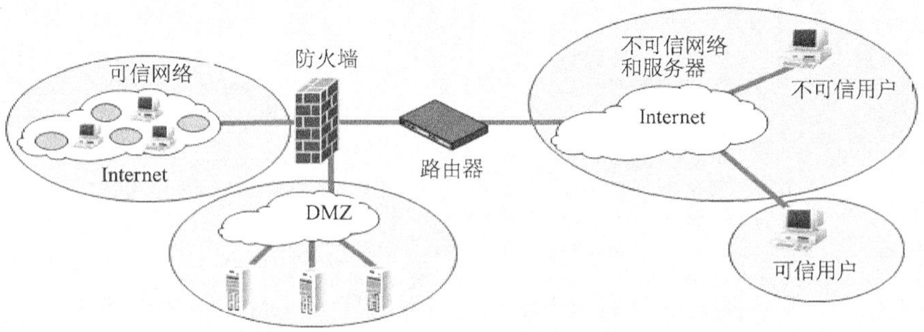

图 8-8 防火墙

目的：都是为了在被保护的内部网与不安全的非信任网络之间设立唯一的通道，以按照事先制定的策略控制信息的流入和流出，监督和控制使用者的操作。

防火墙可在链路层、网络层和应用层上实现，其功能的本质特征是隔离内外网络和对进出信息流实施访问控制。隔离方法可以是基于物理的，也可以是基于逻辑的。

从网络防御体系上看，防火墙是一种被动防御的保护装置。

2. 防火墙的功能

(1) 网络安全的屏障；
(2) 过滤不安全的服务，包括内部提供的不安全服务和内部访问外部的不安全服务；
(3) 阻断特定的网络攻击；
(4) 部署 NAT 机制；
(5) 提供了监视局域网安全和预警的方便端点。
提供包括安全和统计数据在内的审计数据，好的防火墙还能灵活设置各种报警方式。

3. 防火墙的分类

(1) 个人防火墙

是在操作系统上运行的软件，可为个人计算机提供简单的防火墙功能。常用的个人防火墙有 Norton Personal Firewall、360 安全卫士、QQ 电脑管家等；安装在个人 PC 上，而不是放置在网络边界，因此，个人防火墙关心的不是一个网络到另外一个网络的安全，而是单个主机和与之相连接的主机或网络之间的安全。

(2) 软件防火墙

个人防火墙也是一种纯软件防火墙，但其应用范围较小，且只支持 Windows 系统，功能相对来说要弱很多，并且安全性和并发连接处理能力较差。作为网络防火墙的软件防火墙具有比个人防火墙更强的控制功能和更高的性能，不仅支持 Windows 系统，并且多数都支持 Unix 或 Linux 系统。

(3) 一般硬件防火墙

不等同于采用专用芯片的纯硬件防火墙，但和纯软件防火墙有很大差异；一般由小型的防火墙厂商开发，或者是大型厂商开发的中低端产品，应用于中小型企业，功能比较全，但性能一般；一般都采用 PC 架构(就是一台嵌入式主机)，但使用的各个配件都量身定制。其操作系统一般都采用经过精简和修改过内核的 Linux 或 Unix，安全性比使用通用操作系统的纯软件防火墙要好很多，并且不会在上面运行不必要的服务，这样的操作系统基本就没有什么漏洞。但是，这种防火墙使用的操作系统内核一般是固定的，是不可升级的，因此新发现的漏洞对防火墙来说可能是致命的。国内自主开发的防火墙大部分都属于这种类型。

(4) 纯硬件防火墙

采用专用芯片(非 X86 芯片)来处理防火墙核心策略的一种硬件防火墙，也称为芯片级防火墙[专用集成电路(ASIC)芯片或者网络处理器(NP)芯片]；最大的亮点是高性能，非常高的并发连接数和吞吐量；采用 ASIC 芯片的方法在国外比较流行，技术也比较成熟，如美国 NetScreen 公司的高端防火墙产品；国内芯片级防火墙大多还处于开发发展的阶段，采用的是 NP 技术。

(5) 分布式防火墙

前面提到的几种防火墙都属于边界防火墙(perimeter firewall)，它无法对内部网络实现有效地保护；随着人们对网络安全防护要求的提高，产生了一种新型的防火墙体系结构——分布式防火墙。近几年，分布式防火墙技术已逐渐兴起，并在国外一些大的网络设备开发商中得到实现，由于其优越的安全防护体系，符合未来的发展趋势，这一技术一出现就得到了许多用户的认可和接受。

4. 防火墙的局限性

网络的安全性通常是以降低网络服务的开放性和灵活性为代价的。

防火墙的使用也会削弱网络的功能：

(1) 由于防火墙的隔离作用，在保护内部网络的同时使它与外部网络的信息交流受到阻碍；

(2) 由于在防火墙上附加各种信息服务的代理软件，增大了网络管理开销，还减慢了信息传输速率，在大量使用分布式应用的情况下，使用防火墙是不切实际的。

防火墙只是整个网络安全防护体系的一部分，而且也并非万无一失：

(1) 只能防范经过其本身的非法访问和攻击，对绕过防火墙的访问和攻击无能为力；

(2) 不能解决来自内部网络的攻击和安全问题；

(3) 不能防止受病毒感染的文件的传输；

(4) 不能防止策略配置不当或错误配置引起的安全威胁；

(5) 不能防止自然或人为的故意破坏；不能防止本身安全漏洞的威胁。

8.3.5　系统安全与入侵检测技术

1. 入侵检测概述

入侵检测(intrusion detection)是通过从计算机网络或计算机系统中的若干关键点收集信息并对其进行分析，从中发现网络或系统中是否有违反安全策略的行为和遭到袭击的迹象的一种安全技术。入侵检测系统(IDS)是进行入侵检测的软件与硬件的组合。

审计技术是入侵检测的起源。审计技术产生、记录并检查按时间顺序排列的系统事件记录的过程。1980 年，James P. Anderson 的《计算机安全威胁监控与监视》(*Computer Security Threat Monitoring and Surveillance*)第一次详细阐述了入侵检测的概念，划分了计算机系统威胁分类：外部渗透、内部渗透和不法行为，提出了利用审计跟踪数据监视入侵活动的思想，这份报告被公认为是入侵检测的开山之作。

1984 年到 1986 年，乔治敦大学的 Dorothy Denning 和 SRI/CSL 的 Peter Neumann 研究出了一个实时入侵检测系统模型——IDES(入侵检测专家系统)。1990 年，加州大学戴维斯分校的 L. T. Heberlein 等开发出了 NSM(network security monitor)。该系统第一次直接将网络流作为审计数据来源，因而可以在不将审计数据转换成统一格式的情况下监控异种主机。入侵检测系统发展史翻开了新的一页，两大阵营正式形成：基于网络的 IDS 和基于主机的 IDS。

1988 年之后，美国开展对分布式入侵检测系统(DIDS)的研究，将基于主机和基于网络的检测方法集成到一起。DIDS 是分布式入侵检测系统历史上的一个里程碑式的产品。

从 20 世纪 90 年代到现在，入侵检测系统的研发呈现出百家争鸣的繁荣局面，并在智能化和分布式两个方向取得了长足的进展。

2. IDS 基本结构

IDS 通常包括：事件产生器，事件分析器，事件数据库，响应单元四个功能部件。

(1) 事件产生器

负责原始数据采集，并将收集到的原始数据转换为事件，向系统的其他部分提供此事件。收集内容：系统、网络数据及用户活动的状态和行为，需要在计算机网络系统中的若干不同关键点(不同网段和不同主机)收集信息系统或网络的日志文件；网络流量或系统目录和文件的异常变化；程序执行中的异常行为。入侵检测很大程度上依赖于收集信息的可靠性和正确性，要保证用来检测网络系统的软件的完整性，特别是入侵检测系统软件本身应具有相当强的坚固性，防止被篡改而收集到错误的信息。

(2) 事件分析器

接收事件信息，对其进行分析，判断是否为入侵行为或异常现象，最后将判断的结果转变为告警信息。分析方法有：

模式匹配：将收集到的信息与已知的网络入侵和系统误用模式数据库进行比较，从而发现违背安全策略的行为。

统计分析：首先给系统对象(如用户、文件、目录和设备等)创建一个统计描述，统计正常使用时的一些测量属性(如访问次数、操作失败次数和延时等)；测量属性的平均值和偏差将被用来与网络、系统的行为进行比较，任何观察值在正常值范围之外时，就认为有入侵发生。

完整性分析(往往用于事后分析)：主要关注某个文件或对象是否被更改。

(3) 事件数据库

存放各种中间和最终数据的地方。从事件产生器或事件分析器接收数据，一般会将数据进行较长时间的保存。

(4) 响应单元

根据告警信息做出反应，是 IDS 中的主动武器。可做出：强烈反应，切断连接，改变文件属性等和简单的报警。

3. 入侵检测的分类

(1) 按照分析方法/检测原理分类

异常检测(anomaly detection)：首先总结正常操作应该具有的特征(用户轮廓)，试图用定量的方式加以描述，当用户活动与正常行为有重大偏离时即被认为是入侵。

误用检测(misuse detection)：收集非正常操作的行为特征，建立相关的特征库，当监测的用户或系统行为与库中的记录相匹配时，系统就认为这种行为是入侵。

(2) 按照数据来源分类

基于主机：系统获取数据的依据是系统运行所在的主机，保护的目标也是系统运行所在的主机。

基于网络：系统获取的数据是网络传输的数据包，保护的是网络的正常运行。

混合型：同时来自主机和网络。

(3) 按照体系结构分类

基于主机的入侵检测系统(HIDS)；基于网络的入侵检测系统(NIDS)。

(4) 按照工作方式分类

离线检测：非实时工作，在行为发生后，对产生的数据进行分析(成本低，可分析大量事件、分析长期情况；但无法提供及时保护)。

在线检测：实时工作，在数据产生的同时或者发生改变时进行分析(反应迅速、及时保护系统；但系统规模较大时，实时性难以得到实际保证)。

4. 入侵检测性能关键参数

误报(false positive)：实际无害的事件却被 IDS 检测为攻击事件。

漏报(false negative)：一个攻击事件未被 IDS 检测到或被分析人员认为是无害的。

8.4 小　　结

本章简要介绍了网络管理与网络安全。介绍了网络管理的基本概念、网络管理的各种模型和 SNMP 简单网络管理协议。同时介绍了网络安全的基本概念、网络安全模型、传输安全与加密技术、边界安全与防火墙技术和系统安全与入侵检测技术，有助于读者对网络管理与网络安全了解，为进一步的学习，打下良好的基础。

8.5 习　　题

一、单项选择题

1. 下列属于网络管理一般模型的有：________。
   ①被管设备；②网管协议；③管理站；④管理程序；⑤代理程序；⑥网络管理员
   A. ①②③④⑥　B. ①②③④⑤　C. ①③④⑤⑥　D. ①②③④⑤⑥
2. 网络安全的基本属性是________。
   A. 机密性　B. 可用性　C. 完整性　D. 以上三者均有
3. 属于网络层的安全协议是________。
   A. IPSec　B. SSL　C. SSH　D. SNMP
4. 属于传输层的安全协议是________。
   A. IPSec　B. SSL　C. SSH　D. SNMP

二、填空题

1. 计算机网络的安全主要有以下三方面的内容：________、________和________。
2. SNMP 的操作只有两种基本的管理功能，分别是________操作和________操作。
3. 两类密码体制分别是________和________，前者加密密钥与解密密钥是相同的密码体制，而后者加密密钥与解密密钥不同。
4. 计算机网口上的通信面临的威胁可以分为两大类，即________(如截获)和________。
5. 主动攻击的类型有________、________、________和________。

三、判断题

1. SNMP 是有效的网络管理协议，它使用无连接的 UDP 报文。
2. SNMP 的网络管理由三个部分组成，分别是 SNMP 本身、管理信息结构 SMI 和管理信息库 MIB。
3. 数字签名需保证实现以下两点功能：报文鉴别、报文的完整性。
4. 入侵检测的方法一般可以分为基于特征的入侵检测和基于异常的入侵检测两种。

5. 恶意程序包括计算机病毒、计算机蠕虫、特洛伊木马、逻辑炸弹。

四、名词解释

1. SNMP
2. 防火墙
3. 入侵检测技术
4. 非对称加密
5. 对称加密

五、简答题

1. 网络管理的基本概念。
2. 网络安全的基本概念。
3. 网络通信安全的目标。
4. 简述网络管理模型。
5. 列出几种流行的 SNMP 管理软件。
6. 简述防火墙优缺点。

第二篇　网络实践篇

第 9 章　以太网组网实践

实验 9-1　认识网络设备

实验目标

- 了解局域网、城域网、广域网的概念及拓扑结构的概念。
- 认识以下网络设备：网卡、集线器、交换机、路由器。
- 理解各种设备的作用。

实验设备

网卡、集线器、交换机、路由器等。

实验步骤

1. 局域网、城域网、广域网拓扑结构

(1) 局域网

图 9-1 所示为局域网的结构示意图。

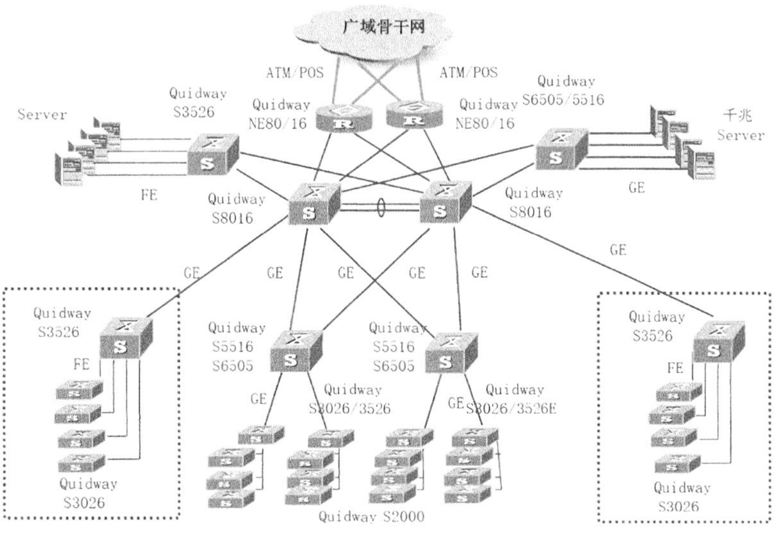

图 9-1　局域网结构示意图

(2) 城域网

图 9-2 所示为城域网的结构示意图。

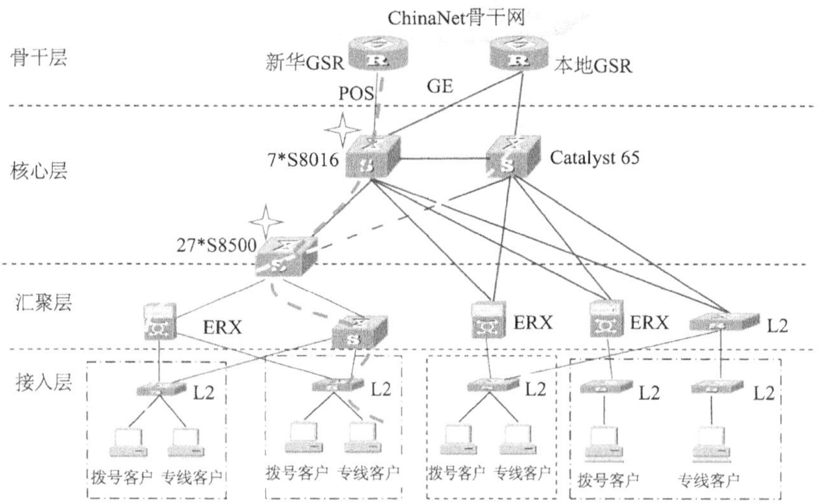

图 9-2 城域网结构示意图

图 9-3 所示为广域网的结构示意图。

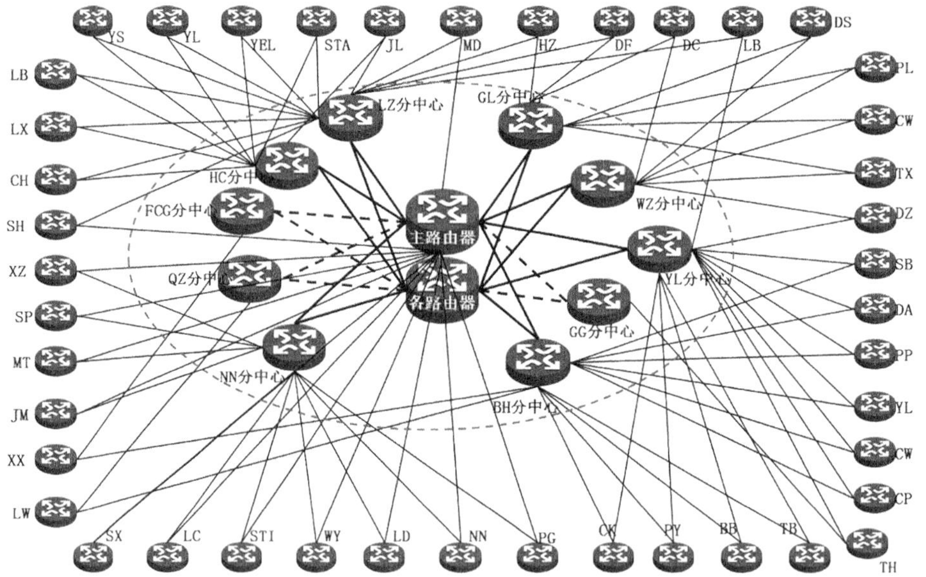

图 9-3 广域网结构示意图

2. 网卡

在计算机网络中，目前常用的以太网卡根据网卡与主板上总线的连接方式、网卡的传输速率，网卡与传输介质连接的接口以及应用领域，分为不同的类型。

(1) 按总线接口类型分类：ISA 网卡、PCI 网卡、PCI-X 网卡、PCMCIA 网卡和 USB

网卡等。

(2) 按传输介质接口分类：细同轴电缆的 BNC 接口网卡、粗同轴电缆 AUI 接口网卡、以太网双绞线 RJ-45 接口网卡、光纤 F/O 接口网卡、无线网卡等。

(3) 按传输速率(带宽)分类：10Mbps 网卡、100Mbps 以太网卡、10Mbps/100Mbps 自适应网卡、1000Mbps 千兆以太网卡、10Mbps/100Mbps/1000Mbps 自适应网卡等。

图 9-4 所示为 D-Link RJ-45 接口的 DGE530T 10/100/1000Mbps 自适应网卡。图 9-5 所示为 USB 接口的无线网卡。图 9-6 为光纤接口的 1000Mbps 网卡。

图 9-4　D-Link 的 DGE530T 10/100/1000M 自适应网卡

图 9-5　无线网卡

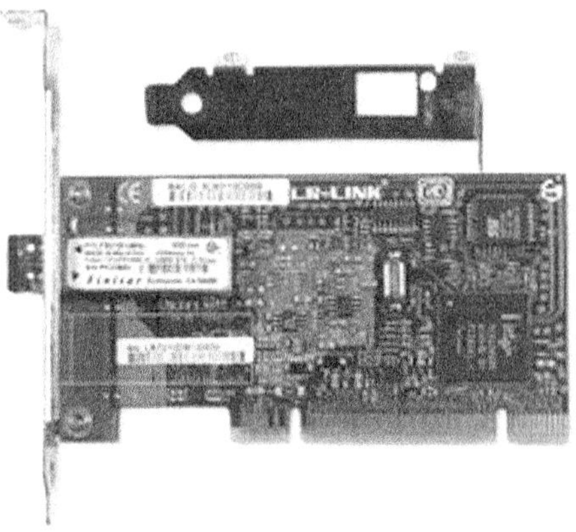

图 9-6　光纤接口网卡

3. 集线器

图 9-7 为集线器 D-Link DE-824TP 的外观。

图 9-7　集线器 D-Link DE-824TP

图 9-8 集线器搭建星形拓扑结构网络的示意图。

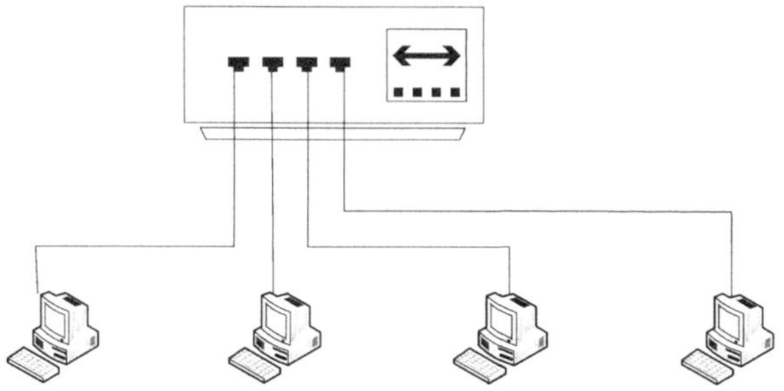

图 9-8　集线器搭建星形拓扑结构网络的示意图

4. 交换机

图 9-9 为华为 Quidway 系列以太网交换机。

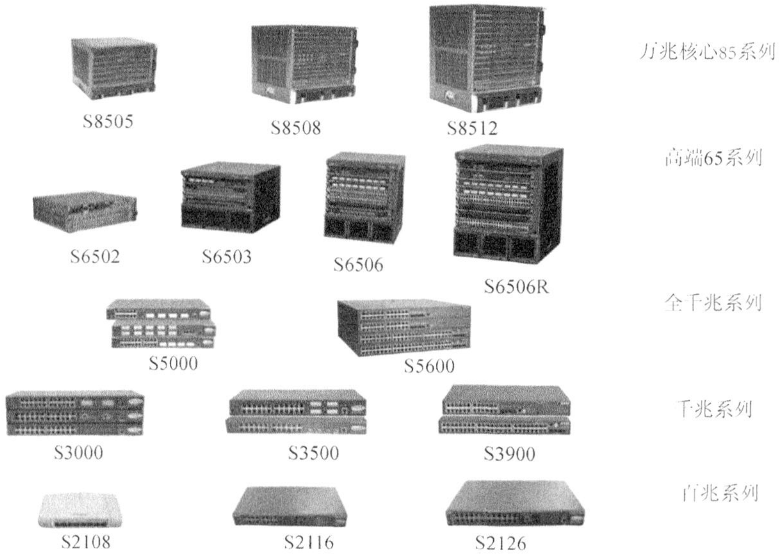

图 9-9　华为 Quidway 系列以太网交换机

图 9-10 为 H3C 系列以太网交换机。

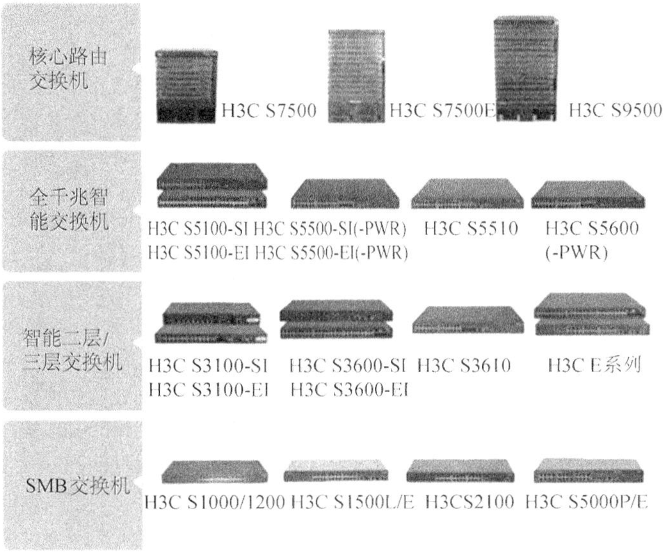

图 9-10　H3C 系列以太网交换机

图 9-11 为思科系列交换机产品网页。

图 9-11　思科系列交换机产品网页

5. 路由器

图 9-12 为华为 Quidway 系列路由器产品。图 9-13 为 H3C 系列路由器。

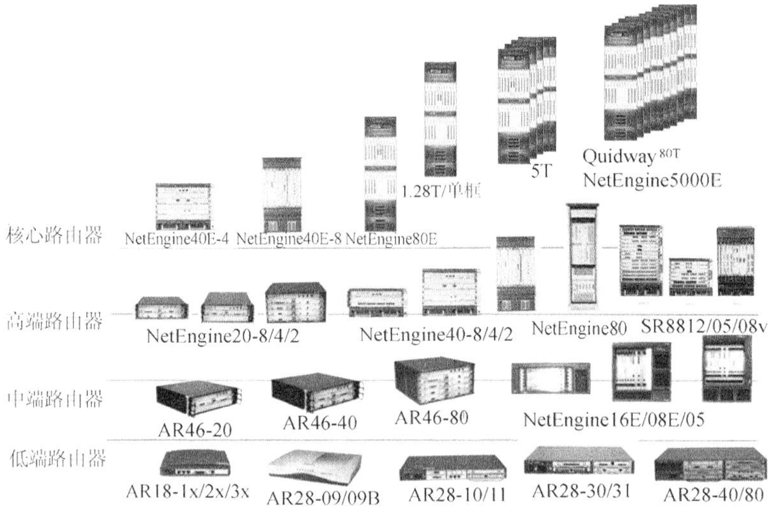

图 9-12　华为 Quidway 系列路由器产品

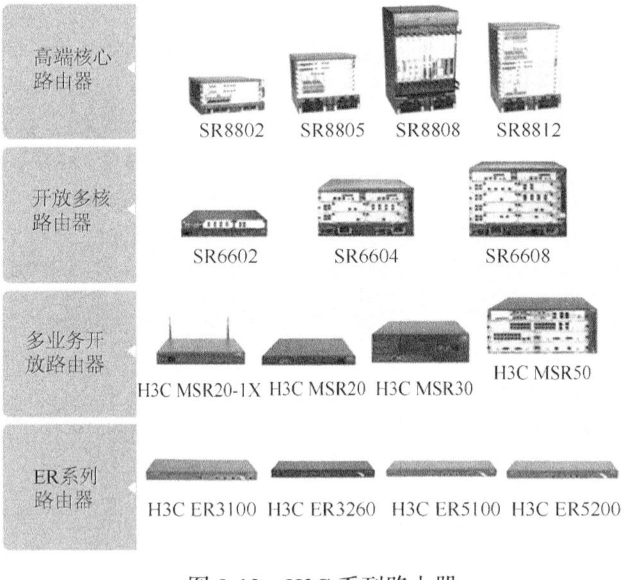

图 9-13　H3C 系列路由器

图 9-14　路由器外观

实验 9-2　直通电缆和交叉电缆制作

实验目标

- 认识网络设备：网卡、集线器、交换机、双绞线及其附件等。
- 了解网络拓扑结构的概念。
- 组网所需的设备和器件。
- 掌握直通和交叉双绞线的制作方法。
- 掌握网络连通性测试的方法。

实验设备

压线钳、RJ45 水晶头若干个、测线仪、双绞线若干段。

实验步骤

1. 认识网络设备：网卡、集线器、交换机、双绞线及其附件

(1) 计算机。

(2) 网卡。

(3) 集线器或交换机。

(4) 双绞线电缆、RJ45 接头。

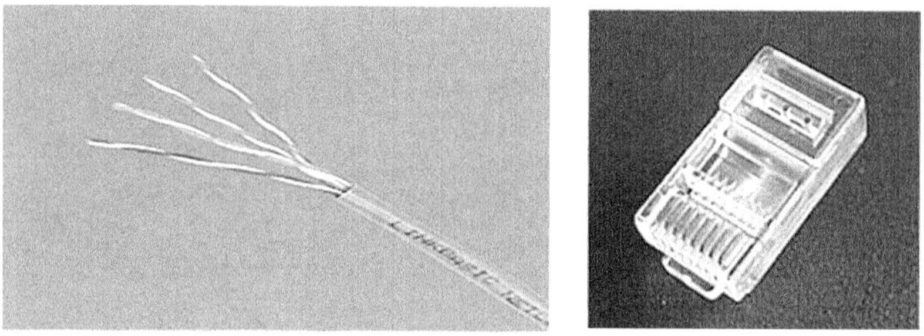

图 9-15　双绞线电缆、RJ45 接头

(5) 压线钳、剥线钳。

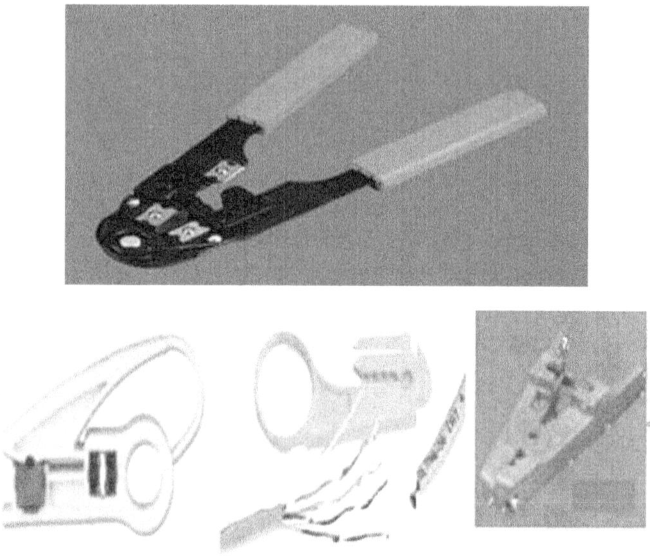

图 9-16　压线钳、剥线钳工具

(6) 线缆测试仪。

图 9-17　线缆测试仪

2. 网络拓扑结构

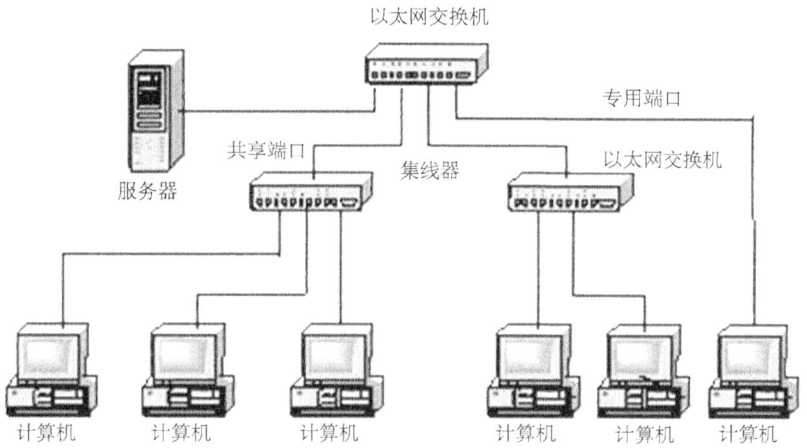

图 9-18 以太网拓扑结构

3. 组网所需的设备和器件

表 9-1 组网所需的设备和器件

设备和器件名称	数量
微机(满足联网要求)	2 台以上
10/100M 自适应网卡(有 RJ45 接口)	2 块以上
100M 集线器 / 交换机	1 台以上
RJ45 接头("水晶头")	网卡数量 x2
5 类及以上 UTP	若干米

4. 非屏蔽双绞线布线标准

双绞线做法有两种国际标准，分别是 EIA/TIA568A 和 EIA/TIA568B。

(1) EIA/TIA568A 标准

表 9-2 EIA/TIA568A 标准

引脚顺序	介质直接连接信号	双绞线绕对的排列顺序
1	TX+(传输)	绿白
2	TX-(传输)	绿
3	RX+(接收)	橘白
4	没有使用	蓝
5	没有使用	蓝白
6	RX-(接收)	橘
7	没有使用	棕白
8	没有使用	棕

(2) EIA/TIA568B 标准

表 9-3 EIA/TIA568B 标准

引脚顺序	介质直接连接信号	双绞线绕对的排列顺序
1	TX+(传输)	橘白
2	TX-(传输)	橘
3	RX+(接收)	绿白
4	没有使用	蓝
5	没有使用	蓝白
6	RX-(接收)	绿
7	没有使用	棕白
8	没有使用	棕

5. 直通和交叉双绞线的制作方法

(1) 直通线缆

双绞线两端的排列顺序都是遵循 568A 或 568B 标准，两端双绞线的排列顺序是一一对应的。

适用场合：

交换机(或集线器)普通端口——计算机(终端)网卡

交换机(或集线器)UPLINK(级联)口——交换机(或集线器)普通端口

(2) 交叉线缆

双绞线一端遵循 568A，另一端遵循 568B 标准。即两个水晶头中的双绞线交叉连接，A 水晶头的 1，2 对应 B 水晶头的 3，6；而 A 水晶头的 3，6 对应 B 水晶头的 1，2。

适用场合：

交换机(或集线器)普通端口——交换机(或集线器)普通端口

计算机网卡(终端)——计算机网卡(终端)

效果如表 9-4 所示。

表 9-4 线缆顺序

A 端双绞线排列顺序	引脚顺序	B 端双绞线排列顺序
橘白	1	绿白
橘	2	绿
绿白	3	橘白
蓝	4	蓝
蓝白	5	蓝白
绿	6	橙
棕白	7	棕白
棕	8	棕

双绞线排线示意图如图 9-19 所示。

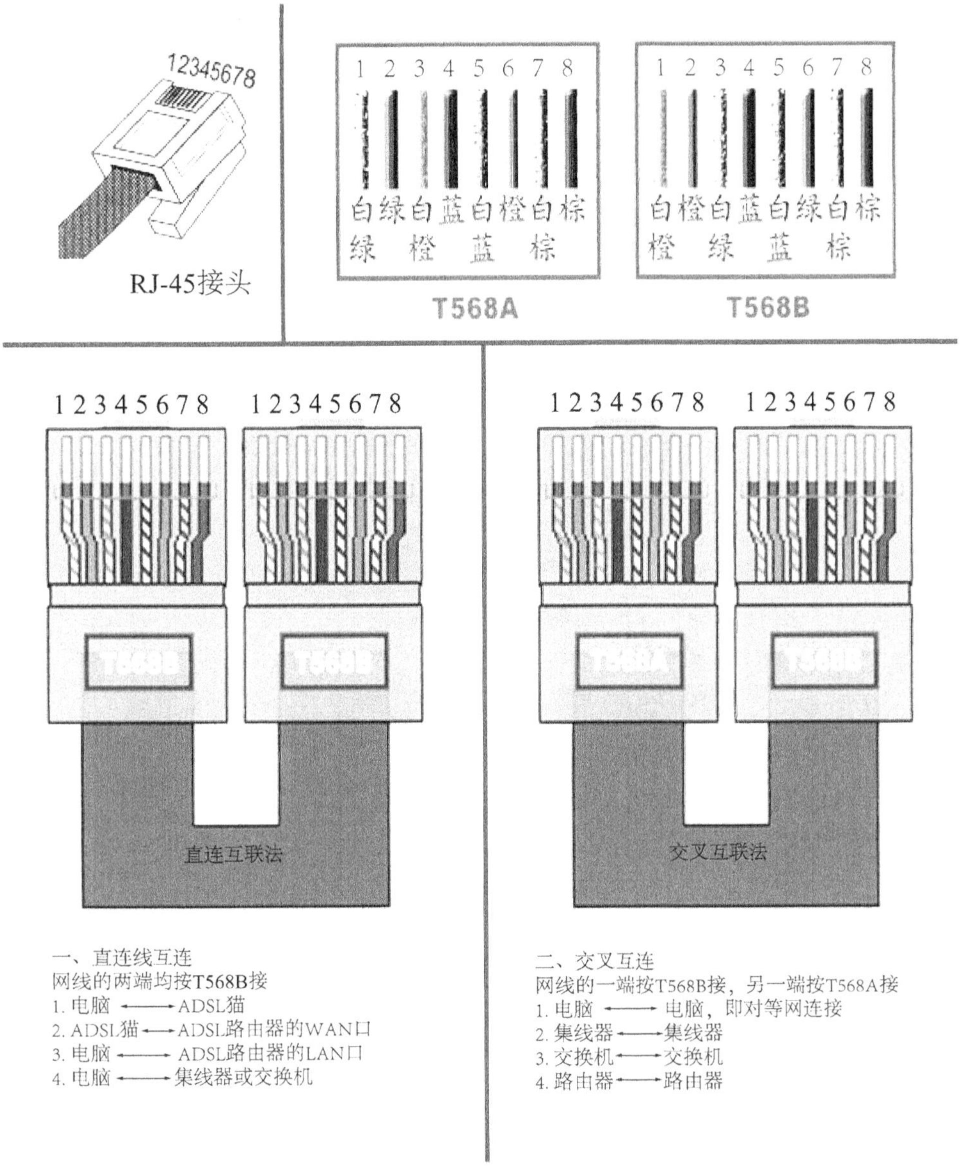

图 9-19　双绞线排线示意图

6. 双绞线的制作过程

步骤 1　准备材料与工具。

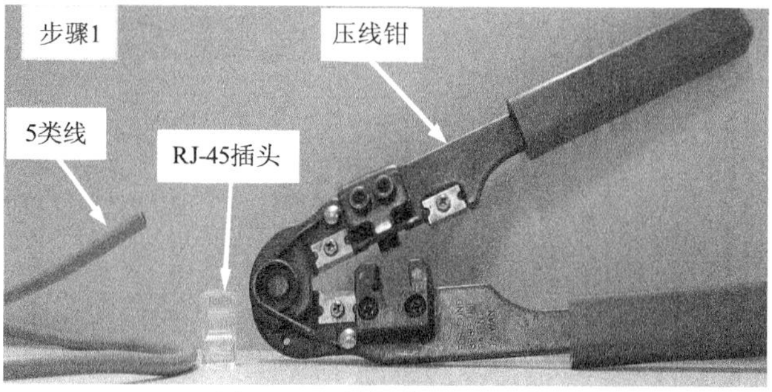

图 9-20　材料与工具准备

步骤 2 准备剥线。

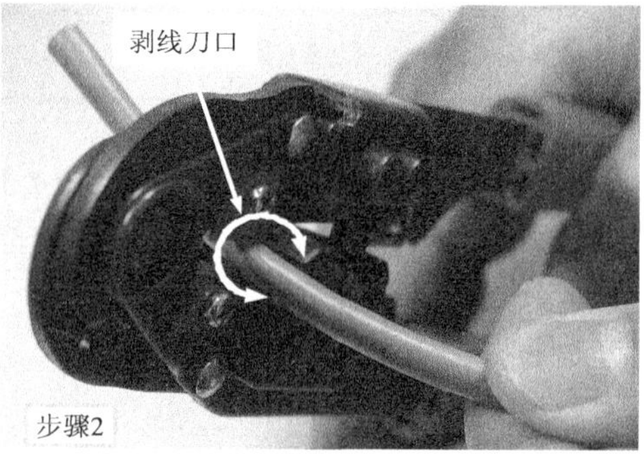

图 9-21　准备剥线

步骤 3 抽出外套绝缘层。

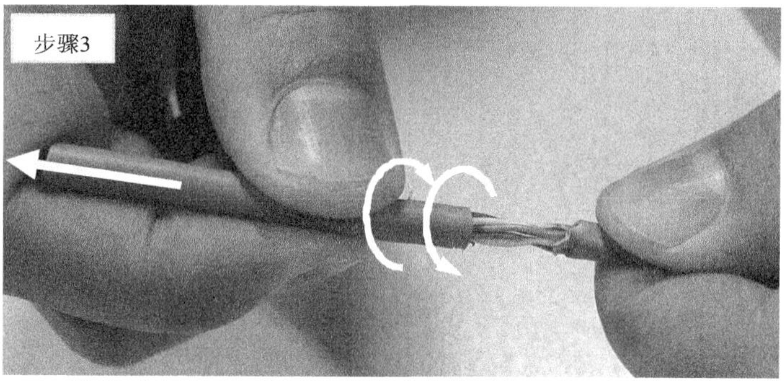

图 9-22　抽出外套绝缘层

步骤 4 露出 4 对电缆。

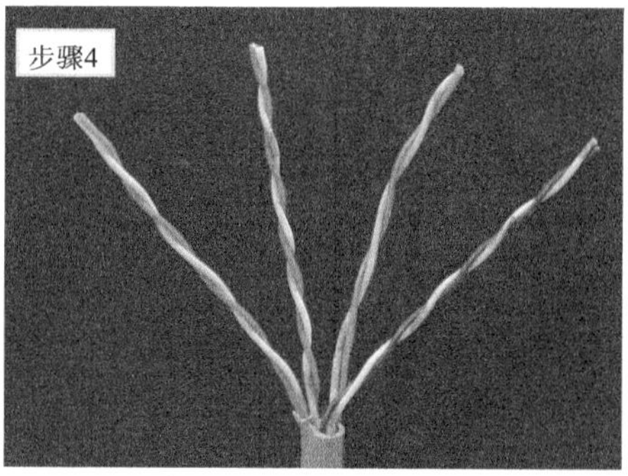

图 9-23　露出 4 对电缆

步骤 5 按序号排好。

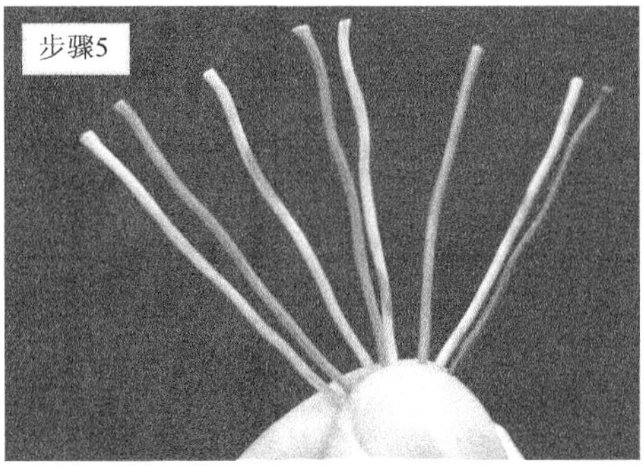

图 9-24　按序号排好

步骤 6 排列整齐。

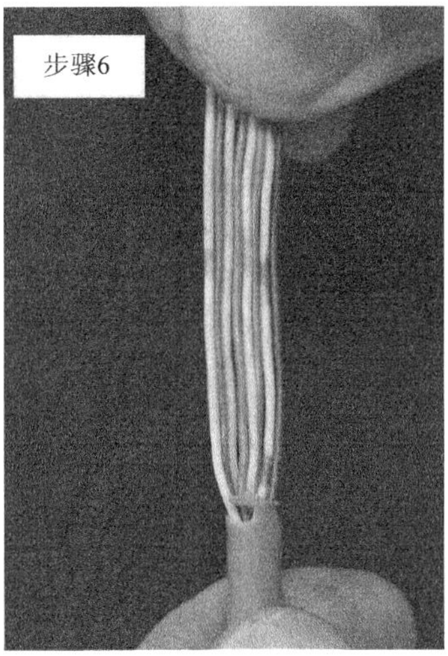

图 9-25　排列整齐

步骤 7 将多余双绞线剪断。

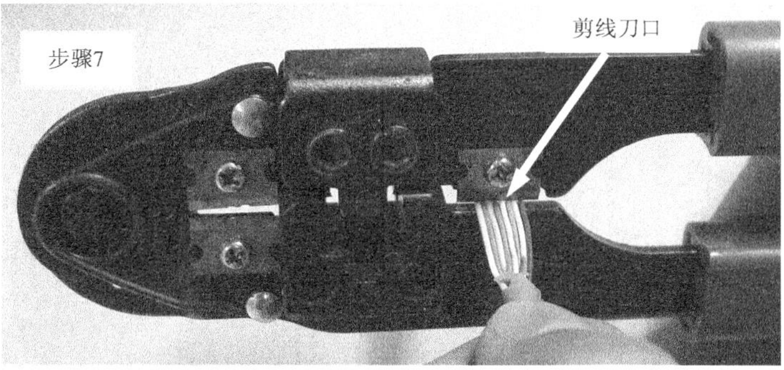

图 9-26　将多余双绞线剪断

步骤 8 对齐。

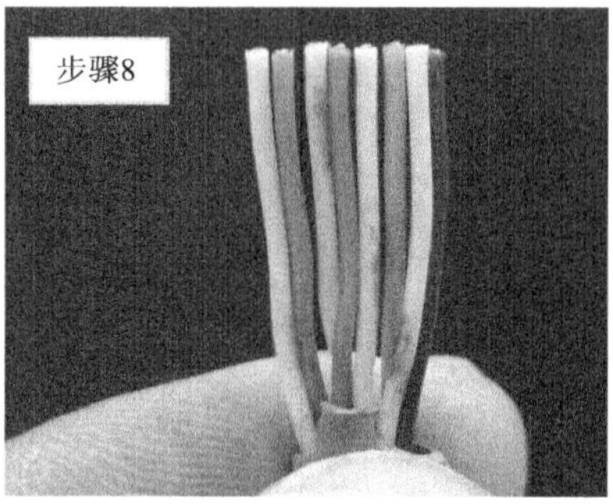

图 9-27　对齐

步骤 9 放入 RJ45 接头。

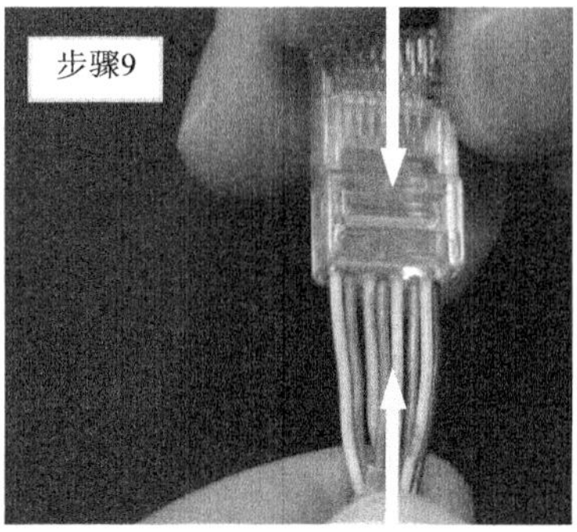

图 9-28　放入 RJ45 接头

步骤 10 准备压实。

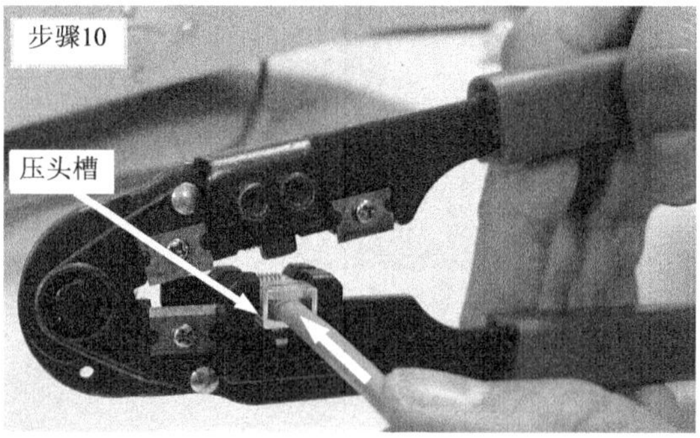

图 9-29　准备压实

步骤 11 压紧。

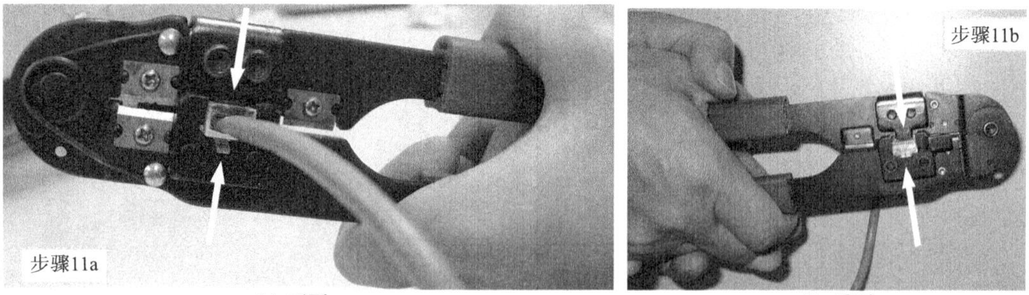

(a) 正面　(b) 反面

图 9-30　压紧

步骤 12 制作完成并测试连通性。

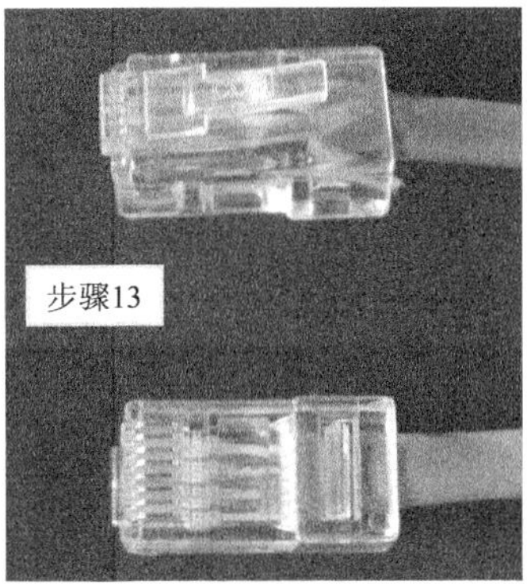

图 9-31　制作完成并测试连通性

实验原始(数据)记录

1. 根据实际制作结果填写直通线两端的连线情况。连线是否正确？如不正确，为什么错？

连接号	第 1 对	第 2 对	第 3 对	第 4 对	第 5 对	第 6 对	第 7 对	第 8 对
A 端 RJ-45								
B 端 RJ-45								

2. 根据实际制作结果填写交叉线两端的连线情况。连线是否正确？如不正确，为什么错？

连接号	第 1 对	第 2 对	第 3 对	第 4 对	第 5 对	第 6 对	第 7 对	第 8 对
A 端 RJ-45								
B 端 RJ-45								

3. 描述直通线和交叉线在测试仪上两端指示灯怎样闪亮，网线才算制作合格？

实验 9-3　反转电缆制作

反转线(rollover cable)，一端采用 568A 或 568B 做线标准，另一端把 568A 或 568B 的顺序刚好从第一根到最后一根反过来。

具体的线序制作方法是：以标准 568B 为例。

其中一边的顺序 1、白橙 2、橙 3、白绿 4、蓝 5、白蓝 6、绿 7、白棕 8、棕；

另一边则是 1、棕 2、白棕 3、绿 4、白蓝 5、蓝 6、白绿 7、橙 8、白橙。

如果是标准 568A 同理。

反转线虽然不是用来连接各种以太网部件的，但它可以用来实现从主机到路由器控制台串行通信(com)端口的连接。

有一种简便做反转线的方法，就是比如一端用 568B 标准做好后，另一端也用正常的 568B 的标准来排列线序，只需在将线插入水晶头时翻转水晶头，反着插入线就可以了。

那一端安在 CONSOLE 口，另一端安在什么位置呢？

反转线的另一端不能直接与电脑的网口相连。因为网络设备的 CONSOLE 口是没有 IP 地址的，即使连接上也无法实现通信。如果需要连接电脑进行 CONSOLE 控制，需要将连接电脑这端用转接口转换成 9 针串口母头；而一些笔记本电脑上是没有 9 针串口公头的，那样就需要再将 9 针串口母头用串口转 USB 口的转接头，转接为 USB 口，即调试设备时提示的 COM 口。

反转线效果如图 9-32 所示。

图 9-32　反转线制作效果

第 10 章　子网划分实践

实验 10-1　C 类网络的子网划分

要划分子网，我们可采取下面的步骤来进行：

(1) 确定需要的网络个数

- 每个子网一个；
- 每条广域网连接一个(接口)。

(2) 确定每个子网所需的主机个数

- 每个主机一个；
- 每个路由器接口一个。

(3) 根据上述要求，确定以下内容

- 一个用于整个网络的子网掩码；
- 每个物理网段的唯一子网地址；
- 每个子网的主机 IP 地址范围。

1. C 类网络的子网掩码

在 C 类网络中，只有 8 位用于定义主机地址，因此只能有如表 10-1 所示的 C 类子网掩码(第 4 字节)。

表 10-1　C 类子网掩码

二进制	十进制	CIDR
1111 1111 1111 1111 1111 11110000 0000	255.255.255.0	/24
1111 1111 1111 1111 1111 11111000 0000	255.255.255.128	/25
1111 1111 1111 1111 1111 11111100 0000	255.255.255.192	/26
1111 1111 1111 1111 1111 11111110 0000	255.255.255.224	/27
1111 1111 1111 1111 1111 1111 1111 0000	255.255.255.240	/28
1111 1111 1111 1111 1111 11111111 1000	255.255.255.248	/29
1111 1111 1111 1111 1111 11111111 1100	255.255.255.252	/30

2. C 类网络的子网划分

给出划分子网的子网掩码后，需要计算该子网掩码提供的子网数以及每个子网的合法主机地址和广播地址。为此，需要回答下面 5 个问题。

(1) 选定的子网掩码将创建多少个子网?

(2) 每个子网有多少台主机?

(3) 有哪些合法的子网?

(4) 每个子网的广播地址是什么?

(5) 每个子网可包含哪些主机地址?

下面来回答上面的五个问题。

(1) 多少个子网? 2^x 个，其中：x 为子网掩码中第四字节取值为 1 的位数。例如，在第四字节 11000000 中，取值为 1 的位数为 2，因此子网数为 $2^2=4$ 个。

(2) 每个子网有多少台主机? 2^y-2 个，其中 y 为子网掩码中第四字节取值为 0 的位数。例如，在第四字节 11000000 中，取值为 0 的位数为 6，因此每个子网可包含的主机数为 $2^6-2=62$ 个。减去的两个分别为子网地址和广播地址，它们不是合法的主机 IP 地址。

(3) 有哪些合法的子网? 块大小(增量)=256−子网掩码。例如 256−192=64，即子网掩码为 192 时，块大小为 64。从 0 开始不断增加 64，直到到达子网掩码值，中间的结果 0、64、128 和 192 都是合法的子网。

(4) 每个子网的广播地址是什么? 这很容易确定，因为前面确定了子网为 0、64、128 和 192，而广播地址总是下一个子网前面的数。例如，子网 0 的广播地址为 63，因为下一个子网为 64；子网 64 的广播地址为 127，因为下一个子网为 128，以此类推。请记住，最后一个子网的广播地址总是 255。

(5) 合法的主机地址有哪些? 合法的主机地址位于两个子网之间，但全为 0 和全为 1 的地址除外。例如，如果子网号为 64，而广播地址为 127，则合法的主机地址范围为 65～126，即子网地址和广播地址之间的数字。

3. C 类网络子网划分示例

下面将通过演示示例告诉你对 C 网络进行子网划分。

示例 10-1 C：255.255.255.128(/25)

128 的二进制表示为 1000 0000，只有 1 位用于定义子网，其余位用于定义主机。

这里以 C 类网络 192.168.1.0 进行子网划分。

网络地址=192.168.1.0

子网掩码=255.255.255.128

下面来回答前面的五个问题：

(1) 多少个子网? 在 128 (10000000)中，取值为 1 的位数为 1，因此答案为 $2^1=2$。

(2) 每个子网有多少台主机? 有 7 个主机位取值为 0(10000000)，因此答案是 $2^7-2=126$ 台主机。

(3) 有哪些合法的子网? 256−128 =128。还记得吗，我们需要从 0 开始不断增加块大小，因此子网为 0 和 128。

(4) 每个子网的广播地址是什么? 在下一个子网之前的数字中，所有主机位的取值都为 1，是当前子网的广播地址。对于子网 0，下一个子网为 128，因此其广播地址为 127。

(5) 每个子网包含哪些合法的主机地址？合法的主机地址为子网地址和广播地址之间的数字。要确定主机地址，最简单的方法是写出子网地址和广播地址，这样合法的主机地址就显而易见了。表 10-2 列出了子网 0 和 128 以及它们的合法主机地址范围和广播地址。

表 10-2　子网及合法主机地址范围和广播地址

子网	0	128
子网广播地址	127	255
第一个主机地址	1	129
最后一个主机地址	126	254

4. C 类网络子网划分实践

请给出下列 IP 地址所属的子网以及该子网的广播地址和合法主机地址范围。

(1) 192.168.10.99/26。

(2) 192.158.10.66/27。

(3) 192.168.10.37/28。

(4) 192.168.10.17/29。

(5) 192.168.10.25/30。

每个 IP 地址需要回答下面的 5 个问题。

(1) 选定的子网掩码将创建多少个子网?

(2) 每个子网有多少台主机?

(3) 有哪些合法的子网?

(4) 每个子网的广播地址是什么?

(5) 每个子网可包含哪些主机地址?

实验 10-2　B 类网络的子网划分

1. B 类网络的子网掩码

先来看看 B 类网络可使用的全部子网掩码(表 10-3)。注意，与 C 类网络相比，B 类网络可使用的子网掩码更多。

表 10-3　B 类网络可使用的子网掩码

十进制	CIDR
255.255.0.0	/16
255.255.128.0	/17
255.255.192.0	/18
255.255.224.0	/19
255.255.240.0	/20

续表

十进制	CIDR
255.255.248.0	/21
255.255.252.0	/22
255.255.254.0	/23
255.255.255.0	/24
255.255.255.128	/25
255.255.255.192	/26
255.255.255.224	/27
255.255.255.240	/28
255:255.255.248	/29
255.255.255. 252	/30

在 B 类地址中，有 16 位可用于主机地址。这意味着最多可将其中的 14 位用于子网划分，因为至少需要保留 2 位用于主机地址。使用/16 意味着不对 B 类网络进行子网划分，但它是一个可使用的子网掩码。

2. B 类网络子网划分示例

接下来仍将需要回答下面 5 个问题。

(1) 选定的子网掩码将创建多少个子网?

(2) 每个子网有多少台主机?

(3) 有哪些合法的子网?

(4) 每个子网的广播地址是什么?

(5) 每个子网可包含哪些主机地址?

下面来回答上面的五个问题。需要重申的是，这与 C 类网络的子网划分相同，只是从第三个字节开始，但数字是完全相同的。

示例 10-2 B： 255.255.192.0 (/18)

网络地址=172.16.0.0

子网掩码=255.255.192.0

(1) 多少个子网？ $2^2=4$(与 C 类网络相同)。

(2) 每个子网多少台主机？$2^{14}-2=16382$(第三个字节 6 位，第四个字节 8 位)。

(3) 有哪些合法的子网？256 −192 =64，因此子网为 0、64、128、192。鉴于子网划分是在第三个字节中进行的，因此子网号实际上 0.0、64.0、128.0 和 192.0。这些数字与 C 类网络相同，我们将其用于第三个字节，并将第四个字节设置为零

(4) 每个子网的广播地址是什么？注意，第三字节是下一个子网之前的数字，只需添加第四个字节的最大值，我们就得到了答案：63.255、127.255、191.255 和 255.255。

(5) 合法的主机地址是什么?合法的主机地址为子网地址和广播地址之间的数字。表 10-4 列出了这 4 个子网及其合法主机地址范围和广播地址。

表 10-4　4 个子网及合法主机地址范围和广播地址

子网	0.0	64.0	128.0	192.0
子网广播地址	63.255	127.255	191.255	255.255
第一个主机地址	0.1	64.1	128.1	192.1
最后一个主机地址	63.254	127.254	191.254	255.254

3. B 类网络子网划分实践

给定 B 类网络和网络位数(CIDR)，请完成下表，指出对应的子网掩码以及每个子网包含的主机地址数。

网络位数	子网掩码	每个子网的主机地址数(2^y-2)
/16		
/17		
/18		
/19		
/20		
/21		
/22		
/23		
/24		
/25		
/26		
/27		
/28		
/29		
/30		

实验 10-3　A 类网络的子网划分

1. A 类网络的子网掩码

A 类网络的子网划分与 B 类和 C 类网络没有什么不同，但需要处理的是 24 位，而 B 类和 C 类网络中需处理的分别是 16 位和 8 位。

表 10-5 列出了可用于 A 类网络的所有子网掩码。

表 10-5　A 类网络的所有子网掩码

十进制	CIDR	十进制	CIDR
255.0.0.0	/8	255.224.0.0.	/11
255.128.0.0	/9	255.240.0.0	/12
255.192.0.0	/10	255.248.0.0	/13

续表

十进制	CIDR	十进制	CIDR
255.252.0.0	/14	255.255.254.0	/23
255.254.0.0	/15	255.255.255.0	/24
255.255.0.0	/16	255.255.255.128	/25
255.255.128.0	/17	255.255.255.192	/26
255.255.192.0	/18	255.255.255.224	/27
255.255.224.0	/19	255.255.255.240	/28
255.255.240.0	/20	255:255.255.248	/29
255.255.248.0	/21	255.255.255. 252	/30
255.255.252.0	/22		

从表 10-5 可以看出，A 类网络的子网划分与 B 和 C 类网络相同，只是主机位更多些。A 类网络的子网络划分使用的子网号与 B 类和 C 类网络中相同，但从第二个字节开始使用这些编号。

2. A 类网络子网划分示例

示例 10-3　A: 255.255.0.0(/16)

A 类网络默认使用子网掩码 255.0.0.0，这使得有 22 位可用于子网划分，因为至少需要留下两位用于主机编址。

在 A 类网络中，子网掩码 255.255.0.0 使用 8 个子网位。

(1) 多少个子网？$2^8=256$。

(2) 每个子网的主机数？$2^{16}-2=65534$。

(3) 有哪些合法的子网？需要考虑哪些字节？只有第二个字节。256−255=1，因此子网为 10.0.0.0，10.1.0.0，10.2.0.0，10.3.0.0，…，10.255.0.0。

(4) 每个子网的广播地址是什么?

(5) 合法的主机地址是什么?

表 10-6 列出了使用子网掩码/16 时，A 类私有网络 10.0.0.0 的前两个和后两个子网以及这些子网的合法主机地址范围和广播地址。

表 10-6　A 类私有网络 10.0.0.0 的子网及合法主机地址范围和广播地址

子网	10.0.0.0	10.1.0.0	……	10.254.0.0	10.255.0.0
子网广播地址	10.0.255.255	10.1.255.255	……	10.254.255.255	10.255.255.255
第一个主机地址	10.0.0.1	10.1.0.1	……	10.254.0.1	10.255.0.1
最后一个主机地址	10.0.255.254	10.1.255.254	……	10.254.255.254	10.255.255.254

3. 子网划分实践

根据给出的 IP 地址，完成下表。

IP 地址	地址类别	子网位数	主机位数	子网个数 2^x	主机地址数 2^y-2
10.21.66.154/23					
172.16.254.12/24					
192.168.11.123/28					
10.24.88.27/18					
128.1.2.254/20					
192.168.56.206/30					

实验 10-4　混合子网划分

前面的 A、B、C 类子网划分属于有类区域的子网划分，有类区域内的所有端口都使用相同的子网掩码。而实际的网络中需要在一个网络中存在不同的子网掩码。

使用不同长度的子网掩码来了解一个网络或创建多个网络，这被称为 VLSM 网络。RIPv2、EIGRP 或 OSPF 等路由选择协议来使用 VLSM。这类的网络的好处是，使用它可以节省大量的 IP 地址空间。

要快速并有效地创建 VLSM，需要了解块尺寸大小来创建 VLSM 的掩码。表 10-7 列出了 C 类网络中使用 VLSM 时可以使用的块大小。例如，如果需要 25 个主机地址，那么所需要的块尺寸是 32。如果需要有 11 个主机地址，那么使用的块尺寸为 16。需要 40 个主机地址呢，那么将需要的块尺寸是 64。块的尺寸大小不能随意指定。

表 10-7　C 类网络创建 VLSM 时使用的块尺寸

前缀	掩码	主机数	块尺寸
/25	128	126	128
/26	192	62	64
/27	224	30	32
/28	240	14	16
/29	248	6	8
/30	252	2	4

基于 LAN 的子网常有不同的需求，前缀长度越短(意味着主机位越长)，主机号/子网号的值越大；前缀长度越长(意味着主机位越短)，主机号/子网号的值越小。

在用各掩码将子网个数确定之后，下一步就是要找出满足要求的子网。只要你已经掌握如何用静态长度掩码来找出这些子网，那么这个工作就变得很轻松。下面的步骤会对你有所帮助：

步骤 1　根据设计要求，确定各掩码/前缀所需的子网个数。

步骤 2　使用最短前缀长度(最长的主机位数)，使用该掩码确定有类网络的子网，直到确定出所需的子网值。

步骤 3　使用上一步中相同的掩码，确定下一个子网值。

步骤 4　对上一步确定的子网值，使用设计要求的下一个最短前缀长度，确定更小的子网，直到确定出所需的子网值。

步骤 5　重复步骤 3 和步骤 4，直到确定出各种规模的子网。

下面是一个 VLSM 子网划分的问题，请你根据实际情况进行子网划分。

一个大公司有一个总部和三个下属部门。公司分配到的网络前缀是 192.77.33/24。公司的网络布局如图 10-1 所示。总部共有五个局域网，其中的 LAN1～LAN4 都连接到路由器 R1 上，R1 再通过 LAN5 与路由器 R2 相连。R2 和远地的三个部门的局域网 LAN6～LAN8 通过广域网相连。每一个局域网旁边标明的数字是局域网上的主机数。试给每一个局域网分配一个合适的网络的前缀。

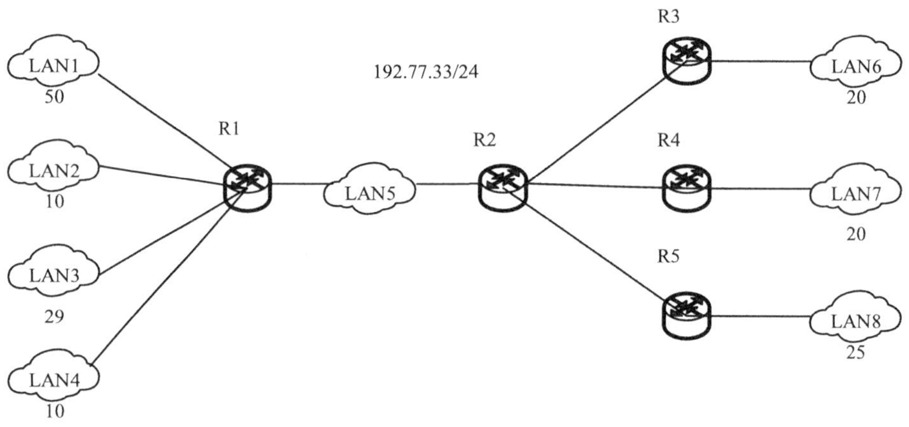

图 10-1　总部共有五个局域网

第 11 章　思科 IOS 操作实践

实验 11-1　路由器和交换机的基础操作

实验目标

- 学会简单的交换机和路由器操作命令。
- 能识别并熟练切换 Cisco 设备三个主要模式。
- 掌握 Cisco 的 IOS 快捷操作。
- 理解 CLI 中的错误提示消息。
- 学会查看设备配置和保存配置。

实验设备

2960 交换机或 2811 路由器。

实验步骤

1. 三个模式

Cisco 设备 CLI 主要分为以下几种模式：用户模式、特权模式、全局配置模式。

用户模式：以“>”来表示，例如，Switch>；

特权模式：以“#”来表示，例如，Switch#；

全局配置模式：以“(config)#”来表示，例，Switch(config)#。

除此之外，还有接口模式和路由模式等子模式，现在需要掌握的是用户模式、特权模式和全局配置模式这三种主要的模式。设备的配置是在特定模式下进行的，所以掌握模式间的区别和切换是非常重要的。

切换规则如表 11-1。

表 11-1　模式之间切换

行为	命令
用户模式→特权模式	enable
特权模式→全局配置模式	configure terminal
退到前一个模式	exit
从任意模式(除用户模式)退到特权模式	end

配置示例：

Switch>enable
#进入特权模式
Switch#configure terminal
#进入全局配置模式
Switch(config)#exit
#退到特权模式
Switch#exit
#退到初始登录界面

2. 快捷操作

Cisco 设备 CLI 的快捷操作主要有三种：热键、命令简写、上下文相关帮助。

(1) 热键

表 11-2　常用热键

命令行编辑热键	说明
Tab	完成命令或关键字的其余部分
Backspace	删除光标左侧的一个字符
Ctrl-Shift-6	允许用户终止 Cisco IOS 进程(例 ping 或 traceroute)
Ctrl-C	放弃当前命令并退出配置模式
Ctrl-Z	退出配置模式并返回特权模式

(2) 命令简写

Cisco 设备 CLI 支持命令简写功能，即可以用几个字符表示命令中的一个单词，不过要注意的是这几个字符必须能够唯一表示该单词，否则该命令无效并且会弹出错误提示消息。

如果出现"% Ambiguous command: "e""类似字样，则说明输入的字符不足，设备无法识别该命令。

配置示例：

Switch>en
#用 en 表示 enable 进入特权模式
Switch#conft
#用 conf t 表示 configure terminal 进入全局配置模式
Switch(config)#ex
#用 ex 表示 exit 退到前一个模式

(3) 上下文相关帮助

Cisco 设备上的 Cisco IOS CLI 提供两种上下文相关帮助：

● 字词帮助：在输入的字符后输入问号。问号前面不要加入空格。设备将显示输入的字符开头的命令列表。例如 sh？命令可显示一个命令列表，该列表中的命令都以字符序列“sh”开头。

- 命令语法帮助：输入？命令可获取完成命令所需的语法帮助。在命令名称之后，在关键字或参数位置输入问号。问号前要加空格。网络设备随后将显示一系列可用命令选项，<cr>代表回车。例如，输入 show？可获取可供 show 命令使用选项列表。

3. 错误提示消息分析

控制台错误消息分为三类：

- 命令不明确；
- 命令不完整；
- 命令不正确。

表 11-3　错误消息

错误消息	含义	帮助
% Ambiguous command：“show con”	输入的字符不足，设备无法识别该命令	重新输入命令，紧接着输入？(不加空格)。显示所有可以与该命令一起输入的关键字
% Incomplete command	没有输入该命令所需的所有关键字或值	重新输入命令，然后输入？，前面加空格
% Invalid input detected at ‘^’marker	命令输入不正确。‘^’标记出错的位置	输入？显示所有可用的命令或参数

配置示例：

```
Switch#c
% Ambiguous command: "c"
Switch#clock set
% Incomplete command
Switch#clock set 19:50:00
% Incomplete command
Router>clock set 19:50:00 25 6
                      ^
% Invalid input detected at '^' marker.
```

4. 配置保存和查看

(1) 配置保存

可以使用 Cisco IOS "copy"命令复制配置文件。Copy 命令的语法要求第一个参数指明来源(从哪里复制配置)，后面的参数指明目标(将配置复制到哪里)。在 RAM 中做出配置更改之后，必须保存到 NVRAM 中的启动配置文件，此时可使用 copy running-config startup-config 命令。同样，使用 copy startup-config running-config 命令可以将 NVRAM 中的启动配置文件复制回 RAM 中。

配置示例：

```
Switch#copy running-config startup-config   #保存配置
Destination filename [startup-config]?
Building configuration...
[OK]

Switch#copy startup-config running-config   #恢复配置
Destination filename [running-config]?
1037 bytes copied in 0.416 secs (2492 bytes/sec)
```

(2) 配置查看

Show 命令就是查看命令，需要跟具体的参数结合使用。

表 11-4　常用显示命令

命令	功能
show running-config	显示 RAM 中的当前运行配置
show startup-config	显示 NVRAM 中的已保存配置

配置示例：

```
Switch#show running-config #查看当前配置
Building configuration...
Current configuration : 1037 bytes
!
version 12.2
no service timestamps log datetime msec
no service timestamps debug datetime msec
no service password-encryption
!
hostname Switch
!
!
!
!
spanning-tree mode pvst
!
interface FastEthernet0/1
!
interface FastEthernet0/2
```

```
!
interface FastEthernet0/3
!
 --More—

Switch#show startup-config   #查看保存配置
Using 1037 bytes
!
version 12.2
no service timestamps log datetime msec
no service timestamps debug datetime msec
no service password-encryption
!
hostname Switch
!
!
!
!
spanning-tree mode pvst
!
interface FastEthernet0/1
!
interface FastEthernet0/2
!
interface FastEthernet0/3
!
interface FastEthernet0/4
!
 --More—
```

注：查看保存配置前一定要先保存配置，否则会显示“startup-config is not present”。

实验总结

实验 11-2　设备登录及安全操作

实验目标

- 掌握 SecureCRT 软件登录设备的操作。
- 掌握登录设备的几种方式的配置。
- 掌握基本的设备安全设置和常用配置。

实验设备

2960 交换机和 2811 路由器。

实验拓扑

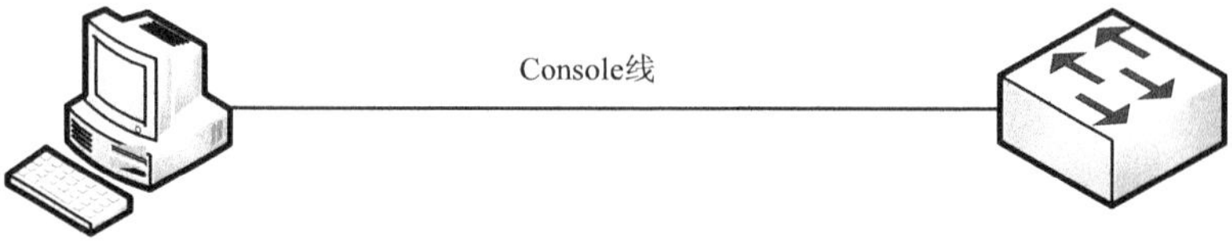

图 11-1　PC 与交换机通过 Console 相连

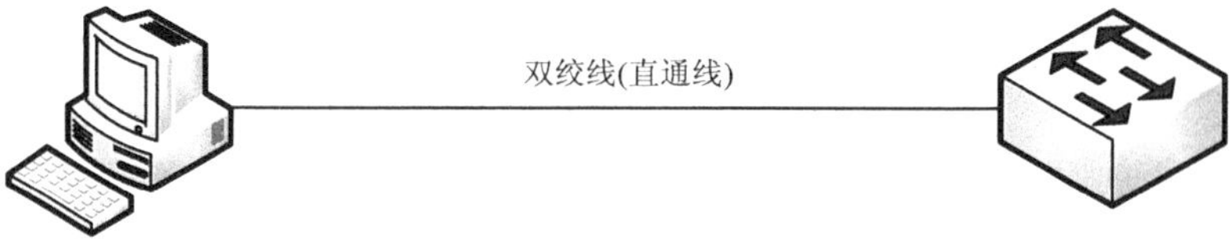

图 11-2　PC 与交换机通过双绞线(直通线)相连

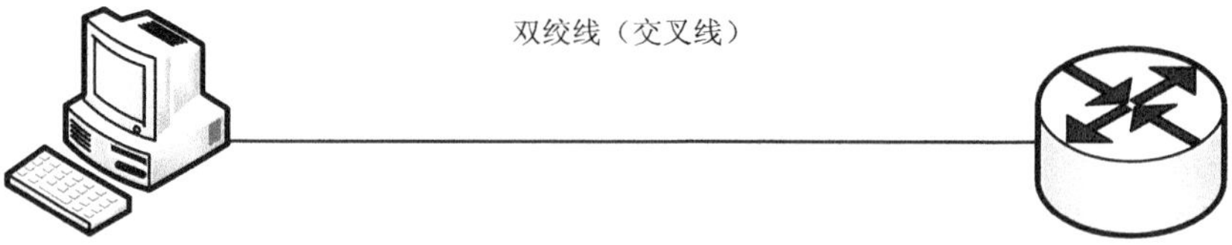

图 11-3　PC 与路由器通过双绞线(交叉线)相连

实验需求

(1) 如图 11-1，通过 console 方式登录到交换机，enable 密码为 cisco，方式为 password(明文)；配置 consolepassword，密码为 123，配置超时登出，时间是 5s，配置 no domain-lookup。

(2) 如图 11-2，通过 Telnet 方式登录到交换机，enable 密码为 Cisco，方式为 secret (密

文)；vty 是 0 4(0 4 表明 5 个用户，04 则表示第五个用户)，login 方式登录(仅使用密码方式登录)，登录密码使用 ccna；配置超时登出，时间是 5s，配置 no domain-lookup；管理 VLAN 地址为 192.168.1.1/24，主机地址为 192.168.1.2/24。

(3) 如图 11-3，通过 SSH 方式登录到路由器，enable 密码为 CISCO，方式为 secret；hostname 为 NET，domain-name 为 cisco.com；username 为 cisco，password 为 123；rsa 密钥位数为 1024bits；vty 是 0 4；配置超时登出，时间是 5s，配置 no domain-lookup；路由器接口地址为 192.168.1.1/24，主机地址为 192.168.1.2/24。

实验步骤

1. 设备登录方式

Cisco 设备主要有三种登录方式：console、Telnet、SSH。

Console 登录就是 PC 和设备通过 console 线缆连接，如图 11-1，这种方式要求网络工程师在施工现场才能够进行。

Telnet 和 SSH 登录是远程登录访问方式，要进行管理的网络设备与 PC 之间通过双绞线相连，也有可能在设备和 PC 之间隔着 ISP。

对于管理设备除了要掌握这三种登录方式之外，还需要掌握 SecureCRT 的使用方法，SecureCRT 能够帮助我们在 Windows 下登录到网络设备上。以下是不同登录方式 SecureCRT 不同设置方法。

(1) console 方式

打开 SecureCRT 进入到界面，如图 11-4 所示。

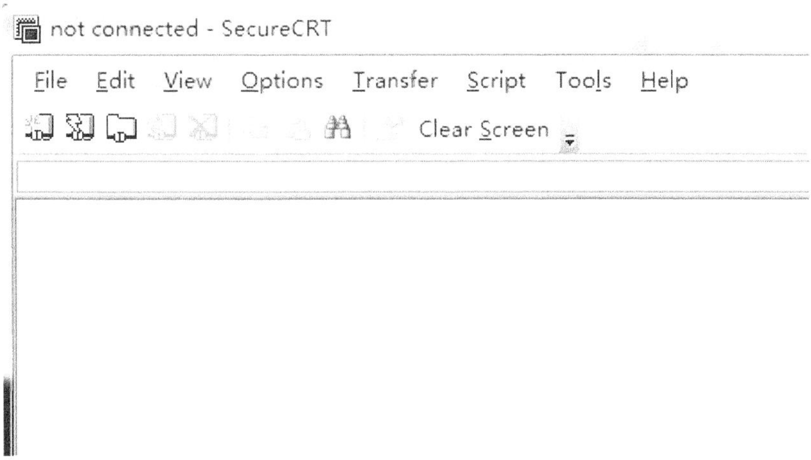

图 11-4　SecureCRT 的初始界面

点击图标进入快速连接界面，如图 11-5 所示。

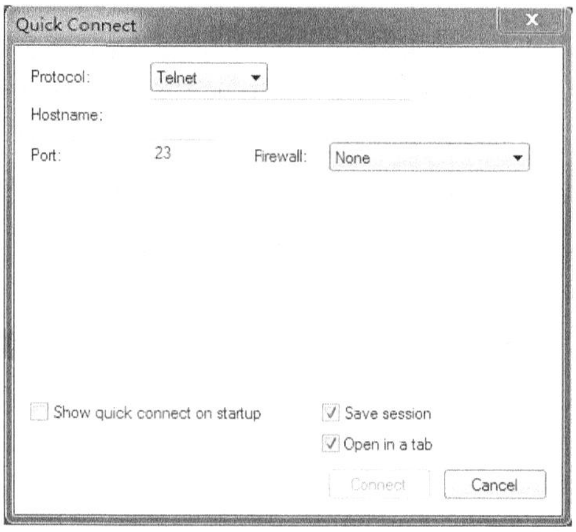

图 11-5　快速连接选项初始界面

而使用 console 方式的话，【Protocol】选项应选择【Serial】;【Port】选项应在 PC 上的【设备管理器】里去查看【端口(COM 和 LPT)】选项;【Baud rate】应选择 9600，除此之外其余选项都没有必要修改，如图 11-6、图 11-7 所示。

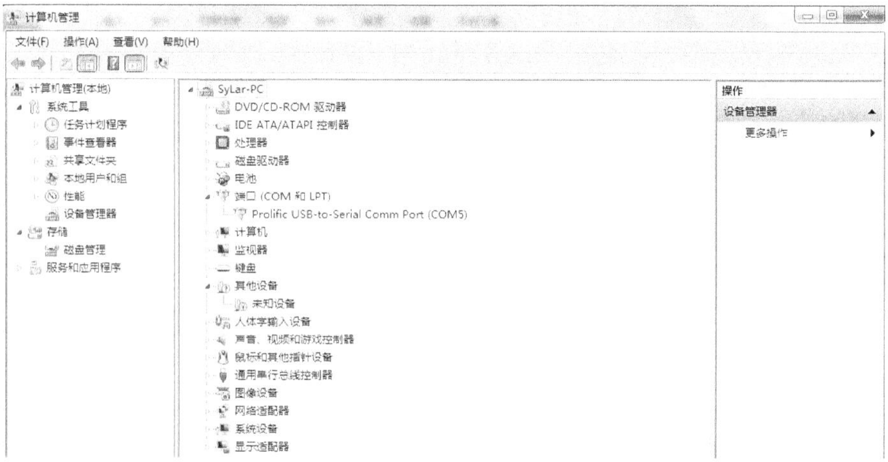

图 11-6　计算机管理界面

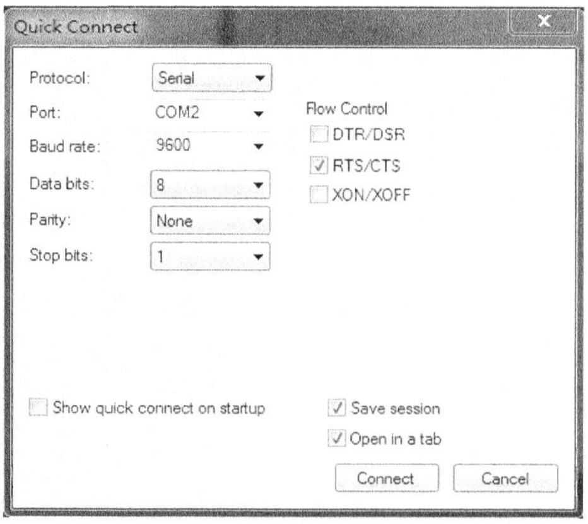

图 11-7　Serial 界面

点击【Connect】就能够进入 CLI，如图 11-8 所示。

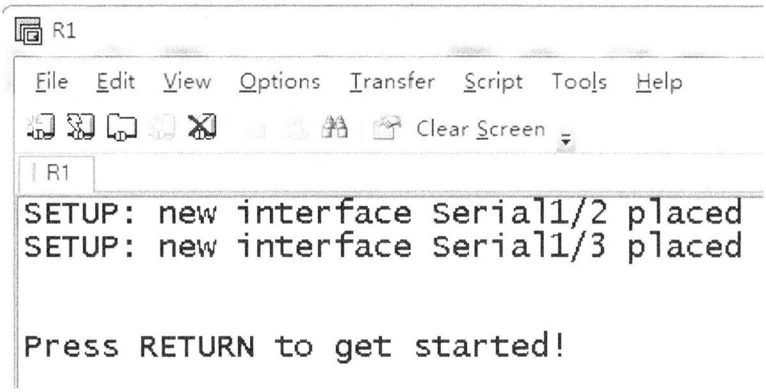

图 11-8　CLI 界面

(2) Telnet 方式

Telnet 方式与 console 方式的区别就在于【Protocol】选项选择的是【Telnet】。【Hostname】选项填需要登录设备的接口地址，然后点击【Connect】，如图 11-9 所示。

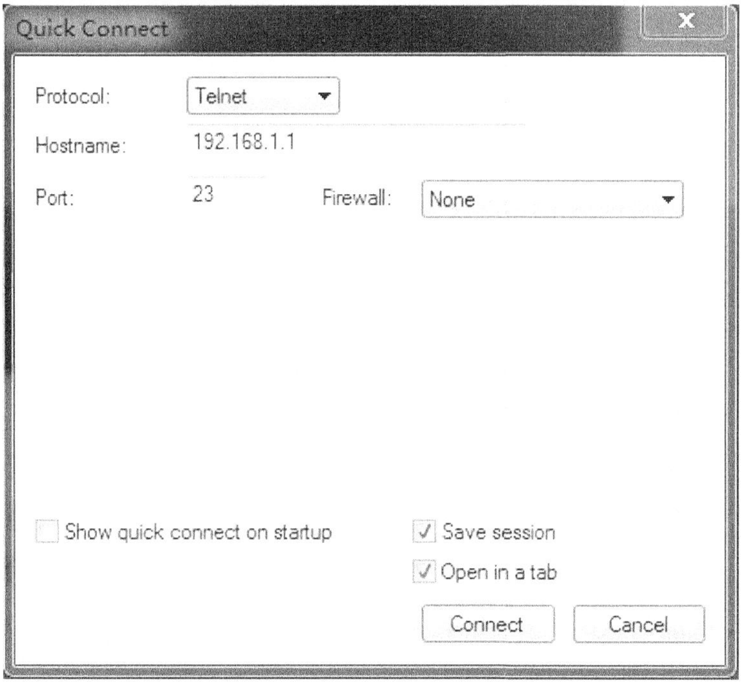

图 11-9　Telnet 界面

(3) SSH

【Protocal】选择【SSH1】或者【SSH2】是要根据设备配置的 SSH 而决定的。同样，在【Hostname】后键入需要登录设备的接口地址，在【Username】后键入在设备配置 SSH 时的 username，然后点击【Connect】，如图 11-10 所示。

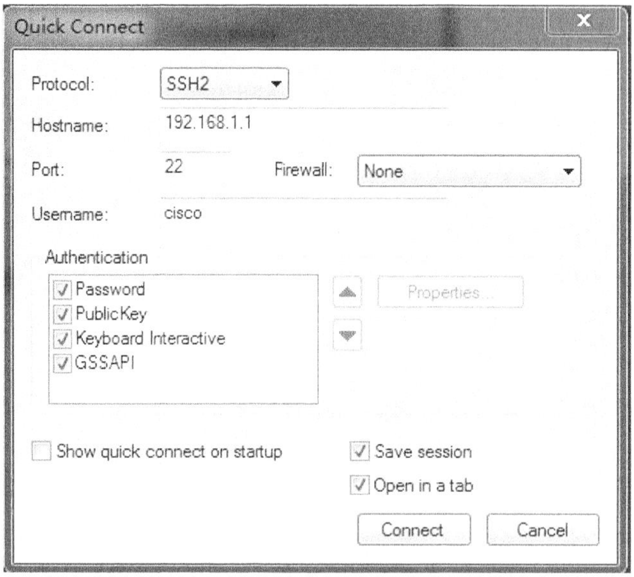

图 11-10 SSH2 界面

2. 设备管理前的基础操作

(1) 路由器的接口配置

以图 11-3 为例，需要给路由器接口配置 IP 为 192.168.1.1/24。

配置示例：

Router>enable

Router#configure terminal

Router(config)#interface f0/0 #进入接口子模式

Router(config)#no shutdown #开启接口，Cisco 路由器默认关闭接口

Router(config-if)#ip address 192.168.1.1 255.255.255.0 #配置 IP 地址

(2) 交换机的管理 VLAN 配置

以图 11-2 为例，需要给交换机配置一个 IP 地址 192.168.1.1/24 以便于 PC 能够登录到交换机，这个专门用于管理交换机的接口称之为管理 VLAN，其实类似路由器的接口，只不过因为二层交换机的接口无法配置 IP 地址，所以用管理 VLAN 来代替。

配置示例：

Switch>enable

Switch#configure terminal

Switch(config)#interface vlan 1 #进入管理 VLAN 接口

Switch(config-if)#no shutdown #开启接口

Switch(config-if)#ip address 192.168.1.1 255.255.255.0 #配置 IP 地址

(3) no ip domain-lookup

这个是防止 DNS 解析的命令。很多时候，如果你敲错命令了，cisco 会把它当成域

名查找，在网络里寻找 DNS 服务器，而在寻找过程，由于找的过程非常慢，会出现这种“假死”的现象，按 Ctrl+Shift+6 可以停下来。

配置示例：

Router#shflsh　#输入一个不存在的命令

Translating "shflsh"...domain server (255.255.255.255)　#IOS 不能识别，并且正在进行解析。(可以通过按 Ctrl+Shift+6 终止解析)

Router#configure terminal

Router(config)#no ip domain-lookup　#关闭域名解析

Router#shflsh　#输入一个不存在的命令

Translating "shflsh"

% Unknown command or computer name, or unable to find computer address #提示错误信息，并且重新回到当前模式。

3. 设备安全登录

设备安全登录有两种方式，一种是登录时的安全认证；另一种是 CLI 的安全认证，这其中又分为 password 和 secret 两种模式。

(1) console 方式安全登录

拓扑如图 11-1，要求见实验需求(1)。

配置示例：

Switch(config)#no ip domain-lookup #关闭域名解析

Switch(config)#enable password cisco　#设置 enable 密码(CLI 安全认证)

Switch(config)#line console 0　#进入 console 线缆模式

Switch(config-line)#password 123　#配置线缆登录密码

Switch(config-line)#login　#应用密码

Switch(config-line)#exec-timeout 0 5 #设置登出超时时间为 0 分 5 秒，即 5s 内不做任何操作将退出 CLI

(2) Telnet 方式安全登录

拓扑如图 11-2，要求见实验需求(2)。

配置示例：

Switch(config)#interface vlan 1

Switch(config-if)#no shutdown

Switch(config-if)#ip address 192.168.1.1 255.255.255.0

Switch(config)#no ip domain-lookup #关闭域名解析

Switch(config)#enable secret Cisco　#以 secret 方式设置 enable 密码

Switch(config)#line vty 0 4　#进入 VTY 模式

Switch(config-line)#password ccna　#配置密码

Switch(config-line)#login　#使用线路下的密码进行登录验证

(3) SSH 方式安全登录

拓扑见图 11-3，要求见实验需求(3)。

配置示例：

Router(config)#interface f0/0

Router(config-if)#no shutdown

Router(config-if)#ip address 192.168.1.1 255.255.255.0

Router(config)#no ip domain-lookup #关闭域名解析

Router(config)#enable secret CISCO　#以 secret 方式设置 enable 密码

Router(config)#hostname NET　#修改主机名

NET(config)#ip domain-name cisco.com　#配置域名

NET(config)#username cisco password 123　#配置用户名密码用于登录

NET(config)#crypto key generate rsa　#生成 rsa 密钥

The name for the keys will be: NET.cisco.com

Choose the size of the key modulus in the range of 360 to 2048 for yourGeneral Purpose Keys. Choosing a key modulus greater than 512 may takea few minutes.

How many bits in the modulus [512]: 1024　#设置 rsa 密钥为 1024 位

% Generating 1024 bit RSA keys, keys will be non-exportable...[OK]

NET(config)#line vty 0 4　#进入 VTY 模式

NET(config)#transport input ssh　#将 VTY 下默认的 Telnet 模式更改为 SSH

NET(config)#login local　#使用本地用户名和密码进行登录验证

实验总结

实验 11-3　设备文件的备份和恢复

实验目的

- 掌握 TFTP 以及 FTP 的使用，X-Modem 恢复系统。
- 使用 tftp 备份/恢复 startup-config，使用 ftp 备份/恢复 IOS。

实验设备

Router1841 以及 Switch2950。

实验拓扑

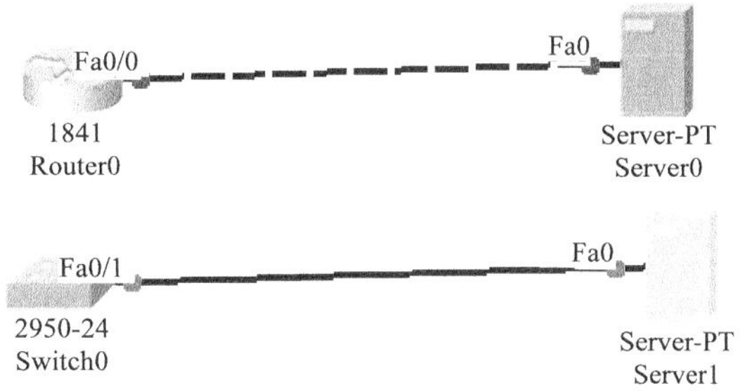

图 11-11　实验拓扑

实验内容

1.实验预配

R1：

R1(config)#int f0/0

R1(config-if)#ip add 192.168.1.2 255.255.255.0

R1(config-if)#no shutdown

R1#copy running-config startup-config

SW1：

SW1(config)#int vlan 1

SW1(config-if)#ip add 192.168.1.2 255.255.255.0

SW1(config-if)#no shutdown

SW1#copy running-config startup-config

Server:

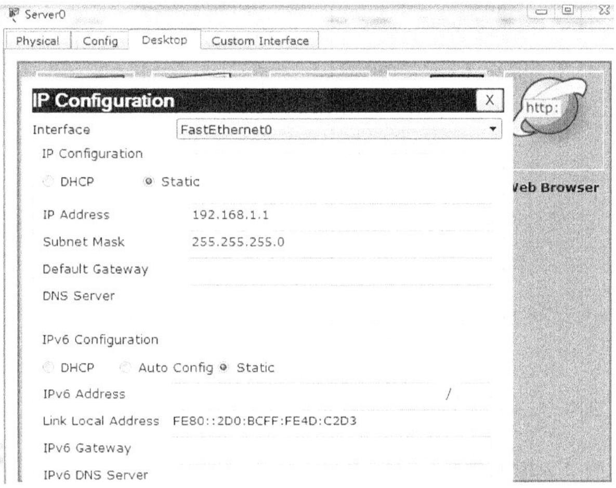

图 11-12　Server0 IP 参数配置

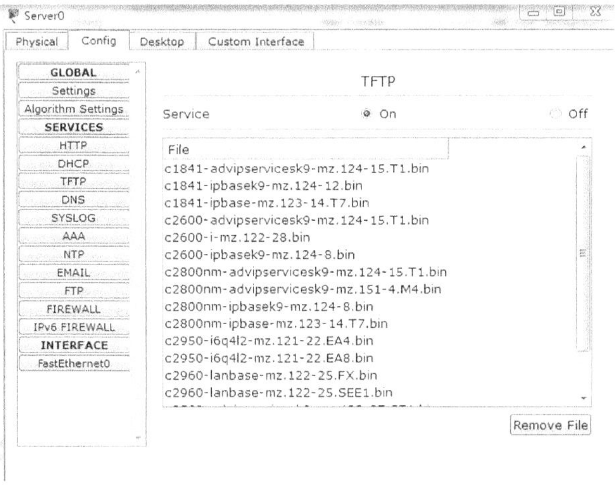

图 11-13　Server0 TFTP 参数配置

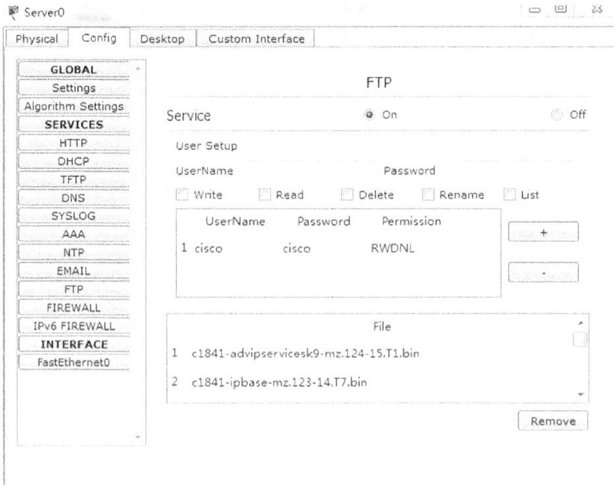

图 11-14　Server0 FTP 参数配置

2. 实验步骤

(1) 路由器/交换机使用 tftp 上传 startup-config

```
R1/SW1#copy startup-config tftp:
Address or name of remote host []? 192.168.1.1      //tftp 的 IP 地址
Destination filename [R1-confg]?      //保存名称
Writing startup-config....!!
[OK - 498 bytes]
498 bytes copied in 3.07 secs (0 bytes/sec)
```

(2) 路由器/交换机使用 tftp 下载 startup-config

```
R1/SW1#copy tftp: startup-config
Address or name of remote host []? 192.168.1.1      //tftp 的 IP 地址
Source filename []? R1-confg      //服务器上的名称
Destination filename [startup-config]?      //本地名称
Accessing tftp://192.168.1.1/R1-confg...
Loading R1-confg from 192.168.1.1: !
[OK - 498 bytes]
498 bytes copied in 0.009 secs (55333 bytes/sec)
```

(3) 路由器/交换机使用 ftp 上传 ios

首先查看 ios 名称

```
R1#dir flash:
Directory of flash:/
    3  -rw-    33591768          <no date>  c1841-advipservicesk9-mz.124-15.T1.bin
    2  -rw-       28282          <no date>sigdef-category.xml
    1  -rw-      227537          <no date>sigdef-default.xml
64016384 bytes total (30168797 bytes free)
SW1#dir flash:
Directory of flash:/
    1  -rw-     3058048          <no date>  c2950-i6q4l2-mz.121-22.EA4.bin
64016384 bytes total (60958336 bytes free)

R1(config)#ip ftp username cisco
R1(config)#ip ftp password cisco
R1#copy flash: ftp:
Source filename []? c1841-advipservicesk9-mz.124-15.T1.bin   //源文件名称
Address or name of remote host []? 192.168.1.1   //ftp 服务器地址
Destination filename [c1841-advipservicesk9-mz.124-15.T1.bin]?    //目的地址
```

```
Writing c1841-advipservicesk9-mz.124-15.T1.bin...
[OK - 33591768 bytes]
33591768 bytes copied in 141.697 secs (237000 bytes/sec)

SW1#copy flash: ftp:
Source filename []? c2950-i6q4l2-mz.121-22.EA4.bin
Address or name of remote host []? 192.168.1.1
Destination filename [c2950-i6q4l2-mz.121-22.EA4.bin]?
Writing c2950-i6q4l2-mz.121-22.EA4.bin...
[OK - 3058048 bytes]
3058048 bytes copied in 13.22 secs (231000 bytes/sec)
```

(4) 路由器/交换机使用 ftp 下载 ios

```
R1#copy ftp: flash:
Address or name of remote host []? 192.168.1.1
Source filename []? c2950-i6q4l2-mz.121-22.EA4.bin
Destination filename [c2950-i6q4l2-mz.121-22.EA4.bin]?
Accessing ftp://192.168.1.1/c2950-i6q4l2-mz.121-22.EA4.bin...
[OK - 3058048 bytes]
3058048 bytes copied in 12.807 secs (238779 bytes/sec)

SW1#copy ftp: flash:
Address or name of remote host []? 192.168.1.1
Source filename []? c2950-i6q4l2-mz.121-22.EA4.bin
Destination filename [c2950-i6q4l2-mz.121-22.EA4.bin]?
%Warning:There is a file already existing with this name
Do you want to over write? [confirm]
Erase flash: before copying? [confirm]
Erasing the flash filesystem will remove all files! Continue? [confirm]
Erasing device... eeeeeeeeeeeeeeeeeeeeeeeeeeeeeeeeeeeeeeeeeeeeeeeeeeeeeeeeeeeeeeeeeeeeeeeeeeeeeeeeeeeeeeeeeeeeeeeeeeeeeeeeeeeeeeeeeeeeeeeeeeeeeeeeeeeeeee ...erased
Erase of flash: complete
Accessing ftp://192.168.1.1/c2950-i6q4l2-mz.121-22.EA4.bin...
[OK - 3058048 bytes]
3058048 bytes copied in 13.111 secs (233242 bytes/sec)
```

(5) X-Modem 恢复系统(真机)

路由器：

启动路由器，在出现

Self decompressing the image : ## 时按 Ctrl+Break 中断加载，进入 rommon 模式

rommon 1 >confreg 回车

Configuration Summary
enabled are:
load rom after netboot fails
console baud: 9600
boot: image specified by the boot system commands
or default to: cisco2-C2600

do you wish to change the configuration? y/n [n]: y (选择 yes)
enable "diagnostic mode"? y/n [n]: n (选择 no)
enable "use net in IP bcast address"? y/n [n]: n (选择 no)
disable "load rom after netboot fails"? y/n [n]: n (选择 no)
enable "use all zero broadcast"? y/n [n]: n (选择 no)
enable "break/abort has effect"? y/n [n]: n (选择 no)
enable "ignore system config info"? y/n [n]: n (选择 no)
change console baud rate? y/n [n]: y (选择 yes)
enter rate: 0 = 9600, 1 = 4800, 2 = 1200, 3 = 2400
4 = 19200, 5 = 38400, 6 = 57600, 7 = 115200 [0]: 7 (选择 7，用最大的 115200 速率的 X-Modem 传输)
change the boot characteristics? y/n [n]: n (选择 no)

Configuration Summary
enabled are:
load rom after netboot fails
console baud: 115200
boot: image specified by the boot system commands
or default to: cisco2-C2600

do you wish to change the configuration? y/n [n]: n (选择 no)

You must reset or power cycle for new config to take effect

rommon 2 > reset 回车

注意：在此时键入 reset 键之前，开始定义串口速度(我的电脑—端口属性—串口速度调为 115200)，然后再修改超级终端里设置速率为 115200，记住，一定这么做！否则出现乱码！然后关闭这个超级终端，重新建立一个超级终端连接，(期间系统重新启动)启动后，出现

rommon 1>提示符
然后输入
rommon 1> xmodem -r

Do not start the sending program yet...

Invoke this application only for disaster recovery.
Do you wish to continue? y/n [n]: y (选择 yes)
Ready to receive file ...

此时，在 CRT 的菜单上的“transfer”—“send xmodem”—选择 IOS 镜像文件所在地以及选择使用“xmodem”协议，点击“发送”即可

rommon 1 >confreg(输入“confreg”命令)

Configuration Summary
enabled are:
load rom after netboot fails
console baud: 115200
boot: image specified by the boot system commands
or default to: cisco2-C2600

do you wish to change the configuration? y/n [n]: y (选择 yes)
enable "diagnostic mode"? y/n [n]: n (选择 no)
enable "use net in IP bcast address"? y/n [n]: n (选择 no)
disable "load rom after netboot fails"? y/n [n]: n (选择 no)
enable "use all zero broadcast"? y/n [n]: n (选择 no)
enable "break/abort has effect"? y/n [n]: n (选择 no)

enable "ignore system config info"? y/n [n]: n (选择 no)

change console baud rate? y/n [n]: y (选择 yes)

enter rate: 0 = 9600, 1 = 4800, 2 = 1200, 3 = 2400

4 = 19200, 5 = 38400, 6 = 57600, 7 = 115200 [7]: 0 (选择 0，改回用标准速率速率 9600 的 X-Modem 传输)

change the boot characteristics? y/n [n]: n (选择 no)

Configuration Summary

enabled are:

load rom after netboot fails

console baud: 9600

boot: image specified by the boot system commands

or default to: cisco2-C2600

do you wish to change the configuration? y/n [n]: n

You must reset or power cycle for new config to take effect

rommon 2 >

此时手工改回计算机串口与超级终端 2 者传输速率为 9600

然后敲入

rommon 2 >reset

交换机

switch:flash_init

switch:load_helper

switch: copy xmodem:c3550-ipservicesk9-mz.122-25.SEE2.bin flash:c3550-ipservicesk9-mz.122-25.SEE2.bin

发送文件

在发送 X-Modem 的时候选中交换机的 IOS，这个过程要经过几个小时。

Boot 启动交换机

switch: boot flash:c3550-ipservicesk9-mz.122-25.SEE2.bin

有的交换机可能还会遇到一个问题，那就是刚灌完 IOS 是可以进入系统，但是重启的话又进入 switch:下，如果这样的话，上面的 boot flash: 命令再敲一遍，进入系统之后再敲下面一行即可。

```
Switch(config)#boot system flash:c3550-ipservicesk9-mz.122-25.SEE2.bin
```

实验总结

实验 11-4　路由器的密码破解

实验目的

破解路由器 enable 密码。

实验设备

Cisco 2811 路由器。

实验预配

Router>en
Router#conf t
Router(config)#host 123
123(config)#enable pas 123
123(config)#exit
123#copy run startup

实验需求

利用 rommon 方式删除路由器 enable 密码。

实验步骤

1. 123#reload
在路由器加载系统的时候(出现#)按住 ctrl+break(+FN)中断加载，进入 rommon 模式。
2. Rommon:confreg 0x2142
#修改寄存器让路由器在启动的时候不加载 startup-config 文件。
3. Rommon:reset
#重启
等待路由器重启
4. Router>en
Router#copy startup run
123#conf t
123(config)#no enable pas
123(config)#config-register 0x2102
#将寄存值修改回正常的
123(config)#exit

123#copy run startup

实验总结

实验 11-5　交换机的密码破解

实验目的

破解交换机 enable 密码。

实验设备

Cisco 3560 交换机。

实验预配

```
Switch>en
Switch#conf t
Switch(config)#host 123
123(config)#enable pas 123
123(config)#exit
123#copy run startup
```

实验步骤

1. 重启交换机
2. 在交换机加载系统的时候(出现@)按住面板前 mode 键 5-10s 中断加载
3. 进入到 switch：模式
   Switch：flash_init
   Switch：rename flash：config.txt flash：old.txt
   Switch：reload
4. 等待重启
5. Switch>enable
   Switch#rename flash:old.txt flash:config.txt
   Switch#copy flash:config.txt running-config
   123#config t
   123(config)#no enable pass
   123(config)#exit
   123#copy run startup

实验总结

第 12 章　思科交换操作实践

实验 12-1　VLAN

实验目标

- 了解 VLAN 技术的产生背景。
- 掌握 802.1q 的技术原理。
- 掌握 Access 和 Trunk 链路类型的配置。

实验设备

Cisco 2950 交换机。

实验拓扑

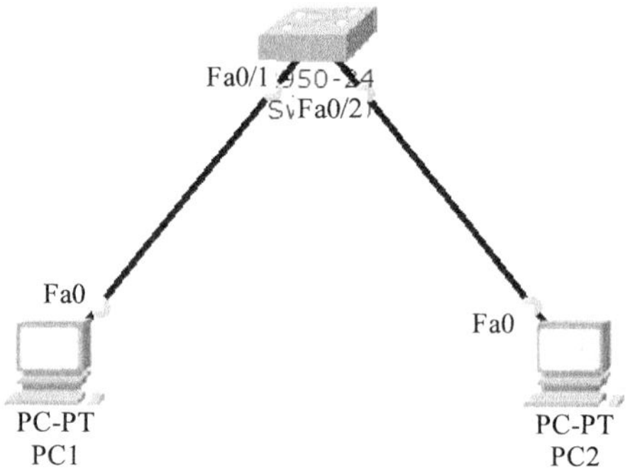

图 12-1　单交换机 VLAN

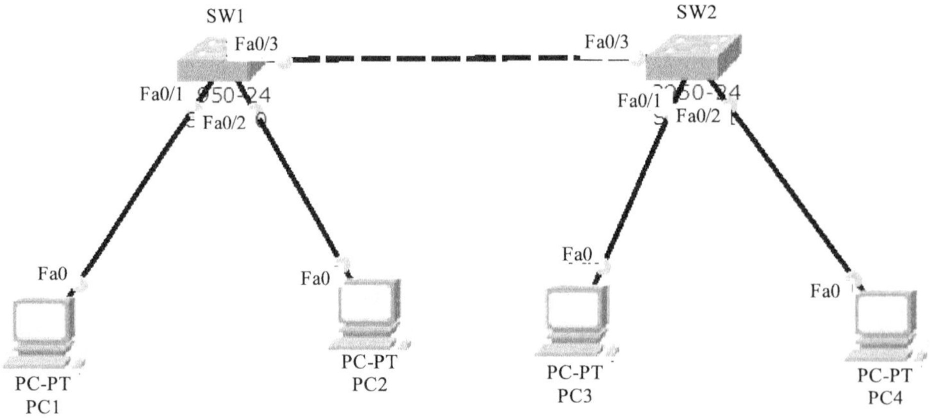

图 12-2　多交换机 VLAN

实验需求

1. IP 地址分配

表 12-1　单交换机 VLAN

设备名称	IP 地址
PC1	192.168.1.1/24
PC2	192.168.1.2/24

表 12-2　多交换机 VLAN

设备名称	IP 地址
PC1	192.168.1.1/24
PC2	192.168.1.2/24
PC3	192.168.1.3/24
PC4	192.168.1.4/24

2. 如图 12-1，交换机的 Fa0/1 和 Fa0/2 都配置成 Access；验证单交换机下 PC1 与 PC2 在相同 VLAN 和不同 VLAN 时的连通性。

3. 如图 12-2，交换机 SW1 和 SW2 的 Fa0/1 和 Fa0/2 都配置成 Access，Fa0/24 配置成 Trunk；PC1 与 PC3 属于 VLAN 10，PC2 与 PC4 属于 VLAN 20；验证 PC1 与 PC3 的连通性和 PC1 与 PC4 的连通性。

实验步骤

1. 单交换机 VLAN

要求如表 12-1 和实验需求(2)，实验拓扑如图 12-1。

(1) PC1 和 PC2 都属于 VLAN 10

配置示例：

```
Switch(config)#vlan 10    #创建 VLAN 10
Switch(config)#interface fa0/1
Switch(config-if)#switchport mode access          #端口模式改为 access
Switch(config-if)#switchport access vlan 10    #将 Fa0/1 加入 VLAN 10
Switch(config)#interface fa0/2
Switch(config-if)#switchport mode access    #端口模式改为 access
Switch(config-if)#switchport access vlan 10    #将 Fa0/2 加入 VLAN 10
```

配置完成后在 PC 的 CMD 里进行 ping 操作，比如在 PC1 里输入“ping 192.168.1.2”，得出结果应该是

```
PC>ping 192.168.1.2    #进行 ping 操作，测试到 192.168.1.2 的连通性
Pinging 192.168.1.2 with 32 bytes of data:
```

Reply from 192.168.1.2: bytes=32 time=30ms TTL=128

Reply from 192.168.1.2: bytes=32 time=1ms TTL=128

Reply from 192.168.1.2: bytes=32 time=14ms TTL=128

Reply from 192.168.1.2: bytes=32 time=12ms TTL=128

Ping statistics for 192.168.1.2:

　　Packets: Sent = 4, Received = 4, Lost = 0 (0% loss),

Approximate round trip times in milli-seconds:

Minimum = 1ms, Maximum = 30ms, Average = 14ms

结果表明 PC1 与 PC2 之间是连通的。

(2) PC1 属于 VLAN 10，PC2 属于 VLAN 20

配置示例：

Switch(config)#vlan 10　#创建 VLAN 10

Switch(config)#vlan 20　#创建 VLAN 20

Switch(config)#interface fa0/1

Switch(config-if)#switchport mode access　#端口模式改为 access

Switch(config-if)#switchport access vlan 10　#将 Fa0/1 加入 VLAN 10

Switch(config)#interface fa0/2

Switch(config-if)#switchport mode access　#端口模式改为 access

Switch(config-if)#switchport access vlan 20　#将 Fa0/2 加入 VLAN 20

配置完成后在 PC 的 CMD 里进行 ping 操作，比如在 PC1 里输入“ping 192.168.1.2”，得出结果应该是

PC>ping 192.168.1.2　#进行 ping 操作，测试到 192.168.1.2 的连通性

Pinging 192.168.1.2 with 32 bytes of data:

Request timed out.

Request timed out.

Request timed out.

Request timed out.

Ping statistics for 192.168.1.2:

　　Packets: Sent = 4, Received = 0, Lost = 4 (100% loss),

结果表明 PC1 和 PC2 之间是不连通的。

2. 多交换机 VLAN

多交换机 VLAN 即 Trunk。要求如表 3-2 和实验需求(3)，实验拓扑如图 3-2。

配置示例：

(1) SW1 配置

Switch(config)#vlan 10　#创建 VLAN 10

Switch(config)#vlan 20　#创建 VLAN 20

```
Switch(config)#interface f0/1
Switch(config-if)#switchport mode access
Switch(config-if)#switchport access vlan 10   #将 Fa0/1 加入 VLAN 10
Switch(config)#interface f0/2
Switch(config-if)#switchport mode access
Switch(config-if)#switchport access vlan 20   #将 Fa0/2 加入 VLAN 20
Switch(config)#interface f0/24
Switch(config-if)#switchport mode trunk          #Fa0/24 配置为 Trunk 模式
Switch(config-if)#switchport trunk allowed vlan all #允许所有 VLAN 通过
```

(2) SW2 配置

```
Switch(config)#vlan 10   #创建 VLAN 10
Switch(config)#vlan 20   #创建 VLAN 20
Switch(config)#interface f0/1
Switch(config-if)#switchport mode access
Switch(config-if)#switchport access vlan 10   #将 Fa0/1 加入 VLAN 10
Switch(config)#interface f0/2
Switch(config-if)#switchport mode access
Switch(config-if)#switchport access vlan 20   #将 Fa0/2 加入 VLAN 20
Switch(config)#interface f0/24
Switch(config-if)#switchport mode trunk          #Fa0/24 配置为 Trunk 模式
Switch(config-if)#switchport trunk allowed vlan all #允许所有 VLAN 通过
```

(3) 验证 PC1 与 PC3 的连通性

```
PC>ping 192.168.1.3   #进行 ping 操作，测试到 192.168.1.3 的连通性
Pinging 192.168.1.3 with 32 bytes of data:
Reply from 192.168.1.3: bytes=32 time=30ms TTL=128
Reply from 192.168.1.3: bytes=32 time=1ms TTL=128
Reply from 192.168.1.3: bytes=32 time=14ms TTL=128
Reply from 192.168.1.3: bytes=32 time=12ms TTL=128
Ping statistics for 192.168.1.3:
    Packets: Sent = 4, Received = 4, Lost = 0 (0% loss),
Approximate round trip times in milli-seconds:
Minimum = 1ms, Maximum = 30ms, Average = 14ms
```

结果表明 PC1 与 PC3 之间是连通的。

(4) 验证 PC1 与 PC4 的连通性

```
PC>ping 192.168.1.4   #进行 ping 操作，测试到 192.168.1.4 的连通性
Pinging 192.168.1.4 with 32 bytes of data:
Request timed out.
```

```
Request timed out.
Request timed out.
Request timed out.
Ping statistics for 192.168.1.4:
    Packets: Sent = 4, Received = 0, Lost = 4 (100% loss),
```

结果表明 PC1 和 PC4 之间是不连通的。

3. 查看命令

```
Switch#show vlan        #查看 VLAN 信息
VLANName                          Status     Ports
---- -------------------------- --------- ---------------------
1      default                    active     Fa0/1,Fa0/3,Fa0/4,Fa0/5, Fa0/6, Fa0/7,
                                             Fa0/8,Fa0/9,Fa0/10, Fa0/11,Fa0/12,
                                             Fa0/13,Fa0/14,Fa0/15,Fa0/16, Fa0/17,
                                             Fa0/18,Fa0/19,Fa0/20, Fa0/21, Fa0/22,
                                             Fa0/23,Fa0/24, Gig1/1, Gig1/2
10     VLAN0010                   active     Fa0/2
1002 fddi-default                 act/unsup
1003 token-ring-default           act/unsup
1004 fddinet-default              act/unsup
1005 trnet-default                act/unsup
VLANType   SAID MTU Parent Ring No Bridge No Stp BrdgMode Trans1 Trans2
---- ----- ---------- ----- ------ ------ -------- ---- -------- ----
1e     net     100001 1500   -   -   -   -       -     0   0
10     enet    100010 1500   -   -   -   -       -     0   0
1002   fddi    101002 1500   -   -   -   -       -     0   0
1003   tr      101003 1500   -   -   -   -       -     0   0
1004   fdnet   101004 1500   -   -   -   ieee    -     0   0
1005   trnet   101005 1500   -       -   -       ibm-  0   0
Remote SPAN VLANs
------------------------------------------------------------------------
Primary Secondary Type                 Ports
------------------------------------------------------------------------
```

交换机默认存在 VLAN 1，也称之为 Native VLAN，所有接口默认属于 VLAN 1，只有经过配置才会有其他 VLAN，比如说 VLAN 10，而且经过配置，加入到 VLAN 10 的接口也会出现在后面。

实验总结

实验 12-2 VLAN 间通信

实验目标

- 掌握使用路由器的单臂路由功能实现 VLAN 间路由。
- 掌握使用三层交换机实现不同 VLAN 间的通信。

实验设备

Cisco 3560 交换机一台，Cisco 2950 交换机一台，PC 机 4 台。

实验拓扑

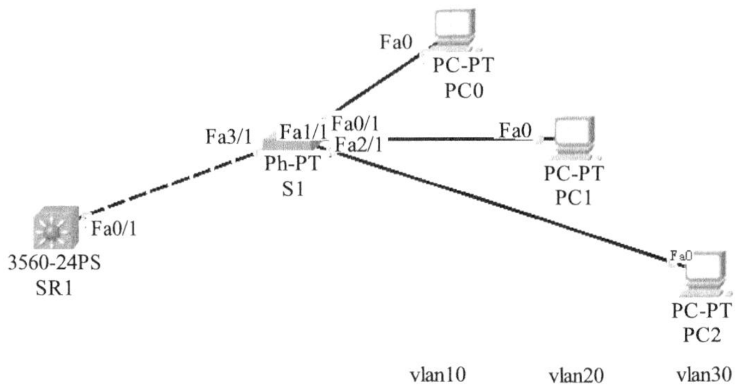

图 12-3 使用三层交换机实现不同 VLAN 间的通信

实验步骤

1. 二层交换配置实验

交换机创建 vlan 10、vlan 20 和 vlan30，并将相应接口划入正确的 vlan，交换机 S1 的配置：

```
Switch>enable
Switch#configure terminal
Enter configuration commands, one per line.  End with CNTL/Z.
Switch(config)#hostname s1
s1(config)#vlan 10
s1(config-vlan)#name vlan10
s1(config-vlan)#exit
s1(config)#vlan 20
s1(config-vlan)#name vlan20
s1(config-vlan)#exit
```

```
s1(config)#vlan 30
s1(config-vlan)#name vlan30
s1(config-vlan)#exit
s1(config)#interface FastEthernet0/1
s1(config-if)#swtichport mode access
s1(config-if)#switchport access vlan 10
s1(config-if)#exit
s1(config)#interface FastEthernet1/1
s1(config-if)#swtichport mode access
s1(config-if)#switchport access vlan 20
s1(config-if)#exit
s1(config)#interface FastEthernet2/1
s1(config-if)#swtichport mode access
s1(config-if)#switchport access vlan 30
s1(config-if)#exit
s1(config)#interface FastEthernet3/1
s1(config-if)#switchport mode trunk
s1(config-if)#switchport trunk allowed vlan all
s1(config-if)#exit
s1(config)#exit
s1#copy run start
```

2. 三层交换配置实验

(1) cisco 3560-24PS：(SR1)

```
Switch>enable
Switch #vlan database
% Warning: It is recommended to configure VLAN from config mode,
  as VLAN database mode is being deprecated. Please consult user
  documentation for configuring VTP/VLAN in config mode.
Switch (vlan)# vlan 10 name valn10
Switch (vlan)# vlan 20 name valn20
Switch (vlan)# vlan 30 name valn30
Switch (vlan)#exit
APPLY completed.
Exiting....
Switch #configure terminal
Enter configuration commands, one per line.   End with CNTL/Z.
```

```
Switch(config)#hostname SR1
SR1(config-if)#int vlan 10
SR1(config-if)#ip add 192.168.1.1 255.255.255.0
SR1(config-if)#exit
SR1(config)#int vlan 20
SR1(config-if)#ip add 192.168.2.1 255.255.255.0
SR1(config-if)#exit
SR1(config)#int vlan 30
SR1(config-if)#ip add 192.168.3.1 255.255.255.0
SR1(config-if)#exit
SR1(config)#interface FastEthernet0/1
SR1(config-if)#swit
SR1(config-if)#switchport trunk encap
SR1(config-if)#switchport trunk encapsulation dot1q
SR1(config-if)#swit
SR1(config-if)#switchport mode trunk
SR1(config-if)#exit
SR1(config)#exit

%SYS-5-CONFIG_I: Configured from console by console
SR1#wr
Building configuration...
[OK]
SR1#show ip route
Codes: C - connected, S - static, I - IGRP, R - RIP, M - mobile, B - BGP
       D - EIGRP, EX - EIGRP external, O - OSPF, IA - OSPF inter area
       N1 – OSPF NSSA external type 1, N2 – OSPF NSSA external type 2
       E1 - OSPF external type 1, E2 - OSPF external type 2, E - EGP
       i - IS-IS, L1 - IS-IS level-1, L2 - IS-IS level-2, ia - IS-IS inter area
       * - candidate default, U - per-user static route, o - ODR
       P - periodic downloaded static route
Gateway of last resort is not set
C      192.168.1.0/24 is directly connected, Vlan10
C      192.168.2.0/24 is directly connected, Vlan20
C      192.168.3.0/24 is directly connected, Vlan30
SR1#
```

(2) 为 PC 添加地址和网关

vlan10 内的计算机的网关为 192.168.1.1

vlan20 内的计算机的网关为 192.168.2.1

vlan30 内的计算机的网关为 192.168.3.1，如图 12-4 所示，配置静态 IP 地址。

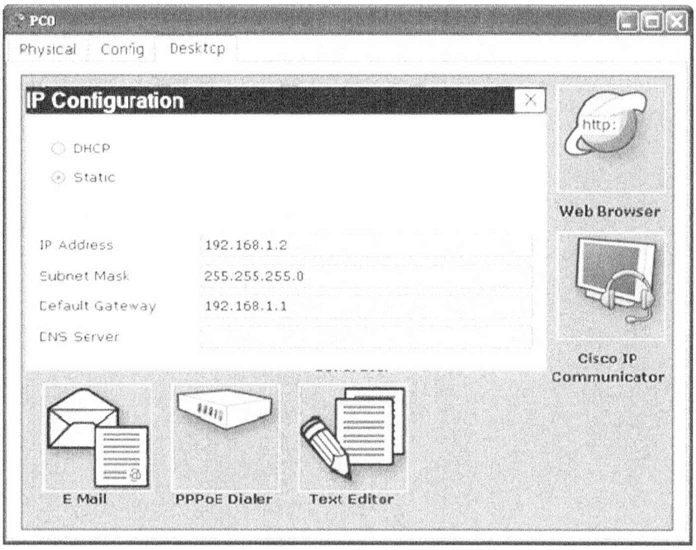

图 12-4　配置 PC 机静态 IP 地址

实验结果

打开 PC 命令处理程序 cmd，验证端到端的连通性，用 PC0 测试与 PC1 和 PC2 的连通性。

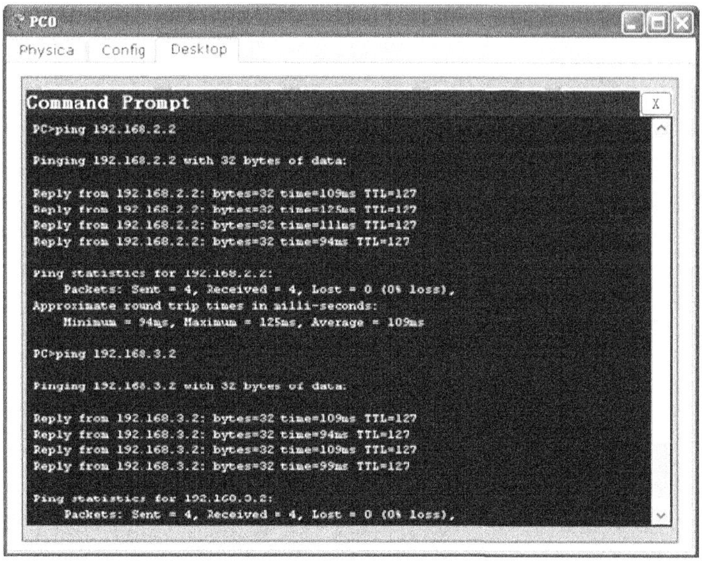

图 12-5　实验结果示例

实验总结

实验 12-3　以太网通道

实验目标

- 掌握以太网通道的作用。
- 了解用于以太网通道的协议类型。
- 掌握以太网通道的配置。

实验设备

Cisco2960 交换机。

实验拓扑

图 12-6　以太网通道拓扑

实验需求

1. 将两台交换机的 Fa0/1 端口和 Fa0/2 端口加入以太网通道组，实现以太网通道；
2. 查看以太网通道；
3. 将两台交换机之间的链路配置成 Trunk 链路。

实验步骤

1. 配置以太网通道

配置示例

SW1 配置：

```
Switch(config)#interface range fa0/1 , fa0/2
Switch(config-if-range)#channel-group 1 mode active
```

SW2 配置：

```
Switch(config)#interface range fa0/1 , fa0/2
```

```
Switch(config-if-range)#channel-group 1 mode active
```

在这里要注意模式的选择。

查看以太网通道的聚合信息。

```
Switch#show ethernetchannel summary
Flags:  D - down            P - in port-channel
        I - stand-alone s - suspended
        H - Hot-standby (LACP only)
        R - Layer3          S - Layer2
        U - in use          f - failed to allocate aggregator
        u - unsuitable for bundling
        w - waiting to be aggregated
        d - default port
Number of channel-groups in use: 1
Number of aggregators:           1
Group  Port-channel  Protocol    Ports
------+-------------+-----------+----------------------------
2      Po2(SU)         LACP        Fa0/1(P) Fa0/2(P)
```

通过以上信息中 Ports 的信息，可以知道 Fa0/1 和 Fa0/2 已经被 in port-channel。

2. 将交换机中间链路配置成 Trunk 链路

配置示例：

SW1 配置：

```
Switch(config)#interface port-channel 1
Switch(config-if)#switchport mode trunk
Switch(config-if)#switchport trunk allowed vlan all
```

SW2 配置：

```
Switch(config)#interface port-channel 1
Switch(config-if)#switchport mode trunk
Switch(config-if)#switchport trunk allowed vlan all
```

通过 interface port-channel 可以使此模式下的命令下发到已经成功加入 channel 的物理接口下。注意：port-channel 下的命令会自动同步到 channel 的物理接口下。

实验总结

第 13 章　思科路由操作实践

实验 13-1　静 态 路 由

实验目的

- 掌握静态路由的配置。
- 掌握静态默认路由的配置。

实验设备

Cisco 2811 路由器四台。

实验拓扑

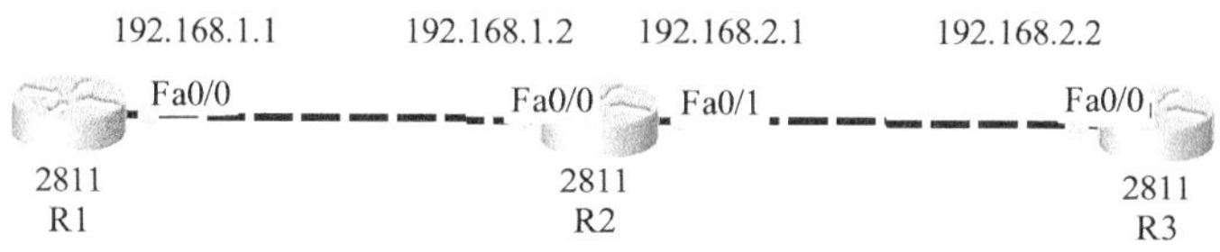

图 13-1　静态路由实验拓扑

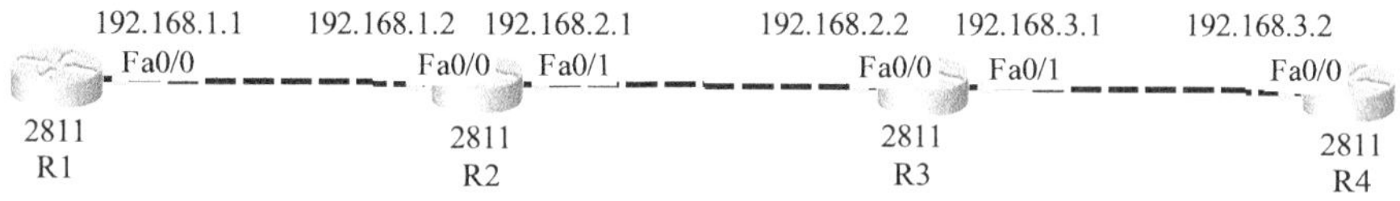

图 13-2　静态默认路由实验拓扑

实验接口地址表

表 13-1　实验接口地址表

R1	F0/0	192.168.1.1/24
R2	F0/0	192.168.1.2/24
	F0/1	192.168.2.1/24
R3	F0/0	192.168.2.2/24
	F0/1	192.168.3.1/24
R4	F0/0	192.168.3.2/24

实验内容

1. 静态路由配置

(1) 为 R1，R2，R3 配置 IP 地址：

R1(config)#inter f0/0
R1(config-if)#ip add 192.168.1.2 255.255.255.0
R1(config-if)#no sh

R2(config)#inter f0/0
R2(config-if)#ip add 192.168.1.2 255.255.255.0
R2(config-if)#inter f0/1
R2(config-if)#no sh
R2(config-if)#ip add 192.168.2.1 255.255.255.0
R2(config-if)#no sh

R3(config)#inter f0/0
R3(config-if)#ip add 192.168.2.2 255.255.255.0
R3(config-if)#no sh

(2) 由于 R1 和 R3 相互之间没有路由，需要配置到达对方的静态路由：

R1(config)#ip route 192.168.2.0 255.255.255.0 192.168.1.2

#使用下一跳地址配置静态路由，指定 R1 去往目的网段 192.168.2.0/24，发往邻居 192.168.1.2。

R3(config)#ip route 192.168.1.0 255.255.255.0 f0/0

#使用本地出站接口配置静态路由，指定 R3 去往目的网段 192.168.1.0/24 的出接口是 f0/0。

实验结果：

(1) 分别查看 R1 和 R3 的路由表，使用 show ip route static 命令，可以看到 R1 和 R3 的路由表中各有一条“S”开头的静态路由条目。

R1 使用的是下一跳地址方式配置静态，静态路由条目显示下一跳：

R1#show ip route static
Gateway of last resort is not set

S　　192.168.2.0/24 [1/2] via 192.168.1.2

R3 使用的是本地出站接口配置静态，静态路由条目显示直连出接口：

R3#show ip route static

Gateway of last resort is not set

S   192.168.1.0/24 is directly connected，FastEthernet0/0

(2) 配置了静态路由后，R1 和 R3 之间能够相互通信，在 R1 上 ping R3：

R1#ping 192.168.2.2
Type escape sequence to abort.
Sending 5,100-byte ICMP Echos to 192.168.2.2,timeout is 2 seconds:
!!!!!
Success rate is 100 percent(5/5),round-trip min/avg/max = 1/2/4 ms.

2. 静态默认路由

(1) 在静态路由配置实验的基础上，删除 R1 和 R3 上的静态路由。

打开 R3 和 R4 之间的接口，并配上 IP 地址：

R3(config-if)#inter f0/1
R3(config-if)#ip add 192.168.3.1 255.255.255.0
R3(config-if)#no sh
R4(config-if)#inter f0/0
R4(config-if)#ip add 192.168.3.2 255.255.255.0
R4(config-if)#no sh

(2) 在 R1 和 R4 上配置默认路由，R2 和 R3 上配置静态路由：

R1(config)#ip route 0.0.0.0 0.0.0.0 192.168.1.2
R4(config)#ip route 0.0.0.0 0.0.0.0 192.168.3.1
R2(config)#ip route 192.168.3.0 255.255.255.0 f0/1
R3(config)#ip route 192.168.1.0 255.255.255.0 f0/0

实验结果：

(1) 分别查看 R1-R4 的路由表，使用 show ip route static 命令，可以看到 R1 和 R4 的路由表中各有一条“S*”开头的静态默认路由:

R1#show ip route static
Gateway of last resort is not set

S*   0.0.0.0/0 [1/0] via 192.168.1.2

R4#show ip route static
Gateway of last resort is not set

S*   0.0.0.0/0 [1/0] via 192.168.3.1

R2 和 R3 的路由表中各有一条“S”开头的静态路由条目。

R2#show ip route static

Gateway of last resort is not set

S　192.168.3.0/24 is directly connected，FastEthernet0/1

R3#show ip route static

Gateway of last resort is not set

S　192.168.1.0/24 is directly connected，FastEthernet0/0

(2) 配置完成后，R1 与 R4 之间可以相互通信，使用 ping 命令检测 R1 和 R4 的连通性：

R1#ping 192.168.3.2

Type escape sequence to abort.

Sending 5,100-byte ICMP Echos to 192.168.3.2,timeout is 2 seconds:

!!!!!

Success rate is 100 percent(5/5),round-trip min/avg/max = 1/2/4 ms.

实验总结

实验 13-2 RIP 路 由

实验目的

- 掌握 RIP v1 路由的配置。
- 掌握 RIP v2 路由的配置。

实验设备

Cisco Router-PT 路由器 3 台。

实验拓扑

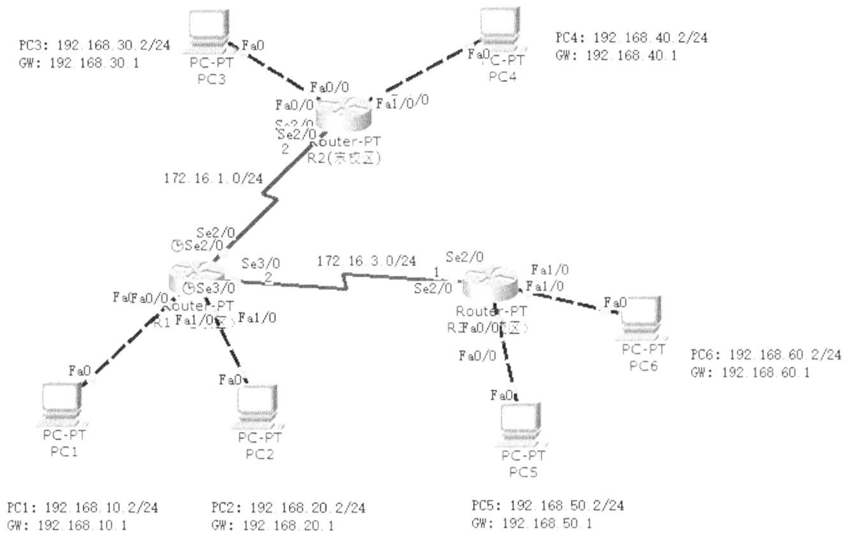

图 13-3 RIP 路由实验拓扑

实验接口地址表

表 13-2 实验接口地址表

R1	F0/0	192.168.10.1/24
	F1/0	192.168.20.1/24
	Se2/0	172.16.1.1/24
	Se3/0	172.16.3.2/24
R2	F0/0	192.168.30/1/24
	F1/0	192.168.40.1/24
	Se2/0	172.16.1.2/24

续表

R3	F0/0	192.168.50.1/24
	F1/0	192.168.60.1/24
	Se2/0	172.16.3.1/24

实验内容

RIPv1 基本配置:

1. 配置各路由器端口 IP 地址

```
R1:
Router>enable
Router#conf t
Router(config)#hostname R1

R1(config)#int fa0/0
R1(config-if)#ip add 192.168.10.1 255.255.255.0
R1(config-if)#no shutdown
R1(config-if)#exit

R1(config)#int fa 1/0
R1(config-if)#ip add 192.168.20.1 255.255.255.0
R1(config-if)#no shutdown
R1(config-if)#exit

R1(config)#int se3/0
R1(config-if)#ip add 172.16.3.2 255.255.255.0
R1(config-if)#clock rate 64000
R1(config-if)#no shutdown
R1(config-if)#exit

R1(config)#int se2/0
R1(config-if)#ip add 172.16.1.1 255.255.255.0
R1(config-if)#clock rate 64000
R1(config-if)#no shutdown
R1(config-if)#exit
R1(config)#
```

```
R2:
Router>enable
Router#conf t
Router(config)#hostname R2

R2(config)#interface FastEthernet0/0
R2(config-if)#ip address 192.168.30.1 255.255.255.0
R2(config-if)#no shutdown
R2(config-if)#exit

R2(config)#interface FastEthernet1/0
R2(config-if)#ip address 192.168.40.1 255.255.255.0
R2(config-if)# no shutdown
R2(config-if)#exit

R2(config)#interface Serial2/0
R2(config-if)#ip address 172.16.1.2 255.255.255.0
R2(config-if)# no shutdown
R2(config-if)#exit
R2(config)#

R3:
Router>enable
Router#configure terminal
Router(config)#hostname R3

R3(config)#interface FastEthernet0/0
R3(config-if)#ip address 192.168.50.1 255.255.255.0
R3(config-if)# no shutdown
R3(config-if)#exit

R3(config)#interface FastEthernet1/0
R3(config-if)#ip address 192.168.60.1 255.255.255.0
R3(config-if)# no shutdown
R3(config-if)#exit

R3(config)#interface Serial2/0
```

```
R3(config-if)#ip address 172.16.3.1 255.255.255.0
R3(config-if)# no shutdown
R3(config-if)#exit
R3(config)#
```

2. 配置路由器 R1 的 RIP 协议

```
R1(config)#router rip
R1(config-router)#network 192.168.10.0
R1(config-router)#network 192.168.20.0
R1(config-router)#network 172.16.0.0
R1(config-router)#exit
R1(config)# exit
```

3. 配置路由器 R2 的 RIP 协议

```
R2(config)#router rip
R2(config-router)#network 192.168.30.0
R2(config-router)#network 192.168.40.0
R2(config-router)#network 172.16.0.0
R2(config-router)#exit
R2(config)# exit
```

4. 配置路由器 R3 的 RIP 协议

```
R3(config)#router rip
R3(config-router)#network 192.168.50.0
R3(config-router)#network 192.168.60.0
R3(config-router)#network 172.16.0.0
R3(config-router)#exit
R3(config)# exit
```

5. 实验结果

(1) R1

```
R1#show ip route
Codes: C - connected, S - static, I - IGRP, R - RIP, M - mobile, B - BGP
       D - EIGRP, EX - EIGRP external, O - OSPF, IA - OSPF inter area
       N1 – OSPFNSSA external type 1, N2 – OSPF NSSA external type 2
       E1 - OSPF external type 1, E2 - OSPF external type 2, E - EGP
       i - IS-IS, L1 - IS-IS level-1, L2 - IS-IS level-2, ia - IS-IS inter area
```

```
        * - candidate default, U - per-user static route, o - ODR
        P - periodic downloaded static route

Gateway of last resort is not set

     172.16.0.0/24 is subnetted, 2 subnets
C       172.16.1.0 is directly connected, Serial2/0
C       172.16.3.0 is directly connected, Serial3/0
C    192.168.10.0/24 is directly connected, FastEthernet0/0
C    192.168.20.0/24 is directly connected, FastEthernet1/0
R    192.168.30.0/24 [120/1] via 172.16.1.2, 00:00:07, Serial2/0
R    192.168.40.0/24 [120/1] via 172.16.1.2, 00:00:07, Serial2/0
R    192.168.50.0/24 [120/1] via 172.16.3.1, 00:00:09, Serial3/0
R    192.168.60.0/24 [120/1] via 172.16.3.1, 00:00:09, Serial3/0
R1#
```

(2) R2

```
R2#show ip route
Codes: C - connected, S - static, I - IGRP, R - RIP, M - mobile, B - BGP
        D - EIGRP, EX - EIGRP external, O - OSPF, IA - OSPF inter area
        N1 – OSPF NSSA external type 1, N2 – OSPF NSSA external type 2
        E1 - OSPF external type 1, E2 - OSPF external type 2, E - EGP
        i - IS-IS, L1 - IS-IS level-1, L2 - IS-IS level-2, ia - IS-IS inter area
        * - candidate default, U - per-user static route, o - ODR
        P - periodic downloaded static route

Gateway of last resort is not set

     172.16.0.0/24 is subnetted, 2 subnets
C       172.16.1.0 is directly connected, Serial2/0
R       172.16.3.0 [120/1] via 172.16.1.1, 00:00:25, Serial2/0
R    192.168.10.0/24 [120/1] via 172.16.1.1, 00:00:25, Serial2/0
R    192.168.20.0/24 [120/1] via 172.16.1.1, 00:00:25, Serial2/0
C    192.168.30.0/24 is directly connected, FastEthernet0/0
C    192.168.40.0/24 is directly connected, FastEthernet1/0
R    192.168.50.0/24 [120/2] via 172.16.1.1, 00:00:25, Serial2/0
R    192.168.60.0/24 [120/2] via 172.16.1.1, 00:00:25, Serial2/0
R2#
```

(3) R3

```
R3#show ip route
Codes: C - connected, S - static, I - IGRP, R - RIP, M - mobile, B - BGP
       D - EIGRP, EX - EIGRP external, O - OSPF, IA - OSPF inter area
       N1 – OSPF NSSA external type 1, N2 – OSPF NSSA external type 2
       E1 - OSPF external type 1, E2 - OSPF external type 2, E - EGP
       i - IS-IS, L1 - IS-IS level-1, L2 - IS-IS level-2, ia - IS-IS inter area
       * - candidate default, U - per-user static route, o - ODR
       P - periodic downloaded static route

Gateway of last resort is not set

     172.16.0.0/24 is subnetted, 2 subnets
R       172.16.1.0 [120/1] via 172.16.3.2, 00:00:03, Serial2/0
C       172.16.3.0 is directly connected, Serial2/0
R    192.168.10.0/24 [120/1] via 172.16.3.2, 00:00:03, Serial2/0
R    192.168.20.0/24 [120/1] via 172.16.3.2, 00:00:03, Serial2/0
R    192.168.30.0/24 [120/2] via 172.16.3.2, 00:00:03, Serial2/0
R    192.168.40.0/24 [120/2] via 172.16.3.2, 00:00:03, Serial2/0
C    192.168.50.0/24 is directly connected, FastEthernet0/0
C    192.168.60.0/24 is directly connected, FastEthernet1/0
```

(4) rip 协议情况

```
R1#show ip protocols
Routing Protocol is "rip"
Sending updates every 30 seconds, next due in 22 seconds
Invalid after 180 seconds, hold down 180, flushed after 240
Outgoing update filter list for all interfaces is not set
Incoming update filter list for all interfaces is not set
Redistributing: rip
Default version control: send version 1, receive any version
  Interface             Send  Recv  Triggered RIP  Key-chain
  FastEthernet0/0       1     2 1
  FastEthernet1/0       1     2 1
  Serial2/0             1     2 1
  Serial3/0             1     2 1
Automatic network summarization is in effect
```

```
Maximum path: 4
Routing for Networks:
    172.16.0.0
    192.168.10.0
    192.168.20.0
Passive Interface(s):
Routing Information Sources:
    Gateway          Distance      Last Update
    172.16.1.2          120         00:00:07
    172.16.3.1          120         00:00:27
Distance: (default is 120)
R1#
```

(5) rip 协议 debug

```
R1#clear ip route *
R1#debug ip rip
RIP protocol debugging is on
RIP: sending  v1 update to 255.255.255.255 via FastEthernet0/0 (192.168.10.1)
RIP: build update entries
      network 172.16.0.0 metric 1
      network 192.168.20.0 metric 1
      network 192.168.30.0 metric 2
      network 192.168.40.0 metric 2
      network 192.168.50.0 metric 2
      network 192.168.60.0 metric 2
RIP: sending  v1 update to 255.255.255.255 via FastEthernet1/0 (192.168.20.1)

RIP: build update entries
      network 172.16.0.0 metric 1
      network 192.168.10.0 metric 1
      network 192.168.30.0 metric 2
      network 192.168.40.0 metric 2
      network 192.168.50.0 metric 2
      network 192.168.60.0 metric 2
RIP: sending  v1 update to 255.255.255.255 via Serial2/0 (172.16.1.1)
RIP: build update entries
      network 172.16.3.0 metric 1
```

```
        network 192.168.10.0 metric 1
        network 192.168.20.0 metric 1
        network 192.168.50.0 metric 2
        network 192.168.60.0 metric 2
RIP: sending   v1 update to 255.255.255.255 via Serial3/0 (172.16.3.2)
RIP: build update entries
        network 172.16.1.0 metric 1
        network 192.168.10.0 metric 1
        network 192.168.20.0 metric 1
        network 192.168.30.0 metric 2
        network 192.168.40.0 metric 2
RIP: received v1 update from 172.16.3.1 on Serial3/0
        192.168.50.0 in 1 hops
        192.168.60.0 in 1 hops
RIP: received v1 update from 172.16.1.2 on Serial2/0
        192.168.30.0 in 1 hops
        192.168.40.0 in 1 hops
```

6. 设置 fa0/0、fa1/0 为被动接受更新端口：

```
R1#conf t
Enter configuration commands, one per line.   End with CNTL/Z.
R1(config)#route rip
R1(config-router)#passi
R1(config-router)#passive-interface fa0/0
R1(config-router)#passive-interface fa1/0
R1(config-router)#exit
R1(config)#exit
```

R2、R3 设置同上(略)

RIPv2 基本配置：

1. 先配置各路由器端口 IP 地址

R1，R2，R3 各端口配置同上(略)

2. 配置路由器 R1 的 RIP 协议

```
R1(config)#route rip
R1(config-router)#ver
```

```
R1(config-router)#version 2
R1(config-router)#no au
R1(config-router)#no auto-summary
R1(config-router)#net
R1(config-router)#network 192.168.10.0
R1(config-router)#network 192.168.20.0
R1(config-router)#network 172.16.1.0
R1(config-router)#network 172.16.3.0
R1(config-router)#exit
R1(config)#exit
R1#
%SYS-5-CONFIG_I: Configured from console by console
wr
Building configuration...
[OK]
R1#
```

3. 配置路由器 R2 的 RIP 协议

```
R2(config)#router rip
R2(config-router)#version 2
R2(config-router)#no au
R2(config-router)#no auto-summary
R2(config-router)#net
R2(config-router)#network 192.168.30.0
R2(config-router)#network 192.168.40.0
R2(config-router)#network 172.16.1.0
R2(config-router)#exit
R2(config)#exit
%SYS-5-CONFIG_I: Configured from console by console
R2#wr
Building configuration...
[OK]
R2#
```

4. 配置路由器 R3 的 RIP 协议

```
R3(config)#router rip
R3(config-router)#ver
```

```
R3(config-router)#version 2
R3(config-router)#no au
R3(config-router)#no auto-summary
R3(config-router)#net
R3(config-router)#network 192.168.50.0
R3(config-router)#network 192.168.60.0
R3(config-router)#network 172.16.3.0
R3(config-router)#exit
R3(config)#exit
%SYS-5-CONFIG_I: Configured from console by console
R3#wr
Building configuration...
[OK]
R3#
```

5. 实验结果

(1) R1

```
R1#show ip route
Codes: C - connected, S - static, I - IGRP, R - RIP, M - mobile, B - BGP
       D - EIGRP, EX - EIGRP external, O - OSPF, IA - OSPF inter area
       N1 – OSPF NSSA external type 1, N2 – OSPF NSSA external type 2
       E1 - OSPF external type 1, E2 - OSPF external type 2, E - EGP
       i - IS-IS, L1 - IS-IS level-1, L2 - IS-IS level-2, ia - IS-IS inter area
       * - candidate default, U - per-user static route, o - ODR
       P - periodic downloaded static route

Gateway of last resort is not set

     172.16.0.0/24 is subnetted, 2 subnets
C       172.16.1.0 is directly connected, Serial2/0
C       172.16.3.0 is directly connected, Serial3/0
C    192.168.10.0/24 is directly connected, FastEthernet0/0
C    192.168.20.0/24 is directly connected, FastEthernet1/0
R    192.168.30.0/24 [120/1] via 172.16.1.2, 00:00:10, Serial2/0
R    192.168.40.0/24 [120/1] via 172.16.1.2, 00:00:10, Serial2/0
R    192.168.50.0/24 [120/1] via 172.16.3.1, 00:00:15, Serial3/0
R    192.168.60.0/24 [120/1] via 172.16.3.1, 00:00:15, Serial3/0
```

```
R1#
```

(2) RIP 协议调试

```
R1#debug ip rip
RIP protocol debugging is on
RIP: sending  v2 update to 224.0.0.9 via FastEthernet0/0 (192.168.10.1)
RIP: build update entries
      172.16.1.0/24 via 0.0.0.0, metric 1, tag 0
      172.16.3.0/24 via 0.0.0.0, metric 1, tag 0
      192.168.20.0/24 via 0.0.0.0, metric 1, tag 0
      192.168.30.0/24 via 0.0.0.0, metric 2, tag 0
      192.168.40.0/24 via 0.0.0.0, metric 2, tag 0
      192.168.50.0/24 via 0.0.0.0, metric 2, tag 0
      192.168.60.0/24 via 0.0.0.0, metric 2, tag 0
RIP: sending  v2 update to 224.0.0.9 via FastEthernet1/0 (192.168.20.1)
RIP: build update entries
      172.16.1.0/24 via 0.0.0.0, metric 1, tag 0
      172.16.3.0/24 via 0.0.0.0, metric 1, tag 0
      192.168.10.0/24 via 0.0.0.0, metric 1, tag 0
      192.168.30.0/24 via 0.0.0.0, metric 2, tag 0
      192.168.40.0/24 via 0.0.0.0, metric 2, tag 0
      192.168.50.0/24 via 0.0.0.0, metric 2, tag 0
      192.168.60.0/24 via 0.0.0.0, metric 2, tag 0
RIP: sending  v2 update to 224.0.0.9 via Serial2/0 (172.16.1.1)
RIP: build update entries
      172.16.3.0/24 via 0.0.0.0, metric 1, tag 0
      192.168.10.0/24 via 0.0.0.0, metric 1, tag 0
      192.168.20.0/24 via 0.0.0.0, metric 1, tag 0
      192.168.50.0/24 via 0.0.0.0, metric 2, tag 0
      192.168.60.0/24 via 0.0.0.0, metric 2, tag 0
RIP: sending  v2 update to 224.0.0.9 via Serial3/0 (172.16.3.2)
RIP: build update entries
      172.16.1.0/24 via 0.0.0.0, metric 1, tag 0
      192.168.10.0/24 via 0.0.0.0, metric 1, tag 0
      192.168.20.0/24 via 0.0.0.0, metric 1, tag 0
      192.168.30.0/24 via 0.0.0.0, metric 2, tag 0
      192.168.40.0/24 via 0.0.0.0, metric 2, tag 0
```

```
RIP: received v2 update from 172.16.3.1 on Serial3/0
        192.168.50.0/24 via 0.0.0.0 in 1 hops
        192.168.60.0/24 via 0.0.0.0 in 1 hops
RIP: received v2 update from 172.16.1.2 on Serial2/0
        192.168.30.0/24 via 0.0.0.0 in 1 hops
        192.168.40.0/24 via 0.0.0.0 in 1 hops
```

(3) rip 协议结果

```
R1#show ip protocols
Routing Protocol is "rip"
Sending updates every 30 seconds, next due in 15 seconds
Invalid after 180 seconds, hold down 180, flushed after 240
Outgoing update filter list for all interfaces is not set
Incoming update filter list for all interfaces is not set
Redistributing: rip
Default version control: send version 2, receive 2
  Interface             Send  Recv  Triggered RIP  Key-chain
  FastEthernet0/0       2     2
  FastEthernet1/0       2     2
  Serial2/0             2     2
  Serial3/0             2     2
Automatic network summarization is not in effect
Maximum path: 4
Routing for Networks:
     172.16.0.0
     192.168.10.0
     192.168.20.0
Passive Interface(s):
Routing Information Sources:
     Gateway          Distance      Last Update
     172.16.1.2       120           00:00:10
     172.16.3.1       120           00:00:06
Distance: (default is 120)
R1#
```

实验总结

实验 13-3　OSPF 路 由

实验目的

- 掌握 OSPF 的单区域配置。
- 掌握 OSPF 的多区域配置。

实验设备

Cisco2811 路由器三台。

实验拓扑

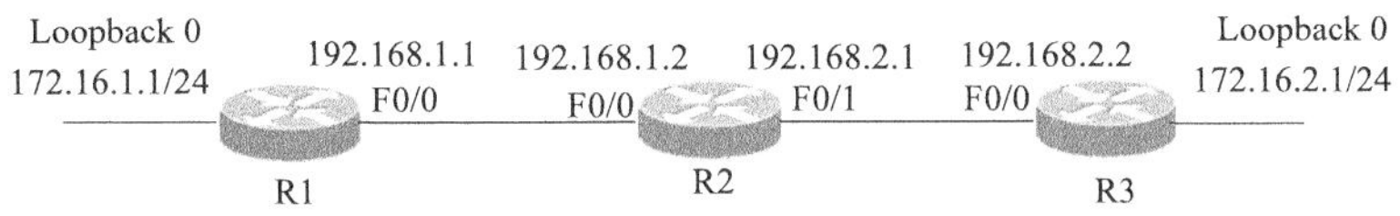

图 13-4　OSPF 单区域实验拓扑

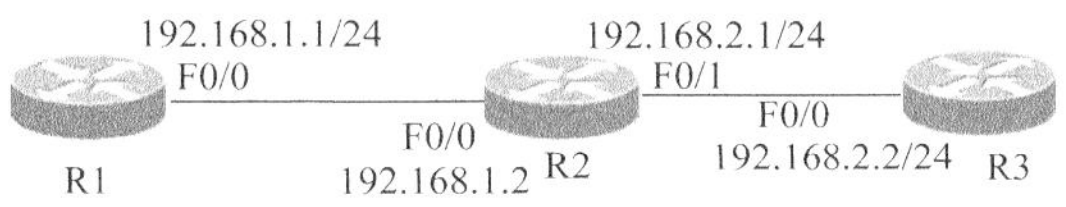

图 13-5　OSPF 多区域实验拓扑

实验接口地址表

表 13-3　实验接口地址表

R1	Loopback0	172.16.1.1/24
	F0/0	192.168.1.1/24
R2	F0/0	192.168.1.2/24
	F0/1	192.168.2.1/24
R3	F0/0	192.168.2.2/24
	Loopback0	172.16.2.1/24

实验内容

1.OSPF 单区域邻居建立

(1) 为 R1、R2、R3 配上 IP 地址

```
R1(config)#inter f0/0
R1(config-if)#ip add 192.168.1.1 255.255.255.0
R1(config-if)#no sh
```

R1(config-if)#exit
R1(config)#interface loopback 0　　　　　//用于 OSPF 的 router-id
R1(config-if)#ip add 172.16.1.1 255.255.255.0

R2(config)#inter f0/0
R2(config-if)#ip add 192.168.1.2 255.255.255.0
R2(config-if)#no sh
R2(config-if)#exit
R2(config)#inter f0/1
R2(config-if)#ip add 192.168.2.1 255.255.255.0
R2(config-if)#no sh

R3(config)#inter f0/0
R3(config-if)#ip add 192.168.2.2 255.255.255.0
R3(config-if)#no sh
R3(config-if)#exit
R3(config)#inter lo0
R3(config-if)#ip add 172.16.2.1 255.255.255.0
(2) 运行 OSPF 协议
R1(config)#router ospf 1
#运行 ospf 协议，进程号为 1
R1(config-router)#network 172.16.1.1 0.0.0.0 area 0
#宣告 R1 的环回口进区域 0
R1(config-router)#network 192.168.1.0 0.0.0.255 area 0
#宣告 R1 的物理接口进区域 0

R2(config)#router ospf 1
R2(config-router)#network 192.168.1.0 0.0.0.255 area 0
R2(config-router)#network 192.168.2.0 0.0.0.255 area 0

R3(config)#router ospf 1
R3(config-router)#network 192.168.2.0 0.0.0.255 area 0
R3(config-router)#network 172.16.2.1 0.0.0.0 area 0

实验结果如下：
(1) 配置完成后，使用 show ip ospf neighber 查看 R1 的邻居状态
R1#sh ip ospf nei

Neighbor ID	Pri	State	Dead Time	Address	Interface
192.168.2.1	1	FULL/BDR	00:00:31	192.168.1.2	FastEthernet0/0

State 表项为 Full 状态，表示 ospf 邻居建立成功。

(2) 使用 show ip route 查看 R1 的路由表

```
R1#show ip route ospf
Gateway of last resort is not set

     172.16.0.0/16 is variably subnetted, 3 subnets, 2 masks
O       172.16.2.1/32 [110/3] via 192.168.1.2, 00:52:10, FastEthernet0/0
O       192.168.2.0/24 [110/2] via 192.168.1.2, 00:53:59, FastEthernet0/0
```

路由表中有两条“O”开头的路由，是通过 OSPF 协议学习所得。

2. OSPF 多区域邻居建立

在单区域实验的基础上，重新宣告 R2 和 R3 之间的 192.168.2.0 网段以及 R3 换回扣网段，将其宣告进区域 0：

```
R2(config)#router os 1
R2(config-router)#net 192.168.2.0 0.0.0.255 are 1
#宣告 R2 与 R3 相连的接口 F0/1 进区域 1

R3(config)#router os 1
R3(config-router)#net 192.168.2.0 0.0.0.255 area 1
R3(config-router)#net 172.16.2.1 0.0.0.0 area 1
```

实验结果如下：

配置完成后，在 R3 上使用 show ip route 查看 R3 的路由表

```
R3#sh ip route os
Gateway of last resort is not set

     172.16.0.0/16 is variably subnetted, 3 subnets, 2 masks
OIA     172.16.1.1/32 [110/3] via 192.168.2.1, 00:01:08, FastEthernet0/0
OIA  192.168.1.0/24 [110/2] via 192.168.2.1, 00:01:08, FastEthernet0/0
```

路由表中的路由条目以“OIA”开头，表示 OSPF 的域间路由。

实验总结

实验 13-4　EIGRP 路由

实验目的

- 掌握 EIGRP 的相关知识点和相关配置。
- 掌握 EIGRP 与 OSPF 的相同与不同之处。

实验设备

Cisco 2811 路由器四台。

实验拓扑

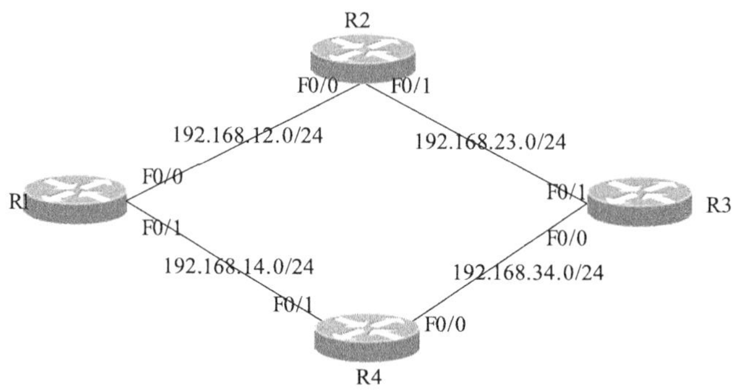

图 13-6　EIGRP 配置实验拓扑

实验接口地址表

表 13-4　实验接口地址表

R1	F0/0	192.168.12.1/24
	F0/1	192.168.14.1/24
R2	F0/0	192.168.12.2/24
	F0/1	192.168.23.1/24
R3	F0/0	192.168.23.2/24
	F0/1	192.168.34.1/24
R4	F0/0	192.168.34.2/24
	F0/1	192.168.14.2/24

实验内容

1. EIGRP 邻居建立

(1) 分别给 R1-R4 配置 IP 地址：

```
R1(config)#inter f0/0
R1(config-if)#ip add 192.168.12.1 255.255.255.0
R1(config-if)#no sh
R1(config-if)#exit
R1(config)#inter f0/1
R1(config-if)#ip add 192.168.14.1 255.255.255.0
R1(config-if)#no sh
R1(config-if)#ex
R1(config)#inter lo0
R1(config-if)#ip add 1.1.1.1 255.255.255.255

R2(config)#inter f0/0
R2(config-if)#ip add 192.168.12.2 255.255.255.0
R2(config-if)#no sh
R2(config-if)#exi
R2(config)#inter f0/1
R2(config-if)#ip add 192.168.23.1 255.255.255.0
R2(config-if)#no sh
R2(config-if)#ex
R2(config)#inter lo0
R2(config-if)#ip add 2.2.2.2 255.255.255.255

R3(config)#inter f0/0
R3(config-if)#ip add 192.168.23.2 255.255.255.0
R3(config-if)#no sh
R3(config-if)#exit
R3(config)#inter f0/1
R3(config-if)#ip add 192.168.34.1 255.255.255.0
R3(config-if)#no sh
R3(config-if)#ex
R3(config)#inter lo0
R3(config-if)#ip add 3.3.3.3 255.255.255.255

R4(config)#inter f0/0
R4(config-if)#ip add 192.168.34.2 255.255.255.0
R4(config-if)#no sh
R4(config-if)#exi
```

R4(config)#inter f0/1
R4(config-if)#ip add 192.168.14.2 255.255.255.0
R4(config-if)#no sh
R4(config-if)#ex
R4(config)#inter lo0
R4(config-if)#ip add 4.4.4.4 255.255.255.255

(2) 路由器配置 EIGRP:

R1(config)#router eigrp 100
#运行 eigrp 协议,AS 号 100。Eigrp 建立邻居时，AS 号必须相同。
R1(config-router)#no auto-summary
#关闭自动汇总，在新的 IOS 中，默认关闭自动汇总。
R1(config-router)#net 1.1.1.1 0.0.0.0
#宣告 R1 的环回口进 eigrp 协议
R1(config-router)#net 192.168.12.1 0.0.0.255
#宣告 R1 的直连接口进 eigrp 协议
R1(config-router)#net 192.168.14.1 0.0.0.255

R2(config)#router ei 100
R2(config-router)#no auto-summary
R2(config-router)#net 2.2.2.2 0.0.0.0
R2(config-router)#net 192.168.23.1 0.0.0.255
R2(config-router)#net 192.168.12.2 0.0.0.255

R3(config-if)#router ei 100
R3(config-router)#no auto-summary
R3(config-router)#net 3.3.3.3 0.0.0.0
R3(config-router)#net 192.168.23.2 0.0.0.255
R3(config-router)#net 192.168.34.1 0.0.0.255

R4(config)#router ei 100
R4(config-router)#no auto-summary
R4(config-router)#net 4.4.4.4 0.0.0.0
R4(config-router)#net 192.168.14.2 0.0.0.255
R4(config-router)#net 192.168.34.2 0.0.0.255

实验结果如下：

(1) 使用 show ip eigrp neighbor 命令查看邻居关系：

```
R1#sh ip eigrp nei
EIGRP-IPv4 Neighbors for AS(100)
H    Address          Interface       Hold Uptime   SRTT   RTO  Q  Seq
                                      (sec)         (ms)        Cnt Num
1    192.168.12.2     Fa0/0           14 00:17:41   1      200   0  7
0    192.168.14.2     Fa0/1           13 00:17:43   1019   5000  0  5
```

Eigrp 的邻居表中，“Q Cnt”项值为 0 表明邻居已经建立。

(2) 使用 show ip route eigrp 命令查看通过 eigrp 协议学习到的路由：

```
R1#sh ip route eigrp
Gateway of last resort is not set

      2.0.0.0/32 is subnetted, 1 subnets
D        2.2.2.2 [90/156160] via 192.168.12.2, 00:23:43, FastEthernet0/0
      3.0.0.0/32 is subnetted, 1 subnets
D        3.3.3.3 [90/158720] via 192.168.12.2, 00:22:11, FastEthernet0/0
                             via 192.168.14.2, 00:21:03, FastEthernet0/1
D     192.168.23.0/24 [90/30720] via 192.168.12.2, 00:23:28, FastEthernet0/0
D     192.168.34.0/24 [90/30720] via 192.168.12.2, 00:20:56, FastEthernet0/0
```

实验总结

第 14 章　DHCP 操作实践

实验 14-1　DHCP

实验目标

- 了解动态主机配置协议的技术背景。
- 了解动态主机配置协议的作用。
- 掌握 DHCP 的配置。

实验设备

Cisco 2811 路由器和主机。

实验拓扑

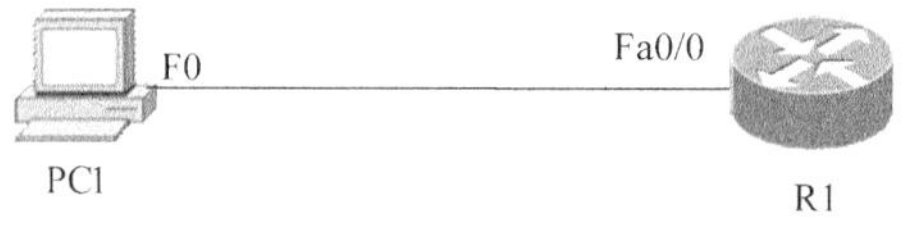

图 14-1　DHCP 组网图

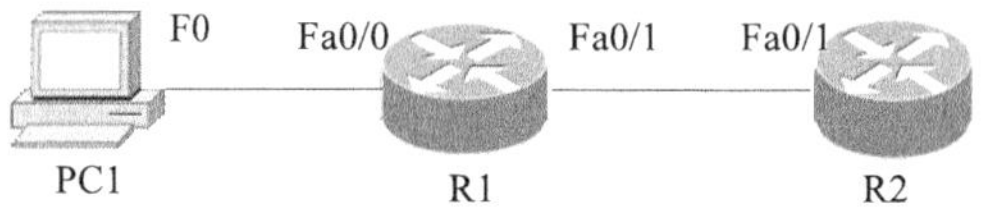

图 14-2　DHCP 中继组网图

实验需求

表 14-1　图 14-1 中路由器的 IP 地址配置

设备名称	接口编号	IP 地址
R1	Fa0/0	192.168.1.1/24

表 14-2　图 14-2 中路由器的 IP 地址配置

设备名称	接口编号	IP 地址
R1	Fa0/0	192.168.1.1/24
	Fa0/1	192.168.2.1/24
R2	Fa0/1	192.168.2.2/24

如图 14-1，将 R1 配置成 DHCP 服务器，使得 PC1 能够自动获取到 IP 地址 192.168.1.4/24；地址池名称为 test。

如图 14-2，将 R1 配置成 DHCP 中继设备，R2 配置成 DHCP 服务器，使得 PC1 能够自动获取到 IP 地址 192.168.1.4/24；地址池名称为 test。

实验步骤

1. 根据实验需求和图 14-1 完成 DHCP 实验。

配置示例：

(1) R1 配置

R1(config)#interface f0/0

R1(config-if)#no shutdown

R1(config-if)#ip address 192.168.1.1 255.255.255.0

R1(config)#ip dhcp pool test　#创建地址池 test

R1(dhcp-config)#network 192.168.1.0 255.255.255.0#宣告将分配的网段

R1(dhcp-config)#default-router 192.168.1.1　#设置要分配的默认网关

R1(dhcp-config)#dns-server 8.8.8.8　#设置要分配的 DNS 服务器地址

R1(config)# ip dhcp excluded-address 192.168.1.1 192.168.1.3
#地址池中的 192.168.1.1～3 不能被分配

(2) PC 配置

在 PC 的 IPConfiguration 里，将 static 改为 DHCP，一段时间后，如果配置正确，那么在下面的文本框内会出现灰色的信息，正确结果如图 14-3 所示。

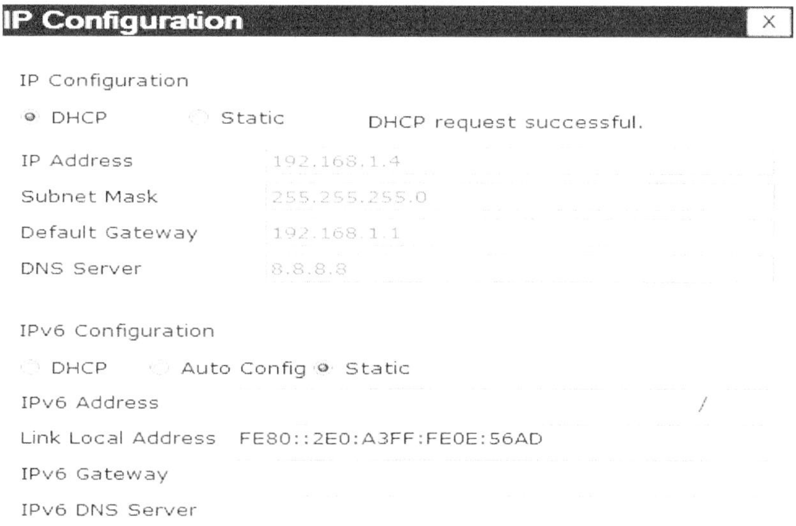

图 14-3　PC 配置 DHCP 结果

由图 14-3 可知，配置结果正确。

(3) 同样可以在路由器上通过命令查询 IP 地址分配情况

R1#show ip dhcp binding

IP address	Client-ID/ Hardware address	Lease expiration	Type
192.168.1.4	00E0.A30E.56AD	--	Automatic

2. 根据实验需求和图 14-2 完成 DHCP 中继实验

配置示例：

(1) R1 配置：

R1(config)#interface f0/0

R1(config-if)#no shutdown

R1(config-if)#ip address 192.168.1.1 255.255.255.0

R1(config-if)#ip helper-address 192.168.2.2 #指定 DHCP 服务器地址，注意一定配置在主机的网关接口上

R1(config-if)#interface f0/1

R1(config-if)#no shutdown

R1(config-if)#ip address 192.168.2.1 255.255.255.0

(2) R2 配置：

R2 (config)#interface f0/1

R2(config-if)#no shutdown

R2(config-if)#ip address 192.168.2.2 255.255.255.0

R2(config)#ip dhcp excluded-address 192.168.1.1 192.168.1.3

R2(config)#ip dhcp pool test

R2(dhcp-config)#network 192.168.1.0 255.255.255.0

R2(dhcp-config)#default-router 192.168.1.1

R2(dhcp-config)#dns-server 8.8.8.8

R2(config)#ip route 192.168.1.0 255.255.255.0 192.168.2.1

#配置路由，确保单播包能回去

实验总结

第 15 章　IPv6 路由操作实践

实验 15-1　IPv6 接口配置与静态路由

实验目的

在学习了解 IPv6 的基础上掌握 IPv6 的配置。

实验设备

Cisco 2811 路由器三台。

实验拓扑

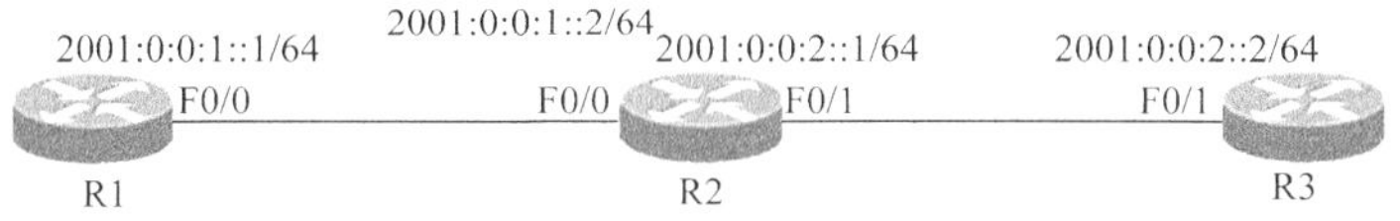

图 15-1　IPv6 实验拓扑

实验接口地址表

表 15-1　实验接口地址表

R1	F0/0	2001:0:0:1::1/64
R2	F0/0	2001:0:0:1::2/64
	F0/1	2001:0:0:2::1/64
R3	F0/1	2001:0:0:2::2/64

实验内容

1. 接口配置 IPv6

(1) 首先开启 IPv6 路由功能，使用 IPv6 unicast-routing 命令：

R1(config)#ipv6 unicast-routing

R2(config)#ipv6 unicast-routing

R3(config)#ipv6 unicast-routing

(2) 按照接口地址表为 R1-R3 配置 IPv6 地址：

R1(config)#inter f0/0
R1(config-if)#ipv6 address 2001:0:0:1::1/64
R1(config-if)#no sh

R2(config)#inter f0/0
R2(config-if)#ipv6 add 2001:0:0:1::2/64
R2(config-if)#no sh
R2(config-if)#ex
R2(config)#inter f0/1
R2(config-if)#ipv6 add 2001:0:0:2::1/64
R2(config-if)#no sh

R3(config)#inter f0/1
R3(config-if)#ipv6 add 2001:0:0:2::2/64
R3(config-if)#no sh

(3) 实验结果

在 R1 上使用命令 show ipv6 interface brief 查看接口 IPv6 地址：

```
R1#sh ipv6 inter b
FastEthernet0/0               [up/up]
    FE80::AD0:9FFF:FED2:1980
    2001:0:0:1::1
FastEthernet0/1               [administratively down/down]
    unassigned
```

接口 F0/0 下有两个 IPv6 地址，2001:0:0:1::1 是手动配置的 IPv6 地址，FE80::AD0:9FFF:FED2:1980 是本地链路地址，激活 IPv6 接口自动生成。

2. IPv6 静态路由(选做)

R1 和 R3 上配置去往 2001:0:0:2::0/64 网段的静态路由：

R1(config)#ipv6 route 2001:0:0:2::0/64 2001:0:0:1::2
R3(config)#ipv6 route 2001:0:0:1::0/64 2001:0:0:2::1

实验结果如下：

(1) 分别在 R1 和 R3 上使用命令 show ipv6 route，查看 IPv6 路由表：

```
R1#sh ipv6 route
S    2001:0:0:2::/64 [1/0]
      via 2001:0:0:1::2
```

R1 生成了一条去往 2001:0:0:2::/64 网段的“S”开头的静态路由；

```
R3(config)#do sh ipv route
S    2001:0:0:1::/64 [1/0]
      via 2001:0:0:2::1
```

R3 生成了一条去往 2001:0:0:1::/64 网段的“S”开头的静态路由。

(2) 配置完静态路由后，R1 和 R3 之间就能够相互通信了，在 R1 上 ping R3：

```
R1#ping 2001:0:0:2::2
Type escape sequence to abort.
Sending 5, 100-byte ICMP Echos to 2001:0:0:2::2, timeout is 2 seconds:
!!!!!
Success rate is 100 percent (5/5), round-trip min/avg/max = 0/2/4 ms
```

实验总结

实验 15-2　IPv6-OSPFv3(可选)

实验目的

掌握 IPv6 在 OSPF 上的应用。

实验设备

Cisco 2811 路由器三台。

实验拓扑

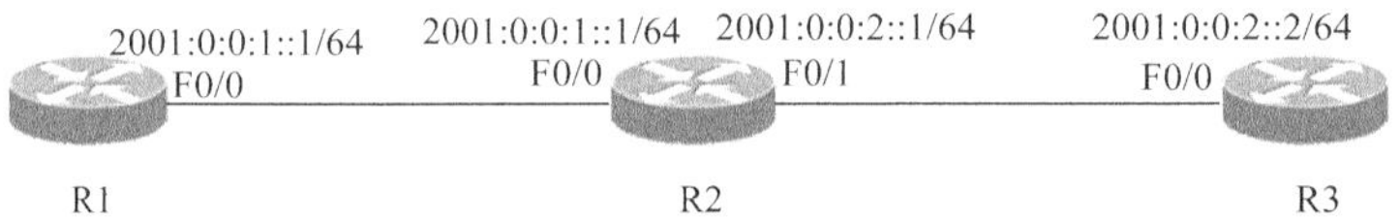

图 15-2　IPv6-OSPFv3 实验拓扑图

实验接口地址表

表 15-2　实验接口地址表

R1	F0/0	2001:0:0:1::1/64
R2	F0/0	2001:0:0:1::2/64
	F0/1	2001:0:0:2::1/64
R3	F0/1	2001:0:0:2::2/64

实验内容

1. OSPFv3 配置

(1) 首先开启 IPv6 路由功能，使用 IPv6 unicast-routing 命令：

R1(config)#ipv6 unicast-routing
R2(config)#ipv6 unicast-routing
R3(config)#ipv6 unicast-routing

(2) 按照接口地址表为 R1-R3 配置 IPv6 地址：

R1(config)#inter f0/0
R1(config-if)#ipv6 address 2001:0:0:1::1/64
R1(config-if)#no sh

R2(config)#inter f0/0

R2(config-if)#ipv6 add 2001:0:0:1::2/64
R2(config-if)#no sh
R2(config-if)#ex
R2(config)#inter f0/1
R2(config-if)#ipv6 add 2001:0:0:2::1/64
R2(config-if)#no sh

R3(config)#inter f0/1
R3(config-if)#ipv6 add 2001:0:0:2::2/64
R3(config-if)#no sh

(3) 配置 OSPFv3

R1(config)#router ospfv3 1　#进入 OSPFv3 进程
R1(config-router)#router-id 1.1.1.1
R1(config-router)#exi
R1(config)#inter e0/0
R1(config-if)#ospfv3 1 ipv6 area 0
R1(config-if)#exi

R2(config)#router ospfv3 1
R2(config-router)#router-id 2.2.2.2
R2(config-router)#exi
R2(config)#inter e0/0
R2(config-if)#ospfv3 1 ipv6 area 0
R2(config-if)#exit
R2(config)#inter e0/1
R2(config-if)#ospfv3 1 ipv6 area 0

R3(config)#router ospfv3 1
R3(config-router)#router-id 3.3.3.3
R3(config-router)#exi
R3(config)#inter e0/0
R3(config-if)#ospfv3 1 ipv6 area 0
R3(config-if)#exi

2. 实验结果

(1) 使用命令 show ipv6 ospf neigthbor，在 R2 上查看 OSPFv3 邻居关系：

R2#sh ipv6 ospf nei

OSPFv3 Router with ID (2.2.2.2) (Process ID 1)

Neighbor ID	Pri	State	Dead Time	Interface ID	Interface
3.3.3.3	1	FULL/BDR	00:00:35	3	Ethernet0/1
1.1.1.1	1	FULL/DR	00:00:34	3	Ethernet0/0

(2) 使用命令 show ipv6 route，查看 R3 上 ipv6 地址表：

R3#sh ipv6 route

IPv6 Routing Table - default - 4 entries

O　　2001:0:0:1::/64 [110/20]

　　via FE80::A8BB:CCFF:FE00:210, Ethernet0/0

R3 学习到了 R1R2 之间的网段。

(3) 检测 R1、R3 的连通性：

R1#ping 2001:0:0:2::2

Type escape sequence to abort.

Sending 5, 100-byte ICMPEchos to 2001:0:0:2::2, timeout is 2 seconds:

!!!!!

Success rate is 100 percent (5/5), round-trip min/avg/max = 4/11/37 ms

实验总结

实验 15-3　IPv6-EIGRP(可选)

实验目的

掌握 IPv6 在 EIGRP 上的应用。

实验设备

Cisco 2811 路由器三台。

实验拓扑

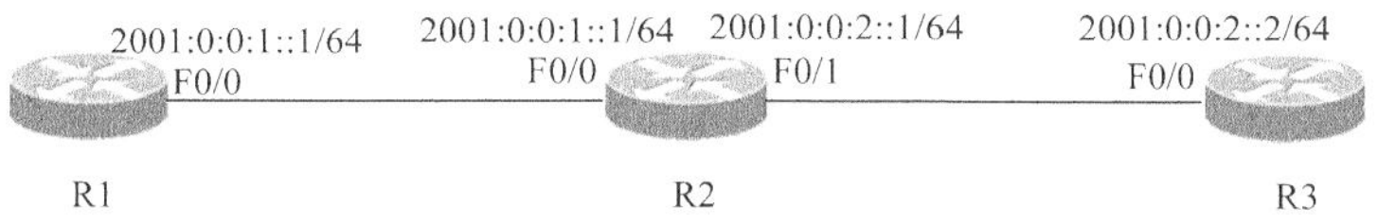

图 15-3　IPv6-EIGRP 实验拓扑图

实验接口地址表

表 15-3　实验接口地址表

R1	F0/0	2001:0:0:1::1/64
R2	F0/0	2001:0:0:1::2/64
	F0/1	2001:0:0:2::1/64
R3	F0/1	2001:0:0:2::2/64

实验内容

1. IPv6-EIGRP 配置

(1) 首先开启 IPv6 路由功能，使用 IPv6 unicast-routing 命令：

R1(config)#ipv6 unicast-routing
R2(config)#ipv6 unicast-routing
R3(config)#ipv6 unicast-routing

(2) 按照接口地址表为 R1-R3 配置 IPv6 地址：

R1(config)#inter f0/0
R1(config-if)#ipv6 address 2001:0:0:1::1/64
R1(config-if)#no sh

```
R2(config)#inter f0/0
R2(config-if)#ipv6 add 2001:0:0:1::2/64
R2(config-if)#no sh
R2(config-if)#ex
R2(config)#inter f0/1
R2(config-if)#ipv6 add 2001:0:0:2::1/64
R2(config-if)#no sh

R3(config)#inter f0/1
R3(config-if)#ipv6 add 2001:0:0:2::2/64
R3(config-if)#no sh
```

(3) 配置 IPv6 EIGRP

```
R1(config)#ipv6 router eigrp 1
R1(config-rtr)#no shut
R1(config-rtr)#eigrp router-id 1.1.1.1
R1(config-rtr)#exit
R1(config-rtr)#inter f0/0
R1(config-if)#ipv6 eigrp 1
R1(config-if)#exi

R2(config)#ipv6 router ei 1
R2(config-rtr)#no shutdown
R2(config-rtr)#eigrp router-id 2.2.2.2
R2(config-rtr)#exi
R2(config)#inter f0/0
R2(config-if)#ipv6 ei 1
R2(config-if)#exi
R2(config)#inter f0/1
R2(config-if)#ipv6 ei 1
R2(config-if)#ex

R3(config)#ipv6 router ei 1
R3(config-rtr)#no shutdown
R3(config-rtr)#eigrp router-id 3.3.3.3
R3(config-rtr)#exi
R3(config)#inter f0/1
```

R3(config-if)#ipv6 ei 1
R3(config-if)#exi

2. 实验结果

(1) 使用命令 show ipv6 eigrp neighbor，在 R2 上查看 IPv6 EIGRP 邻居关系：

```
R2#sh ipv6 ei nei
EIGRP-IPv6 Neighbors for AS(1)
H    Address                  Interface        Hold Uptime   SRTT   RTO   Q    Seq
                                               (sec)         (ms)         Cnt  Num
1    Link-local address: Et0/0                 12 00:00:19   2      100   0    6
     FE80::A8BB:CCFF:FE00:100
0    Link-local address: Et0/1                 11 00:00:22   2      150   0    6
     FE80::A8BB:CCFF:FE00:300
```

(2) 使用命令 show ipv6 route，查看 R3 上 Ipv6 地址表：

```
R3#sh ipv6 route
IPv6 Routing Table - default - 4 entries
Codes: C - Connected, L - Local, S - Static, U - Per-user Static route
       B - BGP, HA - Home Agent, MR - Mobile Router, R - RIP
       H - NHRP, I1 – ISISL1, I2 – ISISL2, IA - ISIS interarea
       IS - ISIS summary, D - EIGRP, EX - EIGRP external, NM - NEMO
       ND – ND Default, NDp– ND Prefix, DCE - Destination, NDr - Redirect
       O – OSPF Intra, OI – OSPF Inter, OE1 - OSPF ext 1, OE2 - OSPF ext 2
       ON1 – OSPF NSSA ext 1, ON2 – OSPF NSSA ext 2, ls - LISP site
       ld - LISP dyn-EID, a - Application
D    2001:0:0:1::/64 [90/307200]
      via FE80::A8BB:CCFF:FE00:210, Ethernet0/0
```

(3) 检测 R1、R3 的连通性：

```
R1#ping 2001:0:0:2::2
Type escape sequence to abort.
Sending 5, 100-byte ICMP Echos to 2001:0:0:2::2, timeout is 2 seconds:
!!!!!
Success rate is 100 percent (5/5), round-trip min/avg/max = 1/1/2 ms
```

实验总结

第三篇　网络新技术篇

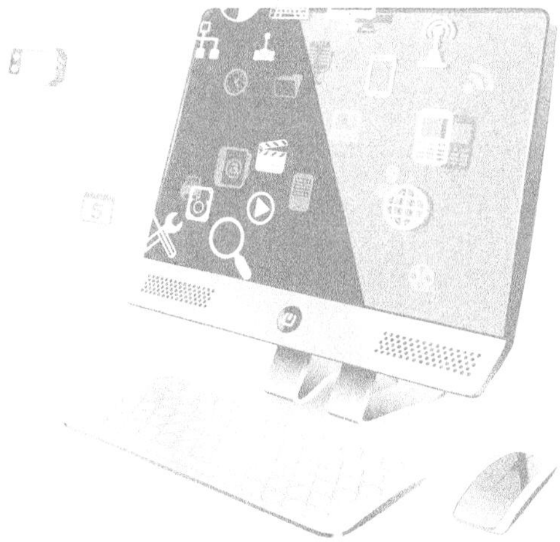

第 16 章　软件定义网络 SDN

16.1　SDN 概 述

16.1.1　SDN 的概念及特点

软件定义网络(software defined network，SDN)是由 Emulex 提出的一种新型网络创新架构，其核心技术 OpenFlow 通过将网络设备控制面与数据面分离开来，从而实现了网络流量的灵活控制，为核心网络及应用的创新提供了良好的平台。

传统网络的层次结构是互联网取得巨大成功的关键。但是随着网络规模的不断扩大，封闭的网络设备内置了过多的复杂协议，增加了运营商定制优化网络的难度，科研人员无法在真实环境中规模部署新协议。同时，互联网流量的快速增长(预计到 2018 年，全球流量将达到 $1.6x10^{21}$ 字节[40])，用户对流量的需求不断扩大，各种新型服务不断出现，增加了网络运维成本。

SDN 起源于 2006 年斯坦福大学的 Clean Slate 研究课题[41]。2009 年，McKeown 教授正式提出了 SDN 概念[42]。利用分层的思想，SDN 将数据与控制相分离。在控制层，包括具有逻辑中心化和可编程的控制器，可掌握全局网络信息，方便运营商和科研人员管理配置网络和部署新协议等。在数据层，包括哑的(dumb)交换机(与传统的二层交换机不同，专指用于转发数据的设备)。交换机仅提供简单的数据转发功能，可以快速处理匹配的数据包，适应流量日益增长的需求。两层之间采用开放的统一接口(如 OpenFlow[43]等)进行交互。控制器通过标准接口向交换机下发统一标准规则。交换机仅需按照这些规则执行相应的动作即可。因此，SDN 技术能够有效降低设备负载，协助网络运营商更好地控制基础设施，降低整体运营成本，成为最具前途的网络技术之一。因此，SDN 被 MIT 列为“改变世界的十大创新技术之一”[44]。SDN 相关技术研究迅速开展起来，成为近年来的研究热点[45]。2013 年，SIGCOMM 会议收录了多篇相关文章，甚至将 SDN 列为专题来研讨，带动了 SDN 相关研究的蓬勃发展。

SDN 是当前最热门的网络技术之一，它解放了手工操作，减少了配置错误，易于统一快速部署。由于 SDN 标准接口机制确保层次之间既保持相对独立，又能正常通信，因此标准接口设计的好坏是 SDN 成功设计的关键。

SDN 的特点如下：

(1) 简单化，可以实现中心控制，可以使得很多复杂的协议处理得到简化。

(2) 快速部署与维护。

(3) 灵活扩展，从一个小的网络可以扩展到大的运营商的网络，也可以从一个控制器得到控制。

(4) 开放性，因 OpenFlow 是其重要的组成部分，它的数据转发功能和网络控制功能是分离的，由于这种分离可以分别由交换机和网络控制器来处理，从而简化了网络的管理，由此可以使用户有更多的选择自定义网络、节省投资，使用户选择多家设备共存，打破垄断。

(5) 用户根据自己的需求和需要在任何时候方便升级。

16.1.2 SDN 发展历程

2006 年，SDN 诞生于美国 GENI 项目资助的斯坦福大学 Clean Slate 课题，斯坦福大学 Nick McKeown 教授为首的研究团队提出了 OpenFlow 的概念用于校园网络的试验创新，后续基于 OpenFlow 给网络带来可编程的特性，SDN 的概念应运而生。Clean Slate 项目的最终目的是要重新发明因特网，旨在改变设计已略显不合时宜且难以进化发展的现有网络基础架构。

2007 年，斯坦福大学的学生 Martin Casado 领导了一个关于网络安全与管理的项目 Ethane，该项目试图通过一个集中式的控制器，让网络管理员可以方便地定义基于网络流的安全控制策略，并将这些安全策略应用到各种网络设备中，从而实现对整个网络通信的安全控制。

2008 年，基于 Ethane 及其前续项目 Sane 的启发，Nick McKeown 教授等提出了 OpenFlow 的概念，并于当年在 ACM SIGCOMM 发表了题为 *OpenFlow: Enabling Innovation in Campus Networks* 的论文，首次详细地介绍了 OpenFlow 的概念。该篇论文除了阐述 OpenFlow 的工作原理外，还列举了 OpenFlow 几大应用场景。基于 OpenFlow 为网络带来的可编程的特性，Nick McKeown 教授和他的团队进一步提出了 SDN(software defined network，软件定义网络)的概念。2009 年，SDN 概念入围 Technology Review 年度十大前沿技术，自此获得了学术界和工业界的广泛认可和大力支持。

2009 年 12 月，OpenFlow 规范发布了具有里程碑意义的可用于商业化产品的 1.0 版本。如 OpenFlow 在 Wireshark 抓包分析工具上的支持插件、OpenFlow 的调试工具(liboftrace)、OpenFlow 虚拟计算机仿真(OpenFlow VMS)等也已日趋成熟。OpenFlow 规范已经经历了 1.1、1.2、1.3 以及 1.4 等版本。

2011 年 3 月，在 Nick Mckeown 教授等推动下，开放网络基金会 ONF 成立，主要致力于推动 SDN 架构、技术的规范和发展工作。ONF 成员 96 家，其中创建该组织的核心会员有 7 家，分别是 Google、Facebook、NTT、Verizon、德国电信、微软、雅虎。

2011 年 4 月，美国印第安纳大学、Internet2 联盟与斯坦福大学 Clean Slate 项目宣布联手开展网络开发与部署行动计划(NDDI)，旨在共同创建一个新的网络平台与配套软件，以革命性的新方式支持全球科学研究。NDDI 利用了 OpenFlow 技术提供的“软件定义网络(SDN)”功能，并将提供一个可创建多个虚拟网络的通用基础设施，允许网络研究人员应用新的因特网协议与架构进行测试与实验，同时帮助领域科学家通过全球合作促进研究。

2011 年 12 月，第一届开放网络峰会(Open Networking Summit)在北京召开，此次峰会邀请了国内外在SDN方面先行的企业介绍其在SDN方面的成功案例；同时世界顶级互联网、通信网络与IT设备集成商公司探讨了如何实现在全球数据中心部署基于SDN的硬件和软件，为OpenFlow和SDN在学术界和工业界做了很好的介绍和推广。

2012年4月，ONF发布了SDN白皮书(Software Defined Networking: The New Norm for Networks)，其中的SDN三层模型获得了业界广泛认同。

2012年SDN完成了从实验技术向网络部署的重大跨越：覆盖美国上百所高校的INTERNET2部署SDN；德国电信等运营商开始开发和部署SDN；成功推出SDN商用产品新兴的创业公司在资本市场上备受瞩目，BIG switch两轮融资超过3800万元。

2012年4月，谷歌宣布其主干网络已经全面运行在OpenFlow上，并且通过10G网络链接分布在全球各地的12个数据中心，使广域线路的利用率从30%提升到接近饱和。从而证明了OpenFlow不再仅仅是停留在学术界的一个研究模型，而是已经完全具备了可以在产品环境中应用的技术成熟度。

2012年7月，软件定义网络(SDN)先驱者、开源政策网络虚拟化私人控股企业Nicira以12.6亿被VMware收购。Nicira是一家颠覆数据中心的创业公司，它基于开源技术OpenFlow创建了网络虚拟平台(NVP)。OpenFlow是Nicira联合创始人Martin Casado在斯坦福攻读博士学位期间创建的开源项目，Martin Casado的两位斯坦福大学教授Nick McKeown和Scott Shenker同时也成为了Nicira的创始人。VMware的收购将Casado十几年来所从事的技术研发全部变成了现实——把网络软件从硬件服务器中剥离出来，也是SDN走向市场的第一步。

2012年，国家“863”项目“未来网络体系结构和创新环境”获得科技部批准。它是一个符合SDN思想的项目，主要由清华大学牵头负责，清华大学、中科院计算所、北邮、东南大学、北京大学等分别负责各子课题，项目提出了未来网络体系结构创新环境FINE(Future internet innovation environment)。基于FINE体系结构，将支撑各种新型网络体系结构和IPv6新协议的研究试验。

2012年底，AT&T、英国电信(BT)、德国电信、Orange、意大利电信、西班牙电信公司和Verizon联合发起成立了网络功能虚拟化产业联盟(Network Functions Virtualisation，NFV)，旨在将SDN的理念引入电信业。由52家网络运营商、电信设备供应商、IT设备供应商以及技术供应商组建。

2013年4月，思科和IBM联合微软、Big Switch、博科、思杰、戴尔、爱立信、富士通、英特尔、瞻博网络、NEC、惠普、红帽和VMware等发起成立了Open Daylight，与LINUX基金会合作，开发SDN控制器、南向/北向API等软件，旨在打破大厂商对网络硬件的垄断，驱动网络技术创新力，使网络管理更容易、更廉价。这个组织中只有SDN的供应商，没有SDN的用户——互联网或者运营商。Open Daylight项目的范围包括SDN控制器，API专有扩展等，并宣布要推出工业级的开源SDN控制器

2013年4月底，中国首个大型SDN会议——中国SDN大会在京召开，三大运营商唱起主角。中国电信主导提出在现有网络(NGN)中引入SDN的需求和架构研究，已于2014年2月成功立项S-NICE标准，“S-NICE”是在智能管道中使用SDN技术的一种智

能管道应用的特定形式。

图 16-1 给出了 SDN/OpenFlow 的发展历程。

图 16-1　SDN/OpenFlow 的发展历程

16.1.3　SDN 的现状

2011 年，McKeown 等研究者组织成立了开放式网络基金会(Open Networking Foundation，简称 ONF)，专门负责相关标准的制定和推广，包括 OpenFlow 标准、OpenFlow 配置协议和 SDN 白皮书，这大大推进了 OpenFlow 和 SDN 的标准化工作，也使其成为了全球开放网络架构和网络虚拟化领域的研究热点。

在学术界，美国 GENI、Internet2、欧洲 OFELIA 和日本的 JGN2plus 先后展开对 SDN 的研究和部署。国内由清华大学牵头，中科院计算所、北邮、东南大学、北京大学等单位参与开展了类 SDN 思想的“未来网络体系结构和创新环境”863 项目研究。

在产业界，以 Nicira (已于 2012 年 7 月被 VMware 收购)和 BigSwitch 为代表的 SDN 创业公司不断涌现。为了在新技术上抢占先机与自身市场推广考虑，Juniper、NEC、HP、IBM、Cisco 等厂商先后发布了支持 OpenFlow 的 SDN 硬件产品；NEC、BigSwitch、IBM、Cisco 或自主或联合开发 SDN 控制器；VMware、Juniper、Cisco 等厂商发布了基于 SDN 的虚拟网络解决方案；上述产品目前有些已在 SDN 研究领域进行了相关部署。国内的华为、中兴、盛科等设备厂商，移动、联通、电信等运营商，也在 SDN 产品和解决方案研发上进展迅速。

在标准化方面，除了 ONF 的标准化工作，IETF(互联网工程任务组)、IRTF(互联网研究任务组)、ITU-T(国际电信联盟电信标准化部门)、ETSI(欧洲电信标准化协会)等也已成立相应的工作组，围绕各自领域的 SDN 应用和架构展开标准研究和制定工作。

从 2011 年开始，在新兴技术的市场上，SDN 逐渐成为业界最热门的焦点之一。在 InfoWorld 于 2011 年 11 月公布的影响未来 10 年的 10 项新技术中，SDN 排名第二。经过 4 年的积累和沉淀，可以看出 SDN 已经走出了最初的概念炒作阶段，随着不断完善发展，SDN 在运营商网络、数据中心首先商用化的趋势日益明显。根据 IDC 预测，2018 年,SDN 在企业和云服务提供商的市场规模将从 2014 年的 9.6 亿美元增长到 80 亿美元，年复合增长率将达 89.4%。

国外 SDN 快速发展，较早进入了商用部署阶段。截至 2014 年底，ONF 已有包含来自各国的设备厂商、芯片厂商、供应商、软件厂商等在内的 172 家成员，SDN 产品覆盖 SDN 交换机、网络 0S、网络虚拟化应用、安全应用、芯片等。谷歌全部数据中心骨干连接采用了 OpenFlow 技术，通过 10G 网络链接了分布全球的 12 个数据中心，从而将链路使用率从平均的 30%～40%提升至接近 100%。美国的 Internet2 宣布建设美国首个开放 SDN 网络，这一基础设施架构来自博科和瞻博的 100G 以太网 OpenFlow 路由器，约在 35~45 个站点上进行了部署。NTT 在欧洲、美国和日本的数据中心进行了虚拟数据中心部署，FaceBook 发布 Altoona 数据中心网络解决方案，都应用了 SDN 技术。

国内 SDN 技术紧跟国际发展，已从实验阶段过渡到试点应用阶段。清华大学开展 SDN 研究，实现基于 SDN 的 Livesec 网络安全系。华为、中兴、盛科等设备厂商，中国移动、中国电信等运营商，腾讯、百度、阿里巴巴等网络厂商加入 ONF，积极参与 SDN 技术研究、标准制定、产品和解决方案开发。uCloud 联合盛科实现在 LaaS 中应用 SDN 交换机。华为基于 SDN 技术，分别与世纪互联、四川联道、北京电信等运营商发布了相关领域商用网络部署。华为、中兴、烽火、中国移动、中国电信等全球 17 家运营商、设备厂商及科研机构顺利开展了基于 SDN 的光纤传送网 OTN 原型和互操作性演示。

16.2　SDN 的体系架构

SDN 作为一种新兴的网络架构(如图 16-2 所示)，SDN 软件定义网络强调两方面的能力。

关于 SDN 的概念及实现方式，目前业界存在较大争议，比较主流的还是以 OpenFlow 为基础的 SDN 实现方式，我们通常说的 SDN 一般是指基于 OpenFlow 的 SDN。主要包括两部分：

(1) 控制转发分离：传统网络设备紧耦合的网络架构，被分拆成控制和转发两个平面。同时，在控制平面，增加集中控制器进行整体调度，将命令和逻辑发送回硬件(路由器或交换机)的数据转发平面。

(2) 开放 API 及软件定义：即通过基于 SDN 技术对外开放的 API 进行软件编程，实现整个网络集中的管理能力，而不需要在每个路由器或交换机上分别以设备为中心进行管理。

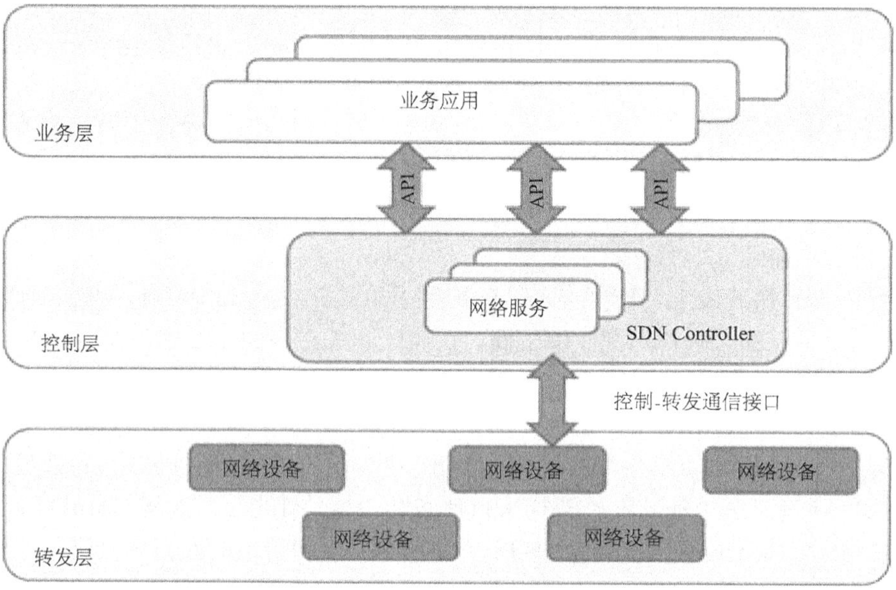

图 16-2 SDN 软件定义网络架构

16.3 SDN 的关键特性

SDN 的核心思想主要体现在三个方面：

(1) 控制平面与转发平面分离；

(2) 控制平面集中；

(3) 通过在控制平面编程实现对数据平面的行为管理。

因此，SDN 主要呈现出以下几个特性：

(1) 集中的精细管控。与传统网络相比，SDN 控制器可以实现更加集中的网络管控，定义的管控策略和行为更为细粒度。

(2) 开放的统一接口。SDN 打破了传统网络设备的封闭性，使得支持统一标准的设备均可完成网络转发功能，上层应用也可更加开放、多样。

(3) 灵活的动态扩展。由于行为和策略可以在应用层进行自定义，因此用户可以根据使用需求进行动态调整和灵活的扩展。

16.4 基于 OpenFlow 协议的 SDN 关键技术

SDN 网络的基本元素包括 SDN 交换机(OpenFlow 交换机)和 SDN 控制器(OpenFlow 控制器)，它们分别构成了 SDN 网络的数据平面和控制平面。

16.4.1 OpenFlow 交换机

OpenFlow 交换机主要实现数据层的转发，由流表、安全通道和 OpenFlow 协议三部分组成，如图 16-3 所示。安全通道是连接 OpenFlow 交换机到控制器的接口。控制器通过这个接口控制和管理交换机，同时接收来自交换机的事件以及向交换机发送数据包。OpenFlow 交换机接收到数据包后，首先在本地的流表上查找转发目标端口，如果没有匹配，则把数据包转发给 OpenFlow 控制器，由控制器决定转发端口或丢弃。交换机和控制器间的所有通信信息必须按照 OpenFlow 协议规定的格式来执行。

OpenFlow 交换机可以分为两类：专用的 OpenFlow 交换机和支持 OpenFlow 的交换机。专用的 OpenFlow 交换机是专门为支持 OpenFlow 而设计的，不支持现有的商用交换机上的正常处理流程，所有经过该交换机的数据都按照 OpenFlow 的模式进行转发；另外专用的 OpenFlow 交换机不再具有控制逻辑，因此它只是用来在端口间转发数据包的一个简单的路径部件。

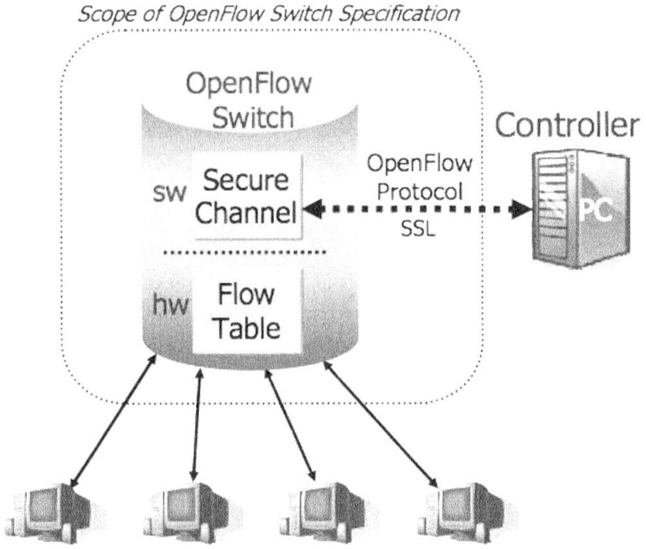

图 16-3 专用 OpenFlow 交换机的构成

支持 OpenFlow 的交换机是在普通商业交换机的基础上添加流表、安全通道和 OpenFlow 协议而获得了 OpenFlow 特性的交换机，既具有常用的商业交换机的转发模块，又具有 OpenFlow 的转发逻辑，因此支持 OpenFlow 的交换机可以采用两种不同的方式处理接收到的数据包。目前主流的 OpenFlow 交换机都是同时 OpenFlow Enabled 型的，即同时支持传统的路由转发和 OpenFlow 协议。目前业内比较有名的 OpenFlow 交换机国外厂商有 NEC、BigSwitch、Pica、Juniper、Dell、Arista 等公司，国内比较有名的包括盛科网络和华为公司。

16.4.2　OpenFlow 控制器

OpenFlow 控制器主要具有管理整个网络的 OpenFlow 交换机、流表的下发、向用户提供应用编程接口等功能。OpenFlow 控制器是整个 OpenFlow 网络的大脑，用户开发的各种网络应用程序均运行在控制器上，通过安全通道能够动态添加、删除和更新各交换机上的流表以达到对网络行为和功能的动态控制，这打破了传统网络架构固定僵化的局限，为网络业务的创新和网络对新型业务的适应能力提供了基础。

控制器是 SDN 的核心，目前各大厂商一般都有自己的商业控制器，如 NEC 的 PFC 控制器、BigSwitch 的 Floodlight 商业版本、HP 的私有控制器等，除此之外还有以下几个比较著名的开源 SDN 控制器，如在 AT&T、NTT 等 SP 支持下由非营利性组织 ON.lab 推出的 ONOS，思科、IBM 等巨头联合开发 SDN 项目 OpenDaylight，Nicira 的 NOX 和 POX、BigSwitch 的 Floodlight、NEC 的 Trema、Stanford 的 Beacon、Nicira 的 SNAC、思科、IBM、微软等公司联合开发的开源控制器 OpenDaylight 等，表 16-1 对几个主流控制器做了对比分析。

表 16-1　主流控制器对比分析

控制器	开发语言	平台	开发团队	技术特点
ONOS	Java	Mac/Linux	Open Networking Lab	面向服务提供商和企业骨干网的首款开源 SDN 网络操作系统；分布式保障高可用、北向接口抽象层提高可编程性、南向接口抽象层保障高扩展性
OpenDaylight	Java	Win/Linux	Cisco、IBM 等约 40 个公司	覆盖接口和协议最广的控制器，可与 OpenStack 云平台接口
NOX	Python/C++	Linux	Nicira	最早实现的控制器，单线程操作，版本在不断更新
Beacon	Java	Win/Mac/Linux	Stanford	跨平台，易于开发和部署；模块化实现基于事件和多线程操作的处理平台，易于扩展的界面框架
FloodLight	Java	Win/Mac/Linux	Big Switch	跨平台，基于 Beacon 开发，由开源社区进行维护，遵循 Apache 开源规范，适合推广
SNAC	Python/C++	Linux	Nicira	基于 NOX 平台开发，集成可扩展的策略定义语言，通过策略管理器来管理网络，用户界面友好
Trema	Ruby/C	Linux	NEC	为开发者提供了丰富的 API；可添加自定义功能模块，测试和调试工具丰富
Onix	Python/C++/Java	Linux	Nicira	利用分布式系统实现中央控制平面；面向较大规模真实网络的部署方案

16.4.3　OpenFlow 协议及自身问题

OpenFlow 协议是描述控制器和交换机之间交互所用信息的标准，协议的核心部分是用于 OpenFlow 协议信息结构的集合。

表 16-2 列出了 OpenFlow 协议版本的变化，可以看出 OpenFlow 协议除了拥有灵活、开放的特点外，其自身也面临着一些问题。主要包括两个问题，一个是 OpenFlow 交换机的流表问题，流表大小的问题可以通过两个思路解决，一是使用 multi-table(OF 1.1 支

持)，通过 pipeline 的流表查找来解决指数及增长的流表项数；二是使用 Proactive+Reactive 的双重流表建立方法，通过分布查找+动态加载减少流表项数(DIFANE)。虽然这两种方案在一定程度上减轻了流表大小，但还未最终解决该问题。此外，OpenFlow 能否支持大规模网络，还需要进一步研究。

另一个问题是控制器的扩展性问题，OpenFlow 集中式的控制平面很容易成为整个网络的瓶颈，OpenFlow 1.2 版的协议中提出了对多控制器的支持，但控制器之间缺乏相关同步。2013 年发布的 OpenFlow1.4 版本仍然是基于 1.3 版本的特征改进版本，数据转发层面没有太大变化，主要是增加了一种流表同步机制，多个流表可以共享相同的匹配字段，而且可以定义不同的动作，为控制器一致性扩展问题提出了一些思路。目前主流的思路是用分布式的控制器集群来分担单控制的瓶颈压力，提供网络的性能和可靠性(如 ONIX 等)。

表 16-2　OpenFlow 协议版本的演化

协议版本	发布时间	主要内容
OF 0.8.9	2008.12	第一个发布的 OpenFlow 协议版本，初试支持十元组
OF 0.9.0	2009.6	增加紧急流表缓存、故障回滚、VLAN 优先级匹配等
OF 1.0.0	2009.12	第一个正式商用 OpenFlow 协议版本，增加网络分片、IP 服务类型等
OF 1.1.0	2011.2	增加多表、多路径、标签隧道支持、MPLS 等
OF 1.2.0	2011.12	支持 IPv6、扩展匹配等
OF 1.3.0	2012.4	增加每流计数器、流失配、PBB 等
OF 1.3.1	2012.8	增强版本协商等
OF 1.4	2013.10	流表同步机制、Bundling 消息
OF 1.5	2014.12	增加出口表、数据包类型认知流水线等
OF-Config 1.0	2012.1	第一个 OpenFlow 管理和配置协议，队列、端口、控制器分配等
OF-Config 1.1	2012.4	更新 UML 和 XML 范式
OF-Config 1.2	2014.6	针对 OF 1.3 进行了扩展

16.5　SDN 的应用场景和发展方向

16.5.1　应用场景

SDN 技术目前在校园网和数据中心互连等应用中已经取得了一些进展。

1. 校园网

在校园中部署 OpenFlow 网络，是 OpenFlow 设计之初应用较多的场所，它为学校的科研人员构建了一个可以部署网络新协议和新算法的创新平台，并实现了基本的网络管理和安全控制功能。目前已经有包括斯坦福大学、清华大学在内的多所高校部署了

OpenFlow 网络，并搭建了一些应用环境。

图 16-4 为清华大学基于 OpenFlow 的 LiveSec 网络安全系统。

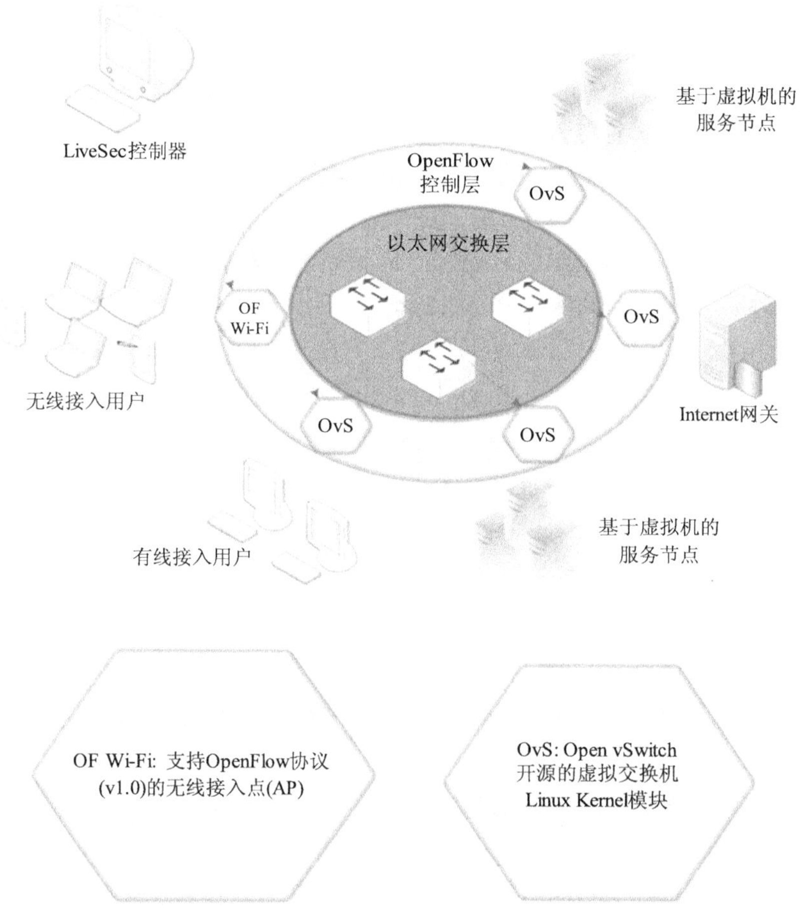

图 16-4　清华大学基于 OpenFlow 的 LiveSec 网络安全系统

2. 数据中心互连

大型企业的数据中心往往不止一个，为了容灾备份或其他一些需求，这些分布在异地的数据中心通常会租用运营商的 VPN 专线进行互连。由于数据中心之间的业务流量具有不确定性，为了保证数据中心间传输的性能，企业通常按照峰值带宽来租用 WAN 链路，然而由于大部分时间这些 WAN 链路都处于低利用率状态，因此造成资源的极大浪费。Google 创造性地利用 OpenFlow 技术有效地解决了这个问题。

Google 的广域网由两张骨干网平面组成，即外网和内网。外网用于承载用户流量，称为 I-scale 网络，而内网则用于承载数据中心之间的流量，称为 G-scale 网络，这两张网络的需求差别性很大，流量特性也存在着很大的差别。如今 Google 已经在 G-scale 网络中大规模地部署了 SDN 解决方案，Google 基于 OpenFlow 的全球数据中心互连如图 16-5 所示。

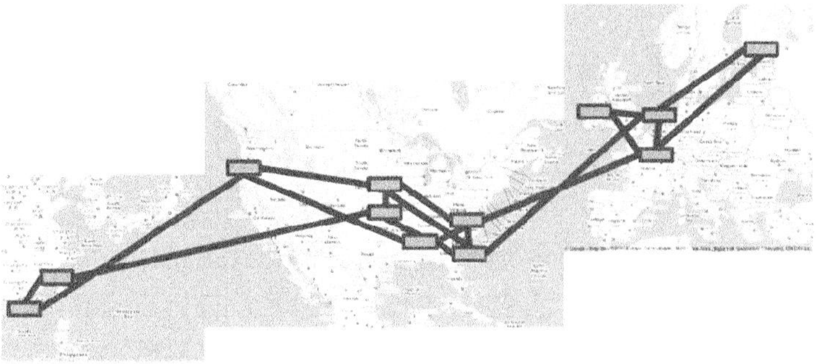

图 16-5　Google 基于 OpenFlow 的全球数据中心互连

根据 G-scale 网络的需求和流量特性，Google 利用 OpenFlow 协议，自己开发了网络交换机，并基于 OpenFlow 开发了开放的路由协议栈。每个数据中心站点部署了多台交换机设备，保证可扩展性(高达 T 比特的带宽)和高容错率，站点之间通过多个 OpenFlow 控制器实现网络调度。在这个广域网矩阵中，Google 建立了一个集中的流量工程模型，可以实时计算和选择最佳路径。到 2012 年初，Google 数据中心全部骨干连接已经都采用这种架构，WAN 链路利用率提升到 95%。

16.5.2　发展方向

由于 SDN 的灵活性、开放性和可编程性，其未来的发展前景将更加广阔，目前可以看到的潜在应用领域还包括云数据中心内部网络互连、基于 SDN 的无线通信运营商网络、未来互联网架构等。

1. 云数据中心网络

随着云计算模式和数据中心的发展，数据中心的数据流量骤增，交换机层次的管理结构复杂，服务器和虚拟机需要快速配置和数据迁移。如果不能在庞大的服务器机群中进行高效的寻址和数据传输，很容易造成网络拥塞和性能瓶颈。

SDN 控制转发分离的技术特点满足了数据中心密集型服务器需要集中管控的需求，增加了数据中心实际配置和操作的灵活性。将 OpenFlow 交换机部署到数据中心网络，可以实现高效寻址、优化传输路径、负载均衡等功能，从而进一步提高数据交换的效率，增加数据中心的可控性。Google 在其数据中心全面采用基于 OpenFlow 的 SDN 技术，大幅度提高其数据中心之间链路利用率，起到了很好的示范作用。同时，针对数据中心动态路由、负载均衡和能量管理等方面的研究也有相关实例部署，将成为基于 OpenFlow 的 SDN 技术近年的研究热点。

2. 运营商网络

运营商架构的传统电信网络，有着过度复杂和封闭的特性，沉淀了大量不必要的功能和性能。这些网络由大量单一功能的网络节点和昂贵的硬件设备构成，造成网络成本高居不下，业务收入增长乏力的被动局面。

而 SDN 的提出很好地解决了上述问题，与此同时，SDN 将对运营商的网络建设、组网架构和运维模式带来一定挑战，特别是对于已经构建了大量基于硬件控制网络的电信运营商而言，SDN 既是一个新挑战，也是一个新机遇，但从封闭的黑盒网络走向开放的可编程软网络是整个网络发展的必然趋势。

目前，美国运营商 AT&T 和 Verizon 等均将 SDN 应用于云计算数据中心组网。德国电信、法国电信、意大利电信等运营商也开始开发和部署 SDN 技术。我国的电信运营商也纷纷投入大量的资源建设大型数据中心，与设备厂商开展合作，对 SDN 和相关技术进行实验研究，后续还将根据技术和设备成熟情况开展测试和部署工作。据了解，中国移动在南方基地建造了众多数据中心，2013 年底就实际引入 SDN 进行现网部署。中国电信也以国家项目为基础，在数据中心、城域网控制面进行设备和组网方案验证。

3. 未来互联网

当前，传统互联网的网络设备使用着封闭、专有的内部接口，运行着大量的分布式协议。在这种复杂的网络环境中，封闭的网络设备使网络面临着诸多问题与挑战，如安全性、健壮性、可管理性及移动性等，而且由于网络管理需要大量的人工配置、设备兼容等问题，网络维护成本一直居高不下。

由于传统 IP 网络基础设施的大量部署，未来互联网不可能一夜之间废弃传统基于 IPv4 的互联网，而 SDN 的虚拟化功能则正好满足这一点。利用 SDN 的虚拟化技术，实现了传统业务流量与实验流量的隔离；同时，SDN 提供的编程能力为研究人员提供了极大的便利，研究人员能够基于开放接口，研究和开发新型的互联网架构和相关关键技术。

目前，美国的 GENI 计划已经基于 OpenFlow 技术构建了一套针对未来互联网创新和研究的实验网络。国内中科院计算机网络信息中心目前也已经开展了相关的工作，拟在中科院系统内部搭建一套基于 OpenFlow 的实验网，为中科院系统的科学研究工作提供支撑。

16.6 小　　结

SDN 是当前网络领域最热门和最具发展前途的技术之一。作为新兴的技术，之所以能够得到长足发展，在于它具有传统网络无法比拟的优势：首先，数据控制解耦合使应用升级与设备更新换代相互独立，加快了新应用的快速部署；其次，网络抽象简化了网络模型，将运营商从繁杂的网络管理中解放出来，能够更加灵活地控制网络；最后，控制的逻辑中心化使用户和运营商等可以通过控制器获取全局网络信息，从而优化网络，提升网络性能。鉴于 SDN 巨大的发展潜力，学术界深入研究了数据层及控制层的关键技术，并将 SDN 成功地应用到企业网和数据中心等各个领域。然而，SDN 要想成为下一代互联网主流技术还需要克服许多困难，包括 SDN 可扩展性、规则部署与跨域通信等关键性难题。因此，发挥 SDN 所具备的优势，尽量避免存在的风险，成为 SDN 未来发展的重要任务。只有这样，才能真正成为引领网络未来的互联网技术。

第 17 章　云计算和物联网

大数据、物联网(Internet of things)、移动互联网(mobile Internet)、云计算(cloud computing)被列为当今世界 IT 领域的主要热点技术。本章将分别介绍云计算和物联网的相关概念。

17.1　云　计　算

17.1.1　云计算的产生背景

随着人类社会的进步，越来越多的资源以基础设施的形式被提供给人们使用，如水、电、煤气，用户只需要有一个简单的接口，就可以在任意时间根据自己需要的频度来使用这些基础设施，并按照资源的使用情况付费。如今，计算资源在人们的日常生活中逐渐变得重要，于是如何以更好的方式给公众提供计算资源受到了很多研究人员和实施者的关注。

在经济高速发展的现代，我们每天需要处理的数据正以几何倍数的速度快速增长，而目前 PC 依然是我们日常工作、生活中信息处理的核心工具。我们每个人拥有自己的软件、硬件，可以本地保存数据，而互联网只是让我们能更方便地获取信息和相互交流。这样，无论是单位还是个人，都不得不面对着海量数据的背后对软、硬件配置不断部署、维护、升级的需求。这种需求越来越大，而且越来越难以承受。现实需要一种以较低成本投入就能获得方便、高效的公共计算资源。

随着高速网络的发展，互联网已经连接全球各地，网络带宽极大提高，可以传递大容量数据。芯片和磁盘驱动器产品在功能增强的同时，价格也变得日益低廉，拥有成百上千台计算机的数据中心具备了快速为大量用户处理复杂问题的能力。互联网络一些大型数据中心的计算和存储能力出现冗余，特别是一些大型的互联网公司具备了出租计算资源的条件。技术上，并行计算、分布式计算，特别是网格计算的日益成熟和应用，提供了很多利用大规模计算资源的方式。基于互联网服务存取技术的逐渐成熟，各种计算、存储、软件、应用都可以以服务的形式提供给客户。所有这些技术为产生更强大的公共计算能力和服务提供了可能。计算能力和资源利用效率的迫切需求、资源的集中化和各项技术的进步，推动云计算(cloud computing)应运而生。

17.1.2　云计算的定义

云计算是一种 IT 世界基础设施的变迁，但是如何准确地定义它呢？事实上，很难用一句话说清楚到底什么才是真正的云计算。2009 年 1 月，Jeremy Geelan 在云计算杂志上发表了一篇题为“21 位专家定义云计算”的文章，其结果是 21 位专家给出了 21 种定义。到底什么是云计算呢？

维基百科对云计算的解释是：云计算是一种互联网上的资源利用新方式，可为大众用户依托互联网异构、自治的服务进行按需即取的计算。由于资源是在互联网上，而在计算机流程图中，互联网常以一个云状图案来表示，因此可以形象地类比为云计算，“云”同时也是对底层基础设施的一种抽象概念。

伯克利大学的学者将云计算定义为：云计算包含互联网上应用服务及在数据中心提供这些服务的软、硬件设施。互联网上的应用服务一直被称做软件即服务(Software as a Service，SaaS)，所以我们使用这个术语。而数据中心的软、硬件设施就是我们所谓的“云”。

江南计算技术研究所的司品超等则认为：云计算是一种新兴的共享基础架构的方法。它统一管理大量的物理资源，并将这些资源虚拟化，形成一个巨大的虚拟化资源池。云是一类并行分布式的系统，这些系统由一系列互连的虚拟计算机组成。这些虚拟计算机是基于服务级别协议(供应者和消费者之间协商确定)动态部署的，并且作为一个或多个统一的计算资源存在。与传统单机、网络应用模式相比，云计算具有虚拟化技术、动态可扩展、按需部署、高灵活性、高可靠性、高性价比等六大特点。

云计算主要取决于人们所关注的兴趣。不同的人群看待云计算会有不同的理解。我们可以把人群分为云计算服务的使用者、云计算系统规划设计和开发者、云计算服务的提供者三类。云计算最典型的应用就是基于 Internet 的各类业务。云计算的成功案例包括 Google 的搜索、在线文档 Google Docs、基于 Web 的电子邮件系统 Gmail、微软的 MSN 与 Hotmail、必应(Bing)搜索；Amazon 的弹性计算云(EC2)和简单存储服务(S3)业务等。

简单来说，云计算是以应用为目的，通过互联网将大量必需的软、硬件按照一定的形式连接起来，并且随着需求的变化而灵活调整的一种低消耗、高效率的虚拟资源服务的集合形式。而对于云计算来说，它更应该属于一种社会学的技术范围。相比于物联网的对原有技术进行升级的特点，云计算则更有“创造”的意味。它借助不同物体间的相关性，把不同的事物进行有效的联系，从而创造出一个新的功能。

17.1.3 云计算的特征

1. 相关概念

云计算是效用计算(utility computing)、并行计算(parallel computing)、分布式计算(distributed computing)、网格计算(grid computing)、网络存储(network storage)、虚拟化(virtualization)、负载均衡(load balance)等传统计算机和网络技术发展融合的产物。云计算的基本原理是让计算分布在大量的分布式计算机上，而非本地计算机或远程服务器中，从而使得企业数据中心的运行与互联网相似。

(1) 效用计算

效用计算(utility computing)是一种提供计算资源的商业模式，用户从计算资源供应商处获取和使用计算资源，并基于实际使用的资源付费。效用计算主要给用户带来经济效益，是一种分发应用所需资源的计费模式。相对效用计算而言，云计算是一种计算模式，它代表了在某种程度上共享资源进行设计、开发、部署、运行应用以及资源的可扩展收缩和对应用连续性的支持。

(2) 并行计算

并行计算(parallel computing)是指同时使用多种计算资源解决计算问题的过程。并行计算是为了更快速地解决问题、更充分地利用计算资源而出现的一种计算方法。

并行计算将一个科学计算问题分解为多个小的计算任务，并将这些小的计算任务在并行计算机中执行，利用并行处理的方式达到快速解决复杂计算问题的目的，它实际上是一种高性能计算。

并行计算的缺点是：将被解决的问题划分出来的模块是相互关联的，如果其中一块出错，必定影响其他模块，再重新计算会降低运算效率。

(3) 分布式计算

分布式计算(distributed computing)是利用互联网上众多的闲置计算机的计算能力，将其联合起来解决某些大型计算问题的一门学科。与并行计算同理，分布式计算也是把一个需要巨大的计算机才能解决的问题分解成许多小的部分，然后把这些分配给多个计算机进行处理，最后把这些计算结果综合起来得到最终的正确结果。与并行计算不同的是，分布式计算所划分的任务相互之间是独立的，某一个任务的出错不会影响其他任务。

(4) 网格计算

网格计算(grid computing)是指分布式计算中两类广泛使用的子类型：一类是在分布式的计算资源支持下作为服务被提供的在线计算或存储；另一类是由一个松散连接的计算机网络构成的虚拟超级计算机，可以用来执行大规模任务。

网格计算强调资源共享，任何人都可以作为请求者使用其他节点的资源，同时需要贡献一定资源给其他节点。网格计算强调将工作量转移到远程的可用计算资源上；云计算强调专有，任何人都可以获取自己的专有资源，并且这些资源是由少数团体提供的，使用者不需要贡献自己的资源。在云计算中，计算资源的形式被转换，以适应工作负载，它支持网格类型应用，也支持非网格环境，比如运行传统或 Web2.0 应用的三层网络架构。网格计算侧重并行的计算集中性需求，并且难以自动扩展云计算侧重事务性应用，大量的单独的请求，可以实现自动或半自动扩展。

(5) 自主计算

自主计算(self-computing)是具有自我管理功能的计算机系统。自主计算是由美国 IBM 公司于 2001 年 10 月提出的。IBM 将自主计算定义为“能够保证电子商务基础结构服务水平的自我管理(self-managing)技术”。其最终目的在于使信息系统能够自动地对自身进行管理，并维持其可靠性。

自主计算的核心是自我监控、自我配置、自我优化和自我恢复。自我监控，即系统能够知道系统内部每个元素当前的状态、容量以及它所连接的设备等信息；自我配置，即系统配置能够自动完成，并能根据需要自动调整；自我优化，即系统能够自动调度资源，以达到系统运行的目标；自我恢复，即系统能够自动从常规和意外的灾难中恢复。

2. 云计算的特征

云计算的一个核心理念就是通过不断提高“云”的处理能力，进而减少用户终端的处理负担，最终使用户终端简化成一个单纯的输入输出设备，并能按需享受“云”强大的计算处理能力。云计算的中心思想是将大量用网络连接的计算资源统一管理和调度，构成一个计算资源池，向用户提供按需服务。

云计算的特征主要表现在以下几个方面：

(1) 超大规模。“云”具有相当的规模，Google 云计算已经拥有 100 多万台服务器，Amazon、IBM、Microsoft、Yahoo 等的“云”均拥有几十万台服务器。“云”能赋予用户前所未有的计算能力。云业务的需求和使用与具体的物理资源无关，IT 应用和业务运行在虚拟平台之上。云计算支持用户在任何有互联网的地方，使用任何上网终端获取应用服务。用户所请求的资源来自于规模巨大的云平台。

(2) 高可扩展性。“云”的规模超大，可以动态伸缩满足应用和用户规模增长的需要。

(3) 虚拟化。云计算是一个虚拟的资源池，用户所请求的资源来自“云”，而不是固定的有形的实体。用户只需要一台笔记本或者一部手机，就可以通过网络服务来实现自己需要的一切，甚至包括超级计算这样的任务。

(4) 高可靠性。用户无需担心个人计算机崩溃导致的数据丢失，因为其所有的数据都保存在云里。

(5) 通用性。云计算没有特定的应用，同一个“云”可以同时支撑不同的应用运行。

(6) 廉价性。由于“云”的特殊容错措施，可以采用极其廉价的节点来构成云。云计算将数据送到互联网的超级计算机集群中处理，个人只需支付低廉的服务费用，就可完成数据的计算和处理。企业无需负担日益高昂的数据中心管理费用，从而大大降低了成本。

(7) 灵活定制。用户可以根据自己的需要定制相应的服务、应用及资源，根据用户的需求，“云”来提供相应的服务。

17.1.4　云计算的发展面临的挑战

1. 高可靠的网络系统技术

支撑云计算的是大规模的服务器集群系统，当系统规模增大后，可靠性和稳定性就成了最大的挑战之一。大量服务器进行同一个计算时，单节点故障不应该影响计算的正常运行，同时为了保证云计算的服务高质量地传给需要的用户，网络中必须具备高性能的通信设施。

2. 数据安全技术

数据的安全包括两个方面一是保证数据不会丢失；二是保证数据不会被泄露和非法访问。对用户而言，数据安全性依旧是最重要的顾虑，将原先保存在本地、为自己所掌控的数据交给看不到、摸不着的云计算服务中心，这样一个改变并不容易。从技术角度说，云计算的安全跟其他信息系统的安全实际上没有大的差别，更多的是法规、诚信、习惯、观念等非技术因素。

3. 可扩展的并行计算技术

并行计算技术是云计算的核心技术，多核处理器的出现使得并行程序的开发比以往更难。可扩展性要求能随着用户请求、系统规模的增大而有效地扩展。目前大部分并行应用在超过 1000 个处理器时都难以获得有效的加速性能，未来的许多并行应用必须能有效扩展到成千上万个处理器上。

4. 海量数据的挖掘技术

如何从海量数据中获取有用的信息，将是决定云计算应用成败的关键。除了利用并行计算技术加速数据处理的速度外，还需要新的思路、方法和算法。海量数据的存储和管理也是一个巨大的挑战。

5. 网络协议与标准问题

当一个云系统需要访问另一个云系统的计算资源时，必须要对云计算的接口制定交互协议，这样才能使得不同的云计算服务提供者相互合作，以便提供更好、更强大的服务。云计算要想更好地发展，就必须制定出一个统一的云计算公共标准，这可以为某个公司的云计算应用程序迁移到另一家公司的云计算平台上提供可能。

6. 推广问题

当进入云计算时代时，硬件厂商和操作系统企业将如何生存？云计算自身的系统稳定性如何？这些问题都会让人们心生疑虑，从而推迟对云的接受速度。

17.1.5　云计算与物联网的关系

云计算与物联网这两个名词是同时出现的，其实云计算和物联网两者之间没有什么特殊的关系。物联网与云计算之间是应用与平台的关系。物联网的发展依赖于云计算系统的完善，从而为海量物联信息的处理和整合提供可能的平台条件，云计算的集中数据处理和管理能力将有效地解决海量物联信息的存储和处理问题。

没有云计算平台支持的物联网，其实价值并不大，因为小范围传感器信息的处理和数据整合是很早就有的技术，如工控领域的大量系统都是这样的模式，没有被广泛整合的传感器系统是不能被准确地称为物联网的。所以云计算技术对物联网技术的发展有着决定性的作用，没有统一数据管理的物联网系统将丧失其真正的优势。物物相连的范围是十分广阔，可能是高速运动的列车、汽车甚至是飞机，也可能是家中静止的电视、空调、茶杯，任何小范围的物物相连都不能被称为真正的物联网。

17.2 物　联　网

17.2.1 物联网概念

1. 物联网概念的提出

1995 年，比尔盖茨在《未来之路》中首次提及到物联网概念。当时受限于无线网络、硬件及传感设备的发展，并未引起重视。

1999 年，Electronic Product Code (EPC) Global 的前身麻省理工 Auto-ID 中心提出"Internet of Things"的构想：物品上装置的电子标签存储唯一的 EPC 码，利用射频识别技术(RFID) 完成标签数据的自动采集，通过与互联网相连的 EPCIS 服务器提供对应该 EPC 的物品信息——物品信息互联网络。

2005 年，国际电信联盟(ITU)发布名为 *Internet of Things* 的技术报告，提出"物联网"是信息和通信技术(ICTs)中的新维度：From anytime，any place connectivity for anyone，we will now have connectivity for anything。RFID 技术、传感器技术和嵌入式智能技术是物联网的基础性技术。

2. 物联网的概念

物联网(the Internet of things，IOT)是指通过装置在物体上的各种信息传感设备，如 RFID 装置、红外感应器、全球定位系统、激光扫描器等等，赋予物体智能，并通过接口与互联网相连而形成一个物品与物品相连的巨大的分布式协同网络(图 17-1)。

图 17-1　物联网：物物相连的分布式协同网络

国际电信联盟(ITU)对物联网的定义是：From anytime，any place connectivity for anyone，we will now have connectivity for anything。

国际电信联盟描绘“物联网”时代的情形(图 17-2)：

- 司机出现操作失误时汽车会自动报警；
- 公文包会提醒主人忘带了什么东西；
- 衣服会“告诉”洗衣机对颜色和水温的要求；
- ……

图 17-2　“物联网”时代的情形

3. 物联网实质

物联网实质上就是“物物相连的互联网”，物联网的核心和基础仍然是互联网，是在互联网基础上的延伸和扩展的网络；其用户端延伸和扩展到了任何物品与物品之间，进行信息交换和通信。

4. 物联网基本特征

物联网具有三个基本特征：

全面感知：利用 RFID、传感器、二维码、卫星、微波及其他各种感知设备随时随地采集各种动态对象，全面感知世界。

可靠传送：利用以太网、无线网、移动网将感知的信息进行实时传送。

智能控制：对物体实现智能化的控制和管理，真正达到人与物的沟通。

17.2.2 物联网的发展状况

1. 美国2009：IBM“智慧的地球”战略

2009年1月，IBM首席执行官彭明盛提出“智慧地球”构想，其中物联网为“智慧地球”不可或缺的一部分，其智慧地球战略的主要构成部分：传感器、RFID标签和实时信息处理软件(如WebSphere RFID Information Center)。

典型的案例包括：

(1) 作为一家主营制药和特殊包装的中型企业GSMS，通过与IBM及业务合作伙伴DSS合作，利用二维码和射频识别设备(RFID)标签设计了一个精密的跟踪系统。每个药品包装上都有独一无二的序列号，这样GSMS就能杜绝假冒药品混入供应链。

(2) Spolem PSS Polnoc，一家波兰的中型连锁超市，引入了波兰首个IBM自助服务解决方案。在加快结账速度、节省支出的同时，该智能系统还可以帮助超市更深入地理解顾客的购买偏好，从而更好地满足顾客所需。

2. 美国2009：作为振兴经济的“新武器”和国家战略

2009年初，美国总统奥巴马就职后，对“智慧地球”构想作出了积极回应，并将其提升为国家层级的发展战略；奥巴马将“新能源”和“物联网”作为振兴经济的两大武器，投入巨资深入研究物联网相关技术。

美国《经济复苏和再投资法》中，鼓励物联网技术发展政策主要体现在推动能源、宽带与医疗三大领域开展物联网技术的应用。

3. 欧盟：引领世界物联网“加速跑”

2009年6月，欧盟委员会向欧盟议会、理事会、欧洲经济和社会委员会及地区委员会递交了《欧盟物联网行动计划》(Internet of Things-An action plan for Europe)，意在引领世界物联网发展。

2009年10月，欧盟委员会以政策文件的形式对外发布了物联网战略，将于2011～2013年间每年新增2亿欧元进一步加强研发力度，同时拿出3亿欧元专款，支持物联网相关公私合作短期项目建设。

2009年12月，欧盟委员会以政策文件的形式，对外发布了欧盟“数字红利”利用和未来物联网发展战略。

为了加强政府对物联网的管理，消除物联网发展的障碍，欧盟制定了12项行动保障物联网的发展。

4. 日本：u-Japan战略

u-Japan目标：建设无所不在的网络社会，2010年实现“anytime、anywhere、anything、anyone”都能上网的环境。

i-Japan 目标：2011 年实现日本产业社会、地区与 Information and Communications Technology (ICT)融合。

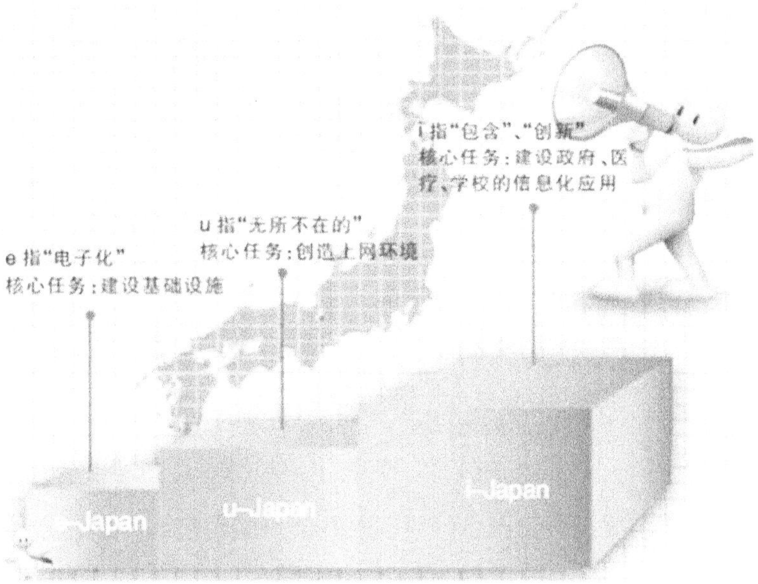

图 17-3　日本：从 e-Japan、u-Japan 到 i-Japan 的三级跳

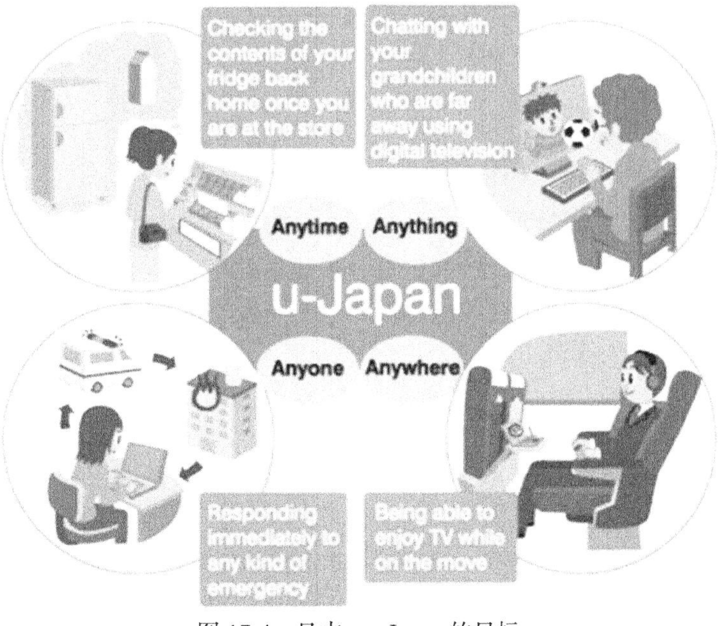

图 17-4　日本：u-Japan 的目标

5. 韩国：IT839 计划& u-Korea 战略

2004 年，韩国信息通信部制定的 IT839 计划，是 u-Korea 的核心：八项信息产业服务、三大基础网络设施建设、九项新增长技术。

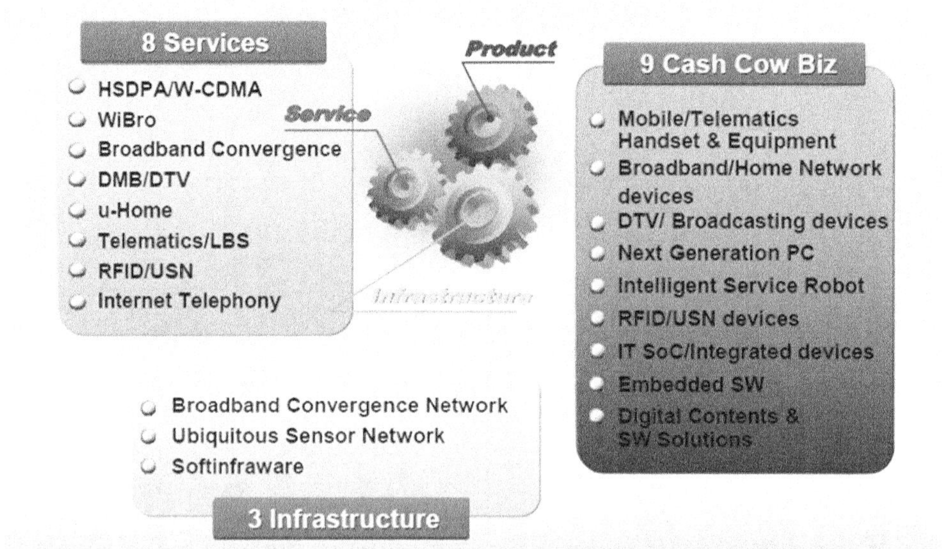

图 17-5　韩国：IT839 计划

2009 年韩国通信委员会出台了《物联网基础设施构建基本规划》，将物联网市场确定为新增长动力。

《物联网基础设施构建基本规划》提出到 2012 年实现“通过构建世界最先进的物联网基础实施，打造未来广播通信融合领域超一流信息通信技术强国”的目标，并确定了构建物联网基础设施，发展物联网服务，研发物联网技术、营造物联网扩散环境等 4 大领域、12 项详细课题。

6. 新加坡：打造物联网未来

新加坡计划打造智慧国 2015(iN2015)，2005 年由资讯通信发展管理局(IDC)负责实施的 10 年计划。改造政府、金融、教育、医疗保健、媒体娱乐、制造与物流、旅游、零售 7 大行业，“利用无所不在的信息通信技术将新加坡打造成一个智慧的国家、全球化的城市”，包括 4 项政策、7 个行业、6 大目标。

7. 2009：中国物联网的元年

2009 年 8 月 7 日，温家宝考察中科院无锡高新微纳传感网工程技术研发中心，提出了把“感知中国”中心设在无锡、辐射全国的想法，强调“在传感网发展中，要早一点谋划未来，早一点攻破核心技术，把传感系统和 3G 中的 TD 技术结合起来”。江苏省委省政府接到指示后认真落实总理的要求，热情拥抱“物联网”，突出抓好平台建设和应用示范工作。无锡市则做出部署：举全市之力，抢占新一轮科技革命制高点，把无锡建成传感网信息技术的创新高地、人才高地和产业高地。

2009 年 9 月 21 日，工信部在相关会议上，首次明确提出要进一步研究建设物联网、传感网，加快传感中心建设，推进信息技术在工业领域的广泛应用，提高资源利用率、经济运行效益和投入产出效率等。

2009 年 11 月 1 日，中关村物联网产业联盟正式成立，成员包括了北京移动、清华同方股份有限公司、北京邮电大学、中科院软件所、北京交通委信息中心等十二家单位，囊括了政府、院校和企业。

2009 年 11 月 3 日，温家宝总理在《让科技引领中国可持续发展》的讲话中，正式将物联网定位为我国五大新型战略产业之一。

2009 年底，“中国电信物联网应用和推广中心”、“中国电信物联网技术重点实验室”在江苏无锡成立，标志着中国第一个“物联网城市”在无锡正式启程。

对于物联网在国内市场空间，权威机构预测，仅“产业排头兵”RFID 领域，2010 年国内市场规模就将达 50 亿元，年复合增长率为 33%，其中电子标签超过 38 亿元、读写器接近 7 亿元、软件和服务达到 5 亿元的市场格局。而业内人士估计，中国物联网产业链 2010 年就能创造约 1000 亿元产值，并成为下一个万亿级信息产业引擎。

美国权威咨询机构 FORRESTER 预测，到 2020 年，世界上物物互连的业务，跟人与人通信的业务相比，将达到 30∶1，因此，“物联网”被称为是下一个万亿级的通信业务。

8. 物联网成为国家重点研究领域

物联网的建设在我国成为大家普遍关注的热点，得到国家科技部、质检总局、国家标准委员会等政府部门和自动识别技术等相关行业及企业的高度重视；

物联网已被明确列入《国家中长期科学技术发展规划(2006—2020 年)》和 2050 年国家产业路线图；

国内研究院所早在 1999 年就启动了传感网研究，并且已拥有从材料、技术、器件、系统到网络的较完整的产业链。

目前我国传感网标准体系已形成初步框架，向国际标准化组织提交的多项标准提案被采纳，传感网标准化工作已经取得积极进展。

9. 中国物联网的研究现状

无线传感器网络硬件节点：

- 南京邮电大学无线传感器网络系列节点 UbiCell
- 南京邮电大学无线多媒体传感器网络节点 UbiCell-MUbiCell-M
- 中国科学院计算技术研究所 GAINS 系列节点
- 香港科技大学无线传感器网络节点

无线传感器网络软件产品：

- 南京邮电大学的无线传感器网络中间件软件 DisWare
- 南京邮电大学的无线传感器网络集成开发平台 MeshIDE
- 中国科学院宁波计算所的无线传感器网络分析与管理平台

10. 物联网现存问题

物联网存在的问题包括：

(1) 基础物联网多系统集成问题；

(2) 物联网技术标准问题，互联网在网络层有 TCP / IP 协议，在接入层则面临协议类型多，如 GPRS、传感器、TD-SCDMA、有线等多种通道。物联网是基于网络的多种技术的结合，应该有相关协议标准做支撑；

(3) 地址问题，因为每个物品都需要在物联网中被寻址，就需要解决地址问题；

(4) 多技术融合问题，包括传感器技术、射频识别技术、通信技术、控制技术、智能技术等的融合问题。

17.2.3　物联网技术体系框架

物联网是以感知为目的的物物互连系统，涉及网络、通信、信息处理、传感器、RFID、安全、服务技术、标识、定位、同步、数据挖掘、多网融合等众多技术领域。

物联网作为一种形式多样的聚合性复杂系统，涉及了信息技术自上而下的每一个层面，其体系架构一般由感知层、网络层、应用层和共性支撑技术体系构成，如图 17-6 所示。其中共性支撑技术不属于物联网技术的某个特定层面，而是与物联网技术架构的三层都有关系，它包括标识与解析、安全技术、网络管理和服务质量(QoS)管理等内容。

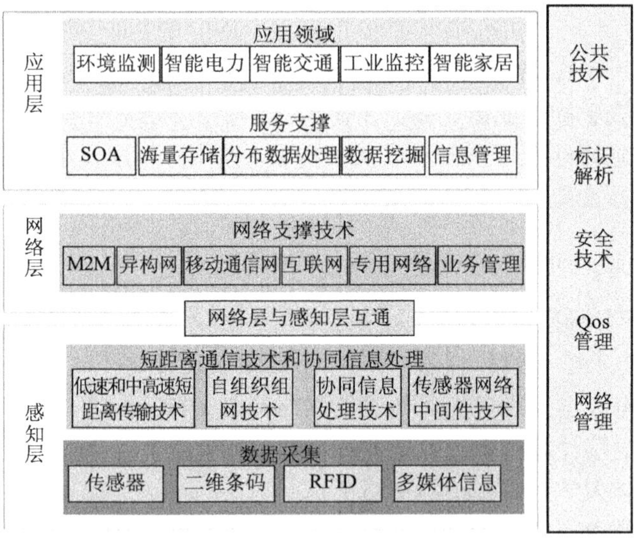

图 17-6　物联网技术体系架构

1. 感知层

感知层由数据采集子层、短距离通信技术和协同信息处理子层组成。

数据采集子层通过各种类型的传感器获取物理世界中发生的物理事件和数据信息，例如各种物理量、标识、音视频多媒体数据。物联网的数据采集涉及传感器、RFID、多媒体信息采集、二维码和实时定位等技术。

图 17-7　物联网数据采集设备

传感器是能感受被测量并按照一定的规律转换成可用输出信号的器件或装置，通常由敏感元件和转换元件组成。传感器是感知延伸层获取数据的一种设备。

RFID 是一种非接触式的自动识别技术，它通过射频信号自动识别目标对象并获取相关数据。

二维码是用某种特定的几何图形按一定规律在平面或二维方向上分布的黑白相间的图形记录数据符号信息，通过图像输入设备或光电扫描设备自动识读以实现信息自动处理。

多媒体信息采集是对音频、视频信息进行同步采集，并将其存储的技术。

短距离通信技术和协同信息处理子层将采集到的数据在局部范围内进行协同处理，以提高信息的精度，降低信息冗余度，并通过具有自组织能力的短距离传感网接入广域承载网络。感知层中间件技术旨在解决感知层数据与多种应用平台间的兼容性问题，包括代码管理、服务管理、状态管理、设备管理、时间同步、定位等。

无线传输用于补充和延伸接入网络，使得网络能够把各种物体接入到网络，主要包括各种短距离无线通信技术。常用的无线传输技术如下：

IEEE802.15.4：IEEE802.15.4 是一种经济、高效、低数据速率(<250kbps)、工作在 2.4GHz 和 868/928MHz 的无线技术，用于个人区域网和对等网络。

UWB：UWB(Ultra-Wideband)是一种无载波通信技术，利用纳秒至微微秒级的非正弦波窄脉冲传输数据。通过在较宽的频谱上传送极低功率的信号，UWB 能在 10 米左右的范围内实现数百 Mbps 至数 Gbps 的数据传输速率。

NFC：NFC 技术在单一芯片上集成了非接触式读卡器、非接触式智能卡和点对点的功能，运行在 13.56MHz 的频率范围内，能在大约 10cm 范围内建立设备之间的连接，传输速率可为 106、212、424kbps，未来可提高到 848kbps 以上。

蓝牙：蓝牙是一种支持设备短距离通信(一般 10m 内)的无线电技术。能在包括移动电话、PDA、无线耳机、笔记本电脑、相关外设等众多设备之间进行无线信息交换。

2. 网络层

网络层将来自感知层的各类信息通过基础承载网络传输到应用层，包括移动通信网、互联网、卫星网、广电网、行业专网及形成的融合网络等。根据应用需求，可作为透传的网络层，也可升级以满足未来不同内容传输的要求。经过 10 余年的快速发展，移动通信、互联网等技术已比较成熟，在物联网的早期阶段基本能够满足物联网中数据传输的需要。网络层主要关注来自于感知层的、经过初步处理的数据经由各类网络的传输问题。这涉及智能路由器，不同网络传输协议的互通、自组织通信等多种网络技术。

网络层技术主要用于实现物联网信息的双向传递和控制，重点在于适应物物通信需求的无线接入网和核心网的网络改造和优化，以及满足低功耗、低速率等物物通信特点的感知层通信和组网技术。主要包括：

电信网增强：目前电信网主要用于支持人与人之间的通信。物与物通信和人与人通信在需求和特点上存在差异，为使网络能够更加适应物与物的通信，需要对现有网络能力进行增强或优化。

下一代承载网：可以承载并满足包括物与物通信在内的各种泛在业务需求的新型承载网。

网络资源虚拟化：利用虚拟化技术屏蔽异构网络在资源形态、资源使用方式等方面上的差异性，将网络的各类资源，如设备、存储、计算、承载传送等各种资源，进行感知、收集、抽象等处理。

物物通信无线接入：实现物与物通信业务流量模式下的无线网络技术。

环境感知：用户感知延伸层的个域网、家庭网、车域网网络环境下，网络将根据用户的定制提供无处不在的网络服务。

异构网融合：不同接入技术的网络环境下，网络提供的不同接入技术的无缝切换服务或游牧式服务的网络。

3. 应用层

应用层主要包括服务支撑层和应用子集层。物联网的核心功能是对信息资源进行采集、开发和利用。

服务支撑层的主要功能是根据底层采集的数据，形成与业务需求相适应、实时更新的动态数据资源库。用于支撑跨行业、跨应用、跨系统之间的信息协同、共享、互通的功能，主要包括：信息开放平台，环境支撑平台，服务支撑平台，其他中间件平台。

信息开放平台：将各种信息和数据进行统一汇聚、整合、分类和交换，并在安全范围内开放给各种应用服务。

环境支撑平台：根据用户所处的环境进行业务的适配和组合。

服务支撑平台：面向各种不同的泛在应用，提供综合的业务管理、计费结算、签约认证、安全控制、内容管理、统计分析等功能。

其他中间件平台：用于支撑泛在应用的其他平台，例如封装和抽象网络和业务能力，向应用提供统一开放的接口等。

物联网服务可以划分为行业服务和公众服务。行业服务通常是面向行业自身特有的需求，由行业系统内企业提供的服务，如智能电力、智能交通、智能环境等。公共服务则是面向公众的普遍需求，由跨行业的企业主体提供的综合性服务，如智能家居等。

物联网涉及面广，包含多种业务需求、运营模式、技术体制、信息需求、产品形态均不同的应用系统，因此统一、系统的业务体系结构，才能够满足物联网全面实时感知、多目标业务、异构技术体制融合等需求。各业务应用领域可以对业务类型进行细分，包括绿色农业、工业监控、公共安全、城市管理、远程医疗、智能家居、智能交通和环境监测等各类不同的业务服务，根据业务需求不同，对业务、服务、数据资源、共性支撑、网络和感知层的各项技术进行裁剪，形成不同的解决方案；该部分可以承担一部分呈现和人机交互功能。应用层将为各类业务提供统一的信息资源支撑，通过建立、实时更新可重复使用的信息资源库和应用服务资源库，使得各类业务服务根据用户的需求随需组合，使得物联网的应用系统对于业务的适应能力明显提高。该层能够提升对应用系统资源的重用度，为快速构建新的物联网应用奠定基础，满足在物联网环境中复杂多变的网络资源应用需求和服务。

除此之外，物联网还需要信息安全、物联网管理、服务质量管理等公共技术支撑，以采用现有标准为主。在各层之间，信息不是单向传递，有交互、控制等，所传递的信息多种多样，其中最为关键的是围绕物品信息，完成海量数据采集、标识解析、传输、智能处理等各个环节，与各业务领域应用融合，完成各业务功能。因此物联网的系统架构和标准体系是一个紧密关联的整体，引领了物联网研究的方向和领域。

17.2.4　物联网标准体系

目前物联网没有形成统一标准，各个企业、行业都根据自己的特长定制标准，并根据企业或行业标准进行产品生产。这为物联网形成统一的端到端标准体系制造了很大障碍。

为物联网制定标准，应从以下几个方面入手：

1. 物联网标准化对象划分

从标准化对象的角度看，物联网标准涉及的标准化对象可为相对独立、完整、具有特定功能的实体，可大至网络、系统，可小至设备、接口、协议，另外还包括业务。各种实体根据需要，可以制定技术要求类标准和测试方法类标准。

2. 物联网标准体系划分

标准体系的建立应遵照全面成套、层次恰当、划分明确的原则。物联网标准体系可以根据物联网技术体系的框架进行划分，即分为感知层标准、网络层标准、应用层标准和共性支撑标准。

(1) 感知层标准

感知层标准包括以下三个方面：

短距离无线通信相关标准：基于 NFC 技术的接口和协议标准、低速物理层和 MAC 层增强技术标准、基于 ZigBee 的网络层和应用层标准等。

RFID 相关标准：空中接口技术标准、数据结构技术标准、一致性测试标准等。

无线传感网相关标准：传感器到通信模块接口技术标准、节点设备技术标准等。

(2) 网络层标准

物物通信无线接入标准：面向物物通信的增强 UTRA/EUTRA 系统设备和接口的技术和测试标准等。

电信网增强标准：面向物物通信针对移动核心网络增强的技术标准等。

网络资源虚拟化标准：网络资源虚拟化调用技术标准、网络资源虚拟化的管理技术标准、网络虚拟化核心设备技术和测试标准等。

环境感知标准：认知无线电系统的技术标准，包括关键技术、未来应用、频谱管理的标准等。

异构网融合标准：不同无线接入技术在接入网层面融合标准、不同无线接入技术在核心网层面融合标准等。

(3) 应用层标准

行业应用类标准：智能交通、智能电力、智能环境等相关系列标准。

公众应用类标准：智能家居总体技术标准、智能家居联网技术标准、智能家居设备控制协议技术标准等。

应用中间件平台标准：物联网信息开放控制平台基本能力标准、物联网信息开放控制平台总体功能架构标准、信息服务发现平台标准、信息处理和策略平台标准等。

(4) 共性支撑标准

网络架构：物联网总体框架标准等。

标识解析：物联网络标识、解析与寻址体系标准等。

网络管理：物联网络管理平台标准、物联网络延伸网终端远程管理技术标准等。

安全：物联网安全防护系列标准、物联网安全防护评估测试标准等。

17.2.5　物联网的应用案例

1. 典型案例 1：自助图书馆系统

- 门禁控制；
- 使用 RFID 标识每一本图书；
- 读者自助还书(RFID 读写器就能立刻确认还书信息)；
- 图书分拣由计算机自动完成。

案例：

- 新加坡国家图书馆(图书资产)管理

- 深圳图书馆新馆

2006 年 7 月在全国率先全面应用无线射频技术(RFID)，在馆内全面实行包括自助借还的多种形式的自助服务，很快得到了广大读者的认可，深圳图书馆自助借还量占全馆图书的比例已超过 90%。

图 17-8　物联网自助图书馆系统

2. 典型案例 2：医疗卫生系统

- 医疗器械管理和追踪
- 病人病情监控与跟踪

案例：

美国新泽西医疗公司 4 家医院安装了 RFID 系统，用以追踪上千名病人和工作人员，以及多达一万件资产。

早在 2006 年，新泽西州哈肯萨克医学中心将植入式 RFID 微型标签(芯片)VeriChip 植入病患的手臂上臂，用来存取慢性病病人的病况信息。医护人员将使用内置 RFID 读写器的手持终端扫描病患的 VeriChip 所在部位，VeriChip 上面的 16 位 ID 信息及数据库中存储的病患治疗记录，会立刻显示在手持终端上。

2008 年 10 月，北京地坛医院开始了其应用 RFID 的项目——地坛医院追踪管理系统，主要应用在对人员、重要医疗设备以及医疗垃圾车三种对象的实时跟踪管理上。

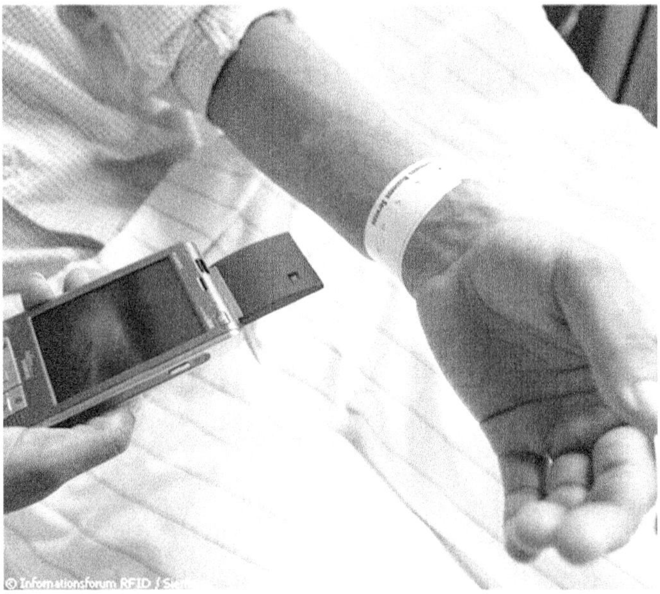

图 17-9　物联网病人病情监控与跟踪系统

3. 典型案例 3：可口可乐 RFID 自动装饮料机—— Freestyle

Freestyle 可采用 RFID 技术来识别 30 多个调料桶，可提供 100 多种饮料。每种饮料都是由几种配料组成，当顾客下单时，机器将这些成分以适当的比例混合，并注入顾客的杯子里。

Freestyle 配备有移动和有线以太网功能，可与可口可乐位于亚特兰大的 Freestyle SAP 数据管理系统通信，向公司提供商业分析，机器可以将消耗最多的饮料类型、时间和地点数据上传，还可以接收网络指令。举个例子，如果一个调料桶需要召回，网络指令机器立即停止出售含这种调料的饮料。

图 17-10　可口可乐 RFID 自动装饮料机—— Freestyle

4. 典型案例 4：一氧化碳预警系统

2009 年取暖季期间，北京市朝阳区在流动人口比较集中的崔各庄乡、十八里店乡发放并调试一氧化碳探测器 3 万只，开展出租房屋一氧化碳无线监测预警系统的试点部署。该系统通过在房屋内安装监控探测器和无线传输模块，对空气中的一氧化碳浓度进行 24 小时实时监控。一旦一氧化碳浓度超标，系统就自动报警，监控人员会在第一时间通知相关部门上门处理中毒事件。

2010 年春节期间，各监控中心共收到一氧化碳浓度超标报警信息 194 例，所有报警全部按照既定流程进行了及时处置，通过该手段减少人防工作量，提高对一氧化碳中毒事件的防控水平，有效确保了人民安居乐业、社会安全稳定。

5. 典型案例 5：Nike+iPod 套件

2006 年 5 月，耐克和苹果公司合作推出创新的 Nike iPod 系列产品，将运动与音乐完美结合起来。其中，包括一个内置于鞋中的传感器和一个与 iPod 连接的接收器。通过 Nike iPod 运动组件，就可以将 Nike 运动鞋与 iPod nano 连接，iPod 就可以存储并显示运动的时间、距离、热量消耗值和步幅等数据。跑步后将 iPod 与电脑相连开始同步，就可以完美地同步你的跑步和健身数据。该产品甚至还有自己的社交网络：它可以自动发布状态消息。

图 17-11 Nike+iPod 套件

6. 典型案例 6：Adidas miCoach PACER

这是一套跑步装备，包括心律检测器和一个传感器(跟鞋配套)，该装置可以用语音提示跑步者在跑步过程中保持目标心率。此外还有一个提供健身计划、设定目标、跟踪进度的支持网站。

图 17-12　Adidas miCoach PACER

7. 典型案例 7：农业监测管理

- 温室环境信息采集和控制
- 自动灌溉系统
- 环境信息和动植物信息监测

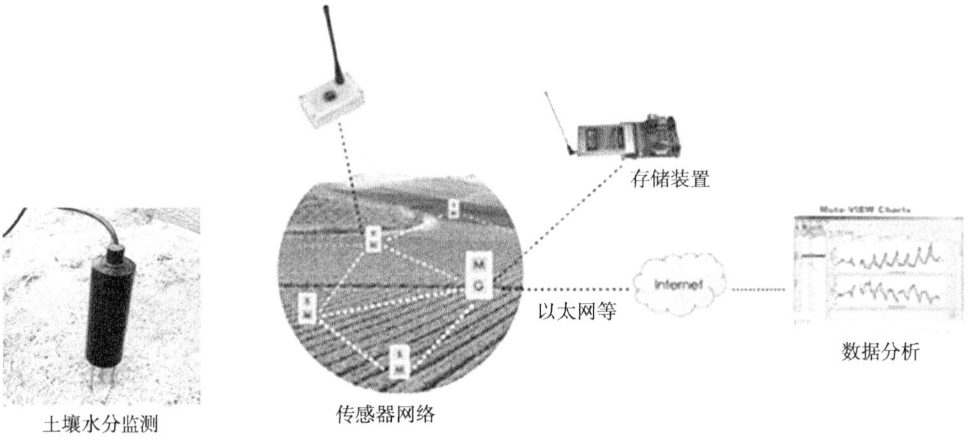

图 17-13　物联网智能农业监测管理

8. 物联网智能家电

三网融合及物联网技术应用后，冰箱、电视、微波炉、洗衣机等电器将进入智能时代。

2010 年 3 月 26 日，海尔卡萨帝物联网冰箱在上海亮相。外观上，卡萨帝物联网冰箱搭载了一块液晶触摸屏，不仅可以播放音乐、图片、视频短片，而且还可以上网获取互联网和嫁接在物联网上的各类信息，例如天气、超市货物储备等。

海信推出了智能“蓝媒”冰箱，解决了不少家庭主妇的难题。她们可以通过冰箱上的液晶显示屏观看视频资料，还可以一边播放菜谱一边做菜，增加了都市女性下厨的乐趣。

美的、海尔、松下等空调厂家推出的变频空调，能够自动感知人体温度，如果主人长时间不在，空调会自动关机。空调还具备多种舒适睡眠模式，开启后用户便可放心休息，空调自动进行智能室内控温。

9. 综合应用

IBM: 智慧的地球，我们的地球将变得可感应、可度量、互连互通以及更加智能，世界所想，我们所能。

(1) 智慧的食品——食品跟踪方案

IBM 同挪威最大食品供应商 Nortura 附属的 IT 公司 Matiq 从农场开始，贯穿供应链，直到超市货架，跟踪家禽和肉类产品。该食品跟踪方案将保证肉和禽类产品在供应链内保持最优状况。

(2) 智慧的物流

IBM 和丹麦运输公司 Container Centralen 使用 IBM 传感器技术“让园艺植物的供应链参与者跟踪观察植物在欧洲 40 国内从种植者到批发商到零售商的运输过程”。运输环节在配备传感器之后，可以让供应链参与者监视运送过程中的状况和天气，这使得运输过程变得十分透明。

(3) 智慧的城市、交通、银行、零售……

目前的物联网应用通过 RFID，传感器等技术实现了一定范围内的“物-物”互连，距离庞大的物联网还有很大差距。

欧洲 EpoSS 组织预测物联网的发展是一个漫长的过程，将经历四个阶段：

- 2010 年之前，物联网主要表现为 RFID 技术在物流、零售和制药领域的广泛应用；
- 2010~2015 年，电子标签和传感器网络集成，实现物品之间的信息互连；
- 2015~2020 年，互连物品进入半智能化；
- 2020 年之后，逐渐进入全面智能化的物联网。

17.3　小　　结

物联网研究在世界范围内如火如荼地展开，物联网研究被列为我国未来网络发展的重要方向之一。同时物联网技术是一种集成创新，国家标准化协会正在积极制定物联网标准。物联网应用潜力巨大。

云计算与物联网的结合是互联网络发展的必然趋势，它将引导互联网和通信产业的发展，并将形成一定的产业规模，相信越来越多的公司、厂家会对此进行关注。与物联网结合后，云计算才算是真正意义上的从概念走向应用，进入产业发展的“蓝海”。

参 考 文 献

[1] 王洪泊, 边胜琴. 计算机网络[M]. 北京: 清华大学出版社, 2015.

[2] Yoram Orzach. Wireshark 网络分析实战[M]. 古宏霞, 孙余强译. 北京: 人民邮电出版社, 2015.

[3] James F. Kurose, Keith W. Ross. 计算机网络: 自顶向下方法(原书第6版) [M]. 陈鸣译. 北京: 机械工业出版社, 2014.

[4] 曹雪峰. 计算机网络原理: 基于实验的协议分析方法[M]. 北京: 清华大学出版社, 2014.

[5] 崔北亮. CCNA(200-120)学习与实验指南[M]. 北京: 电子工业出版社, 2014.

[6] Todd, Lammle. CCNA 学习指南: 路由和交换认证(100-101, 200-101, 200-120) [M]. 袁国忠译. 北京: 人民邮电出版社, 2014.

[7] 谢希仁. 计算机网络[M]. 6 版. 北京: 电子工业出版社, 2013.

[8] 陈鸣. 计算机网络: 原理与实践[M]. 北京: 高等教育出版社, 2013.

[9] 王达. 深入理解计算机网络[M]. 北京: 机械工业出版社, 2013.

[10] 王达. Cisco 交换机配置与管理完全手册(第 2 版)[M]. 北京: 中国水利水电出版社, 2013.

[11] 王达. Cisco 路由器配置与管理完全手册(第 2 版)[M]. 北京: 中国水利水电出版社, 2013.

[12] Jeremy Grossmann, Benjamin Marsili, Claire Goudjil et al. GNS3 OnLine Help [EB/OL]. http: //www. gns3. net/documentation gns3/building-more_complex_topologies, 2013.

[13] 竹下隆史, 村山公保, 荒井透, 等. 图解 TCP/IP(第 5 版) M]. 乌尼日其其格译. 北京: 人民邮电出版社, 2013.

[14] Peterson L L, Davie B S. 计算机网络: 系统方法 (英文版第 5 版) [M]. 北京: 机械工业出版社, 2012.

[15] Andrew S. Tanenbaum, David J. Wetherill. 计算机网络(第 5 版)[M]. 严伟, 潘爱民译. 北京: 清华大学出版社, 2012.

[16] Kevin R. Fall, W. Richard Stevens. TCP/IP 详解(卷 1): 协议(英文版•第 2 版) [M]. 北京: 机械工业出版社, 2012.

[17] Andrew S. Tanenbaum, David J. Wetherall. 计算机网络(英文版•第 5 版) [M]. 北京: 机械工业出版社, 2011.

[18] Behrouz A. Forouzan. TCP/IP 协议族 [M]. 4 版.王海, 张娟, 朱晓阳, 等译. 北京: 清华大学出版社, 2011.

[19] 吴功宜, 吴英. 计算机网络技术教程——自顶向下与设计方法[M]. 北京: 机械工业出版社, 2010.

[20] 曹雪峰. 计算机网络配置、管理与应用[M]. 北京: 机械工业出版社, 2010.

[21] 梁广民, 王隆杰. CCNA 实验指南[M]. 北京: 电子工业出版社, 2009.

[22] 徐宇杰. TCP/IP 协议深入分析[M]. 北京: 清华大学出版社, 2009.

[23] Douglas E. Comer. 计算机网络与因特网(原书第 5 版)[M]. 林生, 范冰冰, 张奇支, 黄兴平译. 北京: 机械工业出版社, 2009.

[24] 徐宇杰. 路由技术深入分析[M]. 北京: 清华大学出版社, 2009.

[25] 王卫红, 李晓明. 计算机网络与互联网[M]. 北京: 机械工业出版社, 2009.

[26] 蔡开裕, 朱培栋, 徐明. 计算机网络[M]. 2 版. 北京: 机械工业出版社, 2008.

[27] 陈鸣. 计算机网络实验教程: 从原理到实践. 北京: 机械工业出版社, 2007.

[28] Jeanna Matthews. 计算机网络实验教程[M]. 李毅超, 等译.北京: 人民邮电出版社, 2006.

[29] Shivendra S. Panwar. TCP/IP 基础教程(基于实验的方法)[M]. 陈涓译. 北京: 人民邮电出版社, 2006.

[30] 施晓秋. 计算机网络技术[M]. 北京: 高等教育出版社, 2006.

[31] 钱德沛, 等. 计算机网络实验教程[M]. 北京: 高等教育出版社, 2005.

[32] 李天峰. 计算机网络教学管理中存在的问题及对策[J]. 教育与职业, 2015(7): 103-105.

[33] 陈黎, 琚生根, 王相国, 等. 计算机网络课程中网络编程的教学及实验设计[J]. 实验技术与管理, 2015, 32(6): 217-220.

[34] 李桂萍. 着眼实践能力提升的《计算机网络》微课教学设计研究[J]. 教育教学论坛, 2015(19): 185-186.

[35] 林元乖. 项目驱动法在计算机网络实验教学中的应用[J]. 实验科学与技术, 2011, 09(4): 112-116.

[36] Software-Defined Networking: The New Norm for Network [EB/OL]. ONFWhite Paper, at https://www.opennetworking. org/images/stories/downloads/whitepapers/wp-sdn-newnorm.pdf, 2012-04-13.

[37] SDN 与 OpenFlow [EB/OL]. http://www.jifang360.com/news/2013430/n328447457_2.html, 2013-04-30.

[38] Open Networking Foundation, OpenFlow switch specification, version 1.4.0, Oct 14, 2013.

[39] VAN 三大核心技术解决方案[EB/OL]. http://www.h3c.com.cn/Solution/VAN/Home/Project_features/201303/778755_30004_0.htm, 2013-03-19.

[40] Cisco. Cisco Visual Networking Index: Forecast and Methodology, 2013-2018. 2013.

[41] Stanford University. Clean slate program. 2006. http://cleanslate.stanford.edu/

[42] McKeown N. Software-Defined metworking. In: Proc. of the INFOCOM Key Note. 2009. http://infocom2009.ieee-infocom.org/ technicalProgram.htm

[43] McKeown N, Anderson T, Balakrishnan H, Parulkar G, Peterson L, Rexford J, Shenker S, Turner J. OpenFlow: Enabling innovation in campus networks. ACM SIGCOMM CCR, 2008, 38(2): 69-74.

[44] MIT Technology Review. 10 breakthrough technologies, TR10: Software-defined networking. 2009. http://www2.technologyreview.com/article/412194/tr10-software-defined-networking/

[45] 张朝昆，崔勇，唐翯祎，吴建平. 软件定义网络(SDN)研究进展[J]. 软件学报，2015，26(1): 62-81. http://www.jos.org. cn/1000-9825/4701.html

[46] 软件定义网络技术现状分析[EB/OL]. http://www.sdnlab.com/7756.html, 2015-01-29.

附录 1　各章习题参考答案

第 1 章答案

一、单项选择题

1-5 DABAC　　6-8 ACA

二、概念解释

1. 计算机网络最简单的定义是指一些相互连接的、以共享资源为目的的、自治的计算机集合。

2. 计算机网络拓扑(Computer Network Topology)是指计算机或设备与传输媒介形成的节点与线的物理构成的模式。

3. 局域网(Local Area Network，简称 LAN)的覆盖范围在几米到几千米之间，是最常见的计算机网络。

4. 城域网的覆盖范围局限在一座城市的范围内。城域网属于局域网的延伸，像一个大型的局域网。

5. 广域网(Wide Area Network，简称 WAN)的分布距离远，覆盖范围通常在几十到几千公里之间。

6. 由网络中的通信链路和用于信息交换的交换机节点构成。通信子网处于网络的内层。通信子网的主要任务是负责全网网络互连和数据通信，采用分组交换技术。

7. 资源子网包含若干台主机(Host)，它们是各种类型的计算机(或服务器)，向用户提供服务。资源子网是由处于网络外围的主机构成，其任务是负责信息处理，向网络提供可用的资源。

三、简答题

1. (这里任何以 B/S 或 C/S 架构的软件均可举例)这里以浏览器为例。计算机网络简单来说就是资源共享。就浏览器而言，我们使用浏览器输入各种网址(URL)通过有线、无线局域网，经过 ISP 提供的服务，就可以访问到世界上任何一个向我们开放访问权限的计算机(服务器)，得到这个计算机提供的数据。这样一个过程就是计算机网络的相互连接与资源共享，而且这个操作我们可以在任何可以连上因特网的地方进行。而我们也可以利用浏览器完成站点注册、修改个人信息、修改百科资料等交互操作，这算作数据通信。

2. 分类：

(1) 按网络的作用范围进行分类

①局域网

②城域网

③广域网

(2) 按网络的使用者进行分类

①公用网

②专用网

(3) 按通信方式分类

①点到点网络

②广播式网络

(4) 按网络拓扑结构分类

举例：局域网：校园网广域网：Internet 城域网：一个城市的公务网

这三种网络的主要区别是三者的作用范围，局域网较小，仅能作用在几米到几千米之间，配置、管理简单；广域网最大，能够覆盖几十到几千公里时间，结构复杂；而城域网介于两者之间。

3. 将整个网络系统设计成通信子网和资源子网。

资源子网包含若干台主机(Host)，它们是各种类型的计算机(或服务器)，向用户提供服务。资源子网是由处于网络外围的主机构成，其任务是负责信息处理，向网络提供可用的资源。用户通过资源子网不仅共享通信子网的资源，而且还可以共享资源子网的硬件资源和软件资源。

通信子网由网络中的通信链路和用于信息交换的交换机节点构成。通信子网处于网络的内层。通信子网的主要任务是负责全网网络互连和数据通信，采用分组交换技术。

4. 星形拓扑结构：网络结构简单，便于管理；控制简单，建网容易；网络延迟时间较短，误码率较低；中央节点负荷太重。

树形拓扑结构：结构简单。在网络中，任意两个节点之间不产生回路，每个链路都支持双向传输。网络中节点扩充方便灵活，寻找链路路径比较方便。但在这种网络系统中，除叶节点及其相连的链路外，任何一个节点或链路产生的故障都会影响整个网络。

总线型拓扑结构：结构简单灵活，便于扩充，是一种很容易建造的网络。由于多个节点共用一条传输信道，故信道利用率高，但容易产生访问冲突；传输速率高，可达 1～100Mbps；但总线型网络常因一个节点出现故障(如接头接触不良等)而导致整个网络不通，因此可靠性不高。

环形拓扑结构：信息在网络中沿固定方向流动，两个节点间仅有唯一的通路，大大简化了路径选择的控制；某个节点发生故障时，可以自动旁路，可靠性较高；由于信息是串行穿过多个节点环路接口，当节点过多时，使网络响应时间变长。但当网络确定时，其延时固定，实时性强。

网状拓扑结构：网络可靠性高，一般通信子网任意两个节点交换机之间，存在着两条或两条以上的通信路径。这样，当一条路径发生故障时，还可以通过另一条路径把信息送到节点交换机。另外，可扩充性好，该网络无论是增加新功能，还是要将另一台新的计算机入网，形成更大或更新的网络时，都比较方便；网络可建成各种形状，采用多种通信信道，多种传输速率。

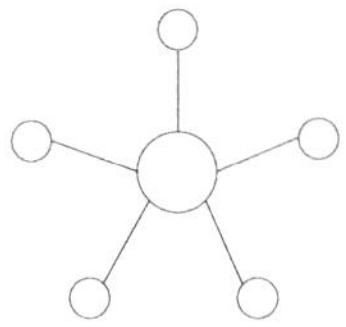

星形拓扑结构

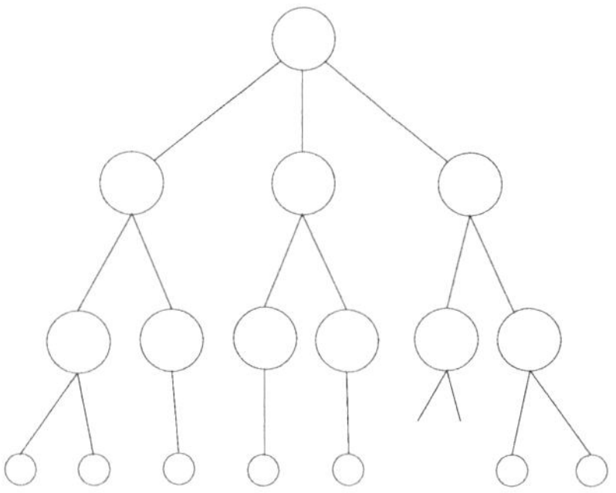

树形拓扑结构

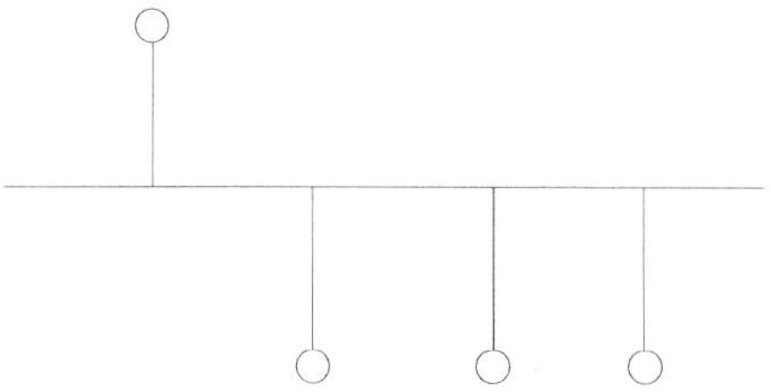

总线型拓扑结构

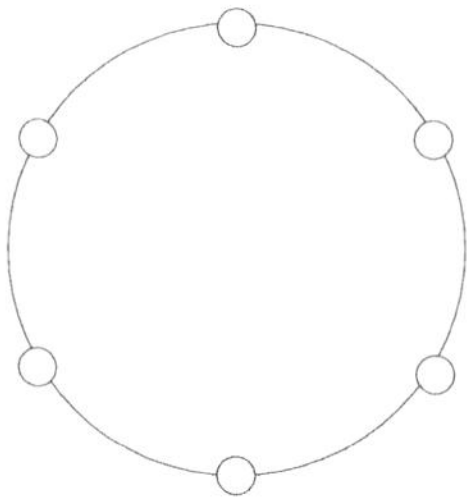

环形拓扑结构

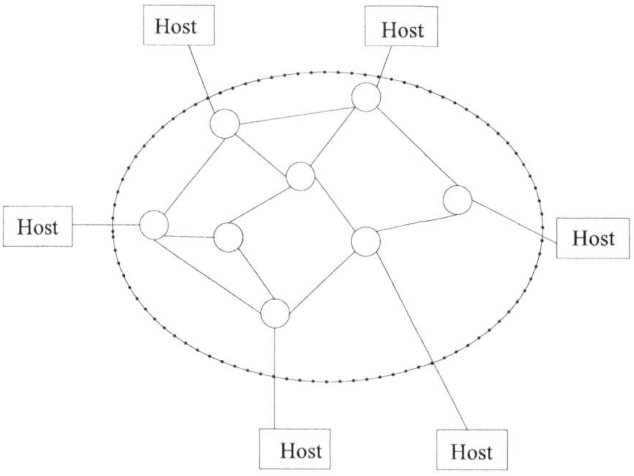

网状网络拓扑结构

第2章答案

一、单项选择题

1-6 CCBAAB

二、概念解释

1. 协议栈：指计算机网络体系结构采用分层模型后，每层的主要功能由对等层协议的运行来实现，因而每层可用一些主要协议来表征，几个层次画在一起很像一个栈的结构。

2. 实体：表示任何可发送或接收信息的硬件或软件进程。

3. 对等层：在网络体系结构中，通信双方实现同样功能的层。

4. 服务：下一层能被上一层看见的功能称为服务。

5. 协议：协议是控制两个对等实体进行通信的规则的集合。

6. 传输控制协议：提供面向连接的、可靠的数据传输服务，其数据传输的单位是报文段。

7. 用户数据报协议：提供无连接的、尽最大努力的数据传输服务，其数据传输的单位是用户数据报。

三、简答题

1. 答：网络协议：为进行网络中的数据交换而建立的规则、标准或约定。由以下三个要素组成：(1)语法：即数据与控制信息的结构或格式。

(2)语义：即需要发出何种控制信息，完成何种动作以及做出何种响应。

(3)同步：即事件实现顺序的详细说明。协议是控制两个对等实体进行通信的规则的集合。在协议的控制下，两个对等实体间的通信使得本层能够向上一层提供服务，而要实现本层协议，还需要使用下面一层提供服务。

协议和服务的概念的区分：

①协议的实现保证了能够向上一层提供服务。本层的服务用户只能看见服务而无法看见下面的协议。下面的协议对上面的服务用户是透明的。

②协议是“水平的”，即协议是控制两个对等实体进行通信的规则。但服务是“垂直的”，即服务是由下层通过层间接口向上层提供的。上层使用所提供的服务必须与下层交换一些命令，这些命令在OSI中称为服务原语

2. 答：网络协议：为进行网络中的数据交换而建立的规则、标准或约定。由以下三个要素组成：①语法：即数据与控制信息的结构或格式。②语义：即需要发出何种控制信息，完成何种动作以及做出何种响应。③同步：即事件实现顺序的详细说明。

3. 答：综合 OSI 和 TCP/IP 的优点，采用一种原理体系结构。各层的主要功能：物理层：物理层的任务就是透明地传送比特流。(注意：传递信息的物理媒体，如双绞线、同轴电缆、光缆等，是在物理层的下面，当做第 0 层)物理层还要确定连接电缆插头的定义及连接法。数据链路层：数据链路层的任务是在两个相邻节点间的线路上无差错地传送以帧(frame)为单位的数据。每一帧包括数据和必要的控制信息。网络层：网络层的任务就是要选择合适的路由，使发送站的传输层所传下来的分组能够正确无误地按照地址找到目的站，并交付给目的站的传输层。传输层：传输层的任务是向上一层的进行通信的两个进程之间提供一个可靠的端到端服务，使它们看不见传输层以下的数据通信的细节。应用层：应用层直接为用户的应用进程提供服务。

4. 答：(1)相同点：OSI 参考模型和 TCP/IP 参考模型都采用了层次结构的方法。

(2)不同点：① OSI 参考模型是划分为 7 层结构：物理层、数据链路层、网络层、传输层、会话层、表示层和应用层，其中应用环境是开放系统环境；而 TCP/IP 参考模型却划分为 4 层结构：应用层、传输层、互联网络层和主机-网络层，其中应用层协议是标准化的。② OSI 参考模型是制定的适用于全世界计算机网络的统一标准，是一种理想状态，它结构复杂，实现周期长，运行效率低；而 TCP/IP 参考模型是独立于特定的计算机硬件和操作系统，可移植性好，独立于特定的网络硬件，可以提供多种拥有大量用户的网络服务，并促进 Internet 的发展，成为广泛应用的网络模型。

第 3 章答案

一、单项选择题

1-5 BAABC　6-11 DAACBB

二、概念解释

1. 信号: 则是数据的电气的或电磁的表现。
2. 模拟信号: 运送信息的模拟信号。
3. 数据: 是运送信息的实体。
4. 数据信号: 取值为有限的几个离散值的信号。
5. 码元: 使用时间域(或简称为时域)的波形表示数字信号时，代表不同离散数值的基本波形。
6. 单工通信、双工通信、全双工通信

单工通信：即只有一个方向的通信而没有反方向的交互。

半双工通信：即通信和双方都可以发送信息，但不能双方同时发送(当然也不能同时接收)种通信方式是一方发送另一方接收，过一段时间再反过来。

全双工通信：即通信的双方可以同时发送和接收信息。

7. 串行传输、并行传输

基带信号(即基本频带信号)：来自信源的信号。像计算机输出的代表各种文字或图像文件的数据信号都属于基带信号。

带通信号：把基带信号经过载波调制后，把信号的频率范围搬移到较高的频段以便在信道中传输(即仅在一段频率范围内能够通过信道)。

三、简答题

1. 答：物理层要解决的主要问题：(1)物理层要尽可能地屏蔽掉物理设备和传输媒体，通信手段的不同，使数据链路层感觉不到这些差异，只考虑完成本层的协议和服务。(2)给其服务用户(数据链路层)在一条物理的传输媒体上传送和接收比特流(一般为串行按顺序传输的比特流)的能力，为此，物理层应该解决物理连接的建立、维持和释放问题。(3)在两个相邻系统之间唯一地标识数据电路。

物理层的主要特点：①由于在 OSI 之前，许多物理规程或协议已经制定出来了，而且在数据通信领域中，这些物理规程已被许多商品化的设备所采用，加之，物理层协议涉及的范围广泛，所以至今没有按 OSI 的抽象模型制定一套新的物理层协议，而是沿用已存在的物理规程，将物理层确定为描述与传输媒体接口的机械，电气，功能和规程特性。②由于物理连接的方式很多，传输媒体的种类也很多，因此，具体的物理协议相当复杂。

2.答：(1) 机械特性：指明接口所用的接线器的形状和尺寸、引线数目和排列、固定和锁定装置等等。

(2) 电气特性：指明在接口电缆的各条线上出现的电压的范围。

(3) 规程特性：说明对于不同功能的各种可能事件的出现顺序。

(4) 功能特性：指明某条线上出现的某一电平的电压表示何意。

3. 答：$C = W\log_2(1+S/N)$　b/s

$\Rightarrow S/N = 2 \wedge (C/W) - 1$

$\therefore SN1 = 2 \wedge (C1/W) - 1$

$= 2 \wedge (35000/3100) - 1$

$SN2 = 2 \wedge (C2/W) - 1$

$= 2 \wedge (1.6*C1/W) - 1$

$= 2 \wedge (1.6*35000/3100) - 1$

$SN2/SN1 = 100$

∴ 信噪比应增大到约 100 倍。

$C3 = W\log_2(1+SN3) = W\log_2(1+10*SN2)$

$C3/C2 = 18.5\%$

如果在此基础上将信噪比 S/N 再增大到 10 倍，最大信息通率只能再增加 18.5%左右

4. 答：$C=R*\log_2(16)= 20000b/s * 4 = 80000b/s$

5. 答：

S・A=(＋1－1＋3＋1－1＋3＋1＋1) / 8=1，　　A 发送 1

S · B=(+1－1－3－1－1－3+1－1) / 8=－1，　B 发送 0
S · C=(+1+1+3+1－1－3－1－1) / 8=0，　C 无发送
S · D=(+1+1+3－1+1+3+1－1) / 8=1，　D 发送 1

第 4 章答案

一、单项选择题

1-5 CACBC　6-8 ACA

二、填空题

1. 差错检测、循环冗余检验 CRC
2. 直接交换、存储转发
3. 24、1
4. 802.3
5. 源路由网桥
6. 点对点信道、广播信道
7. LLC、MAC
8. 48

三、简答题

1. 答：(1)封装成帧(2)透明传输(3)差错检测

帧定界是分组交换的必然要求，透明传输避免消息符号与帧定界符号相混淆，差错检测防止合差错的无效数据帧浪费后续路由上的传输和处理资源。

2. 答:(1)10 个站都连接到一个 10Mb/s 以太网集线器：10Mbps。

(2)10 个站都连接到一个 100Mbps 以太网集线器：100Mbps。

(3)10 个站都连接到一个 10Mbps 以太网交换机：10Mbps。

3. 答：作二进制除法，1101011011　0000　10011 得余数 1110，添加的检验序列是 1110。作二进制除法，两种错误均可发展仅仅采用了 CRC 检验，缺少重传机制，数据链路层的传输还不是可靠的传输。

4. 答：以太网交换机则为链路层设备，可实现透明交换虚拟局域网 VLAN 是由一些局域网网段构成的与物理位置无关的逻辑组。这些网段具有某些共同的需求。虚拟局域网协议允许在以太网的帧格式中插入一个 4 字节的标识符，称为 VLAN 标记(tag)，用来指明发送该帧的工作站属于哪一个虚拟局域网。

5. 答：10BASE-T 中的“10”表示信号在电缆上的传输速率为 10Mbps，“BASE”表示电缆上的信号是基带信号，“T”代表双绞线星形网，但 10BASE-T 的通信距离稍短，每个站到集线器的距离不超过 100m。

第5章答案

一、选择题

1-5 BBAAD 6-10 CCCBD

二、简答题

1. 分类标准：(网络号+主机号)

类别	形式	位数说明	作用范围
A类	8b + 24b	(0 + 6 位)(网络号) + 24 位(主机号)	用于大型、特大型网
B类	16b + 16b	(10 + 14 位)(网络号) + 16 位(主机号)	用于中到大型网络
C类	24b + 8b	(110 + 21 位)(网络号) + 8 位(主机号)	用于局域网
D类		1110 + 多播地址	用于多播
E类		1111(0) + …	保留为今后使用

IP数据报首部固定部分共占20字节(4字节 * 5)

2. 数据报(无连接)虚电路(面向连接)

两种服务的对比

对比的方面	虚电路服务	数据报服务
思路	可靠通信应当由网络来保证	可靠通信应当由用户主机来保证
连接的建立	必须有	不需要
终点地址	仅在连接建立阶段使用，每个分组使用短的虚电路	每个分组都有终点的完整地址
分组的转发	属于同一条虚电路的分组均按照同一路由进行转发	每个分组独立选择路由进行转发
当节点出故障时	所有通过由故障的节点的虚电路均不能工作	出故障的节点可能会丢失分组，一些路由可能会发生变化
分组的顺序	总是按发送顺序到送终点	到达终点的时间，不一定按发送顺序
端到端的差错处理和流量控制	可以由网络负责，也可以由用户主机负责	由用户主机负责

3. 区别：从层次角度看，物理地址是数据链路层和物理层使用的地址，而IP地址是网络层和以上各层使用的地址，是一种逻辑地址

4. RIP(Routing Information Protocol，路由信息协议)：

(1) 仅和相邻路由器交换信息；

(2) 路由器交换的信息是当前本路由器所知道的全部信息，即自己的路由表；

(3) 按固定的时间间隔交换路由信息。

(优点:①实现简单，开销较小；②限制了网络的规模，它能使用的最大距离为15(16

表示不可达)；③坏消息传播得慢)

OSPF(Open Shortest Path First 开放最短路径优先)：

(1) “开放”表明 OSPF 协议不是受某一家厂商控制，而是公开发表的；

(2) “最短路径优先”是因为使用了 Dijkstra 提出的最短路径算法 SPF；

(3) OSPF 只是一个协议的名字，它并不表示其他的路由选择协议不是“最短路径优先”；

(4) 是分布式的链路状态协议。

BGP(边界网关协议)：

(1) BGP 支持 CIDR，因此 BGP 的路由表也就应当目的网络前缀、下一跳路由器，以及到达该目的网络所要经过的各个自治系统序列；

(2) 在 BGP 刚刚运行时，BGP 的邻站是交换整个的 BGP 路由表。但以后只需要在变化时更新有变化的部分。这样做，对节省网络宽带和减少路由器的处理开销方面都有好处。

三、综合题

1. BACCAC

2. 地点：子网号(subnet-id)子网网络号主机 IP 的最小值和最大值

1：	00000001	129.250.1.0	129.250.1.1---129.250.1.254
2：	00000010	129.250.2.0	129.250.2.1---129.250.2.254
3：	00000011	129.250.3.0	129.250.3.1---129.250.3.254
4：	00000100	129.250.4.0	129.250.4.1---129.250.4.254
5：	00000101	129.250.5.0	129.250.5.1---129.250.5.254
6：	00000110	129.250.6.0	129.250.6.1---129.250.6.254
7：	00000111	129.250.7.0	129.250.7.1---129.250.7.254
8：	00001000	129.250.8.0	129.250.8.1---129.250.8.254
9：	00001001	129.250.9.0	129.250.9.1---129.250.9.254
10：	00001010	129.250.10.0	129.250.10.1---129.250.10.254
11：	00001011	129.250.11.0	129.250.11.1---129.250.11.254
12：	00001100	129.250.12.0	129.250.12.1---129.250.12.254
13：	00001101	129.250.13.0	129.250.13.1---129.250.13.254
14：	00001110	129.250.14.0	129.250.14.1---129.250.14.254
15：	00001111	129.250.15.0	129.250.15.1---129.250.15.254
16：	00010000	129.250.16.0	129.250.16.1---129.250.16.254

3. (1) 28 (26 + 2($\log_2 4$))

(2) 2^4(32-28) = 16

(3) 地址块：136.23.12.0 (136.23.12.31 && 255.255.255.192)

子网一：136.23.12.0 (136.23.12.31 && 255.255.255.192)

子网二：136.23.12.16　　　　(136.23.12.31 && 255.255.255.208)
子网三：136.23.12.0　　　　(136.23.12.31 && 255.255.255.224)
子网四：136.23.12.16　　　　(136.23.12.31 && 255.255.255.240)

(4) 子网一：最小:136.23.12.1 最大 136.23.12.14
子网二：最小:136.23.12.17 最大 136.23.12.30
子网三：最小:136.23.12.33 最大 136.23.12.46
子网四：最小:136.23.12.49 最大 136.23.12.62

4.(1) 分组的目的站 IP 地址为：128.96.39.10。先与子网掩码 255.255.255.128 相与，得 128.96.39.0，可见该分组经接口 0 转发。

(2) 分组的目的 IP 地址为：128.96.40.12。

与子网掩码 255.255.255.128 相与得 128.96.40.0，不等于 128.96.39.0。

与子网掩码 255.255.255.128 相与得 128.96.40.0，经查路由表可知，该项分组经 R2 转发。

(3) 分组的目的 IP 地址为：128.96.40.151，与子网掩码 255.255.255.128 相与后得 128.96.40.128，与子网掩码 255.255.255.192 相与后得 128.96.40.128，经查路由表知，该分组转发选择默认路由，经 R4 转发。

(4) 分组的目的 IP 地址为：192.4.153.17。与子网掩码 255.255.255.128 相与后得 192.4.153.0。与子网掩码 255.255.255.192 相与后得 192.4.153.0，经查路由表知，该分组经 R3 转发。

(5) 分组的目的 IP 地址为：192.4.153.90，与子网掩码 255.255.255.128 相与后得 192.4.153.0。与子网掩码 255.255.255.192 相与后得 192.4.153.64，经查路由表知，该分组转发选择默认路由，经 R4 转发。

第 6 章答案

一、选择题

1-5 CBBBC　6-10 ABBCC

二、填空题

1. 用户数据报协议(UDP)、传输控制协议(TCP)
2. 无需、报文、尽最大努力、拥塞、一对一、一对多、多对一、多对多
3. 20 字节、8 字节
4. 传输信道不产生差错、不管发送方以多快的速度发送数据，接受方总是来得及处理收到的数据(接受缓存无限大)
5. 可变发送窗口、较小
6. 已发送未被确认、待发送

7. 半关闭
8. 字节、29、39、44

三、简答题

1. 作用：实现端到端的数据传输/为应用进程间的通信提供端到端的逻辑服务。

主要功能：(1) 传输层为应用进程之间提供端到端的逻辑通信(但网络层是为主机之间提供逻辑通信)。

(2) 传输层还要对收到的报文进行差错检测。

(3) 传输层需要有两种不同的运输协议，即面向连接的 TCP 和无连接的 UDP。

2. (1) TCP 是面向连接的传输层协议。

(2) 每条 TCP 连接是点对点(一对一)的。

(3) 提供全双工通信。

(4) 提供可靠交付的服务。

(5) 面向字节流。

3.

	TCP	UDP
是否连接	面向连接	面向非连接
传输可靠性	可靠	不可靠
应用场合	传输大量数据	少量数据
传输速度	慢	快

4. TCP 面向连接，要经过三次握手，确认之后才发送消息，这对信息安全极为重要，但是网络开销比较大。无连接的服务，不需要对方确认就可以直接发消息。开销小，但是有一点，不能保证信息顺利到达，可能丢失数据等。

四、计算题

1.

	总长度(字节)	数据长度(字节)	MF	片偏移
原始数据报	4000	3980	0	0
数据报片 1	1500	1480	1	0
数据报片 2	1500	1480	1	185
数据报片 3	1040	1020	0	370

2. 第二个局域网所能传送的最长数据帧中的数据部分只有 150byte，即每个 IP 数据片的数据部分<150−20=130(byte)，这样 400byte 的报文要分 4 个数据片，所以第二个局域网向上传送的字节数等于(400+4×20)，共 480byte。

3.

	P1	P2	P3
初始化	1	1	401
1	1	101	401
2	1	101	401
3	1	301	401
4	201	301	501
5	201	401	501
6	201	501	501
7	201	501	501
8	501	501	601
9	501	601	601
10	601	601	601

第 7 章答案

一、选择题

1-5 CBACCC

二、填空题

1.主、从属、20、21

2. cn

3. 超文本标记语言

三、判断题

1-6 TFTFFT

四、名词解释

1. Domain Name System，中文名称域名系统，用于将符号网址转化成 IP 地址。

2. World Wide Web，中文名称万维网，它是一个大规模的、联机式的信息储藏所。

3. 利用 Internet 发送与接收邮件的 Internet 基本服务功能。

4. 动态主机配置协议(dynamic host configuration protocol)，使用它可以自动的为主机分配 IP 地址。

5. 统一资源定位符(uniform resource locator)，对能从 Internet 上得到的资源的位置和方向方法的一种表示。

五、简答题

1. 将域名(网址)转换成 IP 地址

2. (1)WWW 并非某种特殊的计算机网络。

(2)是一个大规模的、联机式的信息储藏所。

(3)万维网用链接的方法能非常方便地从因特网上的一个站点访问另一个站点，从而主动地按需获取丰富的信息。

(4)这种访问方式称为“链接”。

3. (1)万维网以客户服务器方式工作。

(2)浏览器就是在用户计算机上的万维网客户程序。万维网文档所驻留的计算机则运行服务器程序，因此这个计算机也称为万维网服务器。

(3)客户程序向服务器程序发出请求，服务器程序向客户程序送回客户所要的万维网文档。

(4)在一个客户程序主窗口上显示出的万维网文档称为页面(page)。

4. (1)怎样标志分布在整个因特上的万维网文档

(2)用什么样的协议来实现万维网上各种链接

(3)怎样使不同作者创作的不同风格的万维网文档，都能在因特网上的各种主机上显示出来，同时使用户清楚地知道在什么地方存在着链接

(4)怎样使用户能过方便地找到所需的信息

第 8 章答案

一、选择题

1-4 DDAB

二、填空题

1. 保密性、安全协议的设计、访问控制
2. “读”、“写”
3. 对称密钥密码体制、公钥密码体制
4. 被动攻击、主动攻击
5. 更改报文流、拒绝服务、伪造初始化、恶意程序

三、判断题

1-5 TTFTT

四、名词解释

1. Simple Network Management Protocol，中文名称简单网络管理协议，它定义了管理站和代理之间所交换的分组格式，基本功能包括监视网络性能、检测分析网络差错和配置网络设备。

2. 防火墙是一种特殊编程的路由器，安装在一个网点和网络的其余部分之间，目的是实施访问控制策略。

五、简答题

1. (1) 网络管理包括对硬件、软件和人力的使用、综合与协调，以便对网络资源进行监视、测试、配置、分析、评价和控制，这样就能以合理的价格满足网络的一些需求，如实时运行性能，服务质量等。网络管理常简称为网管。

(2) 网络管理并不是指对网络进行行政上的管理。

2. 保护计算机网络系统中的硬件，软件和数据资源，不因偶然或恶意的原因遭到破坏、更改、泄露，使网络系统连续可靠性地正常运行，网络服务正常有序。

3. (1) 防止析出报文内容和流量分析

(2) 防止恶意程序

(3) 检测更改报文流和拒绝服务

附录 2　主要网络术语中英对照

ARP 表(ARP table)
Bellman-Ford 方程(Bellman-Ford equation)
BGP 属性(BCP attribute)
CRC 检验(CRC check)
DNS 缓存(DNS caching)
IP 编址(IP addressing)
IP 地址配置(IP address configuration)
MAC 地址(MAC address)
MAC 广播地址(broadcast address)
NAT 转换表(NAT translation table)
ping 扫描(ping scanning)
RIP 通告(RIP advertisement)
RIP 响应报文(RIP response message)
RTT 偏差(RTT variation)
TCP 报文段(TCP segment)
TCP 连接(TCP connection)
Web 服务器(Web server)
Web 浏览器(Web browser)
Web 页面(Web page)
安全套接字层(secure socketlayer, SSL)
半双工(half-duplex)
绑定(binding)
报文(message)
报文段(segment)
报文交换(message switching)
被动打开(passive open)
本地 ISP(local ISP)
本地域名服务器(local name server)
比特差错率(bit error rate, BER)
比特填充(bit stuffing)
边界网关协议(border gateway protocol, BGP)
边缘路由器(edge router)
标记标签(markup tag)
标记语言(markup language)
标签(label)
标签编号(tag number)
标签交换路由器(label-switched router, LSR)
标志字段(flag field)
表示层(presentation layer)
拨号调制解调器(dial-up modem)
波分复用(wavelength division multiplexing, WDM)
不归零(non-return to zero, NRZ)
不归零反转(non-return to zero inverted, NRZI)
不可靠服务(unreliable service)
层次路由选择(hierarchical routing)
差错检测(error detection)
超时定时器(timeout timer)
超时重传(timeout retransmission)
超文本标记语言(hypertext markup language, HTML)
超文本传送协议(hypertext transfer protocol, HTTP)
成帧(framing)
持续连接(persistent connection)
处理时延(processing delay)
传播时延(propagation delay)
传输控制协议(transmission control protocol, TCP)
窗口长度(window size)
存储转发(store-and-forward)

存储转发时延(store-and-forward delay)
带宽(bandwidth)
带碰撞避免的 CSMA(CSMA with collision Avoidance, CSMA/CA)
单播(unicast)
单工(simplex)
导向传输媒体(guided transmission media)
低地球轨道卫星(low-earth orbiting satellite)
地址池(address pool)
防火墙(firewall)
非导向传输媒体(unguided transmission media)
服务质量保证(quality-of-service guarantee)
高级研究计划局(Advanced Research Projects Agency, ARPA)
高速分组接入(high speed packet access, HSPA)
根域名服务器(root name server)
跟踪器(tracker)
工作组(working group, WG)
公共电话交换网(PSITN)
公共区域(public area)
共享媒体(shared medium)
光纤(optical fiber)
光纤分布式数据接口(fiber distributed data interface, FDDI)
光载波(optical carrier, OC)
广播链路(broadcast link)
广播路由选择(broadcast routing)
广域无线接入网(wide area wireless access network)
混杂模式(promiscuous mode)
活动文档(active document)
基本 HTML 文件(base HTML file)
基带(baseband)
即插即用设备(plug-and-play device)
即插即用协议(plug-and-play protocol)
集线器(hub)
计算机网络(computer network)
利用率(utilization)
连接状态信息(connection state information)
链路(link)
链路层协议(link-layer protocol)
曼彻斯特编码(Manchester encoding)
媒体访问控制(medium access control, MAC)
密集波分复用(dense WDM, DWDM)
面向连接服务(connection-oriental service)
面向字节(byte-oriented)
模拟信号(analog signal)
默认路由器(default router)
默认域名服务器(default name server)
目的地址(destination address)
目的端口号字段(destination port number field)
目的路由器(destination router)
奈奎斯特(Nyquist)
内部BGP会活(internal BCP session, iBGP)
内部网关协议(interior gateway protocol, IGP)
逆地址解析协议(RARP)
排队时延(queuing delay)
碰撞(collide)
碰撞检测(collision detection)
频分多路复用(FDM)
频分复用(frequency division multiplexing, FDM)
屏蔽双绞线(shielded twisted pair, STP)
奇偶检验位(parity bit)
前同步码(Preamble)
前向纠错(forward error correction, FEC)
前缀(prefix)

请求／响应模式(request-response mode)
请求发送(request to send, RTS)
请求行(request line)
请求评论(request for comments. RFC)
区域 ISP(regional ISP)
区域边界路由器(area border router)
全双工(duplex)
确认号字段(acknowledgement number field)
确认序号(ACK sequence number)
容忍丢包(loss-tolerant)
冗余(duplication)
三次握手(three-way handshake)
生成多项式(generator)
生成树协议(spanning tree protocol, STP)
时分多路复用(TDM)
时分复用(time division multiplexing, TDM)
时延(latency 或 delay)
时延与带宽乘积(delay bandwidth product)
实体(entity)
首部(header)
同步光纤网(synchronous optical network, SONET)
同步数字系列(synchronous digital hierarchy, SDH)
同步卫星(geostationary satellite)
同轴电缆(coaxial cable)
统计复用(statistical multiplexing)
统一资源定位符(uniform resource locator, URL)
头端(headend)
透明(transparent)
吞吐量(throughput)
外部 BGP 会话(external BCP session, eBCP)
万维网(world wide web)
网关(gateway)
网络层(network layer)
网络地址转换(network address translation, NAT)
网络接口卡(network interface card, NIC)
网络适配器(network adapter)
网络拥塞(network congestion)
文件传送协议(6le transfer protocol, FTP)
双绞线(unshielded twistedpairs, UTP)
信源(signal source)
虚电路网络(virtual circuit network)
虚拟局域网(virtual LAN, VLAN)
虚拟网络(virtual network)
虚拟专用网(virtual private network, VPN)
循环冗余检验(cyclic redundancy check, CRC)
因特网地址和名称分配机构(Internet Corporation for Assigned Names and Numbers, ICANN)
因特网内容提供商(Internet content provider, ICP)
因特网体系结构委员会(Internet Architecture Board, IAB)
因特网协会(Internet Society, 简称为 ISOC)
因特网研究任务组(Internet Research Task Force, IRTF)
因特网研究指导组(Internet Research Steering Group, IRSG)
因特网主干(Internet backbone)
应用层(application layer)
应用层协议(application layer protocol)
应用程序编程接口(application programming Interface, API)
应用程序体系结构(application architecture)
应用程序网关(application gateway)
拥塞(congestion)

拥塞避免(congestion avoidance)
拥塞窗口(congestion window)
拥塞点(congestion point)
拥塞控制(congestion control)
拥塞指示比特(CI bit)
拥塞状态(congestion status)
永久地址(permanent address)
用户代理(User Agent, UA)
用户代理服务器(user agent server, UAS)
用户代理客户机(user agent client, UAC)
用户名(user name)
用户数据报协议(user datagram protocol, UDP)
用户线或用户环路(subscriber loop)
邮件服务器(mail server)
资源记录(resource record, RR)
子网(subnet)
子网号(subnet-id)
子网掩码(subnet mask)
自动启动请求重传(automatic repeat request, ARQ)
自治系统(autonomous system, AS)
最大报文段长度(maximum segment size, MSS)
最大传送单元(maximum transmission unit, MTU)
最短路径(shortest path)
最长前缀匹配规则(longest prefix matching rule)

附录 3　Cisco Packet Tracer 5 操作指南

附录 3.1　Cisco Packet Tracer 简介

Cisco Packet Tracer 是由 Cisco 公司发布的一个辅助学习工具，为学习思科网络课程的初学者设计、配置、排除网络故障提供了网络模拟环境。用户可以在软件的图形用户界面上直接使用拖曳方法建立网络拓扑，并可提供数据包在网络中行进的详细处理过程，观察网络实时运行情况。可以学习 IOS 的配置、锻炼故障排查能力。

Packet Tracer 是一个功能强大的网络仿真程序，允许学生实验与网络行为，问“如果”的问题。它是网络技术学院全面的学习经验的一个组成部分，包括示踪提供的仿真、可视化、编辑、评估和协作能力，有利于教学和复杂的技术概念的学习。

Packet Tracer 补充在课堂上允许学生用的物理设备，一个几乎无限数量的创建网络，鼓励实践，发现和故障排除。基于仿真的学习环境，帮助学生发展技能、创造性和批判性思维、解决问题。Packet Tracer 补充的网络学院的课程，使教师易教，表现出复杂的技术概念和网络系统的设计。

下面以 Cisco packet tracer 5.3 版本对软件的基本界面、常用功能、跟踪数据包等几方面进行介绍。

附录 3.2　Packet Tracer5.3 的基本界面

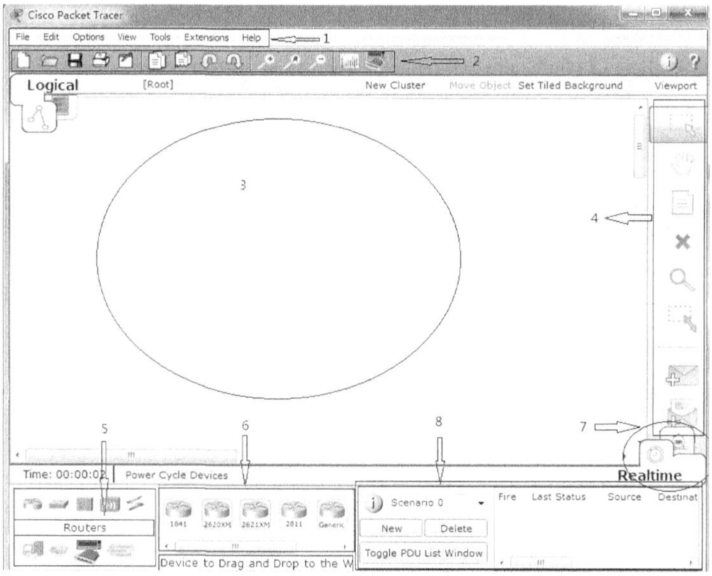

附图 3-1　packet tracer5.3 的基本界面

1. 菜单栏功能区

此功能区从左到右分别是文件，编辑，视图工具栏帮助等下拉菜单。File 的下拉菜单中有常用的新建、保存、打开、打开最近的文件、关闭等选项。Options 菜单下常用的是 preferences 选项，主要用于设置软件的基本功能，包括字体颜色等首选项。

2. 快捷键工具栏

此功能区提供了一些常用的快捷功能，从左到右依次是新建，打开，保存，打印，复制，剪切，撤销，恢复，放大视图，恢复视图，缩小视图，调色板对话框，设备模板管理等功能按钮。

3. 工作区

可以在此工作区搭建网络拓扑，监视模拟过程和查看各种信息。

4. 常用操作区

此功能区的按钮从上到下分别是选定/取消(设备)，拖动视图，备注，删除(设备或线缆)，查看设备信息，调整形状，简单数据单元模拟，复杂数据单元模拟。

5. 设备类型库

该区域包含不同类型的设备，如路由器，交换机，Hub，无线设备，线缆，终端，仿真广域网和自定义设备。

6. 特定类型设备库

设备类型库中的每一种设备都分别对应一个特定类型的设备库，包含同类型设备的不同型号的设备。

7. 实时/模拟转换栏(realtime/simulation)

实时按钮常用来显示设备的物理拓扑结构，模拟按钮主要用来在物理拓扑结构的基础上动态模拟演示数据包的流向过程。

8. 用户数据包窗口

在模拟数据包流向过程中表示每个数据包的基本情况，如源设备，目的设备，数据包类型，用时等。

附录 3.3　Packet Tracer 实战演练

1. 选择设备

在设备类型库中选中设备类型，可以发现设备类型库右边的特定类型设备库中出现该设备的不同型号产品，选择一款拖动到工作区。

2. 连线

在设备类型库中选择连线(connections)，右边出现很多种线缆，根据设备选择合适的线缆(一般使用交叉线或是直通线)。

附图 3-2　连线库中的多种线缆

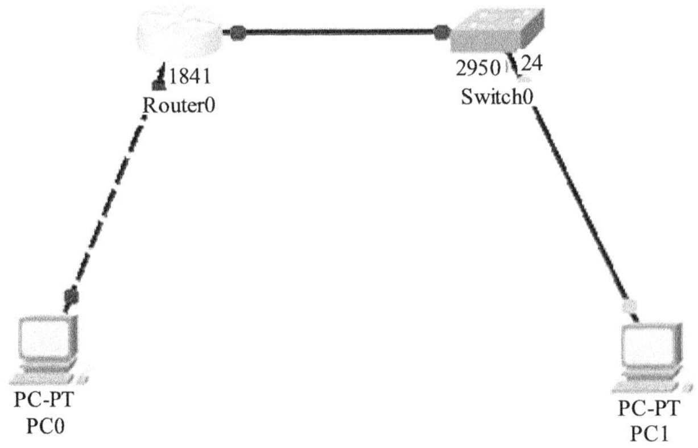

附图 3-3　线缆两端颜色

红色表示物理连接不通，没有信号；闪烁的绿色表示连接激活；黄色表示交换机端口处于“阻塞状态”。

3. PC 操作

通常在进行仿真模拟实验时，会对 PC 机进行配置 IP 地址。

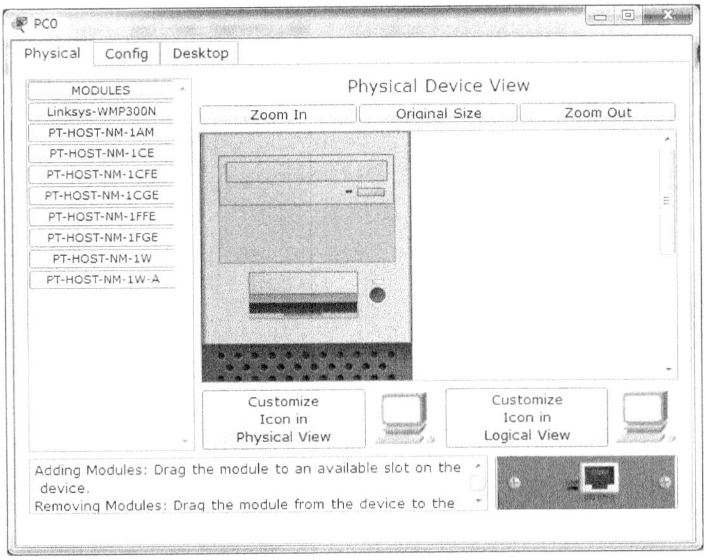

附图 3-4 PC 机的物理面板

单击 PC 图标，出现如上对话框，有三个选项卡，从左到右分别是硬件，配置，桌面。通常在硬件选项卡里可以设置开关机，主界面显示的是一台物理机的主机，中间有个深红色的按钮和指示灯(所有设备默认是开机状态，指示灯显示绿色，单击深红色按钮关机后，指示灯变成灰色)。在配置选项卡中，右边部分从上到下分别是修改主机名，设置网卡模式(自动获取或手工设定)，设置 IPv6 模式网卡信息；在桌面选项卡中常用第一个 IP configuration 按钮，完成默认网关和 IP 地址的设置。

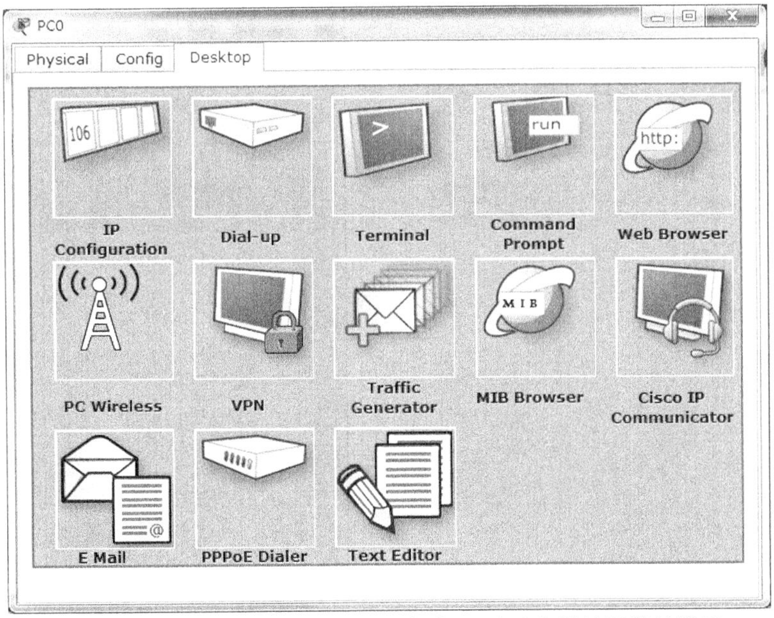

附图 3-5 IP configuration 按钮可完成 IP 地址和默认网关的设置

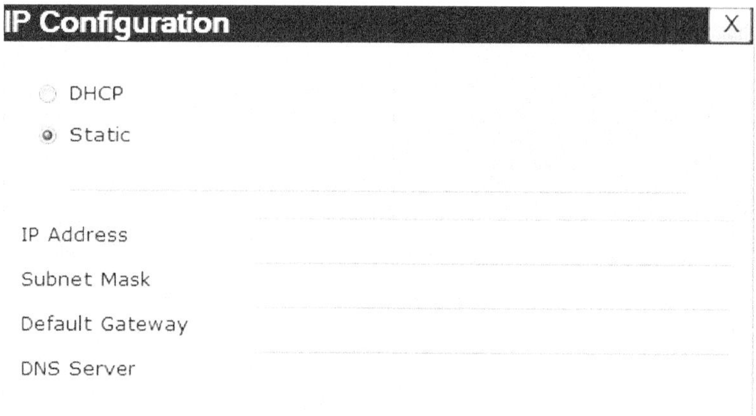

附图 3-6　IP 地址和默认网关的配置界面

此时分别给 PC0 和 PC1 设置网关和 IP 地址(192.168.1.1/24，192.168.1.2/24 和 192.168.2.1/24，192.168.2.2/24)。

4. 路由器操作

单击路由器图标，出现如下对话框，从左到右分别是物理，配置，命令行三个选项卡物理选项卡可以查看路由器模拟界面，左边是可添加模块列表，右边是模拟路由器的背面，如果路由器自带的接口不够使用，可以从左边选取合适的模块拖动到路由器背面的可插拔区域中。

配置选项卡是对命令行的简单图形化，使用不多。

命令行模式是对路由器进行配置的入口。

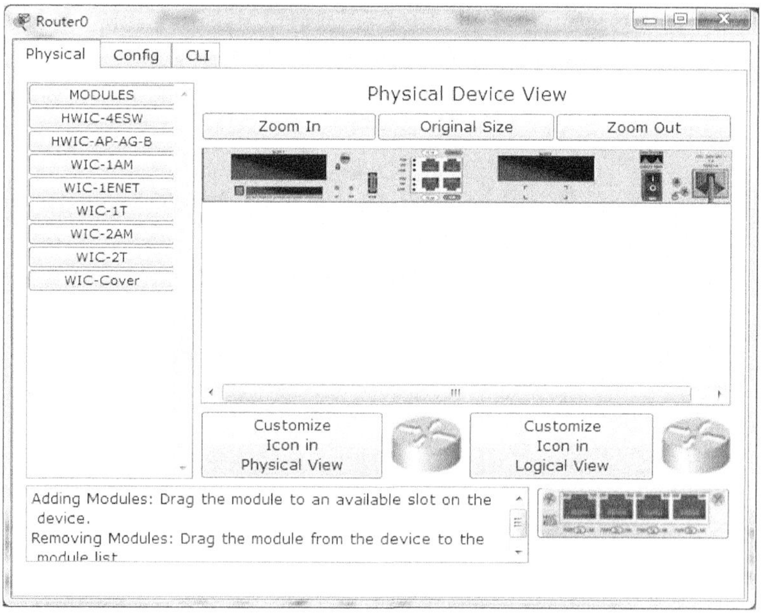

附图 3-7　路由器的物理面板

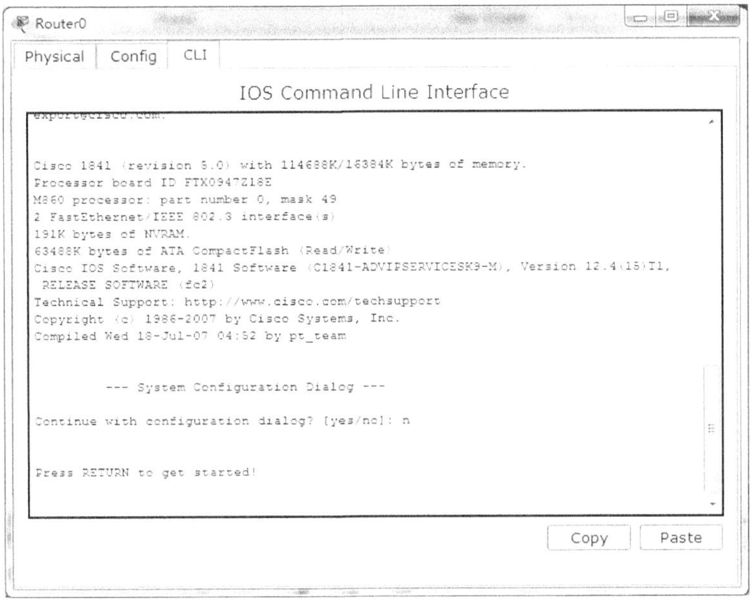

附图 3-8　路由器的命令行配置界面

在如上界面中将鼠标选中任意区域，按下回车键进入用户模式 Router>。在命令行模式下给设备增加 IP 地址，配置代码如下：

```
Router>enable
Router#configure
Configuring from terminal, memory, or network [terminal]?
Enter configuration commands, one per line.   End with CNTL/Z.
Router(config)#int f0/1
Router(config-if)#ip add 192.168.1.1 255.255.255.0
Router(config-if)#exit
Router(config)#int f0/0
Router(config-if)#ip add 192.168.2.1 255.255.255.0
Router(config)#int f0/0
Router(config-if)#shutdown
Router(config-if)#no shutdown
Router(config)#int f0/1
Router(config-if)#shutdown
Router(config-if)#no shutdown
```

5. 交换机操作

打开交换机对话框，界面和路由器类似(此拓扑不需要配置)。路由器完成配置后，各线缆两端都显示绿色，表示连接激活。

6. 常用的查看功能

将鼠标移动到设备上(不用点击)会显示如下列表：

Port	Link	VLAN	IP Address	IPv6 Address	MAC Address
FastEthernet0/0	Up	--	192.168.2.1/24	<not set>	0030.A369.2301
FastEthernet0/1	Up	--	192.168.1.1/24	<not set>	0030.A369.2302
Vlan1	Down	1	<not set>	<not set>	000D.BD7B.A9CB

Hostname: Router

Physical Location: Intercity, Home City, Corporate Office, Main Wiring Closet

附图 3-9　路由器设备接口信息列表

由上我们可以看出设备接口类型接口数量，接口状态，接口 IP 等情况。单击常用工作区的 Place Node 在工作区单击，可以为拓扑增加备注信息。

附录 3.4　模拟数据包发送过程

将实时模式换成模拟模式，单击灰色按钮，进行模式转换，弹出对话框。

附图 3-10　路由器实时模式换成模拟模式

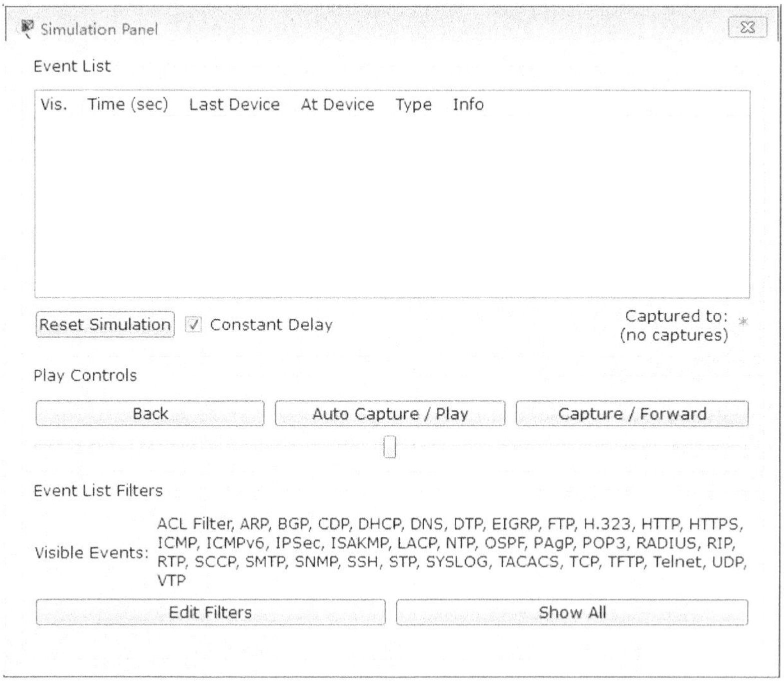

附图 3-11　路由器模拟模式面板

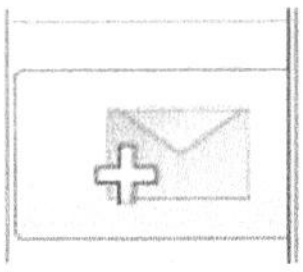

附图 3-12　路由器 add simple PDU 图标

单击 add simple PDU，鼠标移动到工作区，变成小信封图标，选择测试连通的源设备和目的设备，单击。

附图 3-13　路由器 Simulation Panel 对话框

Simulation Panel 对话框中出现一个 ICMP 报文，单击 Auto Capture 按钮，可以看到工作区中源设备开始向目的设备发送“信封”，模拟数据发送过程。

单击 info 列下的颜色图标，可以了解协议的详细信息，很详细地描述了 OSI 模型信息和各层 PDU；单击 outbound PDU details，可以查看数据包详细封装情况。

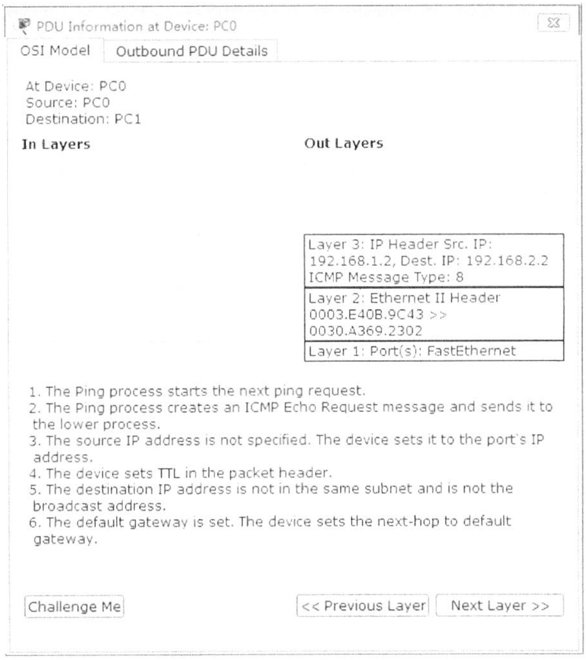

附图 3-14　OSI 模型的 PDU 信息

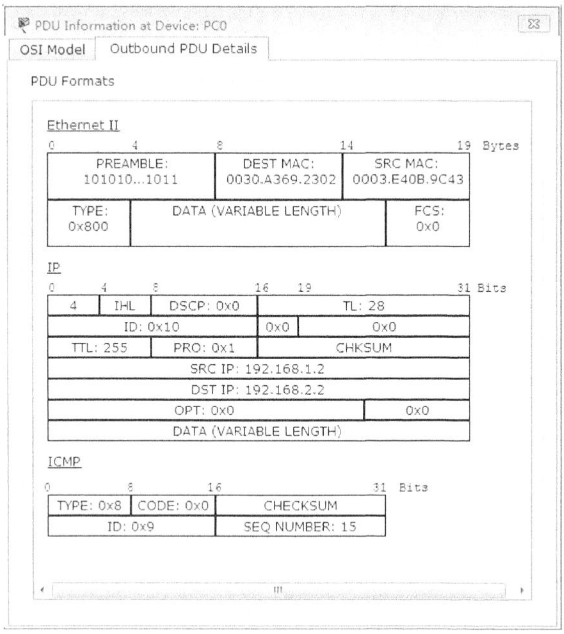

附图 3-15　PD 数据包详细封装情况

如果选择 add complex PDU 可以设置发送数据包的详细信息。

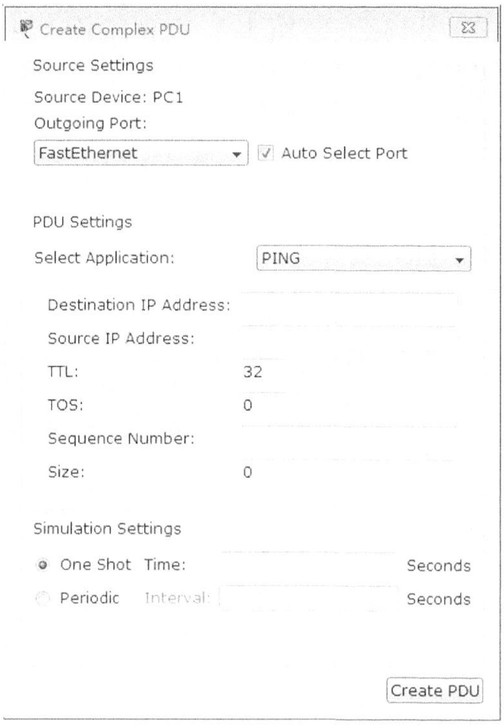

附图 3-16　创建复杂 PDU 面板

功能上和 add simple PDU 类似。

附录 4　其他网络学习工具介绍

附录 4.1　HCL 网络模拟器

1. HCL 网络模拟器简介

华三云实验室(H3C Cloud Lab，HCL)又称为 H3C 模拟器，是 H3C 公司推出的界面图形化的全真网络设备模拟软件。

用户可以通过该软件实现 H3C 公司多种型号设备的虚拟组网、配置、调试。该软件具备友好易用的图形界面，可以模拟路由器、交换机等网络设备的全部功能，用户可以使用它在个人电脑上搭建虚拟的网络环境。

2. 界面介绍

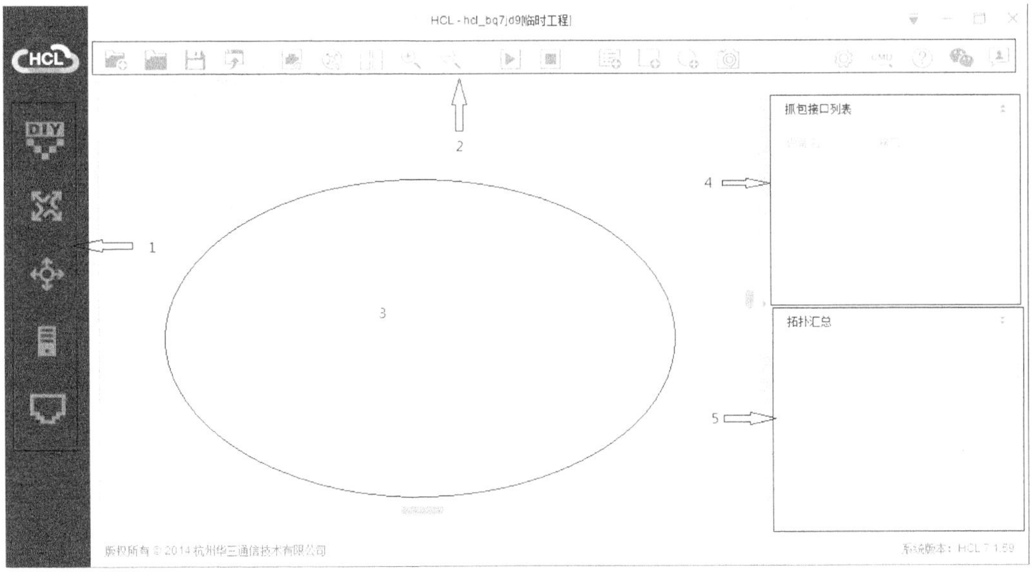

附图 4-1　HCL 模拟器界面

(1) 设备区

从上往下分别是 DIY 设备，路由器，交换机，主机，线缆。

(2) 工具栏

从左到右分别是新建工程，打开工程，保存工程，导出工程，显示接口名，隐藏接口名，隐藏网格，放大，缩小，开启设备，关闭设备，添加备注，画矩形，画椭圆，获取工作台截图，设置，CMD 命令查询，帮助，微信和用户论坛。

(3) 工作区

添加网络拓扑和实施实验。

(4) 抓包接口列表

(5) 拓扑汇总

3. 添加虚拟网卡

通过 VirtualBox 创建多个虚拟网卡，给多台 host 配置不同的 IP 地址。

(1) 打开 VirtualBox 管理器

附图 4-2　VirtualBox 管理器图标

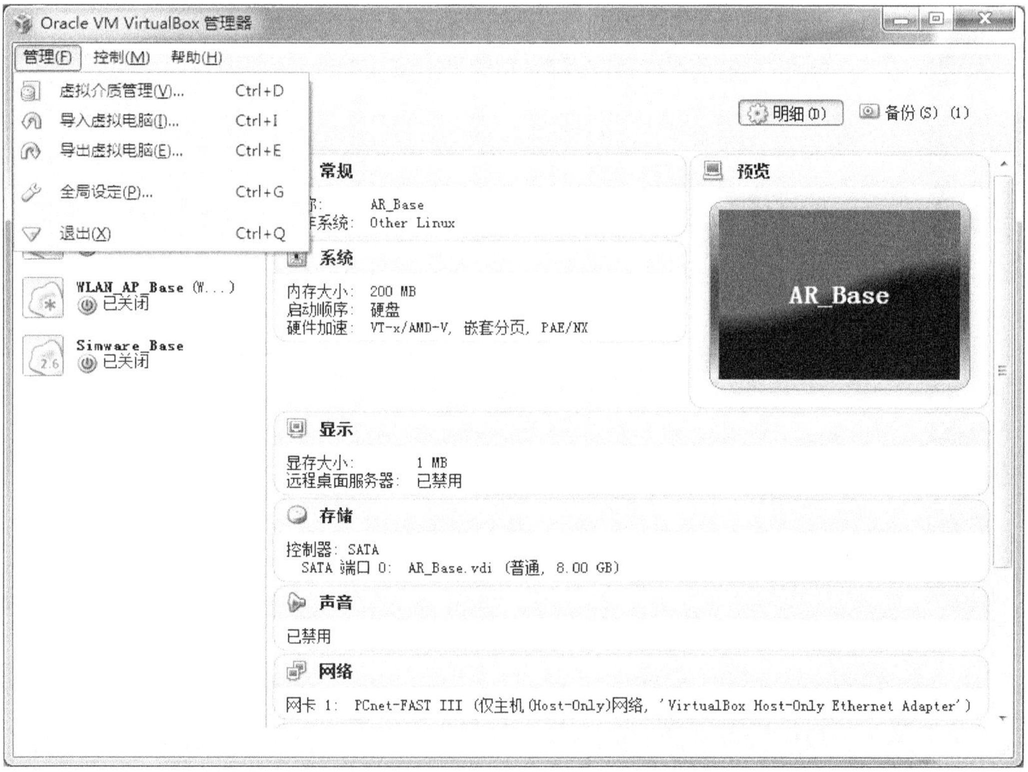

附图 4-3　VirtualBox 管理器界面

(2) 在管理菜单中选择全局设定，在弹出的对话框中选择网络，点击右侧加号，添加新的虚拟网卡。

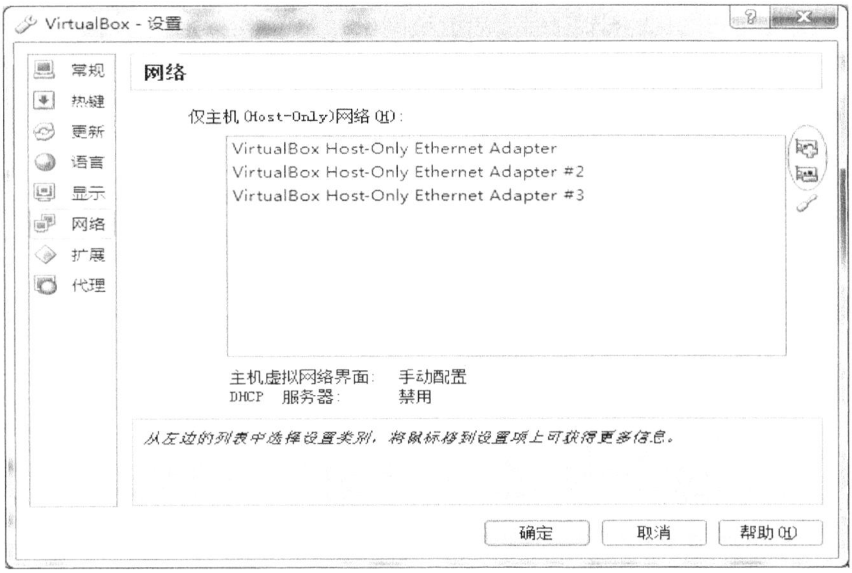

附图 4-4　添加新的虚拟网卡

注：列表存在三个虚拟网卡，可以在计算机的网络和共享中心的更改适配器设置里看到。

附图 4-5　在计算机的网络和共享中心查看虚拟网卡

(3) 可以在此对每张网卡设置实验需要的 IP 地址。

(4) 重启 HCL，创建 host，然后添加连线，为每台 host 主机选择不同的虚拟网卡(IP 地址修改可以在网络和共享中心设置)。

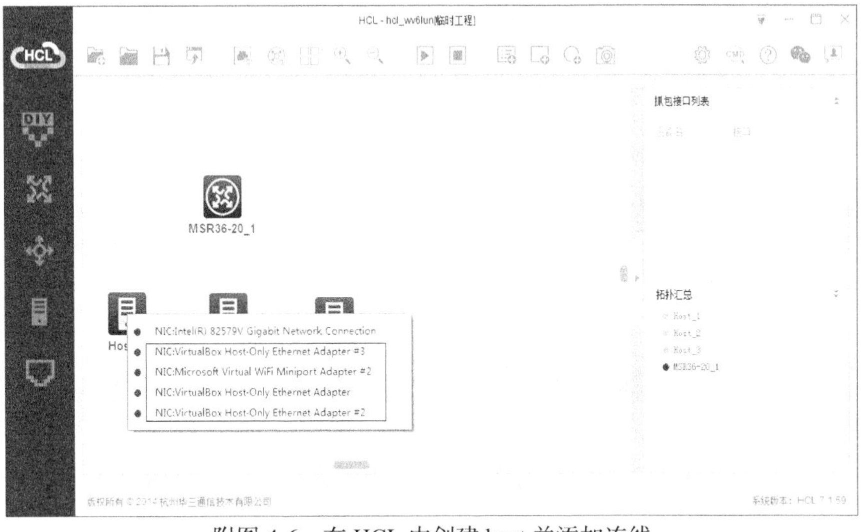

附图 4-6　在 HCL 中创建 host 并添加连线

在选择连线的时候选择刚刚创建的虚拟网卡，即可完成实验的基础配置。

4. 实战演练

(1) 添加拓扑

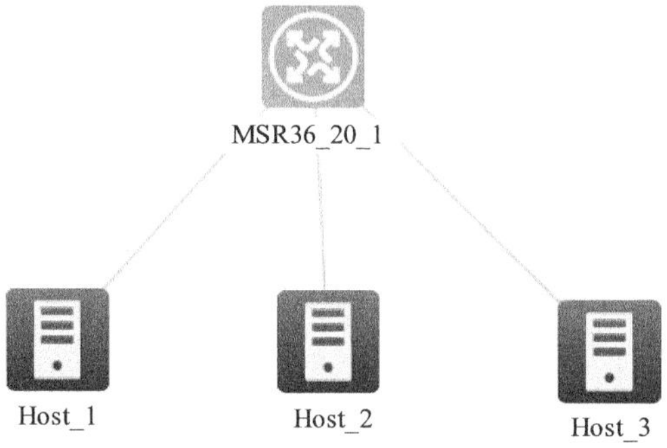

附图 4-7　在 HCL 中创建拓扑

(2) 打开设备

选中所有设备，单击菜单栏的启动全部设备按钮。

附图 4-8　在 HCL 中启动全部设备

(3) 双击路由器设备进入路由器命令行模式

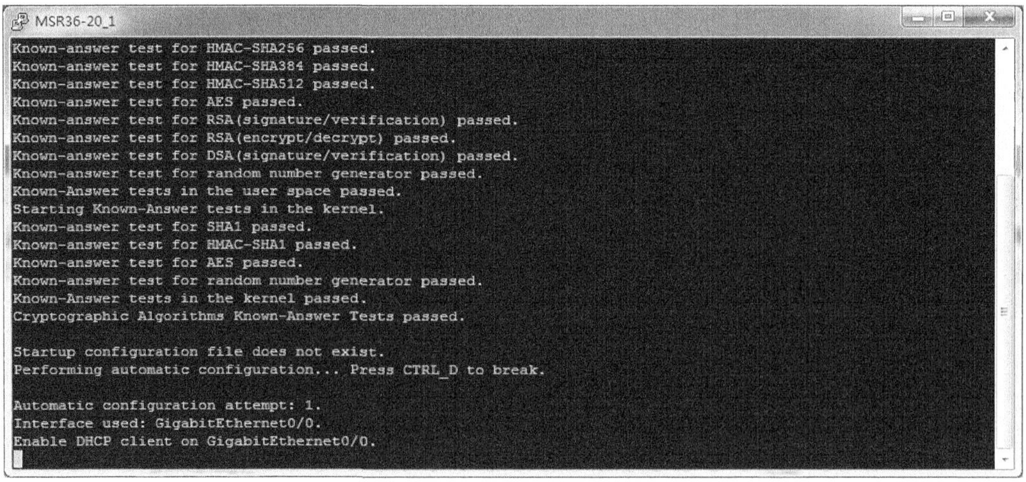

附图 4-9　进入路由器命令行模式

路由器进入系统界面，根据提示，按 CTRL+D 进入系统。

(4) 配置接口地址(试验中的三台主机 IP 地址分别是 192.168.1.2/24，192.168.2.2/24，192.168.3.2/24，网关分别是 192.168.1.1，192.168.2.1，192.168.3.1)。

具体配置代码如下：

```
<H3C>system-view
System View: return to User View with Ctrl+Z.
[H3C]int GigabitEthernet 0/0
[H3C-GigabitEthernet0/0]ip add 192.168.1.1 24
[H3C-GigabitEthernet0/0]qu
[H3C]int GigabitEthernet 0/1
[H3C-GigabitEthernet0/1]ip add 192.168.2.1 24
[H3C-GigabitEthernet0/1]qu
[H3C]int GigabitEthernet 0/2
[H3C-GigabitEthernet0/2]ip add 192.168.3.1 24
[H3C-GigabitEthernet0/2]qu
```

(5) 测试连通性

在路由器系统视图分别 ping 三台主机的 IP 地址。

```
[H3C]ping 192.168.1.2
Ping 192.168.1.2 (192.168.1.2): 56 data bytes, press CTRL_C to break
56 bytes from 192.168.1.2: icmp_seq=0 ttl=64 time=0.833 ms
56 bytes from 192.168.1.2: icmp_seq=1 ttl=64 time=0.382 ms
56 bytes from 192.168.1.2: icmp_seq=2 ttl=64 time=0.499 ms
56 bytes from 192.168.1.2: icmp_seq=3 ttl=64 time=0.582 ms
56 bytes from 192.168.1.2: icmp_seq=4 ttl=64 time=0.537 ms

--- Ping statistics for 192.168.1.2 ---
5 packets transmitted, 5 packets received, 0.0% packet loss
round-trip min/avg/max/std-dev = 0.382/0.567/0.833/0.149 ms
[H3C]%Mar 28 06:11:36:216 2016 H3C PING/6/PING_STATISTICS: Ping statistics for 192.168.1.2: 5 packets transmit
ted, 5 packets received, 0.0% packet loss, round-trip min/avg/max/std-dev = 0.382/0.567/0.833/0.149 ms.

[H3C]ping 192.168.2.2
Ping 192.168.2.2 (192.168.2.2): 56 data bytes, press CTRL_C to break
56 bytes from 192.168.2.2: icmp_seq=0 ttl=64 time=0.578 ms
56 bytes from 192.168.2.2: icmp_seq=1 ttl=64 time=0.485 ms
56 bytes from 192.168.2.2: icmp_seq=2 ttl=64 time=0.413 ms
56 bytes from 192.168.2.2: icmp_seq=3 ttl=64 time=0.514 ms
56 bytes from 192.168.2.2: icmp_seq=4 ttl=64 time=0.488 ms

--- Ping statistics for 192.168.2.2 ---
5 packets transmitted, 5 packets received, 0.0% packet loss
round-trip min/avg/max/std-dev = 0.413/0.496/0.578/0.053 ms
[H3C]%Mar 28 06:11:46:098 2016 H3C PING/6/PING_STATISTICS: Ping statistics for 192.168.2.2: 5 packets transmit
ted, 5 packets received, 0.0% packet loss, round-trip min/avg/max/std-dev = 0.413/0.496/0.578/0.053 ms.
ping 192.168.2.2
<H3C>sys
System View: return to User View with Ctrl+Z.
[H3C]ping 192.168.3.2
Ping 192.168.3.2 (192.168.3.2): 56 data bytes, press CTRL_C to break
56 bytes from 192.168.3.2: icmp_seq=0 ttl=64 time=0.586 ms
56 bytes from 192.168.3.2: icmp_seq=1 ttl=64 time=0.563 ms
56 bytes from 192.168.3.2: icmp_seq=2 ttl=64 time=0.556 ms
56 bytes from 192.168.3.2: icmp_seq=3 ttl=64 time=0.532 ms
56 bytes from 192.168.3.2: icmp_seq=4 ttl=64 time=0.507 ms
```

附图 4-10　在路由器系统视图测试连通性

(6) 查看设备拓扑接口

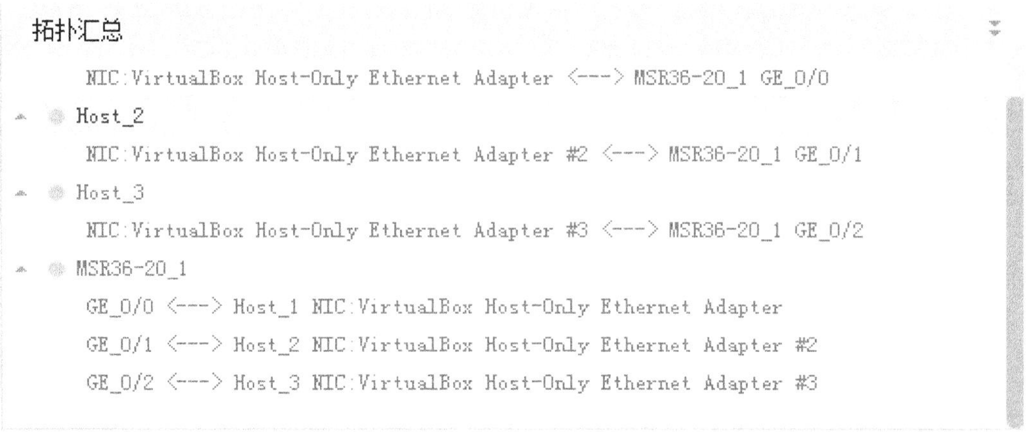

附图 4-11　查看设备拓扑接口

5. 数据抓包

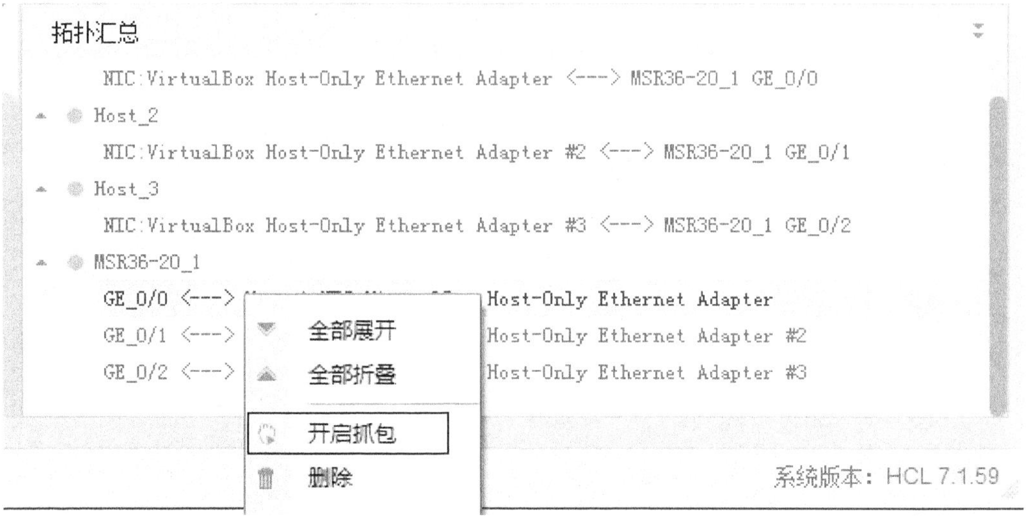

附图 4-12　开启数据抓包

接口被添加到抓包接口列表。

附图 4-13　抓包接口列表

右击选择启动 Wireshark。

附图 4-14　启动 Wireshark 进行数据抓包

进入到 Wireshark 软件，查看接口收发的数据包。

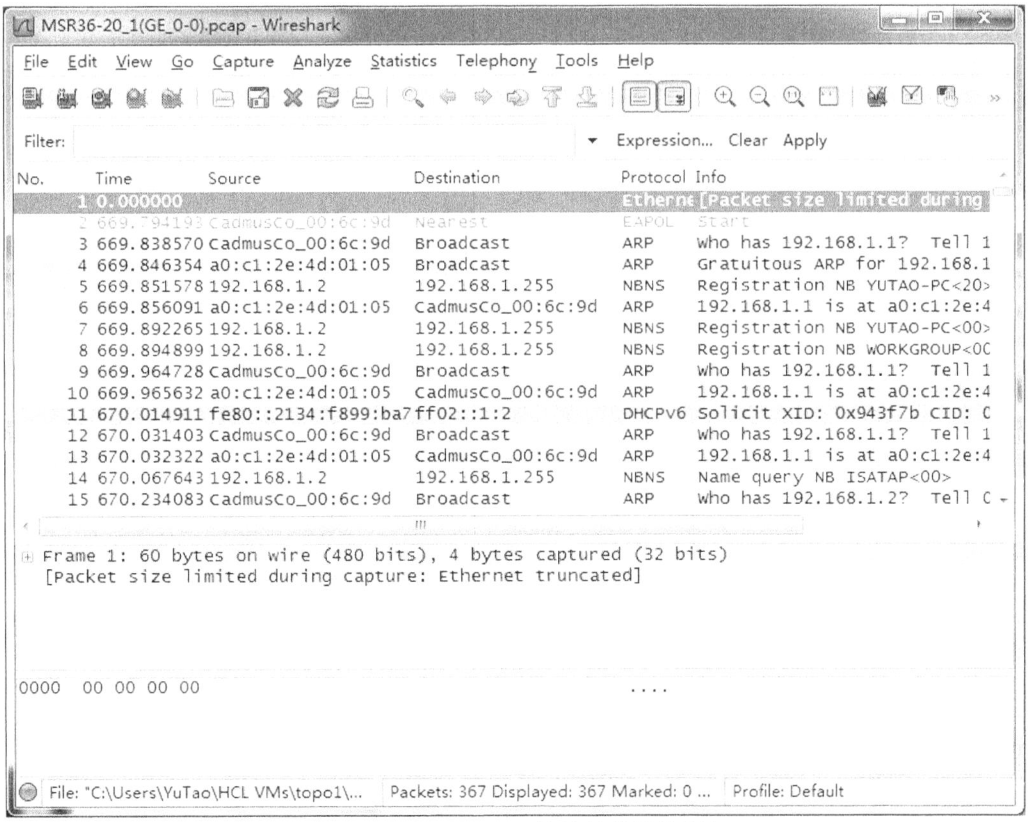

附图 4-15　Wireshark 软件捕获的数据包

附录 4.2 华为 eNSP 模拟器

1. eNSP 网络模拟器简介

这款仿真软件运行是物理设备的 VRP 操作系统，最大限度地模拟真实设备环境，可以利用 eNSP 模拟工程开局与网络测试，协助高效地构建企业优质的 ICT 网络。eNSP 支持对接真实设备，数据包的实时抓取，可以帮助深刻理解网络协议的运行原理，协助更好得进行网络技术的钻研和探索。另外，eNSP 还贴合想要考取华为认证的 ICT 从业者的最真实需求，可以利用 eNSP 模拟华为认证相关实验(HCDA、HCDP-Enterprise、HCIE-Enterprise)，更快地获得华为认证，成就技术专家之路。

2. eNSP 网络模拟器界面介绍

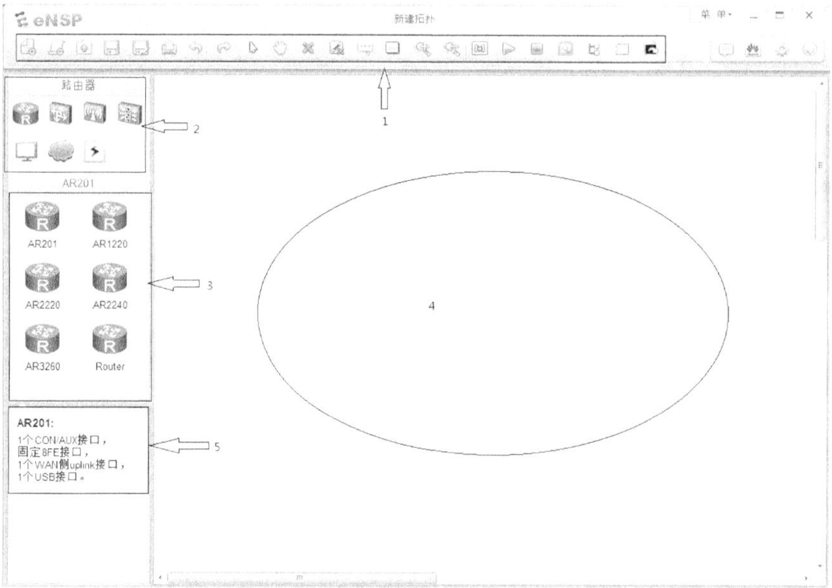

附图 4-16 eNSP 网络模拟器界面

(1) 常用工具栏

从左到右分别是新建拓扑，新建试卷工程，打开，保存，另存为，打印，撤销，恢复，恢复鼠标，拖动，删除，删除所有连线，文本，调色板，放大，缩小，重设，开启设备，关闭设备，数据抓包，显示所有接口，显示网格，打开所有 CLI。

(2) 设备类型库

ENsp 作为仿真网络设备模拟器，提供了多种设备作为实验，该库提供了路由器，交换机，无线设备，防火墙，终端，其他设备，连线等多种类型设备，用户可以根据需要选择相应类型的设备。

(3) 设备型号库

根据选中的设备类型，提供了该类型的不同型号的设备供用户选择。

(4) 工作区

用户在此搭建拓扑和完成实验。

(5) 选中设备基本情况

介绍了选中设备的基本情况，比如网口类型，网口数量。

3. 基本操作

(1) 选择设备和连线

在设备库选中相应设备，拖动到工作区。

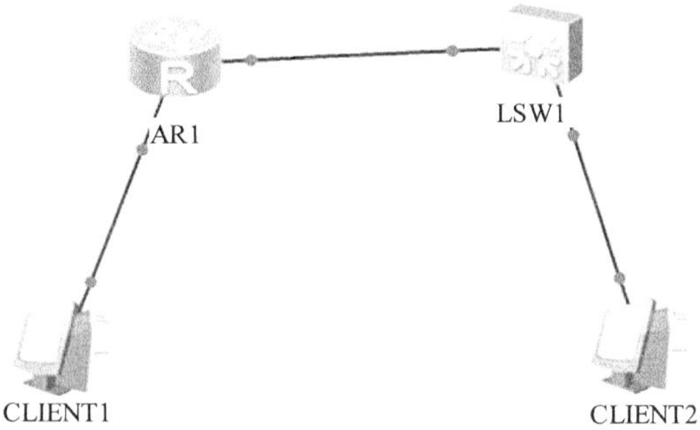

附图 4-17　在 eNSP 网络模拟器中添加设备和连线

选中所有设备，点击常用工具栏中的开启设备按钮，开启所有设备。

(2) 设备操作

PC 操作。PC 主要作为接入终端使用，用作测试连通 Ping 等基础功能，常用操作就是给 PC 配置 IP 地址。双击工作区的 PC 设备，在弹出的对话框中完成操作。

附图 4-18　为 PC 配置 IP 地址

用户可以根据测试需要，选择静态配置 IP 地址或者 DHCP 获取(此处使用静态 IP)。在 IPv4 配置选项区域中填写测试需要的 IP 地址，掩码和网关 (192.168.1.2/24，192.168.1.1，192.168.2.2/24，192.168.2.1)，然后点击应用，完成配置。

附图 4-19　为 PC 配置 IP 地址的结果

其他选项卡比如命令行，组播 UDP 发包工具在入门时使用不多，不作介绍。

路由器操作：双击路由器设备，进入 CLI，进入路由器系统。

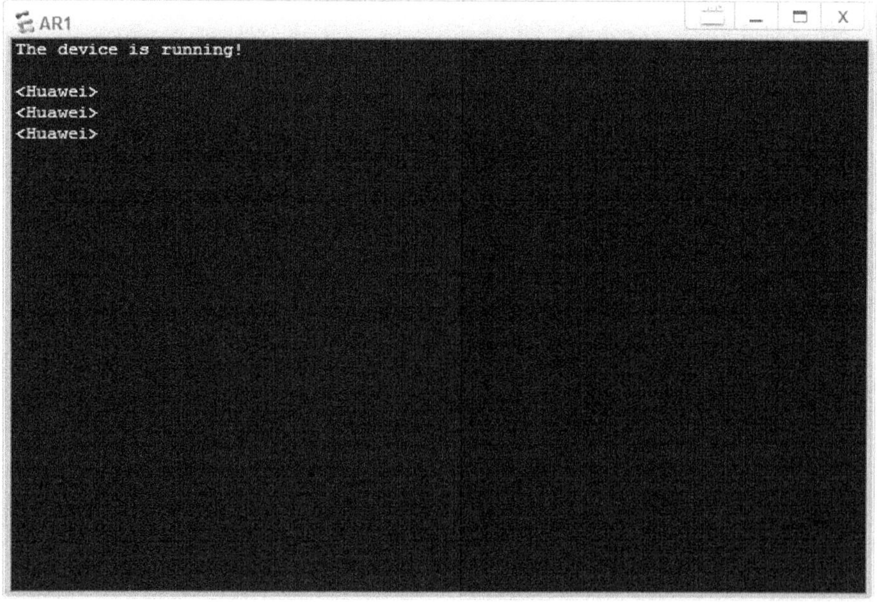

附图 4-20　路由器的 CLI 界面

给路由器接口配置地址：

<Huawei>sys

Enter system view, return user view with Ctrl+Z.

[Huawei]int g0/0/0

[Huawei-GigabitEthernet0/0/0]ip add 192.168.1.1 24

Mar 28 2016 22:09:22-08:00 Huawei %%01IFNET/4/LINK_STATE(l)[0]:The line protocol

IP on the interface GigabitEthernet0/0/0 has entered the UP state.

[Huawei-GigabitEthernet0/0/0]int g0/0/1

[Huawei-GigabitEthernet0/0/1]ip add 192.168.2.1 24

Mar 28 2016 22:09:40-08:00 Huawei %%01IFNET/4/LINK_STATE(l)[1]:The line protocol

IP on the interface GigabitEthernet0/0/1 has entered the UP state.

[Huawei-GigabitEthernet0/0/1]

(3) 测试设备连通性

在路由器里使用 ping 命令测试路由器和主机间的连通性。

```
[Huawei]ping 192.168.1.2
  PING 192.168.1.2: 56  data bytes, press CTRL_C to break
    Reply from 192.168.1.2: bytes=56 Sequence=1 ttl=128 time=10 ms
    Reply from 192.168.1.2: bytes=56 Sequence=2 ttl=128 time=10 ms
    Reply from 192.168.1.2: bytes=56 Sequence=3 ttl=128 time=20 ms
    Reply from 192.168.1.2: bytes=56 Sequence=4 ttl=128 time=10 ms
    Reply from 192.168.1.2: bytes=56 Sequence=5 ttl=128 time=10 ms

  --- 192.168.1.2 ping statistics ---
    5 packet(s) transmitted
    5 packet(s) received
    0.00% packet loss
    round-trip min/avg/max = 10/12/20 ms

[Huawei]ping 192.168.2.2
  PING 192.168.2.2: 56  data bytes, press CTRL_C to break
    Reply from 192.168.2.2: bytes=56 Sequence=1 ttl=128 time=50 ms
    Reply from 192.168.2.2: bytes=56 Sequence=2 ttl=128 time=50 ms
    Reply from 192.168.2.2: bytes=56 Sequence=3 ttl=128 time=50 ms
    Reply from 192.168.2.2: bytes=56 Sequence=4 ttl=128 time=40 ms
    Reply from 192.168.2.2: bytes=56 Sequence=5 ttl=128 time=50 ms

  --- 192.168.2.2 ping statistics ---
    5 packet(s) transmitted
    5 packet(s) received
    0.00% packet loss
    round-trip min/avg/max = 40/48/50 ms
```

附图 4-21　路由器和主机间的连通性测试结果

(4) 设备其他功能

选中设备右击，弹出菜单，选择设置。

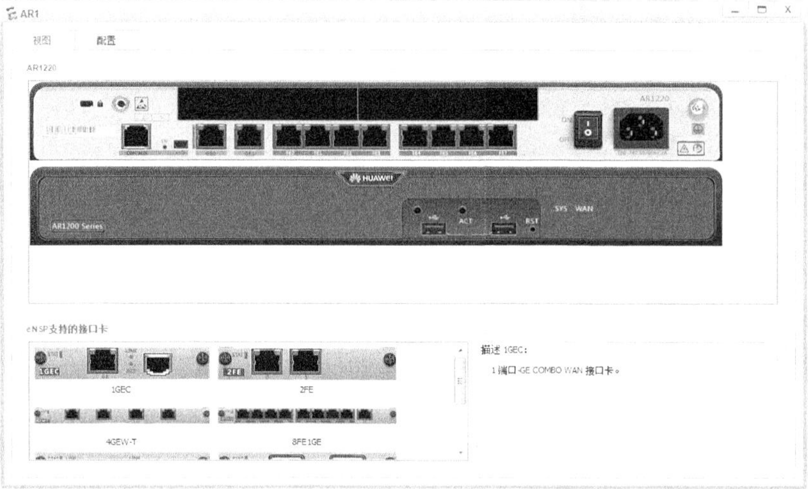

附图 4-22　设备视图界面

在视图选项卡里有上下两个界面，上边是设备的前后视图，有电源按钮，可以控制设备开关。

下面显示的是该设备支持的接口卡，如果在使用时设备接口不够用，可以保存设备配置，关闭设备，选择合适的接口卡拖动到设备背板上，再开启设备。

4. 数据抓包

选中目标设备，右击，在弹出的菜单栏中选择数据抓包，选择需要抓包的接口，弹出 Wireshark 软件。

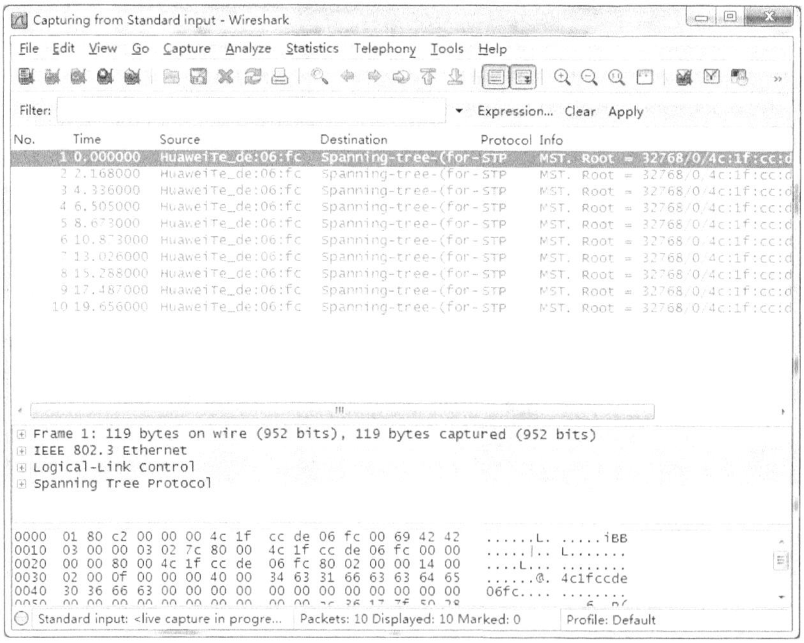

附图 4-23　Wireshark 抓包界面

在路由器中 ping 目标主机 192.168.2.2。

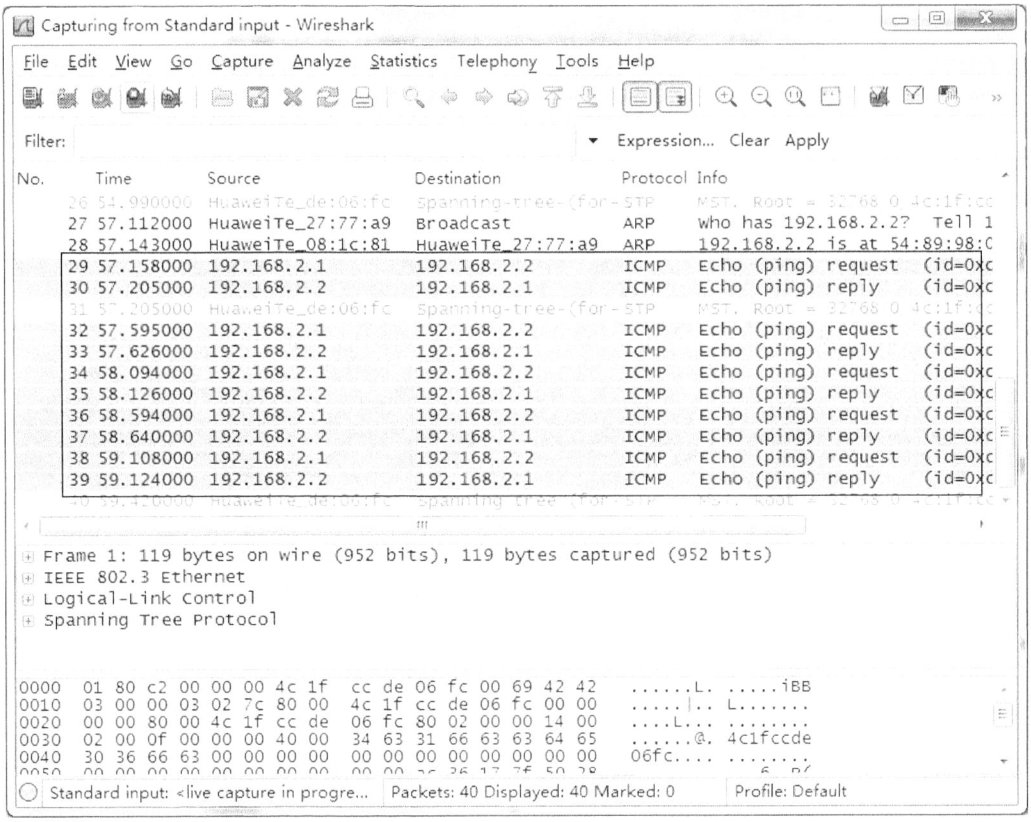

附图 4-24　Wireshark 抓包结果

在 Wireshark 软件中查看到有 ICMP 的报文通过，原地址是 192.168.2.1，目的地址是 192.168.2.2。

附录 4.3　GNS3 模拟器

4.3.1　配置 GNS3 软件

1. 运行 GNS 3

双击 GNS 3 快捷方式，启动 GNS 3 软件，如附图 4-25 所示。

附图 4-25　GNS 3 界面

2. 配置 GNS 3

(1) 打开 Edit→Preferences→General 进行“General”设置，如附图 4-26、4-27 所示。

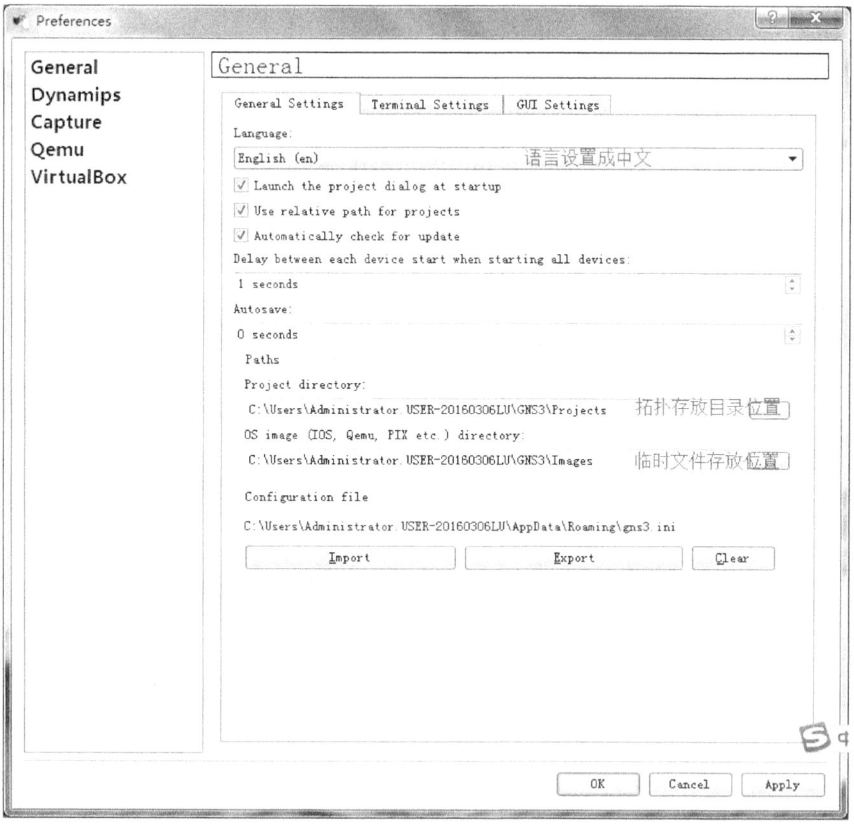

附图 4-26　General 设置界面

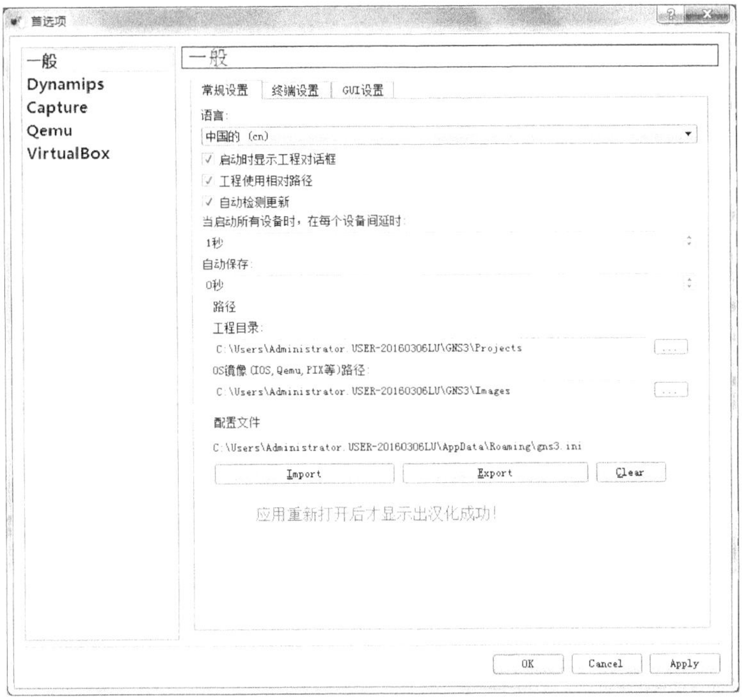

附图 4-27 General 汉化后界面

(2) 点击“终端设置”，对终端程序进行设置，如附图 4-28 所示。

(3) GUI 设置，如附图 4-29 所示。

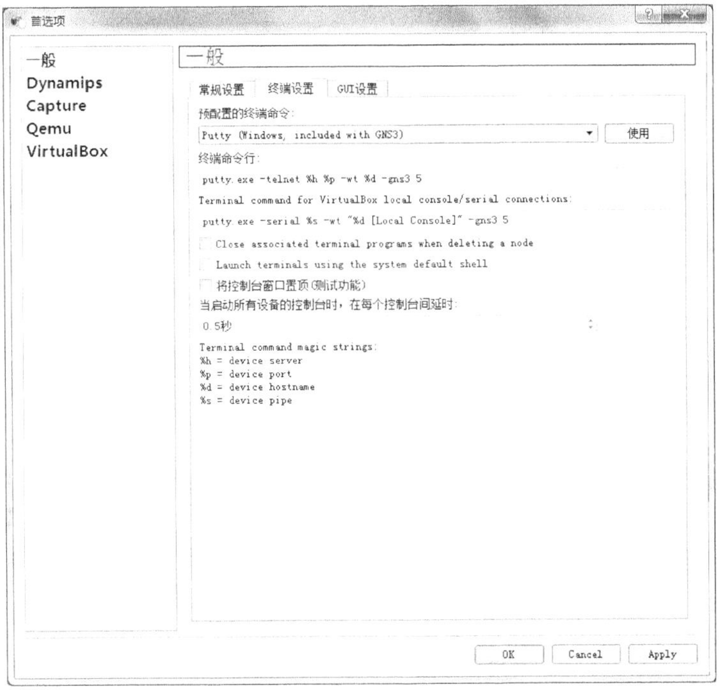

附图 4-28 终端设置界面

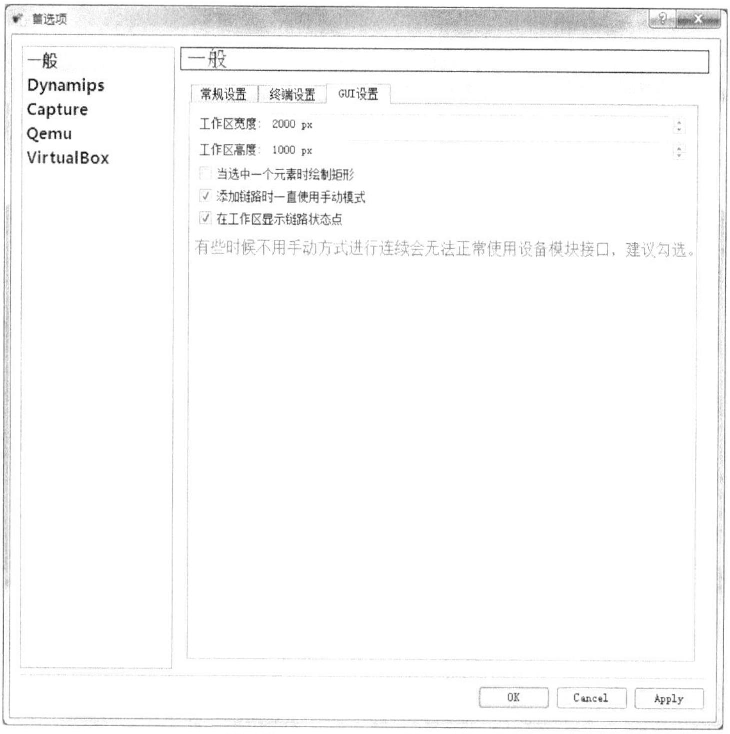

附图 4-29　GUI 设置界面

(4)“Dynamips”设置，如附图 4-30 所示。

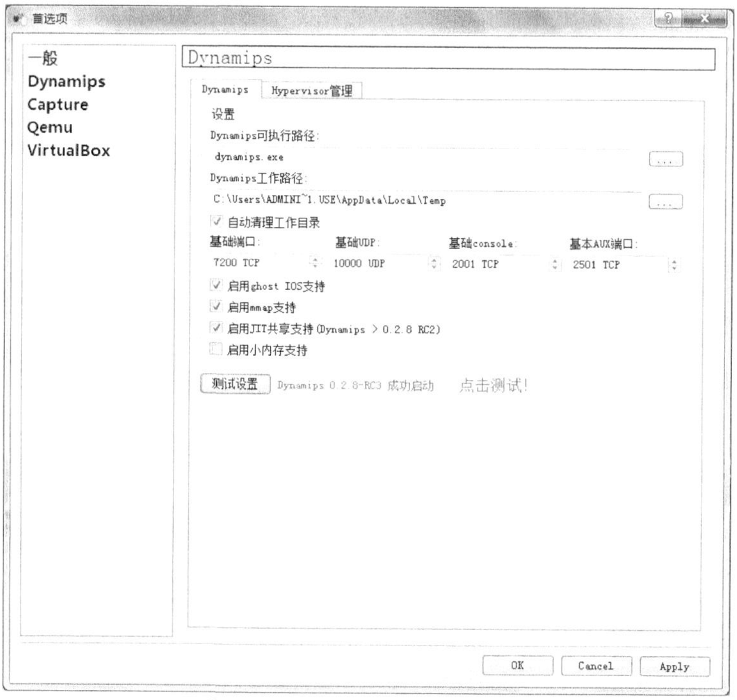

附图 4-30　Dynamips 设置界面

(5)“Capture”设置，如附图 4-31 所示。

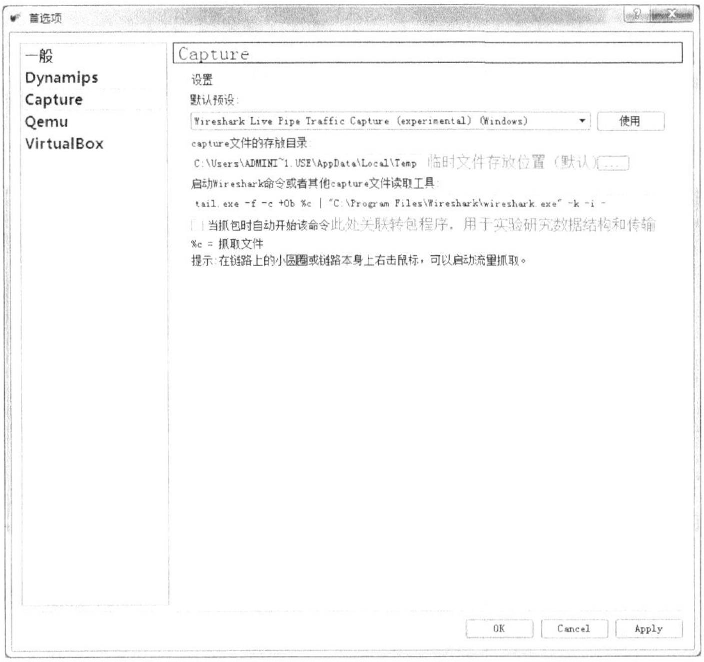

附图 4-31　Capture 设置界面

(6) Qemu 设置，保持默认，点击测试。若不使用防火墙，Qemu 可以不设置，设置完成后点击“Apply”后点击“OK”，如附图 4-32 所示。

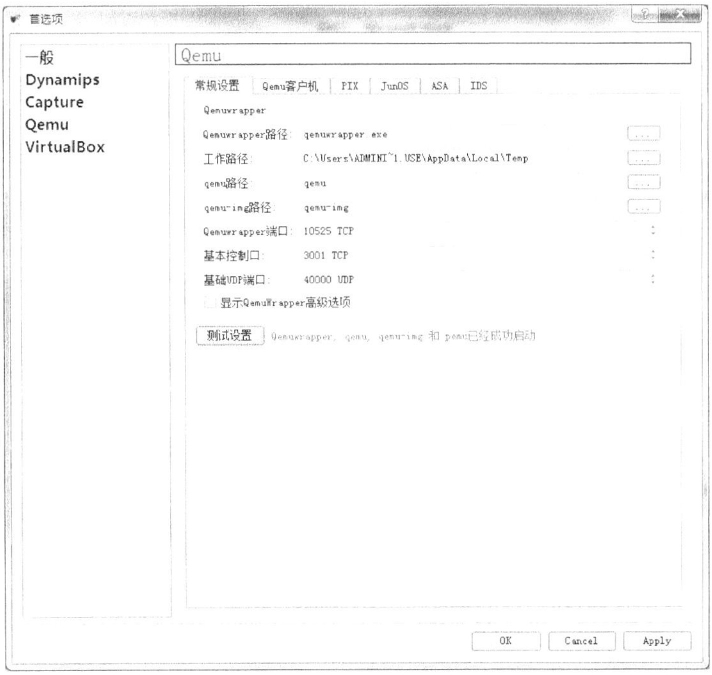

附图 4-32　Qemu 设置界面

(7) IOS 设置，选中 2691，然后打开编辑，如附图 4-33、附图 4-34 所示。

附图 4-33　进入 IOS 设置

附图 4-34　IOS 设置界面

建议事先在 gns3 的目录下创建个存放 ios 镜像文件的文件夹，便于管理，注意文件夹名不能用中文字符。

(8) IDLE 值的计算

拖出一台 2691 路由器，并点击运行，如附图 4-35 所示。

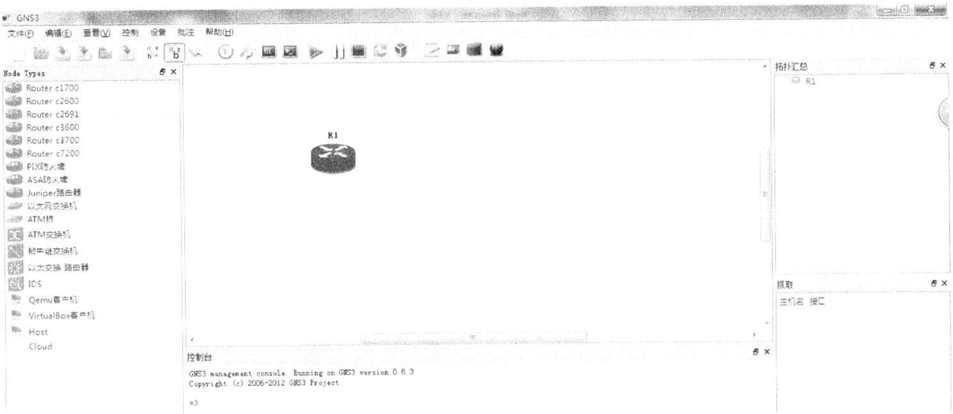

附图 4-35　添加一台路由器

在 Windows 任务管理器中查看没计算前的 CPU 占用情况，如附图 4-36 所示。在路由器上右键单击选中“Idle PC”菜单项，如附图 4-37 所示。

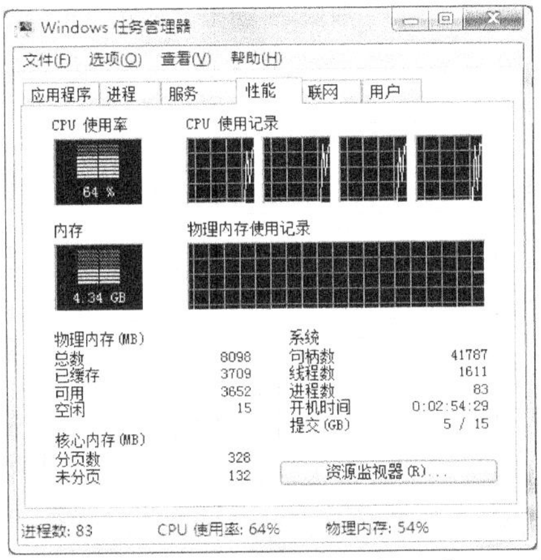

附图 4-36　在 Windows 任务管理器中查看 CPU 占用情况

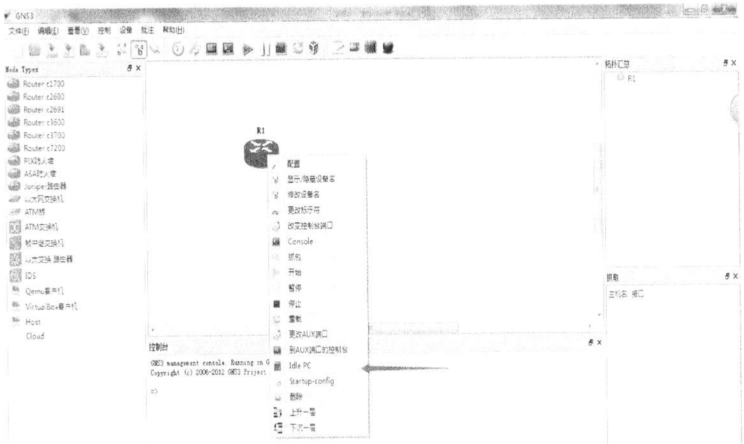

附图 4-37　选中“Idle PC”菜单项

选择带*号的设备，之后观察 CPU 占用，如附图 4-38、4-39 所示。

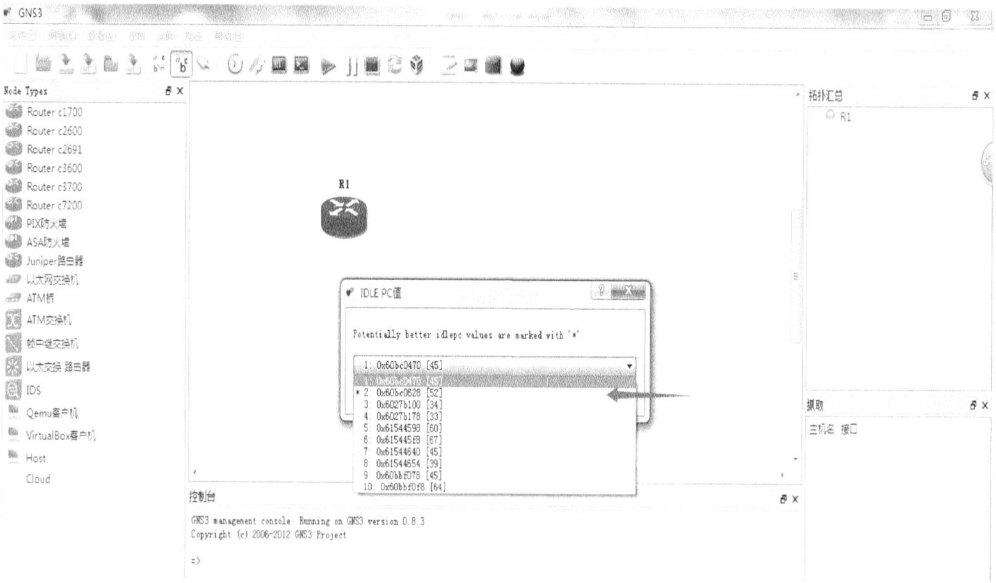

附图 4-38　选中带“*”的设备

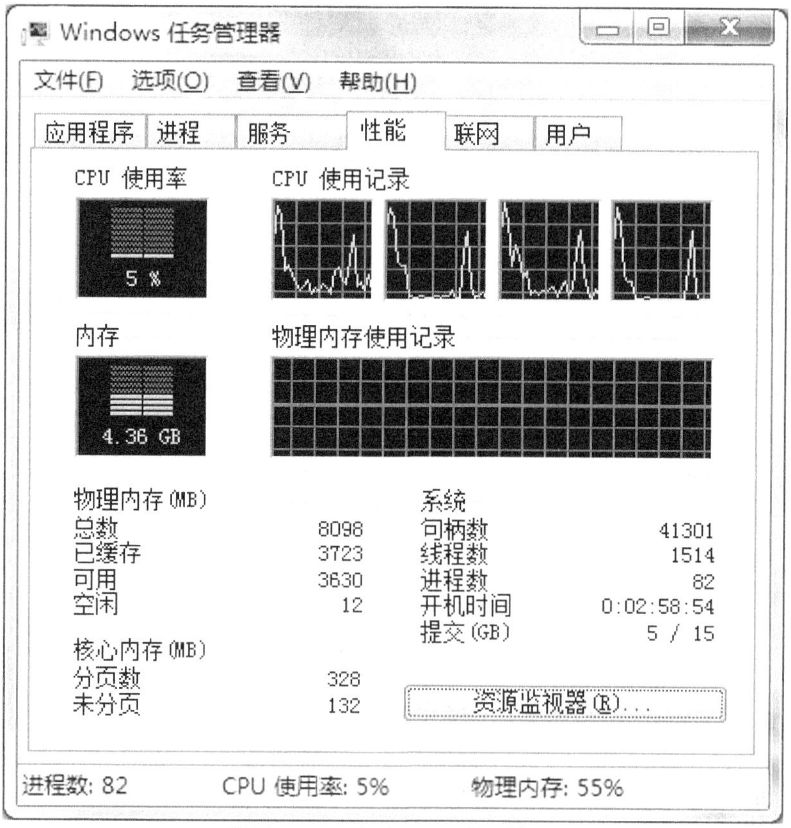

附图 4-39　查看 CPU 占用情况

4.3.2　GNS3 基本操作

1. 搭建拓扑结构

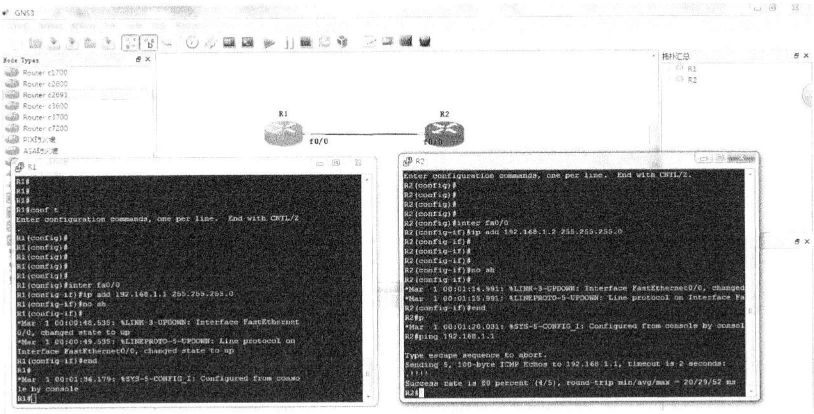

附图 4-40　在 R1 与 R2 接口上配置 IP 地址互 Ping

2. 抓包

在 R1 上右键单击，选择开始抓包。

附图 4-41　在 R1 上右键单击开始抓包

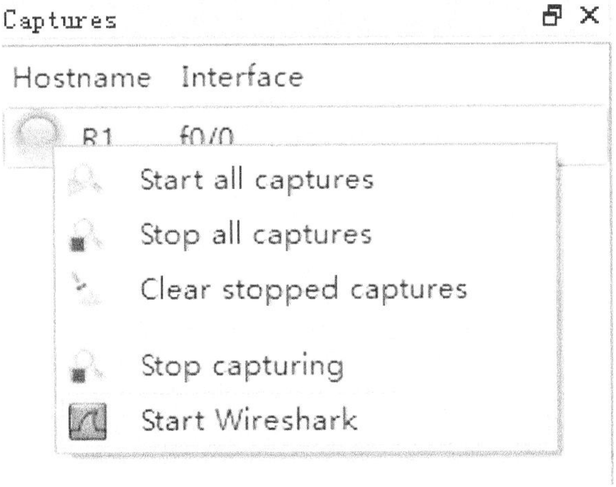

附图 4-42　在 R1 上右键单击选择 Wireshark

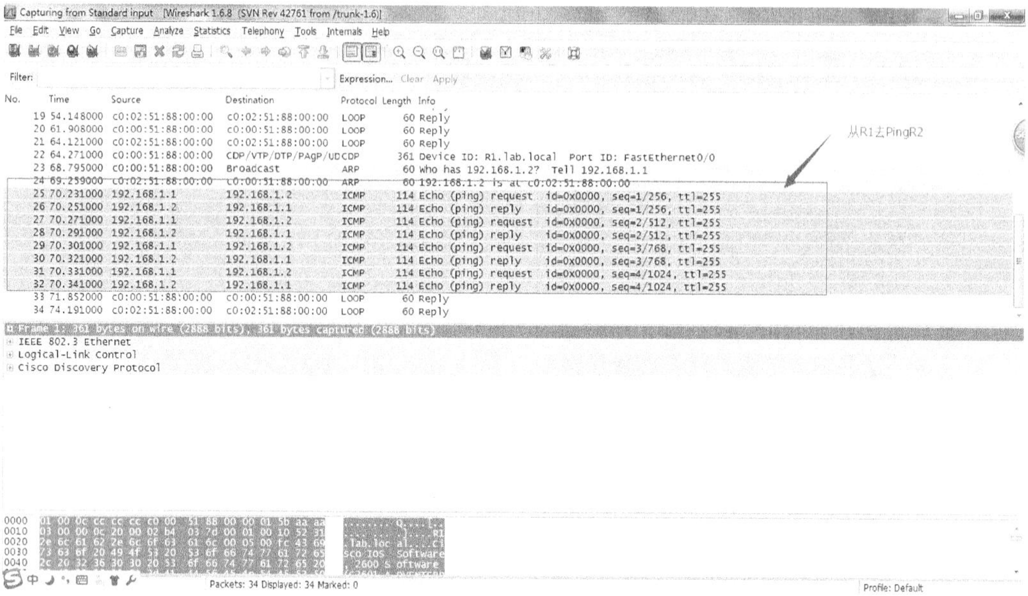

附图 4-43　Wireshark 抓包结果